Karte: © Tim Paul

Chelsea Abdullah

DER STERNENSTAUB DIEB

THE SANDSEA CHRONICLES

Übersetzt von
Urban Hofstetter

KLETT-COTTA

MIX
Papier | Fördert gute Waldnutzung
FSC® C083411

Hobbit Presse
www.hobbitpresse.de
Die Originalausgabe erschien unter dem Titel »The Stardust Thief.
The Sandsea Trilogy: Book One« im Verlag Orbit, New York

Published by arrangement with Chelsea Abdullah
Dieses Werk wurde vermittelt durch die Literarische Agentur
Thomas Schlück GmbH, 30161 Hannover
Für die deutsche Ausgabe

Cover: Birgit Gitschier, Augsburg
unter Verwendung der Daten des Originalverlags und einer Illustration des Original-
verlags von Mike Heath / Magnus Creative, © 2022 Hachette Book Group, Inc.
Buchdeckenprägung: unter Verwendung dreier Abbildungen von
© Freepik, GarryKillian/Freepik und Creative_hat/Freepik
Karte: © Tim Paul
Gesetzt von C.H.Beck.Media.Solutions, Nördlingen
Gedruckt und gebunden von CPI – Clausen & Bosse, Leck
ISBN 978-3-608-96613-8
E-Book ISBN 978-3-608-12395-1

*Für meine Mutter, die meine Liebe zu Worten
gefördert und mich zum Schreiben animiert hat.
Für meinen Vater, der mir die Bedeutung
überlieferter Geschichten nahegebracht hat.
Und für meine Schwester, die mich immer
um »nur noch eine« Geschichte gebeten hat.
Dies hier ist für euch.*

GLOSSAR

der arabischen Wörter und Wendungen
in alphabetischer Reihenfolge

Afwan.	Gern geschehen.
Alif	Buchstabe
Baba Ghanoush	Püree aus Auberginen und Sesampaste
Bakhoor	Parfüm aus Weihrauch und Holz
Baklava	Blätterteiggebäck mit Sirup
Chā	Buchstabe
Dallah	arabische Kaffeekanne
Dara'a	Gewand
Debka	»Dabkeh«, arabischer Kreistanz
Diwan	sowohl ein Liegesofa als auch Bezeichnung für den Palast des Sultans
Dolmas	verschiedenste gefüllte oder gerollte Speisen, meist Gemüse wie Paprika oder Weinblätter
Fattoush	Brotsalat
Ghadaā	Mittagessen
Guthra	Kopfbedeckung aus einem Tuch
Habibti	weibliche Form, Schatz oder Liebling
Iftar	Abendessen
Ithnan	die Zahl zwei
Kalam farigh.	Halt die Klappe.
Kunafa	Nachspeise aus Engelshaarnudeln

Labneh	Frischkäse
Lām	Buchstabe
Lokum	Süßspeise aus türkischem Honig
Luqaimat	süße frittierte Teigbällchen
Mīm	Buchstabe
Nay	Musikinstrument
Pita	Fladenbrot
Qaf	Buchstabe
Qaid	Kommandeur, Hauptmann
Rā	Buchstabe
Riqq	Rahmentrommel mit Schellen
Sād	Buchstabe
Salaam	»Frieden«, gängiges Grußwort
Sambuke	zweimastiges arabisches Segelschiff
Sayyidati	meine Dame, Frau, Anrede
Sayyidi	Herr, mein Herr, Anrede
Shamshir	»Löwenschweif«, arabischer Säbel
Shatranj	Schatrandsch gilt als der iranische Vorläufer des modernen europäischen Schachspiels
Shukran	danke
Tabbouleh	Salat aus Couscous
Tabl Baladi	große runde Trommel
»Tesbaheen ala khair.«	»Dein Morgen soll gut sein.« = Gute Nacht und erwache zu guten Dingen.
Thalathah	die Zahl drei
»Wa inta min ahlah.«	»Und du bist einer von denen, die Gutes tun.« Antwort auf Gute-Nacht-Formel
Wahid	die Zahl eins
Yā	Buchstabe
Yalla!	Auf! Los! Vorwärts!
Za'atar	säuerliche Gewürzmischung aus Thymian und anderen Kräutern

DIE GESCHICHTE DES DSCHINNS

An einem unbekannten Ort vor nicht allzu langer Zeit gehörte unsere Welt den Dschinn, jenen verdammten Kreaturen, die unsere Wüste wie Geister durchstreifen. Im Gegensatz zu uns Menschen, die aus Erde geformt wurden, schufen die Götter die Dschinn aus einer uralten Flamme, sodass sie Hunderte Jahre lebten und magische Kräfte besaßen. Deswegen können einige Dschinn ihre Gestalt verwandeln und andere Feuer spucken oder im Handumdrehen bis ans andere Ende der Welt reisen.

Eine Weile taten die Dschinn, was die Götter ihnen auftrugen: Sie sorgten liebevoll für die Welt, die ihnen übertragen worden war, und es herrschte Frieden. Doch während die meisten Dschinn den Göttern dankbar waren, gab es sieben Dschinn-Könige, die sich mit ihrer eingeschränkten Magie nicht zufriedengaben. Und sie zeigten ihren Missmut, indem sie das Land verheerten. Sie schufen Winde, die so heftig waren, dass sie das Wasser aus Seen und Ozeanen bliesen, und Flammen, die so heiß loderten, dass sie Felder und Gräser verbrannten und nichts als Sand zurückließen.

Als die Götter sahen, welche Verwüstungen die Könige anrichteten, gaben sie ihnen zur Strafe, was sie sich am meisten ersehnten: Sie machten ihre Magie so stark, dass sie nicht mehr zu kontrollieren war und Löcher in den Sand brannte, in denen die Städte der Dschinn versanken. Und so verschwanden die Dschinn aus dieser Welt.

Anschließend erschufen die Götter uns Menschen. Wir mögen keine Magie besitzen und sterblich sein, doch wir sind ihre ergebenen Diener.

Einige sind der Ansicht, dass wir diese Ergebenheit dazu nutzen müssen, um dieser kargen Welt wieder zu alter Blüte zu verhelfen. Sie sagen, dass es nur dank der Jäger, die entflohene Dschinn fangen und den Göttern opfern, noch immer ein wenig Natur in der Welt gibt. Sie behaupten, das silberne Blut der Dschinn strotze vor Leben – dass es Sand in Wasser verwandeln könne und Bäume und Blumen gedeihen lasse.

Doch so hasserfüllt muss unser Glaube nicht sein.

Merke dir, Layla: Nicht alle Dschinn sind böse.

Loulie hatte vieles verloren, seit ihre Mutter ihr diese Geschichte zum letzten Mal erzählt hatte.

Ihren Namen. Ihre Vergangenheit. Ihre Eltern.

Doch diese Geschichte vergaß sie nie.

1

LOULIE

Als der einäugige Händler Loulie al-Nazari auf eine kleine und bescheidene Barke bestellte, rechnete sie verständlicherweise mit einer kleinen und bescheidenen Barke. Doch die Barke war weder klein, noch war sie bescheiden. Ganz im Gegenteil.

Die *Aysham* war ein gigantisches, voll aufgetakeltes Schiff mit einem geräumigen Deck, einer beeindruckenden Zahl an Kabinen und einem in luftiger Höhe angebrachten Krähennest. Es war ein in jeder Hinsicht ansprechendes Gefährt. Wäre sie als Passagierin gekommen, sie hätte es gern erkundet.

Doch Loulie war nicht als Passagierin hier, sondern als Mitternachtshändlerin, eine angesehene Verkäuferin magischer Waren. Und sie war gekommen, um sich mit einem Kunden zu treffen, der sie nun schon seit geraumer Zeit hinhielt. *Ich werde dich in der ersten Stunde nach Mondaufgang zu einem Gespräch bitten,* hatte seine Nachricht gelautet. Diese Stunde war inzwischen jedoch vorbei, und Loulie wartete noch immer an Deck auf ihn, in ihrer mit Sternen übersäten Händlerinnenrobe, in der sie auffiel wie ein bunter Hund.

Sie kehrte den gaffenden, gut gekleideten Passagieren den Rücken und betrachtete missmutig den Horizont. Dass die Nacht finster war und sie keine vertrauten Sternbilder am Himmel sah, machte sie noch mürrischer. »Ich wünschte, du wärest in deiner Eidechsengestalt«, sagte sie seufzend – nicht zum ersten Mal – zu dem Mann neben ihr.

Er wandte ihr den Kopf zu. Obwohl seine Miene wie versteinert wirkte, nahm Loulie einen leichten Höhenunterschied zwischen seinen Augenbrauen wahr und war sich ziemlich sicher, dass er gerade eine von ihnen hochgezogen hatte. »Und inwiefern würde uns das in dieser Situation helfen?«

»Du könntest dich nach unten schleichen und die Kabine unseres Kunden suchen. In deiner Menschengestalt nützt du uns nichts.«

Der Mann mit dem umbrabraunen Teint erwiderte nichts, doch sein Schweigen war leicht zu entschlüsseln. Loulie kannte ihn seit neun Jahren – lange genug, um mit all seinen Eigenarten und magischen Fähigkeiten vertraut zu sein. Es überraschte sie nicht mehr, wenn er die Gestalt veränderte oder Flammen in seinen Augen tanzten, wenn er aufgewühlt war. Im Moment war er still, weil er wusste, dass ihr nicht gefallen würde, was er zu sagen hatte.

»Wir bieten diesem Mann Magie an«, fuhr Loulie fort. »Da könnte er doch wenigstens pünktlich sein zu dem Treffen, das *er selbst* vorgeschlagen hat.«

»Mach dir darüber nicht allzu viele Gedanken. Es kommt, wie es kommt.«

»Welch weiser Ratschlag, o mächtiger Dschinn«, murmelte sie so leise, dass es außer ihm niemand hören konnte.

Qadirs Lippen verzogen sich zu einem leisen Lächeln. Der Dschinn genoss es, mit ihr zu spielen. Er war der Einzige, der es sich erlauben konnte.

Loulie war drauf und dran, in das Innere des Schiffes einzubrechen, als sie plötzlich sich nähernde Schritte hörte. Sie wandte sich um und sah einen Mann in einem weißen Gewand näher kommen.

»Mitternachtshändlerin.« Er verbeugte sich. »Rasul al-Jasheen hat mich geschickt. Ich soll dich zum Treffpunkt bringen.«

Loulie und Qadir wechselten einen Blick. *Ich habe dir doch gesagt, dass du dir keine Sorgen zu machen brauchst,* schien seine unbewegte Miene auszudrücken.

»Das wird auch Zeit.« Sie deutete auf Qadir. »Dieser Mann ist mein Leibwächter.«

Der Bote nickte und führte sie durch eine Ansammlung farbenfroh gekleideter Adliger zu einer halb verborgenen Tür auf der anderen Seite des Schiffs. Er klopfte in einem bestimmten Rhythmus, worauf ein stämmiger Mann ihnen aufmachte und sie einen schwach beleuchteten Korridor entlangführte. Am Ende des Korridors klopfte der Bote in einem anderen Rhythmus an die Tür. Ein Schlüssel drehte sich im Schloss, der Bote machte die Tür auf und winkte sie hinein.

Loulie sah Qadir an. *Nach dir,* bedeutete ihr sein stummer Blick. Lächelnd trat sie mit gesenktem Kopf ein.

Das Erste, was sie wahrnahm, waren die drei Söldner, die in verschiedenen Ecken der kleinen Kabine Stellung bezogen hatten. Im Gegensatz zu den Adligen an Deck trugen sie keine bunten Gewänder, dafür aber viele Waffen.

Vor ihrem inneren Auge blitzten die Bilder eines mörderischen Blutvergießens auf. *Ihre Mutter, die voll Angst auf ein leeres Gefäß deutete und sie anwies, sich darin zu verstecken. Ihr Vater, in seinem eigenen Blut liegend*

Sie beruhigte sich mit einem tiefen Atemzug und sah zur Mitte der Kabine, wo hinter einem flachen Tisch ein grün gewandeter Händler auf einem Kissen saß. Wie sein Spitzname andeutete, hatte Rasul al-Jasheen nur noch ein einziges schlammbraunes Auge. Das andere schimmerte weiß zwischen vernarbten Hautfalten hindurch. Seine Nase sah aus, als wäre sie viele Male gebrochen und neu aufgerichtet worden. Seine Stirn war beeindruckend und zugleich unvorteilhaft groß. Er kam Loulie vage bekannt vor. Vielleicht war sie schon mal auf irgendeinem Souk an seinem Stand vorbeigegangen.

Die Lippen des Händlers teilten sich zu einem strahlenden Lächeln aus goldenen, bronzenen und weißen Zähnen. »Mitternachtshändlerin, ich freue mich, dich zu sehen. Entschuldige, dass ich dich jetzt erst gerufen habe. Ich hatte wichtige Gäste.« Er musterte sie von Kopf bis Fuß.

Loulie wusste, was er sah: eine kleine, zerbrechlich wirkende Frau, die in blaue Samtschals mit zarten weißen Tupfen gehüllt war. Dieses Muster hieß Sternenstaub und war die Tracht ihres Stammes. Loulie war eine Najima – eine Nachtschwärmerin.

Erwartungsgemäß betrachtete er ihr Gesicht länger als ihr Gewand. Die meisten Männer in diesem Gewerbe versuchten, sie einzuschüchtern, indem sie ihr direkt in die Augen blickten.

Es funktionierte nie.

»Bitte« – er deutete auf das Kissen auf der anderen Seite des Tischs – »setz dich doch.«

Loulie sah zu Qadir zurück, der noch immer neben der Tür stand. Der Händler hatte ihn nicht zur Kenntnis genommen, doch die Söldner beäugten ihn misstrauisch. Qadir wirkte nicht beunruhigt. Doch das tat er ohnehin kaum je.

Loulie nahm Platz.

Der Händler reichte ihr die Hand. »Rasul al-Jasheen. Es ist mir eine Ehre.«

»Loulie al-Nazari«, erwiderte sie und zog die Hand rasch wieder zurück, da ihr nicht gefiel, wie er ihre eisernen Ringe musterte.

»Ich muss zugeben, ich habe nicht damit gerechnet, dass du so … jung bist.«

Ach ja, zwanzig ist ja auch wirklich sehr *jung,* dachte sie und lächelte ihn freundlich an. Laut sagte sie: »Du bist dagegen genau so, wie ich mir dich vorgestellt habe. Nur ein Auge und so weiter.«

Einen Moment lang herrschte Schweigen. Dann begann der Händler zu ihrem Erstaunen zu lachen. »Ja, daher kommt mein

Spitzname. Und wie du dir denken kannst, ist das auch der Grund, warum ich dich heute Abend herbestellt habe. Ich nehme an, du hast die Magie, um die ich dich gebeten habe?«

Loulie nickte.

Rasul räusperte sich. »Also gut, dann lass mal sehen.«

Sie griff in die Tasche ihrer Robe und holte eine Münze hervor. Der Händler sah skeptisch zu, wie sie sie durch die Finger wandern ließ. Von seinem Platz aus konnte er die Gesichter auf den beiden Seiten nicht erkennen: einen Dschinn-Krieger auf der einen und einen menschlichen Sultan auf der anderen. Jedes Mal, wenn die Münze zwischen Loulies Fingern auftauchte, wies ein anderes nach oben.

Mensch, Dschinn, Mensch, Dschinn.

»Muss ich dich an unsere Vereinbarung erinnern?«, fragte Loulie und hielt die Münze zwischen Daumen und Zeigefinger in die Höhe.

Rasul runzelte die Stirn. »Ich habe dich im Voraus bezahlt.«

»Das war nur ein Vorschuss. Nun ist die zweite Hälfte fällig.«

»Ich werde nicht für eine Magie zahlen, die ich noch nicht gesehen habe.«

Loulie bemühte sich, die bohrenden Blicke der bewaffneten Männer ringsum zu ignorieren. *Solange Qadir hier ist, kann mir nichts passieren,* dachte sie.

Sie zuckte mit den Schultern und griff in ihre Umhängetasche. Qadir nannte sie die bodenlose Tasche, da sie scheinbar keinen Boden hatte. »Wenn du nur glaubst, was du siehst …« Loulie zog eine Phiole heraus. Sie war klein, nicht größer als einer ihrer Finger. Als der einäugige Händler die glitzernde Flüssigkeit darin sah, griff er danach.

Doch Loulie ließ sie in einem Ärmel verschwinden. »Zuerst will ich die zweite Rate haben.«

»Nach allem, was ich weiß, könnte das auch Wasser sein!«

»Na und? Wenn es so ist, holst du dir dein Gold einfach wieder zurück.« Sie deutete auf die Bewaffneten in der Kabine. »Die sollen doch dafür sorgen, dass der Austausch wie geplant vonstattengeht, oder etwa nicht?«

Der Händler kniff die Lippen zusammen und schnippte mit den Fingern. Einer der Männer gab ihm einen Beutel, den er wiederum Loulie reichte. Sie sah kurz hinein und warf, um sicherzugehen, dass sie nicht betrogen wurde, die Münze mit den zwei Gesichtern. Sie landete auf der menschlichen Seite. *Wahrheit.* Zufrieden hielt sie dem Händler die Phiole hin. »Hier, bitte schön: das wiederbelebende Elixier.«

Er entriss ihr das Fläschchen, und Loulie sah lächelnd zu, wie er sich an dem Korken zu schaffen machte. Er war so aufgeregt, dass seine Hände zitterten.

Wenn er wüsste, wie leicht diese Magie zu finden war, dachte sie.

Ihr Blick glitt zu Qadirs gewohnt ausdrucksloser Miene. Ob er sich wohl ein süffisantes Lächeln verkniff? *Für die Dschinn ist es Blut, für die Menschen Medizin,* hatte er gesagt, als sie ihm von Rasuls Bestellung erzählte.

Warum die Menschen Dschinn-Blut als wiederbelebendes Elixier bezeichneten, zeigte sich, als der einäugige Händler den silbrigen Inhalt der Phiole in sein verletztes Auge träufelte. Loulie sah zu, wie ihm glitzernde Tränen an den Wangen herabrannen und seine Haut zum Leuchten brachten. Dieser Effekt war nur vorübergehend, doch die Veränderung an seinem blinden Auge war dauerhaft.

In der Mitte seiner weißen Iris erblühte etwas Dunkles, wie ein schwarzer Tintenklecks, der sich auf einem Pergament ausbreitet. Mit jedem Blinzeln vergrößerte sich der Fleck und wurde schließlich dunkelbraun.

Medizin fürwahr.

Einen Moment später quollen dem Händler nicht nur das Elixier, sondern auch Tränen aus den Augen. Die Söldner konnten ihr Erstaunen nicht verbergen, als Rasul sie mit beiden Augen fixierte.

»Gepriesen seien die Götter«, flüsterte er.

Loulie grinste. »Ist es den Preis wert?«

»So ein Wunder ist unbezahlbar.« Rasul rieb sich über das tränennasse Gesicht, sorgfältig darauf bedacht, sein wiederbelebtes Auge nicht zu berühren. »Ich werde dich in meine Gebete einschließen, Loulie al-Nazari.«

Loulie neigte den Kopf. »Und ich dich in meine. Darf ich dir noch einen Rat geben?«

Rasul sah sie an.

»Du solltest dir einen neuen Spitznamen einfallen lassen. Der Einäugige klingt ein wenig melodramatisch.«

Der Händler prustete los, und Loulie stellte erstaunt fest, dass sie mit ihm lachte. Nachdem Rasul sie noch eine Weile gepriesen und zu einem prächtigen Festmahl später am Abend eingeladen hatte, verließ sie mit Qadir die Kabine.

Zurück im Korridor hob der Dschinn eine Hand, um ihr die verkrustete Wunde zu zeigen, die er sich vor ein paar Tagen selbst beigebracht hatte.

Shukran, *o heiliges, unbezahlbares Wunder,* formte Loulie lautlos mit den Lippen.

Qadir zuckte mit den Achseln und schien sich nun tatsächlich ein Lächeln zu verkneifen.

✦ ✦ ✦

Mama und Baba sind tot. *Immer wieder gingen Layla diese Worte durch den Kopf. Sie bemühte sich, an etwas anderes zu denken, doch es ließ sich nicht verdrängen.*

Hätte der Dschinn sie nicht durch die Wüste geschleift, wäre sie schon längst ihrem Kummer erlegen. Er trieb sie unnachgiebig vorwärts, auch wenn sie sich vor Erschöpfung kaum noch bewegen konnte. Anfangs war sie deswegen auf ihn wütend – und fürchtete ihn.

Doch diese Furcht verblasste nach einer Weile und wich widerwilliger Re-

signation. Was spielte es schon für eine Rolle, wohin der Dschinn sie brachte? Er hatte ihr erzählt, der Kompass, den ihr Vater ihr gegeben hatte, weise ihnen den Weg zu einer Stadt, doch auch diese Stadt war ihr gleichgültig.

Ihr war alles egal.

Viele Sonnenaufgänge später brach sie zusammen. Sie wollte weinen, doch ihre Brust war zu schwer und ihre Augen zu trocken. Der Dschinn wartete geduldig. Als sie nicht wieder aufstand, setzte er sie sich auf die Schultern und zwang sie dazu, sich an ihm festzuklammern, während er eine Felswand erklomm.

In dieser Nacht zog der Dschinn, nachdem er mit einem Fingerschnippen ein Feuer entfacht hatte, eine Münze aus der Tasche und legte sie sich auf die Handfläche.

»Sieh zu.« Er machte eine Faust, und als er sie einen Moment später wieder öffnete, war die Hand leer.

Layla war fasziniert. Sie fragte ihn, ob das Magie sei.

Der Dschinn schloss und öffnete die Finger erneut, und die Münze war wieder da. »Ein Trick«, sagte er.

Layla sah sich die Münze genauer an. Auf die eine Seite der fremdländisch wirkenden Münze war das Gesicht eines menschlichen Sultans aufgeprägt, auf die andere ein von Flammen umkränzter Dschinn. »Es gibt zwei Länder auf der Welt«, sagte Qadir. »Das der Menschen und das der Dschinn. Sie sind wie die zwei Seiten dieser Münze.«

Er ließ die Münze zwischen seinen Fingern verschwinden und wieder auftauchen, so schnell, dass sie seinen Bewegungen nicht folgen konnte. »Das hier ist zwar nur ein Trick, doch die Münze selbst ist tatsächlich magisch. Sie wird dir verraten, ob etwas objektiv wahr oder moralisch aufrichtig ist.« Er legte Layla die Münze auf die Handfläche. »Versuche es selbst. Wenn du sie hochwirfst und sie landet mit der menschlichen Seite nach oben, lautet die Antwort Ja. Ist der Dschinn zu sehen, bedeutet das Nein.«

Noch vor wenigen Tagen hätte Layla nicht an die Magie dieser Münze geglaubt. Doch seither war viel geschehen, und sie war nicht mehr so naiv.

»Meine Familie ist tot«, flüsterte sie und warf die Münze.

Sie landete mit der menschlichen Seite nach oben.

Layla atmete aus und versuchte es erneut. »Ein Dschinn hat mir das Leben gerettet.«

Wieder der Mensch.

Tränen traten ihr in die Augen, während die Münze immer wieder den Menschen zeigte und ihre neue Realität bestätigte. Wahrheit. Wahrheit. Wahrheit.

»Ich bin allein.« Ihre Schultern bebten vor Schluchzen, als sie Münze warf. Sie prallte von ihrem Knie ab und rollte weg, zurück zum Dschinn. Qadir betrachtete sie einen Moment lang schweigend, dann hob er sie auf und legte sie Layla auf die Hand.

Der Dschinn lag oben.

Qadir schloss ihre Finger um die Münze. »Du bist nicht allein«, sagte er. »Nicht mehr.«

✦ ✦ ✦

Als Loulie am nächsten Morgen tief in Gedanken erneut das Deck der *Aysham* betrat, ließ sie die Münze mit den beiden Gesichtern wieder und wieder zwischen ihren Fingern verschwinden. Die Menschenansammlung vom Vorabend hatte sich aufgelöst, und die Seeleute achteten nicht auf sie, während sie in ihrer schlichten braunen Kleidung an ihnen vorüberging. Anstatt der Tücher, die ihr Gesicht verborgen hatten, hatte sie sich nur einen dünnen Schal um Kopf und Schultern gewickelt, um die Sonne auf ihren Wangen spüren zu können. Wie immer war es eine Erleichterung für sie, nach einem erfolgreichen Geschäft ihr Händlergewand ablegen und anonym bleiben zu können.

Der vertraute, verschwommene Umriss von Madinne entspannte sie ebenfalls. »Siehst du sie, Qadir?«, fragte sie lächelnd.

Der Dschinn, der inzwischen seine Eidechsengestalt angenommen hatte, verlagerte sein Gewicht auf ihrer Schulter und summte sanft seine Zustimmung.

Loulie trat dichter an die Reling. Trotz des orangefarbenen

Sandschleiers schien die Sonne so hell, dass sie die unterschiedlichen Ebenen der Wüstenmetropole Madinne ausmachen konnte. Ganz oben stand der Sultanspalast, der seine wunderschönen weißen Zwiebeltürme und Minarette dem Himmel entgegenreckte. Er war ringsum von farbenfrohen Bauwerken umgeben – hochaufragenden und eingeschossigen Stein- und Holzkonstruktionen mit gewölbten oder flachen Dächern. Und inmitten dieser Gebäude in einem Geflecht aus verwinkelten Gässchen befand sich ihr Zuhause.

»Wie es wohl Dahlia geht?« Qadirs Stimme, die in dieser kleineren Gestalt viel leiser war, erklang direkt neben ihrem Ohr.

»Keine Ahnung, aber es wird ihr auf jeden Fall viel besser gehen, wenn wir unsere ausstehende Miete bezahlen.«

Qadir machte ein klickendes Geräusch – Layla war noch immer nicht sicher, ob er es mit der Zunge oder mit den Zähnen erzeugte – und sagte: »Ja, und wir schulden ihr ungefähr genauso viel, wie wir in der Tasche haben.«

»Ich werde ihr nicht unsere *gesamten* Einkünfte überlassen.«

»Vergiss nicht, dass wir die letzten Münzen mit meinem Blut verdient haben.«

Loulie unterdrückte ein Lächeln und blickte über die Schulter zu den Matrosen. Obwohl die Männer alles andere als anmutig wirkten, bewegten sie sich wie Tänzer, während sie das Schiff routiniert zum Anlegen vorbereiteten.

»Möchtest du, dass ich dein Blutgeld behalte?«

»Ich brauche euer menschliches Gold nicht«, zischte Qadir.

»Oh, das ist aber schade. Und ich dachte schon, du würdest es gerne für Wein, Weib und Gesang ausgeben. Deine Gedenkmünzen werden die Händler jedenfalls sicher nicht akzeptieren.« Sie warf einen Blick auf die Münze mit den zwei Gesichtern zwischen ihren Fingern.

»Loulie?«

»Mhm?« Sie steckte die Münze in die Tasche zurück.

»Ich höre jemanden über den Sultan sprechen.«

Mit einem leisen Seufzer drehte Loulie sich um und sah, dass sie nicht nur von Matrosen, sondern auch von ein paar vereinzelten Menschengruppen umgeben war. Obwohl der Sultan sie nicht sonderlich interessierte, überquerte sie mit ausdrucksloser Miene das Deck, um die Gespräche zu belauschen. Als gesuchte Verbrecherin konnte sie es sich nicht leisten, die Gerüchte über den Herrscher von Madinne zu ignorieren.

Sie bekam mit, wie zwei Matrosen ihre mit Schimpfwörtern gespickten Ansichten kundtaten und zwei andere sich heimlich ihre verbotene Liebe gestanden. Außerdem wurde sie Zeugin eines eigenartigen Rätselspiels, doch über den Sultan vernahm sie nichts.

Als sie die Hoffnung schon aufgeben wollte, erblickte sie Rasul al-Jasheen. Er sprach mit einem Mann, der eine Wächteruniform trug. Loulie wandte den Blick ab und ging langsamer, um sich den beiden möglichst unauffällig zu nähern.

»Die Ratgeber des Sultans sind außer sich«, sagte der Wächter gerade.

Rasul schnaubte. »Wieso schickt er nicht den Kronprinzen auf die Suche nach dem Relikt?«

Der Wächter sah in Loulies Richtung. Die fasste schnell einen Matrosen am Arm und fragte ihn mit freundlichem Lächeln, ob er wisse, an welchem Pier sie anlegen würden. Der Mann antwortete, doch sie hörte nicht zu. Nicht ihm jedenfalls.

»Kann es so einen Schatz wirklich geben?«, fragte Rasul.

»Den Gerüchten zufolge hat die verstorbene Frau des Sultans das Artefakt in einer ihrer Geschichten erwähnt.«

Loulie dankte dem Matrosen und wandte den Kopf ein wenig zur Seite, um Rasuls Antwort mitzubekommen.

»Armer Mann. Hält er Shafias Geschichten wirklich für wahr?«

Der Wächter zuckte mit den Achseln. »Ja, vielleicht. Immerhin haben sie ihn von weiteren Morden abgehalten.« Die beiden verfielen in ein bedrücktes Schweigen. Alle Wüstenbewohner wussten, dass der Sultan eine ganze Reihe von Ehefrauen umgebracht hatte, und jeder kannte Shafia, die dieser Mordserie ein Ende bereitet hatte. Sie war ebenso legendär wie ihre Geschichten.

»Seine Majestät glaubt, dass eine ihrer Geschichten eine Information enthält, die ihm den Sieg über die Dschinn bescheren wird.«

»Über die Dschinn? Die sind doch wie die Fliegen. Man kann sie ganz sicher nicht alle umbringen.« Rasul senkte die Stimme vorübergehend zu einem Murmeln, und als der Wind die Unterhaltung der beiden Männer wieder zu Loulie herüberwehte, wechselten sie gerade das Thema.

»Aber erzähl mir von diesem Wunder!«, sagte der Wächter. »Ich habe gehört, dass dir die Mitternachtshändlerin das Elixier persönlich gebracht hat. Hast du eine Ahnung, wie sie es beschafft hat?«

»Nein. Und wenn ich es wüsste, wäre es wahrscheinlich kein Wunder mehr.« Rasul lachte. »Nichtsdestotrotz danke ich den Göttern für mein Glück. Ich habe gar nicht wirklich daran geglaubt, dass sie meinen Auftrag annehmen würde.«

Qadir seufzte Loulie ins Ohr. »Wieso danken die Menschen den Göttern immer für Dinge, mit denen die überhaupt nichts zu tun haben?«

»Weil sie Idioten sind, die an das Schicksal glauben«, erwiderte Loulie verbittert. Falls diese Götter wirklich existierten, hatten sie nicht mal mit der Wimper gezuckt, als ihre Familie ermordet worden war.

Sie sah über die Schulter zu der hochaufragenden Stadt. Mittlerweile war sie so nahe, dass Loulie am Hafen Menschen ausmachen konnte, die ihnen zuwinkten. Sie machte sich auf den Weg zum Bug, um besser sehen zu können.

»Schade, dass sie nicht mehr da ist«, sagte der Wächter hinter ihr. »Ich hätte diese legendäre Händlerin gern gesehen.«

»Sie war sehr scharfzüngig«, seufzte Rasul, »aber wunderschön. Wäre sie gestern Nacht nicht verschwunden, hätte ich sie dazu überredet, mit mir in Madinne zu Abend zu essen. Stell dir nur mal vor, wie es wäre, die Mitternachtshändlerin am Arm zu haben.«

Nun freute Loulie sich noch mehr darüber, dass sie an diesem Morgen ihr Händlerinnengewand abgelegt und sich den Kajal von den Augen gewischt hatte. Hätte der vormals einäugige Händler sie zum Abendessen eingeladen, um sich mit ihr zu schmücken, hätte sie ihm eine verpasst.

»Der Sultan sucht also nach einem Relikt«, flüsterte Qadir ihr ins Ohr. »Glaubst du, wir können es finden, bevor er seine Spürhunde darauf ansetzt?«

Loulie blieb am Bug stehen und blickte schweigend zur Stadt hinauf. Sie breitete die Arme aus und spürte, wie der Wind an ihren Ärmeln zerrte. Qadir war klug genug, sie in Ruhe zu lassen. Später würden sie wieder über Relikte, Gold und Magie sprechen, doch vorerst war ihr das alles einerlei. Im Moment zählte nur eines. Die ganze Welt fokussierte sich auf eine einzige, schlichte Wahrheit:

Sie war wieder zu Hause.

2

MAZEN

Da Mazen bin Malik von seinem vertrauenswürdigsten Diener erfahren hatte, dass sein älterer Bruder bei Sonnenuntergang zurückkehren wollte, rechnete er natürlich nicht damit, ihn schon früher wiederzusehen.

Omar kam nie vormittags von der Jagd wieder, und die Nachmittage verbrachte er zumeist bei seinen Räubern. Und so war Mazen, als Omar die Tür zu dessen Schlafzimmer aufstieß, gerade dabei, durch das Fenster hinauszusteigen. Als Omar eintrat, kam Mazen der Gedanke, dass es ein folgenschwerer Fehler gewesen war, nicht mit einer früheren Rückkehr seines Bruders zu rechnen.

Mazen stellte sich den Anblick vor, den er Omar bot: Er, der jüngste Sohn des Sultans, versuchte, sich am helllichten Tag in schlichter Kleidung aus seinem Schlafzimmer zu stehlen. Als man ihn das letzte Mal in einer ähnlichen Situation erwischt hatte, war er noch ein Kind gewesen und hatte sich auf seine Abenteuerlust herausgeredet. Aus dem Mund eines Zweiundzwanzigjährigen klängen diese Ausflüchte sicher nicht mehr so süß wie damals.

Mazen räusperte sich. »Salaam, Omar.«

Omar zog eine seiner Brauen so weit hoch, dass sich seine Stirn runzelte. »Salaam, Mazen.«

»Wie war deine Jagd?«

»Doppelt erfolgreich.« Omar deutete auf seine Kleidung: Sein besticktes Hemd steckte in einer Pumphose, die von einem Gürtel mit Messerkerben festgehalten wurde. Der silberschimmernde Lebenssaft der Dschinn sah eher wie Sternenstaub als wie Blut aus.

»Du glitzerst wie der Mond, mein Bruder«, sagte Mazen mit aufgesetztem Lächeln.

»Obwohl ich deine Schmeicheleien durchaus zu schätzen weiß, möchte ich noch lieber die Wahrheit hören.« Omar schloss die Tür hinter sich. »Vielleicht wäre es besser, wenn du wieder hereinkommst, damit wir uns unterhalten können.«

»Aber drinnen ist es so stickig …«

»Weiß Vater, dass du dich davonschleichst?«

Mazen erstarrte. Nein, sein Vater wusste natürlich nichts davon. Wenn der von Mazens heimlichen Ausflügen erführe, würde er ihn für immer in diesem Zimmer einsperren. Im Palast gefangen zu sein, war schon schlimm genug, doch ganz allein in seinem Zimmer würde Mazen auf keinen Fall überleben.

Er zwang sich zu einem Lachen. »Ich wollte mich doch nicht rausschleichen! Ich habe nur etwas frische Luft geschnappt.«

»Indem du dich gefährlich weit aus dem Fenster baumeln lässt?«

»Nein, das ist gar nicht gefährlich. Der Vorhang ist erstaunlich stabil.«

»Du schleichst dich wohl öfter davon, hm?« Omar kam, die Hände hinter dem Rücken verschränkt, näher.

Mazen warf einen Blick auf die Messer an Omars Gürtel und schluckte. Das kleine Kind in ihm, das noch immer Angst vor seinem Bruder hatte, sorgte sich, dass Omar mit einer dieser Klingen den Vorhang durchschneiden könnte.

»Was hast du vor? Bist du mit einer Frau verabredet?« Omar blieb am Sims stehen und beugte sich vor, bis sein Lächeln nur noch wenige Zoll von Mazens Gesicht entfernt war. »Willst du eine Besichtigungstour machen? Oder planst du irgendeine Schandtat?«

»Nichts von alledem!« Mazen umklammerte den Vorhang noch fester. »Ich habe … nur Gerüchte gehört, dass heute der Alte Rhuba nach Madinne zurückkehrt.«

Omar sah ihn ausdruckslos an. »Du machst dich davon, um dir die Geschichten eines alten Mannes anzuhören?«

»Er kommt von den Weißen Dünen, Omar. Den *Weißen Dünen*. Du weißt ja, was man sich über den Sand dort erzählt … dass er aus der Asche von Ghulen bestehe, die …«

»Von mir aus.« Omar trat seufzend einen Schritt zurück. »Geh nur und hör dir das Gefasel alter Männer an.«

Mazen blinzelte. »Wirst du es denn nicht Vater erzählen?«

»Das hier wird unser Geheimnis bleiben.« Omar lächelte. »Aber natürlich kostet dich das was.« Bevor Mazen protestieren konnte, hob er eine Hand. »Du hast gar keine andere Wahl. Entweder erkaufst du dir mein Schweigen, oder ich spaziere jetzt gleich durch diese Tür und informiere den Sultan über deine Eskapaden.«

Mazen verschlug es den Atem. Er hatte keine Ahnung, mit was sein Bruder ihn erpressen wollte, doch er hätte lieber hundert Abmachungen mit Omar getroffen, als dem Sultan die Wahrheit zu sagen – dass er, ein Prinz, gegen seinen ausdrücklichen Befehl ohne Geleitschutz den Palast verließ und sich unbewacht in die angeblich vor Dschinn nur so wimmelnden Straßen begab.

»Denk dran, Mazen. Eine Hand wäscht die andere. Du schuldest mir was, Akhi.« Omar bedachte ihn mit einem letzten Lächeln, bevor er den Raum verließ und die Tür hinter sich zuzog.

Mazen sah seine unheilvoll gekräuselten Lippen noch immer vor sich, während er durch den Palastgarten schlich. Er versuchte sich abzulenken, indem er sich auf all die Wunder um ihn herum konzentrierte, doch seine Sorgen trübten ihre Herrlichkeit. Die von weißen Rosen gesäumten Pfade kamen ihm auf einmal farblos und langweilig vor, und der wunderschöne Brunnen aus tanzenden Glasfiguren schien nicht so prächtig in der Sonne zu funkeln wie sonst. Selbst die Heckenskulpturen, die wie Fabelwesen aus den Geschichten seiner Mutter gestaltet waren, ließen ihre übliche Pracht vermissen.

Mazen passierte all diese Sehenswürdigkeiten wie ein Geist in seinem schlichten Hemd und der dazu passenden Hose. Die verschlungenen Gartenpfade führten ihn vorbei an Bächen voll bunter Fische und durch leere Pavillons mit komplex gemusterten Decken. Die mit Kissen belegten Bänke darin waren leer und würden es noch eine ganze Weile bleiben, bis die Ratgeber des Sultans ihre politischen Debatten unterbrachen und sich hierher zurückzogen, um den neuesten Klatsch und Tratsch auszutauschen. Dieser Gedanke machte Mazen nervös, da er seinen Ausflug so gelegt hatte, dass ihn bei Hofe niemand vermissen würde. Er vertraute auf seinen Plan, musste nun aber hoffen, dass Omar Wort halten und ihn nicht bei seinem Vater anschwärzen würde.

Nervös näherte er sich dem Dienstboteneingang. Beim Anblick des Mannes, der das silberne Tor bewachte, besserte sich seine Laune jedoch sofort. Es war derjenige, den er erwartet hatte, und so konnte er sich den Weg nach draußen erkaufen. Mazen versuchte, nicht darüber nachzudenken, wie angespannt der Wächter wirkte, als er ihn passieren ließ, und wie hektisch er seine Münzen einsteckte.

Wir haben alle unsere Bedürfnisse, dachte er. *Ich muss aus dem Palast entkommen, und er braucht Gold für sein Kind, das demnächst zur Welt kommt.* Es war ein ehrenhafter Handel.

Der erhöht gelegene Teil von Madinne, auf dem sich der Palast und das Adelsviertel befanden, war nur eine kleine Oase über der Ebene, auf der sich die Stadt ausbreitete, und so fiel es ihm nicht schwer, zum Souk der einfachen Leute im Unteren Viertel zu gelangen. Die grünen Hänge gingen in karge Staubflächen über, die breiten Kopfsteinpflasterstraßen verengten sich zu befestigten

Trampelpfaden, und die Ladengeschäfte wichen baufälligen, aber charmanten Ständen mit grob gemalten Schildern. Lautenmelodien und Trommeln durchbrachen die Stille, und die Luft war erfüllt von Gerüchen wie Moschus und Schweiß, Öl und Bakhoor, sowie einer verlockenden Mixtur aus Gewürzaromen, die ihm das Wasser im Mund zusammenlaufen ließen.

Die Pfade, denen Mazen auf seiner Suche nach der goldenen Zeltplane des Alten Rhuba folgte, waren mit allen möglichen quietschbunten farbenprächtigen Ständen gesäumt, doch er hatte nur Augen für die Auslagen der Künstler. Im Vorübergehen betrachtete er Keramikschalen, Shatranj-Bretter, glasierte Tierkreiszeichenteller … und blieb jäh stehen, als sein Blick an einem kleinen, aber aufwendig gewebten Teppich hängen blieb, auf dessen Oberfläche sich eine Reihe geometrischer Muster wiederholte. Er erkannte dieses Motiv. Ein beinahe exakt gleich aussehender Teppich bedeckte den Boden seines Schlafzimmers.

Er hob den Kopf und begegnete dem Blick der Händlerin des Marktstandes – eine in mehrere rotorange Stoffschichten gehüllte Frau mittleren Alters. Auf dem Hocker neben ihr saß ein dürrer junger Mann, der den Souk mit glasigen Augen gelangweilt betrachtete – vermutlich ihr Sohn, der sie beschützte.

»Salaam, ya Sayyid«, begrüßte die Händlerin ihn so leise, dass Mazen sie wegen des Trubels ringsum kaum verstehen konnte.

»Salaam«, erwiderte Mazen automatisch, während er zwei schwankenden Sängern auswich und wieder zur Verkaufstheke zurückkehrte. Er deutete auf das Muster, das ihm aufgefallen war. »Deine Teppiche sind schön.«

Die Weberin lächelte strahlend. »*Shukran*. Aber der Teppich, den du gerade betrachtest, ist nicht von mir. Meine Tochter hat ihn angefertigt. Ich habe sie nur dabei angeleitet.« Sie streckte den Arm aus und strich mit den Fingern über die Quasten. »Sie hat ihn viele Wochen lang aus feinstem Kamelhaar gewoben, während wir mit unserem Schwesterstamm durch die Klippen über Ghiban zogen.«

Stamm. Das Wort erfüllte Mazen mit einer vagen Sehnsucht. Obwohl seine Familie von Nomaden abstammte, war sie schon lange sesshaft – zumindest der väterliche Zweig. Er hätte gerne gewusst, wie es sich anfühlte, in der gesamten Wüste zu Hause zu sein.

Mazen lächelte. »Die Götter haben deine Tochter mit großem Talent gesegnet. Dieser Teppich erinnert mich an einen anderen, den ich vor Jahren geschenkt bekommen habe. Er hat eine ähnliche Struktur und fast das gleiche Motiv – blaue Diamanten auf weißem Untergrund mit einem Halbmond in der Mitte. Man hat mir gesagt, er sei von einem Meister gewoben worden.«

»Ah, das ist mein Muster«, gluckste die Händlerin. »Wie schmeichelhaft, als Meisterin bezeichnet zu werden.«

Mazen erwiderte ihr Lächeln. »Es ist mir eine Ehre, dich kennenzulernen.«

»Du bist ja ein richtiger Charmeur.«

»Ich sage nur die Wahrheit.« Er warf einen weiteren Blick auf den Teppich, eines von vielen hinreißend schönen, auf Holzböcken drapierten Exemplaren. Wäre es ihm möglich gewesen, unbemerkt einen davon in den Palast zu schmuggeln, hätte er es vielleicht getan. Doch seine Ausflüge waren keine Einkaufsbummel. »Weißt du zufällig, wo ich einen Geschichtenerzähler mit Namen der Alte Rhuba finde?«

Die Augen der Weberin funkelten. »Ich kann mir kaum vorstellen, dass es hier irgendwen gibt, der dir diese Frage *nicht* beantworten kann. Heute habe ich ihn zwar noch nicht gesehen, aber seine goldene Plane kannst du kaum verfehlen.« Sie hob eine Braue. »Wenn es dir um Geschichten geht … diese Teppiche erzählen auch welche.«

»Ja, aber die kann ich mir nicht leisten«, erwiderte Mazen und schämte sich für diese haarsträubende Lüge.

»Was? Willst du nicht einmal *versuchen,* mit mir zu feilschen?«

»Es wäre eine Beleidigung, weniger als den vollen Preis für sie zu bezahlen.«

»Du kannst von Glück reden, dass du so eine goldene Zunge hast«, antwortete die Händlerin lachend und winkte ihn weg. »Komm wieder, wenn du bereit bist, mich nicht mit Worten, sondern mit Münzen zu preisen.«

Mazen nickte lächelnd und nahm seine Suche nach dem Alten Rhuba wieder auf. Dabei erfuhr er, dass das Schiff, auf dem sich dieser befand, noch nicht angelegt hatte. Und so blieb ihm nichts anderes übrig, als zu warten. Er ging in einen Chai-Laden, setzte sich an einen Platz, von dem er die ankommenden Schiffe im Blick hatte, und bestellte einen Kaffee mit Kardamom.

Während er wartete, dachte er sich zum Vergnügen Geschichten über die Passanten aus. Der bunt gekleidete Geck war auf der Flucht vor seiner Theatertruppe, die beiden Männer, die verschwörerisch miteinander flüsterten, verkauften illegale Rauschmittel, und das kleine Mädchen, das sich mit einem strahlenden Lächeln an der Hand seines Vaters festhielt, war eine Ausländerin, die den Souk von Madinne zum ersten Mal sah.

Als er seinen Kaffee bekam, wurde er auf das Gespräch am Nachbartisch aufmerksam, wo fünf Männer über ihren Getränken kauerten und wie alte Frauen miteinander schwatzten.

»Es heißt, der Kronprinz habe einen Dschinn mitgebracht.«

»Wozu? Für eine zeremonielle Hinrichtung?«

Mazen warf einen verstohlenen Blick auf den Mann, der zuletzt gesprochen hatte, und wandte sich sofort wieder ab. Er kannte ihn … Es war ein Palastwächter, der gerade dienstfrei hatte. *Entspann dich!*, dachte er. *Er wird dich nicht bemerken.*

Doch Mazen wusste, dass er sich damit nur etwas vormachte. Das einfache Volk erkannte ihn bloß deshalb nicht, weil er vor seinen Ausflügen stets seinen königlichen Ornat ablegte – die drei Ohrringe, die ihn als drittgeborenen Sohn des Sultans auswiesen, den Schal seiner Mutter und auch sämtlichen Gold- und Silberschmuck.

Doch seine Gesichtszüge konnte er nicht verbergen und auch

nicht seine gewellten schwarzen Haare oder die goldenen Augen. Für alle, die ihn kannten, war er trotz seiner ausgebeulten sandfarbenen Kleidung unverkennbar Mazen. Die Ghutra auf seinem Kopf würde wahrscheinlich nicht viel nützen, wenn sie seine Augen sahen.

Entspann dich und versuch, keine Aufmerksamkeit zu erregen.

Er nippte an seinem Kaffee.

Und verschluckte sich prompt daran. Die Wächter unterbrachen ihr Gespräch und starrten seinen Rücken an.

Auf dem heutigen Tag liegt ein Fluch.

Einer der Wächter kam näher und fragte, ob mit ihm alles in Ordnung sei.

Mazen versuchte zu lachen, doch es gelang ihm nicht. »Schon gut«, brachte er heraus. »Mir geht's gut. Danke der Nachfrage.«

Sein Herz bebte vor Angst. *Dreh dich um. Dreh dich wieder um.*

Zum Glück tat ihm der Mann den Gefallen und nahm den Gesprächsfaden wieder auf. »In letzter Zeit sind in der Stadt mehr Dschinn als sonst.«

»Mehr? Ich dachte, die Sicherheitsmaßnahmen des Kronprinzen sollen sie fernhalten.«

Mazen umklammerte seine Tasse. Jeder Dschinn, der sich nach Madinne hineinwagte, war so gut wie tot. Warum sollten sie dieses Risiko eingehen wollen?

Einer der Männer winkte ab. »Wer braucht schon Sicherheitsmaßnahmen? Öffentlich hinrichten sollte man diese Kreaturen, sie ausbluten und die Blumen, die aus ihnen sprießen, im Publikum verteilen. *Das* würde sie abschrecken.«

Mazen dachte an das schreckliche silberne Blut auf der Kleidung seines Bruders und fragte sich, wo Omar die beiden Dschinn getötet hatte und welche Art Leben aus ihrem Blut entstanden war. Hatten sie seinen herzlosen Bruder angefleht, sie zu verschonen? Oder hatten sie sich bis zum bitteren Ende vergeblich gewehrt? Mazen wollte sich nicht vorstellen müssen, wie sie

Omar angebettelt hatten und von ihm niedergemetzelt worden waren.

Es war zugleich erschreckend und erstaunlich, dass das silberne Blut, das dabei aus ihnen herausgeflossen war, der Natur auf die Sprünge helfen würde.

Im Gegensatz zu vergossenem menschlichem Blut, das immer nur für Verlust, Schmerz und Tod stand.

Unwillkürlich musste Mazen an das letzte Mal denken, als er seine Mutter gesehen hatte. Das war mittlerweile zehn Jahre her. Er war damals zwölf gewesen. Sie hatte geschlafen. Zumindest hatte er das geglaubt. Mazen war gekommen, um ihr eine Nachricht seines Vaters zu überbringen, und hatte sie reglos auf dem Bett liegen sehen. Mit einem purpurroten Fleck auf der Brust hatte sie die Decke angestarrt.

Mazen stieß langsam den Atem aus und schob die Erinnerung von sich. Von Zeit zu Zeit drängte sie mit Gewalt an die Oberfläche. Ein Dschinn hatte seine Mutter umgebracht – das war der Grund, weshalb sein Vater ihm verbot, ohne Leibwächter den Palast zu verlassen.

Er hob den Kopf und sah sich verzweifelt nach etwas um, das ihn von seinen Grübeleien ablenken würde. Er musste nicht lange suchen. Nur wenige Meter von ihm entfernt stand eine Frau unbewegt in der Menge und lächelte ihn an. Sie war groß und grazil mit sinnlichen Kurven und langen Beinen, die sich deutlich unter ihrem hauchdünnen Seidengewand abzeichneten.

Während Mazen ihre strahlende Erscheinung in sich aufnahm, regte sich Sehnsucht in ihm. Er blickte in ihre hypnotisierenden Augen, die je nach Lichteinfall zwischen Kaffeebraun und Bernsteinfarben changierten.

Der lüsterne Schauer, der ihn durchfuhr, fühlte sich vage unnatürlich an, doch er sah keinen Grund, weiter darüber nachzudenken.

Die Frau klimperte mit den Wimpern, drehte sich um und ging davon.

Eine eigenartige Spannung hing in der Luft, wie ein bis zum Äußersten gedehnter Faden. Und er zerriss.

Mazen zog es vom Stuhl.

Er stand auf, verzog die Lippen zu einem trägen Lächeln und folgte ihr in das Chaos des Souks. Sie konnte nur eine Göttin sein.

Noch nie war er von einer so starken Begierde ergriffen worden. Natürlich musste er ihr hinterhergehen. Er musste … musste …

Sie sich nehmen.

3

LOULIE

»Wie sieht's aus, sprechende Eidechse – hättest du lieber Zuckermandeln oder geröstete Pistazien?«

Niemand konnte Loulie hinter ihrem Kopftuch flüstern hören, und auch die Antwort des Dschinns, ein genervtes Seufzen, war nicht zu vernehmen.

Seit sie vor einer Stunde in Madinne angelegt hatten, war Qadir in gedrückter Stimmung. Immer wieder schlug er vor, zu Dahlia zurückzukehren, doch Loulie ignorierte ihn. Was sollten sie in der Taverne, wo sie doch genug Münzen zum Verprassen hatten?

»Also gut, dann nehmen wir geröstete Pistazien.« Sie näherte sich mit zwei Bronzemünzen in der Hand dem Stand. Der Händler, ein freundlicher älterer Herr, der nach Sesam roch, überreichte ihr dafür mit einem strahlenden Lächeln eine Tüte Nüsse.

»Wie wunderbar, dich wiederzusehen, Layla. Du bist auf der *Aysham* eingetroffen, nicht wahr?«

Layla. Im Laufe der Jahre war der Name, den ihre Eltern ihr gegeben hatten, zu einem Alias geworden, unter dem sie sich Leuten vorstellte, denen sie sich nicht als Mitternachtshändlerin zu erkennen geben wollte. So war es ihr am liebsten – eine verschüttete Identität aus einer zu Grabe getragenen Vergangenheit.

»So ist es.« Loulie steckte sich ein paar Pistazien in den Mund

und seufzte. Sie schmeckten perfekt wie immer. Noch besser wären sie nur mit Schalen gewesen, und das auch bloß, weil sie sie gern mit einem lauten Knacken zerbiss, um Qadir zu ärgern.

»Gibt es irgendwelche Neuigkeiten vom Souk?«

Der Alte winkte sie näher. »Sag niemandem, dass du es von mir hast, aber …«

Sie ließ ihn reden und nickte von Zeit zu Zeit, zum Zeichen, dass sie ihm zuhörte. Er tratschte für sein Leben gern, und sie gab ihm dazu großmütig die Gelegenheit. Manchmal wies er sie unwissentlich auf potenzielle Kunden hin oder versorgte sie mit Gerüchten aus dem Herrscherhaus. Qadir war vor allem an Letzterem interessiert. Er interessierte sich mehr für Politik als sie.

Nach einer Weile wurde jedoch auch ihm langweilig. »Können wir nach Hause gehen? Wir sollten …« Er schnappte nach Luft. »Rechts von dir, Loulie.«

Zuerst sah sie nichts Ungewöhnliches: Standbesitzer winkten die Passanten näher, die schwarz verschleiert oder in bunten Seidengewändern über den dichtgedrängten Markt schlenderten.

Doch dann erblickte sie eine Frau, die wie eine Fata Morgana mit der Menge verschmolz. Groß und imposant, mit unglaublich ebenmäßigen Zügen. Loulie war von ihrer Schönheit überwältigt.

Auf Qadirs gezischte Anweisung hin rieb sie die eisernen Ringe an ihren Fingern und spürte, wie sich ihre Gedanken langsam wieder klärten. Ihr wurde bewusst, dass niemand sonst auf diese unnatürlich perfekte Gestalt achtete. Sie hätte ebenso gut ein Geist sein können. Auch Loulie musste sich bewusst auf sie konzentrieren, um sie nicht aus den Augen zu verlieren. Hätte Qadir sie nicht auf die Frau aufmerksam gemacht, wäre ihr Blick wie Wasser von ihr abgeperlt.

War sie eine Dschinn?

Loulie bemerkte einen Mann in sandfarbener Kleidung, der hinter der Dschinn herging. Seine Lippen waren zu einem eigenartigen Lächeln verzogen, das nicht bis zu seinen glasigen Augen reichte.

Qadir rückte näher zu ihrem Ohr. »Was um alles in der Welt könnte eine Dschinn nach Madinne führen?«

»Keine Ahnung«, murmelte sie. »Aber ich würde es gern herausfinden.«

Sie verabschiedete sich höflich von dem Händler und folgte mit einigem Abstand der Dschinn und dem lächelnden Mann. »Glaubst du, er ist ein Jäger?« Loulie holte ihre Münze mit den zwei Gesichtern aus der Tasche und warf sie in die Höhe. Sie landete mit dem Dschinn nach oben. *Nein.*

»Eigenartig«, sagte Qadir. »Normalerweise folgen Dschinn Menschen nur in die Städte, um sich an ihnen zu rächen.«

Loulie ging schneller.

»Was soll das?«, zischte Qadir ihr zu.

»Ich verfolge sie.«

Da die zweigesichtige Münze sie nie belogen hatte, musste die Dschinn den Menschen aus einem anderen Grund in ihren Bann geschlagen haben. Sie steckte die Münze in die Tasche und holte stattdessen ihren Kompass heraus. »Führe mich zu der Dschinn«, flüsterte sie. Die verzauberte Kompassnadel wies auf die Frau, die im Gedränge verschwand.

»Das ist nicht ratsam«, sagte Qadir.

»Wann hätte mich das je von irgendetwas abgehalten?«

Qadir seufzte. »Eines Tages wird deine Neugier noch dein Tod sein.«

Doch Loulie hörte ihm nicht mehr zu. Stattdessen konzentrierte sie sich auf den Kompass, der sie nie in die Irre führte und dessen Magie ihr vor Jahren das Leben gerettet hatte.

»Wie funktioniert er?«, fragte Layla, während sie den Kompass hin und her drehte.

Mittlerweile war sie seit einer Woche mit dem Dschinn in der Wüste unterwegs und hatte gemerkt, dass der Kompass ihm den Weg zu Unterschlüpfen und Wildtieren wies.

»Er zeigt mir die Richtung an. Wenn ich etwas suche, hilft er mir dabei, es zu finden.« Qadir betrachtete den Kompass mit einem zärtlichen Lächeln.

Layla neigte ihn nach links und rechts, doch die rote Nadel kehrte immer wieder zu ihr zurück. Temperamentvoll hatte ihr Vater ihn genannt. Doch er hatte seine Magie nicht verstanden, als er ihn ihr gab, und auch nicht geahnt, dass Qadir, sein rechtmäßiger Besitzer, kommen und ihn holen würde.

Und dass er ihr damit das Leben retten würde.

Qadir beugte sich zum allmählich verlöschenden Feuer vor und wedelte mit der Hand über dem nur noch schwach glimmenden Holz, bis es wieder aufflackerte. Abgesehen von der Feuerstelle umfasste ihr Nachtlager nur noch ein verwittertes Zelt und Qadirs bodenlose Tasche.

Der Dschinn ließ die Schultern kreisen. »Der Kompass gehört mir. Er besteht darauf, dass ich dich begleite, und das werde ich so lange tun, bis er mich in eine andere Richtung leitet.«

»Wieso sollte er das tun?«

Qadir sah sie einen Moment lang an. »Ich habe mich in eurer Menschenwüste verirrt und kann nicht nach Hause zurück. Daher hielt es der Kompass, als ich ihn bei dir fand, für richtig, mich auf einen anderen Pfad zu schicken.« Seine dunklen Augen fixierten sie eindringlich. »Deinen Pfad.«

Layla schluckte schwer. »Wieso kannst du nicht nach Hause zurück?«

Er schüttelte den Kopf. »Weil ich dort nicht mehr willkommen bin. Aber das spielt keine Rolle. Der Kompass hat mich noch nie auf Abwege geführt.« Qadir klang sehr überzeugt, doch seine Augen …

Trotz des hellen Feuerscheins tanzten unheimliche Schatten in ihnen.

Loulie durchquerte ein Gewirr aus Gassen und erblickte die Dschinn schließlich wieder. Sie führte den Mann in einen verlassenen Tempel, ein schlichtes Lehmbauwerk mit vergitterten Fenstern und verblassten Halbmonden und Sternen auf den Wänden. Die große Eingangstür aus Metall stand offen und gab den Blick auf eine unnatürlich finstere Kammer frei.

»Und was hast du jetzt vor?«, flüsterte Qadir.

»Ich werde mit ihr sprechen. Und zur Sicherheit …« Sie griff in die Tasche und holte ihre bevorzugte Waffe heraus, einen Krummdolch mit einem Griff aus schwarzem Obsidian. Auf den Knauf war ein goldenes Qaf gemalt – der erste Buchstabe von Qadirs Namen und der einzige Hinweis, dass er ihm gehörte.

»Was erhoffst du dir davon, eine Dschinn zu bedrohen?«

»Vielleicht kann ich diesem Mann das Leben retten.«

Das Messer würde sie nur im äußersten Notfall verwenden. Sie vermied, wenn möglich, jegliche Gewalt, und die Dschinn sollte auf keinen Fall merken, dass es sich bei der Klinge um ein mit Dschinn-Magie belegtes Relikt handelte. Aus Erfahrung wusste sie, dass es ein lebensgefährlicher Fehler sein konnte, einem Dschinn Relikte unter die Nase zu halten.

Loulie betrat das Gebäude. Das geräumige Innere war leer, die in die Wände gehauenen Gebetsnischen staubig und voller Spinnweben. Eine Abbildung eines sonnigen Himmels zierte die Decke, dennoch war sie düster und grau. Im gedämpften Licht, das durch die Fenster hereinfiel, tanzten Staubflocken. Es war, als wären alle Farben aus dem Raum gesaugt worden.

In der Mitte stand die Dschinn. Sie hatte die Arme vor der Brust verschränkt. Loulie starrte ihr Haar an, das wie ein dunkler wirbelnder Fluss über ihre Schultern fiel und hinter ihrem Rücken zu Rauch verblasste.

Neben ihr stand der Mann – er hatte noch immer das eigenartige Lächeln im Gesicht.

»Menschenmädchen«, sagte die Dschinn tonlos. »Verschwinde

von hier. Ich habe mit dir nichts zu schaffen.« Ihr Blick fiel auf die eisernen Ringe an Loulies Fingern.

Loulie verbarg die Hände schnell hinter dem Rücken, doch es war bereits zu spät.

»Wie kannst du es wagen, dich mir mit diesen Ringen zu nähern?«, fauchte die Dschinn.

Loulie unterdrückte ein Stöhnen. Die Ringe waren ein verbreiteter Schutz gegen Besessenheit und erregten natürlich den Zorn der Dschinn. Sie selbst war von ihrer Wirksamkeit nicht überzeugt, doch Qadir bestand darauf, dass sie sie trug. *Ein Aberglaube, der dich nicht umbringt, könnte dir das Leben retten,* ermahnte er sie immer wieder.

»Sie sind dazu da, unangenehme Missverständnisse wie dieses zu vermeiden«, sagte Loulie betont ruhig. »Und ich bin nur gekommen, um dich davor zu warnen, einem Menschen auf dem Stadtgebiet etwas anzutun.«

Ihr Blick zuckte zu den Schatten an den Wänden, die wie verschüttete Tinte auf sie zuflossen, und unterdrückte ein Schaudern, als die sanfte Stimme der Dschinn erneut den leeren Raum erfüllte. »Ist dir klar, wie viele von meinem Volk dieser Mann auf dem Gewissen hat?« Sie stieß ihm einen Finger in die Brust. »Er gehört mir, und ich mache mit ihm, was ich will.« Sie trat einen Schritt zurück und winkte kurz mit der Hand. Aus der Dunkelheit an den Wänden wuchsen Arme, die Loulie kurzerhand durch die Tür ins Tageslicht hinausschoben.

Loulie sah in die Dunkelheit zurück und holte dreimal tief Luft.

»Loulie«, rief Qadir und grub seine Krallen in ihre Schulter.

Sie ignorierte ihn jedoch und rannte hinter den sich zurückziehenden Schatten erneut in den Tempel. Die Tür schlug zu und schloss sie in der Finsternis ein. Hinter sich hörte sie ein Geräusch und fuhr herum, sah aber nichts.

»Ich habe noch nie einen Menschen gesehen, der so versessen

darauf ist zu sterben.« Die Stimme der Dschinn schien von überall und nirgendwo zu kommen.

Loulie hielt das Messer vor sich hin. Brachte ihr Zittern unter Kontrolle. »Dieser Mann ist kein Jäger.«

Es kam keine Antwort.

Loulie packte die Waffe fester und wappnete sich für einen Angriff, doch er blieb aus. Stattdessen spürte sie ein schwaches Brennen in der Lunge.

Rauch.

Verzweifelt stieß sie die Klinge nach vorne und hinter sich, traf jedoch keinen Widerstand. Ein merkwürdiger Druck baute sich in ihrer Lunge auf und raubte ihr die Luft zum Atmen. Japsend sank sie auf die Knie. Das Messer rutschte ihr aus den Fingern und fiel zu Boden. Falls es beim Aufprall ein Geräusch machte, konnte Loulie es nicht hören. Sie nahm nur diesen Druck wahr, der immer stärker und stärker und stärker wurde …

»Widerstand ist zwecklos, du närrisches Mädchen. Gegen Schatten kannst du nichts ausrichten.«

Loulie bekam vage mit, dass Qadir von ihrer Schulter herunterkrabbelte. Dann nahm sie nur noch den Schmerz in ihrer Lunge wahr. Loulies Knochen knirschten, und ihre Ohren knackten. Ihre Sicht verschwamm, und aus dem quälenden Nebel stiegen blutige Erinnerungen vor ihrem inneren Auge auf.

Purpurrote Flecken im Wüstensand. Leichen. Schwarz gekleidete Männer, die Schwerter schwangen.

Ihre Mutter und ihr Vater tot, ihr Stamm ausgelöscht.

»Ah …«, hallte die Stimme der Dschinn durch den leeren Raum.

Der Schmerz ließ nach, und Loulie nahm wieder jeden brennenden Zoll ihres Körpers wahr. Ihr Kopf fühlte sich an, als wäre er mit Baumwolle ausgestopft, während sie den Blick hob und in die rubinroten Augen in der Dunkelheit vor ihr schaute. »Du bist ein Opfer der schwarz gewandeten Männer?« Die Dunkelheit schien Wellen zu schlagen, und Loulie hatte den Eindruck, dass die Dschinn die Hand nach ihr ausstreckte. Ihre Stimme wurde weicher und klang zögerlich. »Du …«

Das Wort steigerte sich zu einem gellenden Schrei, als auf einmal grelles Sonnenlicht in den Raum drang. Der Schatten wand sich und kreischte, bis nur noch Dunkelheit von ihm übrig blieb, die in den rissigen Fliesen versickerte.

Loulie drehte sich langsam zum Eingang, in dem der lichtumflorte Umriss eines Mannes stand.

Dunkle Flecken tanzten vor ihren Augen, während die Welt sich allmählich wieder mit Farben füllte.

Sie schaffte noch einen einzigen seligen Atemzug, bevor sie zusammenbrach.

4

MAZEN

Mazen hatte keine Ahnung, wie lange er schon im Bann dieses liebreizenden Geschöpfes stand, doch es war ihm auch egal. Er wusste nur, dass er sich bis ans Ende seiner Tage an ihrer Pracht erfreuen und ihre roten Lippen schmecken wollte.

Aber

Mit den Händen über die glatte Haut an ihren Hüften und über ihren Bauch streichen …

Aber

Die Finger in ihre Haare schieben und die Lippen auf ihren Hals pressen …

Aber

Seine innere Stimme war wie ein hartnäckiger Alarm. Sie machte es ihm unmöglich, sich auf diese Göttin zu konzentrieren. Und es gab auch noch etwas anderes, das ihn von ihr ablenkte. Als Mazen gerade darüber nachdachte, den dunklen Raum nach der Quelle dieser Störung abzusuchen, sah die Göttin ihn an und sagte:

»Er gehört mir, und ich mache mit ihm, was ich will.« Und er versank erneut in seiner Benommenheit.

Sie streckte die Hand aus und strich mit einem Finger an seiner Wange herab. Ein hilfloser Schauder durchfuhr ihn. »Ach du lieber

Mensch.« Ihre Stimme klang honigsüß wie Nektar. »Lieber, verschlagener Mensch. Wie viele von uns hast du umgebracht?«

Die Göttin kam näher, bis ihre Körper sich berührten. Mazens Herz machte einen Satz, als er ihre warme Haut auf seiner spürte. Irgendwo in den Tiefen seines Verstandes hörte er sich selbst schreien.

»Du hast geglaubt, du könntest entkommen«, wisperte die Göttin ihm ins Ohr. »Aber ich kenne dein Blut. Wenn nötig, hätte ich dich bis ans Ende der Welt verfolgt.«

Mazen blinzelte. Schwarze und rote Schlieren tanzten vor seinen Augen. Dahinter machte er ein lüsternes Lächeln aus, das sich halb aus der Dunkelheit schälte und wieder darin verschwand.

»Ich werde mir mit dir Zeit lassen, damit dein Leid nicht zu schnell vorbei ist.« Sie drückte ihre Lippen auf seine und hauchte ihm ihren Atem ein. Oder saugte sie *seinen* Atem aus ihm heraus? Er war sich vage bewusst, dass seine Lunge kollabierte und sein Körper wild zu zucken begann.

Mazen versuchte, sie wegzustoßen, doch es gab nichts, was sich wegstoßen ließ. Die Frau war eine Silhouette aus Rauch. Er versuchte, rückwärts von ihr wegzutreten, doch seine Füße rührten sich nicht vom Fleck, seine Kehle brannte wie Feuer, und – o ihr Götter, er würde sterben …

Auf einmal konnte er wieder atmen. Er versuchte, etwas zu sagen, doch nicht mal der kleinste Hauch drang aus seiner ausgezehrten Lunge. Wie eine Flamme flackerte sein Bewusstsein kurz auf, nur um gleich darauf wieder zu erlöschen.

»Ich habe noch nie einen Menschen gesehen, der so versessen darauf ist zu sterben.« Die Worte der Dämonin umhüllten ihn wie Seide, und sein Geist trübte sich weiter ein, während sie sich von ihm entfernte.

Irgendwo in der Dunkelheit hörte er jemanden nach Luft ringen. Er versuchte, sich darüber klar zu werden, was dieses Geräusch zu bedeuten hatte, als plötzlich etwas seinen Körper erklomm. Es bewegte sich so schnell, dass er es nicht von sich abstreifen konnte. Er fühlte einen schmerzhaften Stich in der Schulter und hörte eine Stimme direkt an seinem Ohr. »Such die Tür«, sagte die Stimme, und sie und der Schmerz verschwanden wieder.

Mazen blinzelte langsam und versuchte, sich in seiner Umgebung zu orientieren. Er machte einen taumelnden Schritt nach vorn und spähte in die Dunkelheit. Da sah er etwas Kleines, Brennendes den Raum durchqueren. Doch das konnte nicht sein, oder? Echtes Feuer verbrannte alles, was ihm in den Weg kam, und blieb nicht derart kompakt.

Mazen stolperte dennoch hinter der Flamme her. Es war eine kurze Verfolgungsjagd, die damit endete, dass er gegen eine Wand prallte und das Licht verlosch. Er breitete die Arme aus und fühlte Metall unter seinen Händen. Die Tür. Ohne nachzudenken, presste er sich dagegen, bis sie seufzend aufschwang. Licht strömte in den Raum und verdrängte die Dunkelheit, die kreischend zurückwich.

Schaudernd fuhr Mazen zu der betörenden Frau herum und sah verdutzt zu, wie sie sich auflöste und zwischen den Fliesen verschwand. Vorhin war er ihr durch sonnendurchflutete Straßen gefolgt und hatte sich daran erfreut, wie sich das Licht in ihren wunderschönen Augen spiegelte. Doch nun war sie keine Frau mehr, sondern ein Schatten, den die Sonne verschlang, bis nichts mehr von ihm übrig war.

Wo sie gerade noch gestanden hatte, befand sich nun eine fremde Person in einem einfachen braunen Gewand.

Mazen starrte sie an, nicht sicher, ob er sie sich nur einbildete.

Sie sah ihn unter ihrem Kopftuch hervor an, dann brach sie zusammen.

Mazen ging langsam zu ihr und beäugte argwöhnisch die im Boden versickernden Schatten. Als er die fremde Person erreichte, setzte sie sich unvermittelt auf. Dabei löste sich ihr Kopftuch und entblößte einen braunen Lockenwust. Es war eine Frau. Eine

Frau mit außergewöhnlichen rostbraunen Augen. Mazen zuckte zurück.

»Dir auch Salaam«, sagte sie heiser und sah ihn finster an.

Mazen schluckte. »Verzeihung«, erwiderte er mit leiser, bebender Stimme und räusperte sich. »Ich wusste nicht, ob du eine Illusion bist. Oder …« Er deutete um sich herum, doch die Schatten waren mittlerweile komplett vom Sonnenlicht verdrängt worden.

Die Fremde sah sich mit zusammengekniffenen Augen im Raum um, als würde sie nach etwas suchen. Vielleicht nach der Dämonin.

Mazen merkte, dass seine Hände zitterten, und schob sie in die Taschen. »Wir sollten von hier verschwinden.« Er bemerkte ein silbriges Funkeln und sah das Messer, das die Frau in der Hand hielt.

Bevor er es eingehender betrachten konnte, verstaute sie es schnell in der Umhängetasche, die neben ihr auf dem Boden lag. Anschließend stand sie auf und klopfte den Staub von ihrer Kleidung, ganz langsam, als würde sie dies große Mühe kosten. »Hast du dich selbst aus deiner Trance befreit?«

Mazen stutzte. »Ja?«

»Du klingst, als wärest du dir nicht sicher.«

Mazen dachte an die mysteriöse Stimme in seinem Ohr und das seltsame Feuer, das ihn zur Tür geführt hatte. War beides nur eine Halluzination gewesen? Er hielt es für besser, nicht darüber zu sprechen. »Ich glaube, du warst das«, sagte er stattdessen. Was nicht komplett gelogen war – immerhin hatte er in der Dunkelheit jemanden um sein Leben kämpfen hören. Wer hätte das außer ihr sonst sein können? »Du hast die Dämonin abgelenkt und mir damit eine Chance verschafft, meine Benommenheit abzuschütteln.«

»Ich war eine *Ablenkung?*«, murmelte sie finster. »Ist sie weg? Tot?«

»Sie ist, äh, zerflossen und zwischen den Fliesen versickert.«

Misstrauisch beäugten beide den Boden.

Mazen räusperte sich. »Aber sag mir bitte, weshalb du überhaupt hier warst …« – ihm wurde bewusst, dass er ihren Namen nicht kannte – »… du Wüstenblume?« Es war das Erste, was ihm eingefallen war, und er hätte es am liebsten sofort wieder zurückgenommen.

Die Frau starrte ihn mit großen Augen an. Mazen rechnete mit einer Ohrfeige und verzog das Gesicht, doch sie schob sich nur wortlos an ihm vorbei und ging zur Tür. Dort angekommen, drehte sie sich noch einmal um. »Ich habe zwei Personen dieses verlassene Gebäude betreten sehen und wollte wissen, was sie vorhaben. Eine der beiden war ein Schatten mit roten Augen …« Sie winkte mit der Hand. Mazen sah Ringe an ihren Fingern schimmern. »Und die andere warst du, stocksteif wie eine Dattelpalme.«

Mazen trat hinter ihr ins Freie. Die Sonne ging gerade unter und tauchte die Stadt in goldrotes Licht. Er genoss die heiße Wüstenluft auf der Haut und den knirschenden Sand unter den Füßen. Ein sanfter Windstoß zerzauste seine Haare und entlockte ihm einen Seufzer. Das Zittern in seinen Händen ließ ein wenig nach. Er drehte sich zu der Fremden um. »Vielen Dank, dass du mich gerettet hast, äh …«

»Layla«, erwiderte sie und sah ihn ihrerseits erwartungsvoll an.

Mazen merkte, dass er ihr seinen Namen auch noch nicht genannt hatte. Schnell dachte er sich einen aus. »Ich heiße Yousef. Gesegnet sollst du sein, Layla. Wärest du nicht nachsehen gekommen, hätte ich meine Seele ans Sandmeer verloren.« Er verschränkte die Arme und ließ den Blick über das verlassene Gebäude wandern. »Glaubst du, sie war eine Dschinn?«

»Ich wüsste nicht, was sie sonst gewesen sein könnte.« Sie hob eine Augenbraue. »Bist du ein Jäger, Yousef?«

Ihre unverblümte Frage brachte ihn aus dem Konzept. Ein Jäger? *Er?* Schon allein der Gedanke daran ließ ihm die Knie weich werden. »Nein! Ich bin kein Mörder.«

Mörder. Die Erkenntnis traf ihn wie ein Blitz aus heiterem Himmel. In der Stadt gab es viele Jäger und Räuber, die Dschinn gegen Bezahlung oder zum Spaß töteten, aber er selbst kannte nur einen einzigen von ihnen, dachte er und erinnerte sich an das silberne Blut auf der Kleidung seines Bruders, als dieser früher als erwartet heimgekehrt war.

Du hast geglaubt, du könntest entkommen, hatte die Dschinn gesagt. *Aber ich kenne dein Blut. Wenn nötig, hätte ich dich bis ans Ende der Welt verfolgt.*

Layla grinste. »Wärest du einer, hättest du dich sicher nicht so dumm angestellt.«

Mazen furchte die Stirn. »Ich war *besessen.*«

Layla lachte nur, als hätte er etwas Lustiges gesagt, und ging davon.

Mazen folgte ihr. »Warte! Kann ich mich dir irgendwie erkenntlich zeigen? Kann ich dich nach Hause begleiten oder … ah.« Er erinnerte sich wieder daran, warum er überhaupt in die Stadt gekommen war.

Layla drehte sich um. »*Ah?*«

»Ich wollte jemanden auf dem Souk besuchen, als es passiert ist. Einen Geschichtenerzähler namens Rhuba.« Mazen hob den Blick und sah die Sonne hinter den Hausdächern verschwinden. Bald würde er zum Palast zurückkehren müssen, um sich mit einem Gast seines Vaters zu treffen. Er hatte keine Zeit mehr, auf dem Souk herumzuspazieren. Andererseits konnte er sich auch nicht vorstellen, vor dem Sultan zu sitzen und seine heutige Eskapade vor ihm geheim zu halten …

»Komm mit«, sagte Layla und setzte sich wieder in Bewegung.

»Wohin gehen wir?«

»Zum Alten Rhuba.« Sie warf einen Blick über die Schulter. »Na los, Yousef, nicht so langsam.«

Mazen zögerte. Er war erschöpft und wollte diesen ganzen Tag eigentlich nur noch vergessen. Doch andererseits hatte er auch keine Lust, sich jetzt schon von Layla zu verabschieden. Immerhin hatte sie ihm das Leben gerettet. Und noch besser war, dass sie nicht wusste, wen sie vor sich hatte, und er mit ihr ganz unvoreingenommen sprechen konnte. Und wer konnte schon sagen, wann sich das nächste Mal so eine Gelegenheit ergeben würde?

Vielleicht konnte er den Tag ja doch noch retten.

Mazen eilte ihr hinterher.

✦

Als er im Dämmerlicht auf den Souk zurückkehrte, ging es ruhiger zu als zuvor. Es waren zwar noch immer viele Händler und Käufer da, doch ihr Treiben war gemächlicher und erinnerte ihn nicht mehr an die tosende Brandung, die sich unaufhörlich an der Küste brach, sondern eher an sanft plätschernde Wellen. Die Marktbesucher zog es vermehrt zu den Essensständen in der Mitte des Souks, wo es nach pikant gewürztem Fleisch und frittiertem Teig roch.

Mazen versuchte vergeblich, seinen knurrenden Magen zu ignorieren. Die appetitlichen Düfte ringsum erinnerten ihn daran, dass er seit dem Iftar nichts mehr gegessen hatte und dass sein Morgenmahl lediglich aus Oliven und Humus bestanden hatte. Während er sein Bestes tat, nicht über die gähnende Leere in seinem Bauch nachzudenken, zog Layla ihn plötzlich zu einem Stand, in dem in mehreren Pfannen Aprikosen-Fruchtleder zubereitet wurde.

Die dicke Paste wurde zu unterschiedlich großen Portionen zusammengerollt. Einer der Männer stapelte die Rollen hinter der Theke und überreichte sie Kunden, während der andere das Fruchtleder in verzehrfertige Streifen schnitt. Layla drängelte sich an der langen Schlange vorbei nach vorne und winkte den Verkäufer zu sich. Mazen staunte über ihren vertrauten Umgangston, während sie miteinander feilschten. Sie steckten die Köpfe zusammen und unterhielten sich leise, als würden sie ungehörigen Klatsch und Tratsch austauschen. Am Ende ihres Gesprächs erhielt Layla eine einzelne Rolle, die sie an Mazen weiterreichte.

»Das ist zwar keine richtige Mahlzeit, müsste aber eine Weile gegen das Knurren helfen«, sagte sie und wich Mazens misstrauischem Blick aus. »Ich habe dem Inhaber dieses Stands eine Nachricht überbracht. Dafür hat er mir eine Gegenleistung geschuldet, und die hältst du nun in Händen.«

Mazen lächelte. »Du hättest diese Gegenleistung nicht an mich verschwenden müssen. *Shukran.*«

Layla zuckte mit den Achseln und ging weiter. Mazen lief wieder hinter ihr her. »Dann bist du also eine Kurierin, wie?« Er riss ein Stück des Fruchtleders ab und biss hinein. Es war erstaunlich süß und angenehm zu kauen.

Layla nickte und bog in eine andere Marktgasse ab. »Das stimmt. Und was ist mit dir? In welchem Viertel arbeitest du?« Die Frage klang ganz beiläufig, doch Mazen hatte schon mit genug gerissenen Adligen gesprochen, um zu erkennen, wenn ihn jemand aushorchen wollte.

Wie von selbst fiel ihm eine Lebensgeschichte ein. Yousefs Geschichte. »Ich arbeite als Schreiber für einen hochgestellten Adligen.« Er lächelte verlegen. »Leider kann ich dir über die Briefe, die ich für ihn verfasse, nichts Genaueres erzählen. Die sind alle vertraulich.«

Layla neigte den Kopf zur Seite. »Und wieso kommt ein Schreiber auf den Souk und sucht nach einem Geschichtenerzähler?«

Mazen steckte sich ein weiteres Stück Fruchtleder in den Mund und kaute einen Moment lang darauf herum, bevor er fortfuhr. »Ist es so seltsam, wenn ein Mann sich in seiner Freizeit mit Dingen beschäftigt, die nichts mit seinem Beruf zu tun haben?«

Oder nach Freiheit außerhalb seiner vier Wände sucht?, fügte er in Gedanken hinzu.

Laylas Mundwinkeln zuckten. »Natürlich nicht. Ich habe bloß

noch nie einen erwachsenen Mann kennengelernt, der seine Freizeit bei einem Geschichtenerzähler verbringen will.«

Mazen lachte. »Und vor dir habe ich noch nie Bekanntschaft mit jemandem geschlossen, der Kopf voran in ein dunkles Gebäude stürmt, um einem Fremden hinterherzuschnüffeln.«

Im ersten Moment glaubte Mazen, es wäre eine optische Täuschung, doch Layla errötete tatsächlich. »Du hast Glück, dass ich es getan habe«, murmelte sie.

»Und wie. Dafür werde ich dir für immer dankbar sein.«

»Vorsicht, Yousef.« Sie grinste. »Für immer ist eine ganz schöne lange Zeit für eine Verpflichtung.« Layla blieb abrupt stehen und hob den Arm.

Mazen schluckte den Rest des Fruchtleders runter und folgte mit dem Blick ihrem ausgestreckten Zeigefinger. Endlich hatten sie den Stand mit der goldenen Plane erreicht. Unter dem auffälligen Stoffbaldachin war ein schlichter Teppich ausgebreitet. Darauf saß der Alte Rhuba im Schneidersitz mit einem kunstvoll verzierten Stab auf den Knien.

Mazen war dem Geschichtenerzähler erst ein einziges Mal begegnet, doch er erkannte sofort, dass der Stab mit neuen Schnitzereien versehen war. Der Anblick erfüllte ihn mit einer großen Ehrfurcht, denn er wusste, dass jedes Ornament für eine neue Geschichte stand, die der Alte Rhuba seinem Repertoire hinzugefügt hatte.

Noch bemerkenswerter als der Stab war der Geschichtenerzähler selbst. Er war der einzige Händler auf dem Souk mit verschiedenfarbigen Augen. Eines war braun wie eine Eiche, das andere golden wie Wüstensand, in einem Gesicht, das wie zerknittertes altes Pergament aussah. Außerdem hatte er einen beeindruckenden silbergrauen Bart, der sich in seinem Schoß bauschte. Obwohl er seine Lippen verbarg, erkannte Mazen an den Fältchen um seine Augen, dass er lächelte.

»Na, wenn das nicht Layla ist! Und dein Gesicht habe ich auch schon mal gesehen, ya Sayyid, aber ich fürchte, du hast mir deinen Namen noch nicht verraten.«

Mazen lächelte unwillkürlich, überrascht und erfreut, dass Rhuba sich an ihn erinnerte. »Ich heiße Yousef. Es ist mir ein Vergnügen, dich wiederzusehen.«

»Ganz meinerseits, Yousef.« Der alte Mann wandte sich wieder Layla zu. »Wärest du so freundlich, Dahlia eine Nachricht von mir zu überbringen, Layla? Sag ihr doch bitte, dass ich ihre Einladung annehme und morgen Abend auftreten werde.«

Layla lächelte. Es war nicht das abfällige Grinsen, mit dem sie Mazen bedacht hatte, sondern ein aufrichtiges Strahlen, das sich in ihren Augen spiegelte. »Natürlich. Es ist uns immer eine Ehre, dich bei uns willkommen zu heißen.«

Mazen blinzelte. »Wirst du eine besondere Geschichte erzählen?«

»In der Tat! Während der letzten Monate habe ich Geschichten von den Beduinenstämmen auf den östlichen Ebenen gesammelt. Morgen werde ich sie zum ersten Mal vortragen. Es sind Erzählungen aus Dhahab.«

Mazen schnappte nach Luft. *Erzählungen aus Dhahab!* Über die Dschinn-Städte erfuhr man nur selten etwas. Es hieß, dort gebe es Magie und mystische Tiere, die seit Hunderten von Jahren niemand mehr gesehen hatte.

Der Alte Rhuba gluckste. »Magst du solche Geschichten, Yousef?«

»Ja«, gab Mazen mit einem verlegenen Lächeln zu. »Ich hätte dich heute gern welche erzählen hören. Aber dann ist mir … äh, etwas dazwischengekommen.«

»Das klingt ja, als gäbe es eine festgelegte Zeit für Geschichten.« Rhubas Augen funkelten belustigt. »Bitte, setz dich eine Weile zu mir und hör dir an, wie ich alter Mann über Legenden fasele.«

Mazen ließ sich nicht zweimal bitten und betrat mit eingezogenem Kopf das Zelt des Geschichtenerzählers, während Layla draußen am Eingang stehen blieb. Der Alte Rhuba stellte ihm zunächst ein paar Fragen. Hatte Mazen je von den Ghulen in den Weißen Dünen gehört? Oder von der Königin der Dünen, der mächtigen Dschinn, die sie angeblich befehligte?

Mit jeder Frage wurde Rhubas Stimme lauter und klarer, und so versammelte sich schon bald eine stattliche Menschenmenge aus jungen und alten Marktbesuchern um sein Zelt. Als dann alle verstummt waren, hob er zu seiner Geschichte an: »Ihr Wüstenbewohner, gestattet mir, euch zu erleuchten! Ich werde euch die Geschichte von den Knochenghulen und ihrer Hüterin, der Königin der Dünen, erzählen. An einem unbekannten Ort, vor langer Zeit …«

Mazen war mit einem Schlag von der Erzählung absorbiert. Es war, als befände er sich mitten in einem Sturm. Er schaffte es kaum, Luft zu holen, bevor Rhubas Worte ihm von Neuem den Atem raubten. Die Zeit verging wie im Flug, und als die Geschichte zu Ende war, funkelten bereits Sterne am Himmel, und die Gassen des Souks waren von brennenden Laternen gesäumt. Mazen kam ruckartig wieder zu sich. Der Alte Rhuba hatte ihn die Dschinn, seinen Bruder *und* das bevorstehende Treffen vergessen lassen. Nun musste er sich wirklich sputen.

Bevor er aufbrach, erkundigte er sich beim Geschichtenerzähler jedoch noch schnell nach dem Ort, an dem die morgige Aufführung stattfinden würde. Als er den Stand verließ, sah er Layla am Rand der Menge stehen.

Sie hob eine Augenbraue. »Und, bist du müde, Yousef? Es war ein langer Tag.«

Mazen schüttelte den Kopf. »Mir ist nur gerade bewusst geworden, wie spät es schon ist. Ich habe am Abend Ausgangssperre, musst du wissen.«

Layla sah ihn skeptisch an. »Ach.«

»Sehen wir uns morgen in Dahlias Taverne wieder?« Mazen hatte bereits beschlossen, auf jeden Fall dorthin zu gehen. Und wenn er dafür irgendeine Krankheit vorschützen und sämtliche Wächter bestechen musste.

Layla zuckte mit den Achseln. »Kann schon sein.«

Ihre vage Antwort dämpfte ein wenig seine Vorfreude, doch er hatte keine Zeit, sie zu einer festen Zusage zu überreden, während der Mond unaufhaltsam am Himmel aufstieg. »Dann also vielleicht bis morgen.« Er lächelte. »Es wäre mir eine Ehre, noch einmal mit dir zu sprechen.«

Mazen dankte seiner Retterin noch ein letztes Mal und eilte zu seinem goldenen Käfig zurück.

5

LOULIE

Loulie heftete sich an Yousefs Fersen. *Ein Erwachsener mit Ausgangssperre? Wohl eher ein Mann mit Geheimnissen.* Auch wenn er kein Jäger war, hatte Yousef etwas Verdächtiges an sich, und sie wollte herausfinden, was es war. Seine nebulöse Lebensgeschichte nahm sie ihm nicht ab, und als seine Retterin hatte sie doch wohl ein Recht darauf zu erfahren, wer er wirklich war.

»Vergiss nicht, dass *ich* derjenige war, der ihn gerettet hat«, sagte Qadir.

Loulie unterdrückte einen Seufzer. Qadir hatte es ihr bereits erklärt. Während sie wegen der Magie der Dschinn zu ersticken drohte, hatte Qadir Yousef aus seiner Benommenheit gerissen und ihn durch die Tür ans Sonnenlicht geführt, das die Dschinn – vorübergehend – bezwungen hatte. Vor ihrem Aufbruch aus dem Tempel war er wieder auf Loulies Schulter zurückgekehrt.

»Hättest du mir nicht selbst helfen können?«, hatte sie ihn vorhin vor Rhubas Stand gefragt.

»Und vor einer anderen Dschinn meine Tarnung fallen lassen? Niemals.«

»Ich hätte dabei sterben können.«

»Und das wäre deine eigene Schuld gewesen, weil du nicht auf mich gehört hast.«

Und so beschatteten sie nun Yousef und hofften herauszufinden, weshalb die Dschinn ihn fälschlich für einen Jäger gehalten hatte. Loulie tippte auf eine Verwechslung zwischen Verwandten.

Nach einer Weile gingen die Trampelpfade der einfachen Viertel in Kopfsteinpflasterstraßen über, und die baufälligen Behausungen in der Umgebung des Souks wichen kleinen kastenförmigen Herrenhäusern mit beeindruckenden vergoldeten Türen und schönen Gitterfenstern. Ein besonders luxuriöses hatte sogar zwei Balkone.

Loulie löste den Blick von den protzigen Gebäuden und richtete ihn wieder auf Yousef, der seinen Weg genau zu kennen schien.

Definitiv ein Mann mit Geheimnissen.

Als sie ihm um die Ecke einer besonders engen Gasse folgte, sah sie an einer der Hauswände einen Mann lehnen und blieb stehen. Als er aufblickte, schlug ihr das Herz bis zum Hals.

Omar bin Malik, der älteste Sohn des Sultans, schenkte ihr ein umwerfendes Lächeln.

Als er sich im Laternenlicht bewegte, schien er zu funkeln. Loulie sah Silberringe an seinen Fingern und einen Gürtel voller Dolche um seine Hüften. Selbst sein Ohrring, ein Halbmond, der sich um sein Ohrläppchen bog, schien im Mondlicht bedrohlich zu glitzern.

Loulie ließ sich von seinem Lächeln nicht blenden. Omar bin Malik galt zwar als charismatisch, vor allen Dingen war er jedoch ein Jäger. Und zwar nicht irgendeiner, sondern der König der vierzig Räuber – der renommiertesten Bande von Dschinn-Mördern in der Wüste.

Misstrauisch betrachtete sie ihn zum ersten Mal aus der Nähe. Er hatte einen olivfarbenen Teint und mandelfarbene Augen, im Nacken kurz gestutzte Haare und ein wirklich hinreißendes Lächeln, das jedoch nicht bis zu seinen Augen reichte.

Sie überlegte kurz, ob sie Naivität vortäuschen sollte, entschied sich dann aber für Demut und fiel auf die Knie. »Kronprinz!«

Der Prinz lachte leise. »Höchstpersönlich.«

»Es ist mir eine Ehre, Sayyidi«, sagte Loulie und unterdrückte ein Schaudern, während er sich ihr näherte. Er war einer der gefürchtetsten Jäger in der Wüste, und sie hatte einen Dschinn bei sich, den er, ohne zu zögern, umbringen würde, um ihn seiner Trophäensammlung hinzuzufügen. Dankenswerterweise war Qadir an ihrem Rücken herabgekrabbelt und derzeit außer Sicht.

»Davon gehe ich aus.« Als er vor ihr stehen blieb, bemerkte sie den Dreck auf seinen Stiefeln. »Bitte steh auf. Du machst deine Kleidung noch ganz schmutzig.«

Sie erhob sich mit so viel Stolz, wie sie in dieser Situation aufbringen konnte. Der Kronprinz zog, noch immer lächelnd, ein paar Kupfermünzen aus der Tasche. »Hier. Für deine Mühe.«

Sie stutzte. Hielt er sie etwa für eine *Bettlerin*?

»O nein, Sayyidi, ich bin …«

»Ich bestehe darauf.« Er klimperte mit den Münzen auf seiner Handfläche und wartete mit herablassendem Blick darauf, dass Loulie sie an sich nahm. War es besser, ihm direkt in die Augen zu schauen oder den Blick abzuwenden?

Das Beste und Schlimmste wäre, ihm eine reinzuhauen, dachte sie gereizt.

Letztlich entschied sie sich dafür, durch ihn hindurchzuschauen, und versuchte, nicht zurückzuzucken, als ihre Finger sich berührten.

Als sie das Geld entgegengenommen hatte, zog Omar seine Hand wieder zurück. »Geh jetzt nach Hause. Es wird spät, und nachts geht es auf den Straßen gefährlich zu.«

Alles in ihr sträubte sich gegen diesen Ratschlag, der eindeutig als Befehl gemeint war, doch sie zwang sich zu einem Nicken und wandte sich um.

»Hüte dich vor allem vor den Schatten«, rief der Prinz ihr hinterher. »Darin lauern die Dschinn.«

Loulie drehte sich noch einmal um, doch der Prinz schlenderte bereits, die Hände in den Taschen vergraben, davon. Sie blieb stehen und wartete darauf, dass sein Schatten außer Sicht verschwand. Als es endlich so weit war, hatte sie Yousef längst verloren.

Sie überlegte, seine Spur mit dem Kompass wiederaufzunehmen, aber … nein, dafür war auch später noch Zeit.

»Lass uns heimgehen«, murmelte sie ins Leere.

»Ja«, erwiderte Qadir sanft. »Das ist eine gute Idee.«

Erschöpft machte Loulie sich auf den Weg zu Dahlias Taverne.

✦ ✦ ✦

Am Ziel angekommen, steckte Loulie sich eine Pistazie in den Mund und versuchte, sich auf die Sternbilder am Firmament zu konzentrieren, doch es wollte ihr einfach nicht gelingen. Seit ihrer Begegnung mit der Dschinn ging ihr nicht mehr aus dem Kopf, wie ihre Mutter und ihr Vater umgekommen waren. Irgendwie hatte dieses Schattenwesen die Mörder ihrer Eltern in ihrer Erinnerung entdeckt und sie erkannt.

Mit gerunzelter Stirn sah Loulie zum Himmel hinauf. *Sie muss ihnen begegnet sein, bevor Qadir sie getötet hat.*

Aus Qadirs Kehle drang ein leise röchelndes Geräusch, das möglicherweise ein Räuspern sein sollte. »Denk daran, die Taverne diesmal durch den Hintereingang zu betreten.«

Loulie seufzte. »Ja, ja.« Sie richtete den Blick auf das unauffällige zweigeschossige Gebäude mit dem reparaturbedürftigen Schrägdach. Am niedrigen Giebel hingen Laternen. Durch die staubigen Fensterscheiben konnte Loulie die johlende und singende Gästeschar im Inneren eher erahnen als sehen. Wie immer zu Beginn der kalten Jahreszeit hatte Dahlia gerade eine Weinlieferung erhalten – was stets ein Grund zum Feiern war. Loulie war sicher, dass die fröhlichen Zecher sich bis zur Besinnungslosigkeit besaufen würden.

»Mach nicht den gleichen Fehler wie beim letzten Mal«, sagte Qadir. Loulie schnippte gegen seinen Eidechsenschwanz, doch davon ließ er sich nicht beeindrucken. »Beim letzten Mal hast du gesagt: ›Für ein unscheinbares Mädchen wie mich interessiert sich niemand.‹ Und dann musste ich einen von den Gästen beißen.«

Sie war froh, dass Qadir noch immer nicht seine menschliche Gestalt angenommen hatte, da er sie sonst gewiss mit ihren roten Wangen aufgezogen hätte.

Stattdessen war der Dschinn in ihre Umhängetasche gekrochen und holte den Schlüssel heraus, den sie für die Hintertür benötigten. Loulie sperrte sie auf und durchquerte einen Vorratsraum, der bis zur Treppe am anderen Ende mit Weinfässern gefüllt war. Hier drinnen waren die lauten Stimmen im Gästeraum deutlicher zu hören. Loulie schnappte ein paar Reime auf. Obwohl sie selbst lieber mit Münzen als mit Worten bezahlte, lauschte sie gerne den spontanen Gedichtwettbewerben in der Taverne. Im Moment war sie jedoch zu erschöpft, um sich ins Getümmel zu stürzen. Mit Dahlia würde sie auch am nächsten Tag noch sprechen können.

Sie ging durch den oberen Korridor zu ihrer Wohnung, die noch immer genauso aussah, wie sie sie verlassen hatte. In der Mitte des Raums stand ein niedriger Tisch, an dem Qadir und sie die Relikte ausprobierten und gemeinsam ihre Mahlzeiten einnahmen. Und am Fenster war der Diwan aufgeschlagen, auf dem Loulie sich gern im Schein der Sonne aalte. Zur Rechten sah man prallvolle Bücherregale, die unter anderem Atlanten, Geschichtensammlungen und philosophische Abhandlungen enthielten. An den Wänden hingen Teppiche, auf denen Wüstenlandschaften abgebildet waren, und auch auf dem Boden lagen mehrere Läufer. Die meisten von ihnen hatte sie auf dem Souk bei den Beduinen erstanden.

Ihre Unterkunft war klein, heimelig und komfortabel – ein guter Ort, um sich von ihren Abenteuern zu erholen.

Während Loulie die bodenlose Tasche neben dem Tisch abstellte, fiel ihr Blick auf den einzigen Gegenstand im Raum, der Qadir gehörte. Es war der Shamshir, den sie ihm vor Jahren gekauft hatte und der nun in der Ecke neben dem Bücherregal hing, wo er von der Tür aus kaum zu sehen war. Er war ein schlichter, aber eleganter Säbel mit Stahlklinge und einem Elfenbeingriff. In das Heft war ein einzelner roter Edelstein eingelassen. Qadir trug den Shamshir selten, da er lieber mit Pfeil und Bogen kämpfte, wenn er keine Magie benutzen konnte, doch Loulie war noch immer froh, ihn ihm geschenkt zu haben.

Es war das Erste gewesen, was sie von ihrem eigenen Geld für den Dschinn besorgt hatte. Nie würde sie seine freudige Überraschung und das für ihn untypische breite Grinsen vergessen, mit dem er den Säbel von ihr entgegengenommen hatte. Er lächelte selten, und Loulie war stolz, wenn sie ihn dazu brachte. Es war ihr egal, dass die Waffe hauptsächlich zur Dekoration diente. Qadir erfreute sich daran auf seine eigene Weise, und das genügte ihr.

Loulie schloss die Tür und ging zum Diwan am Fenster. »Endlich wieder daheim«, seufzte sie und streckte sich auf den Kissen aus.

»Wir hätten schon früher zu Hause sein können, aber du hast ja darauf bestanden, diesen Mann durch den Souk zu verfolgen.«

Loulie schlug die Augen auf und sah Qadir in seiner menschlichen Gestalt vor sich aufragen. Er wirkte wie immer unbeeindruckt.

»Soweit ich mich erinnere, war da auch noch eine rachsüchtige Dschinn«, erwiderte sie.

Qadir runzelte die Stirn. »Was du heute getan hast, war gefährlich.«

»Ja, ich weiß. Das hast du mir bereits tausendundeinmal gesagt.«

»Was hat dir deine Einmischung gebracht?«

»*Mir* hat sie gar nichts gebracht, aber dieser Mann ist noch immer am Leben. Obwohl …« Sie setzte sich auf und strich sich eine Strähne aus der Stirn. »Ich habe dir ja schon erzählt, dass die Dschinn etwas Seltsames gesagt hat.«

Qadir nahm auf einem Kissen am Tisch Platz. »Über die schwarz gekleideten Attentäter? Das heißt gar nichts. Wahrscheinlich ist Schwarz die Lieblingsfarbe der meisten Mörder.«

Loulie sah aus dem Fenster. Zu dieser späten Stunde waren hauptsächlich Betrunkene unterwegs – viele von ihnen kamen aus Dahlias Taverne. Sie hörte sie unten auf die Tische hauen und schief singen. Loulie schluckte. »Wahrscheinlich.« Sie wurde das Gefühl nicht los, dass die Dschinn kurz davor gewesen war, ihr etwas Wichtiges über die Mörder ihres Stammes mitzuteilen. Sie hatte sie sterben sehen, doch egal, wie viel Zeit verging, sie würde niemals vergessen, was damals passiert war.

Qadir, der gerade ihre Relikte sortierte, hielt inne und sah sie an. »Sie sind tot, Loulie. Dafür habe ich gesorgt.«

Seine Worte beruhigten sie ein wenig. Sie nickte und ging zum Tisch, um ihm bei der Inventur zu helfen. Die meisten Relikte in ihrer Tasche waren eher unspektakulär: ein Stundenglas, dessen Sand nie versiegte, ein staubbedeckter Spiegel, der die Person zeigte, die man am meisten liebte, und eine Schnur mit Perlen, die einen sanften, einschläfernden Klang erzeugten, wenn man sie aneinanderrieb.

Doch die Tasche enthielt auch andere, nützlichere Gegenstände. Loulies persönlicher Favorit war eine zwischen zwei leuchtenden Flügeln eingebettete Kugel, die erstrahlte, wenn man sie berührte, und immer heller wurde, je länger man sie in Händen hielt. Qadir und sie hatten damit ihren Weg durch die Wüste beleuchtet.

Missmutig betrachtete Loulie die von dem geflügelten Relikt an die Wand geworfenen Schatten und ließ den Tag Revue passieren. Sie dachte über Prinz Omar nach. Wenn er wirklich so ein fähiger Jäger war, wieso hatte er dann nicht die Schatten-Dschinn gefangen, bevor sie in die Stadt gelangen konnte – oder irgendeinen der anderen Dschinn, vor denen es in Madinne angeblich nur so wimmelte? »Prinzen«, grummelte sie.

Qadir hob eine Augenbraue. »Nach allem, was ich höre, sollen Prinz Mazen und Prinz Hakim gar nicht so übel sein.«

»Wer weiß das schon? Keiner der beiden verlässt je den Palast.« Loulie legte die verschränkten Arme auf den Tisch und stützte das Kinn auf ein Handgelenk. »Glaubst du, Omar weiß, dass die Schatten-Dschinn in der Stadt ist?« Immer wieder ging ihr seine Bemerkung über die Schatten durch den Kopf.

Qadir zuckte die Achseln. »Um ihretwillen hoffe ich, dass er es nicht weiß.«

Loulie sah zu, wie Qadir die Relikte mit einem Lumpen polierte. Sie hätte ihn gern gefragt, wie und warum es ihm möglich war, in einer Welt zu leben, in der wie selbstverständlich alle Dschinn ermordet wurden, doch sie tat es nicht, da er sie nur wieder mit der immer gleichen Antwort abspeisen würde: *Ich bin bloß ein einzelner Dschinn und kann nichts gegen die Vorurteile in deinem Land ausrichten.*

Diese Antwort ärgerte sie, da es im Grunde gar keine war. Doch sie hatte schon vor langer Zeit begriffen, dass Qadir ganz anders war als sie. Während sie selbst häufig die Nase in anderer Leute Angelegenheiten steckte, mischte er sich nur im äußersten Notfall ein. Es war eigenartig, dass sie beide nicht viel mit anderen Leuten anfangen konnten, aber auf so unterschiedliche Weise mit ihnen zusammenlebten.

»Hmm«, sagte Qadir. »Du bist verdächtig still.«

Loulie blies sich eine Locke aus den Augen. »Ich denke nach.«

»Worüber?«

»Über dich.«

Qadir zog die Augenbrauen zusammen. »Jetzt mache ich mir wirklich Sorgen.«

»Damit solltest du aufhören. Mit dem Sorgenmachen, meine ich. Davon bekommst du bloß Falten in deiner alterslosen Haut.«

Qadir verzog die Mundwinkel zu einem angedeuteten Lächeln.

»In den neun Jahren seit unserer ersten Begegnung bin ich stärker gealtert als in all den Jahrhunderten davor.«

Loulie hob ein Kissen vom Boden auf und warf es nach ihm. Mürrisch sah sie zu, wie er es mühelos auffing und sich auf den Schoß legte. »Wie alt bist du überhaupt?«

»Uralt«, erwiderte Qadir, noch immer leise lächelnd.

»Kein Wunder, dass du so zynisch bist. Du solltest öfter mal ein Nickerchen machen. Dann hättest du vielleicht bessere Laune.« Sie deutete auf die verschlossene Tür zu ihrer Rechten, hinter der ihr Schlafzimmer lag. Es gab zwei Betten, doch Qadir benutzte seines nur selten.

Qadir schnaubte. »Was willst du mir damit sagen? Dass im ausgeschlafenen Zustand selbst nervige Leute erträglich sind? Wenn du wirklich willst, dass es mir besser geht, dann begib dich nicht mehr blindlings in Gefahr.« Er legte ein Relikt beiseite und nahm das nächste in die Hand: die Schnur mit den Schlafperlen. »Ich muss mich nicht ausruhen. Du dagegen bist sicher völlig erschöpft, nach all dem Ärger, den du uns heute beschert hast.«

Ärger, dessen Ursprung ich gerne auf den Grund gehen würde. Loulie dachte an Yousef und dass sie gern mehr über ihn herausfinden würde.

In ihrer Anfangszeit in Madinne hatte Loulie für Dahlia Nachrichten überbracht und Gerüchten nachgespürt und dafür umsonst bei ihr gegessen und gewohnt. Dahlia hatte ihr damals beigebracht, dass Wissen Macht ist. Um andere erpressen, einen Gefallen einfordern oder nützliche Kontakte knüpfen zu können, musste man stets über die aktuellen Gerüchte und Intrigen informiert sein. Durchschaute man sie nicht, lief man Gefahr, sich in ihnen zu verstricken.

Loulie hatte sich diese Lektion zu Herzen genommen und hörte sich auch heute noch nach dem neuesten Klatsch und Tratsch um, wenn sie in Madinne war. Um in ihrem Gewerbe erfolgreich zu sein, musste man immer alle verdächtigen Personen und Ereignisse im Blick behalten.

Während ihr diese Gedanken durch den Kopf gingen, merkte sie, wie sie allmählich an den Rändern auszufransen begannen und ihre Augenlider immer schwerer wurden.

Qadir dämpfte das Licht der Leuchtkugel. »Du solltest dich ausruhen. Eine müde Händlerin kann man leicht übers Ohr hauen.« Er ließ das Perlenrelikt durch die Finger gleiten.

Loulie schloss lächelnd die Augen. »Deswegen habe ich ja dich als Leibwächter, du furchterregender alter Mann«, sagte sie und gab sich der Dunkelheit hin.

6

MAZEN

»Eine Dschinn!« Mazen warf Hakims Tür auf. »In der Stadt ist eine Dschinn!«

Im Zimmer seines Bruders brannte nur eine einzige Laterne. Mazen blieb an der Tür stehen. Nach dem Vorfall mit der Dschinn scheute er sich davor, einen dunklen Raum zu betreten. Doch dies hier war kein verfallener Tempel, sondern Hakims Gemach – ein gemütliches, wenngleich etwas klaustrophobisches Gefängnis voller Bücher und Landkartenstapel. Letztere waren so hoch, dass man von der Tür aus Hakims Bett nicht sehen konnte.

»Hakim?« Mazen fixierte flehentlich den Rücken seines Bruders.

Doch Hakim beugte sich unbeirrt weiter über die Pergamente und Kartografiewerkzeuge auf seinem Schreibtisch. »Was redest du da von einer Dschinn? Ist das wieder eine deiner Geschichten, Mazen?«

»Wenn es doch nur so wäre. Nein, ich spreche von einer echten Dschinn, Hakim.«

»Hm.« Hakim drehte sich noch immer nicht um.

Mazen schaute ihn verblüfft an. *Habe ich mich denn nicht klar ausgedrückt?* Er näherte sich dem Schreibtisch, bis er seinem Bruder über die Schulter blicken konnte. Hakim zeichnete gerade eine detaillierte Karte der Wüste. Die darauf abgebildeten Städte und

Oasen wirkten so realistisch, dass sie aus dem Pergament herauszuragen schienen. Die Karte war unglaublich schön, und Mazen verlor sich einen Moment lang in den Landschaften und Orten, die er bisher nur aus Geschichten kannte und schon seit seiner Kindheit besuchen wollte. Während er seinem Bruder bei der Arbeit zusah, vergaß er einen Moment lang völlig, weshalb er eigentlich gekommen war.

Doch dann fiel es ihm schlagartig wieder ein.

»Hakim, die Dschinn war echt. Sie hat mich mit ihrer Magie in einen Hinterhalt gelockt! Es war eine Frau, verstehst du? Und sie hat mich mit ihrer Schönheit in ihren Bann gezogen.«

»Das ist schön, Mazen.«

»Sie hat mich in ein verlassenes Gebäude mitgenommen und dort beinahe erstickt.«

»Ich muss ganz ehrlich sagen, diese Geschichte ist nicht so fesselnd wie deine anderen.«

»Es ist keine Geschichte!« Mazen packte seinen Bruder an den Schultern. »Das ist die Wahrheit, Hakim.«

Hakim legte vorsichtig seinen Pinsel weg und sah Mazen an. In diesem Licht hätte er trotz seiner haselnussbraunen Augen leicht als Sohn des Sultans durchgehen können. »Du wirkst unversehrt auf mich.«

»Aber nur, weil zufällig eine Frau vorbeigekommen ist.«

Hakim sah ihn einen Moment lang mit zusammengezogenen Augenbrauen schweigend an. Dann legte er langsam seine Hand auf die von Mazen. »Ganz ruhig, ich glaube dir.« Sein Blick zuckte zum Stundenglas auf dem Schreibtisch. »Wir müssen uns demnächst mit dem Gast des Sultans treffen, aber für deine Geschichte haben wir noch genug Zeit.«

Mazen erzählte sie ihm gern.

Als er fertig war, sah Hakim auf seine Hände. »Wo sind deine Ringe?«

Mazen betrachtete ebenfalls seine blanken Finger. »Wenn ich

die königlichen Ringe vor meinen Ausflügen nicht ablegen würde, wäre meine ganze Verkleidung umsonst. Sobald ich eine Hand heben würde, kämen von überallher Wächter angerannt.«

Hakim seufzte. »Dass du immer so melodramatisch sein musst.« Er hob eine seiner eigenen Hände. Daran prangten fünf aufwendig gestaltete Eisenringe, die fast genauso aussahen wie die Ringe, die der Sultan Mazen geschenkt hatte. »Wir tragen sie aus gutem Grund. Zieh Handschuhe an, wenn es gar nicht anders geht, aber bring dich nicht in Gefahr, nur damit deine Verkleidung überzeugender wirkt.«

Dazu fiel Mazen nichts ein. Hakim hatte recht: Eine Verkleidung war keine Rüstung, vor allem nicht, wenn sie eine so offensichtliche Schwachstelle hatte.

»Ich bin froh, dass dir nichts passiert ist.« Hakim beugte sich auf seinem Stuhl vor. »Mir ist klar, dass du Omar nichts davon erzählen möchtest, aber hast du darüber nachgedacht …?«

»Omar weiß es.«

Hakim kniff sich in den Nasenrücken. »Ach.«

»Er ist in mein Zimmer gekommen, als ich mich gerade aus dem Staub machen wollte, und hat gesagt, dass er mich nicht verraten wird, wenn ich ihm dafür einen Gefallen tue.« Mazen konnte nur darum beten, dass Omar sich an ihre Abmachung halten würde.

Hakim sah aus, als hätte er dazu einiges zu sagen, doch sein Blick ging zur abgelaufenen Sanduhr. »Wir müssen uns jetzt mit dem Sultan treffen.« Er stand auf und betrachtete Mazens schlampige Kleidung. »Du solltest dir noch etwas Angemesseneres anziehen. Aber mach schnell. Ich sage dem Sultan, dass du mir bei der Karte geholfen hast.«

Mazen seufzte erleichtert. »Mögen es dir die Götter vergelten, Hakim.«

Hakim lächelte nur und winkte ihn aus seinem Zimmer. »Yalla, du hast nicht die ganze Nacht Zeit.«

Mazen, der genau wusste, wie sehr sein Vater Unpünktlichkeit verabscheute, hastete in sein Gemach, um sich auf das Treffen vorzubereiten. Seine Diener – die er dafür bezahlte, dass sie seine Geheimnisse hüteten – sagten nichts, als er durch die Tür trat, und ließen sich widerspruchslos von ihm fortschicken.

Ohne sie fühlte sich der Raum riesig an. Mazen hatte jahrelang vergeblich versucht, ihn mit Leben zu füllen. Da er in seiner Unterkunft gelegentlich Würdenträger empfangen musste, hatte sein Vater ihm verboten, sie »allzu persönlich« zu gestalten. Und so hortete Mazen seine größten Schätze, wo niemand sie sah. Die beiden Perlmutttruhen links und rechts von seinem Himmelbett enthielten Stadtpläne, die Hakim für ihn angefertigt hatte, und in dem pompösen Holzschrank neben dem Fenster bewahrte er kostbare Münzen auf, die er aus der Schatzkammer hatte mitgehen lassen. Die einzigen Gegenstände von sentimentalem Wert, die er offen zur Schau stellte, waren die kleinen Tonfiguren, die er als Kind mit seiner Mutter auf dem Souk gekauft hatte. Einige standen in dem Erker, in dem er sich mit seinen Gästen zusammensetzte, der Rest war auf sämtliche Regale verteilt.

Und dann war da noch der blau-weiß gemusterte Teppich unter seinen Füßen, der fast genauso aussah wie der, den er auf dem Souk gesehen hatte. Der Weberin hatte er erzählt, er hätte ihn geschenkt bekommen, doch in Wahrheit hatte er ihn aus den Gemächern seiner Mutter geholt, da er eines ihr liebsten Besitztümer gewesen war. Mazen wusste noch gut, wie ihre Augen gestrahlt hatten, als der Sultan ihn ihr geschenkt hatte. Bevor sie ihn geheiratet hatte, war sie eine Nomadin gewesen, und der Teppich hatte sie zweifellos an ihren Stamm und dessen Reisen erinnert.

Mazen hatte seine Familie mütterlicherseits nie kennengelernt und überhaupt noch nie etwas anderes als Madinne gesehen, doch auch er wurde von Fernweh geplagt.

Seufzend streifte er seine unscheinbare Kleidung ab und zog stattdessen ein leuchtend rotes Hemd und eine Pumphose an. Anschließend schlang er sich das goldrote Tuch seiner Mutter um den

Hals – das einzige Erbstück ihres Stamms – und steckte sich seine zehn Ringe an die Finger. Zuletzt kamen die drei königlichen Ohrringe: ein kleiner Halbmond, ein Stern und eine Sonne.

Sobald er mit alldem fertig war, verließ er sein Gemach und eilte durch mehrere Freiluftkorridore, bis er den Diwan erreichte, der sich hinter gewaltigen Flügeltüren mit üppigen Darstellungen des Maddiner Stadtlebens verbarg: Marktbesucher, die mit Händlern feilschten, Perlentaucher, die auf Sambuken über Wellen ritten, Soldaten, die durch dank Dschinn-Blut saftig grüne Felder streiften. Die Bilder verschwanden außer Sicht, als Wächter die Türflügel aufstießen.

Der Diwan des Sultans war einschüchternd durch seine Oppulenz. An den Wänden glitzerten Mosaike. Sie zeigten den ersten Sultan von Madinne – wie er Dschinn erschlug und sich mit fantastischen Kreaturen anfreundete. Über diesen Kunstwerken hingen aufwendig bemalte Laternen, die auch die restliche Einrichtung beleuchteten – die geräumigen Zwischengeschosse, die eindrucksvolle halbrunde Bühne und den Essbereich im Herzen des Raums.

An dem niedrigen Tisch saßen nur vier Personen, obwohl das servierte Ashā mindestens für sechs gereicht hätten. Am Kopfende der Tafel hatte der Sultan Platz genommen, der wie immer erlesene Kleidung und dazu passenden Schmuck trug – diesmal unter anderem ein teures Kopftuch aus Seide, das von einem kreisrunden goldenen Band um seine Stirn festgehalten wurde. Unter dem Stoff lugten seine rauchgrauen Haare hervor.

Zu seiner Rechten saß Omar, der sich zwar nicht umgezogen, aber immerhin ein paar seiner Dolche abgelegt hatte. Links vom Sultan befand sich sein Gast, ein in kräftiges Grün gekleideter Mann mittleren Alters. Mazen glaubte, ihn schon mal gesehen zu haben, doch er konnte sich nicht daran erinnern, wann und wo. Einen Platz weiter saß Hakim und hielt ein Pergament umklammert. Seine verkrampften Schultern verrieten deutlich, wie unbehaglich ihm zumute war. Er schien sich weniger zu Hause zu fühlen als der Fremde neben ihm.

Doch Hakim war schon immer ein Außenseiter gewesen, nur dem Titel, nicht seiner Abstammung nach, ein Prinz. Er war der lebende Beweis für die Untreue der zweiten Frau des Sultans – woran dieser ihn immer wieder erinnerte, dachte Mazen finster, als er Platz nahm und den Gast begrüßte.

»Mazen«, sprach sein Vater ihn an, während er es sich bequem machte. »Das hier ist Rasul al-Jasheen, ein Kaufmann, mit dem ich Geschäfte mache. Erinnerst du dich an ihn?«

Mazen lächelte. »Verzeih mir, ya Sayyid, ich weiß, dass ich dich kenne, aber nicht, woher. Hast du dich in irgendeiner Weise verändert?«

Der Händler grinste. »Nur im Gesicht, Sayyidi.«

Nun fiel es Mazen wieder ein: ein einäugiger Mann in schönen Gewändern, den Mund voller Goldzähne. Der Sultan belohnte Rasul al-Jasheen großzügig dafür, dass er ihm als Erstem seine seltenen Kostbarkeiten zum Verkauf anbot.

»Das hier, stimmt's?« Mazen tippte sich auf das rechte Auge.

Der Händler lachte. »Ja, ich bin nicht mehr einäugig. Ein wahres Wunder, nicht wahr?«

Der Sultan räusperte sich. »Von diesem Wunder wolltest du uns gerade berichten, als mein Sohn hereinkam, Rasul.«

»Ach ja! Gestattet mir, Euch zu erleuchten, mein Sultan.«

Und so erzählte er ihnen von dem Elixier, das er von der mysteriösen Mitternachtshändlerin bekommen hatte. Mazen war fasziniert und neidisch. Er hatte bereits Geschichten über die Händlerin und ihre Abenteuer gehört, aber noch nie direkt von jemandem, der ihr tatsächlich begegnet war.

»Ich glaube, ich weiß, was Euer Blick bedeutet, Sayyidi.« Rasul grinste den Sultan an. »Ihr wollt die Mitternachtshändlerin finden, nicht wahr? Ich hoffe, Ihr habt nicht vor, sie in die ›Eingeweide‹ zu werfen.«

Mazen erschauderte. Aus den Eingeweiden – einem Kerker, der so hieß, weil er in tiefen Löchern unter der Stadt untergebracht war – gab es kein Entkommen. Wer dumm genug war, dort zu landen, bekam nie wieder das Sonnenlicht zu sehen.

»Nein. Sie hat zwar einiges auf dem Kerbholz, aber ich weiß eine bessere Verwendung für sie.« Der Sultan gab Hakim ein Zeichen, worauf dieser das Pergament entrollte, bei dem es sich um seine Wüstenkarte handelte.

Rasul starrte sie an, als würde er versuchen, ihren finanziellen Wert einzuschätzen. Der Sultan dagegen wirkte unbeeindruckt. Er lobte niemals Hakims Werke, erwartete aber, dass er sie auf Zuruf für ihn anfertigte. Mit dem Finger strich er über die sorgfältig gezeichneten Oasen, vorbei an den Städten Dhyme und Ghiban bis zu einem Ozean aus glitzerndem Staub namens *Westliches Sandmeer*. Staunend bemerkte Mazen das Wort, das in der Mitte des Sandmeers geschrieben stand: *Dhahab*. Die legendäre untergegangene Dschinn-Stadt.

»Wenn die Mitternachtshändlerin wirklich so gut darin ist, Magie aufzuspüren und einzusammeln, dann findet sie vielleicht auch etwas, das mir kein anderer bringen kann – ein unschätzbar wertvolles Relikt aus Dhahab.«

Mazen erbleichte. Er wusste, von welchem Relikt sein Vater sprach. Der Sultan hatte bereits Dutzende Männer mit der Suche danach beauftragt. Sie waren allesamt gescheitert, denn niemand kehrte lebend aus dem Sandmeer zurück.

Das wäre ihr sicherer Tod, wollte er protestieren, hielt seinen Ausruf jedoch zurück, um die Autorität des Sultans nicht zu untergraben.

Danach herrschte eine angespannte Atmosphäre im Raum, und das Abendessen verlief in fast vollkommenem Schweigen. Zu Mazens Erleichterung verkündete sein Vater schon bald, dass er allein mit Rasul sprechen wolle, und schickte ihn und seine Brüder hinaus. Während Hakim sich zu seinem Gemach eskortieren ließ, ging Omar Richtung Innenhof. Mazen folgte ihm, verlor ihn jedoch trotz seiner besten Bemühungen schon bald aus den Augen.

Als Mazen um die Ecke des Rosengartens bog, war Omar plötzlich nirgends mehr zu sehen. Mazen war verblüfft, aber noch immer fest entschlossen, mit seinem Bruder zu sprechen. Und so durchquerte er im Eilschritt erst das Blumenfeld und dann den Hain aus verschiedenen Obstbäumen, bis er schließlich den Wettkampfpavillon erreichte – ein große von baumförmigen Säulen umgebene hölzerne Plattform.

Er sah, dass der Pavillon leer war, und wollte schon weitergehen, doch dann bemerkte er neben der Plattform zwei Gestalten – eine Frau in einem Umhang und ihr gegenüber Omar. Seine Kurzsichtigkeit verfluchend, trat Mazen näher an die beiden heran.

Sie befanden sich gerade mitten in einem Gespräch, als Omar sich abrupt zu ihm umdrehte, die Lippen zu einem Lächeln verzogen. »Wenn das nicht mein abenteuerlustiger kleiner Bruder ist.«

Es fiel Mazen nicht leicht, Omars Lächeln zu erwidern. »Salaam, Omar. Wer ist deine Freundin?« Er betrachtete die Begleiterin seines Bruders. Ihr Gesicht war unter einer Kapuze verborgen, doch Mazen sah dunkelbraune Augen, dichte Brauen und eine Adlernase.

»Das ist Aisha bint Louas«, erwiderte Omar. »Sie ist eine meiner besten Räuberinnen.«

Mazen erstarrte. Diese Frau war also eine Jägerin und gehörte zu Omars vierzig Räubern. Er hatte schon den einen oder anderen der Räuber aus der Ferne gesehen, aber noch nie direkt mit ihnen zu tun gehabt. Tatsächlich bemühte er sich nach Kräften, ihnen aus dem Weg zu gehen. Normalerweise war das kein Kunststück, da die Räuber nicht am höfischen Leben teilnahmen und nur in den Palast kamen, um Omar Bericht zu erstatten.

Diese Frau war ihm definitiv noch nie untergekommen. An ihren stechenden Blick würde er sich gewiss erinnern. Er legte sich eine Hand auf die Brust und verneigte sich. »Es ist mir ein Vergnügen.«

Aisha hob eine Braue. »Tatsächlich?«

Mazen stutzte, unsicher, wie er darauf reagieren sollte.

Omar lachte nur. »Aisha ist außerdem meine ehrlichste Räuberin. Sie kann mit ihren Worten genauso sehr verletzen wie mit ihren Messern.« Er gab ihr einen Wink. »Du darfst dich zurückziehen, Aisha.«

Aisha machte eine knappe Verneigung und ging davon. Sobald sie außer Hörweite war, lehnte Omar sich gegen eine der Säulen und grinste. »Sei nicht beleidigt, Mazen. Aisha kann die meisten Männer nicht ausstehen.«

»Und wie ist es mit dir?«

Omar zuckte die Achseln. »Es spielt keine Rolle, ob sie mich mag oder nicht. Sie ist eine hervorragende Jägerin und befolgt, ohne zu zögern, jeden meiner Befehle. Das ist alles, was zählt. Aber« – er hob eine Augenbraue – »du bist sicher nicht hier, um mit mir über Aisha zu sprechen. Was willst du?«

Mazen holte tief Luft. »Ich will wissen, weshalb du heute früher zurückgekehrt bist.«

»Hast du Gedächtnisprobleme? Ich habe dir doch gesagt, dass ich meine Beute erlegt habe. Wenn ich mit der Jagd fertig bin, habe ich keinen Grund, länger in der Wüste zu bleiben.« Er grinste. »Ich bin sicher, dein Tag war interessanter als meiner. Du hast mir gesagt, du würdest auf den Souk gehen, um einen Geschichtenerzähler aufzusuchen, aber das war nicht die ganze Wahrheit, nicht wahr? Es war auch eine Frau im Spiel.«

Mazen starrte ihn an. »Wie bitte?«

»Eine Frau ist dir ins Adelsviertel gefolgt. So, wie sie hinter dir her war, dachte ich, du hättest ihr das Herz gebrochen.«

War das Layla gewesen? Oder … die Schatten-Dschinn? Mazen verdrängte den beängstigenden Gedanken schnell, bevor er sich festsetzen konnte, und dachte stattdessen noch mal über Omars

Bemerkung nach und was sie bedeutete. »Du bist mir gefolgt«, sagte er. »Weil du eine Dschinn aufspüren wolltest, oder?«

Omar zuckte nicht einmal mit der Wimper. »Ein ruhmreicher Zeitvertreib, nicht wahr?«

Mazen hörte das Blut in seinen Ohren rauschen. »Als ich den Palast verlassen habe, wusstest du, dass eine Dschinn in der Stadt war. Du hättest mich vorwarnen können, dass sie auf dein Blut aus war. Auf *unser* Blut.«

Omar zuckte die Achseln. »Kann sein, dass ich vergessen habe, es zu erwähnen.«

Mazens Angst wich einer Wut, die wie Eiswasser durch seine Adern schoss. Ohne nachzudenken, packte er seinen Bruder am Hemdkragen und stieß ihn gegen die Säule. »Das ist nicht zum Lachen, du Idiot. Ich hätte sterben können!« Zitternd blickte er in die Augen seines Bruders, die noch immer vergnügt funkelten. Mazen hätte ihm am liebsten eine reingehauen.

»Ganz im Gegenteil, ich finde es sogar sehr lustig«, erwiderte Omar und legte eine Hand auf Mazens. Seine Finger waren kalt. »Es macht mir immer Spaß, dich wütend zu sehen, Akhi. Aber du machst dir wie stets über die falschen Dinge Sorgen. Überlass die Dschinn mir. *Du* solltest dich lieber davor fürchten, dass Vater herausfindet, was passiert ist. Stell dir nur mal vor, was er tut, wenn er herausbekommt, dass du nicht nur den Palast verlassen hast, sondern dabei auch noch angegriffen wurdest.« Omar löste Mazens Finger von seinem Hemd. »Glaubst du, er wird dir eine zweite Chance geben? Nein, er wird dich genau wie Hakim im Palast einsperren. Dann kommst du nicht mal mehr mit Wachen von hier weg.«

Mazen trat einen Schritt zurück.

Omar sah ihn an, als könnte er auf den Grund seines Herzens blicken und all seine Unsicherheiten darin erkennen. »Vergiss nicht, Akhi, wer von uns beiden die Oberhand hat«, sagte er und bedachte ihn mit einem letzten freundlichen Lächeln, ehe er die Hände in die Taschen steckte und davonschlenderte.

Mazen blickte ihm schweigend hinterher. Er sah keine Möglichkeit, sich aus dieser Zwangslage zu befreien. Es würde nichts bringen, seinen Vater darauf hinzuweisen, dass Omar seiner Aufgabe als Jäger nicht gerecht wurde. Letzten Endes würde Omar ermahnt und er selbst weggesperrt werden.

Er brauchte eine Weile, um seine Furcht so weit in den Griff zu bekommen, dass er in sein Gemach zurückkehren konnte.

7

AISHA

Wenn Aisha bint Louas einen Befehl ihres Königs erhielt, befolgte sie ihn.

Es gab Kämpfe, die sich lohnten, und dann gab es die mit Omar bin Malik – einseitige Wortgefechte, die er mit beschönigenden Floskeln und gönnerhaftem Lächeln austrug. Das war ein Schlachtfeld, das Aisha um jeden Preis mied. Sie war Räuberin, keine Politikerin. Ihre Siege errang sie mit Shamshirs, von deren Klingen das silberne Blut ihrer Opfer troff.

Doch das hieß nicht, dass es ihr immer gefiel, klein beizugeben.

Als sie Omars Aufforderung erhalten hatte, sich nach dem Abendessen mit ihm im Palastgarten zu treffen, war sie irritiert gewesen, und nun, da seine Botschaft in ihrem Kopf herumspukte, ärgerte sie sich noch mehr. Ihre unerwartete Begegnung mit dem jüngsten Prinzen hatte ihr zusätzlich auf die Stimmung geschlagen. Sie hatte sich darauf gefreut, es sich an diesem Abend mit ihren Messern und ihrem Wetzstein in ihrer liebsten Fensternische bequem zu machen. Doch nun musste sie stattdessen dem unausstehlichsten Soldaten des Sultans eine Nachricht überbringen.

Widerwillig ging sie durch mondbeschienene Flure und stieg im staubigen Lampenlicht Treppenhäuser hinauf, bis sie schließlich vor dem Zimmer des Qaid im Soldatentrakt stand. An der unscheinbaren Tür prangte nur ein Zauber gegen den bösen Blick. Sie klopfte – vier rasche Schläge, gefolgt von zwei lauteren. Die Tür flog auf, und ein massiger Mann mittleren Alters mit einem Turban stand vor ihr.

Der Qaid sah sie finster an. »Räuberin.«

»Ich heiße nicht *Räuberin.*« Sie verschränkte die Arme. »Sondern Aisha.«

Ohne auf ihre Bemerkung einzugehen, trat der Qaid zur Seite und bedeutete ihr einzutreten. Aisha schob sich an ihm vorbei und ließ den Blick über die Waffen an den Wänden und die auf dem Schreibtisch verstreuten Schriftrollen wandern. Dem Raum war anzusehen, dass er dem Militärführer des Sultans gehörte.

Er schloss die Tür hinter sich und betrachtete sie misstrauisch. »Was willst du, bint Louas?«

»Ich habe eine Nachricht für dich von Prinz Omar.« Sie verstummte kurz, um seinen ängstlichen Blick zu genießen. »Mein König hat dem Sultan von deinen Vorbehalten erzählt. Zum Glück teilt Seine Majestät sie nicht. Daher wird Prinz Omar, wie ursprünglich vorgeschlagen, ein paar meiner Kameraden schicken, um bis zum Ende des Monats die Lücken in deinen Sicherheitskräften zu schließen.«

Der Qaid starrte sie entgeistert an und machte ein paarmal den Mund auf und zu, offenbar bemüht, sich ein weiteres unergiebiges Argument einfallen zu lassen. Schließlich biss er die Zähne zusammen und ging mit blitzenden Augen einen Schritt auf sie zu. »Und wieso überbringt der Prinz mir diese Nachricht nicht persönlich?«

Weil er eine üble Nervensäge ist, dachte sie. Laut sagte sie: »Das musst du ihn schon selbst fragen. Ich bin nicht hergeschickt worden, um dir Rede und Antwort zu stehen.« Sie ging zur Tür, doch der Qaid versperrte ihr den Weg. »Sag dem Prinzen, dass es bei meinen Sicherheitskräften keine Lücken gibt. Meine Männer sind absolut in der Lage, diese Stadt zu beschützen. Wir wollen eure Hilfe nicht. Und wir *brauchen* sie auch nicht.«

Aisha hätte ihm ins Gesicht lachen können. Diese Narren taten nichts anderes, als Leute in die Eingeweide zu werfen, und schreckten vor silbernem Blut zurück. Sogar der Sultan wusste, wie inkompetent seine Männer waren. Seine verstorbene Frau hatten sie jedenfalls nicht beschützen können.

Aisha war nicht so vermessen, sich als Heldin zu bezeichnen, aber *sie* hatte noch nie einen Dschinn entwischen lassen. Zumindest nicht, seit sie eine Klinge in die Hand genommen und versprochen hatte, sie alle zu töten.

»Seine Majestät scheint das anders zu sehen, was vielleicht an deinem Gewinsel liegt. Ein fähiger Anführer würde niemals nur Worte, sondern vor allem Taten für sich sprechen lassen.« Damit ging sie entschlossen um den Qaid herum zur Tür.

Er bebte vor Wut und wirbelte so schnell zu ihr herum, dass sie in Erwartung eines Angriffs alle Muskeln anspannte. Doch der Qaid wusste sich auch diesmal nur mit Worten zu wehren, die er wie Dolche auf sie schleuderte. »Glaub ja nicht, dass du mit diesem Winkelzug Macht über uns erlangst, bint Louas.« Er fixierte sie mit einem bohrenden Blick. »Ihr seid allesamt Mörder. Niemand würde euch je für echte Soldaten halten.«

Aisha sah ihn ein paar Herzschläge lang an und wandte sich schnaubend wieder von ihm ab.

Waren Soldaten etwa keine Mörder?

Ohne ihn einer Antwort zu würdigen, trat sie nach draußen und schloss die Tür hinter sich. Eine kühle Brise zupfte an ihrer Kapuze. Aisha blieb kurz stehen, um die nächtliche Ruhe zu genießen. Es war, als hielte die Welt einen Augenblick lang den Atem an. An diesem Ort herrschte kaum je Stille, doch nun erinnerte sie Aisha an die erfrischende Ruhe nach einem Sturm. Selbst das Wetter war angenehm: noch nicht kalt, aber kühl genug, um ein paar bequeme zusätzliche Kleiderschichten zu tragen.

Aus den Augenwinkeln bemerkte sie eine verschwommene Bewegung und wandte den Kopf zur Seite. Sie sah einen Mann heraneilen, der an seinem Beutel als Kurier zu erkennen war. Er senkte im Näherkommen den Blick, und Aisha sah, wie sich seine Schultern verkrampften, während er sie passierte. Wortlos schaute sie ihm hinterher. An derartige Begegnungen war sie gewöhnt. Wer sie kannte, nahm sich vor ihr in Acht. Was ihr nur recht war, da sie sich nicht gern mit rückgratlosen Dummköpfen abgab.

Dennoch malte sie sich hin und wieder aus, wie es wäre, als Besucherin und nicht als Räuberin durch diese Korridore zu schlendern – dass man sie an diesem Ort nicht mied, sondern sich um sie kümmerte.

Doch das war Unsinn, dachte sie kopfschüttelnd und kehrte über die Treppe, die sie heraufgestiegen war, ins Erdgeschoss zurück. Während sie dem Korridor folgte, der zum Versteck der Räuber führte, nahm sie alle flackernden Lichter und Bewegungen wahr. Sie übersah weder die Diener, die vor ihr zurückschreckten, noch die Soldaten, die sie mit unverhohlener Abscheu anstarrten. Und ihr entgingen auch nicht die Schritte, die ihr folgten und deren Rhythmus ihr ebenso vertraut war wie ihr eigener Herzschlag.

Und so verzog sie keine Miene, als Omar wie aus dem Nichts neben ihr auftauchte. Sie war es gewohnt, dass er sich wie ein Geist aus den Schatten löste. Woran sie sich dagegen nicht gewöhnen konnte, war, dass sie ihn nicht jedes Mal kommen hörte.

»Ich werde nie wieder irgendwelche verdammten Botschaften für dich überbringen«, murmelte sie.

Omar schnalzte mit der Zunge. »Der Qaid hat die Neuigkeit also nicht gut aufgenommen, oder?«

»Für ihn zu arbeiten, muss die Hölle sein.«

Omar schenkte ihr ein Lächeln. Selbst im Dunkeln schien es zu strahlen. »Dann ist es ja gut, dass du nicht zu den Leuten gehörst, die ich zu seinen Sicherheitskräften abkommandiere.«

Aisha sah grimmig geradeaus. »Wenn du je versuchen solltest, mich in diese Uniform zu zwängen, bohre ich dir einen Dolch in den Hals. Ist diese Infiltration wirklich notwendig?«

Omar lachte leise. »Es ist keine Infiltration, wenn bis auf den Qaid alle damit einverstanden sind. Du weißt genauso gut wie ich, wie schlecht es um die Sicherheit von Madinne bestellt ist. Heute ist mein eigener Bruder auf dem Souk von einer Dschinn attackiert worden.«

Von einer Dschinn, die du *hättest töten sollen,* dachte sie, behielt diesen Einwand aber für sich. Omars Quälereien hatten ihr noch nie gefallen. Ihr war es lieber, ihre Opfer sofort und so widerstandslos wie möglich zu töten. Sie sah wenig Sinn darin, ein Spiel zu spielen, dessen Ausgang von vornherein feststand.

»Dein idiotischer Bruder ist aus freien Stücken auf den Souk gegangen.«

Wieder lachte Omar. »Findest du seine kleinen Abenteuer etwa nicht heldenhaft?«

»Ich finde sie *dumm.*«

Sie gingen durch den Obstgarten vorbei an Bäumen, die voller Äpfel und Orangen hingen. An einigen Ästen baumelten Laternen, die den Boden in dunstiges Licht tauchten und das Gras schimmern ließen. Aisha fand, dass es aussah, als wäre es mit Tau bedeckt.

Im Vorübergehen pflückte sie einen gelben Apfel von einem Zweig und warf ihn gedankenverloren von einer Hand in die andere. »Was willst du von mir, Sayyidi?«

Omar sah sie mit Unschuldsmiene an. »Was denn? Kann ich denn nicht einfach deine Gesellschaft genießen?«

»Lass die Schmeicheleien. *Du* hast immer irgendwelche Hintergedanken.« Sie biss in den Apfel und rümpfte die Nase. Er war ihr zu sauer. Als Omar die Hand danach ausstreckte, warf sie ihm den Rest gerne zu.

»Mein Fehler.« Er hielt den Apfel in die Höhe. Im Mondschein wirkte seine Schale beinahe grau. »Inzwischen sollte ich eigentlich wissen, dass du nicht gern plauderst«, sagte er und biss in den Apfel.

Die restliche Strecke bis zu ihrem Versteck legten sie in einvernehmlichem Schweigen zurück. Sie folgten dem Pfad bis zur äußeren Mauer und dann weiter zu einem schmucklosen Wachturm an der südöstlichen Ecke des Palasts. Er zeichnete sich als dunkler Schatten vor den fahlen Minaretten ab, ein unheilvoll wirkendes Gebäude, das so stark Richtung Palast geneigt war, dass es schien, als könnte es jeden Moment umkippen und den Schutzwall einreißen.

An auffälligen Orten kann man sich am besten verstecken, hatte Omar ihr auf die Frage geantwortet, weshalb er ausgerechnet diesen Turm zu ihrem Hauptquartier erkoren hatte. Er behauptete, es sei einfacher, Geheimnisse vor den Adligen zu hüten, die ihm und seinen Räubern bewusst aus dem Weg gingen, als vor neugierigen Stadtbewohnern, die sie wie Helden verehrten.

Aisha war das alles gleichgültig. Für sie zählte nur, dass es seitlich im Palast eine Tür gab, durch die sie unbemerkt in die Stadt gelangen konnten. Je weniger Zeit sie in dieser vergoldeten Falle verbringen musste, desto besser.

Sie sah Omar erwartungsvoll von der Seite an. Der Prinz lächelte leise und zwirbelte das Apfelgehäuse am Stiel im Kreis herum. »Du willst wissen, weshalb ich dir gefolgt bin? Ich sage es dir: aus Schuldgefühlen.«

Aisha runzelte unbeeindruckt die Stirn.

»Schau mich nicht so an. Ich wollte mich bei dir dafür entschuldigen, dass ich dich vorhin so abrupt weggeschickt habe. Mein Bruder neigt dazu, Fragen zu stellen, deren Antworten er nicht verstehen würde. Ich hielt es für besser, dieses Gespräch mit ihm im Keim zu ersticken.«

»Den Qaid wolltest du auch meiden. Deswegen hast du mich mit ihm sprechen lassen.«

»Von *mir* wird erwartet, dass ich mich bei Hofe umgänglich verhalte. Du dagegen …« Er grinste. »Ich weiß es zu schätzen, wenn du deine verletzende Ehrlichkeit zu einem guten Zweck einsetzt.«

Ich habe es getan, weil du es mir befohlen *hast, du Bastard,* dachte sie und merkte, wie sich ihr Mund zu einem Lächeln verzog. Sie mochte den Prinzen trotz ihrer gelegentlich frustrierenden Auseinandersetzungen genug, um Anweisungen von ihm entgegenzunehmen. Er redete nicht um den heißen Brei herum, war ehrlich und sagte nichts, was er nicht auch meinte.

»*Shukran,* Aisha.« Omar neigte den Kopf zur Seite. »Ich verspreche, dass ich dich nicht dem Qaid überlasse. Dieser starrköpfige Versager von der Palastwache hat dich nicht verdient.«

»Nein, hat er wirklich nicht.« Sie seufzte tief. »Kann ich jetzt gehen?«

»Natürlich. Ich wollte dir nur danken.« Er verstummte und sah zum Turm hinauf.

Aisha folgte seinem Blick zu den oberen Fenstern. Vor ihrem hing ein hauchzarter Vorhang, der sanft im Wind flatterte.

»Und ich wollte dich warnen«, fügte er hinzu.

Aisha fuhr zu Omar herum. Er sah ebenfalls wieder zu ihr. Sein Lächeln war verschwunden. »Die Dschinn, die meinen Bruder angegriffen hat, lauert noch immer in den Schatten. Pass auf, dass sie dich nicht auch angreift. Und falls du sie siehst, rühr keinen Finger. Sie ist meine Beute.«

Aisha kniff die Augen zusammen. Sie wusste, dass sie dazu neigte, anderen die Beute abspenstig zu machen. Doch was spielte es schon für eine Rolle, wer diesen gottverdammten Kreaturen den Garaus machte, die ansonsten ganze Dörfer vernichten und die Kinder darin unbarmherzig abschlachten würden. Die ihre Opfer im Siegestaumel zerfleischten …

Sie grub die Fingernägel fest genug in die Handflächen, um wieder in die Gegenwart zurückzukehren. Die Narben unter ihrem Umhang juckten, wenn sie sich an damals erinnerte.

»Na gut«, erwiderte sie barsch.

Dieses widerwillige Zugeständnis schien Omar zu reichen. Er lächelte wieder, als er sich von ihr verabschiedete. Sobald er weg war, seufzte Aisha und machte sich an den unnötig komplizierten Türschlössern zu schaffen. Schließlich gaben die Riegel nach, und sie schickte sich gerade an, in den Turm zu gehen, als sie hinter sich Gras knistern hörte und erstarrte. Sie blickte über die Schulter und ließ die Finger über einem der Messer in ihrem Gürtel schweben.

Doch obwohl sie sicher war, Schritte vernommen zu haben, sah sie nur die Schattenrisse von Bäumen, die sich im Wind wiegten.

Aisha spähte eine ganze Weile in die Dunkelheit, um sicherzugehen, dass dort wirklich niemand war, ehe sie, genervt von ihrer Schreckhaftigkeit, den Turm betrat.

Das Letzte, was sie hörte, bevor sie die Tür hinter sich zuschlug, war der pfeifende Wind, der unheimlicherweise wie Gelächter klang.

8

LOULIE

»Also.« Dahlia bint Adnan ließ ihre Shisha sinken und blies eine Tabakwolke in die Luft, wo sie als blauer Dunst über ihr und Loulie hing. »Du hast Rasul al-Jasheen kennengelernt.« Die bernsteinfarbenen Augen der Tavernenwirtin schimmerten im Halbdunkel wie Münzen. »Mochtest du ihn?«

»Er war hässlich wie die Sünde.«

Dahlia grinste. »Nicht dass ich dir widersprechen möchte, aber das ist keine Antwort auf meine Frage.«

»Für einen Kaufmann war er ganz in Ordnung.« Loulie blickte mindestens zum zehnten Mal zu ihrer Zimmertür. Sie hatte zwar nichts dagegen, Dahlia von ihren Abenteuern zu berichten, doch bald würde die zweite Stunde nach Mondaufgang beginnen, und sie wurde allmählich ungeduldig.

Qadir war vor einiger Zeit gegangen, um sich auf dem Souk nach Gerüchten umzuhören. Loulie hatte ihn gebeten, insbesondere auf Informationen über schwarz gekleidete Mörder zu achten. Sie war davon ausgegangen, dass er rechtzeitig heimkehren würde, damit sie miteinander den Nachtmarkt besuchen konnten. Doch mittlerweile war er bereits seit Stunden weg und ließ Loulie in ihrer Händlerinnenrobe schmoren.

»Du wirkst aufgeregt«, sagte Dahlia. »Lass mich raten: Qadir?«

Loulie zog ein finsteres Gesicht. »Er verspätet sich.«

»Tut er das nicht immer? Du solltest dir einen pünktlicheren Leibwächter suchen.« Dahlia grinste. »Oder besser noch einen Ehemann, der dich von deinen Geschäften ablenkt und sich nicht von Qadir abschrecken lässt.«

Loulie machte sich nichts aus Shishas, doch in diesem Moment hätte sie Dahlia am liebsten die Pfeife aus den Händen genommen und ihr Rauch ins Gesicht geblasen. Über dieses Thema hatten sie sich schon oft unterhalten, und Loulie gab ihr jedes Mal dieselbe Antwort.

»Ich würde lieber ein verstaubtes Relikt heiraten als einen Mann«, sagten sie beide wie aus einem Mund.

Loulie errötete, und Dahlia grinste. »Ja, ja, ich weiß. Wenn du doch nur bessere Verehrer hättest, was? Tja, wenn du deinen Leibwächter bei eurer ersten Begegnung weggeschickt hättest …«

»Niemals. Ich bin froh, dass er die Männer für mich abweist.«

Sie lachten miteinander, und Loulie spürte, wie sich die Anspannung in ihren Schultern löste. Einen Moment lang war sie versucht, Dahlia die Wahrheit zu sagen – dass es tatsächlich in Dhyme einen Mann gab, für den sie wider besseres Wissen etwas empfand. Doch wenn sie an Ahmed dachte, bildete sich ein Kloß in ihrer Kehle. Sie hatte es geschafft, sich ein paar Wochen lang nicht mit ihm zu beschäftigen, und wollte auf keinen Fall, dass Dahlia spitzfindige Fragen über ihr Verhältnis zu ihm stellte.

Zum Glück blieb es ihr erspart, über ihr kompliziertes Gefühlsleben nachzusinnen, da in diesem Moment die Tür aufging und Qadir eintrat. Er verneigte sich vor ihrer Wirtin. »Dahlia.«

Dahlia lächelte liebevoll. »Hallo, du Rohling.«

Loulie unterdrückte einen erleichterten Seufzer und stand auf. »Du bist spät dran.« Sie hatte die bodenlose Tasche über den Schultern hängen und sich einen glitzernden Schal um den Kopf gewickelt. Den zog sie sich nun vor das Gesicht, sodass nur noch ihre mit Kajal umrandeten Augen zu sehen waren.

»Aber jetzt bin ich ja hier«, erwiderte er. »Wollen wir uns auf den Weg machen?«

»Ja, das wollen wir.« Sie wedelte den Shisha-Rauch beiseite und ging zur Tür.

Dahlia erhob sich von ihrem Sitzkissen. »Seid ihr sicher, dass ihr nicht bleiben und euch die Geschichten des Alten Rhuba anhören wollt?« Sie verschränkte ihre massigen Arme. »Er hat gesagt, dass er dich vermisst. Du bist sehr gut darin, Zuhörer anzulocken.«

Loulie dachte an Yousef und wie seine Augen geleuchtet hatten, während er Rhubas Geschichten lauschte. »Ich glaube, heute wird ein Mann kommen, der diese ehrenvolle Aufgabe sehr gern für mich übernimmt.« Loulie bereute es ein wenig, dass sie nicht bleiben und sich mit ihm unterhalten konnte. Im direkten Gespräch wäre es viel leichter gewesen, ihm seine Geheimnisse zu entlocken.

Dahlia hob eine Augenbraue. »Sieht er gut aus, dieser Mann?«

»Ich fürchte, ich war zu sehr von seiner entsetzlich schlecht sitzenden Kleidung abgelenkt, um darauf zu achten.«

Dahlia seufzte. »Du hast immer nur Augen für Glitzerkram, nicht wahr?«

»Ja, weil ich Glitzerkram gegen Gold eintauschen kann.«

In diesem Moment fiel Loulie endlich ein, weshalb Rasul ihr so bekannt vorgekommen war. Er verkaufte wie sie seine Waren auf dem Nachtmarkt. Wahrscheinlich war sie schon oft an seinem Stand vorbeigegangen, ohne ihm Beachtung zu schenken.

Qadir und sie gingen in den Weinkeller und öffneten eine zwischen den Fässern verborgene Falltür, die in das Tunnelsystem unter Madinne führte. Vor Jahren hatte Dahlias Vater, Adnan, dieses unterirdische Netzwerk mit Hilfe mehrerer gleich gesinnter Krimineller angelegt und darin den Nachtmarkt gegründet, einen Untergrund-Souk, auf dem noch immer ohne Wissen des Sultans kostbare illegale Waren gehandelt wurden. Seit dem Tod ihres Vaters führte Dahlia seine Geschäfte weiter.

Loulie zog die Leuchtkugel aus der Tasche und erhellte damit den Weg durch die Tunnel. Manche führten aus der Stadt hinaus und wurden von flüchtenden Verbrechern benutzt. Doch diese Pfade kannte sie nicht. Sie wusste nur, wo es zum unterirdischen Markt ging.

Nach ein paar Biegungen begann Qadir zu summen, wie er es manchmal tat, um die Stille zu füllen. Wenn er besonders gut gelaunt war, sang er, und zwar immer dasselbe Lied über einen König, der auf der Suche nach seiner verlorenen Liebe die Welt bereiste. Loulie hatte es inzwischen oft genug gehört, um den Text auswendig zu können.

Die Sterne, sie brennen in der Nacht
Und weisen dem Scheich den Weg.
Geh zu ihr, geh zu ihr, klingt es von fern.
Geh und such nach deinem Augenstern.
Geh zu ihr, geh zu ihr.
Dem Kompass deines Herzens …

Loulie hüstelte. »Was gibt es Neues vom Souk?«

Qadir hörte auf zu summen. »Größtenteils Gerüchte über weitere Dschinn-Attacken. Und ich habe mehrere lächerliche Geschichten über Dschinn gehört, die angeblich Leute ins Sandmeer locken.«

»Die Dschinn-Jäger lieben es, sich hübsche Propagandageschichten auszudenken.«

Qadir schnaubte. »Das scheint in ihrer Natur zu liegen.«

Hinter der nächsten Ecke konnte Loulie die roten Laternen ausmachen, die den Tunnel zum Nachtmarkt markierten. »Hat irgendwer die schwarz gekleideten Mörder erwähnt?«

Qadir schüttelte den Kopf. Loulie unterdrückte ein Stöhnen. Hätte sie doch nur länger mit der Schatten-Dschinn sprechen können. Ob es wohl eine Möglichkeit gab, sie zu beschwören?

»Ach ja, eins noch«, unterbrach Qadir ihre Grübeleien. »Erinnerst du dich an das Relikt, das Rasul auf der *Aysham* erwähnt hat? Ich habe mitbekommen, dass der Sultan nach irgendeinem kostbaren Schatz sucht, doch niemand scheint zu wissen, worum es sich dabei handelt.«

»Können wir dem Kompass nicht so etwas befehlen wie: ›Führe uns zu dem Ding, das der Sultan haben will‹?«

Ein leises Lächeln umspielte Qadirs Lippen. »Ich fürchte, so funktioniert das nicht. Wir müssen wissen, was es ist.«

»Und dennoch schafft es der Kompass, dir die Richtung zu etwas so Vagem wie ›deinem Schicksal‹ zu weisen?«

Sein Lächeln wurde noch breiter, und er blickte wieder nach vorne. »Aber nur weil ich eine spezielle Verbindung zu ihm habe. Schließlich kenne ich die Dschinn, die ihn verzaubert hat.«

Loulie betrachtete mit gerunzelter Stirn seinen Rücken. Sie verstand nicht, was das eine mit dem anderen zu tun hatte, hakte aber nicht nach. Qadir hatte viele Geheimnisse – genau wie sie. Solange er ihr nicht damit schadete, hatte sie nichts dagegen, dass er sie für sich behielt.

Sie folgte ihm, und es dauerte nicht mehr lange, bis der Tunnel in einer geräumigen, mit bunten Laternen beleuchteten Höhle mündete, in der sich eine unübersichtliche Landschaft aus überdachten Ständen ausbreitete. Der Nachtmarkt war zwar deutlich kleiner als der Madinne-Souk, dafür waren die Waren, die hier unten angeboten wurden, hundertmal wertvoller. Die Händler errichteten ihre Stände in mit Edelsteinen ausgekleideten Nischen und bewarben unter schwungvoll beschrifteten Schildern seltene kunstgewerbliche Erzeugnisse. Raffiniert gestaltete hochflorige Teppiche, wunderschöne Klingen aus Messing, Knochen und Glas, von berühmten Künstlern aus dem Westen geschaffene Keramiken – ohne Zweifel eine beeindruckende Auswahl an importierten Waren, aber nicht annähernd so kostbar wie das, was sie anzubieten hatte.

Dies war auch der Grund, weshalb sie sich jedes Mal so diebisch freute, wenn sie diesen Markt besuchte.

Doch niemand konnte sehen, dass sie hinter ihrem Kopftuch grinste, während sie sich einen Weg durch die Verkaufsgassen bahnte und an ungehobelten Kunden vorbeizwängte, die ihr jedes Mal großräumig aus dem Weg gingen, sobald sie Qadir bemerkten. Obwohl sie die Berühmtere von ihnen beiden war, wusste auf dem unterirdischen Souk jeder auch von ihrem »mysteriösen« Leibwächter. Zwar kursierten immer noch Gerüchte über Qadir und sie, doch zu Loulies Erleichterung inzwischen nicht mehr ganz so viele wie noch vor einigen Jahren. Es war ihr immer extrem unangenehm gewesen, wenn Kunden unverhohlen darüber spekuliert hatten, in welchem Verhältnis sie zueinanderstanden.

Den naheliegendsten Verdacht hatte Qadir ausgeräumt, als ein besonders wagemutiger Kunde sich ihrem Stand genähert und ihn gefragt hatte, wie viel Brautgeld er für Loulie habe bezahlen müssen. Der Dschinn hatte dem Mann daraufhin eindringlich in die Augen geschaut und gesagt: *Meine* Arbeitgeberin *ist nicht käuflich zu erwerben.*

Qadir war vieles – Geschäftspartner, Wächter, Freund –, doch ihr Ehemann würde er niemals sein. Schon der bloße Gedanke jagte Loulie einen Schauder über den Rücken. Qadir und sie waren zwar nicht miteinander verwandt, doch für sie fühlte es sich so an, als ob sie es wären. Sie schaute über die Schulter zu ihm zurück und lächelte, als sie bemerkte, wie misstrauisch er die Menge beäugte.

Als er ihren Blick auffing, zogen sich seine Augenbrauen noch enger zusammen. »Was ist los?«

»Nichts. Ich freue mich nur über deinen finsteren Blick, der alle in Angst und Schrecken versetzt.«

Qadirs Miene wurde weicher. »Ach ja? Und du jagst sämtlichen Männern mit deinem *Lächeln* Angst ein.«

»Ja, aber nicht so viel, dass sie ihre Geldbeutel nicht öffnen wollen«, erwiderte sie und wackelte den erhobenen Zeigefinger in seine Richtung. »Das ist das Allerwichtigste.«

Anstatt zu antworten, stieß Qadir einen tiefen Seufzer aus und trottete schweigend hinter ihr her, als sie in die nächste Gasse einbog und zu einem leeren Stand ging, der zwischen zwei anderen eingequetscht war. An dem einen befand sich ein junger Mann, der bündelweise teuren Shisha-Tabak verkaufte. Hinter all den Rauchringen, die er blies, war sein Gesicht nur verschwommen zu erkennen. Der andere wurde von einem alten Mann geführt, der in Glasvitrinen ordentlich aufeinandergestapelte, seltene fremdländische Münzen feilbot.

Der junge Mann ließ die Pfeife sinken und starrte sie mit weit aufgerissenen Augen an. »Mitternachtshändlerin«, stieß er erstaunt hervor.

Der alte gackerte. »Womit habe ich es verdient, dass du dein Geschäft ausgerechnet neben meinem betreibst, Loulie al-Nazari?«

»Gleichfalls Salaam, Sadiqi«, entgegnete Loulie grinsend und begann, ihre Waren auszupacken.

Der Tabakverkäufer blickte verwirrt zwischen ihnen hin und her.

Der alte Händler schüttelte den Kopf. »Wenn du einem Stern zu nahe kommst, verbrennt er dich, Junge.«

»Du übertreibst«, sagte Loulie, während sie mit Qadirs Hilfe ihre kostbaren Schätze in die Regale stellte. »Ich verbrenne nur Leute, die mir das Geschäft verderben.« Noch immer grinsend, stellte sie die magische Kugel auf die Theke und tippte mit der Hand darauf.

»Magie«, wisperte der junge Mann, als sie unter ihrer Berührung immer heller wurde.

Schon bald blieben die ersten Passanten stehen, um neugierig ihre Auslagen zu begutachten. Dahlia hatte ihr erzählt, Rasuls Stand sei bei den Marktbesuchern besonders beliebt. Loulie hatte keine Ahnung, was für Waren er führte, doch sie wusste, dass *ihre* besser waren. Die von ihr gesammelten Relikte hatten extremen

Seltenheitswert. Ein normaler Reisender konnte sich außerordentlich glücklich schätzen, wenn er während seines gesamten Lebens auch nur eines von ihnen fand.

Doch sie besaß einen Kompass, der ihr zu allem den Weg weisen konnte – auch zu wilder Magie.

Und nur sie allein wagte es, dem Verbot des Sultans zu trotzen und Relikte zu sammeln. Und dieser Mut wurde belohnt. Mit barer Münze.

Als das Gedränge immer größer wurde, trat Qadir von den Waren weg und baute sich in voller Größe hinter Loulie auf. Unter seinem ebenso wachsamen wie schneidenden Blick wagte es nie irgendwer, eines der Relikte zu entwenden.

Schließlich standen alle Objekte an ihrem Platz, und Loulie erklärte ihr Geschäft für eröffnet. Binnen Kurzem strömten die Kunden wie hungrige Tauben zu ihrem Stand, um die magischen Relikte mit gierigen Händen zu betasten und auszuprobieren. Der junge Händler beobachtete das Treiben mit einer Mischung aus Ehrfurcht und Neid.

Loulie sah ihn an, wackelte mit den Fingern und flüsterte: »Magie.«

9

MAZEN

Am Abend nach Mazens Begegnung mit der Dschinn richtete der Sultan ein spontanes Festmahl aus, zu dem er mehrere Politiker seines Hofs einlud. Der Diwan war in Rot- und Goldtönen dekoriert, der Tisch für fünfzig Gäste gedeckt. Die besten Tänzer und Musiker waren engagiert worden, und es gab Delikatessen aus dem gesamten Reich. Es war eine extravagante Feier, die alle Gäste sichtlich genossen.

Bis auf Mazen, der todunglücklich war.

Er hatte versprochen, an diesem Abend in Dahlia bint Adnans Taverne zu gehen, doch nun war er hier und gab sich mit künstlich lächelnden Leuten ab. Sein eigenes aufgesetztes Lächeln kostete ihn viel Mühe, denn innerlich schrie er.

Zusammenkünfte im Diwan waren stets pompös, doch diese Veranstaltung schoss den Vogel ab. Da keine königliche Festivität ohne Geschenke auskam, hatten mehrere der eingeladenen Politiker es für richtig gehalten, miteinander um die teuersten Präsente zu konkurrieren. Der Sultan hatte sie natürlich ausgestellt, um seine Wertschätzung zu demonstrieren. Das Bündel aus blumenförmigen Laternen, das über Mazens Kopf hing, war neu und ebenso die mit Edelsteinen besetzten Brokatvorhänge an den Fenstern. Hinter der halbrunden Bühne hing eine riesige Glasplatte mit spiralförmigen goldenen Linien – der Gast, von dem sie stammte, hatte behauptet, es handele sich um eine Darstellung des königlichen Hofes –, und die Wände zierten kleine, aber kunstvolle Wandteppiche, die mit dem Vermächtnis des Sultans beschrieben waren.

Schon der bloße Anblick dieser verschwenderischen Geschenke machte Mazen müde. Mürrisch betrachtete er seinen Teller, der mit Lammfleisch, Fattoush und Tabbouleh überladen war. Da er vollauf damit beschäftigt war, der versäumten Veranstaltung in Dahlias Taverne nachzutrauern, rührte er sein Essen kaum an. Rastlos sah er an den vielen Gästen vorbei, die sich um den niedrigen Tisch scharten, zu den Fenstern. Der Garten schien im Mondschein zu leuchten. Die weißen Rosen erinnerten Mazen an Dschinn-Blut, was ihn nicht weiter verwunderte, da der Garten damit gedüngt war.

Mit einem flauen Gefühl wandte er sich wieder ab. Wie viele Dschinn hatten auf diesem vormals unfruchtbaren Boden verbluten müssen, damit sie nun dieses luxuriöse Leben führen konnten? Obwohl Mazen nicht an den schrecklichen Taten seines Vaters beteiligt gewesen war, wurde er jedes Mal von Schuldgefühlen überwältigt, wenn er an einer ausschweifenden Feier wie dieser teilnahm. Es fiel ihm schwer, nicht an all die Leben zu denken, die in diesem Garten ausgehaucht worden waren. An die Dschinn, die sein Bruder abgeschlachtet hatte, und an die Frauen, die seinem Vater zum Opfer gefallen waren.

Sie waren beide Mörder. *Und seine Familie,* rief er sich schweren Herzens in Erinnerung.

Mazen wurde bewusst, dass sein Bruder Hakim ihn von der anderen Seite des Tisches aus mit gesenkten Augenbrauen forschend betrachtete. Er schenkte ihm ein – wie er hoffte – beruhigendes Lächeln, das Hakim nicht zu überzeugen schien. Doch bevor er seine Sorge in Worte fassen konnte, wurde Hakim von einem Ratgeber des Sultans angesprochen, ein freundlicher Mann, der ihm oft und gerne Komplimente zu seinen Karten machte. Er war einer der wenigen Höflinge, die Hakim mit Respekt behandelten.

Nur ein paar Plätze entfernt beobachtete der Ratsvorsitzende – der uralt aussehende Wesir des Sultans – ihre Unterhaltung mit unverhohlenem Missvergnügen. Mazen mochte den Mann nicht, genauso wenig wie die meisten anderen Ratsmitglieder. Er war froh, dass er, von Zusammenkünften wie dieser abgesehen, kaum je mit ihnen in Berührung kam.

Mazen hatte keine Lust, Hakims Gespräch zu lauschen, und war erleichtert, als die Laternen über ihnen schwächer wurden und zwei Artisten mit brennenden Schwertern die Bühne bestiegen. An ihrer seidenen Kleidung hingen goldene Münzen und Schmuckstücke, die wie Sterne funkelten, während sie die dunkle Treppe erklommen. Die beiden waren ein fesselnder Anblick, doch Mazen hatte nur Augen für ihre lang gestreckten Schatten.

Sein Magen verkrampfte sich. *Du bist in Sicherheit. Die Dschinn würde niemals hierherkommen.*

Genau das hatte er sich schon letzte Nacht vergeblich einzureden versucht. Er hatte kaum geschlafen, aus Furcht, dass die Schatten in seinem Raum ihn ersticken würden, sobald er die Augen schloss.

»Wieso machst du so ein langes Gesicht, Akhi?« Mazen erschrak, als Omar auf dem vor wenigen Augenblicken frei gewordenen Kissen neben ihm Platz nahm. »Ich dachte, du magst dekadente Feste. Oder hattest du schon etwas anderes vor?« Er beugte sich näher an Mazen heran. »Wolltest du vielleicht in eine gewisse Taverne gehen, um einem gewissen Geschichtenerzähler zu lauschen?«

Mazens Mund wurde trocken. Er hatte mit niemandem über seine Pläne gesprochen, nicht einmal mit Hakim. Also konnte Omar eigentlich nichts darüber wissen, außer …

»Wie lange spionierst du mir schon nach?«

»Ich habe Besseres zu tun, als dir nachzustellen. Du unterschätzt nur, was meine Lauscher auf dem Souk alles mitbekommen.«

Omar sah zu, wie die Artistin ein flammendes Schwert über ihrem Kopf herumwirbelte. »Ehrlich gesagt ist es gut, dass du heute Abend nicht in der Taverne bist, da Vater schon mit der Umsetzung seines Plans begonnen hat.«

Mazen hörte auf, in seinem Fattoush herumzustochern, und sah Omar an. »Wovon sprichst du?«

»Von seinem Plan, die Mitternachtshändlerin aufzuspüren.« Omar erwiderte Mazens verblüfften Blick mit einem Lächeln. »Der Sultan hat aus einer außerordentlich gut unterrichteten Quelle erfahren, dass es in Dahlia bint Adnans Taverne einen geheimen Eingang zum unterirdischen Markt gibt. Die Mitternachtshändlerin wird sicher dort sein.«

Ein geheimer Eingang? Wussten der Alte Rhuba und Layla über ihn Bescheid? Doch das waren Fragen, die er Omar nicht stellen konnte. »Was hat Vater vor?«, erkundigte er sich stattdessen.

Omar hob eine Augenbraue. »Du machst dir Sorgen um dein Mädchen, nicht wahr?«

»Sie ist nicht *mein Mädchen* …« Zu spät erkannte Mazen seinen Fehler.

Omar lachte leise. »Ah, dann warst du neulich also wirklich zu ihr unterwegs.«

»Ich war nicht …« Die in viel zu viele Schatten gehüllte Bühne begann vor Mazens Augen zu verschwimmen. Seine Lider wurden schwer, und seine Schultern sackten herab. Er versuchte, bei Bewusstsein zu bleiben, spürte jedoch, wie es ihm entglitt. Seine Umgebung verblasste, und er versank in Dunkelheit. Rubinrote Augen sahen ihn an. *Wenn nötig,* sagte eine sanfte, einschläfernde Stimme, *hätte ich dich bis ans Ende der Welt verfolgt.*

»Wieso ist dein Gesicht so rot, Akhi?« Omars Stimme wirkte eigenartig fern. »Hast du zu viel Wein getrunken?«

Mazen umklammerte die Tischkante und nahm vage wahr, wie warm seine Finger und die Eisenringe daran geworden waren. Ein Schleier schien sich über die Welt zu legen, der alle Farben dämpfte.

»Kann es sein, dass du wütend auf mich bist? Womit habe ich deinen Zorn erregt?«

Mazen wollte sich nicht vor seinem Bruder fürchten, doch er tat es. Was kein Wunder war. Schließlich war Omar ein kaltblütiger Mörder. Er hatte Dschinn getötet und *ihren Geliebten umgebracht. Er war ein Monster, und sie wünschte sich nichts mehr, als ihm die Augen auszukratzen und* ... Mazen blinzelte.

Seine Gedanken waren ... wie benebelt.

»Ach, jetzt weiß ich, weshalb du sauer bist. Du ärgerst dich über deine eigene Unfähigkeit.« Omar sah ihn ernst an. Mazen verspürte den heftigen Drang, ihn anzugreifen. »Du bist feige«, fuhr Omar fort. »Du hast zu viel Angst, offen aufzubegehren, und verbirgst dich stattdessen in den Schatten. Du frisst deine Wut in dich hinein und lässt zu, dass sie dich verschlingt.«

Mazen warf einen Blick auf Omars Schatten. Es war ein guter Schatten, dachte er. Viel besser als sein Besitzer. Er betrachtete seinen eigenen Schatten, der unerklärlicherweise Augen hatte – Schlitze aus fahlem Mondlicht.

Omar gab noch immer keine Ruhe. »Und was wirst du jetzt tun?«

Mazen dachte an seinen Vater und seinen Hausarrest, an Layla, die Schatten-Dschinn und *an den Jäger, der immer und immer wieder auf ihren Geliebten einstach. Als er endlich damit fertig war, drehte er sich zu ihr um und sagte: »Ich habe gar nicht gewusst, dass Dschinn solche Feiglinge sind.« Lachend sah er zu, wie sie sich gegen die Eisenketten stemmte, mit denen er sie gefesselt hatte. Mit tränenverschleiertem Blick sah sie zu der saftigen Grünfläche, auf der die Leiche ihres Gemahls lag.*

Ich werde dich finden, Jäger, *dachte sie.* Auch wenn es mich Jahre kostet und ich die gesamte verdammte Welt dafür durchqueren muss. *Noch nie war sie sich einer Sache so sicher gewesen.*

»Ah«, sagte Omar. Seine Stimme klang, als stiege sie aus den Tiefen des Ozeans zu ihm herauf. »Dachte ich es mir doch, dass du dich im Schatten meines Bruders versteckst.«

Mazen nahm wie aus weiter Ferne wahr, dass sich seine Beine bewegten. Sein Herz pochte, und sein Kopf dröhnte. Sein Körper war taub und all seine Sinne gedämpft. Seine Sicht verschwamm, und er sah nur noch Omar, der ein Messer aus dem Ärmel zog und ihn mit Mordlust in den Augen fixierte.

Mazens Lippen verzogen sich zu einem Lächeln, das nichts mit ihm selbst zu tun hatte. »Ich habe gelobt, dass ich dich finde, Mörder.«

Was als Nächstes geschah, war schlimmer als seine finstersten Albträume. Sein Sichtfeld dehnte sich aus, bis er den gesamten Diwan im Blick hatte. Er besaß nicht nur zwei Augen, sondern viele, die allesamt in der Dunkelheit ringsum verborgen waren. Seine beringten Finger wurden jäh kalt, sein restlicher Körper dagegen unerträglich heiß, als würde Feuer durch seine Adern fließen. Irgendjemand sagte seinen Namen – »Mazen, Mazen, Mazen« –, doch er antwortete nicht. Er konnte es nicht. Stattdessen hob er mühsam eine Hand.

Und er rief die Schatten zu sich.

Zischend und seufzend dehnten sie sich zu ihm aus. Sie verdeckten das Mondlicht, verschlangen die Laternenflammen und kicherten vergnügt, als die Menschen zu kreischen begannen.

Lächelnd wandte Mazen sich zu Omar um. *Ich habe gewonnen,* dachte er. *Nicht einmal ein herzloser Jäger würde sich an seinem eigenen Bruder vergreifen.*

Mazen schnippte mit den Fingern. Einer der Schatten zwang Omar auf die Knie, packte sein Messer und hielt es ihm an den Hals. Doch der Jäger besaß noch immer die Kühnheit zu lachen. »Du ergreifst um deiner Rache willen also wirklich von meinem Bruder Besitz, Dschinn? Was für ein Feigling du doch bist.«

Zorn brandete in Mazen auf. Selbst seine Schatten wichen vor ihm zurück. »Ein Feigling, der seine Rache bekommen wird«, erwiderte er sanft. »Gehab dich wohl, Jäger.« Erneut schnippte er mit den Fingern, und die Schatten stürzten sich auf den Kronprinzen.

10

LOULIE

»Ich gebe dir dafür fünfzig.«

Der junge Mann, der schon seit einer Weile das ewige Stundenglas betrachtete, trat schließlich vor Loulies Stand. In seiner Hand hatte er einen Beutel, der Münzen enthielt – vermutlich die angekündigten fünfzig.

Loulie beäugte erst den Beutel, dann das Stundenglas. Der Mann starrte sie an, ohne auf das Gemurmel der Menge zu achten. Loulie zählte in Gedanken die Sekunden und wartete ab.

Wie erwartet trat ein zweiter, deutlich älterer Mann vor und hielt einen Geldbeutel in die Höhe, der schwerer zu sein schien. »Sechzig«, sagte er.

Ein Anfang ist gemacht, dachte Loulie und war froh, dass das Tuch ihr verschmitztes Grinsen verbarg.

Sie feilschte gern, noch lieber beobachtete sie jedoch, wie Kunden sich untereinander beharkten – vor allem, wenn es dabei um so nutzlose Magie wie das Stundenglas ging. Als Qadir und sie das Relikt in einem Ghul-Unterschlupf entdeckt hatten, war Loulie zunächst davon ausgegangen, dass es den Lauf der Zeit umkehren oder zumindest verlangsamen könnte.

»Nein«, hatte Qadir gesagt. »Es füllt sich nur immer wieder neu mit Sand auf.«

»Und dafür haben wir uns durch eine ganze Ghul-Horde gekämpft? Das Ding ist ja vollkommen wertlos!«

Qadir hatte sie mit erhobenen Augenbrauen angeschaut. »Mittlerweile solltest du eigentlich wissen, dass sich alles Magische verkaufen lässt.«

Er behielt recht. Das letzte Gebot lag bei hundertzwanzig Münzen. Anschließend packten sie alles zusammen. Nachdem Loulie ihr persönliches Gewinnziel für diesen Abend erreicht hatte, wollte sie nun unbedingt eine von Rhubas Geschichten hören. Und wenn sie Glück hatte, würde Yousef auch in der Taverne sein.

»Wieso lächelst du?«, fragte Qadir misstrauisch.

Sie verstaute die letzten Relikte in der bodenlosen Tasche und hängte sie sich über die Schulter. »Willst du denn nicht auch hören, was der Alte Rhuba über Dhahab erzählt?«

Qadir schnaubte. »Nein. Die lächerlichen Geschichten, die ihr Menschen euch darüber erzählt, sind erstunken und erlogen.«

»Was erwartest du denn von uns? Schließlich ist noch kein Mensch dort gewesen.« Während sie den Souk durchquerten, hielt Loulie nach Rasul Ausschau. Sie war neugierig auf seine Waren. »Und du«, fügte sie nach einer Weile pikiert hinzu, »willst mir ja nichts über diese Stadt erzählen.«

Qadir zuckte die Achseln. »Ich bin eben kein Geschichtenerzähler.«

Sie verdrehte die Augen. »*Kalam farigh.* Halt die Klappe.« Du musst kein Geschichtenerzähler sein, um mir deine Heimat zu beschreiben.« Dhahab war eines von Qadirs vielen Geheimnissen, von denen er nichts preisgeben wollte. Er hatte lange genug gebraucht, um ihr wenigstens zu erzählen, dass er aus der berühmten Dschinn-Stadt *stammte.*

»Du willst mehr über Dhahab erfahren? Also gut: Dort gibt es Sand, Sonne und Dschinn.«

Loulie konnte sich ein Lächeln nicht verkneifen. »Oh, ich fühle mich auf einmal so erleuchtet.«

»Das will ich auch schwer hoffen«, erwiderte Qadir und wirkte seinerseits einem Lächeln gefährlich nah.

Sie bogen ab und gelangten ins Herz des Souk, wo die erfahrensten Händler ihre Waren verkauften. Loulie kannte die meisten von ihnen mit Namen und hatte schon mit ihnen gefeilscht und Magie für Werkzeuge eingetauscht. Hier hatte sie Qadirs Shamshir erstanden und dafür ein mit Feuer gefülltes Glas hergegeben, das aufflammte, wenn man es berührte.

Im Vorübergehen warf sie einen kurzen Blick auf den Stand des Schmieds und betrachtete die dort ausgestellten Schwerter und Messer. Der Dolch, den Qadir *ihr* gegeben hatte, war nicht annähernd so reich verziert wie diese Waffen, dennoch konnte sie sich nicht vorstellen, ihn durch einen anderen zu ersetzen. Ihre Hand wanderte zu einer verborgenen Tasche in ihrer Robe, und sie betastete den Umriss der verzauberten Klinge.

Klein, aber tödlich, dachte sie und schnitt eine Grimasse, als ihr das Aufeinandertreffen mit der Schatten-Dschinn wieder einfiel. Wenn sie das nächste Mal in einen Kampf geriet, würde sie dafür sorgen, dass sie ihn nicht verlor.

Als sie den Rand des Markts hinter sich ließen, hatten sie Rasul noch immer nicht gefunden, doch das störte sie nicht. Vor ihrem nächsten Aufbruch in die Wüste würde sie noch mehrere Male nach ihm Ausschau halten können. Doch jetzt hatte sie erst einmal genug vom Souk.

Kurz bevor sie den Ausgang erreichten, erklangen hinter ihnen Rufe, die rasch lauter und immer panischer wurden und Angst in ihr aufsteigen ließen. Loulie erstarrte.

»Ratte! Ratte im Souk!«

Jemand hatte den Wächtern des Sultans verraten, wo sich der Markt befand.

Der Alarmruf durchlief wie eine Sturmflut den gesamten Markt. Chaos brach aus. Loulie hörte Säbelklingen zischend aus ihren Scheiden fahren und dazu die hektischen Schritte von flüchtenden Händlern und Marktbesuchern. Sie kamen in Scharen und stießen sie von allen Seiten an. Jemand stieg ihr so fest auf den Fuß, dass sie das Gleichgewicht verlor, doch Qadir schaffte es, sie festzuhalten.

»Wir müssen hier weg.« Seine Stimme klang sanft, aber bestimmt, ein Anker für sie in all dem Durcheinander.

Loulie dachte fieberhaft nach. Zum Souk führten mehrere Tunnel. Wenn es wirklich die Männer des Sultans waren, hatten sie vermutlich einen Eingang näher am Adelsviertel gewählt. »Wir nehmen den Weg zurück, den wir gekommen sind«, sagte sie.

Qadir nickte und übernahm die Führung, um sie gegen die heranwogende Menschenmenge abzuschirmen, die immer mehr außer sich geriet. Loulie sah in dem heillosen Durcheinander einen Wächter, der einer dunkelblau gekleideten Frau hinterherrannte. Als er sie am Arm packe, stürzte sich von hinten ein Mann auf ihn und stieß ihn zu Boden. »Finger weg von meiner Frau!«

Schreiend sah die Frau zu, wie ihr Gemahl mit dem Wächter rang. Und dann …

… blitzte ein Schwert auf. Blut spritzte. Der Mann stürzte und umklammerte seinen verletzten Arm. Der Wächter rappelte sich auf und hielt die tropfende Klinge vor sich hin. Er drehte sich um und fing Loulies Blick auf. Sie sah, wie er die Augen aufriss, doch bevor er etwas sagen konnte, rammte Qadir ihm einen Ellbogen an den Kopf, und er verlor das Bewusstsein.

Loulie wich einen Schritt zurück. *Sie suchen nach mir,* schoss es ihr durch den Kopf. Deswegen hatte er die Frau in Blau gejagt.

»Sie haben die Ausgänge versperrt«, sagte Qadir.

Loulie folgte mit dem Blick seinem ausgestreckten Finger. Der Eingang, durch den sie hereingekommen waren, wurde bereits von Wächtern blockiert.

»Und was machen wir jetzt, Loulie?«

Sie drückte sich eine Faust an die Stirn. *Denk nach. Du hast Scharmützel mit Ghulen und mit Dschinn überlebt! Lass dir was einfallen!* Doch

Dschinn und Ghule konnte sie mit Waffen bekämpfen. In dieser Situation würde sie dafür bestraft werden.

Mitten im Souk, nicht weit von ihnen entfernt, erschallte ein Ruf: »Mitternachtshändlerin, der Sultan will dich sehen!« Die Stimme war tief und grollte wie Donnerhall. »Tritt vor, oder wir brennen diesen Ort und jeden darin nieder!«

Alle Blicke richteten sich auf sie. Ein älterer Mann sprang vor, um sie zu packen, doch Qadir stieß ihn zurück, bevor er sie berühren konnte. Der Dschinn sah sie drängend an. Loulie wusste, dass er einen Ausweg finden würde, wenn sie es ihm befahl. Notfalls würde er eine Schneise für sie freibrennen. Doch was dann? Sie würde nicht weit kommen. Dies war die Stadt des Sultans.

Loulie kniff die Augen zusammen. Die Leute um sie herum hatten gewusst, wie riskant es war, diesen illegalen Markt zu besuchen. Sie hatte keinen Grund, sich für sie aufzuopfern. Und trotzdem …

Ich werde niemanden für mich sterben lassen.

»Loulie?« Aus der Nähe betrachtet, schimmerten Qadirs Augen golden, als würden Flammen in ihnen lodern.

Sie tippte auf das verborgene Messer in ihrem Umhang. »Such mich, wenn das hier vorbei ist.«

Qadir zögerte. Als er die Tasche über ihrer Schulter betrachtete, schüttelte sie den Kopf und formte mit den Lippen lautlos die Worte *Zur Sicherheit*. Ohne ihre Relikte wäre sie schließlich nicht die Mitternachtshändlerin.

Die beiden sahen einander lange an und hörten, wie die Drohung wiederholt wurde. Qadir wich langsam zurück und verschwand zwischen den Marktbesuchern. Loulie holte tief Luft und ging weiter. Die Menge teilte sich vor ihr.

Die Wächter des Sultans standen im Herzen des Souks in einem Halbkreis um Dahlia bint Adnan herum. Obwohl ihr Kopftuch zerfetzt und ihr langes schwarzes Haar zerzaust war, hatte die stolze Tavernenwirtin nichts von ihrer Würde eingebüßt. Sie schien genauso überrascht zu sein, Loulie zu sehen, wie umgekehrt.

Einen Moment lang starrten sie sich an. Schließlich trat Dahlia mit zusammengepressten Lippen zur Seite, und Loulie näherte sich den Wächtern mit erhobenen Händen.

»Ihr sucht nach mir?« Nur mit Mühe gelang es ihr, sich nicht zu wehren, als sie ihr den bodenlosen Beutel von der Schulter zogen und ihr die Hände auf dem Rücken fesselten. Ihr Anführer, der Mann mit der dröhnenden Stimme, beobachtete alles mit unbewegter Miene.

Loulie starrte ihn an. »Behandelt der Sultan so diejenigen, die er zu sich ruft?«

Der Mann lachte. »Du kannst dir sicher sein, dass er den höchsten Respekt vor dir hat, Mitternachtshändlerin. Andernfalls wäre von dir und deinen verbrecherischen Freunden hier nur noch Asche übrig.« Er drehte sich um und bellte ein paar knappe Befehle, worauf die Menge erneut eine Gasse bildete.

Ehe die Wächter Loulie ins Mondlicht hinaufführten, warf sie noch einen letzten Blick zu Dahlia. Die Tavernenwirtin legte sich eine Hand auf die Brust und verneigte sich. *Viel Glück*, las Loulie ihr von den Lippen ab. Gewiss ein vergeblicher Wunsch, doch sie hielt sich verzweifelt daran fest.

Zum Glück war der obere Souk leer und die Laternen verloschen, sodass kaum jemand etwas von ihrer öffentlichen Erniedrigung mitbekam. Hier und da wurden Fensterläden entriegelt, und Leute spähten sie aus ihren Fenstern an. Loulie achtete darauf, sich ihnen mit hocherhobenem Kopf zu zeigen. Sie war die einzige Frau in einem Meer aus Männern und weigerte sich, zerbrechlich und erbärmlich zu wirken. Auch wenn sie sich so fühlte.

Die Wächter führten sie zum Sultanspalast, der zu dieser späten

Stunde geisterhaft leuchtete. Die roten Rosen, die an seinen Mauern emporrankten, sahen wie blutige Wunden aus. Der Innenhof, den sie betraten, war ebenso schrecklich schön. Loulie wurde flau, als ihr Blick auf die unnatürlich weißen Rosen und die mit zahllosen Früchten behangenen Obstbäume fiel, denn sie wusste, dass sie ihre Existenz Dschinn-Blut verdankten. Wohin sie auch schaute, überall sah sie übertriebene Pracht – wie Sonnenblumen geformte Wandleuchter, einen Brunnen mit gläsernen Tänzern und einen von hohen Heckenskulpturen eingefassten Garten.

Der Anblick erfüllte sie mit Abscheu. *Wie viele Dschinn hatten für diesen immergrünen Garten wohl sterben müssen?*

Die Männer führten sie zu einer aufwendig gestalteten zweiflügeligen Tür, vor der sich eine Handvoll Soldaten im Korridor drängten und gegenseitig anschrien, während ein bärtiger Mann mit Turban – zweifellos der Qaid – Befehle blaffte. »Seid ihr Männer oder Memmen? Wir brauchen die Räuber des Prinzen nicht. Geht hinein!«

»Die Dschinn wird uns niedermetzeln, bevor wir auch nur unsere Schwerter erheben!«

»Und was sollen wir mit Prinz Mazen machen?«

Loulie starrte verblüfft die Tür an. *Eine Dschinn? Nein …*

Der Anführer von Loulies Eskorte trat vor und verlangte eine Erklärung. Offenbar war Prinz Mazen von einer Dschinn besessen und verwüstete gerade den ganzen Diwan. Die Gäste konnten nicht entkommen, und jeder einzelne Soldat, der den Raum betreten hatte, war auch noch nicht zurückgekehrt.

Loulies Gedanken rasten. War es die Schatten-Dschinn? Befand sich der Jäger, den sie gesucht hatte, dort drinnen? War es *Omar*? Sie räusperte sich. »Verzeihung.«

Der Qaid und der Anführer der Wächter verstummten und sahen sie an. »Mitternachtshändlerin«, sagte der Qaid kühl. Er sah zu dem Soldaten neben ihr, der die bodenlose Tasche trug.

Als er danach griff, stellte Loulie sich ihm instinktiv in den Weg.

»Fass meine Tasche nicht an. Wenn du meine Relikte verwendest, ohne dafür zu bezahlen« – sie fixierte ihn mit einem finsteren Blick –, »ist dir ein langsamer und schmerzhafter Tod sicher.«

Der Qaid schob Loulie entschlossen zur Seite.

Als sie zu ihm herumwirbelte, hielten die Wächter sie von hinten fest. »Versuch's ruhig«, sagte sie. »Ich bin die Einzige, die mit der Magie dieser Tasche umgehen kann. Nur ich kann mit den Relikten darin den Sultan und seine Söhne retten.« Der Qaid sah sie streng an, und sie verzog das Gesicht. Wie dumm sie doch war! Der Sultan hätte fast den ganzen unterirdischen Markt abgefackelt, um sie in die Finger zu bekommen – und jetzt wollte sie ihm helfen? Doch ohne ihn würde Madinne im Chaos versinken. Und diese Stadt war ihre Heimat.

Außerdem würde der Sultan danach in ihrer Schuld stehen.

Der Qaid reichte ihr die Tasche, doch die Wächter hielten weiter ihre Waffen einsatzbereit, während sie Loulie die Fesseln abnahmen. Sie griff in die Tasche und holte als Erstes die Kugel heraus, die sie in der Dunkelheit dort drinnen brauchen würde. Dann zog sie Qadirs Dolch aus der Tasche und machte sich auf den Weg zur Tür. Abgesehen vom Geräusch, das ihre spitzen Pantoffel auf dem Boden verursachten, war es totenstill im Korridor.

An der Tür angekommen, zögerte sie und fragte sich, ob sie es ohne Qadir überhaupt schaffen konnte. Beim letzten Mal wäre sie fast erstickt. Sie schüttelte den Gedanken ab.

Dieses Mal wird es anders sein. Diesmal bin ich bereit.

Sie packte ihr Messer fester und schritt voran in die Dunkelheit.

11

LOULIE

Als Loulie den Diwan betrat, sah sie als Erstes … gar nichts. Die Dunkelheit war so umfassend, dass sie sogar die Mondstrahlen verschluckte, die den Raum ansonsten erhellt hätten. Am liebsten wäre sie sofort wieder umgekehrt, auch wenn sie sich damit erneut in die Hände ihrer Verfolger begeben hätte. Sie war keine Heldin, nur eine Händlerin mit einem Messer und einer Leuchtkugel. Welche Chance hatte sie schon gegen eine Dschinn, die mit Schatten kämpfte?

Doch bevor Loulie den Rückzug antreten konnte, knallte hinter ihr die Tür zu. Sie hatte nur einen kurzen Moment Zeit, um in Panik zu geraten, ehe sich ein unsichtbares Gewicht auf ihre Schultern senkte und sie zu Boden zwang. In diesem Moment wich ihre Angst purer Verzweiflung. Instinktiv presste sie die Hände auf die Kugel, bis sie hell genug war, um ihre unsichtbaren Gegner zu enthüllen.

Sie sah Schatten – eigenartige an Gliedmaßen erinnernde Umrisse, die sich kreischend zurückzogen, sobald das Licht auf sie fiel. Schwankend rappelte Loulie sich vom Boden auf und sah sich im Raum um, den die Schatten bis gerade eben verborgen hatten. Männer und Frauen kniffen, vom Licht geblendet, die Augen zusammen und starrten sie wie in Trance an. Je näher Loulie ihnen kam, desto mehr schienen sie sich ihrer Umgebung bewusst zu werden.

Ein Mann riss ängstlich die Augen auf. »Achtung!«

Loulie schaffte es gerade noch rechtzeitig, sich umzudrehen und dem Schatten entgegenzustellen, der auf sie zugeschossen kam. Als er mit dem Licht in Berührung kam, zog er sich zitternd wieder zurück. Überall um sie herum wogte und wisperte die Dunkelheit.

Sie drehte sich zu dem Mann um, der sie gewarnt hatte, sah ihn jedoch nicht mehr. Die Dunkelheit hatte erneut alles und jeden eingehüllt.

»Dschinn!« Loulie hielt die Kugel in die Höhe. Außerhalb des Lichtkegels war es stockfinster. »Wo bist du, Dschinn?«

Hinter ihr lachte jemand. Ein Mann. »Du hast beim ersten Mal deine Lektion wohl noch nicht gelernt, Menschenmädchen.« Er näherte sich dem Licht. Obwohl Loulie Prinz Mazen noch nie gesehen hatte, wusste sie, dass er es sein musste, denn er trug schöne, kostbare Kleidung.

Er verlagerte sein Gewicht von einem Fuß auf den anderen. Die Schatten unter ihm dehnten sich in Loulies Richtung aus und ließen sich von ihrem Licht nicht abhalten. Sie machte einen Schritt zurück, dann noch einen – und hörte nicht auf rückwärtszugehen, um so viel Abstand wie möglich zwischen sich und den besessenen Prinzen zu bringen. »Bist du noch einmal gekommen, um mich zu ›überzeugen‹?« Der Prinz streckte die Hände aus, und die Schatten machten einen Satz auf Loulie zu. »Du hast hier keine Macht.«

Sie ging noch einen Schritt zurück – und stieß mit dem Rücken an die kühle Wand. Prinz Mazen war mittlerweile so nahe herangekommen, dass sie sein Gesicht ausmachen konnte. Sie stutzte: Diese Augen kannte sie … Bei ihrer letzten Begegnung waren sie von unschuldigem Staunen erfüllt gewesen.

»Yousef?«

Der Prinz blieb vor ihr stehen. Sie glaubte, einen Anflug von Angst über sein Gesicht huschen zu sehen. Oder war es Bedauern? Doch einen Moment später lächelte er wieder. »Nicht mehr Yousef.«

»Er ist nicht der, den du willst«, sagte Loulie mit erzwungener Ruhe. Ihre Hand zitterte und damit auch das Licht auf den Wänden. »Ich habe es dir schon einmal gesagt: Er ist kein Jäger.«

»Nein«, erwiderte die Dschinn, die in der Haut des Prinzen steckte. »Das stimmt. Er ist tatsächlich unbedeutend.«

Unbedeutend. Dieses Wort kratzte an ihrer schlimmsten Erinnerung.

Loulie dachte an ihren Vater, an seine leuchtenden Augen und wie er immer gelacht hatte. Dann an ihre Mutter, mit ihrem klugen Lächeln und ihren warmen Umarmungen. Sie erinnerte sich an das Messer an ihrer Kehle, an einen Mann mit einem schlangenhaften Lächeln. *Ihr seid alle unbedeutend,* hatte er gesagt.

Loulie stieß langsam den Atem aus und zwang sich dazu, dem Prinzen in die Augen zu schauen. »Kein Leben ist unbedeutend.« Sie wusste nicht, mit wem sie gerade sprach. Doch wer auch immer es war, sie hoffte, dass der- oder diejenige einsehen würde, dass sie die Wahrheit sagte.

»Ach, findest du?«, erwiderte der Prinz trocken.

Und dann passierte etwas Seltsames: Die Dunkelheit ebbte ab und verwandelte sich in ein düsteres Grau. Loulie hörte die Rufe eines Publikums, das bis gerade eben noch in der Finsternis gefangen gewesen war. Sie sah den Prinzen wie Espenlaub zittern und keuchend auf die Knie sinken.

Sein Schatten stieg vom Boden auf und verwandelte sich in eine scharfe Klinge.

Auf einmal schien alles in ihrer Umgebung zu schnell und sie zu langsam zu sein. Sie schrie eine Warnung, doch die Bewegungen des Prinzen waren träge. Er blickte auf, und sie sah, dass er sie erkannte.

Und dann durchbohrte der Schatten seine Brust, und er riss schmerzerfüllt die Augen auf.

Als der Schatten sich von ihm zurückzog, sackte er lautlos zu Boden. Unter ihm breitete sich eine purpurrote Lache aus. Sie schien das einzige Farbige im Raum zu sein.

»Ich habe es dir doch gesagt.« Die Stimme der Dschinn schien wieder von überall und nirgendwo zu kommen. »Er ist unbedeutend.«

Loulie spürte, dass die Dschinn sie aus den Schatten beobachtete, doch sie konnte den Blick nicht vom Prinzen abwenden und versuchte, ihn mit reiner Willenskraft dazu zu bringen, dass er sich bewegte.

Doch er tat es nicht.

Loulie hörte einen Schrei, der aus weiter Ferne an ihr Ohr zu dringen schien. Wer ihn ausgestoßen hatte, erkannte sie erst, als der Sultan zu seinem Sohn eilte und neben ihm auf die Knie sank. Er rief Mazens Namen und schloss seinen schlaffen Körper in die Arme.

Loulie sah ihm wie betäubt zu. *Ist das … meine Schuld?*

Die Dschinn stürzte sich wie eine wütende Rauchfahne aus den Schatten auf sie. Sie füllte Loulies gesamtes Blickfeld und starrte sie mit ihren geisterhaften roten Augen an. Loulie stach mit dem Messer nach ihr, doch die Klinge zischte wirkungslos durch die Luft.

»Mit deiner Gutmütigkeit schadest du dir nur selbst«, sagte die Dschinn sanft. »Wie willst du dich denn an den Mördern in Schwarz rächen, wenn du so zerbrechlich bist?«

Loulie hieb wild mit dem Messer herum und spürte ein vertrautes Brennen in der Lunge. Doch sie achtete nicht darauf und schlug schreiend um sich, bis sie vor Erschöpfung zitterte. Erinnerungen an Blut, Sterne und Leichen blitzten vor ihrem inneren Auge auf. *Ich bin nicht zerbrechlich,* dachte sie. *Ich bin nicht zerbrechlich. Ich bin nicht zerbrechlich.*

Doch die Schatten waren hartnäckig. Sie packten sie an Armen und Beinen und schleuderten sie zu Boden. Ein lautes Knacken ertönte, und das Licht der Kugel flackerte und erlosch. Der Raum wurde pechschwarz wie in einem Albtraum. Loulie schabte mit den Nägeln über den Boden und schloss die tauben Finger fester um den Dolch. Sie *weigerte* sich, hier zu sterben …

STEH AUF, hallte eine tiefe Stimme durch ihren Kopf, die ihr ebenso vertraut war wie ihre eigenen Gedanken.

Loulie schnappte nach Luft und riss die Augen auf. Qadirs Messer war in loderndes blaues Feuer gehüllt. Rote Augen sahen sie von der Oberfläche der Klinge aus an.

Ich habe dich gefunden, sagte Qadir.

Die Flammen leckten sanft, aber drängend an ihren Fingern. Loulie stand langsam auf. Nach einem kurzen Blick auf die Kugel, die zerbrochen auf dem Boden lag, wandte sie sich zur Dschinn um, die sie mit großen Augen anstarrte.

»Unmöglich.« Die Dschinn trat einen Schritt zurück. »Diese Klinge … Woher hast du sie?«

Beweg dich, sagte Qadir, und obwohl er nicht bei ihr im Raum war, erfüllte sie seine Magie – seine *Anwesenheit* – mit Selbstvertrauen. Sie zerrte an der Dunkelheit, bis der Weg frei war, und stürzte sich mit dem Messer auf die Schatten-Dschinn.

Doch die fing ihren Hieb mit einer Wand aus festem Schatten ab. Der Aufprall ging Loulie durch Mark und Bein. Sie verstärkte den Griff um den Dolch und legte ihr ganzes Gewicht in den Hieb. Das Feuer, das die Schneide überzog, flammte auf, und das Hindernis zerfiel wie brennendes Pergament.

Die Dschinn war jedoch nicht mehr zu sehen.

Hinter dir, rief Qadir in ihren Gedanken.

Loulie wirbelte gerade noch rechtzeitig herum, um ein rasiermesserscharfes Stück Dunkelheit mit der Klinge abzufangen. In den glühenden Augen der Dschinn blitzte Überraschung auf. Loulie nutzte diese Gelegenheit für einen Gegenangriff. Ihre Widersacherin geriet aus dem Gleichgewicht und zog sich schweratmend zurück. Loulie erkannte, dass sie keine Kriegerin, sondern nur eine Puppenspielerin war, die wilde Magie zu beherrschen versuchte.

Gut. Das knisternde Feuer an ihrem Dolch klang amüsiert. *Damit sind wir zu zweit.*

Sie kämpften – Feuer gegen Schatten, dunkle Barrieren gegen brennenden Dolch –, bis die Magie der Dschinn Stück für Stück von der Klinge zerstört wurde und die Farben in den Raum zurückkehrten. Sie fiel nach hinten, ihr Körper flackernd wie eine verlöschende Flamme.

Doch Loulie erkannte, dass sie zwar verblasste, aber nicht verwundet war. Das Feuer konnte sie verschwinden lassen, aber nicht töten. Die Dschinn, die im Mondschein nur noch als vager Schemen wahrzunehmen war, verschwand in den Wänden, wie sie es auch schon im Tempel getan hatte. Loulie zögerte. Der Dolch erwärmte sich in ihren Händen.

Bevor sie sich entscheiden konnte, ob sie die Verfolgungsjagd aufnehmen sollte, wurde sie von einem silbernen Schimmer in der Dunkelheit abgelenkt. Ein scharfer Gegenstand sauste an ihrem Kopf vorbei und bohrte sich der Dschinn in die Brust. Die stieß einen gequälten, markerschütternden Schrei aus, der die Luft erzittern ließ.

Loulie wirbelte herum, um nach dem Angreifer Ausschau zu halten, und erstarrte, als sie Omar bin Malik aus der Dunkelheit treten sah. Er lächelte sie an und ging an ihr vorbei zu der Dschinn, die sich zu einer wunderschönen Frau mit fließenden schwarzen Haaren verfestigt hatte. Sie hustete Blut. »Du …«, keuchte sie, als Omar ihr das Messer aus der Brust zog. »Unmöglich.« Die Dschinn taumelte nach hinten. »Du … Ich habe dich doch *getötet*.«

Omar bleckte die Zähne zu einem raubtierhaften Grinsen. »*Du* willst den König der vierzig Räuber getötet haben? Was für ein anmaßender Gedanke.«

Loulie sah Omar an. Ihr Blick ging weiter zu dem seltsamen schwarzen Messer in seiner Hand. *Er hatte sie greifbar gemacht. Aber wie?*

Die Schatten-Dschinn versuchte zu fliehen, doch sie war zu langsam.

Omar stach auf sie ein, wieder und wieder, bis ihre Schreie schwächer wurden und dann völlig erstarben.

Loulie wandte den Blick ab und schloss die Augen. Auch ohne hinzusehen, wusste sie, dass der Leichnam der Dschinn zu Staub zerfiel und dass ihr Blut zwischen den Fliesen versickern und an einer Stelle Natur entstehen lassen würde, wo zuvor keine gewesen war.

»Raus!«, befahl der Sultan. »Alle miteinander *raus*!«

Loulie riss die Augen auf. Sowohl die Gäste als auch die Wächter taumelten zur Tür und flohen aus dem Raum, als wären sie gerade aus einem Traum erwacht.

Loulie blieb und sah zu, wie sich der Sultan zusammen mit einem jungen Mann mit haselnussbraunen Augen über den blutverschmierten Prinz Mazen beugte.

Sie trat einen Schritt vor und sah aus den Augenwinkeln das Feuer in ihrer Klinge verlöschen.

Der Sultan bemerkte sie nicht. »Omar!«, rief er. »Was machst du denn, Junge? Schnell, das Blut!«

Prinz Omar drehte sich steif zu der toten Dschinn um. Loulie sah zu, wie er einen seiner Ärmel abtrennte und mit Dschinn-Blut tränkte. Sie begriff sofort, was er vorhatte. Omar kniete sich neben seinen Bruder und presste den Stoff auf dessen tödliche Wunde. Als Prinz Mazen sich aufzubäumen begann, hielten der Sultan und der Mann mit den haselnussbraunen Augen ihn auf dem Boden fest. Omar wiederholte diese Prozedur ein paarmal, bis sich die Wunde des Prinzen verschloss und er reglos liegen blieb. Bewusstlos, aber nicht tot.

Der Volksmund nannte es das wiederbelebende Elixier. *Das*

Wunder des Dschinn-Bluts, dachte Loulie. Ihr wurde schlecht vor Ekel – und vor Erleichterung.

Der Sultan legte die Stirn an die seines Sohnes. Der braunäugige Mann – Hakim, der Bastardprinz, wie Loulie nun klar wurde – faltete die zitternden Hände zum Gebet. Omar sah währenddessen weder Mazen noch den Rest seiner Familie an, sondern *sie,* und wandte kein einziges Mal den Blick von ihr – nicht einmal, als er den Qaid rief und ihm befahl, sie aus dem Raum zu schaffen. Erst draußen wurde ihr bewusst, wie wütend sein Blick gewesen war.

12

MAZEN

Mazen träumte, dass er von seinem Bruder erstochen wurde. Sie befanden sich im Diwan, der bis auf sie beide leer war, und Omar kam mit einem schwarzen Messer auf ihn zu. Mazen hob die Hände. Er flehte und schrie, doch in Omars Augen stand kein Mitgefühl, nur schrecklicher, allumfassender Hass. Er stach Mazen in die Kehle und in die Brust. Wieder und wieder und …

Mazen schreckte aus dem Schlaf. Er spürte ein Ziehen im Herzen und zitterte am ganzen Körper. Als er die Augen aufschlug, wurde er von schmerzhaft gleißendem Sonnenlicht geblendet und sank ächzend wieder zurück. Er vernahm eine Stimme. Jemand kam und bettete seinen Kopf auf ein Kissen.

»Ganz ruhig, Sayyidi. Du bist in Sicherheit.«

Mazen kannte diese Stimme. War das Karima? Als er erneut die Augen aufschlug, sah er tatsächlich seine Leibdienerin über sich. Ihre dichten braunen Haare waren zu einem Dutt gebunden, auf ihrem Gesicht lag ein müdes Lächeln. »Willkommen zurück in der Welt der Lebenden, Sayyidi.«

Bestürzt erkannte Mazen, dass Tränen in ihren Augen standen. »Wieso weinst du denn, Karima?«

»Weil du am Leben bist.«

Am Leben? Er blickte auf seine nackte Brust hinunter und erstarrte, als er die große Wunde sah, die die Haut über seinem Herzen verunstaltete. »Karima«, fragte er schwach, »wie ist das da hingekommen?«

Karima erzählte es ihm, doch er konnte sich noch immer keinen Reim darauf machen, was geschehen war. Er wusste nur, dass er sich an seinem Bruder Omar hatte rächen wollen, aber nicht, wofür. Er konnte sich an Dunkelheit und Schmerzen entsinnen – und an die Mitternachtshändlerin, die in einer Tür stand und etwas hochhielt, das wie ein kugelförmiger Stern aussah. Außerdem erinnerte er sich an ein Wort – *unbedeutend* – und an das Gefühl, in seinen eigenen Körper hinabzufallen.

Wieso wusste er nicht mehr, dass er fast gestorben war? Laut Karima waren bei seiner Wiederbelebung nur der Sultan, seine Brüder und …

»Die Mitternachtshändlerin.« Er setzte sich abrupt auf. Dabei schoss ein stechender Schmerz durch seine Brust, sodass dunkle Flecken vor seinen Augen tanzten und die Farben im Raum verschwammen. Mazen stieß zwischen zusammengebissenen Zähnen den Atem aus. Karima schnalzte missbilligend mit der Zunge und versuchte, ihn wieder auf sein Kissen zurückzubetten, doch er winkte sie weg. »Was hat der Sultan mit der Händlerin gemacht?«

Er wusste noch, was ihm beim Anblick ihres Gesichts jäh klar geworden war: Loulie al-Nazari und Layla, das Mädchen vom Souk, waren ein und dieselbe Person.

Karima schüttelte den Kopf. »Es heißt, der Sultan wolle sich beim Ghadaā mit ihr unterhalten. Keine Sorge, Sayyidi. Ich werde ihm sofort berichten, dass du genesen bist.«

»Nein.« Die Mitternachtshändlerin hatte ihm zweimal das Leben gerettet. Er würde nicht zulassen, dass der Sultan sie in den Tod schickte. Mühsam rappelte er sich auf. Dabei traten ihm Schweißperlen auf die Stirn, und er atmete schwer, doch das war es ihm wert.

Er schleppte sich zu seinen Schränken.

»Sayyidi!« Karima stützte ihn. »Ich verstehe das nicht. Wieso willst du unbedingt jetzt gleich die Mitternachtshändlerin sehen? Du kannst ja kaum stehen! Wenn der Sultan herausfindet, dass ich dich aus deinem Gemach gelassen habe …«

»Ich werde ihm sagen, dass ich wie ein wildes Kamel an dir vorbeigestürmt bin.«

»Aber deine Verletzungen …«

»Die sind schon verheilt. Sieh nur, sie mussten nicht mal genäht werden!« Er lachte – was ihm so sehr in der Brust wehtat, dass er ein paarmal tief durchatmen musste.

Karima biss sich auf die Lippe. Nach kurzem Zögern half sie ihm jedoch beim Umziehen. Sie streifte ihm ein Hemd über, befestigte vorsichtig das Tuch seiner Mutter und brachte ihn, sobald er präsentabel war, zur Tür, wo sie ihn an die draußen wartenden Wächter übergab.

Als die Männer ihn nicht rauslassen wollten, stellte er sich so aufrecht hin, wie es ihm angesichts seiner lähmenden Schmerzen möglich war, und sagte: »Ich werde mit meinem Vater sprechen, und wenn ich den ganzen Weg bis zum Diwan kriechen muss.«

Schließlich gaben die Männer nach, bestanden aber darauf, ihm die Treppe hinunter und durch die Korridore zu helfen. Alle Diener, denen sie unterwegs begegneten, sahen Mazen schockiert an und grüßten ihn nervös. Noch nie war ihm ein Weg durch den Palast so lang und die Sonne dabei so gleißend vorgekommen. Doch schließlich erreichten sie die Tür zum Diwan. Die davor postierten Wächter blickten ihm besorgt entgegen.

»Sayyidi«, sagte einer von ihnen. »Der Diwan hat sich verändert. Pass bitte auf, wohin du trittst.«

Als Mazen den Raum betrat, verstand er, was der Mann damit gemeint hatte. Beim Anblick der üppigen Pflanzenpracht – salbeigrünes Laub, graugrüne Grashalme und smaragdgrüne Lichtstrahlen, die durch Baumkronen fielen – verschlug es ihm den Atem. Staunend bahnte er sich einen Weg durch das dichte Unterholz. Inmitten von summenden Insekten und zwitschernden Vögeln konnte er kaum glauben, dass er sich wirklich im Diwan befand. Doch dann bemerkte er den Fliesenboden unter dem Gras und die hinter Ranken und Bäumen verborgenen Wandmosaike.

Nun gab es für ihn überhaupt keinen Zweifel mehr: In diesem Raum war letzte Nacht definitiv eine Dschinn gestorben.

Langsam ging er weiter in den Diwan hinein, wobei er immer wieder vorsichtig über Wurzeln und Sträucher steigen musste. Schließlich lichtete sich der Wald, und er sah mehrere Personen auf einem Teppich sitzen – seinen Vater in einer für ihn untypischen schlichten beigen Robe mit dazu passender Ghutra, daneben Omar, der ebenfalls einfache Kleidung und einen Gürtel voller Dolche trug, auf der anderen Seite des Sultans Hakim, ganz in Weiß – der Farbe des Gebets –, und mit dem Rücken zu Mazen die Mitternachtshändlerin, in einem dunkelblauen Gewand mit weißen Tupfen.

Sein Vater bemerkte ihn als Erster. Er erbleichte und verstummte mitten im Satz. »Mazen?« Die anderen schienen genauso erstaunt, ihn zu sehen.

Hakim erhob sich, eilte herbei und legte ihm behutsam die Hand auf die Schulter. »Geht es dir gut, Akhi?«, fragte er Mazen und führte ihn zu den anderen. »Du hättest nicht das Bett verlassen sollen! Du wärest fast …« Er verstummte und schluckte schwer.

»Fast gestorben, meinst du?« Mazens Lachen klang keuchend. »Ich fühle mich tatsächlich ein bisschen, als wäre ich ein Ghul.«

»Mazen?«, fragte der Sultan sanft. »Was machst du hier?«

»Du kennst mich doch, Yuba. Ich konnte noch nie gut rumliegen und nichts tun. Und wieso hätte ich in meinem stickigen Zimmer bleiben sollen, während ihr hier in diesem schönen Wald seid und euch nett unterhaltet?« Lächelnd setzte er zu einer Verbeugung an, doch der Schmerz, der ihm dabei in die Glieder schoss, zwang ihn fast in die Knie.

»Um Himmels willen, *setz dich hin*. Du verneigst dich nicht vor mir, wenn du verletzt bist, Kind.« Die Stimme des Sultans klang angespannt und schockierend emotional. Das letzte Mal, als Mazens Vater seine Gefühle so offen gezeigt hatte, war gerade seine Frau, Mazens Mutter, gestorben.

Langsam und ungelenk ließ Mazen sich zu Boden sinken und überkreuzte die Beine.

»Wie fühlst du dich?« Sein Vater zog die aschgrauen Augenbrauen zusammen. »Du hattest kaum Zeit, dich zu erholen, und solltest noch nicht hier sein.«

»Mir geht es gut genug, um hier zu sitzen und eurer Unterhaltung zu lauschen. Außerdem …« Er wandte sich an die Mitternachtshändlerin. Ihr Gesicht war halb hinter ihrem Kopftuch verborgen, doch er erkannte ihre Augen wieder – sie erinnerten ihn an gedämpftes Feuer. »… muss ich mich noch persönlich bei dir bedanken, Mitternachtshändlerin.«

Sie neigte den Kopf ein wenig zur Seite. Vielleicht zum Zeichen, dass sie seinen Dank akzeptierte. »Ich habe nur getan, was jeder andere anständige Bürger Madinnes auch gemacht hätte.« Sie verstummte kurz und verengte die Augen. Einen Moment lang befürchtete er, dass ihr möglicherweise gerade klar wurde, woher sie ihn kannte, und dass sie ihre unglückselige erste Begegnung ansprechen würde. Doch sie sagte nur: »Ich bin froh über Eure wundersame Genesung.«

»Wundersam trifft es wirklich«, erklang Omars sanfte, aber tödliche Stimme. Mazen bekam unerklärlicherweise Angst vor seinem Bruder und warf ihm nur einen kurzen Seitenblick zu. Omar schaute jedoch nicht ihn, sondern die Mitternachtshändlerin an. »Aber ich bin sicher, dass du über die Macht von Dschinn-Blut Bescheid weißt, al-Nazari. Immerhin hast du schon einmal eine Phiole davon an Rasul al-Jasheen verkauft, nicht wahr?«

Mazen legte instinktiv eine Hand auf seine Wunde. Als er darüber nachdachte, dass sie mit dem Blut der Schatten-Dschinn kuriert worden war, verspürte er einen schrecklichen Druck auf der Brust.

»Rasul«, schnaubte die Mitternachtshändlerin. »War er die Ratte?«

Der Sultan lächelte schmallippig. »Selbst zur Verschwiegenheit verpflichtete Händler sind käuflich, wenn man ihnen nur genug Gold bietet.« Er legte die Fingerspitzen auf dem Schoß zusammen und beugte sich vor. »Also, Loulie al-Nazari, wie hoch ist dein Preis?«

Mazen schnappte nach Luft. Sogar Omar hob eine Augenbraue. Bisher hatte der Sultan noch niemanden, den er auf diese Mission geschickt hatte, derart großzügig behandelt. Andererseits waren diese Männer auch freiwillig gegangen – ob um des Ruhmes willen oder einfach aus Angst, vermochte Mazen nicht zu sagen.

»Ich bin nicht käuflich«, erwiderte die Händlerin schroff. Ihre Kühnheit ließ Mazen zusammenzucken.

Der Sultan wirkte ungerührt. »Wie schade. Ich hatte gehofft, mir deine Dienste erkaufen zu können.«

»Beginnt Ihr Eure Geschäftsverhandlungen immer mit der Drohung, einen Souk niederzubrennen?«

Omar hustete in seine hohle Hand, um sein Grinsen zu verbergen. Mazen fand das Ganze weniger amüsant. Er sah zu seinem Vater, dessen Miene noch härter wirkte als sonst. »Ja, wenn die Person, mit der ich verhandele, kriminell ist.« Er hob das Kinn ein wenig, sodass es aussah, als würde er trotz ihrer räumlichen Nähe auf die Händlerin hinabschauen. »Manchmal ist es nötig, so jemandem eine gesunde Portion Angst einzujagen und ihn daran zu erinnern, dass es für mich ein Leichtes wäre, sein oder ihr Leben zu ruinieren.«

Eisiges Schweigen breitete sich aus. Erst als die Händlerin es mit einem Seufzen beendete, merkte Mazen, dass er den Atem angehalten hatte. »Ihr möchtet, dass ich nach einem Relikt suche.«

»Dann hast du also schon von meinem Vorhaben gehört.« Der

Sultan hob eine Augenbraue. »Und was sagst du dazu? Ich habe deine Tasche voller Relikte gesehen und weiß, dass du einen Weg gefunden hast, sie aufzuspüren. Wenn überhaupt, finden die meisten reisenden Händler höchstens alle Jubeljahre mal solch ein Relikt, und du verkaufst sie wie Sesamdatteln. Wenn irgendwer das Relikt finden kann, nach dem ich suche, dann du.«

Die Mitternachtshändlerin antwortete nicht und musterte stattdessen kühl den Sultan. Als Layla hatte sie zwar nicht weniger stolz, aber dafür unbeschwerter gewirkt. Die Frau, die er nun vor sich sah, hätte auch aus Stein gemeißelt sein können.

Endlich ergriff sie wieder das Wort. »Die Frage lautet nicht so sehr, was ich mit diesem Auftrag verdienen kann, sondern, was ich verliere, wenn ich ihn nicht annehme.«

Der Mund des Sultans verzog sich zu einem schiefen Lächeln, das Mazen so sehr an Omar erinnerte, dass es ihm ein Stich ins Herz versetzte. »Kluge Frau. Du bist eine Bürgerin von Madinne und wirst entweder tun, was ich dir befehle, oder dich mir offen widersetzen. Und du weißt ja, was ich mit Leuten machen, die so etwas wagen.«

Die Atmosphäre im Diwan wurde angespannt.

Mazens Vater hatte schon immer zu Gewalt geneigt. Nach der Heirat mit Mazens Mutter war er zwar sanftmütiger geworden, doch bevor er sie kannte, hatte er, ohne mit der Wimper zu zucken, ein Dutzend Ehefrauen ermordet, und nach ihrem Tod hatte er Jagd auf die Dschinn gemacht. Er war der erste mörderische König der vierzig Räuber gewesen. Mittlerweile hatte er diese Aufgabe an Omar übertragen. Ja, sein Vater war ein Meister in der Kunst der Bestrafung.

Das würde Mazen niemals vergessen – so gerne er es auch täte.

War er in gnädiger Stimmung, entzog er einem Delinquenten nur sämtliche Titel und verbannte ihn in die Wüste. Schlimmstenfalls war er auf Rache aus, und niemand konnte sich vor ihm verstecken, da er überall in der Wüste seine Leute hatte.

Der Sultan breitete die Hände aus. »Ich bin jedoch großzügig und will dich entlohnen. Nenn mir deinen Preis. Egal wie hoch. Ich kann dich reicher machen, als du es dir je erträumt hast.«

»Yuba …«, warf Mazen leise ein. Die schroffe Miene des Sultans glättete sich, als er ihn ansah. Mazen räusperte sich. »Was, wenn es unmöglich ist, das Relikt zu finden?«

Der Sultan schnaubte. »*Unmöglich* ist ein Wort, das nur Versager in den Mund nehmen. Nein, das Relikt existiert, und ich werde es finden.« Er sah Loulie an. »Genauer gesagt, *du* wirst es für mich finden.«

»Ach ja?« Sie knetete im Schoß die Hände. »Und was ist das für ein unmögliches Relikt, das ich für Euch suchen muss?«

Auf Befehl des Sultans holte Hakim die Karte hervor, die er bereits Rasul gezeigt hatte, und reichte sie ihm. Sein Vater entrollte sie, suchte nach dem Sandmeer und tippte mit dem Zeigefinger auf die versunkene Dschinn-Stadt Dhahab.

Die Händlerin schnappte nach Luft.

»Vor langer Zeit vergrub der erste Sultan im Westlichen Sandmeer ein uraltes Relikt. Es ist das mächtigste Relikt der Welt, da es einen lebenden Dschinn enthält, der jedem dienen muss, der es findet. In unserer Familie gibt es eine Geschichte, die von einer Generation an die nächste weitergereicht wird – eine Legende, die beschreibt, wie das Relikt geschaffen und wo es vergraben wurde. Es ist ein königliches Geheimnis, doch ich werde es dir nun verraten, in der Hoffnung, dass es dir die Augen für die Wahrheit öffnen wird.«

Sein Vater hatte diese Geschichte schon oft erzählt, aber noch nie so gut, wie Mazens Mutter es immer getan hatte. Sie war eine Geschichtenerzählerin gewesen, genau wie Mazen, und es machte ihn nervös, der schändlich verkürzten Version seines Vaters zu lauschen. »Yuba«, hörte er sich selbst sagen. »Bitte lass mich diese Geschichte erzählen.«

Sein Vater schien zu erstarren, und die Mitternachtshändlerin betrachtete ihn mit hochgezogenen Augenbrauen. Mazen wand sich unter ihren Blicken. »Die Geschichte lebt von ihren Details, und ich kenne sie alle.« Ihm fiel etwas ein. Er durfte seinem Vater nicht vor anderen widersprechen, aber vielleicht konnte er ihn ja auf die gleiche Weise überzeugen, wie es seiner Mutter einst gelungen war.

Der Sultan gestattete es ihm, aber nur unter der Voraussetzung, dass Mazen sich vorher stärkte. Also aß er einen Teller voller Nüsse und trank ein Glas Wasser. Anschließend setzte er sich aufrecht hin, verschränkte die Hände und erhob die Stimme, um die rauschenden Blätter und das Vogelgezwitscher zu übertönen. »Vater, Brüder, Mitternachtshändlerin, erlaubt mir, euch eine alte Geschichte zu erzählen.«

DIE GESCHICHTE VON AMIR UND DER LAMPE

An einem unbekannten Ort vor nicht allzu langer Zeit lebte ein Beduinenscheich namens Amir, der für sein goldenes Herz und seinen gerissenen Verstand bekannt war. Er hatte einen jüngeren Bruder, einen kühnen Krieger namens Ghazi, der stark war und ein großes Herz hatte. Unter ihrer Führung vergingen viele friedvolle Jahre, bis eine Sturmzeit begann, wie es sie noch nie gegeben hatte. Die Winde bliesen so heftig, dass sie die Zelte des Stammes einrissen, und die Sonne schien so heiß, dass das Wasser verdampfte und die Haut der Menschen Blasen warf.

Noch nie war ihre Reise so schwierig gewesen, und die Brüder waren ratlos, wie sie für ihre Leute sorgen sollten. Eines Tages stießen sie auf einen Ozean aus losem Sand und wussten, dass sie nicht mehr weitergehen konnten, da sie an das gefürchtete Sandmeer gelangt waren. Während Amir auf den endlosen in der Tiefe versinkenden Sand starrte, kam ihm eine Idee.

Bei Mondaufgang rief er seinen Bruder zu sich und sagte: »Unter diesem stetig fließenden Sand liegt die Welt der Dschinn. Es gibt Geschichten über Dschinn, die sich ihren Weg freischaufeln und in diese Welt heraufkommen, um sich zu rächen.« Er klopfte auf den kleinen Beutel, den er mitgebracht hatte. »Hier werde ich auf einen dieser Furcht einflößenden Dschinn warten.«

Ghazi, der über den Plan seines Bruders verblüfft war, sagte: »Was erhoffst du dir von einem Gespräch mit einem Dschinn? Er würde dich eher in Stücke reißen, als mit dir zu reden!«

Doch Amir lächelte nur. »Die Dschinn sind mächtig, aber ich bin schlau genug, um sie zu überlisten. Wir brauchen ihre Magie, um diese Jahreszeit zu überleben.«

Amir schilderte Ghazi seinen Plan. Er zeigte ihm die Gegenstände in seinem Beutel – Eisenfesseln und eine einfache Öllampe – und sagte, dass er drei Wochen brauchen werde. Ghazi willigte ein, den Stamm durch die Wüste zu den Goldenen Dünen zu führen und dort auf Amir zu warten. Und so gingen die Brüder getrennte Wege: Ghazi zu den Dünen und Amir zum Rand des Sandmeers, wo er tagelang, nur mit einem Umhang vor der sengenden Sonne geschützt, ausharrte.

Als dier* Dschinn aus dem Sand auftauchte, war der Scheich ausgehungert und dünn. Dennoch zwang er sich zu einer Verbeugung, als die Kreatur sich näherte. Dier Dschinn war über zwei Meter groß, mit brennend roten Augen und einer Haut wie goldener Sand. Sies Gesicht veränderte sich

* Anmerkung des Übersetzers: Da diese Figur im amerikanischen Original als nicht-binäre Person gekennzeichnet ist, wird sie auch im deutschen Text mit den entsprechenden Artikeln, Pronomina und Adjektivendungen versehen.

mit jedem Schritt – in einem Moment war es das eines Schakals, dann das Antlitz eines Adlers. Sier war von so furchtbarer Majestät, dass bei siesem Anblick selbst die mutigsten Männer in die Dünen geflohen wären.

Dier Dschinn blieb lachend vor Amir stehen. »Hoho! Was sehe ich da für ein mageres Menschlein. Es würde mir nicht schwerfallen, dich unter meinem Stiefel zu zerquetschen.«

»O mächtig Dschinn«, antwortete Amir mit krächzender Stimme. »Ich habe keinen Grund, um mein Leben zu flehen. Die Sonne hat meinen Körper ausgetrocknet und meine Augen geschwächt, und ich nähere mich der Schwelle des Todes. Doch ach, ich trauere dem Leben nach, das ich als Jäger geführt habe. Ich war in der Wüste wohlbekannt. Wenn du mir Pfeil und Bogen geben würdest, hätte kein Geschöpf eine Chance gegen mich.«

Dier Dschinn dachte darüber nach und wog ab, ob es vorteilhafter wäre, den Mann zu töten oder ihn in die Sklaverei zu zwingen. Schließlich entschied sier, dass ein Sklave nützlicher wäre als eine Leiche, und beschwor mit einem Fingerschnippen einen Bogen und einen Köcher voller Pfeile für Amir.

»Dann beweise mir deinen Wert«, sagte dier Dschinn. »Sei mein Jäger, und ich werde dein Leben verschonen. Enttäuschst du mich jedoch, werde ich dich verschlingen.«

Amir willigte ein, und er und dier Dschinn zogen weiter. Jeden Tag ging Amir für dien Dschinn auf die Jagd. Er war zwar nicht so stark wie sein Bruder, aber dafür außerordentlich treffsicher – und er konnte tatsächlich fast jede Kreatur zur Strecke bringen. So kam es, dass dier Dschinn von siesem menschlichen Diener widerwillig beeindruckt war und ihm allmählich zu vertrauen begann.

»Sag mir, o mächtig Dschinn«, bat Amir eines Tages, »wie kommt es, dass du nicht jagst? Deine Augen sind doch sicher besser und deine Zielgenauigkeit größer als meine.«

»Wir Dschinn sind so mächtig wie Götter!«, erwiderte dier Dschinn. »Mit Werkzeugen zu jagen, ist unter unserer Würde. Wieso sollten wir Dinge tun, die sogar ein Mensch vermag?«

»Sag mir bitte, mächtig Dschinn, was du tun kannst, wozu wir Menschen nicht imstande sind.«

Dier Dschinn lachte. »Ich kann alles tun, egal, wie unmöglich es scheint, denn ich bin einir der sieben Dschinn-Könige und verfüge über alle Macht der Welt.«

Amir dachte nach. »Kannst du die Erde bewegen?«

Dier Dschinn klatschte in die Hände, und der Boden bebte und klaffte unter siesen Füßen.

»Kannst du dem Firmament einen Schrei entlocken?«

Dier Dschinn pfiff, und der Wind fegte kreischend durch den Himmel und riss die Wolken entzwei.

»Kannst du die Wolken zum Weinen bringen?«

Dier Dschinn seufzte, und aus den Wolken über ihnen ergoss sich ein gewaltiger Wasserschwall.

»Du bist wahrhaftig ein Gott, mächtig Dschinn!«, rief Amir aus und verbeugte sich vor siem. Im Laufe der nächsten Wochen forderte Amir dien Dschinn immer wieder heraus. Eines Tages sagte er: »Ich habe gehört, dass deine Art durch Eisen geschwächt wird. Stimmt das? Kannst du seinem Brennen standhalten?« Dier Dschinn zögerte, doch sies Stolz war größer als siese Furcht, und so sagte sier zu Amir, dass sier das Brennen des Eisens fürwahr erdulden könne. Amir holte die eisernen Schellen aus seinem Beutel und forderte dien Dschinn dazu auf, mit ihnen an den Handgelenken weiterzureisen.

Dier selbstgefällige Dschinn ließ sich darauf ein. Sobald das Eisen an siesen Armen befestigt war, wurden siese Beine schwer wie Blei und siese Sinne trübten sich. Da sier ein stolzes Geschöpf war, biss sier jedoch die Zähne zusammen und sagte: »Siehst du? Ich bin ein König. Eisen kann mich nicht besiegen.«

Sie zogen weiter, und nun ging Amir voran, denn der Dschinn konnte sich kaum auf den Beinen halten. »Mächtig Dschinn«, sagte Amir eines Tages. »Ohne deine Magie bin ich hilflos. Möchtest du dich nicht deiner Fesseln entledigen, damit du Feuer erzeugen und den Wüstenwinden Einhalt gebieten kannst?« Doch dier Dschinn, dier sich keine Blöße geben wollte, weigerte sich, die Handschellen abzulegen. Stattdessen fragte sier, ob Amir noch weitere Gegenstände in seinem Beutel habe. Als der die Öllampe hervorholte, zeichnete dier Dschinn mit siesem Blut Runen darauf und belegte sie mit einem Zauber. Sier blies Feuer in die Lampe und sagte Amir, dass er nun alles darin einfangen könne – egal ob Feuer, Wind oder Wasser – und mit folgenden Worten dazu zwingen, ihm zu gehorchen: *Du bist an mich gebunden und wirst mir dienen.*

Während der folgenden Tage experimentierte Amir mit

der Lampe und fing Wind, Sand und sogar Sterne damit ein. Die bodenlose Lampe konnte alle möglichen Dinge in sich aufnehmen. Als Amir und dier Dschinn zu den Goldenen Dünen gelangten, war er überzeugt, dass sein Plan gelingen würde.

In dieser Nacht näherte er sich diem Dschinn mit der Lampe. Dier Dschinn glaubte, er käme, um ihn von den brennenden Fesseln zu befreien, und seufzte erleichtert, doch stattdessen hielt Amir die Lampe vor sich hin und sagte: »Hör mich an, mächtig Dschinn. Mit dieser Lampe werde ich dich mit deiner eigenen Magie binden. Von diesem Tag an wirst du mein Diener sein, wie ich deiner gewesen bin, und du wirst alles tun, was ich von dir verlange.« Dier Dschinn sprang auf und stürmte mit brennenden Augen auf Amir zu, doch der hatte keine Angst. *»Du bist an mich gebunden und wirst mir dienen«*, sagte er, und dier Dschinn sah sich gezwungen, vor ihm zu knien.

Dier Dschinn fluchte und fauchte, konnte sich aber nicht widersetzen, als Amir ihn anwies, ihm zu folgen. Gemeinsam gingen sie zum Lager des Scheichs. Amirs Stamm, der ihn für tot gehalten hatte, feierte seine Rückkehr. Er befahl diem Dschinn, für seine hungernden Männer und Frauen ein Festmahl herbeizuzaubern, und ein jeder von ihnen aß und trank für drei. Als alle satt waren und schliefen, näherte Ghazi sich Amir und deutete auf die Lampe, in der dier Dschinn nun schlummerte.

»Amir, dein Witz und deine Gerissenheit haben uns tatsächlich großen Wohlstand gebracht, doch was hast du nun mit diem Dschinn vor. Siese Macht zu missbrauchen, wäre nicht weise.«

Amir schüttelte den Kopf. »Unsinn. Ich habe diem Dschinn viele Wochen lang gedient, und nun zwinge ich siem dazu, das Gleiche für mich zu tun. Wenn du morgen wiederkommst, wirst du sehen, was ich geplant habe.«

Am nächsten Tag ließ Amir dien Dschinn-König Wälle errichten, die den Stamm vor den schneidenden Winden schützte. Anschließend befahl er siem, eine Stadt zu erschaffen, die schnell wuchs, während immer mehr Beduinen darin Unterschlupf suchten. Dier Dschinn verrichtete innerhalb weniger Wochen die Arbeit von Hunderten von Männern – noch nie war in so kurzer Zeit eine derart wohlhabende Stadt entstanden. Als dier Dschinn fertig war, wies Amir ihn an, einen Palast zu errichten, damit er seinen Stamm von hoch oben beobachten könne.

Widerwillig konstruierte dier Dschinn einen Palast aus reinstem weißem Marmor und mit Minaretten, sodass der Scheich die gesamte Wüste überblicken konnte. Als seine Arbeit beendet war, entpuppte sich der Palast als das bemerkenswerteste Gebäude im ganzen Land, zu prächtig selbst für einen Scheich. Und so bezeichneten die Leute Amir als Sultan und baten ihn, ihr Herrscher zu sein. Die Stadt in der Wüste tauften sie Madinne, und sie wurde zu einer blühenden Handelsmetropole. Amir nahm sich eine Frau und zeugte viele Kinder. Auf diese Weise wurde der königliche Stammbaum von Madinne begründet.

Während Amir auf Madinnes goldenem Thron regierte,

schmiedete dier Dschinn hinter seinem Rücken Pläne. Ghazis Angst war begründet gewesen: Ein Mann, der über zu viel Macht verfügt, wird davon geblendet. Eines Tages gab Amir seiner Frau die Lampe und sagte ihr, dass sie in seiner Abwesenheit diem Dschinn Befehle erteilen könne.

Amir erkannte seinen Fehler erst, als er von seiner Jagd zurückkehrte und seine Frau tot vorfand. Er hatte vergessen, ihr zu sagen, dass ihre Anweisungen ganz klar hätten sein müssen, und so hatte dier Dschinn das von ihr geforderte Festmahl vergiftet. Amir war außer sich vor Kummer. Er sperrte dien Dschinn in die Lampe und gab sie seinem Bruder, den er mittlerweile zum Qaid seiner Armee ernannt hatte.

»Du hattest recht, Ghazi«, sagte er unter Tränen. »Ich habe mich auf die Macht dies Dschinns verlassen, und sie hat mich zerstört. Wir müssen die Lampe unschädlich machen, damit so eine Tragödie nicht noch einmal geschieht.«

Er bat seinen Bruder, die Lampe so zu vergraben, dass niemand sie finden würde. Ghazi ritt schnell und lange, und als er das Sandmeer erreichte, warf er die Lampe in den losen Sand und wartete ab, bis sie verschwunden war.

Nachdem Amir seine Frau betrauert hatte, gelobte er, sich nie wieder auf Magie zu verlassen, da sie ihn gierig gemacht hatte. Er herrschte über Madinne, bis sein Sohn den Thron von ihm übernahm, gefolgt von seinem Enkel und so weiter und so weiter. Seit Ghazi die Lampe ins Sandmeer geworfen hat, sind Hunderte von Jahren vergangen. Doch im Gegensatz zu den Menschen, die nur kurze Zeit auf Erden wandeln, sind die Dschinn so gut wie unsterblich, und die Legende besagt, dass dier mächtige Dschinn-König noch immer im Sandmeer begraben liegt. Es heißt, jeder der die Lampe in seinen Besitz bringt, wird über die gesamte Macht der Welt verfügen. Doch hütet euch, edle Freunde, denn es heißt außerdem, dass der Tod sich jedem an die Fersen heften wird, den es nach dieser verbotenen Macht gelüstet …

13

LOULIE

Mazen bin Malik war ein guter Geschichtenerzähler. Sein Mienenspiel glich Treibsand und wechselte mit beneidenswerter Gewandtheit zwischen Überschwang und feierlichem Ernst. Hätte Loulie irgendwelche Zweifel gehabt, dass es sich bei Mazen und Yousef um ein und dieselbe Person handelte, wären sie nun ausgeräumt gewesen. Wenn er erzählte, strahlte der Prinz genauso wie beim Zuhören.

Erst als Mazen verstummte, bemerkte Loulie, wie sehr seine Worte sie in den Bann gezogen hatten. Für eine Weile hatte sie sich wie ein Kind gefühlt, das am Lagerfeuer saß und einer Legende lauschte. Doch sie befand sich nicht vor einem gemütlichen Feuer, und Mazens Geschichte war auch kein harmloser Spaß gewesen, sondern möglicherweise ihr Tod.

Sie starrte den Sultan an. »Wollt Ihr mir allen Ernstes weismachen, dass diese Lampe existiert?«

Der Sultan schaute zu Hakim, der daraufhin mehrere uralt aussehende Schriftrollen entfaltete. Loulie sah auf dem fleckigen Papyrus verblasste geschwungene Buchstaben und Ziffern, dann fiel ihr Blick auf die Unterschrift: ein Alif, gefolgt von einem Mīm, einem Yā und einem Rā. *Amir.*

Der Sultan deutete auf die Dokumente. »Das ist die Gründungsurkunde unseres Königreichs. Amir schildert darin dien versklavte Dschinn, die Gegenstände, die sier für ihn verzaubert hat, und das Begräbnis der Lampe. Und vor allem beschreibt er einen Zugang zum Sandmeer. Unter dem Sand verlaufen Tunnel, al-Nazari, und zwischen den Dünen gibt es Straßen.«

»Wieso glaubt Ihr, dass ich bei der Suche nach der Lampe mehr Erfolg haben werde als meine Vorgänger?« Je länger Loulie die Schriftrollen betrachtete, desto mulmiger wurde ihr zumute. Sie hatte schon ein paarmal am Rand des Sandmeers gestanden, sich aber nie hineingewagt. Es war ein Land ohne Wiederkehr. Selbst Qadir, der es einmal durchquert hatte, wollte sich ihm nicht mehr nähern.

»Die hatten keine Erfahrung im Aufspüren alter Relikte«, erwiderte der Sultan. »Du dagegen schon.«

»Wieso ich?«, beharrte Loulie. »Warum nicht Euer Sohn, Prinz Omar?« Sie sah den ältesten Prinzen mit gerunzelter Stirn an und dachte an ihre letzte Begegnung, an seinen wütenden Blick, als der Sultan sich über Mazen gebeugt – und sich nicht danach erkundigt hatte, ob *ihm* etwas zugestoßen sei.

»Mein Sohn ist ein Jäger, kein Spurensucher.« Eine unheilvolle Stille setzte ein, die sie wie Rauch einhüllte. Loulie wollte sie wegwedeln, als wäre all das nur ein böser Traum.

»Omar.« Der Sultan drehte sich zu seinem Sohn um, der respektvoll den Kopf neigte. »Du wirst die Händlerin begleiten, um sicherzustellen, dass sie sich nicht ihrer Verantwortung entzieht.«

»Was?«, fragten Loulie und Prinz Omar wie aus einem Mund.

»Ich habe gehört, dass du einen Leibwächter beschäftigst, al-Nazari. Betrachte meinen Sohn einfach als seine Verstärkung.«

Omar rutschte auf seinem Kissen herum. »Aber, Yuba, meine Räuber …«

»*Ich* werde deine Pläne mit ihnen umsetzen«, erwiderte der Sultan in einem eisigen Ton, der keinen Widerspruch duldete.

In Omars Wange zuckte ein Muskel. Loulie sah, dass er die

Zähne zusammenbiss, doch sie würde sich nicht vom Sultan einschüchtern lassen. Schlimm genug, dass sie sich von ihm erpressen lassen musste, aber sie würde auf keinen Fall mit dem König der vierzig Räuber reisen. Mit einem *Dschinn-Mörder*.

»Ich brauche keinen zusätzlichen Leibwächter.«

Der Sultan schüttelte den Kopf. »Das ist nicht verhandelbar.«

»Vertraut Ihr mir etwa nicht?«

Der Sultan schnaubte. »Einer mit allen Wassern gewaschenen Händlerin? Eher nicht.« Er beugte sich vor. »Vergiss nicht, al-Nazari: Du bist eine Verbrecherin. Ich könnte dich in die Eingeweide werfen, dir deine Freiheit nehmen und eine Schlinge um den Hals legen.«

Loulie zitterte vor Wut, vor Angst, denn sie wusste, dass der Sultan nicht bluffte. Sie war noch nicht auf der Welt gewesen, als er kaltblütig seine Ehefrauen ermordete, aber sie hatte davon gehört. Und sie kannte Leute, die er wegen geringerer Vergehen im Gefängnis verrotten ließ.

Noch nie hatte sie sich so hilflos gefühlt.

Der Sultan lehnte sich zurück. »Und glaub ja nicht, dass du die Lampe stehlen kannst. Dier Dschinn ist dier Gefangenere *meiner* Vorfahren. Du würdest siese Magie nicht verwenden können.«

Du aufgeblasener Mistkerl. Sie musste sich auf die Zunge beißen, um den Gedanken nicht laut auszusprechen.

»Yuba«, warf Mazen vorsichtig ein. »Amir hat die Lampe im Sandmeer versenkt, weil ihre Macht ihn geblendet hat. Ich glaube, es wäre nicht weise …«

»Sei still, Junge.« Die Zurechtweisung hatte auf Mazen die Wirkung einer Ohrfeige. »Nicht Macht an sich korrumpiert, sondern was man mit ihr vorhat«, fuhr der Sultan fort. »Und meine Absichten sind vollkommen rein.«

»Ach wirklich?« Loulie zwang sich dazu, dem Sultan fest in die Augen zu schauen. Was könnte ein Mörder mit einim Dschinn-Dienere anfangen wollen?

»Die Dschinn sind seit Jahren eine Plage für unser Land. Sie zu jagen ist keine wirksame Lösung. Sie existieren noch immer, und wir können sie nicht aus dem Sandmeer ausgraben. Aber wir müssen sie eliminieren. Ich werde nicht zulassen, dass sie mir meine Familie nehmen.« Sein Blick ging zu Mazen, der mit aschfahlem Gesicht zur Seite sah. »Mit dieser Magie kann ich ihnen endgültig den Garaus machen.«

Oh. Loulie ballte ihre zitternden Hände im Schoß zu Fäusten.

»Du willst Magie mit Magie unschädlich machen«, sagte Hakim leise. »Einin Dschinn gegen die anderen Dschinn antreten lassen.«

»Nicht irgendeinin Dschinn, sondern einin der sieben Könige«, bestätigte der Sultan und erwiderte ungerührt Loulies Blick. »Siehst du, al-Nazari? Ich schicke dich auf eine gerechte Mission.«

Die mit einem Blutbad enden wird, dachte Loulie.

»Wie entscheidest du dich?« Sein Blick bohrte sich in ihren. »Willst du das Relikt finden und zur Heldin werden? Oder wirst du wie eine Verbrecherin fliehen und in der Wüste sterben, ohne dass irgendwer um dich trauert.«

Loulie hatte nie irgendjemandes Marionette sein wollen und sich daher immer aus jeder Form von Politik herausgehalten. Sie war eine Wanderin, keine Söldnerin. Doch nun steckte sie in einer ausweglosen Zwickmühle und musste sich zum ersten Mal in ihrem Leben einem fremden Willen unterwerfen.

»Ich akzeptiere Euren Auftrag«, sagte sie schließlich. »Ich werde Eure Lampe finden.«

Da sie beschämt zu Boden blickte, sah sie nicht den triumphierenden Ausdruck im Gesicht des Sultans.

Darauf sagte er, er bestehe darauf, dass sie bis zu ihrem Aufbruch im Palast bleibe, damit sie weitere Einzelheiten besprechen und er sie bei den Reisevorbereitungen unterstützen konnte.

Loulie hörte ihm kaum zu. Sie dachte an Prinz Omar, der sie wie ein Geier beschatten würde, und an Qadir, der während ihrer gesamten Reise seine menschliche Gestalt beibehalten musste. Sie dachte an die Strecke durch die Wüste, die vor ihnen lag, und an die Städte und Oasen, die sie dabei durchqueren mussten. Doch vor allem grübelte sie über das Sandmeer und das Relikt darin, das ausgerechnet sie irgendwie bergen musste.

Als der Sultan sie entließ, kam ihr der Wald feindselig vor. Wo immer sie hinschaute, sah sie silbernes Blut auf den Blättern schimmern und wie Tautropfen auf dem Gras und den Fenstern glitzern.

Im Gehen hörte sie, wie der Sultan und seine Söhne ein neues Gespräch begannen.

»Hast du gefunden, was du für mich suchen solltest?«

»Ich habe den ganzen Diwan auf den Kopf gestellt, mein Sultan«, sagte Omar. »Es ist nicht hier.«

»Bist du sicher?«

Omar zögerte kurz mit seiner Antwort. »Ja.«

Doch Loulie achtete nicht weiter auf das Gespräch. Sie hatte keine Zeit für die Gegenwart, da in der Zukunft eine viel größere Gefahr auf sie und Qadir wartete.

Sie zwang sich zu einem tiefen Atemzug. *Ich werde nicht zulassen, dass wir sterben,* dachte sie und verließ erhobenen Hauptes den Raum. *Ich bin Loulie al-Nazari, die Mitternachtshändlerin, und nehme mein Schicksal selbst in die Hand.*

14

MAZEN

Vor dem Zwischenfall mit der Schatten-Dschinn hatte Mazen nie Angst vor der Dunkelheit gehabt. Doch mittlerweile konnte er nur noch mit einer brennenden Lampe einschlafen. Sie konnte seine Furcht zwar nicht komplett vertreiben – wie auch, da sie selbst Schatten erzeugte? –, doch es erleichterte ihn, ihr Licht zu sehen, wenn er aus dem immer gleichen Albtraum aufschreckte, in dem Omar im Diwan mit erhobenem Messer auf ihn zukam.

Wenn im Traum die Klinge in ihn eindrang, erinnerte er sich manchmal an silbernes Blut auf den Lippen eines toten Mannes, an schwarz gekleidete Mörder, die durch die Wüste ritten, an Omar, der lächelte und silbernes Blut auf den Wangen hatte.

Stets erwachte er schweißgebadet und warf die Decken von sich, während er nach Atem rang. *Du bist hier,* sagte er sich dann immer wieder vor. *Du bist du.* Was ihn tröstete, solange er wach war, aber nicht gegen seine Albträume half.

Manchmal, wenn Mazens Blick eine Wand streifte, sah er darauf den Schatten der Dschinn, die ihn mit weißen Augen fixierte und angrinste. *Unbedeutend,* raunte er. Er konnte nur beten, dass sein übermüdeter Verstand ihm einen Streich spielte.

Drei Tage nach der Ankunft der Händlerin im Palast fühlte Mazen sich vollkommen ausgewrungen, was nicht nur an seinen

Träumen, sondern auch an der noch immer schmerzenden Brustwunde lag. Obwohl das Brennen mittlerweile zu einem dumpfen Pochen abgeklungen war, kostete es ihn viel Kraft, rechtzeitig zum Morgenmahl das Bett zu verlassen. Trotzdem würde er weiterhin alles versuchen, den Sultan zur Vernunft zu bringen.

Mit glasigem Blick, aber fest entschlossen zog er sich um und verließ sein Gemach. Auf dem Weg durch den Garten hielt er inne, als er die Mitternachtshändlerin in einem Beet aus weißen Rosen kauern sah. Mürrisch starrte sie die Sonne an, als fühlte sie sich von ihr persönlich beleidigt.

Wie schön sie doch war.

So solltest du wirklich nicht über eine Verbrecherin denken, schalt Mazen sich in Gedanken.

Doch er konnte nicht anders. Die Mitternachtshändlerin war die faszinierendste Person in ganz Madinne! Eine lebende Legende. Und dass sie ihn bereits zweimal gerettet hatte, machte sie ihm noch sympathischer. Was leider nicht auf Gegenseitigkeit beruhte.

Als sie ihn sah, verdüsterte sich ihr Blick. »Sayyidi.«

»Mitternachtshändlerin. Wirst du mit uns frühstücken?«

Sie hob das Kinn. »Nein.«

Ihre Reaktion überraschte ihn nicht. Der Sultan hatte sie in den letzten beiden Tagen zu einer ganzen Reihe Veranstaltungen gezwungen, und sie machte keinen Hehl daraus, wie sehr sie ihren Aufenthalt im Palast verabscheute.

Mazen versuchte es mit einem Lächeln. »Aha.«

Einen Moment lang sahen sie sich in unbehaglichem Schweigen an, bis die Händlerin den Blick abwandte.

Er räusperte sich. »Schöner Tag heute, nicht wahr?«

»Finde ich nicht. Ich habe zu viel Angst vor der Zukunft, um ihn zu genießen.«

Mazen schluckte. »Tut mir leid«, platzte er heraus. »Dein Auftrag, mein Vater, die Schatten-Dschinn …«

Die Händlerin hob den Kopf und sah ihn verwirrt an. »Wieso die Dschinn?«

Weil mein Bruder sie am Leben gelassen hat und sie dich verletzt hat – mich –, uns beide, dachte er, antwortete ihr aber nicht.

»Also, wie sieht's aus?«, wechselte die Händlerin das Thema. »Soll ich dich jetzt Prinz Mazen nennen, oder was?« Sie hob die Augenbrauen.

»Mazen. Yousef ist nur ein Alias, den ich hin und wieder verwende.« Zögerlich trat er von einem Fuß auf den anderen und rang sich schließlich zu der Frage durch, die ihm unter den Nägeln brannte: »Aber du hast gewusst, dass das nicht mein richtiger Name ist, nicht wahr? Deswegen bist du mir doch gefolgt.«

Die Händlerin blinzelte überrascht. »Natürlich war mir klar, dass du kein einfacher Schreiber bist. Sonst wäre die Dschinn wohl kaum hinter dir her gewesen.«

Die Worte klangen wie eine Anklage, doch Mazen hatte nicht als Einziger gelogen. »Und du?«, fragte er. »Wie soll ich dich nennen?« *Loulie oder Layla.*

Die Mundwinkel der Händlerin zuckten. »Loulie – Layla ist bloß ein Alias, den ich hin und wieder verwende«, sagte sie und drehte sich von ihm weg.

Nachdenklich betrachtete er ihren Rücken. Würde sie die Flucht ergreifen, wenn er ihr noch mehr Fragen stellte? Mit dem Sultan wollte sie offensichtlich nicht sprechen, aber vielleicht ja mit ihm. Vorsichtig betrat er das Rosenbeet und ging neben ihr in die Hocke. »Was man sich über dich erzählt, die Geschichten über Loulie al-Nazari, die Mitternachtshändlerin – sind die wahr?«

Die Händlerin zuckte die Achseln. »Kommt darauf an, welche du meinst. Zum Beispiel habe ich nicht ganz allein eine berüchtigte Räuberbande im Kampf besiegt. In Wahrheit habe ich ihr Versteck angezündet und zugeschaut, wie sie um die geretteten Beutestücke kämpften und sich dabei gegenseitig ausschalteten.« Ihre Augen funkelten amüsiert. »Und was ist mit dir, Prinz?« Sie drehte sich wieder zu ihm um und fixierte ihn mit ihren rostbraunen Augen. »Im Gegensatz zu deinem Bruder, über den zahlreiche Gerüchte kursieren, bist du ein Mysterium. Du bist ein Geschichtenerzähler wie deine Mutter, kommst aber selbst in keiner Geschichte vor.«

»Ja«, antwortete er bedrückt, »über einen im Palast eingesperrten Prinzen gibt es nun mal nicht viel zu erzählen.«

»Du kannst nicht von hier weg?«

»Nicht ohne Geleitschutz.« Er lachte humorlos. »Damit käme jeder Ausflug einer Prozession gleich.«

»Und deswegen wirst du zu Yousef.« Sie sah ihn noch immer mit gerunzelter Stirn an. Mazen erkannte, dass ihre Worte nicht vorwurfsvoll gemeint, sondern lediglich eine Feststellung waren.

»Um ehrlich zu sein, war ich vor unserer Begegnung auf dem Souk einfach nur irgendwer. Du warst die Erste, die sich gefragt hat, wer ich wirklich bin.« Er verzog die Lippen zu einem traurigen Lächeln. »Ich glaube, vorerst ist es damit vorbei, aber es war schön, eine Weile ein fiktives Leben führen zu können.«

»Ich verstehe, was du meinst«, murmelte Loulie nach kurzem Schweigen. »Es ist nicht unproblematisch, berühmt zu sein. Wie man sieht, kann es dazu führen, dass man zu einer gefährlichen Mission erpresst wird.«

Mazen zuckte zusammen. Er wusste zwar, dass ihre bittere Bemerkung nicht gegen ihn gerichtet war, aber er fühlte sich für die Grausamkeit seines Vaters mit verantwortlich. Während er noch nach einer Antwort rang, packte von hinten eine Hand seine Schulter. Erschrocken drehte er sich um und sah Omar über sich aufragen, der ihn mit einem trägen Lächeln betrachtete. »Salaam, Mazen.« Er sah zu Loulie. »Mitternachtshändlerin.« Sein Ton war kühl.

Loulies Miene verhärtete sich. »Kronprinz.«

»Es ist mir wie immer ein Vergnügen. Leider muss ich dir meinen Bruder abspenstig machen. Ich hoffe, du hast nichts dagegen.«

Mazen zog die Augenbrauen zusammen. Was wollte Omar von ihm? Er war doch sicher noch nicht zu spät fürs Morgenmahl.

»Nein, gar nicht.« Die Händlerin stand auf und klopfte den Staub aus ihrer Kleidung. An diesem sonnenbeschienenen Ort wirkte sie fehl am Platze – ein Stück Nachthimmel in einem hellen Blumenbeet –, aber auch selbstbewusst, als ließe sie sich von ihrer Umgebung nicht einschüchtern. Tatsächlich erweckte sie den Eindruck, als wäre sie zu gut für diese Umgebung und ihren Auftrag.

Seufzend ließ Mazen sich von Omar wegführen.

»Ich bin neugierig, Kronprinz«, rief die Händlerin ihnen nach. »Wo habt Ihr diese schwarzen Messer her, die eine körperlose Dschinn in eine feste Gestalt zwingen können?«

Mazen dachte mit flauem Gefühl an das schwarze Messer aus seinem Traum. Bisher hatte er sich noch nie mit den Waffen seines Bruders beschäftigt, aber sie waren tatsächlich eigenartig.

»Sie enthalten genau wie dein Dolch Dschinn-Magie.« Omar bedachte Loulie mit seinem verführerischsten Lächeln, mit dem er alle Frauen um den Finger wickelte, doch sie wirkte davon nicht beeindruckt. »Keine Sorge, notfalls werde ich dich mit ihnen beschützen.«

Die Händlerin verdrehte die Augen und ging wortlos mit wehender Robe davon. Mazen hätte sich ihr gern angeschlossen. Im Moment war sie zwar nicht im engeren Sinne frei, doch bevor sein Vater auf sie aufmerksam geworden war, hatte sie ohne die Last eines Königreichs auf den Schultern die Wüste durchstreifen und nach eigenem Gutdünken leben können.

»Sie hat wirklich eine unglaublich gewinnende Art«, spottete Omar und bedeutete Mazen, ihm zu folgen.

Auf jeden Fall gewinnender als deine, dachte Mazen und folgte Omar erst durch einen der Freiluftkorridore und dann eine Treppe hinauf bis zu einer schlichten Holztür. Er erkannte, dass sich dahinter ein Vorratsraum verbarg, da ein Pergament daran hing, auf dem das Inventar aufgelistet war. Ehe er fragen konnte, was sie hier taten, zog Omar ihn hinein.

Der Raum war mit Reinigungsgeräten und schäbigen, verstaubten Möbeln vollgepackt. An einem Tisch saßen zwei Diener und spielten Shatranj. Omar schickte sie mit einer Geste hinaus. Sobald sie die Tür hinter sich geschlossen hatten, ließ er sich lächelnd auf einen der Stühle sinken. »Hier werden wir einen Moment lang Ruhe und Frieden haben.«

»Gibt es einen besonderen Grund, warum wir uns hier drinnen unterhalten?«

»Hier sind wir vor spionierenden Dienern sicher«, erwiderte Omar.

Mazen ging zum Fenster und setzte sich auf das Sims. *Nur für den Fall, dass ich um Hilfe rufen muss,* dachte er. Doch um diese Tageszeit war der Korridor leer – was, wie er Omar kannte, kein Zufall war.

»Erinnerst du dich noch an den Gefallen, den du mir schuldest, Mazen?« Omar griff in den Beutel an seinem Gürtel und holte etwas Goldenes heraus. »Mir ist etwas eingefallen, womit du dich bei mir erkenntlich zeigen kannst«, sagte er und warf den Gegenstand quer durch den Raum.

Mazen schaffte es gerade noch, ihn aufzufangen, bevor er zu Boden fiel. Es handelte sich um einen auffälligen Armreif mit glitzernden Edelsteinen. »Ein Geschenk? Das wäre doch nicht nötig gewesen, Omar«, sagte er und versuchte, seine Verwirrung mit einem Lächeln zu überspielen.

»O doch.« Omar griff erneut in den Beutel und zog einen zweiten, identischen Armreif heraus.

Mazen sah ihn misstrauisch an. »Ich dachte, du findest Schmuck geschmacklos.«

Omar schnaubte. »Nicht geschmacklos, eher unpraktisch.« Er zog eines seiner Messer aus dem Gürtel und hielt es Mazen hin. »Du musst einen der Edelsteine mit deinem Blut tränken.« Mazen zuckte instinktiv zurück, doch Omar ließ sich davon nicht beirren. »Ich versichere dir, dass es dafür einen guten Grund gibt.«

»Ach ja? Und der wäre? Ich werde mich nicht einfach so schneiden.«

Seufzend legte Omar das Messer auf den Tisch. »Du willst eine Erklärung? Na schön.« Er warf Mazen den zweiten Armreif zu. »Leg ihn um.«

»Aber ich …«

»Na los, mach schon.«

Nach kurzem Zögern befestigte Mazen ihn an seinem linken Handgelenk. Schlagartig durchfuhr ihn ein äußerst seltsamer Schwindel, und er geriet aus dem Gleichgewicht, als hätte sich auf einmal sein Schwerpunkt verschoben. Sein Körper kam ihm zu kalt und zu groß vor. Außerdem verspürte er den unerklärlichen Drang, sich die Haut abzureiben. Blinzelnd blickte er sich um und stellte fest, dass er seine Umgebung schärfer als gewohnt wahrnahm. »Was war das?«, fragte er und erstarrte beim Klang seiner Stimme, die nicht seine eigene war. Sie war zu tief und sonor. »Omar, was …?« Mazen stand abrupt auf und erblickte sich selbst in einem Spiegel in der gegenüberliegenden Ecke des Raums. Reflexartig schloss er die Augen und schlug sie einen Moment später wieder auf. Das Spiegelbild hatte sich nicht verändert.

Aus dem Spiegel starrte ihm schockiert Omar bin Malik entgegen.

Mazen betastete sein Gesicht – das nun das seines Bruders war – und schnappte nach Luft. Als er begriff, was geschehen war, riss er sich hektisch den Armreif vom Handgelenk und warf ihn auf eines der Kissen.

Nun sah er wieder sich selbst im Spiegel. Stöhnend fuhr er sich mit beiden Händen über das Gesicht.

Omar hatte die Dreistigkeit zu glucksen. »Deine melodramatischen Reaktionen sind immer wieder amüsant.«

Mazen sah ihn scharf an. »Was war das für eine Magie? Sind das

Relikte?« Er dachte an Loulies Tasche. »Hast du sie etwa der Händlerin gestohlen?«

Omar schnalzte mit der Zunge. »Ich stehle nur Dinge, an die ich anders nicht herankomme. Die Händlerin ist nicht die Einzige, die magische Objekte beschaffen kann.«

Das wusste Mazen. Sein Vater besaß eine kleine Sammlung von Relikten, die ihm Jäger und Wüstennomaden »gespendet« hatten. Natürlich bezahlte er sie gut dafür, doch im Grunde überließen sie ihm die Gegenstände nur, weil sie Angst davor hatten, was ihnen blühte, wenn sie es nicht taten.

»Diese Armreife sind etwas ganz Besonderes«, fuhr Omar ruhig fort, als spräche er mit einem Kind. »Erinnerst du dich noch an Amirs Lampe? Die hier wurden von diem gleichen Dschinn geschaffen. Sie sind so alt wie Amirs Schriftrollen.«

Mazen nahm einen der Reife und fuhr ehrfürchtig mit den Fingern über die darin eingelassenen Edelsteine. »Werden sie in unserer Familie vererbt?«

»Seit vielen Hundert Jahren«, bestätigte Omar. »Sie lagen in der Schatzkammer und haben Staub gesammelt. Ich bezweifele, dass irgendwer sie vermissen wird.« Er beugte sich vor. »Wie du mittlerweile weißt, habe ich einen der beiden mit meinem Blut getränkt. Unsere List funktioniert aber nur, wenn du mit dem anderen das Gleiche machst.«

Mazens Magen verkrampfte sich. »List?«

Omar lächelte. »Wir beiden werden die Rollen tauschen, Akhi.«

Mazen fiel der Armreif aus der Hand. »Aber Vater will, dass *du* die Händlerin begleitest.«

»Und genau das ist das Problem. Ich bereite eine wichtige Operation mit meinen Räubern vor, und die darf ich nicht verpassen.« Er stützte die Ellbogen auf die Knie und beugte sich vor. »Ich dachte, du freust dich darüber. Wolltest du dir nicht schon immer mal die Wüste ansehen? Jetzt bekommst du die Gelegenheit dazu.«

Mazen verkniff sich ein sarkastisches Lachen. Als Kind hatte er immer ein Abenteuer wie aus den Geschichten seiner Mutter erleben wollen, in denen Helden, Magie und fantastische Kreaturen vorkamen. Doch das war lange her. »Ja, aber nicht so.«

Omar runzelte die Stirn. »Ich habe deine Geheimnisse für mich behalten, Akhi, und ich habe dir das Leben gerettet. Du bist es mir schuldig. Oder« – seine Augen blitzten – »wäre es dir lieber, dass ich dem Sultan erkläre, wie die Dschinn von deinem Schatten Besitz ergriffen hat.«

Mazen schlug das Herz bis zum Hals. *Du hast die Schatten-Dschinn zurückgeholt,* dachte er. *Du hast sie provoziert!* Doch das konnte er dem Sultan nicht sagen. Sein Vater würde deswegen sicher von Omar enttäuscht sein, und vor allem wäre er wütend auf ihn.

Aber was Omar von ihm verlangte, war unmöglich.

»Ich weiß nicht, wie man mit einem Messer umgeht. Ich könnte dich niemals glaubhaft verkörpern.«

Omar stieß das Messer in die Tischplatte und lächelte, als Mazen zurückfuhr. »Keine Angst. Aisha wird dich begleiten. Ihr und meinen anderen Räubern werde ich verraten, wer du wirklich bist. Verlass dich einfach auf sie, wenn es zu einem Kampf kommt. Sie ist meine beste Räuberin.«

Mazen erinnerte sich vage an die Frau mit dem Kapuzenumhang, die er mit Omar im Garten gesehen hatte. Kaum zu glauben, dass diese Begegnung nicht mal eine Woche her war?

Omar neigte den Kopf zur Seite. »Also, was sagst du, Mazen?«

Mazen presste ein »Ha« hervor, dass halb Hilferuf, halb Lachen war.

Vor dem Tod seiner Mutter hatte er die Welt außerhalb von Madinne für magisch gehalten. Sie hatte sie ihm als einen Ort voller Leben, Licht und unendlicher Möglichkeiten geschildert. Doch dann hatte sie eines der Geschöpfe aus ihren Geschichten ermordet, und damit war die Magie verschwunden.

Und dennoch …

In Freiheit sterben ist besser als in einem goldenen Käfig leben.

Er hatte Loulie al-Nazari gesagt, dass er es genieße, eine andere Identität anzunehmen. Nicht immer nur der überbehütete Sohn einer legendären Geschichtenerzählerin zu sein.

Was Omar von ihm verlangte, war gefährlich, aber auch seine einzige Chance, Madinne zu verlassen.

Und es wäre nicht das erste Mal, dass er sich als jemand anders ausgab.

»Also gut.« Mazen hob den Kopf und sah seinem Bruder in die Augen. »Ich werde mich auf dein Abenteuer einlassen.«

15

LOULIE

»Bist du sicher, dass du noch mehr trinken solltest?« Dahlia bint Adnan hielt die Weinflasche ein Stück von Loulie weg, die an der Theke saß und mit ihrem beinah umkippenden Becher winkte.

Loulie runzelte die Stirn. »Nein, aber ich will mehr.«

Seufzend drehte Dahlia sich um und stellte die Flasche ins Getränkeregal zurück. »Wenn du noch mehr Wein trinkst, wirst du während der Prozession morgen vom Gaul fallen. Und das willst du nicht. Im Moment ist dir vielleicht egal, was der Sultan von dir hält, aber morgen siehst du das bestimmt anders.«

Loulie sah Dahlia finster an. »Soll er doch denken, was er will. Ich habe es satt, von ihm zur Schau gestellt zu werden. Schau mich doch nur an, Dahlia!« Sie packte den Kragen ihrer fürchterlich glänzenden Dara'a. »Kannst du dir vorstellen, wie peinlich mir dieser Aufzug heute Abend gewesen ist. Und noch schlimmer ist, dass ich dieses Ding tragen musste, während ich an Prinz Omars Arm hing.«

Prinz Omar hatte sie mit blasiertem Lächeln im Diwan herumgeführt und Gästen vorgestellt, mit denen sie nichts zu tun haben wollte. Die Adligen hatten sie angegafft, als wäre sie bloß ein kurioses Accessoire. Sie hatten ihr Komplimente über ihr Kleid gemacht und anzüglich mit den Augen geblinzelt.

Loulie hasste sie alle.

Zu ihrer Erleichterung hatte der Sultan ihr schließlich gestattet, sich zurückzuziehen und den letzten Abend vor ihrer schrecklichen Reise hier in Dahlias Taverne zu verbringen.

»Du solltest dir mal selbst zuhören«, erwiderte Dahlia. »Du klingst überhaupt nicht wie die Mitternachtshändlerin.«

Loulie stieß ein hohles Lachen aus. »Die Mitternachtshändlerin, die du kennst, existiert nicht mehr. Ich bin eine Berühmtheit geworden.« Sie starrte in ihren leeren Becher und versuchte, nicht vor Frustration zu weinen.

Wieso gab sie sich vor Dahlia bloß so eine Blöße? Sie hatte noch nie vor ihr die Nerven verloren. Sie mochte eine großzügige Vermieterin und kluge Gesprächspartnerin sein, doch Loulie gestattete sich ihr gegenüber niemals irgendwelche Gefühlsausbrüche oder sonstige Schwächen. Je näher sie eine andere Person an sich heranließ, desto schwerer würde es ihr fallen, den Kontakt zu ihr abzubrechen.

Aus diesem Grund war sie nicht mal bei Ahmed …

Unwillig schüttelte sie den Kopf. *Verdammt sollte dieser Mann sein, der sich sofort in ihre Gedanken schlich, wenn sie mal nicht aufpasste.* Ohne auf Dahlias erhobene Augenbraue zu achten, wandte sie sich schnell anderen Überlegungen zu und fragte sich nicht zum ersten Mal, wo Qadir steckte. Im Diwan hatte er ihr zwar beigestanden, ansonsten hatte er seit ihrem Abschied auf dem Nachtmarkt jedoch drei Tage lang nichts mehr von sich hören lassen.

»Wie man in den Wald hineinruft, so schallt es auch wieder heraus«, sagte Dahlia, während sie eine weitere Flasche hinter sich ins Regal stellte. Sie wischte ihre Getränkevorräte mit einem Tuch sauber, wie sie es immer tat, wenn sie nicht schlafen konnte. Normalerweise wäre die Taverne zu dieser Zeit brechend voll gewesen, doch seit dem Zwischenfall auf dem Souk hatte sich kein einziger ihrer Gäste blicken lassen. Wahrscheinlich hatten nach der Razzia alle beschlossen, sich zu verstecken.

»Die Mitternachtshändlerin spricht nicht mit hochnäsigen *Adligen*«, sagte Loulie und knallte ihren Becher auf die Theke. Und weil sich das so gut angefühlt hatte, wiederholte sie es gleich noch ein paarmal.

»Ach herrje …«, stöhnte Dahlia.

In diesem Moment ging die Eingangstür auf, und ein Mann trat ein. Loulie wirbelte herum und erwartete schon, einen Wächter des Sultans vor sich zu sehen, doch es war Qadir.

Er stand in seiner ganzen unbeeindruckten Pracht vor ihnen und hob eine Augenbraue. »Wer ist denn diese traurige Säuferin?«

Dahlia grinste höhnisch. »Ich weiß es auch nicht genau, aber ich bin drauf und dran, sie rauszuschmeißen.«

Loulie richtete sich auf. Allerdings zu schnell, sodass Qadir vor ihren Augen verschwamm und sie sich an der Theke festhalten musste, während sie ihn wieder zu fokussieren versuchte. »Wo bist du gewesen?«

Seufzend nahm er auf dem Hocker neben ihr Platz. »Dir auch ein herzliches Salaam.« Mit eisigem Blick musterte er ihr Kleid.

»Ein Geschenk des Sultans«, sagte sie. »Ich bin sicher, die Kunden werden es lieben und gar nicht mehr den Blick von mir abwenden können.«

»Und genau deshalb solltest du es verbrennen«, erwiderte Qadir.

Dahlia schnaubte. Sie hatte keine Ahnung, dass Qadir das Kleid mit einem bloßen Fingerschnippen in Brand hätte stecken können. Sie stellte die letzte Flasche ins Regal zurück und drehte sich, die Hände in die Hüften gestemmt, wieder zu ihnen um. »Ich lasse euch jetzt allein. Löscht die Laternen, wenn ihr hier fertig seid.«

Qadir neigte den Kopf. »*Tesbaheen ala khair.*«

Dahlia nickte gähnend und ging nach oben.

Als Loulie mit Qadir allein war, musste sie einen Moment lang gegen den Drang ankämpfen, die Arme um ihn zu schlingen und sich an seiner Schulter auszuheulen, ehe sie ihre Frage wiederholte: »Wo bist du gewesen?«

»Ich habe dich aus der Ferne im Auge behalten und weiß über die Mission Bescheid.«

Loulie dachte an all die Lampen, die im Palast gebrannt hatten. Durch deren Flammen hatte er sie beobachten können. Er war nämlich nicht nur imstande, sich in eine Eidechse zu verwandeln, sondern auch ein Feuerzauberer. Mehr Magie beherrschte er allerdings nicht.

»Und was hältst du von alledem?« Gedankenverloren ließ sie den Becher auf der Theke kreiseln. »Von der Legende und der Lampe?« Sie blickte auf. »Und was danach kommt?«

Qadir nahm ihr den Becher weg, bevor sie ihn noch einmal in Drehung versetzen konnte. »Ich glaube, es hat keinen Sinn, sich über eine Zukunft Sorgen zu machen, die noch nicht eingetreten ist. Und was die Lampe anbelangt – hast du schon den Kompass befragt, wo sie sich befindet?«

Seufzend stützte Loulie das Kinn auf die Theke. »Sie existiert. Ich habe die Münze *und* den Kompass danach gefragt.«

»Dann kann sie auch geborgen werden.«

»Und die Vorstellung dien darin eingesperrte Dschinn dem Sultan zu überlassen, macht dir gar nichts aus?« Loulie dachte kurz nach. »Weißt *du* denn irgendwas über die Lampe?«

»Ich?« Qadir zuckte die Achseln. »Nein, nichts. Damals war ich noch nicht in der Menschenwelt. Aber wenn die Geschichte des Sultans auch nur ein Fünkchen Wahrheit enthält, ist dier Dschinn wahrscheinlich einir Ifrit.« Loulies Verwirrung schien ihn zu amüsieren. »Als Ifrit bezeichnen wir in meiner Heimat die sieben Dschinn-Könige – Wesen, die mächtig genug sind, um mehrere Arten von Magie zu wirken.«

Ifrit. Das Wort klang nach Macht und für Loulies Ohren noch viel Unheil verkündender als *Dschinn-König*.

»Wieso hast du mir bisher noch nichts von diesen Ifrit erzählt?«

Er zuckte die Achseln. »Weil wir nie einem begegnet sind und kein Mensch diesen Begriff verwendet. *Dschinn-König* ist vielleicht nicht der ganz korrekte Titel, aber dafür auch ohne längere historische Erläuterungen verständlich.«

Es stimmte, dass sämtliche Dschinn, die ihnen bislang über den Weg gelaufen waren, jeweils nur eine Form von Magie beherrscht hatten. Die letzte Dschinn hatte die Welt zum Beispiel lediglich mit Schatten manipulieren können. Dschinn waren generell selten, doch Dschinn-Könige kannte man nur aus Legenden. Kein Wunder also, dass Qadir sie noch nicht erwähnt hatte.

»Also gut.« Sie seufzte. »Und was machen wir, wenn wir dien allmächtige Ifrit aufstöbern? Händigen wir sien dann dem Sultan aus?«

»Wer sagt, dass wir ihm irgendwas aushändigen müssen?« Qadir blickte zur Laterne neben der Theke. Das Feuer darin flackerte und verlosch. Und einen Moment später erstarben auch die restlichen Lichter im Raum. Nur in Qadirs Augen tanzten noch goldrote Flammen. »Stell dir den Sultan einfach als einen Kunden vor, den es übers Ohr zu hauen gilt.«

Ich glaube, es hat keinen Sinn, sich über eine Zukunft Sorgen zu machen, die noch nicht eingetreten ist. Vielleicht hatte Qadir ja recht. Schließlich war Loulie nicht so erfolgreich geworden, weil sie sich andauernd über alles den Kopf zerbrach.

»Du rätst mir also zu springen, ohne vorher nachzudenken? Wie unverantwortlich von dir.«

Qadir legte eine Hand auf die Theke. »Ich bin dazu geboren, schlechten Einfluss auszuüben.«

Loulie legte ihre Hand auf seine und genoss seine Wärme. Sie merkte, dass sie allmählich schläfrig wurde, und das nur, weil Qadir zurückgekehrt war und nun neben ihr saß. Wenn er nicht bei ihr war, fiel es ihr schwer, ihre Gefühle zu zeigen. Während der letzten drei Nächte hatte sie sich den Kopf darüber zerbrochen, was diese Mission für ihn bedeuten würde.

Qadir konnte ihr wie immer die Sorgen am Gesicht ablesen. »Ich hätte nicht gedacht, die furchtlose Mitternachtshändlerin je so niedergeschlagen zu erleben, bevor eine Reise überhaupt angefangen hat.«

Loulie sah ihn vielsagend an. »Dier Ifrit in der Lampe ist nicht dier einzige Dschinn, dier in Gefahr ist.«

»Du solltest mir mehr vertrauen. Ich lebe schon viel zu lange, um von einem arroganten Menschlein in die Knie gezwungen zu werden.« Er hob eine Augenbraue. »Und *dich* habe ich auch noch nie kampflos aufgeben sehen.«

Loulie spürte, wie sich ihr Widerstandsgeist regte. Was Qadir sagte, stimmte: Sie war zwar eine Bürgerin von Madinne, aber niemandes Dienerin, und sie würde nicht zulassen, dass der Sultan das Leben, das sie sich so hart erarbeitet hatte, zerstörte. »Du hast recht. Die Mitternachtshändlerin lässt sich von keinem arroganten Adligen vorführen. Nicht einmal vom Sultan.« Sie verschränkte die Finger mit Qadirs und fasste einen Entschluss. »Er wird es noch bereuen, dass er uns bedroht hat.«

Qadir lächelte. »Früher oder später tun sie das alle.«

16

Aisha

Die Nacht war trügerisch ruhig.

Wenn der Sultan Gäste empfing, wimmelte es im Innenhof des Palasts normalerweise vor lauten und unerträglich neugierigen Adligen. Heute jedoch war er leer, und so beschloss Aisha, ihren Vorhang aufzuziehen, sich in den Fenstererker zu setzen und nur mit dem Mond und den Sternen als Zeugen ihren Arm mit einem Pinsel zu bemalen.

Die meisten Reisenden vollführten vor ihrem Aufbruch Rituale. Die einen beteten, andere küssten ihre Liebsten. Aisha konnte schon seit Längerem weder das eine noch das andere tun. Und so hatte sie sich stattdessen aufs Zeichnen verlegt.

Sie bedeckte ihre Narben mit Henna-Mustern und erlaubte sich währenddessen den seltenen Luxus, ihre Gedanken schweifen zu lassen. Sie erinnerte sich an den weichen Pinsel, mit dem ihre Mutter ihr Blütenblätter auf die Haut gezeichnet hatte. Und an die Vorwürfe ihrer Schwester, wenn sie die Paste nicht lang genug trocken ließ und aus Versehen beim Kochen, beim Putzen oder bei der Feldarbeit verschmierte.

Ich freue mich auf den Tag, an dem du Geduld lernst, hatte ihre Mutter sie oft aufgezogen. *Dann wird dich nichts mehr aufhalten können.*

Inzwischen war Aisha geduldig, wenn sie die Zeichnungen auf

ihre Haut auftrug. Und gewissenhaft. Sie stellte sich vor, dass jeder Pinselstrich eine Erinnerung war, die sich auf ihrer Haut entfaltete. Ein zerrissener Faden, aus dem sie einen neuen Teppich knüpfte, der eher von Entschlossenheit als von Kummer zeugte. Sie reckte die Hand gen Mond und betrachtete den aufgemalten Ärmel aus gezackten Blättern und Blumen.

Ihre Mutter hatte recht gehabt: Geduld war eine schwere, aber notwendige Lektion. Ein Rachefeldzug war kein Kurzstreckenlauf, sondern eine Reise. Seufzend ließ Aisha den Arm in den Schoß sinken.

So verging eine Stunde in vollkommenem Frieden. Als sie ihre letzte Tätowierung vollendete, klopfte es an der Tür. Aisha erschrak, entspannte sich aber sofort wieder, als sie Samars Stimme hörte. »Darf ich eintreten, Prinzessin?«

Dieser Titel – einer der vielen Spitznamen, mit denen der Räuber sie bedachte – ließ sie aufstöhnen. »Wenn du mich noch mal *Prinzessin* nennst, steche ich dir das Auge aus.« Sie griff nach dem federleichten Schal, der neben ihr auf den Kissen lag, und drapierte ihn sich über die Schultern, wobei sie sorgfältig darauf achtete, dass der Stoff nicht die frische Henna-Paste auf ihren Armen berührte. »Was willst du?«

Die Tür flog auf, und ein rotwangiger Mann stolperte herein.

Aisha nahm ihren frisch gewetzten Shamshir von der Wand und ging mit vorgereckter Klinge auf den Neuankömmling zu. Der hob den Kopf und sah sie mit eulenhaftem Blick an.

Aisha musterte ihn schockiert. »Prinz Mazen?«

Der zerstreute Prinz trug eine blau-schwarze Robe, die viel zu groß für ihn wirkte. Seine goldenen Augen schienen sie gar nicht richtig wahrzunehmen, und er blinzelte langsam, als würde er aus einer Trance erwachen. Hinter ihm schob sich Samar in den Raum. Aisha warf ihm einen bohrenden Blick zu, doch der Räuber zuckte nur die Achseln. Wenn das irgendein Streich sein sollte, würde sie ihn umbringen.

»O-oh«, sagte der Prinz leise. »Es tut mir leid. Ich habe gar nicht gemerkt, dass …« Aisha verzog das Gesicht, als er sich in ihrem spärlich möblierten Zimmer umsah, das nur ein Bett, einen einfachen Tisch und eine Kleidertruhe enthielt. Die einzige persönliche Note waren die an den Wänden hängenden Pergamente mit Henna-Mustern. Doch das spielte keine Rolle. Es war *ihr* Raum, und egal, wie der Prinz hier hineingelangt sein mochte, sie würde ihn keine Sekunde länger darin dulden.

»Raus«, sagte sie und ging drohend auf ihn zu.

Der Prinz blickte ihr mit großen Augen entgegen. »Es tut mir leid.« Nervös machte er sich an einem um sein Handgelenk gebundenen Schmuckstück zu schaffen. »Bitte, lass es mich dir erklären …«

Als Aisha nur noch wenige Schritte von ihm entfernt war, erkannte sie den juwelenbesetzten Armreif, an dem er herumnestelte. Prinz Omar hatte ihn ihr ein paar Tage zuvor gezeigt, während er sie mit seinem bizarren Wunsch behelligt hatte, seinen nun vor ihr stehenden Bruder auf eine Reise zu begleiten. Sie hielt inne und sah Prinz Mazen wieder ins Gesicht. Seine Lippen waren zu einem Grinsen verzogen, das ihr sehr vertraut war. Aber *nicht* von ihm.

Mit einer übertriebenen Verbeugung löste Mazen den Armreif von seinem Handgelenk und verwandelte sich von einem Moment auf den nächsten in Prinz Omar. Seine Kleidung war nicht mehr zu groß, und seine Augen funkelten vor Vergnügen. »Was meinst du? Ich bin meinem kleinen Bruder wie aus dem Gesicht geschnitten, oder?«

Aisha erwiderte sein Lächeln mit einem finsteren Blick. Wegen des Abendempfangs hatte sie Omar nicht vor Mitternacht erwartet und ganz bestimmt nicht in dieser Verkleidung.

Sie stieß Samar in die Schulter. »Ich hätte dir wirklich ein Auge ausstechen sollen.«

Samar lachte. Der massige Mann lehnte mit verschränkten Armen neben der Tür an der Wand. »Vielleicht tröstet es dich ja, dass er uns genauso an der Nase herumgeführt hat. Fast alle sind darauf reingefallen.« Um seine dunklen Augen bildeten sich Lachfältchen. »Nur ich nicht. Ich fand, es wäre ein ausgestochenes Auge wert, deine Reaktion mitzuerleben.«

Aisha deutete auf die Tür. »Wenn du nicht sofort verschwindest, werfe ich dich aus dem Fenster.«

Samar klimperte mit den Wimpern. »Dass du immer so empfindlich bist.« Als er die Hand nach dem Türgriff ausstreckte, bemerkte Aisha etwas an seinem Arm – einen gezackten Schnitt, der so farblos war, dass er wie eine Hautfalte aussah.

»Was in allen neun Höllen hast du denn da schon wieder angestellt?«

Während Samar sie verdutzt ansah, schüttelte der Prinz den Kopf. »Auf dem Rückweg von der gestrigen Jagd hat sich dieser Idiot von einem Dschinn aufschlitzen lassen.«

Samar legte sich eine Hand auf die Verletzung. »Ja, richtig. Ich habe die Bestie kaltgemacht, aber davor hat sie mich noch verwundet. Das war nicht mein heldenhaftester Moment.« Er lächelte verlegen. »Ich wollte es gerade neu verbinden, als der Prinz mit … diesem Gesicht aufgetaucht ist. Das hat mich abgelenkt.«

Aisha sah die Wunde skeptisch an. »Wieso hast du den Schnitt nicht mit Dschinn-Blut behandelt, bevor er verkrustet ist?«

Samar seufzte. »Ich habe dieses üble Zeug nicht so gern in den Adern. Aber das Gute ist, dass ich ziemlich dicke Haut habe – was in unserem Gewerbe ein echter Vorteil ist.« Ehe er durch die Tür trat, sah er Aisha noch einmal über die Schulter an. »Omar hat mir erzählt, dass du dich zu dieser kleinen Mission bereit erklärt hast. Viel Glück dabei, mein Räuberlein. Wenn du zurückkehrst, werden wir ein Loblied auf dich anstimmen.« Er neigte kurz den Kopf und zog die Tür hinter sich zu.

Schnaubend hängte Aisha den Shamshir neben sein identisches Gegenstück an die Wand zurück. »Ein Loblied – wofür? Ich werde nur auf einen armseligen Prinzen aufpassen.« Sie ging zum Fenstererker und räumte die Pinsel und das Henna-Glas beiseite, damit Omar ihr gegenüber Platz nehmen konnte.

Er hob eine Braue. »Du unterschätzt, wie wichtig deine Aufgabe ist. Und übrigens hast du gedroht, mir einen Dolch in den Hals zu bohren, wenn ich dich für die Armee des Qaid rekrutiere. Ich dachte, dich mit meinem Bruder loszuschicken, wäre eine für uns beide erfreulichere Alternative.«

»Damit liegst du richtig.« Sie legte den frisch bemalten Arm zum Trocknen über die Knie und sah durch das Fenster nach draußen. Von ihrem schiefen Turmzimmer aus konnte sie die ganze Stadt sehen – sogar die weit entfernten Lichter des Unteren Viertels. Wie merkwürdig, dachte sie, dass sie vor neun Jahren noch auf diesen Straßen gelebt hatte. Dort hatte sie Omars Börse zu stehlen versucht. Dafür hätte er sie hängen lassen können, doch stattdessen hatte er sie zur Ersten seiner vierzig Räuber ernannt.

»Lief das Abendessen gut?«

Omar zuckte die Achseln. »Wenn du mit ›gut‹ nervtötend meinst, dann ja.«

»Ist das nicht immer so?«

»Für meinen Bruder ist es anders. Die Adligen schmeicheln ihm gerne, weil sie glauben, über ihn an den Sultan herankommen zu können. Und mir küssen sie höchstens die Stiefel. Mehr trauen diese Gecken sich nicht.«

Aisha bemerkte aus den Augenwinkeln ein Funkeln. Es war nicht der Armreif, sondern etwas Längliches, Silbernes, das er müßig zwischen den Fingern kreisen ließ – sein halbmondförmiger Ohrring. »Hast du vergessen, den deinem Bruder zu geben? Ist das nicht ein wichtiger Bestandteil seiner Verkleidung?«

Omar versteifte sich und schloss die Finger um den Halbmond. »Er sieht genau wie ich aus und braucht diesen Ring nicht.« Seine Stimme klang eigenartig kleinlaut, und in seinem Blick lag eine Verlorenheit, die Aisha Unbehagen bereitete.

Manchmal vergaß sie, dass der Ohrring das Einzige war, das seine Mutter ihm hinterlassen hatte. Aisha konnte sich wenigstens der Menschen entsinnen, die sie verloren hatte, doch er würde sich niemals an die Frau erinnern, die bei seiner Geburt ums Leben gekommen war.

»Nein«, sagte sie nach kurzem Schweigen. »Ich glaube auch nicht, dass außerhalb von Madinne irgendwer danach Ausschau halten würde.« Ihr Blick fiel auf den Armreif. »Dieses Ding da ist allerdings unmöglich zu übersehen. Glaubst du wirklich, dass es niemandem auffallen wird?«

Aisha sah, wie Omar bei diesem Themenwechsel die Schultern sacken ließ. Er hob die Hand und befestigte den Halbmond an seinem Ohrläppchen. »Das ist nicht wichtig. Mein Bruder trägt ständig auffällige Klunker. Was spielt eines mehr oder weniger da schon für eine Rolle? Andererseits …« Er sah sie fragend an.

»Nein«, erwiderte sie. »*Ich* bin nicht verkleidet und brauche keine Relikte.«

»Es ist einfacher, Dschinn mit ihrer eigenen Magie zu töten.«

»Ich werde sie mit einer Klinge erledigen oder gar nicht.« Schon allein bei der Vorstellung, Relikte – *Dschinn-Magie* – zu verwenden, drehte sich ihr der Magen um. Auf solche selbstgerechten politischen Erwägungen konnte sie gut verzichten. Sie tötete die Dschinn nicht für irgendwelche Götter, sondern aus Rache. Und sie würde sich eher selbst die Hände abhacken, als sich mit Hilfe ausgerechnet jener perversen Magie an ihnen zu rächen, mit denen die Dschinn ihr Leben ruiniert hatten.

»Stur wie immer«, sagte Omar und betrachtete sie mit diesem ausdruckslosen Blick, den er immer bekam, wenn er sein Gegenüber einzuschätzen versuchte.

Aisha verschränkte die Arme. »Hast du Bedenken hierzubleiben?«

»Nein, gar nicht«, erwiderte er lächelnd. »Ich kann mich doch darauf verlassen, dass du diese Sache durchziehst, oder?«

»Natürlich.«

»Und versprichst du mir auch, nicht zu sterben?«

Sie schnaubte. »Räuber lassen sich nichts wegnehmen, schon gar nicht ihr Leben.«

»Gut ausgedrückt.« Omar verstaute den Armreif in einer seiner Taschen und stand auf. »Ich fürchte, ich muss jetzt gehen und meinem Bruder vor eurem Aufbruch morgen beim Packen helfen.« Er verstummte kurz. »Mazen hat mir versprochen, niemandem etwas von unserem Täuschungsmanöver zu verraten, aber du musst ihm helfen, mich glaubhaft zu verkörpern.«

»Ich werde mein Bestes tun, kann dir aber nichts versprechen.« Sie lehnte den Kopf an die Fensterscheibe und seufzte. »Ich verstehe, weshalb dein Vater ihn unter Verschluss hält. Er ist ein leichtes Opfer.«

»Und deswegen verlasse ich mich darauf, dass du ihn beschützt.« Er grinste. »Ich schulde dir was, Aisha.«

Aisha winkte ab. Sie war noch nie daran interessiert gewesen, sich Gefallen zu verdienen oder einzufordern.

Omar legte sich eine Hand auf die Brust und verbeugte sich. »Bis morgen.«

Als er weg war, betrachtete Aisha das Narbengeflecht auf ihren Armen und die Blumen, die sie wie einen Schutzpanzer darauf tätowiert hatte. Sie machte sich nichts daraus, die Vergangenheit zu betrauern. Doch die Gegenwart war etwas, das sie mit ihren Klingen zum Besseren verändern konnte.

Die Stadt war die Spielwiese des Prinzen. Ihre war schon immer die Wüste gewesen.

Und nun freute sie sich darauf, in sie zurückzukehren.

17

MAZEN

Das Abenteuer hatte noch gar nicht begonnen, doch Mazen hatte bereits die Nase voll davon. Im Körper seines Bruders durch die Korridore zu gehen und andere mit dessen herablassendem Lächeln zu bedenken, laugte ihn aus. Er hasste die ängstlichen Blicke der Dienerschaft. Bei den Göttern, selbst die *Adligen* wurden in seiner Gegenwart nervös.

Doch das Schlimmste war, wie die Mitternachtshändlerin auf ihn reagierte. Während die anderen den Blick von ihm abwandten, sah sie ihm fest in die Augen. Mazen wusste, dass sie ihn hasste – und er konnte es ihr nicht verdenken, nachdem er sie am Vorabend auf Geheiß seines Vaters zum Festmahl begleitet hatte. Nein, er verübelte es Omar, weil der es für angebracht gehalten hatte, bei dieser Gelegenheit ihre jeweiligen Tarnungen auszuprobieren. Und so war Omar als Mazen und Mazen als sein Bruder zur Feier gegangen. Es ärgerte ihn, dass er Omar so überzeugend verkörpert hatte.

Mazen schnaufte in seinen Kaffee.

Der Sultan blickte von seiner Tasse auf. »Du seufzt, seit wir uns zu Tisch gesetzt haben. Was bedrückt dich, Mazen?«

Als Mazen seinen Namen hörte, entspannten sich seine Schultern ein wenig. Am Nachmittag würde er zu Omar werden, dem

König der vierzig Räuber und Kronprinzen von Madinne. Doch während er nun im Diwan seinem Vater gegenübersaß, war er zum Glück noch immer er selbst.

»Das Übliche«, erwiderte Mazen und blies auf seinen Kaffee. »Dschinn, Schatten, Albträume.«

Der Sultan stellte seine kleine, mit bunten Rosen dekorierte Tasse ab, aus der er immer trank. Seine Mutter hatte eine identische Tasse besessen. Sie und der Sultan hatten sich ein Service geteilt. »Die Dschinn ist tot, und wenn die Götter einen Sinn für Gerechtigkeit haben, brennt sie in der Hölle.«

Mazen verschluckte sich fast an seinem Kaffee. Auch wenn die Schatten-Dschinn ihn fast ermordet hatte, empfand er Mitleid mit ihr. Er wusste, dass das eine Schwäche war, die er sich nicht erlauben konnte. Und dennoch musste er immerzu an die Wut und den Schmerz denken, die ihre Gedanken vernebelt hatten.

Der Sultan schüttelte den Kopf. »Das wird nie wieder passieren. Sobald ich die Lampe besitze, werde ich alle Dschinn vernichten.« Als Mazen nichts erwiderte, zog der Sultan seine buschigen Augenbrauen zusammen und beugte sich vor. »Was hast du nur gegen diese Suche? Die Mitternachtshändlerin ist eine *Verbrecherin*. Ich gebe ihr eine Chance, ihren Namen reinzuwaschen.«

»Nicht alle Dschinn sind böse, Yuba. Das hat Mutter immer gesagt. Weißt du noch?«

Als Mazen die eingefrorene Miene seines Vaters sah, wusste er, dass er das Falsche gesagt hatte. »Muss ich mir um dein Gedächtnis Sorgen machen? Ist dir etwa entfallen, dass einer dieser Dschinn sie *umgebracht* hat?«

»Aber sie hat daran geglaubt …«

»Deine Mutter hatte ein zu weiches Herz.« In den Augen des Sultans blitzte ein Gefühl auf, das Mazen nicht recht deuten konnte. »Ich will verdammt sein, wenn ich zulasse, dass die Dschinn dich ebenfalls holen, weil du ihre Sentimentalität geerbt hast. Vergiss nicht, Mazen, dass die Wüste kein Ort für Romantiker ist.«

Von seiner Mutter hatte er einmal exakt das Gegenteil gehört: dass in diesem Reich ein weiches Herz besonders wertvoll sei, weil die Wüste alle menschlichen Gefühle verdorren lasse. Doch das sagte er seinem Vater nicht.

Der Sultan ließ sich seufzend zurücksinken. »Ich hoffe, du weißt, dass ich nur dein Bestes will.« Mit nachdenklichem Blick nahm er die Dallah und schenkte seine Tasse erneut voll. »Deswegen habe ich beschlossen, dich im Schwertkampf unterrichten zu lassen«, sagte er und sah nicht, wie Mazen das Gesicht verzog. »Dann hast du eine Beschäftigung. Ich möchte, dass du bis zu Omars Rückkehr im Palast bleibst. Hier ist es sicherer.«

Mazen stellte schnell die Tasse ab, bevor sie ihm aus der Hand fiel. Seine Mutter hatte es nicht für richtig gehalten, Gewalt mit Gewalt zu bekämpfen. Deswegen war er nie an Waffen ausgebildet worden. Und es war auch der Grund, weshalb der Sultan nicht mehr der König der vierzig Räuber war. Doch das alles war *vor* ihrem Tod gewesen. Mazen hätte wissen müssen, dass es nur eine Frage der Zeit war, bis sein Vater ihm ein Schwert in die Hand drückte.

Wenn er wüsste, dass Omar dieses Schwert schwingen wird. Es war fast zum Lachen. Während er den geübten Fechter geben musste, würde Omars Aufgabe darin bestehen, möglichst unfähig zu wirken. Mit dieser Rollenverteilung würden sie voraussichtlich beide große Mühe haben.

Sein Vater lächelte, nicht verschlagen, sondern aufrichtig. »Das wird dir guttun. Wer hat je von einem Prinzen gehört, der nicht mit Waffen umgehen kann? Auf deinen Schultern lastet die Verantwortung für ein komplettes Königreich, Mazen. Und das kannst du nicht mit guten Absichten verteidigen.«

Sein Vater hatte recht, auch wenn Mazen jede Form von Gewalt verabscheute und es kaum fertigbrachte, ein Schwert in die Hand zu nehmen, weil er Sorge hatte, es in etwas Lebendigem versenken zu müssen. Er war froh, dass Omar die Verantwortung für ihr

Königreich würde schultern müssen. Wenn Mazen etwas gar nicht wollte, dann den Thron.

»Wenn du Angst davor hast, dich zu langweilen, dann sei unbesorgt.« Der Sultan blies auf seinen Kaffee. »Wir werden deine Tage schon zu füllen wissen. Ich habe den Ratsmitgliedern bereits gesagt, dass du an unseren Treffen teilnehmen wirst. Morgen ist das erste. Ich erwarte, dass du dazukommst, verstanden?«

Ah, dann würde sein Leben in absehbarer Zeit also aus Schwertübungen und Politik bestehen. Doch es würde nicht Mazens Leben sein – noch nicht.

»Ja, Yuba«, erwiderte er leise.

Und so verabschiedete er sich von seinem Vater – nicht mit einer Umarmung oder einem Kuss auf die Stirn, sondern mit einem Zugeständnis. Als er den Diwan verließ, wurde ihm das Herz schwer von all den Dingen, die zwischen ihnen ungesagt geblieben waren.

✦ ✦ ✦

In der fünften Stunde nach Sonnenaufgang ging er in Hakims Schreibstube. In Vorbereitung auf seine Reise hatte er Kleidungsstücke eingepackt, die nicht ihm gehörten, und mit Omar Dinge besprochen, über die er als König der vierzig Räuber Bescheid wissen musste. Sein Bruder hatte ihm fast sein gesamtes Hab und Gut mitgegeben – nur nicht seinen halbmondförmigen Ohrschmuck, von dem er sich nicht trennen wollte. Er war das Einzige, was an seiner Tarnung fehlte, als er nun vor Hakims Tür stand.

Nach kurzem Zögern klopfte er in seinem gewohnten Rhythmus an und trat ein, als Hakim ihn dazu aufforderte.

Hakims Zimmer war wie immer voller Bücher, Schatten und Landkarten. »Mazen? Wieso bist du heute so still?« Hakim drehte sich auf seinem Stuhl herum. Als er Mazen sah, versteifte er sich merklich. »Omar?«

Mazen konnte es kaum ertragen, wie unwohl sein sonst so gelassener Bruder sich bei Omars Anblick fühlte. Und er wusste, dass es seine Schuld war. Als seine Mutter ihm vor Jahren von Hakims Existenz erzählt hatte, hatte er seinen Vater bekniet, ihn in den Palast zurückzuholen, aus dem er verbannt worden war. Er hatte sich nach einem Spielgefährten gesehnt, der ihn im Gegensatz zu Omar wie einen Bruder behandeln würde. Und so hatte der Sultan widerwillig Hakims Stamm ausfindig gemacht und den Jungen in den Palast gebracht. Mazen zuliebe hatte er Hakim, der nicht von seinem Blut war, zum Prinzen ehrenhalber ernannt.

Hakim war nicht nur zwei Jahre jünger als Omar, er war Mazen auch charakterlich näher als ihr großer Bruder. Mit seiner Ankunft hatte eine friedlichere Zeit begonnen. Zumindest bis Mazens Mutter gestorben war und der Sultan Hakim in seinem Raum eingesperrt und zugelassen hatte, dass Omar ihn piesackte.

Meine Schuld, meine Schuld. Mazen schämte sich noch immer dafür, dass er derjenige gewesen war, der Hakim seinem Stamm entrissen hatte. Als Kind hatte er darauf bestanden, dass Hakim zu *seiner* Familie gehöre. Erst im Nachhinein, als sein Bruder in der Falle gesessen hatte, war ihm klar geworden, wie selbstsüchtig er gewesen war.

Mazen schob den Gedanken beiseite, streifte den Armreif von seinem Handgelenk und brachte ein schwaches Lächeln zustande, als Hakim zusammenzuckte. »Salaam, Hakim.«

»Mazen!« Hakim stieß mit dem Rücken an seinen Schreibtisch. »Deinetwegen hätte ich fast einen Herzinfarkt bekommen.«

»Das tut mir leid. Bis jetzt hatte ich noch keine Gelegenheit, dieses verdammte Ding abzunehmen.«

»Gibt es einen Grund, warum du Magie verwendest, um dich als Omar zu maskieren?« Hakim betrachtete den Armreif. »Ist das … ein Relikt?«

»Ja und ja.« Mazens Lächeln verblasste, während er sich dem Schreibtisch näherte. Die Karte, die der Sultan Rasul und Loulie gezeigt hatte, lag darauf ausgebreitet. Hakim hatte weitere Handelsrouten hinzugefügt.

Er spürte Hakims forschenden Blick auf sich und rechnete mit einem Schwall von aufgeregten Fragen, doch als sein Bruder sprach, klang seine Stimme ganz ruhig. »Du hast also vor, heute Omars Platz einzunehmen.«

Mazen schluckte. »Erinnerst du dich noch an den Gefallen, den ich ihm schulde? Das ist er. Er will, dass ich die Händlerin begleite und mich als er ausgebe.«

Hakim stand abrupt auf. »Wirst du es tun?« Angesichts seiner breiten Schultern und seiner beeindruckenden Größe fühlte Mazen sich klein und unbedeutend. »Würdest du dich wirklich freiwillig in eine Wüste voller Halsabschneider und Dschinn begeben, nur damit der Sultan dein Geheimnis nicht erfährt?«

Mazen trat rückwärts aus dem Schatten seines Bruders. »Aber wenn er davon erführe …«

»Er *liebt* dich, Mazen! Du bist sein Favorit. Er würde dir nie etwas antun.«

Mazen war nach Lachen zumute. *Ich? Sein Favorit?* Wie konnte Hakim das nur glauben? Sein Vater hörte ihm nie zu. Er vertraute ihm nicht einmal und übertrug alle wichtigen Aufgaben an Omar. Doch er beschloss, Hakim nicht zu widersprechen, da der erfahrungsgemäß den ganzen Tag mit ihm über diesen Punkt diskutieren würde.

»Dann macht ihn seine Liebe blind. Was mich anbelangt, kennt er keine Vernunft.«

»Ist es denn so verkehrt, dass er dir außerhalb des Palasts eine Eskorte mitgeben will?«

Mazen schüttelte den Kopf. »Soll ich etwa die ganze Zeit im Palast bleiben müssen?« Er verstummte und merkte, wie verwöhnt er klang. Hakim konnte ohne ausdrückliche Erlaubnis des Sultans nicht einmal an Veranstaltungen im Palast teilnehmen. Und ausgerechnet ihm jammerte er etwas vor.

Am liebsten hätte er die Worte gleich wieder zurückgenommen, brachte es aber nicht über sich. Stattdessen griff er in seinen Beutel und zog den Schal seiner Mutter heraus, der sogar in Hakims dunkler Schreibstube zu leuchten schien.

Hakim ließ sich mit hängenden Schultern auf seinen Stuhl fallen. »Du gehst aber nicht aus Angst vor dem Sultan, oder? Sondern auch um der Mitternachtshändlerin willen und weil du aus dem Palast entkommen willst.«

Mazen schluckte. Er wollte Madinne tatsächlich verlassen. Und er wollte der Mitternachtshändlerin helfen – auch wenn er nicht wusste, ob er dieser Aufgabe gewachsen war. Er schuldete es ihr.

Hakim lachte leise. »Ich kenne dich besser als du dich selbst«, sagte er und streckte die Hand aus. »Ich weiß, dass du mir den Schal gebracht hast, weil du möchtest, dass ich für dich darauf aufpasse. Und ich weiß, dass ich dich nicht umstimmen kann. Du bist genauso starrköpfig wie der Sultan.«

Mazen wollte ihm widersprechen, doch Hakim hatte recht. »Ich bin wie immer ein offenes Buch für dich.«

»Du machst aus deinem Herzen eben keine Mördergrube.« Hakim nahm ihm das Tuch aus der Hand und rollte die Karte zusammen. »Wer weiß sonst noch von diesem Rollentausch? Deine Diener? Karima?«

Mazen schüttelte den Kopf. »Niemand. Es darf auf keinen Fall rauskommen.«

»Was ist mit der Mitternachtshändlerin? Glaubst du nicht, sie würde bereitwilliger mit dir reisen, wenn sie wüsste, wer du wirklich bist?«

Mazen hatte deswegen Schuldgefühle. Er log Loulie al-Nazari nicht gerne an, aber er hatte keine andere Wahl. Sie verabscheute den Sultan. Was würde sie davon abhalten, ihn mit Mazens Geheimnis zu erpressen, wenn sie davon erführe? Und das würde der ihm nie vergeben.

Mazen mochte Loulie, doch vor allem fürchtete er seinen Vater.

Hakim nickte ernst, als Mazen ihm das alles darlegte. »Dann werde ich Omar wohl allein im Auge behalten müssen.« Er runzelte die Stirn. »Es besorgt mich, dass ihm seine eigenen Interessen wichtiger sind als die Wünsche des Sultans. Und dass er dich auf eine so gefährliche Reise schickt.«

Es war tatsächlich besorgniserregend, aber nicht überraschend. Als Kind hatte Omar Mazen zu allen möglichen riskanten Dingen verleitet und jedes Mal herzlich gelacht, wenn er sich dabei verletzt hatte.

»Ich habe auf der Karte die beliebtesten Routen verzeichnet.« Hakim reichte sie ihm. »Die schnellste führt durch Dhyme und Ghiban.«

Mazen lächelte süffisant. »Ah ja, Städte voller Menschen, vor denen ich mich verstellen muss, sind genau das, was ich brauche.«

Hakim sah ihn schweigend an. Seine Augen waren im schwachen Feuerschein nicht zu erkennen.

Mazen spürte ein Ziehen im Herzen und drückte sich die Karte an die Brust. Er hatte kein Recht dazu, seinem Bruder, der seinetwegen hier festsaß, etwas vorzujammern. »Es tut mir leid, Hakim«, flüsterte er.

Hakim stutzte. »Was meinst du?«

Mazen deutete unbeholfen auf ihre Umgebung – die hohen Büchertürme und die Karten, die übereinander an die Wände geheftet waren, weil in dieser Kammer *einfach nicht genug Platz* war. Wäre Mazen nicht gewesen, würde Hakim in der Wüste seine Karten zeichnen. Doch stattdessen war er hier gefangen und reichte Mazen den Schlüssel für *dessen* Flucht.

Die Schatten auf Hakims Gesicht bewegten sich. Er lächelte. Unter seinen Augen bildeten sich dunkle Halbmonde, mit denen er viel älter aussah als fünfundzwanzig. »Ich habe es dir schon einmal gesagt: Du musst dich nicht bei mir entschuldigen. Und außerdem ist dafür jetzt keine Zeit.«

In Mazens Kehle bildete sich ein Kloß. *Nein, jetzt ist es Zeit, sich zu verabschieden.*

Hakim stand auf und umarmte Mazen, der nur mit Mühe ein Schluchzen unterdrücken konnte, als er die Geste erwiderte. Als Hakim sich von ihm löste, glitzerten in seinen Augen ebenfalls Tränen. »Mögen die Sterne dir den Weg weisen und die Götter dich behüten. Und vergiss nicht, Mazen« – er klopfte ihm auf die Schulter –, »sei im Zweifel am besten du selbst.«

Mazen zwang sich zu einem Lächeln. »Ich würde mir nie erhoffen, jemand anders zu sein.« Er sagte seinem Bruder nicht, dass er selbst auf dieser Reise nutzlos wäre und dass er tief in seinem Herzen fürchtete, es könnte immer so sein.

18

LOULIE

Normalerweise verließ Loulie Madinne ohne großes Brimborium. Qadir und sie standen bei Sonnenaufgang auf, tranken einen Chai mit Dahlia und ritten mit ihrem Proviant in der bodenlosen Tasche und dem Kompass in der Hand aus der Stadt.

Doch heute war es anders. Es schien, als wären sämtliche Bewohner der Stadt herbeigeströmt, um ihrem Aufbruch beizuwohnen. Noch nie hatte sie die Straßen derart verstopft erlebt. Loulie hatte zwar gewusst, dass ihr ein gewisser Ruf vorauseilte, doch ihr war nicht klar gewesen, dass *so* viele Menschen von ihr wussten. Es war seltsam, wie hingerissen sie von ihr zu sein schienen, obwohl sie auf der eilig errichteten Bühne des Sultans in ihrer Sternenhimmelrobe alles andere als geheimnisvoll aussah. Normalerweise verließ sie Madinne in ihrem schlichten braunen Gewand. Schließlich gab es in der Wüste keinen Grund, Aufmerksamkeit zu erregen.

Doch nun stand sie hier – die mysteriöse Mitternachtshändlerin – und präsentierte sich den Menschen im Sonnenuntergang.

Rasul al-Jasheen stand am Rand der Bühne und versuchte, ihren Blick auf sich zu ziehen, doch Loulie schenkte ihm keine Beachtung. *Er* hatte sie in diesen Schlamassel hineingezogen, und das würde sie ihm nie verzeihen.

Als die Rede des Sultans endete, ließ sie den Blick über die Menge gleiten. Der aufbrandende Applaus dröhnte schmerzhaft in ihrem Kopf. Sie wusste nicht, ob es ihr wegen des vielen Alkohols vom Vorabend den Magen umdrehte oder aus Nervosität. Alles war zu laut und zu grell. Das Schlimmste war der Jubel – er bewies, dass die Leute ihre Reise guthießen und es ihr übelnehmen würden, wenn sie sich unterwegs aus dem Staub machte.

Auf Befehl des Sultans stieg Loulie auf die kastanienbraune Stute, die an der Spitze der Prozession auf sie wartete. Sie zwang sich, aufrecht zu sitzen, als der Sultan mit guten Wünschen zu ihr kam, bei denen es sich in Wahrheit um kaum verhohlene Drohungen handelte. Doch sie beachtete ihn kaum und sah stattdessen den jüngsten Prinzen an, der den Blick von ihr abgewandt hielt.

»Prinz«, sprach sie ihn leise an. »Die Angriffe der Dschinn waren nicht deine Schuld.« Das hatte sie ihm schon seit ihrer Unterhaltung im Palastgarten sagen wollen.

Der Prinz drehte sich zu ihr um und lächelte. »*Shukran*. Ich wünsche dir eine sichere Reise, al-Nazari.« Damit folgte er dem Sultan und seinem Bruder.

Verdutzt und ein wenig verärgert über seine knappe, gekünstelt klingende Antwort sah Loulie ihm einen Moment lang hinterher. Dann lenkte sie ihre Stute mit einem flauen Gefühl im Magen zu Prinz Omar und seiner finster dreinblickenden Räuberin Aisha, die gemeinsam auf sie warteten. Der Dschinn saß mit seinem Bogen und dem Pfeilköcher auf dem Rücken auf einem mächtigen Hengst. Zu Loulies Überraschung trug er außerdem den Shamshir an der Hüfte.

»Du wirst doch nicht etwa sentimental, oder?« Sie grinste. »Ich bin fest davon ausgegangen, dass der Säbel für dich nur ein hübsches Schmuckstück ist.«

Qadir drehte sich zu ihr um. »Es wäre doch dumm von mir, mich ohne Säbel in die Wüste zu wagen, oder?« Seine Augen funkelten amüsiert. »Er ist an der Wand ganz staubig geworden, und ich dachte, ich nehme ihn besser mal mit, falls ich endlich einen Grund habe, ihn zu benutzen.«

Hoffentlich wird es nie so weit kommen, dachte Loulie und ritt mit einem unterdrückten Seufzen neben ihn.

Qadir lehnte sich auf seinem Sattel zurück und deutete mit dem Kopf auf die Stadtbewohner. »Mir war gar nicht klar, wie beliebt du im Land der Lebenden bist.« Sein Blick glitt über die jubelnde Menge.

»Das hört sich ja an, als wäre ich ein Geist.«

»Oder eine Legende«, erwiderte Qadir und sah ihr in die Augen.

Sie seufzte. »Und ich dachte, ich führe ein einfaches, bescheidenes Leben.«

Schnaubend wandte er sich zur Seite. Loulie sah ihn nachdenklich aus den Augenwinkeln an. Es gab so vieles, was sie ihn noch fragen musste. Über die Lampe, die Reise und …

Die Mörder. Sie hatte die mahnenden Worte der Dschinn, dass sie ihr Herz verschließen müsse, wenn sie sich rächen wolle, nicht vergessen. Sobald Qadir und sie einen Moment ungestört waren, würde sie ihn fragen, was er davon hielt.

Doch wann würde das sein? Loulie spürte, dass Prinz Omar sie anfeixte. Noch nie hatte sie ein so dringendes Bedürfnis verspürt, jemandem das Grinsen aus dem Gesicht zu schlagen.

Sie sah an Omar vorbei zu seiner Räuberin – einer großen, anmutigen Frau mit dunklen Zöpfen, die ihr bis zum unteren Rücken reichten. Loulie fühlte sich unter ihrem finsteren Blick wie ein Insekt, das es unter dem Stiefelabsatz zu zerquetschen galt. Sie war überzeugt, sich noch nie in üblerer Gesellschaft befunden zu haben.

Aber ich habe Qadir an meiner Seite. An diesem Gedanken hielt sie sich fest, während sie losritten.

Ihre Kopfschmerzen wurden noch schlimmer, als der Lärm um sie herum weiter anschwoll. Kinder ließen auf Hausdächern hübsche Fahnen wehen, Frauen johlten und klatschten, und Männer warfen glitzernde Kupfermünzen auf die Straße. Die Soldaten des Sultans standen am Rand Wache und behielten die Menge im Auge.

Loulie, die große Ansammlungen gewohnt war, aber noch nie so viele Menschen auf einem Haufen gesehen hatte, versteifte sich nervös in ihrem Sattel. Doch dann fiel ihr wieder ein, was Dahlia gesagt hatte: *Wie man in den Wald hineinruft, so schallt es auch wieder heraus.*

Für diese Leute war sie undurchschaubar, und dabei wollte sie es auch belassen. Sie drückte den Rücken durch und hob den Kopf. Als sie fast den Eingang des Souks erreicht hatten, vernahm sie eine vertraute Stimme und drehte sich unwillkürlich um. Rasul al-Jasheen schob sich durch die Menge und winkte ihr zu.

Er kam nahe genug heran, um sie zu berühren. »Ich hatte keine andere Wahl«, sagte er.

Loulie erwiderte nichts und hielt mit zitternden Händen die Zügel umfasst.

Rasul schaute sich hektisch um und sah Wächter auf sich zukommen. »Es ging um meinen Stamm. Ich konnte ihn nicht – ihn nicht in Gefahr bringen.«

Ihr Herz pochte so heftig, dass sie kaum ihre eigenen Gedanken hören konnte. *Stamm.* Das Wort weckte in ihr ein Gefühl von Heimat und unendlicher Trauer. Wenn sie vor all den Jahren *ihren* Stamm hätte retten können, indem sie das Leben anderer Menschen zerstörte, hätte sie dann nicht ebenso gehandelt wie Rasul?

»Widersetze dich nicht seinen Wünschen«, murmelte Rasul, während er von ihr zurücktrat. Sein grünes Gewand verschmolz mit dem kunterbunten Treiben auf dem Souk, und einen Wimpernschlag später war er verschwunden.

Aufgewühlt sah Loulie in Richtung Stadttor, doch ihr Blick machte sich erneut selbstständig und blieb an Dahlia hängen, die am Rand der Menge stand, die massigen Arme trotzig verschränkt, die Augen gegen die Sonne zusammengekniffen. Als sie einander bemerkten, legte Dahlia sich eine Hand auf die Brust und verneigte sich.

Loulie stieß den Atem aus und nickte ihr zu.

Auf Wiedersehen, Dahlia.

✦ ✦ ✦

»Bist du sicher?«, fragte die Tavernenwirtin.

Layla grinste. »Absolut. Du hast mir doch gesagt, dass ich mir meinen Aufenthalt bei dir irgendwie verdienen muss.«

Dahlia schnaubte. »Ich habe gesagt, dass ich keine schmarotzenden Waisenkinder durchfüttere, aber mit deinen Botengängen hilfst du mir schon sehr. Ich habe ganz gewiss nie vorgeschlagen, dass du durch die Wüste streifen und nach Relikten suchen sollst, die möglicherweise gar nicht existieren. Wie willst du sie eigentlich finden?«

Layla blickte zu Qadir, der gerade Zucker in seine Tasse löffelte. Als er damit fertig war, hob er die Tasse, ohne mit der Wimper zu zucken, an die Lippen und legte den Kopf in den Nacken. Layla musste sich ein Lachen verkneifen. Ihm war vermutlich gar nicht klar, dass sie ihn durchschaut hatte: Der Dschinn tat bloß so, als würde er seinen Chai mit Zucker trinken. In Wahrheit enthielt seine Tasse keinen Tee und er schluckte den Zucker pur.

Als Qadir die Tasse wieder abgestellt hatte, ließ Loulie sich von ihm den Kompass reichen und gab ihn Dahlia.

Die Tavernenwirtin beäugte ihn skeptisch. »Was soll ich denn mit dem alten Ding?«

Layla tippte auf den Glasdeckel, sodass die rote Nadel erzitterte. »Das ist ein magisches altes Ding.«

Dahlie wirkte unbeeindruckt. »Wenn du innerhalb von dreißig Tagen mit Relikten zurückkehrst, glaube ich dir. Wenn nicht, schicke ich dir einen Suchtrupp hinterher.«

Layla hob die Augenbrauen. »Wenn ich es nicht besser wüsste, würde ich fast glauben, du machst dir Sorgen um mich, Dahlia bint Adnan. Und dabei hast du doch gar kein Herz.«

»Ich bin um dich als Investition besorgt, Mädchen. Lebendig bist du für mich mehr wert als tot.« Ihr Blick wurde weich. »Pass auf dich auf, ja? Die Wüste ist gefährlich.«

»Ich weiß.« Layla drehte ihre Tasse zwischen den Händen hin und her. »Ich vermisse sie.«

»Ihr Beduinen und eure Wanderlust«, seufzte Dahlia und lächelte. »Komm auf jeden Fall zurück. Du schuldest mir noch Gold für die Miete.«

»Ich werde nicht nur zurückkommen« – Layla beugte sich vor und erhob ihre Tasse –, »sondern auch einen Haufen Relikte mitbringen, die ich für ein kleines Vermögen verhökern kann. Und das teile ich dann mit dir.«

Dahlia lachte und hob ebenfalls ihre Tasse hoch. »Dann lass uns auf kleine Vermögen trinken.«

Sie stießen miteinander an. »Auf kleine Vermögen«, echote Layla.

19

MAZEN

Als Mazen das erste Mal in die Wüste aufgebrochen war, hatte er reiten lernen sollen. Obwohl es im Adelsviertel zu diesem Zweck unbebaute Flächen gab, hatte der Sultan darauf bestanden, dass er es in dem Gelände lernte, in dem er es am meisten tun würde. Mazen wusste noch, wie sehr er gestaunt hatte, als er zum ersten Mal das Stadttor durchquert und die majestätische Landschaft dahinter aus der Nähe gesehen hatte.

In der Luft hatten feine Staubpartikel geschwebt, die wie Sterne funkelten. Sein Blick war über das Dünenmeer geglitten, das im Licht der untergehenden Sonne golden geglänzt hatte. Der Wind hatte wie ein Spielgefährte an seiner Kleidung gezupft.

Der Reitunterricht hatte sich als hart erwiesen, doch Mazen hatte ihn genossen. Damals war er noch ein Kind gewesen, das sich in diesem Moment einfach nur auf die wichtigen Geschäftsreisen freute, die es später mal mit seinem Vater unternehmen sollte. Er hatte sich Abenteuer ausgemalt, bei denen er über Dünen ritt und auf Sagengestalten traf, mit denen er vor seiner Mutter angeben konnte.

Und dann war seine Mutter gestorben, und damit waren diese unbeschwerten Tage jäh vorbei gewesen.

Eine eigentümliche Wehmut überkam ihn, während sie nun das

Stadttor durchquerten. Er hatte das seltsame Gefühl, nicht in die Zukunft, sondern in die Vergangenheit zu reiten. Der gleiche Sonnenuntergang wie damals färbte die fernen Dünen goldrot, und auch der sanft glitzernde Staub hing noch in der Luft und wurde von einer sanften Brise verweht. Mazen sah unter sich gelbe Wildblumen aus dem Sand sprießen und fragte sich, ob jemand sie gepflanzt hatte oder ob auch dieser kleine grüne Ausläufer Dschinn-Blut zu verdanken war.

Wäre er in seiner eigenen Gestalt unterwegs gewesen, hätte er diese Frage laut gestellt.

Mazen verlagerte so diskret wie möglich das Gewicht auf seinem Sattel. Er hatte schon länger nicht mehr auf einem Pferd gesessen, wusste aber noch, wie er seinen Körper dabei entspannen musste. Nein: wie er *Omars* Körper entspannen musste, der viel schwerer und stämmiger war als sein eigener. Zum Glück achtete keiner seiner Reisegefährten auf seine unruhigen Bewegungen. Niemand von ihnen sagte ein Wort. Mazen versuchte, ihr Schweigen als positives Zeichen zu betrachten. Wenigstens gab es ihm Gelegenheit, ihre erste Etappe zu genießen.

Die sich als erstaunlich kurz entpuppte.

Als der von Felsen gesäumte Pfad verschwand, holte die Händlerin einen Kompass heraus und ermittelte die richtige Richtung. Danach mussten sie nur noch wenige Stunden lang den Spuren anderer Reisender folgen, um den ersten Halt auf ihrer Karte zu erreichen – einen nicht weit von der Stadt entfernten Außenposten, den Besucher als al-Waha al-Khadhra'a bezeichneten, die Grüne Oase. Sie sah nicht wie ein Rastplatz aus, sondern wie ein Ort, an den man kam, um sich zu erholen – eine winzige Stadt aus Lehmgebäuden und farbenfrohen Verkaufsständen. Das Herz dieser Siedlung bildete die eigentliche Oase, ein relativ großes, von gelbem Gras, schrägen Dattelbäumen und Zelten umgebenes Gewässer. Mazen fragte sich, wie viele Dschinn ihr Leben hatten lassen müssen, um es entstehen zu lassen.

Dieser trübselige Gedanke hing wie eine dunkle Wolke über ihm, als sie den Außenposten betraten und Loulie al-Nazari sich zu ihnen umdrehte. »Hier werden wir heute bleiben«, sagte sie steif und ritt, ohne eine Antwort abzuwarten, weiter voran. Mazen sah, wie sie ein Gähnen unterdrückte, während sie mit ihrem Leibwächter den Bereich am Wasser ansteuerte, der für Nachtlager reserviert war.

Einen Moment lang fragte er sich, weshalb sie so erschöpft war, doch dann hatte er nur noch Augen für seine neue Umgebung: Frauen gingen mit Körben auf den Köpfen umher, Männer lehnten an Bäumen und bissen von Lammfleischspießen ab, Kinder wetzten kichernd zwischen den Ständen hindurch und spielten Verstecken.

Bei diesem Anblick huschte ein Lächeln über sein Gesicht. Doch dann fiel ihm wieder ein, dass er Omar verkörpern sollte und dass der auf derlei Dinge nicht achten würde. Also klopfte er sich den Staub von der Kleidung und ritt zu Aisha bint Louas, die ein Stück entfernt angehalten hatte. Sie hatte unterwegs nicht mit ihm gesprochen und auch davor kein Wort an ihn gerichtet – außer einmal kurz während der Prozession, um ihn zu einer aufrechteren Haltung zu ermahnen.

Ihr Schweigen hielt auch an, während sie nun gemeinsam ihr Zelt aufbauten. Und auch Loulie al-Nazari ließ während der restlichen Nacht nichts mehr von sich hören, doch Mazen sah sie zwischen den Ständen herumgehen. Sie verbrachte jeden wachen Moment mit ihrem Leibwächter, der wie ein Schatten hinter ihr aufragte. Jedes Mal, wenn Mazen erwog, sich ihr zu nähern, fixierte der Mann – Mazen hatte gehört, dass er Qadir hieß – ihn mit festem Blick. Mazen fand sein ausdrucksloses Starren sogar noch verstörender als Aishas permanent finstere Miene.

Um Mitternacht hatte Mazen nur mit ein paar wenigen Mitreisenden gesprochen, die unter der Kapuze sein Gesicht erkannt hatten. Es war merkwürdig, als sein Bruder erkannt zu werden, und noch eigenartiger, wenn Leute ihn bewundernd anlächelten und mit Titeln ansprachen, die nicht seine eigenen waren.

König der vierzig Räuber nannten sie ihn. *Held.* Am seltsamsten war jedoch der dritte Titel, den er bisher noch nie gehört hatte: *Sternenstaubdieb.* Er war schlimmer als die anderen, denn er bewies, dass alle über Omars wahre Natur Bescheid wussten: Er war ein Mann, der Dschinn-Leben stahl. Ein mit silbernem Blut befleckter Mörder.

Dieses Wort ging ihm noch immer durch den Kopf, während er in seinem Zelt einschlief. Und es tauchte auch in seinem Albtraum auf, als Flüstern auf seinen Lippen, während Omar sich ihm mit seinem schwarzen Messer näherte. *Verschone mich, Sternenstaubdieb. Verschone mich.* Doch der schrecklich grinsende Omar kannte kein Erbarmen. Er stach mit seinem Messer zu und …

Mazen schreckte mit klopfendem Herzen auf. Einen Moment lang saß er schweratmend da und betrachtete die Stoffwände um sich herum, bis ihm wieder einfiel, dass er sich nicht in seinem Schlafzimmer im Palast, sondern in einem Zelt befand. Mit zitternden Händen fuhr er sich durch die Haare – die nicht mehr gelockt, sondern drahtig und kurz geschoren waren.

»Stimmt etwas nicht, Prinz?« Mazen hob den Blick und sah Aisha ihm gegenüber auf ihrer Schlafmatte liegen. Sie stützte sich auf einen Ellbogen und betrachtete ihn mit gerunzelter Stirn.

Bei den Göttern, eine herabfallende Feder könnte sie wecken.

»Nein, es ist nichts«, nuschelte er. »Nur ein Albtraum.«

Aisha hob eine Augenbraue. »Soll ich dir ein Schlaflied singen?«

Mazen sah sie blinzelnd an. Das war das erste Mal, dass sie auf etwas reagierte, das er gesagt hatte. Erschöpft schüttelte er den Kopf und erhob sich. Aisha ließ ihn nicht aus den Augen.

Sie sah nicht nur furchterregend, sondern auch sehr hübsch aus, dachte Mazen. Sie hatte verführerische braune Augen, die beinahe schwarz wirkten. Ihr Haar, das tagsüber zu Zöpfen geflochten gewesen war, fiel ihr nun wie ein seidiger Vorhang über die Schultern. Ihre Gesichtszüge waren sehr prägnant – ausgeprägte Wangenknochen, eine schmale Nase, schräg stehende Augenbrauen und ein spitzes Kinn. Es hieß, die Menschen seien aus Erde geschaffen worden, doch Aisha bint Louas schien eher aus dem härtesten Felsgestein gemeißelt zu sein.

»Ich gehe etwas frische Luft schnappen.«

»Diese Albträume sind ganz normal«, hörte er Aisha hinter sich sagen. »Ich hatte auch welche, als ich das erste Mal gegen Dschinn gekämpft hatte. Die vergehen wieder.« Sie ließ sich auf die Schlafrolle zurücksinken und kehrte ihm seufzend den Rücken zu. »Irgendwann.«

Mazen freute sich über ihre schroffen, aber tröstlichen Worte. »Das erleichtert mich.«

Aisha antwortete nicht, doch das machte ihm nichts aus. Nachdem sie ihr Schweigen gebrochen hatte, wirkte die Stille zwischen ihnen nun weniger bedrückend. Lächelnd stieß er die Zeltklappe auf. »*Tesbaheen ala khair.*«

»*Wa inta min ahlah*«, erwiderte sie grummelnd, während er ins Freie trat.

Vorhin hatte es draußen noch vor Reisenden gewimmelt, die miteinander aßen und sich unterhielten. Die Feuer waren gelöscht, und das einzige Licht stammte von den Fackeln, die in einiger Entfernung das Lager umringten. Im ersten Moment kam Mazen die Dunkelheit erstickend vor. Sie war von einem Zischen und Flüstern erfüllt, das ihn an seine Albträume erinnerte.

Doch dann wurde er sich des Himmels bewusst. Er hob den Blick und sah weder Rauch noch Bäume oder Gebäude – nur das unendliche mitternachtsblaue und mit funkelnden Sternen gesprenkelte Firmament.

Er dachte an Hakim, der ihn vor vielen Jahren mit den Sternbildern vertraut gemacht hatte. Als Junge hatte Hakim gelernt, sich an ihnen zu orientieren. Mazen hatte geglaubt, das könnte er auch, sobald er die Stadt verließ, doch nun merkte er, dass er nicht in der Lage war, diesen Sternkompass zu deuten.

Auf dem Weg zur Oase in der Mitte des Lagerplatzes zog eine Brise an seiner Kleidung. Während er das Gewässer umrundete, stellte er fest, dass ihm der Wind in Omars Haut weniger zusetzte als in seiner eigenen. Er fühlte sich wärmer und weniger beißend an. Obwohl er im Körper seines Bruders noch immer nicht das perfekte Gleichgewicht gefunden hatte, fühlte er sich darin selbstbewusster. *Fähiger.* Das Beste an ihrem Rollentausch war jedoch, dass damit die Wunde verschwunden war, die ihm die Schatten-Dschinn beigebracht hatte, sodass er nicht ständig darüber nachdenken musste, wie es gewesen war, von ihr besessen zu sein.

Bis du die Augen zumachst und der Albtraum wieder beginnt. Mazen erschauderte. Wenn er Aisha das nächste Mal zu einem Gespräch animieren konnte, würde er sie fragen, wie lange sie von ihren Albträumen heimgesucht worden war.

Seufzend kehrte er zum Zelt zurück. In der Mitte der Lichtung knisterte ein Lagerfeuer, das bei seinem Aufbruch noch nicht gebrannt hatte. Er starrte es an.

»Hast du dich verlaufen, Prinz?«

Die Stimme ließ Mazen zusammenzucken. Am Feuer war wie aus dem Nichts der Schatten eines Mannes erschienen. Ein dunkelhäutiges Phantom mit Augen, die an glühende Kohlen erinnerten. Bei seinem Anblick fiel Mazen fast in Ohnmacht. *Kein Dschinn.* Er atmete tief durch, um seinen Herzschlag zu beruhigen. *Kein Dschinn.*

Als er auf die Gestalt zuging, verflüchtigte sich die Illusion. Das Licht vertrieb die Schatten, und Mazen sah einen Mann am Feuer sitzen, den er kannte – Qadir, der Leibwächter der Mitternachtshändlerin.

Mazen schluckte und lachte nervös. »Ich, mich verlaufen? Was für eine amüsante Vorstellung.«

»Hmm.« Der Leibwächter wandte sich von ihm ab und betrachtete einen Gegenstand, den er auf seinem Knie balancierte. Es war ein Kompass. Trotz der Dunkelheit konnte Mazen die Nadel hin und her pendeln sehen. Ob das der Kompass war, mit dem sich die Händlerin auf ihrem Weg hierher orientiert hatte? Er sah genauso aus, machte im Moment aber keinen sehr verlässlichen Eindruck.

Mazen hob eine Braue. »Ist er kaputt?«

Qadir sah Mazen nicht an. »Nicht kaputt, nur präzise.«

»Präzise?«

Der Leibwächter antwortete nicht. Mazen wartete noch einen Moment, doch im Gegensatz zu Omar war er nicht imstande, andere mit seinem Schweigen nervös zu machen, und so ging er schließlich weiter zum Zelt. Er war zwar neugierig, aber auch sehr müde und hoffte, dass er beim zweiten Versuch in den Schlaf finden würde.

20

AISHA

Nach den Wochen in Madinne war Aisha froh, wieder in der Wüste zu sein.

Über ihre derzeitige Gesellschaft freute sie sich allerdings weniger. Sie war es gewohnt, allein und nur in seltenen Ausnahmefällen mit Omar oder einem anderen Räuber zu arbeiten. Dass sie mit nahezu Fremden zelten musste, ging ihr gehörig auf die Nerven.

Leise vor sich hin grummelnd, beugte sie sich über ihr Lagerfeuer. Natürlich hätte alles noch schlimmer kommen können. Wenigstens waren der Leibwächter und die Händlerin nicht komplett unfähig. Ganz im Gegenteil. Qadir konnte geschickt mit Pfeil und Bogen umgehen, und Loulie war in der Lage, die Beute, die er erlegte, zu häuten und zuzubereiten. Seit ihrem Aufbruch aus Madinne vor drei Tagen waren sie noch kein einziges Mal vom Weg abgekommen und hatten jeden Abend geholfen, das Lager aufzuschlagen. Alles in allem, musste Aisha zugeben, waren sie ganz passable Reisegefährten.

Was sich über Prinz Mazen leider nicht sagen ließ. Zwar kannte er Omars Eigenheiten gut genug, um ihn ausreichend überzeugend darzustellen, doch ansonsten war er nur ein Klotz am Bein. Bisher hatte sie ihm lediglich beibringen können, wie man ein

Feuer machte. Um alle anderen Aufgaben kümmerte sie sich lieber selbst – was an sich nicht schlimm wäre, dachte sie, wenn sie nicht so tun müsste, als würde sie einem Mann dienen, der nicht ihr König war.

Aisha nahm einen Zweig vom Rand des Feuers und begann, damit gedankenverloren Umrisse in den Sand zu zeichnen. Erst als Loulie al-Nazari ihr zusah, merkte sie, dass es Blumen waren, und wischte sie betont lässig weg.

Die Händlerin zog die Knie an die Brust. »Machst du das gern?«

»Das geht dich nichts an«, erwiderte Aisha.

»Sehr gesprächig bist du nicht gerade, oder?«

»Du musst gerade reden. Tu doch nicht so, als würdest du uns nicht ständig aus dem Weg gehen.«

Die Händlerin zuckte die Achseln und beugte sich zum Feuer vor. »Und? Das machst du doch auch.« Kaum hatte sie die Hände zu den Flammen ausgestreckt, ließ ein Windstoß sie auflodern und wirbelte Sand auf. Loulie zuckte zurück.

Aisha unterdrückte ein Schaudern und setzte die Kapuze auf. Wenn sie in der Wüste war, brauchte sie jedes Mal ein paar Nächte, um sich an die harscheren Winde dort zu gewöhnen.

Hinter ihnen ertönten Schritte. Einen Moment später tauchten Prinz Mazen und Qadir auf. Der Prinz mit der Karte, die er auf ihren Wunsch studierte, und Qadir mit einer Tüte Datteln, die er offenbar zwei Tage zuvor in der Oase gekauft hatte. Während Mazen ein paar Schritte entfernt Platz nahm, setzte Qadir sich neben die Händlerin. Die rückte sofort dichter an ihn heran, nahe genug, um ihm die Tüte vom Schoß zu stibitzen. Qadir schien sich nicht daran zu stören, dass sie seine Datteln zu essen begann.

»Es hat also einen Wetterumschwung gegeben«, sagte er.

Mazens Lippen verzogen sich zu einem beunruhigend genauen Abbild von Omars typischem Lächeln. »Was für eine scharfsinnige Beobachtung.«

Aisha hob den Blick zum Himmel. Der Vollmond sah dunstig aus, fast wie eine Fata Morgana. Da keine Wolken aufzogen, würde es voraussichtlich nicht regnen. Was hatte der Leibwächter dann gemeint? Nur den kälteren Wind? Der war zu dieser Jahreszeit nicht ungewöhnlich. »Das ist kaum der Erwähnung wert.« Aisha sah wieder die Händlerin an, die unter ihrem Umhang die Arme gegen die Kälte verschränkt hatte. Qadir dagegen wirkte, als würden ihm die niedrigeren Temperaturen nicht das Geringste ausmachen.

Prinz Mazen biss die Zähne zusammen, wahrscheinlich um sie am Klappern zu hindern. »Wetterwechsel hin oder her«, presste er hervor. »Morgen erreichen wir auf jeden Fall Dhyme, und innerhalb der Stadtmauern, werden wir uns über das Wetter keine Sorgen mehr machen müssen.«

Die Händlerin hob eine Augenbraue. »Was für eine *scharfsinnige* Beobachtung, Kronprinz.«

Mazen sah sie verblüfft an.

Aisha räusperte sich. »Vergiss nicht den Wali von Dhyme, Sayyidi«, wechselte sie das Thema. »Er erwartet sicher, dass wir ihm einen Besuch abstatten, wenn wir in der Stadt sind.« Das war etwas, das Omar jedes Mal tat, wenn er auf der Durchreise war.

Es beruhigte Aisha ein wenig, dass Mazen sicher schon ein paarmal mit Ahmed zu tun gehabt hatte, wenn dieser geschäftlich in Madinne gewesen war.

Der Prinz seufzte. »Natürlich. Ahmed könnte ich nie vergessen. Dafür ist er viel zu theatralisch.«

Aisha sah Loulie al-Nazari kaum merklich zusammenzucken. *Sie kennt ihn,* dachte sie, war aber nicht neugierig genug, um sie danach zu fragen.

Anschließend wurde es eine Zeit lang still, und sie blickten alle nachdenklich ins Feuer. Schließlich warf die Händlerin einen einzelnen Stock in die knisternden Flammen, worauf sie kurz aufloderten und einen Schatten auf ihr Gesicht warfen, der ihre Miene noch verächtlicher wirken ließ. »Tja«, sagte sie. »Was das Wetter anbelangt, können wir nichts anderes tun, als abzuwarten, was der morgige Tag bringt.«

✦ ✦ ✦

Am nächsten Tag zog ein furchtbarer Sturm auf.

Heftige Winde zerpflügten unerbittlich die Landschaft, zerrten an ihrer Kleidung und peitschten ihre Haut. Ein einziger Blick in den unheimlich orangefarbenen Himmel genügte, um zu wissen, dass sie sich mitten in einem Sandsturm befanden. Die Stadt Dhyme, die eigentlich nicht weit von ihrem letzten Nachtlager entfernt war, zeichnete sich stundenlang nur als verschwommener Schemen hinter den Staubwolken ab. Der einzige Hinweis, dass sie in die richtige Richtung gingen, war der Kompass der Händlerin, dessen Nadel zuverlässig gen Norden wies.

Zumindest ging Aisha davon aus. Die Händlerin und ihr schweigsamer Leibwächter waren in den Staubschwaden verschwunden und für sie nicht mehr zu sehen.

Der Wind heulte in ihren Ohren und schleuderte ihr so viel Sand entgegen, dass sie ihr Gesicht hinter mehreren Schals verbergen musste. Sie fluchte, während die Welt ringsum in Sand, Wind und Dunkelheit versank. Selbst wenn sie die Augen fest zusammenkniff, fand der Sand einen Weg durch ihre Wimpern und juckte auf der Innenseite ihrer Lider. Er drang auch in ihre Kehle und verwandelte jeden Atemzug in einen schmerzhaften Hustenanfall.

Aisha war wütend auf sich, weil sie den dunstigen Himmel der vergangenen Nacht nicht als Vorboten dieses Sturms erkannt hatte. Da gerade die kalte Jahreszeit anbrach, war sie leichtsinnigerweise von ruhigerem Reisewetter ausgegangen. Dabei wusste sie eigentlich sehr gut, wie wechselhaft das Wüstenklima war.

Als der kreischende Wind kurzzeitig zu einem kläglichen Stöhnen abflaute, suchte sie den aufgewirbelten Sand um sich herum blinzelnd nach menschlichen Gestalten ab. Die Mitternachtshändlerin war nach wie vor außer Sicht, doch dafür sah Aisha jemand anderen näher kommen. Trotz des verhüllten Gesichts erkannte sie, dass es sich bei der Gestalt um Omar handelte.

Auch wenn er es gar nicht selbst war.

Aisha trieb ihre Stute auf den Prinzen zu, näher und näher, bis der Wind plötzlich wieder auffrischte. Sofort senkte sich ein weiterer dichter Staubvorhang auf sie herab, und ihr wurde schwarz vor Augen.

In der Dunkelheit schien die Zeit stehen zu bleiben. Es hatte keinen Sinn weiterzuziehen. Also packte Aisha ihre Zügel fester, vergrub das Gesicht in ihren Schals und zog sich in einen ruhigen Winkel ihres Verstandes zurück. Der Wind schlug so heftig von allen Seiten auf sie ein, dass sie nach wenigen Augenblicken jegliche Orientierung verlor. Sie fühlte sich, als würde sie in die Höhe geschleudert und gleichzeitig begraben werden. Es wurde immer schwieriger – fast unmöglich – zu atmen. Ein Gedanke, ein einziger nur hielt sie in ihrem Sattel fest: *Ich lasse mich nicht von einem Sturm überwältigen.*

Lange Minuten verstrichen, in denen sie sich diese Worte wieder und wieder vorsagte, bis der Wind endlich nachließ und ein schwacher roter Schimmer am Himmel erschien. Sie nutzte die neuerliche Flaute, um das Tuch von ihren brennenden Augen zu ziehen und sich umzusehen. Mit Tränen vermischter Sand rann an ihren Wangen herab, während sie ihren forschenden Blick über die Wüste wandern ließ.

Die Landschaft war verwaist. Kein Prinz, keine Händlerin, kein Leibwächter. Nichts als Sand.

Die entsetzliche Erkenntnis traf Aisha mit voller Wucht wie ein Schlag in die Magengrube. Mit zitternden Händen umklammerte sie die Zügel, um nicht aus dem Sattel zu kippen. Omar hatte sie mit dieser einen einfachen Aufgabe betraut. Wie sollte sie ihm bloß erklären, dass sein Bruder verschwunden war, nur weil sie einen Sturm unterschätzt und keine angemessenen Vorsichtsmaßnahmen getroffen hatte? Dass sie nicht einmal daran gedacht hatte, ihre Pferde zusammenzubinden …?

Nein, dachte sie und biss auf die Innenseite ihrer Wange. *Selbstmitleid ist etwas für Versager.*

Aisha *würde* den Prinzen finden. Ihr Auftrag lautete, ihn zu beschützen, und das würde sie auch tun. Sie konzentrierte sich auf ihre Atmung, holte tief Luft und stieß sie langsam in den Schal vor ihrem Gesicht aus, bis ihr wummernder Herzschlag sich allmählich wieder beruhigte. Die Händlerin und ihr Leibwächter waren gen Norden geritten, wahrscheinlich zu irgendeiner Art Unterschlupf. Wenn sie eine Möglichkeit fand, diese Himmelsrichtung herauszufinden …

»Aisha!«

Der Ruf war kaum lauter als ein Murmeln, dennoch konnte sie ausmachen, woher er kam. Erleichtert fuhr sie in ihrem Sattel herum und sah den Prinzen in der Ferne winken. Sie winkte einmal kurz zurück, um ihn wissen zu lassen, dass sie ihn sah.

Der Prinz hob die Hand und deutete nach Osten. Aisha lenkte ihr Pferd nach links und spiegelte seine Route, um die Lücke zwischen ihnen zu schließen. Doch der Abstand war groß, und der Wind wehte erneut dichte Sandschwaden heran, durch die Mazen aussah, als wäre er zugleich mehrere Meilen und nur wenige Schritte entfernt. Bei diesen Sichtbedingungen konnte sie nicht mal sein Gesicht ausmachen.

Aisha verdrängte ihren Frust und trieb das Pferd weiter voran. Es war ihr egal, dass durch sämtliche Öffnungen ihres Körpers Sand eindrang und dass sich mittlerweile so viel davon in ihrer Lunge angesammelt hatte, dass sie nur noch röchelte, anstatt zu atmen. Es war ihr auch egal, dass der Wind ihre Schals abwickelte und dass sein Heulen sich zu einem Flüstern abschwächte, das merkwürdigerweise wie eine Stimme klang …

Ya Awasha, dieses finstere Gesicht wird dir noch bleiben, wenn du nicht ein bisschen mehr lächelst!

Aisha verspannte sich und wandte sich unwillkürlich zu dem bunten Schemen am Rand ihres Blickfelds um. Als sie ihn direkt anschaute, atmete sie scharf ein. Sie konnte nicht glauben, was sie sah: Mitten im Sturm stand ein Mann und winkte ihr mit einem schiefen Lächeln zu.

Aber … nein, sie täuschte sich. Da war kein Sturm, nur ihr Bruder, der in den Feldern von Sameesh stand und sie ärgerte, weil er wusste, dass man sie so am besten motivieren konnte. *Ich kenne dich, meine liebe Schwester. Streite es ruhig ab, aber ich weiß, dass nichts dich so sehr antreibt wie Bosheit.*

Je länger sie ihren Bruder anstarrte, desto deutlicher wurde seine Erscheinung: die kantigen Gesichtszüge, die dunklen Augen, die Stoppeln, die er niemals zu einem Bart hatte wachsen lassen können …

In Aishas Verstand fiel eine Tür zu, und ihr Bruder war verschwunden. *Die Toten sprechen nicht,* dachte sie und umfasste die Zügel fester.

Normalerweise konnte man die durch Hitze ausgelösten Halluzinationen der Wüste vertreiben, indem man sich seiner selbst bewusst wurde. Doch diese Fata Morganas waren genauso hartnäckig wie der Sturm. Jedes Mal, wenn Aisha sich von einer abwandte, materialisierte sich die nächste vor ihr. Sie sah ihre Mutter, die unter einem Dattelbaum einen Korb flocht und ihr zuwinkte. Und dort drüben führte ihr Onkel eine Schafherde auf die Weide.

Aisha grub die Fingernägel so fest in ihre Handflächen, dass Blut unter ihnen hervorquoll. »Die Toten sprechen nicht«, wiederholte sie murmelnd. »Die Toten sprechen nicht.«

»Wie eigenartig, dass du sie verstummen lassen kannst.«

Sie wirbelte herum, und auf einmal ritt unerklärlicherweise ihr Bruder auf dem Pferd des Prinzen neben ihr her. Nein, es gehörte nicht dem Prinzen. Die Gestalt, die sie vorhin gesehen hatte, war gar nicht Mazen.

»Sag mir, Mörderin. Erleichtert es dein Gewissen, wenn du

deine Opfer zum Schweigen bringst?« Die Pupillen des grinsenden Phantoms zerflossen und färbten seine Augen komplett schwarz. »Typisch Jägerin. Du glaubst, du stehst über dem Tod.«

Dschinn-Magie, schoss es Aisha durch den Kopf. Instinktiv zog sie ein Messer aus dem Ärmel und schleuderte es auf das Gesicht ihres Bruders. Das Trugbild, das ihr eigen Fleisch und Blut gewesen war, zerfiel zu Staub, und mit ihm verschwand auch das Pferd.

Doch Aisha war nicht mehr allein.

Unter den Schichten aus Wind und Staub konnte sie eine Düne ausmachen. Auf ihrem Kamm stand ein einsamer grinsender Schatten. *Such mich, Dschinn-Mörderin,* flüsterte er in ihrem Verstand. Aishas Ringe, die sie vor dem Besessenwerden schützten, brannten. Nur mit Mühe gelang es ihr, sie nicht abzustreifen.

Sie wusste, dass sie kehrtmachen und weiter nach dem Prinzen suchen sollte. In einem Sturm zu kämpfen, war Irrsinn, und der Dschinn legte es eindeutig darauf an, sie zu provozieren. Doch diese Kreatur hatte in ihren Verstand geblickt und versucht, sie zu täuschen. Und Aisha wollte sich keinesfalls von einem Dschinn zum Narren halten lassen.

Eine tödliche Ruhe überkam sie, als sie ihre Stute anspornte. Sie würde mit diesem Ungeheuer und seinen Illusionen fertigwerden, und dann würde sie weiter nach ihrer Gruppe Ausschau halten. Es würde sie nicht viel Zeit kosten, dieses Geschöpf zu erledigen. Mit seinesgleichen hatte sie es schon oft zu tun gehabt.

Der Schatten rührte sich nicht. Er stand nur da und lächelte sie aus der Ferne an. *Such mich,* höhnte er flüsternd, während sie aus dem Sattel stieg und halb blind vor Wut die Düne erklomm. *Such mich. Such mich.*

Obwohl der Wind von allen Seiten auf sie einpeitschte und die Welt erneut in Dunkelheit versank, kletterte sie weiter. Sand knirschte zwischen ihren Zähnen. Sie presste die Lippen aufeinander und hob ein ums andere Mal ihre schweren Beine – weiter, weiter, weiter –, bis sie auf einmal ins Leere trat.

Einen Moment lang schien sie zu schweben. Dann landete sie stolpernd auf dem sandigen Abhang und rutschte ihn unelegant mit wackelnden Knien hinunter. Einer ihrer Schals flog davon, und als sie den Fuß der Düne erreichte, hatte sie so viel Sand in ihrer Kehle, dass sie kaum noch Luft bekam.

Zornig und aufgewühlt langte Aisha nach ihren Säbeln und stellte erleichtert fest, dass beide noch in ihren Scheiden steckten.

Gut. Ihre Augen brannten, und ihr ganzer Körper schmerzte, aber wenigstens hatte sie noch immer ihre Waffen. Sie schloss die Finger um die Säbelgriffe und spähte durch den aufgewirbelten Staub. Und dann entdeckte sie den Abgrund, einen Unheil verkündenden, halb hinter einem Vorhang aus glitzerndem Sand verborgenen dunklen Spalt.

Aisha blickte über die Schulter in die Wüste zurück. Hinter ihr tobte noch immer unerbittlich der Sturm. Er schien genauso bösartig und undurchdringlich wie die finstere Leere vor ihr. Aisha erkannte, dass sie in der Falle saß. Der Dschinn hatte dafür gesorgt, dass sie auf jeden Fall verloren war, egal, wohin sie sich wandte.

Such mich. Der Spott, der durch die Dunkelheit hallte, klang wie ein Lied.

Aisha starrte unverwandt in die Dunkelheit. Sie wusste nicht, ob der Dschinn den Sandsturm ausgelöst hatte, doch es spielte auch keine Rolle. Ihre Aufgabe bestand darin, Kreaturen wie ihn zu vernichten. Was für eine Jägerin wäre sie, wenn sie dieses Monstrum entkommen und weiterhin ahnungslosen Reisenden Schaden zufügen lassen würde.

Erst würde sie den Dschinn erledigen, dann ihre Gruppe suchen. Ganz einfach.

»Mach dich bereit, Dschinn«, sagte sie und begann mit der Jagd.

21

LOULIE

Als Erstes erblickte Loulie Qadirs Feuer – eine helle, fast blaue Flamme, die kräftig in der Ferne loderte. Sie war in diesem stockfinsteren Sandsturm das einzige Licht. Loulie ritt darauf zu und hielt erst an, als die Hufe ihres Pferdes nicht mehr knirschten, sondern klapperten.

Dann war Qadir bei ihr und führte ihr Pferd in die Höhle. Fluchend wickelte Loulie die Schals vor ihrem Gesicht. Ihre Augen brannten wie Feuer, und zwischen ihren Zähnen knirschte Sand. Als sie aus dem Sattel stieg, reichte Qadir ihr wortlos einen Wasserschlauch, mit dessen Inhalt sie erst ihr Gesicht abwusch und anschließend die Kehle durchspülte, ehe sie die dicke Staubschicht abschüttelte, die sich auf ihrem Gewand abgelagert hatte.

»Hast du keinen Sand in der Lunge?«, fragte Qadir.

Sie hustete. »Nur ein bisschen mehr als sonst.«

Nicht lange nachdem Qadir ihr Pferd festgebunden hatte, durchquerte auch der Prinz den Vorhang aus dunklem Sand und betrat die Höhle. Er ließ sich aus dem Sattel gleiten und wickelte sich die Schals vom Kopf. Loulie erwartete, ihn grinsen zu sehen, doch sein Gesichtsausdruck wirkte gequält, während er sich mit seinen blutunterlaufenen Augen umsah. »Ist Aisha auch hier?«, fragte er.

Loulie blickte zu Qadir. Der schüttelte den Kopf.

Der Prinz fluchte. »Ich habe sie im Sturm verloren.«

Seine Stimme klang gefasst, Loulie sah ihm an, dass er kurz vor einer Panik stand. Sein Kehlkopf hüpfte, und er blickte zweimal hektisch über die Schulter, als glaubte er, sein Eingeständnis würde die Räuberin heraufbeschwören. Bevor Loulie etwas sagen konnte, stellte er sich am Höhleneingang in den prasselnden Sand und starrte reglos in die dunkle Leere hinaus, zu der die Wüste geworden war.

»Bei den Göttern«, hörte sie ihn murmeln und staunte, wie gefühlvoll seine Stimme klang.

Qadir ging zum Pferd des Prinzen und klopfte ihm den Sand von den Nüstern. »Wir suchen nach ihr, wenn sich der Sturm gelegt hat.«

Der Prinz wirbelte herum. »Aber Aisha bint Louas …« Er schien nach Worten zu ringen.

Fast – aber nur *fast* – tat er Loulie leid. Vor allem war sie jedoch enttäuscht, dass *er* nicht verschwunden war. Dass sie ihn nicht abschütteln und dieser schrecklichen Mission entgehen konnte.

Er wandte sich abrupt vom Eingang ab, als würde ihm bewusst, dass er zu viel von sich preisgegeben hatte. »Also gut«, seufzte er. »Dann warten wir das Ende des Sturms ab.«

Und das taten sie. Als es Abend wurde, brachen sie das Brot über dem Feuer und behielten abwechselnd den Eingang im Auge. Loulie war froh, dass sie sich kaum miteinander unterhielten. Sie wollte nicht über die verirrte Räuberin sprechen. Genauso wenig über Dhyme – und schon gar nicht über Ahmed.

Seit der Wali am Vorabend zur Sprache gekommen war, hatte sie ihn zu vergessen versucht, doch nun spukte ihr das Gespräch wieder im Kopf herum, denn auch sie würde ihn besuchen müssen. Und Loulie machte sich nichts vor: Trotz ihrer verwickelten Gefühle für den Hüter von Dhyme *wollte* sie ihn sehen. Der Gedanke an Ahmed beschäftigte sie noch eine ganze Weile, bis sie endlich einschlief und er wieder zu einem Problem wurde, mit dem sie sich später befassen würde.

Der Sturm wütete bis zum frühen Morgen weiter. Als er schließlich vorbei war, packten sie ihre Vorräte zusammen und brachen zur Suche nach der vermissten Räuberin auf. Loulie ging davon aus, dass Aisha irgendwo anders Zuflucht gefunden hatte, sah aber keinen Ort, der ihr als Unterschlupf hätte dienen können. Von ihrem Pferd fand sie auch keine Spur. Nach einer Weile erwog sie, Aisha mit dem Kompass aufzuspüren, entschied sich aber dagegen, da sie den Prinzen nicht auf dessen Magie aufmerksam machen wollte. Immerhin war er ein Räuber und durchaus imstande, das Relikt zu stehlen.

Sie konnten nicht auf dem Weg zurückkehren, den sie gekommen waren, da der Sturm ihre Spuren komplett verweht hatte. Und es ließ sich auch nicht nachvollziehen, wo sie Aisha verloren hatten. Abgesehen von vereinzelten Kakteen und Büschen bestand die Landschaft nur aus geschwungenen Dünen, abschüssigen Tälern und gedrungenen Felsformationen. Dhyme, die einzige Ansiedlung in erreichbarer Nähe, war weiter entfernt als am Vortag – ein Fleck am Horizont, der nur noch von Anhöhen aus zu sehen war.

Loulie stöhnte, als sie an einem dürren gelben Strauch vorbeigingen, den sie ziemlich sicher schon einmal passiert hatten. Vielleicht sollte sie doch den Kompass verwenden …

»Ich glaube, dahinten ist noch eine Höhle«, sagte Qadir und deutete in die Ferne.

Loulie folgte seinem ausgestreckten Finger und nahm inmitten der Landschaft, die ansonsten nur aus Gold- und Rottönen bestand, vielversprechende graue Flecken wahr. »Ich reite mal hin und sehe nach«, sagte er und bedeutete ihr, mit einem vielsagenden Blick, dass sie sich nicht von der Stelle rühren und auf ihn warten solle.

Loulie zögerte. Die Vorstellung, mit Prinz Omar allein zurückzubleiben, machte sie nervös. Sie hatte keine Angst vor ihm, ertrug seine Gesellschaft aber nur, wenn Qadir in der Nähe war. Andererseits …

Loulie sah den Prinzen verstohlen von der Seite an. Er presste mürrisch die Lippen zusammen und wirkte eher nervös als wütend.

So komme ich mit ihm klar, dachte sie und nickte Qadir zu.

Sobald Qadir sich auf den Weg gemacht hatte, stieg der Prinz von seinem Pferd und begann sogleich, die nächstgelegene Düne zu besteigen.

Loulie sah ihm mit gerunzelter Stirn hinterher. »Was tust du da?«

»Ich versuche, mir einen Überblick zu verschaffen«, erwiderte er und zögerte einen Moment, als der Sand unter seinen Füßen ins Rutschen geriet. Dann drehte er sich um und sah sie erwartungsvoll an.

Loulie wurde unruhig. Sie konnte es nicht ausstehen, wenn jemand auf sie herabschaute – weder im übertragenen noch im wörtlichen Sinne.

Als sie den Dünenkamm erreichte, taten ihr die Beine weh, doch der Ausblick erfüllte sie mit frischer Energie. Im Osten sah sie die dunkle Silhouette von Dhyme, im Westen einen kleinen Punkt, bei dem es sich um Qadir handelte. Er hielt auf den grauen Fleck zu, der von ihrer momentanen Warte aus tatsächlich deutlich als Höhle zu erkennen war. In der Ferne machte sie eine Reihe von Schatten aus, möglicherweise eine Karawane, die allerdings zu weit entfernt war, als dass Aisha sie im Laufe der vergangenen Nacht hätte erreichen können.

Loulie blickte über den Kamm zur anderen Seite der Düne, die beängstigend steil zu einem von Sandhängen umgebenen Tal hin abfiel.

»Ich sehe etwas«, murmelte der Prinz. Loulie folgte seinem Blick zu einem Farbtupfer unter ihnen, das aus dieser Entfernung wie ein unförmiger Schatten ohne Besitzer wirkte.

Loulie rutschte als Erste ins Tal hinunter, um sich den Gegenstand genauer anzusehen.

Unten angekommen, wühlte sie im Sand herum, bis sie ihn in Händen hielt. Als sie sah, dass es sich um einen dünnen Samtschal handelte, wurde ihr flau im Magen.

Omar nahm ihn ihr aus der Hand. »Aisha hat so einen.«

Loulie stand auf und blickte sich um. Wenn dieser Schal wirklich der Räuberin gehörte, war sie dann in dieses Tal gegangen? Oder hatte ihn der Wind zwischen diese Dünen geweht?

Omar atmete zischend ein und drehte sich mit zu Schlitzen verengten Augen hektisch im Kreis. »Was ist das« – sein Blick wirkte eigenartig unfokussiert – »für ein infernalisches Geräusch?«

Loulie spitzte die Ohren, hörte aber nur den entfernten Schrei eines Falken.

»Da ist eine Stimme.« Omar ging auf die Düne zu. Nach ein paar Schritten blieb er stehen und neigte den Kopf zur Seite. »Ist das eine Frauenstimme?« Er legte eine Hand auf den gigantischen Sandhügel und stand einen Moment mit zusammengekniffenen Augen reglos da. Dann begann er zu graben.

Loulie wich dem herabfallenden Sand aus. »Was für eine großartige Idee, Kronprinz. Ich habe noch gar nicht darüber nachgedacht, dass Aisha sich in den Sand eingegraben haben könnte!«

Der Prinz antwortete ihr nicht und wühlte sich wie ein Besessener tiefer in die Düne, wobei er ihr noch mehr Sand ins Gesicht schleuderte. Loulie schnappte nach Luft – was ein schlimmer Fehler war, denn sie atmete eine Handvoll Sand ein und erstickte fast daran.

Als die Staubwolke sich legte, fuhr sie mit brennender Kehle zum Kronprinzen herum, doch der Fluch, mit dem sie ihn belegen wollte, erstarb ihr auf den Lippen. Trotz all des herabfallenden Sandes sah die Düne wieder exakt genauso aus wie vorhin.

Und Omar war verschwunden.

Halb rechnete sie damit, dass er sie aus dem Sand anspringen würde, doch alles blieb ruhig, und der Prinz reagierte auch nicht, als sie seinen Namen rief.

War das *Magie*?

Loulie hatte nur eine Möglichkeit, es herauszufinden. Sie griff in ihre Robe und holte den Kompass heraus. Noch bevor sie die Nadel betrachtete, wusste sie, was sie ihr anzeigen würde. Der Kompass summte, wie er es immer tat, wenn sich ein verborgenes Relikt in der Nähe befand.

Und tatsächlich deutete das rote Ende der Nadel direkt auf den Sandhang und zitterte wie in freudiger Erregung. Misstrauisch beäugte Loulie die Düne. Es kam häufiger vor, dass ein Relikt seine Umgebung manipulierte. Je stärker das Relikt, desto mächtiger die Manipulation. Aber … eine *Düne*?

Loulie legte eine Hand auf den Hang und erschrak, als sich die Ringe an ihren Fingern erwärmten. Unentschlossen sah sie den Kompass an. Sie hatte sich noch nie ohne Qadir auf die Suche nach einem Relikt gemacht – oder war gegangen, ohne ihm Bescheid zu sagen. Aber …

Ich muss nur kurz den Prinzen holen und bin sicher wieder draußen, bevor Qadir zurückkommt.

Sie steckte den Kompass in ihre Tasche zurück und beugte sich erneut zur Düne vor. Diesmal verbarg sich die Magie nicht vor ihr. Stattdessen teilte der Sand sich und gab den Blick auf einen Eingang frei, der vorher noch nicht da gewesen war.

Loulie trat in die Dunkelheit und verschwand außer Sicht.

22

MAZEN

Der Korridor war prächtig und mit wunderbaren glänzenden Mosaiken gesäumt. Steinsäulen stützten das mit Buntglas dekorierte Deckengewölbe. An den Wänden hingen wie Totenschädel geformte Leuchter, in denen weiße Kerzen brannten. Ihr Licht überzog den himmelblauen Fliesenboden mit einem strahlenden Glanz. Es war der schaurigste und zugleich schönste Gang, denn er je gesehen hatte.

Mazen hatte überhaupt keine Ahnung, wie er hierhergeraten war.

Er erinnerte sich vage daran, eine Düne gesehen zu haben – ein Loch hineingegraben zu haben – hineingefallen zu sein – im stockfinsteren Inneren laut geschrien zu haben. Er wusste noch, dass er in Panik geraten war und mit den Fäusten gegen die dunklen Wände geschlagen hatte, um einen Ausgang zu finden. An alles Weitere entsann er sich nur noch verschwommen.

Er holte tief Luft und wandte sich dem rissigen Bild zu seiner Rechten zu – einer chaotischen Darstellung mehrerer Gestalten, die er für die sieben Dschinn-Könige hielt. Einir Dschinn war halb Vogel, halb Mensch. Sies Rumpf und siese Beine waren menschlich, aber sier hatte Flügel und einen Falkenkopf. Mazen fragte sich, ob das dier Dschinn sein sollte, dien Amir gefangen hatte.

Dier zweite Dschinn war mitten in einer Drehung dargestellt, sies Gesicht hinter einem Dunstschleier verborgen. Dier dritte hielt in einer Hand einen Schädel und in der anderen ein Zepter. Aus dem Rücken dies vierten ragten Flossen, und auf sieser Haut schimmerten Schuppen. Dier fünfte trug eine in der Mitte geteilte Dara'a – eine Seite war mit funkelnden Juwelen besetzt, die andere war schwarz und zerrissen. Die letzten beiden waren die seltsamsten: Einir war aus Holz, und zwischen siesen Fingern sprossen Blumen, dier andere war ein Schatten mit Reißzähnen und rot glitzernden Augen.

Mazen trat bei siesem Anblick mit pochendem Herzen einen Schritt zurück. Sier erinnerte ihn an die Schatten-Dschinn. Aber … nein, die war sicher kein Dschinn-König gewesen …

Mazen unterdrückte ein nervöses Lachen und zwang sich weiterzugehen. Seine Schritte hallten viel zu laut in dem stillen Gang, und die Dschinn an den Wänden schienen ihm mit den Blicken zu folgen.

Keine Panik. Um sich Mut zu machen, zog er einen Dolch aus Omars Gürtel. Er hörte ausschließlich das Rascheln seiner Kleidung und sein pochendes Herz. Doch so etwas wie absolute Stille gab es nicht – normalerweise existierte immer irgendein unterschwelliger Ton, der erst zu vernehmen war, sobald alles andere verstummte. Die komplette Geräuschlosigkeit in dieser Ruine war unnatürlich.

Keine Panik. Immer schön weitergehen, einen Schritt nach dem anderen.

Als er erneut das Bild mit den sieben Dschinn sah, rutschte ihm das Herz in die Hose. Er wusste, dass es sich um dasselbe handelte, weil der Stein an den identischen Stellen abgeplatzt war. Er ging nicht einen endlos langen Korridor entlang, sondern trat auf der Stelle.

In der Nähe flackerte eine Flamme. Mazen verstärkte den Griff um den Dolch und merkte, wie sich sein Atem beschleunigte. *O ihr Götter, bitte lasst mich nicht besessen sein! Bitte …*

»Salaam.«

Er fuhr herum und stieß mit dem Dolch zu, doch die Klinge fuhr ins Leere. Die Frau, die ihn angesprochen hatte, war zu weit von ihm entfernt.

Mazen erstarrte. Er kannte sie.

Ihr langes Haar schimmerte wie poliertes Holz. Sie hatte sommersprossige olivfarbene Haut und braun gesprenkelte braune Augen. Mazen ließ den Dolch sinken. Es waren *seine* Augen. Die Augen seiner Mutter.

»Uma?« Wie durch ein Wunder verschwand sie nicht, als er blinzelte.

»Habibi«, flüsterte sie.

Mazen zuckte zusammen, wich jedoch nicht zurück, als sie ihm eine Hand auf die Wange legte. Sie war sehr kalt, aber weich. Als sie die Finger wieder zurückzog, fühlte Mazen sich, als würde sie irgendeinen wichtigen Faden in seinem Inneren abspulen. Er blinzelte erneut, und seine Mutter begann, wie eine Fata Morgana zu wabern.

»Uma …« Seine Finger strichen durch die Luft.

»Habibi.«

Er drehte sich um und sah sie ein Stück weiter im Korridor stehen. Sie hielt eine Laterne, die genauso gleißend hell leuchtete wie die Kerzen in den Wandhaltern, und bedeutete ihm mit sanftem Lächeln, ihr zu folgen. »Komm mit.«

Er tat wie geheißen. »Wohin gehen wir?«

Doch Shafia antwortete nicht. Die Flammen in den Wandleuchtern flackerten und verlöschten, wen sie an ihnen vorüberging. Die Dunkelheit hinter Mazen heftete sich an seine Fersen. *Unbedeutend,* flüsterte sie. Er schreckte vor ihr zurück und lief hinter seiner Mutter her.

Sein Puls dröhnte ihm in den Ohren und pochte hinter seinen Augen. Vage war er sich bewusst, wie schwer sein Körper auf einmal wurde, und in seinem Kopf breitete sich ein merkwürdiger

Druck aus. Er spürte die Eisenringe, sie waren zu heiß und schnürten seine Finger ein – und dann nichts mehr. Mit jedem Blinzeln wurden seine Gedanken immer leiser, bis sein Kopf, abgesehen von einem sanften Summen, komplett leer war. Der Korridor hörte auf zu existieren. Es gab nur noch seine Mutter, die ein leises Lied sang.

»Die Sterne, sie brennen in der Nacht
Und weisen dem Scheich den Weg …«

Mazen kannte den Text nicht, merkte aber, dass er mit halb geschlossenen Augen mitsummte und das seltsame nostalgische Gefühl genoss, das ihn dabei überkam.

Sie durchquerten Kammern, die vor seinen Augen aufblühten. In einem Moment waren sie voller Spinnenweben und Staub, und im nächsten breiteten sich an den Wänden aufwendige Teppiche aus, während andere, nicht weniger kunstvolle, sich unter ihren Füßen entrollten. Sie betraten einen Raum, der ein Diwan zu sein schien, in dem Skelette über mit Insekten gefüllten Bechern kauerten. Doch als Mazen an ihnen vorüberging, wurden die Skelette zu lebenden Personen, die ihre Becher auf ihn erhoben und »Unser Retter!« skandierten.

Ein paarmal setzte er zu einer Frage an. *Wovor rette ich euch?*, hätte er gern gewusst. Oder: *Wie kann es sein, dass du lebst, Uma?* Doch dann begann seine Mutter, erneut zu singen, und es erschien ihm nicht mehr wichtig.

Lange nachdem das Lied zu Ende war, hallte es noch immer in seinem Kopf wider und betäubte seine Gedanken. »Kennst du die Geschichte von der Königin der Dünen, Mazen?«, fragte seine Mutter in die Stille.

Mazen hörte ihre Stimme, begriff aus irgendeinem Grund aber nicht, was sie sagte. Er lächelte und hoffte, dass es eine angemessene Reaktion war.

Seine Mutter erwiderte sein Lächeln. Es war der strahlende Gesichtsausdruck, den er aus seiner Kindheit von ihr kannte, bei dem sich in ihren Mundwinkeln Grübchen bildeten. »Sie kann all deine Wünsche erfüllen. Selbst die unmöglichen.« Seine Mutter blieb kurz am Fuß einer Wendeltreppe stehen, die sich in einen dunklen Turm hinaufwand, dann erklomm sie die baufälligen Holzstufen. »Doch alle Wünsche haben einen Preis«, fuhr sie fort. »Die Königin wird etwas von dir verlangen. Und das musst du akzeptieren, bevor sie dir deinen Herzenswunsch erfüllt.«

Wenn du es wünschst, kann ich sogar die Toten auferstehen lassen, schmeichelte eine tiefe, aber sanfte Stimme in seinem Kopf.

Mazens Herz machte einen Satz, als er sie vernahm. Seine Sicht trübte sich, und seine Mutter verschwand. An ihrer Stelle erschien eine ungelenke, bleiche Kreatur mit langen Gliedmaßen und leeren Augenhöhlen. »Du wirst mir doch helfen, oder, Mazen?«, fragte sie mit der Stimme seiner Mutter.

Mazen öffnete den Mund – um nach Luft zu schnappen und zu schreien –, doch dann ertönte erneut das Summen und betäubte seine Angst. Die Kreatur verschwand, und seine Mutter stand wieder vor ihm, die Stirn besorgt gefurcht.

Natürlich werde ich dir helfen, Uma.

Sie strahlte. »Wusste ich's doch, dass ich auf dich zählen kann, Mazen.«

Er sah sie verdutzt an. Ihm war gar nicht klar gewesen, dass er die Worte laut ausgesprochen hatte. Aber wahrscheinlich spielte das auch keine Rolle. Seine Mutter hatte ihm schon immer alles vom Gesicht ablesen können …

Moment mal. Er hatte ganz vergessen, dass er in Omars Körper steckte. Woher wusste seine Mutter …?

»Wir sind da.« Sie deutete auf eine zweiflügelige Bronzetür auf dem oberen Treppenabsatz. »Denk dran, was ich dir gesagt habe. Wer nicht wagt, der nicht gewinnt.«

Mazen zögerte. Wieder breitete sich dieser seltsame Nebel in seinem Verstand aus und machte es ihm unmöglich, einen klaren Gedanken zu fassen. Seine Mutter legte ihm eine Hand auf die

Schulter und nahm ihm damit den letzten Rest an Aufmerksamkeit. »Hab Vertrauen, Mazen.« Ihre Worte waren ein leises, verschwörerisches Flüstern. »Nicht alles, was uns gestohlen wird, muss für immer verschwunden bleiben.«

Mazen wandte sich von ihr ab, atmete tief durch und ging langsam auf die Tür zu.

Mit Verlust kannte er sich aus. Er hatte seine Mutter und seine Freiheit verloren. Und inzwischen auch noch seine Identität.

Ich kann sie zurückbringen, sagte die summende Stimme in seinem Verstand. *Ich kann deine Mutter zurückbringen.*

Die Türen öffneten sich zu einer kreisrunden, von schwachem Fackellicht beleuchteten Kammer. Ein leichter Wind fuhr durch Ritzen im maroden Mauerwerk und bauschte die kastanienbraunen Wandbehänge. Davon abgesehen war es in diesem Raum verstörend still. Eine leere kreisrunde Kammer mit rissigen Wänden.

Als Mazen eintrat, hörte er ein Knirschen.

Er blickte nach unten und sah Knochen auf dem Fliesenboden liegen. Dunkel wurde ihm bewusst, dass diese Entdeckung eigentlich beunruhigend hätte sein müssen. Ein Anlass zur Sorge. Doch dafür hatte er jetzt keine Zeit. Er würde später darüber nachdenken. Nun musste er erst mal zu dem Steinpodest gehen, das aus dem Knochenmeer herausragte. Auf diesem Podest befand sich ein Diadem aus kunstvoll geschnitzten goldenen Totenschädeln. Ein Teil von ihm fragte sich, wieso er sich davon angezogen fühlte, doch er gestattete sich nicht, bei diesem Gedanken zu verweilen. Denn er wusste, dass dieser Reif all seine Wünsche erfüllen würde. Er musste ihn nur in seinen Besitz bringen …

Dann werde ich wieder Königin sein.

Mazen begann zu summen, während er auf das Podest stieg. *Königin, Königin, Königin,* flüsterten die Knochen, als er die Hand nach dem Reif ausstreckte. Die Worte pulsierten durch seinen Körper. Durch seine Fingerspitzen.

Mazen griff nach dem Knochenkranz.

23

LOULIE

Süßes Feuer? Wach auf, süßes Feuer.

Es war, als wäre die Welt zu schwarzer Asche reduziert worden.

Loulie! Lou-Lou-Loulie!

Loulie erschrak. »Baba?« Ihr Vater war der Einzige, der sie je mit diesem kindischen Singsang gerufen hatte. Benommen suchte sie die Dunkelheit nach ihm ab.

Ich bin hier, süßes Feuer.

Auf einmal zog sich die Dunkelheit zurück und gab den Blick auf einen Korridor frei, der mit kunstvollen Mosaiken und unheimlichen, wie Totenköpfe geformten Wandleuchtern verziert war. Sie spähte in die Dunkelheit, konnte aber nicht das Ende des Gangs ausmachen. Eine undurchdringliche Stille hing in der Luft, die ihr auf unangenehme Weise ihre eigenen Atemgeräusche bewusst machte. Doch sie endete, bevor sie näher darüber nachdenken konnte.

»Hier drüben, Loulie.«

Da sah sie ein Stück entfernt seine Silhouette im blauen Kerzenlicht stehen – ihr Vater. Breitschultrig und groß mit dunkelbraunen Augen, die immerzu fröhlich funkelten. In einer Hand hielt er eine Laterne, mit der anderen winkte er sie näher.

»Baba?« Ihr Herz klopfte. Einmal. *Das kann nicht sein.* Zweimal. *Du bist tot.*

Wie betäubt ging sie auf ihn zu. Zumindest versuchte sie es. Doch mit jedem Schritt, den sie machte, schien er sich ebenso weit von ihr zu entfernen. »Süßes Feuer«, rief er ihr zu. »Folge mir.« Er drehte sich um, und seine Robe – die gleiche Robe, die sie auch als Mitternachtshändlerin trug – streifte über den Boden, während er sich von ihr wegbewegte.

Loulie zögerte. Das war eindeutig ein Trick. Sie hatte keine Zeit, Trugbildern durch dunkle Korridore hinterherzulaufen. Sie drehte sich um und suchte nach dem Eingang – doch da war keiner. Der Gang hinter ihr war eine Sackgasse.

Na toll, dachte sie genervt.

»Beeil dich!«, rief das Phantom. »Unangenehme Dinge durchstreifen die Dunkelheit, süßes Feuer.«

Und tatsächlich nahm sie ringsum Bewegungen wahr und hörte leises Flüstern. Schaudernd setzte sie sich wieder in Bewegung. Sie brauchte einen Plan. Punkt eins: sich nicht von lebendiger Dunkelheit verschlingen lassen.

Doch im Gegensatz zur Dunkelheit konnte sie den Stimmen nicht entkommen. Je näher sie dem Trugbild ihres Vaters kam, desto lauter wurden sie. Zähneknirschend berührte sie die Ringe und konzentrierte sich auf das Brennen in ihren Fingerspitzen. *Nichts davon ist real. Das ist nur Magie. Das ist …*

Ihr Vater begann zu singen: *»Die Sterne, sie brennen in der Nacht und weisen dem Scheich den Weg …«*

Loulie erschrak. Woher kannte sie bloß dieses Lied? Doch je mehr sie darüber nachdachte, desto dumpfer wurde ihr Verstand, bis sie nur noch den Text im Kopf hatte. Das Lied erfüllte sie mit Wärme und Sehnsucht. Es gab ihr das Gefühl, nach Hause zu kommen.

»Ja«, sagte ihr Vater. »Wir gehen nach Hause.«

»Nach Hause?«, fragte sie mit schwacher Stimme. Die Hoffnung auf eine Heimkehr hatte sie schon lange aufgegeben, weil … weil etwas geschehen war. Sie erinnerte sich an Feuer, Schmerzen und Tod. An einen Verlust, den sie verleugnete. Ihr fiel wieder ein, dass sie sich nicht erinnern wollte.

»Nach Hause«, erwiderte ihr Vater sanft. »Aber vorher müssen wir erst mal alle zurückbringen.«

Loulie nickte langsam. Das klang vernünftig. Sogar plausibel. Ihrem Vater konnte sie vertrauen, er hatte ihr noch nie einen falschen Rat gegeben. Er hatte nie …

Eine Erinnerung drang an die Oberfläche. Rissig und zerbrechlich wie gesprungenes Glas. Darin saß sie Knie an Knie mit ihrem Vater an einem Lagerfeuer. Er griff in seine Tasche und zog eine flache Scheibe aus Holz und Glas heraus. Einen Kompass. *In der Wüste gibt es viele eigenartige Dinge, süßes Feuer. Wenn du je solche Gegenstände findest, musst du gut auf sie aufpassen, denn sie könnten von Dschinn verzauberte Relikte sein.*

Loulie wusste noch, wie warm sich seine Finger angefühlt hatten, als er ihr den Kompass auf die Hand legte.

Ist dieser Kompass denn verzaubert?, hatte sie gefragt.

Er hatte gelacht. *Bei mir funktioniert er nicht, aber vielleicht wird er ja dir den Weg weisen.*

Die Erinnerung löste sich auf. Loulie sah sich mit frischer Konzentration um. Kurz vor der nächsten Ecke blieb ihr Blick an einem besonders grausamen Mosaik hängen. Es zeigte Seeleute, die in einem blauschwarzen Ozean versanken und vergeblich die Hände gen Himmel reckten. Ihre Münder standen weit offen, ihre Augen traten ihnen grotesk weit aus den Köpfen. Loulie hob den Blick und sah die Gottheit, die sie auf sich aufmerksam zu machen versuchten: eine Frau mit unnatürlich weißer Haut und tintenschwarzen Augen. Ihre Haare waren ein Wust aus herabregnenden glühenden Ascheflocken. Um ihren Hals lag ein Reif aus goldenen Knochen.

»Loulie?«, rief ihr Vater, doch seine Stimme war weit entfernt.

Sie legte eine Hand auf das Mosaik. Es war kalt genug, um sie an ihre brennenden Ringe zu erinnern. Und damit kehrte sie schlagartig in die Realität zurück und wusste auf einmal wieder, woher sie das Lied kannte. *Von Qadir. Er singt es oft.*

Sie drehte sich zu dem Trugbild um. Das blaue Licht der Laterne war nur noch so groß wie ein Stecknadelkopf. Und dann war es ganz weg. Mit dem Feuer verschwand auch ihre Umgebung.

Das Summen in ihrem Kopf wurde so schrill, dass ihre Trommelfelle knackten und ihre Knie weich wurden. Sie schmeckte Kupfer auf den Lippen, Blut. Es floss ihr aus der Nase. Ihr Schädel dröhnte so stark, dass sie kurz vor einer Ohnmacht stand.

Renn, befahl sie sich – ihre innere Stimme klang wie Qadir. *Lauf weg, oder du stirbst.*

Loulie wirbelte herum und stürmte, ohne nachzudenken, los. Die Dunkelheit jagte ihr nach. Sie stürzte sich auf ihre Schultern, packte sie an den Knöcheln und schrie ihr in die Ohren. *Dschinn-Mörderin! Mörderin!*

Loulie hatte zu viel Angst, um zu widersprechen.

Wenn doch nur die Leuchtkugel nicht im Diwan des Sultans zerbrochen wäre! Sie wäre jetzt sicher nützlich gewesen. Zumindest hätte sie ihren Feind sichtbar gemacht. Doch nein, sie war allein. Sie …

… wurde von etwas voller scharfer Kanten und Ecken auf den Boden gepresst. In ihrer Panik schlug sie mit dem Ellbogen danach. Ein Knacken ertönte, und das Ding zog sich fauchend zurück. Loulie wälzte sich herum und rannte davon. Als sie zurückblickte, hatte die Dunkelheit ihren Angreifer bereits wieder verschluckt.

Während sie rannte, zerfiel die Schwärze vor ihr zu blaugoldenen Bruchstücken. Zu spät erkannte sie, dass ihr eine Gestalt mit einer Laterne den Weg versperrte. Loulie prallte gegen sie, und sie gingen gemeinsam in einem Gewirr aus Armen und Beinen zu Boden.

Loulie rappelte sich rasch wieder auf und war schockiert, Aisha bint Louas vor sich kauern zu sehen. Sie fixierte Loulie mit einem mörderischen Blick und hielt einen Dolch auf ihren Hals gerichtet. Als Aisha erkannte, wen sie vor sich hatte, ließ sie die Klinge sinken. Einen Moment lang sahen sie einander verunsichert an.

Realität oder Illusion?

Ehe Loulie sich darüber klar werden konnte, hob Aisha den Arm und warf ihren Dolch.

Er sauste an Loulies Schulter vorbei. Sie hörte Stoff reißen, dann einen Schrei – so laut, dass ihre Knochen vibrierten. Sie hatte diesen Schrei noch nie gehört. Dennoch erkannte sie ihn.

Es war die Stimme ihres Vaters.

Sie drehte sich um und erblickte das Ding, das mit der Stimme ihres Vaters kreischte. Eine verfluchte, sehnige, menschenähnliche Kreatur mit hohlen Augen und zerfetztem Fleisch, mit zu langen Gliedmaßen und knirschenden Knochen, die wie Messer aus ihrer viel zu dünnen Haut ragten.

Ein Ghul.

Nicht mein Vater, schrillte es durch ihren Kopf, während sie Qadirs Dolch zückte und auf den Ghul zustürmte. Ihre Panik machte sie grausam. Ohne zu zögern, fetzte sie blutleeres Fleisch von den Knochen. Sie stach und schlitzte und quetschte, bis es nichts mehr zu vernichten gab. Zitternd zertrat sie die letzten Knochen zu Staub.

Sie hatte schon mit Ghulen zu tun gehabt, aber noch nie mit einem, der hinter Illusionen verborgen gewesen war wie dieser. Sie kannte sie nur als nahezu blinde Kreaturen, die Magie rochen und Menschen jagten, die welche bei sich trugen. Ghule waren verstohlene Geschöpfe. Das Gefährlichste an ihnen war ihre vollkommene Lautlosigkeit. Wenn sie sich ihrem Opfer näherten, senkte sich oft eine unnatürlich Stille über die Wüste.

Nun wusste sie wenigstens, weshalb es in dem Korridor so leise gewesen war.

Aisha bint Louas ging seufzend an ihr vorbei. »Salaam, al-Nazari.«

Loulie staunte über ihre Ruhe. Aishas Kleidung und ihre Haare waren noch immer sandig vom Sturm, doch ansonsten schien ihr nichts geschehen zu sein. Loulie konnte ihre Irritation nicht verbergen. Sie war gekommen, um Aisha zu *retten,* und nun wagte diese Frau es zu seufzen, als käme Loulie ihr ungelegen.

»Wo in allen neun Höllen hast du gesteckt? Wir haben überall nach dir gesucht!« Loulie versuchte gar nicht erst, ruhig zu bleiben.

Aisha steckte das Messer in ihren Gürtel zurück. »Das ist ja wohl offensichtlich. Ich jage eine Dschinn. Sie war sogar so freundlich, mich zu sich nach Hause einzuladen.«

Loulie erinnerte sich an den eigenartigen Gesichtsausdruck des Prinzen, als er vor der Düne gestanden und etwas von einer Frauenstimme gesagt hatte. Ihr wurde bewusst, dass er vielleicht von dieser Stimme in den Bann geschlagen worden war und möglicherweise noch immer unter ihrem Einfluss stand. Doch das erschien ihr unwahrscheinlich. Der Omar, den sie kannte, war ein Mörder, kein Opfer.

»*Nach Hause eingeladen?*« Loulie sah Aisha finster an. »Nennst du es so, wenn eine Dschinn dich in ihre verschüttete Ruine lockt?«

Aisha runzelte die Stirn. »Vorsicht, Händlerin. Ich habe gerade überhaupt keinen Nerv für deine schnippischen Bemerkungen.«

»Und ich habe keinen Nerv für eine Räuberin, die zu hochnäsig ist, um zuzugeben, dass sie sich *verlaufen* hat. Wenn du so eine tolle Jägerin bist, warum hast du die Dschinn dann noch nicht gestellt?«

Aisha drehte sich um und ging davon.

Loulie folgte ihr. »Und?« Sie wollte Aisha gerade an der Schulter packen, doch da bemerkte sie ihre Arme und hielt inne. Normalerweise trug die Räuberin ihren Umhang geschlossen. Daher waren Loulie noch nie die Blumenmuster aufgefallen, die sich von ihren Ellbogen bis zu ihren Schultern rankten. Auf den ersten Blick schienen sie nicht zu Aisha zu passen, aber dann sah Loulie, dass sie voller Dornen und rasiermesserscharfer Blätter waren.

Doch noch mehr als über die Tätowierungen wunderte Loulie sich über das, was sich darunter befand – dichtes Narbengewebe, das von der Farbe auf ihrer Haut verhüllt und gleichzeitig hervorgehoben wurde.

Die Räuberin drehte sich um. »Willst du mir irgendetwas sagen, Händlerin?«

»Es erscheint mir zwecklos, dir eine weitere Frage zu stellen, nachdem du meine erste noch nicht beantwortet hast.«

Sie sahen einander mit gerunzelter Stirn an. Loulie bemühte sich, nicht als Erste zu blinzeln.

Schließlich wandte Aisha den Blick ab. »Willst du die Wahrheit hören? Ja, ich habe mich verlaufen. Ich habe mich im Sandsturm verirrt, und nun stecke ich in diesem Höllenloch fest. Seit ich hineingezogen wurde, schaffe ich es nicht, wieder rauszukommen. Wenn du so viele großartige Einfälle hast, könntest *du* mir ja vielleicht den Ausgang zeigen.«

Loulie wurde rot. Abgesehen von dem Dolch hatte sie nur noch zwei andere Gegenstände dabei. Wenn es je einen richtigen Zeitpunkt gegeben hatte, sie zu verwenden, dann diesen.

Als Erstes holte sie den Kompass heraus, erkannte aber gleich, dass er ihr nichts nützen würde, da sich seine Nadel wild im Kreis drehte. Selbst ein stummer Befehl konnte ihn nicht zur Ruhe bringen. Die Münze bestätigte nur, dass sie sich tatsächlich verirrt hatten, und ja, es gab einen Ausgang. Irgendwo.

Aisha schnaubte. »Dann hat sich die legendäre Mitternachtshändlerin also auch verlaufen.«

»Könntest du bitte still sein? Ich versuche nachzudenken.« Loulie dachte an den Ghul, der sich als ihr Vater maskiert hatte. Sie war sicher, dass er sie irgendwohin hatte bringen wollen, bevor sie sich aus ihrer Trance befreit hatte. Sie sah Aisha an. »Hat ein Ghul dich dazu überreden wollen, dass du ihm folgst?«

Aisha schnitt eine Grimasse. »Er ist nicht sehr weit gekommen, aber ja.«

Als Loulie den Gesichtsausdruck der Räuberin bemerkte, der selbst für ihre Verhältnisse ungewöhnlich grimmig war, wurde ihr klar, dass sie ebenfalls ein Trugbild gesehen hatte. Wen hatte sie wohl erblickt? Jemanden aus ihrer Familie? Oder ihren Herrn und Meister, den verabscheuungswürdigen Dschinn-Mörder?

Aisha sah sie unbewegt an. »Wieso fragst du?«

Loulie bezähmte ihre Neugier. Sie wollte der Dschinn-Mörderin auf keinen Fall mehr als unbedingt nötig von sich preisgeben. Sie schüttelte den Kopf. »Ich glaube, die Ghule können uns den Weg nach draußen weisen.«

Aisha hob eine Braue. »Du meinst, man kommt hier nur mit einem Ghul-Führer voran?«

War es das, was sie gemeint hatte? Objektiv betrachtet besaßen die Ghule nichts, was sie nicht auch hatten. Der von vorhin hatte eine Laterne getragen, aber die besaßen sie ebenfalls. Er war durch die Korridore gegangen, genau wie sie beide in diesem Moment. Und er hatte …

»Er hat gesungen.« Die Erkenntnis traf sie wie ein Blitz.

Aisha verschränkte die Arme. »Wenn du dieses Gejammer als singen bezeichnen willst … Aber warum ist das wichtig?«

Loulie hatte eine Idee, die so absurd war, dass sie fast laut losgelacht hätte. Doch das Lied war das Einzige, wodurch sich die Ghule hier unten von ihnen unterschieden. Warum sollten sie es also nicht versuchen?

Sie schaute in die undurchdringliche Dunkelheit und holte tief Luft. Ohne auf ihre heißen Wangen und das flaue Gefühl in ihrem Magen zu achten, intonierte sie die Verse, die sie von Qadir kannte.

»Die Sterne, sie brennen in der Nacht
Und weisen dem Scheich den Weg.«

Erst kamen ihr die Worte nur langsam in den Sinn, dann immer drängender, wie ein ruhiger See, der sich in ein reißendes Fließgewässer verwandelt. Sie blendete Aishas Gelächter aus und konzentrierte sich ganz auf das Lied.

»Geh zu ihr, geh zu ihr, klingt es von fern.
Geh und such nach deinem Augenstern.
Geh zu ihr, geh zu ihr.
Dem Kompass deines Herzens …«

Sie fühlte sich, als würde sie schweben. Das Lied wurde zu einer Landkarte, der Text wies ihr den Weg durch eine nebulöse, unvertraute Erinnerung. Während sie sang, verschwamm die Ruine um sie herum und verwandelte sich in einen herrlichen Palast aus Marmor und Gold. Alles war strahlend hell.

»Die Sonne, sie wärmt den Sand
Und steckt das Herz des Scheichs in Brand.
Sie wartet im Schatten, sagt die Sonne,
Die Geliebte aus deinen Träumen.
Sie wartet im Schatten, im Schatten.«

Loulies Beine setzten sich von selbst in Bewegung und trugen sie eine gewundene Straße entlang, die im ständigen Wechsel durch Vergangenheit und Gegenwart führte. Sie durchquerten Räume, die erst farbenfroh, dann grau waren, Gärten voller Pflanzen und im Handumdrehen voller Asche. Säle, in denen es vor beschwingten Tänzern nur so wimmelte, nur um gleich darauf mit leblosen Skeletten angefüllt zu sein. Korridore, gerade noch strahlend neu, einen Herzschlag später verwittert. Schließlich gelangten sie zu einer klapprig wirkenden Treppe.

In Loulies Kopf ertönte eine Stimme, so laut, dass sie ihre eigenen Gedanken nicht mehr verstehen konnte.

Willkommen, meine Gäste! Es war eine tiefe und sonore Frauenstimme. *Hochgeschätzte und hinterlistige Dschinn-Mörderinnen! Seid Ihr auf der Suche nach Ruhm und mehr Macht, als Ihr euch selbst in Euren kühnsten Träumen vorstellen könnt?* Die Stimme lachte und ließ, obwohl sie nur in ihren Köpfen zu hören war, die Wände erzittern. *Ich fürchte, Ihr seid zu spät. Diesen Preis hat bereits jemand anderes einge-*

heimst. Da Ihr den weiten Weg auf Euch genommen habt, bestehe ich jedoch darauf, dass Ihr meine Gemächer besucht. Ich wäre eine schlechte Gastgeberin, wenn ich Euch nicht bewirten würde.

»Omar?«, murmelte Aisha

Die Königin der Dünen, dachte Loulie und eilte die Stufen hinauf.

Unterwegs dachte sie an die Dschinn-Königin auf dem Gemälde, mit der gespenstisch weißen Haut und den leeren schwarzen Augenhöhlen – und an die Geschichte, die der Alte Rhuba über sie erzählt hatte.

DIE GESCHICHTE DER KÖNIGIN DER DÜNEN

An einem unbekannten Ort vor nicht allzu langer Zeit lebte eine Sklavin namens Naji, die einem grausamen Händler gehörte. Tag und Nacht litt sie unter ihm, denn er schlug sie, rücksichtslos und ohne jeden Grund. Sie diente ihm viele quälende Jahre lang, bis sie eines Tages mitten in einem Sandsturm die Flucht ergriff. Sie rannte, bis sie in einem abgeschiedenen Tal zusammenbrach und zu den Göttern um Hilfe betete.

Zu ihrer großen Überraschung antwortete eine der Gottheiten tatsächlich und führte sie mit seidenweicher Stimme tiefer in das Tal zu einem wundersamen, hinter einem Schleier aus Sand verborgenen Palast. Naji war so beeindruckt, dass sie ihre Erschöpfung ganz vergaß und mit der ungetrübten Begeisterung eines Kindes den Palast erkundete. Schließlich gelangte sie in einen Thronsaal, der so prächtig eingerichtet war, dass selbst der Reichtum ihres Herrn dagegen verblasste.

Im hinteren Teil des Raums stand ein wunderschöner Thron. Darauf saß eine Frau mit porzellanweißer Haut und mitternachtsschwarzen Augen. »Willkommen, mein geschätzter Gast!«, rief sie, und Naji erkannte die Stimme, die sie zum Palast geführt hatte. »Bitte bleib eine Weile und ruh dich aus, Habibti. Ich werde dir Speisen bringen lassen und für deine Unterhaltung sorgen.«

Naji war vor Dankbarkeit zu Tränen gerührt. Als die Tänzer die Bühne betraten, war es mit ihrem Hochgefühl jedoch umgehend vorbei, denn sie waren ein Hohn auf das Leben, nichts als menschliche Hüllen mit leeren Augen. Auf Geheiß ihrer Gastgeberin tanzten und sangen sie wie Marionetten.

Als die Vorführung zu Ende war, sank Naji auf die Knie und umklammerte die kalten Hände ihrer Gastgeberin. »Du bist sehr freundlich zu mir gewesen, Sayyidati, aber lass mich nun bitte wieder gehen. Ein gefährlicher Mann verfolgt mich, den ich nicht in deinen Palast locken möchte.«

»Mach dir keine Sorgen. Ich habe keine Angst vor Männern. Sie fürchten mich.« Ihre Gastgeberin lächelte herzlich. »Möchtest du, dass ich dir dieses Ungeheuer vom Hals schaffe?«

Naji bewunderte den Mut ihrer Gastgeberin so sehr, dass sie ihre widernatürlichen Tänzer vergaß. »Könntest du ihn wirklich dazu bringen, mich nicht mehr zu verfolgen?«

»Oh, ich kann noch viel mehr als das! Ich kann all deine Wünsche wahr machen, selbst die unmöglichen.« In ihren dunklen Augen glitzerten ferne Sterne. »Wenn ich es tue, werde ich dafür auch etwas von dir verlangen.«

Naji war so verzweifelt, dass sie unverzüglich den Kopf senkte und fragte, wie sie ihr dienen könne.

Daraufhin sagte ihre Gastgeberin: »Um meine Magie wirken zu können, muss ich diesen Ort verlassen, und dafür brauche ich deinen Körper.« Sie nahm ihren Halsreif aus goldenen Knochen ab und reichte ihn Naji. »Wenn du dir den um den Hals legst, gebe ich dir die Macht, deine Albträume zu zerstören.«

Naji tat wie geheißen, und während ihre Gastgeberin zu Rauch und Asche zerfiel, wurde sie selbst von einer schrecklichen Energie erfüllt. Ihr Hunger und ihr Durst verschwanden und wichen einem unstillbaren Verlangen nach Rache. Sie kehrte in die Wüste zurück und ging viele Meilen weit, bis sie das Lager ihres grausamen Herrn erreichte.

»Da bist du ja wieder, Sklavin!« Der Händler näherte sich ihr mit einer Peitsche. »Wirst du mich um Vergebung bitten, oder muss ich dich bestrafen?«

Naji hob den Kopf und sah ihrem ehemaligen Meister unverwandt in die Augen. »Ich werde nie wieder um Vergebung bitten.« Sie hob die Arme und beschwor die dunkle Magie in ihren Adern.

Kreaturen aus verwestem Fleisch und Gebein befolgten ihren Ruf und erhoben sich mit Wutgeschrei aus dem Sand. Als der Händler und seine Männer die Flucht ergriffen, jagten die Ghule sie wie Hunde, brachen ihnen die Knochen und zerfetzten ihre Herzen. Anschließend rief Naji die Kreaturen wieder zu sich. Schockiert sah sie zu, wie sich die Leichen der erschlagenen Männer ebenfalls erhoben und zu ihr wankten.

Sie wich zurück und rief: »Was ist das für ein grauenhafter Zauber?«

Ihre Gastgeberin lachte in ihr und erwiderte: »Mein liebes

Mädchen, das ist die Magie der Königin der Dünen. *Meine* Magie. Und da ich nun frei bin, hast du sie auf die Welt losgelassen.«

Naji hatte sich noch nie so sehr gefürchtet wie in diesem Moment, denn die Königin der Dünen war keine sterbliche Frau: Sie war eine der sieben Dschinn-Könige. Naji versuchte, den Knochenhalsreif wieder abzulegen, doch vergebens.

Die Königin der Dünen lachte. »Unsere Abmachung ist noch nicht erfüllt, Habibti. Ich habe deine Albträume zerstört, und nun musst du mir deinen Körper überlassen. Sei nicht traurig, liebes Mädchen! Gemeinsam werden wir unbesiegbar sein.«

Mit diesen Worten erstickte die böse Königin der Dünen Najis Gedanken so mühelos, wie man eine Kerze auslöscht, und begann zu planen. Sie führte ihre Armee durch die Wüste zu einer prächtigen Stadt der Menschen und suchte den Wali auf, der sie regierte. Sie versprach ihm mehr Macht, als er sich vorstellen könne, wenn er ihr Unterschlupf gewähre. Der gierige Mann ließ sich auf den Handel ein und trauerte nicht, als sie seine Soldaten tötete, denn sie ließ die Leichname wiederauferstehen und formierte sie zu einer furchterregenden unsterblichen Armee.

Der Wali bewunderte die Magie der Königin so sehr, dass ihm gar nicht einfiel, Angst vor ihr zu haben. Das war sein größter Fehler. Wochen nachdem sie seine Armeen übernommen hatte, ermordete die Königin der Dünen ihn auf einem kargen Schlachtfeld. »Ein herzloser Mann braucht kein Herz«, verkündete sie und riss ihm das pulsierende

Organ aus der Brust. Anschließend befahl sie seinem Leichnam, ihr zu folgen.

Lange durchwanderte die Königin der Dünen die Wüste und vergrößerte ihre Armee der Toten. Sie errichteten einen Palast für sie, der sogar noch schöner war als die Ruine, in der Naji sie gefunden hatte. Dort residierte sie viele Jahre lang und war es zufrieden, verehrt und gefürchtet zu werden.

Doch eines Tages kam Munaqid, ein Bauer aus einer nahe gelegenen Siedlung. Im Gegensatz zu den anderen Bewohnern seines Städtchens weigerte er sich, die Königin anzubeten. »Die Dschinn sind Frevler, die wegen ihrer Bosheit von den Göttern verbannt wurden«, erklärte er den anderen. »Und am allerschlimmsten sind ihre sieben Könige. Sie sind die Wurzel allen Übels.« Er überlegte, wie er die Schreckensherrschaft der Königin beenden könnte. Sein Plan führte ihn in den Palast, wo er sich zu Boden warf und ihr mit falschen Gebeten huldigte. Tag für Tag kehrte er zurück und überschüttete die Königin mit seinen Lobpreisungen.

Die Königin staunte über seine Hingabe und erlaubte ihm, im Palast zu bleiben und ihr zu dienen. Sie ließ ihn am Leben, denn sie liebte es, seinen Gesichtsausdruck zwischen Bewunderung und Angst schwanken zu sehen. Und im Laufe der Zeit begann sie, ihm zu vertrauen.

Als sie eines Tages gemeinsam durch den staubigen Palasthof gingen, befragte Munaqid sie zu ihrer äußeren Erscheinung. »Du bist so schön, wie man sich eine Göttin vorstellt. Was hat dich zu dieser Gestalt inspiriert?«

»Ich bin nur ein Schatten dessen, was ich früher einmal

war. Um in eurer Welt existieren zu können, benötige ich ein Gefäß. Dieser Körper war eine Opfergabe.« Mit einem liebevollen Lächeln streichelte sie den Knochenreif um ihren Hals.

Da begriff Munaqid, was er zu tun hatte. Als die Nacht anbrach, begab er sich zum Schlafgemach der Königin und erschlug alle Ghule, die ihm in den Weg traten. Er sah, dass die Königin in ihrem Bett schlief und löste, ehe sie erwachte, den Reif von ihrem Hals. Was für Naji unmöglich gewesen war, fiel Munaqid nicht schwer, da er nicht durch Magie gebunden war. Er warf den Halsreif zu Boden, packte Naji und rannte mit ihr, verfolgt von den Ghulen der Königin, aus dem Palast.

Es gelang ihm, sie abzuschütteln. Doch blutend und erschöpft, wie er war, hörte er in seinem Kopf noch immer die Stimme der Königin. *Verräter!*, gellte sie. *Übler Verräter!*

Munaqid fürchtete schon, für immer unter ihrer Stimme leiden zu müssen, als ein Sandsturm aufzog und ihr Geschrei übertönte. Er suchte Unterschlupf in einer Höhle und drückte Naji fest an sich, während draußen der Sturm toste. Als er vorüber war, trat er hinaus und sah, dass an der Stelle, wo kurz zuvor der Palast gestanden hatte, ein Hügel aus goldenem Sand aufragte.

»Die Götter haben meine Gebete erhört«, flüsterte Munaqid. »Sie haben die Königin der Dünen erneut begraben. Nun sind wir alle frei.«

Munaqid kehrte in die Höhle zurück und entdeckte ein weiteres Wunder: Naji weilte wieder unter den Lebenden. Er nahm ihre Hand und ging mit ihr zu seiner Siedlung zurück.

Munaqids Sieg wurde im ganzen Wüstenkönigreich gefeiert, und die Leute lebten wieder in Frieden. Seit diesem triumphalen Sieg sind Hunderte von Jahren vergangen. Doch hütet euch, ihr Wüstenbewohner, denn ihr könnt euch des Friedens nicht sicher sein. Wenn ihr je in der Wüste seid und dort eine Stimme aus eurer Vergangenheit hört, die euch anbietet, eure sehnlichsten Wünsche zu erfüllen, dann schlagt rasch einen anderen Pfad ein. Denn dieser ist mit gebrochenen Versprechen und tödlichen Lügen gepflastert.

24

MAZEN

Als Mazen den Halsreif berührte, schoss eine verführerische Wärme durch seine Adern. Es war eine berauschende und überwältigende Macht, und er brach unter ihrem Gewicht fast zusammen.

Wehr dich nicht, sagte eine sanfte Stimme in seinen Gedanken.

Mit zitternder Hand hob er die Krone auf. Die Wärme, die er empfand, war mit einer kribbelnden Kälte durchwirkt, die seine Knochen betäubte, obwohl seine Eisenringe im Kampf gegen die Magie auf seiner Haut brannten. Seine Finger schlossen sich fester um den Reif und führten ihn … zu seinem Hals?

Das ist keine Krone, dachte er, *sondern ein Halsreif.*

Er erstarrte, eine in Schatten gehüllte Erinnerung blitzte vor seinem inneren Auge auf: Ein Phantom stand vor ihm, mit rubinroten Augen, die in der Dunkelheit unnatürlich leuchteten. Er schnappte nach Luft, als sich dieses Schattenwesen in Rauch auflöste, in seine Lunge drang und …

»Nein.« Der schimmernde Halsreif war nur noch wenige Zoll von seinem Hals entfernt.

Ja, sagte das schreckliche Summen in seinem Kopf. Es war ein Flüstern, ein Heulen und ein Schrei. *Wehr dich nicht,* sagte es. *Wehr dich nicht, wehr dich nicht …*

»Also gut«, stieß Mazen hervor. Er hob den Halsreif – höher und höher … und warf ihn weg. Er weigerte sich, noch einmal in Besitz genommen zu werden.

Daraufhin geschahen mehrere Dinge gleichzeitig. Das Summen hörte auf, der Halsreif begann zu *kreischen*, und das Meer aus Knochen türmte sich zu einer vor Wut heulenden Welle auf. Mazen sah wiederbelebte Knochen, durchtrennte Haut und blitzende Klingen. Die Ghule formierten sich unglaublich schnell. Dass sie zum Leben erwacht waren, erkannte Mazen erst, als sie in ihrer ganzen entsetzlichen Pracht vor ihm standen.

Wenn du dich mir nicht hingeben willst, dann wirst du mir eben dienen, sagte die summende Stimme.

Panik durchfuhr Mazen wie ein Blitzstrahl und kribbelte in seinen Fingerspitzen. Er griff nach seinen Messern, doch seine Handflächen waren schweißnass, und er bekam sie nicht richtig zu fassen.

Als er endlich eines fest in der Hand hielt, waren die Ghule bereits nah genug, um auf ihn einzustechen. Sie verströmten einen Geruch nach Dreck, Fäulnis und Verwesung. Mazen spürte, wie ihm die Galle hochkam. Er versuchte, nicht auf ihre verstümmelten Gesichter zu achten, doch er konnte den Blick nicht von ihren spitzen Zähnen abwenden, den eingefallenen Augen und zerschmetterten Nasen.

Einer der Ghule knurrte tief in seiner zertrümmerten Kehle und streckte die Hand nach ihm aus. Mazen stach verzweifelt mit dem Messer nach ihm.

Zu seinem Erstaunen wich der Ghul zurück und zischte ihn durch seine gesplitterten Zähne hindurch an.

Diese Klinge!, bohrte sich die Stimme wie ein spitzes Messer in seine Gedanken. *Sie ist abscheulich! Dschinn-Mörder!* Jedes Wort versetzte Mazen einen Stich ins Herz. Wie oft hatte er es sich diese falsche Anschuldigung nun schon anhören müssen?

Du bist es nicht wert, mir zu dienen. Mazen kam es vor, als würde die

Stimme sich von ihm abwenden. *Tötet ihn,* sagte sie. *Zermalmt ihn, auch seine Knochen.*

Ohne zu zögern, stürzten die Ghule sich auf ihn. Mazen sah keine andere Möglichkeit, sich zu verteidigen, als sein Messer wie eine Sense hin und her zu schwingen. In Omars Körper war er zwar schneller und stärker als in seinem eigenen, doch er hatte zu viel Angst, um klar zu denken.

Die Ghule waren unerbittlich. Sie waren zwar nicht zu einem koordinierten Angriff fähig, doch dafür kamen sie von allen Seiten. Während ein Ghul ihn rammte, sauste ein Pfeil an seinem Ohr vorbei, und er geriet ins Stolpern. Ein anderer Ghul drosch ihm die flache Seite seiner Klinge auf den Bauch. Ein weiteres Schwert schlitzte seinen Ärmel auf, ein drittes verfehlte nur knapp sein Bein.

Mazen machte einen Satz nach hinten und landete hart auf der Ferse. Ein scharfer Schmerz fraß sich in seinen Knöchel. Er schrie auf und wich mit zusammengebissenen Zähnen einem weiteren Hieb aus. Dann wirbelte er herum und stieß einem Ghul hinter ihm den Dolch in die leere Augenhöhle.

Zu seiner Verblüffung verbrannte sein Angreifer zu weißer Asche und rieselte zu Boden.

Mazen warf einen kurzen Blick auf die Klinge. Hatte die Mitternachtshändlerin nicht gesagt, Omars Messer seien verzaubert …? Rasch schob er den Gedanken beiseite und wappnete sich für die nächste Angriffswelle.

In diesem Moment bemerkte er in der Nähe des Eingangs inmitten des weißen Durcheinanders einen verschwommenen Farbtupfer. Er sah genauer hin und erkannte, dass es unscheinbare braune Kleidung war. Loulie al-Nazari erwiderte finster seinen Blick. Einen Moment später tauchte neben ihr Aisha bint Louas auf und stieß den Atem aus, als sie ihn sah.

Ihr Seufzer durchbrach die unheimliche Stille. Die Ghule teilten sich auf. Die einen strebten der Tür zu, die anderen dem Podest, vor dem Mazen nach wie vor um sein Leben kämpfte. Er schlug wild mit dem Messer um sich. Was immer die Klinge berührte, egal ob Haut oder Knochen, zerfiel augenblicklich zu Asche. Mazen erkannte, dass er die Ghule nur leicht ritzen musste, um sie zu vernichten.

Diese Erkenntnis gab ihm zwar nicht das Gefühl, unbesiegbar zu sein. Sie verhinderte nicht, dass seine Hände zitterten, und klärte auch nicht seinen Verstand. Aber es war besser, als sich vollkommen hilflos zu fühlen, und so legte er sein ganzes Gewicht in jeden Hieb und hoffte, damit einen Fluchtweg freihacken und ein Ende dieses Kampfes herbeiführen zu können.

Mehrere Minuten oder Stunden später hob Mazen erneut den Blick und schaute über die aschfarbene blutrünstige Horde hinweg zur Händlerin und der Räuberin. Was Aisha an Kraft fehlte, machte sie durch ihre Geschwindigkeit wett. Sie schlug Ghule nieder und hackte ihnen Arme und Beine ab, damit sie ihr nicht folgen konnten. Loulie al-Nazari befand sich auf der anderen Seite des Raums und schlüpfte gerade hinter einen Vorhang. Ein Knacken ertönte.

Als die Händlerin wieder aus ihrem Versteck hervorkam, *brannte* ihr Dolch. Mit einem triumphierenden Grinsen schwang sie die Klinge hin und her und zündete damit die Ghule an. Mazen sah zu, wie einer von ihnen mit lautem Geheul zusammenbrach und die Hände ausstreckte, als würde er nach etwas greifen. Mazen folgte seinem Blick und fluchte, als er den Halsreif auf dem Boden liegen sah.

Die Mitternachtshändlerin hielt inne und sah ebenfalls das Relikt an. Einen Moment lang rührte sie sich nicht und neigte den Kopf zur Seite, als würde sie auf etwas lauschen.

Mazen näherte sich ihr mit unsicheren Schritten. »Al-Nazari«, stieß er ihren Namen zwischen seinen kalten Lippen hervor. Keine Reaktion. »Mitternachtshändlerin!«

Sie ging mit ausgestreckter Hand auf den Halsreif zu.

»Halt, al-Nazari!«

Sie bückte sich, um ihn aufzuheben.

Mazen warf sich Kopf voran auf sie, schlug ihr den Reif aus der Hand und rang sie nieder. Er keuchte, als sie ihm ein Knie in den Magen rammte, weigerte sich aber, ihre Handgelenke loszulassen, und drückte sie mit zusammengebissenen Zähnen auf den Boden. »Komm zu dir!«

Die Händlerin vergrub die Fingernägel in seinen Unterarmen. Mazen schrie auf und ließ sie los. Loulie nutzte die Gelegenheit, um nach seinem Gesicht zu stechen. Mit geschlossenen Augen zuckte er vor der brennenden Klinge zurück – und fühlte zu seiner Überraschung nur Hitze auf der Haut. Als er die Augen langsam wieder öffnete, tanzte die blaue Flamme grell, aber harmlos vor seiner Nasenspitze. Die Händlerin ließ ihm keine Zeit, darüber nachzudenken, weshalb sie ihn nicht versengte, denn sie boxte ihm ins Gesicht und stand auf.

Mazen blinzelte, um die Sterne zu vertreiben, die vor seinen Augen tanzten, und sah, dass Loulie sich von ihm wegdrehte. Instinktiv streckte er das Bein aus. Sie stolperte darüber und ging zu Boden.

Sie rangen miteinander in einem Gewirr aus Körpern, Klingen und Flüchen. Als Mazen das Gesicht der Händlerin das nächste Mal deutlich sah, hockte sie auf ihm und stieß erneut mit der Flammenklinge nach seinem Gesicht.

Er schaffte es gerade noch rechtzeitig, sich herumzuwälzen, und stieß ihr in seiner Verzweiflung sein Messer in die Hand.

Loulie fiel mit einem animalischen Schrei von ihm herunter.

Als er die klaffende, blutende Wunde sah, die *er* in ihre Hand geschlagen hatte, krampfte sich sein Magen vor Schuldgefühlen zusammen.

»Prinz!« Mazen drehte sich um und sah Aisha hinter sich stehen. Sie war über und über mit weißem Staub bedeckt. Ihr Blick zuckte zu Loulies Verletzung. Dann sah sie wieder Mazen an. »Wir müssen weg. Wo ist die Dschinn?« Bevor Mazen antworten konnte, bemerkte sie den Halsreif. Verwirrt runzelte sie die Stirn. »Ist das … ein Relikt?«

Nein! Mazen griff nach dem Reif, doch Aisha kam ihm zuvor und verstaute ihn in ihrem Beutel.

Sobald er im Beutel verschwunden war, erzitterte der Raum und ächzte unter dem gigantischen Gewicht der Düne, die auf ihm lastete. Die verbliebenen Ghule zerfielen zu Staub, und die Flammen am Dolch der Händlerin erloschen. Von der Klinge stieg Rauch auf. Über ihnen bildeten sich Risse in der Decke, durch die Sand rieselte.

Keiner von ihnen sagte etwas. Aisha riss einen Fetzen von ihrem Schal ab und wickelte ihn um die verletzte Hand der Händlerin. Als sie damit fertig war, packte sie Loulie an ihrem unversehrten Arm und half ihr auf. Die drei machten sich eilig davon – wobei Loulie, von deren Fingern Blut tropfte, Mühe hatte, mit den anderen beiden mitzuhalten.

Sie hatten es kaum auf der brüchigen Treppe ins untere Geschoss geschafft, als eine Wand einstürzte und sich durch die so entstandene Lücke eine Sturzflut aus Sand ergoss. Mazen wurde von den Beinen gerissen und schlug schmerzhaft auf Händen und Knien auf. Als er sich wieder aufrappelte, verdunkelte der herabfallende Staub den ganzen Korridor. Die Wände knirschten, die Mosaike zerfielen zu bunten Scherbenhaufen, und der Boden bebte.

Jemand stieß ihn vorwärts – Aisha, die mit Loulie an ihm vorbeistürmte.

Ein schreckliches Stöhnen erklang, gefolgt von einem ohrenbetäubenden Quietschen, als zwei Steinplatten aneinanderrieben. Die Decke zerbarst, und die ganze Welt bestand mit einem Mal nur noch aus Sand, der wie eine riesige Welle auf sie herabtoste.

Mazen rannte los.

Er hetzte hinter Aisha und Loulie her, sprintete durch absackende Korridore und wich herabfallenden Trümmerteilen aus, bis sich das Labyrinth zu einem einzelnen Gang verengte, an dessen Ende prächtiges, von den Göttern gesandtes Licht hereinfiel.

Als wäre der Ruine klar, dass sie sich kurz vor dem rettenden Ausgang befanden, stürzte sie noch schneller ein. Die Wände kamen näher, die Decke wellte sich bedrohlich. Ein heftiger Ruck ging durch das Gebäude, der Mazen komplett aus dem Gleichgewicht brachte, sodass er mit zitternden Knien gegen eine Wand krachte.

Das Gebäude neigte sich ächzend zur Seite. Überall war Sand. Er drückte auf seinen Schultern und drang in seine Ohren und die Lunge ein.

Er konnte nicht mehr atmen und kaum noch rennen. Aber …

Fast da.

Der Boden kippte zur Seite. Mazen geriet ins Rutschen, und schaffte es nur mit Mühe, sich auf den Beinen zu halten.

Fast da, fast da.

Er hastete weiter, bis sich das gerade noch ferne Licht unmittelbar vor ihm befand und all seine Sinne überwältigte. Blindlings taumelte er hinter Aisha und Loulie durch einen Vorhang aus Staub. Ein Schwall frischer Luft schlug ihm entgegen, und er hörte ein freudig erregtes Flüstern.

Endlich frei, raunte die Königin der Dünen.

25

LOULIE

Loulie träumte von Feuer.

In ihrem Traum war der Sand mit Asche bedeckt und der Himmel voll knisternder Glut. In der Ferne brannte der Lagerplatz ihres Stammes. Der Rauch war so dicht, dass sie die Mörder und ihre Opfer nicht auseinanderhalten konnte. Als Loulie versuchte, sich dem Massaker zu nähern, loderte die Glut im Himmel auf, und der Boden unter ihren Füßen begann zu brennen.

Einer der Schatten schälte sich aus dem Rauch. Er trug nachtschwarze Kleidung. Seine dunklen Augen richteten sich auf sie. Als er näher kam, sah sie zinnoberrotes Blut auf seiner Klinge schimmern. *Willst du lieber tot oder versklavt sein, Mädchen?*

✦ ✦ ✦

Mit einem unterdrückten Schrei kehrte Loulie in die Welt der Lebenden zurück. Die Erinnerung an das brennende Lager verblasste bereits, während sie sich den Schweiß von der Stirn wischte. Als sie den Schmerz in ihrer Hand spürte, fiel ihr mit vollkommener Klarheit die Wunde wieder ein, die ihr der Prinz zugefügt hatte.

»Endlich ist die Tote wieder zum Leben erwacht.«

Loulie blickte auf und sah, dass Qadir sie mit zusammengezogenen Brauen betrachtete. Auf dem Tisch, an dem er saß, stand eine flackernde Laterne. Sie verbreitete ein unheimliches grünes Licht und tauchte Qadirs Gesicht in Schatten, sodass seine Stirn noch tiefer gefurcht wirkte.

Sie musterte ihn misstrauisch. »Du bist doch kein Trugbild, oder?«

Als er anstelle einer Antwort nur eine Braue hob, seufzte sie. Egal, wie skeptisch Qadir sie musterte, mit seiner ausgeglichenen Art schaffte er es immer, sie zu beruhigen. Ihr Blick ging zu seiner Hand, um die ein vertrautes Perlenband gewickelt war. Das einschläfernde Relikt. »Auf dem Ritt nach Dhyme hattest du so starke Schmerzen, dass ich annahm, es sei besser für dich, bewusstlos zu sein«, erklärte er.

Wir sind in Dhyme?

Sie sah sich um und erkannte den Raum in der Zuflucht der Wanderer, in dem sie immer unterkamen, wenn sie die Stadt besuchten. Er war klein und enthielt nur ein Bett und einen wenig beeindruckenden Schreibtisch. In einer Ecke standen die bodenlose Tasche und Qadirs Shamshir. Daneben befand sich eine Wandnische, in der kleine Steinfiguren standen. Manchmal stellte Loulie sie zum Spaß um, sodass es aussah, als würden sie eine Schlacht austragen. Im Moment waren sie alle ordentlich aufgereiht und ihr zugewandt. Obwohl sie keine Gesichter hatten, wirkten sie vorwurfsvoll.

Sie sah ihre Hand an und verzog das Gesicht, als sie den blutgetränkten Stoff bemerkte. Jetzt, da sie wach war, konnte sie den stechenden Schmerz unter ihrer Haut nicht mehr ignorieren. Sie erinnerte sich daran, wie Aisha die Verletzung verbunden und sie anschließend durch die einstürzende Ruine geschleift hatte.

»Was ist passiert?«

»Ich kann dir sagen, was passiert ist – du hast nicht richtig nachgedacht und wärest fast gestorben«, schimpfte Qadir.

Loulie hob den Blick und zuckte zusammen. In seinen normalerweise braunen Augen schien ein silberblaues Feuer zu flackern.

»Wie oft musst du dem Tod knapp entrinnen, um endlich einzusehen, dass du nicht unbesiegbar bist, Loulie?« Er beugte sich vor, und seine Augen leuchteten so hell, dass sie beinahe weiß wirkten. »Erst greifst du ohne Not die Schatten-Dschinn an, und dann marschierst du, ohne an die Konsequenzen zu denken, geradewegs in eine tödliche Illusion.«

Loulie schämte sich so sehr, dass sie sich die Antwort verkniff, die ihr auf der Zunge lag: *Du musst mich nicht bemuttern. Ich bin nicht schwach.* Sie ballte die unversehrte Hand und stutzte, als sie die kalten Ringe an ihren Fingern spürte. In der Ruine waren sie nutzlos gewesen. Sie hatte sich von der Königin der Dünen einwickeln lassen und sich ihr fast hingegeben.

Nicht schwach. Egal, wie oft sie sich diese Worte vorsagte, sie klangen hohl.

»Es tut mir leid«, sagte sie mit bebender Stimme. »Ich wollte nur den Prinzen zurückholen.« Loulie machte sich auf eine vernichtende Antwort gefasst. Wenn Qadir es darauf anlegte, könnte er ihr mit wenigen Worten ihre Überheblichkeit austreiben.

Doch das war nicht Qadirs Art.

Das weiße Schimmern in seinen Augen verschwand, wie Eis, das in der Sonne schmolz, und sein finsterer Blick wurde sanfter. Als er ihre verletzte Hand in seine nahm, musste sie die Zähne zusammenbeißen, um nicht zu wimmern. Obwohl er vorsichtig war, schoss ein scharfer Schmerz durch ihre Finger. Sie beobachtete, wie er den Verband abwickelte und die grässliche, mit geronnenem Blut verklebte Wunde zum Vorschein kam. Als sie den Knochen darin sah, wurde ihr übel.

Qadir zog einen Dolch aus dem Gürtel und schlitzte sich die Handfläche auf. Silbernes Blut quoll aus dem Schnitt. Ohne ihre Zustimmung einzuholen, legte er seine blutige Hand auf ihre verwundete und sah ihr in die Augen. »Erzähl mir, was passiert ist.«

Sie schnappte nach Luft. Es war schon lange her, seit sie das letzte Mal sein magisches Blut in ihren Adern gefühlt hatte. Qadir kurierte sie nur selten. Er hielt nichts davon, kleinere Verletzungen zu heilen – insbesondere nicht solche, die sie sich aufgrund ihrer eigenen »vorschnellen« Entscheidungen zugezogen hatte. Die Magie wirkte mit einem unangenehm kühlen Kribbeln unter ihrer Haut, das abwechselnd zu Schmerzen und zu Taubheit führte. Am meisten verstörte sie jedoch, dass sie *fühlen* konnte, wie sich die zerschnittenen Sehnen in ihrer Hand selbst wieder zusammenfügten.

»Erzähl es mir«, wiederholte Qadir sanft. Loulie wusste, dass er sie abzulenken versuchte.

Sie ließ sich darauf ein und berichtete ihm davon, wie der Prinz verschwunden war und sie auf der Suche nach ihm die Ruine durchstreift hatte. Sie erzählte ihm von dem Lied, der Stimme in ihrem Kopf, den Ghulen und dem Halsreif. Als sie sich an ihren Kampf mit dem Prinzen zu entsinnen versuchte, fiel ihr nur der anhaltende Schmerz ein, der sie aus ihrer albtraumhaften Benommenheit gerissen hatte. Schließlich war sie aus der Ruine getaumelt. Danach konnte sie sich nur noch an Qadirs warme Brust und ein beinahe berauschendes Schläfrigkeitsgefühl erinnern.

Als sie mit ihren Schilderungen fertig war, konnte sie vor Schmerzen kaum noch klar denken und musste sich sehr konzentrieren, um die Fragen stellen zu können, die ihr durch den Kopf schwirrten. »Was ist aus dem Relikt geworden?«

Qadir verzog das Gesicht. »Die Räuberin des Kronprinzen weigert sich, es herauszurücken. Sie ist der Meinung, dass es dem Prinzen gehöre, weil er es gefunden hat.« Er sah Loulie besorgt an. »Ich weiß nicht, wie wir es anstellen sollen, aber irgendwie müssen wir es an uns bringen. Es ist … etwas Besonderes.« Er ließ ihre Hand los, auf der anstelle der schrecklichen Stichwunde nur noch eine schwach schimmernde Narbe zu sehen war.

Loulie würde die Hand erneut verbinden müssen, nachdem sie

sie gewaschen hatte, damit der Prinz und die Räuberin nicht merkten, wie schnell sie geheilt war. »*Shukran*«, sagte sie, während sie mit dem Daumen über die empfindliche Haut strich. »Für die Hand.« Sie hob den Kopf und sah ihm in die Augen. »Und auch für deine Hilfe in der Ruine.« Selbst aus der Ferne hatte er über sie gewacht.

Qadir nickte und blickte aus dem Fenster. Wenn sie ihn ließe, würde er sicher die ganze Nacht so sitzen bleiben und die Sterne am ebenholzschwarzen Himmel betrachten – wie er es immer tat, wenn er ein Gespräch mit ihr zu vermeiden versuchte.

Loulie schlug die Decke zurück und ließ die Beine über die Bettkante baumeln, um ihn direkt ansehen zu können. »Verrätst du mir, was an diesem Relikt so besonders ist? Liegt es daran, dass es der Königin der Dünen gehört?« Allein schon der Name war eine Frage.

Qadir seufzte. »Der Titel ist bedeutungslos, aber ja: Die Dschinn, auf die du in der Ruine gestoßen bist, ist eine Ifrit. Sie hat sich auf Todesmagie spezialisiert. Daher kann sie Ghule steuern.«

Loulie betastete ihre Verletzung und zuckte zusammen, als ein dumpfer Schmerz durch ihren Arm schoss. Sie spürte Qadirs Blick auf sich. »Und was ist mit dem Lied, das sie gesungen hat?«, fragte sie leise.

»Es ist alt.« Er ließ sich zurücksinken, bis seine Augen wieder im Schatten lagen. »Eine sentimentale Weise, die die Dschinn aus Dhahab an ihre Heimat erinnert.«

Heimat. In der Ruine hatte sie ein unstillbares Verlangen danach gespürt. War es möglich, dass sie dort ihren Vater gesehen hatte, weil er für sie der Inbegriff von Heimat war?

»Mir war gar nicht klar, dass man mit einem Lied andere beherrschen kann.«

Qadir lächelte schwach. »Die Ifrit hat dich nicht dem Lied, sondern mit ihrer Magie gebunden.« Sein Lächeln verblasste. »Deswegen sind die Ifrit so gefährlich: Ihre Manipulationen sind subtil, aber machtvoll. Und noch schlimmer ist, dass sie mit Hilfe ihrer Relikte auch aus der Ferne von anderen Besitz ergreifen können.«

»Und was passiert, wenn wir es irgendwie schaffen, Aisha das Relikt wegzunehmen? Oder wenn die Ifrit davor in sie fährt?«

Qadir verschränkte die Arme. »Das Relikt scheint fürs Erste verstummt zu sein, aber ja, die Zeit drängt. Sobald wir den Halsreif an uns gebracht haben, werde ich ihn behalten, bis uns eine Lösung dafür einfällt. Da ich ein Dschinn bin, kann die Ifrit nicht von mir Besitz ergreifen.«

»Und du wagst es, *mich* überheblich zu nennen«, sagte Loulie und hätte die Bemerkung gerne sofort wieder zurückgenommen.

Doch zu ihrer großen Überraschung schenkte Qadir ihr ein … nein, es war nicht wirklich ein Lächeln, aber seine Mundwinkel hoben sich ein wenig. »Im Gegensatz zu dir kenne ich meine Schwächen.« Er sah zur Laterne, und das Licht darin wurde schwächer. Qadir verschmolz mit den Schatten und verschwand. Loulie sah, dass er sich in seiner Eidechsengestalt um den Fuß der Laterne gewickelt hatte. Er lehnte den Kopf an das Metall und schloss die Augen.

»Am Ende des Gangs ist ein Hammam«, flüsterte er. »Du solltest dir die Hände waschen und dich dann noch mal schlafen legen.«

Ächzend schlüpfte sie aus dem Bett. An der Tür blieb sie stehen und sah auf ihre verheilende Hand. »Qadir? Du kennst doch die Geschichte über die Königin der Dünen. Glaubst du, damit ist die Ifrit in dem Relikt gemeint?«

»Wer weiß«, antwortete Qadir leise, als hätte er Angst vor neugierigen Lauschern. »Die Menschen erfinden dauernd irgendwelche Geschichten, aber selbst Lügen enthalten ein Körnchen Wahrheit.«

Das war eine für Qadir typische Antwort, die nichts zu ihrer Beruhigung beitrug. *Na ja,* dachte sie und öffnete die Tür. *Wenigstens kann ich mir jetzt echte Sorgen machen.*

26

LOULIE

Als Loulie das nächste Mal aufwachte, war Qadir gerade in einen Brief vertieft, der am Morgen für sie eingetroffen war. Loulie musste ihn gar nicht selbst lesen, um zu wissen, dass er eine Einladung in den Palast des Wali war.

Ahmed bin Walid war ein Gewohnheitsmensch – jedes Mal, wenn Loulie nach Dhyme kam, führten sie den immer gleichen Tanz miteinander auf. Nur dass sie ihn diesmal nicht vorab über ihre Ankunft informiert hatte.

Na wunderbar, dachte sie und rieb sich den Schlaf aus den Augen. *Nun eilt mir mein Ruf also* tatsächlich *voraus.*

»Ahmed?«, fragte sie Qadir.

Er zerknüllte das Schreiben in der Faust. »Ja, Ahmed. Heute Abend wird es in seinem Diwan ein geselliges Beisammensein geben.«

»Du solltest vielleicht nicht ganz so deutlich zeigen, wie sehr du dich darauf freust, ihn zu sehen.«

»Sprich für dich selbst. Du solltest mal dein idiotisches Grinsen sehen.«

Loulie spürte, dass sie errötete, und stapfte mit finsterer Miene zum Hammam. Ein paar Minuten später kehrte sie gewaschen und in ihrem schlichten braunen Gewand zurück. »Und?«, fragte sie und sah Qadir erwartungsvoll an. »Gehen wir uns jetzt ein Iftar besorgen, oder nicht?«

Im Tageslicht wirkte die Stadt quicklebendig. Auf den gewundenen Straßen tummelten sich kunterbunt gekleidete lachende Kinder und plaudernde Erwachsene.

Über ihnen ragten helle schachtelförmige Häuser auf, mit runden, von gitterförmigen Mustern durchzogenen Fenstern. Zwischen den oberen Stockwerken spannten sich Wäscheleinen, die den durchziehenden Tauben – wahrscheinlich unbeabsichtigt – eine kurzzeitige Verschnaufpause ermöglichten. Die unbefestigten Straßen waren von Palmen und bunt verzierten Karren gesäumt.

Das Geschäft, in dem Loulie Pita und Labneh erstanden hatte, befand sich auf dem Hauptplatz. Auf seiner Fassade prangten Bilder von Bäckern, die Fladen durch die Luft wirbelten. Während Loulie sie bewunderte, brach sie Stücke vom Brot ab und hielt sie Qadir hin, der auf ihrer Schulter Platz genommen hatte. Sie selbst saß im Schneidersitz auf dem Rand eines schlichten Brunnens, in den die Namen berühmter Dichter eingemeißelt waren. Es war der Ort in der Stadt, an dem sie am liebsten Passanten belauschten, und genau das taten sie in diesem Moment.

Loulie schnappte viele Gesprächsfetzen auf, Gerüchte, in denen es teilweise um sie selbst ging. Dass die Bürger von Dhyme von ihrer Reise mit dem Prinzen wussten, überraschte sie nicht. Schließlich erhielten die Städte ihre Neuigkeiten mittels Falken, die viel schneller vorankamen als Pferde. Bei ihrem Aufbruch von Madinne hatte sie sich damit abgefunden, dass man sie sowohl in Dhyme als auch in Ghiban erwarten würde.

Als sie den Rest des Labneh mit dem Pitabrot auftunkte, hörte sie Worte, die ihr den Atem verschlugen. »… nennen ihn den schwarzen Jäger«, sagte ein Mann mit Turban zu seinem schnauzbärtigen Begleiter.

Der Bärtige lachte. »Er ist also namenlos. Wie mysteriös.«

»Vor allem theatralisch, wenn du mich fragst. Das eigentlich Wichtige ist aber seine Erfolgsbilanz. Seine *Technik*. Es heißt, er habe mehr Dschinn getötet als der Kronprinz.«

Der Schnauzbärtige gab seinem Freund einen Klaps auf den Nacken. »Pssst! Wenn dich jemand hört …«

Daraufhin senkten sie ihre Stimmen zu einem Flüstern, sodass Loulie von ihrer restlichen Unterhaltung nichts mehr mitbekam. *Der schwarze Jäger.* Was, wenn er einer der Mörder war, von denen die Schatten-Dschinn gesprochen hatte? Einer von denen, die ihren Stamm ausradiert hatten?

»Al-Nazari?«

Sie wirbelte herum. Hinter ihr stand der Kronprinz und schaute sie verwundert an. »Du siehst schrecklich verdächtig aus. Du planst doch nichts Niederträchtiges, oder?«

»Was willst du?«, gab Loulie kühl zurück.

Der Prinz sah auf ihre verletzte Hand, und sein Lächeln verblasste.

Loulie steckte sie rasch in die Tasche ihrer Robe. Sie hatte sie am Morgen zwar neu bandagiert, doch der Verband konnte nicht darüber hinwegtäuschen, wie beweglich ihre Finger waren.

Omar räusperte sich. »Ich möchte mich dafür entschuldigen, dass ich dich verletzt habe.«

Loulie sah ihn erstaunt an. »Was?«

Ein fast besorgt wirkender Ausdruck huschte über sein Gesicht, doch der verschwand genauso schnell wieder, wie er aufgetaucht war, und sein Grinsen kehrte zurück. »Ich sagte …«

»Entschuldigung angenommen«, sagte sie und wandte sich mit pochendem Herzen von ihm ab. In Wahrheit hatte er sie beide durch seinen beherzten Einsatz gerettet. Dafür musste er sich nun wirklich nicht bei ihr entschuldigen. *Aber ich werde mich deswegen auch nicht bei ihm bedanken. Aus seiner niederträchtigen Familie verdient keiner meinen Dank.*

»Bis heute Abend!«, rief er hinter ihr her.

Loulie antwortete nicht. *Natürlich* hatte der Wali auch Omar eingeladen. Die Aussicht, sich in seiner Gegenwart mit Ahmed bin Walid unterhalten zu müssen, machte sie nervös.

Erst im Gasthaus wurde ihr bewusst, dass sie vergessen hatte, den beiden Männern auf dem Souk zu folgen.

»Na, das geht ja gut los«, seufzte Qadir ihr ins Ohr.

Bis zum Abend hatte sich ihre Stimmung nicht verbessert, und sie wurde sogar noch schlechter, als sie den Hof des Wali betrat. Er enthielt den schönsten und zugleich skurrilsten Garten, den sie je gesehen hatte – ein immergrünes Labyrinth voll blühender Bäume und glitzernder Teiche, über die sich bogenförmige, mit Laternen gesäumte Brücken spannten. Auf einer Wiese posierten mehrere Marmorstatuen. Loulie war sicher, dass Ahmeds Besucher diesen Garten für einen idyllischen Ort hielten, doch sie konnte dem mit silbernem Blut getränkten Stück Land nichts abgewinnen.

Und die Statuen, die sterbende Dschinn darstellten, waren einfach nur schrecklich – die geschmacklosesten Skulpturen, die sie je gesehen hatte. Sie schienen verzweifelt nach ihr zu greifen, die Augen geweitet, die Münder vor Entsetzen aufgerissen. Loulie, die sich bei ihrem Anblick an die ertrinkenden Männer auf dem Mosaik erinnert fühlte, versuchte, sie nicht anzusehen, während die Wächter des Wali sie durch ein mit Dschinn-Blut gedüngtes Wäldchen zum Diwan geleiteten. Sie wollte nicht darüber nachdenken, dass Ahmeds Vater diese Statuen zur Erinnerung an seine Mordtaten hatte schaffen lassen. Ahmed selbst betrauerte seine Opfer zwar stets, doch die Statuen zeugten von dem schrecklichen Vermächtnis, das er seit dem Tod seines Vaters weiterführte.

Sie blickte über die Schulter zu Qadir zurück, der aus seinem Abscheu keinen Hehl machte.

Sogar der Wald, so schön er war, hatte etwas Beklemmendes an sich. Es lag an den Bäumen, die so dicht zusammenstanden, dass sie das Mondlicht fast völlig verdeckten. Und an diesem verdammten Geräusch, mit dem der Wind durch die Blätter fuhr: ein unheilvolles, rasselndes Stöhnen, das ihr jedes Mal, wenn sie es hörte, einen Schauder über den Rücken jagte. Loulie war erleichtert, als sie endlich auf der anderen Seite herauskamen und den Diwan in der Mitte des Hofes erreichten. Eine Treppe führte hinauf zu einem geräumigen, zwischen zwei blühenden Hecken eingebetteten Holzpodest mit einem ebenfalls aus Holz gefertigten Dach, in dessen Mitte sich eine große Öffnung befand, durch die man die Sterne betrachten konnte.

Mehr als einmal hatte Loulie allein mit dem Wali darunter gesessen, sich mit geschlossenen Augen an seine Schulter gelehnt und ihm von ihren abenteuerlichen Suchen nach Relikten berichtet. Sie hatte ihm die Ghule beschrieben, denen sie sich mit Qadir entgegenstellte, die Klippen, die sie erklomm, und die Ozeane, die sie überquerte. Ahmed war ein guter Zuhörer und fragte sie stets begeistert nach weiteren Details. Loulie fand es schrecklich, dass sie das Gefühl hatte, ihm alles erzählen zu können. Er war ein Jäger, verdammt noch mal, und verdiente ihr Vertrauen nicht.

Nur mit Mühe gelang es Loulie, die Erinnerung zu verdrängen und sich auf den gegenwärtigen Moment zu konzentrieren. Der Diwan war bis auf den letzten Platz mit feierlustigen Gästen gefüllt, die sich auf Kissen rekelten und bei edlen Speisen und Weinen den neuesten Klatsch austauschten. Loulie seufzte in ihren Schal und trat ein. Ein Rawi, der gerade Gedichte rezitierte, verstummte bei ihrem Anblick ebenso wie der Musiker, der ihn auf der Oud begleitete. Loulie ließ sich von der plötzlichen Stille nicht aus der Ruhe bringen und sah den Wali an, der sich von einem Sofa nahe der Bühne erhob.

Ahmed bin Walid war in leuchtend rote und orangefarbene Gewänder gehüllt. Sein schönes Gesicht schien im Laternenlicht zu strahlen. Der Bartschatten, der seine Wangen und sein Kinn überzog, stand in auffälligem Kontrast zu seinen sinnlichen Lippen. Seine braunen Augen hatte er mit Kajal umrandet, was sie noch größer und strahlender wirken ließ.

Er näherte sich ihr mit einem breiten Lächeln. »Ah, unser wichtigster Gast ist eingetroffen!« Loulies Herzschlag beschleunigte sich. *Er ist nur ein Mensch,* dachte sie nervös. *Er hat keine Macht über mich.*

Qadir legte ihr eine beruhigende Hand auf die Schulter. »Es freut mich, dich wiederzusehen, bin Walid.«

Ahmed schnalzte mit der Zunge. »Ya Qadir, wieso behandelst du mich wie einen Fremden? Wir sind doch Freunde.« Er klopfte dem Dschinn auf den Rücken und wandte sich Loulie zu. In seinem Blick stand eine brennende Frage, die sie seit Monaten unkommentiert ließ.

Und er wird noch ein bisschen länger schmoren müssen, dachte sie. Denn auch an diesem Abend würde er keine Antwort von ihr erhalten.

»Schön, dich zu sehen, Sayyidi.«

»Die Freude ist wie immer ganz meinerseits, al-Nazari.« Noch immer lächelnd, drehte er sich zu den übrigen Anwesenden um. »Wieso so ernst, meine lieben Gäste? Freut euch, denn heute Abend gibt uns die Mitternachtshändlerin des Sultans höchstpersönlich die Ehre!« Auf diese Verkündung folgte donnernder Beifall, und Loulie wäre am liebsten im Boden versunken.

Die Mitternachtshändlerin des *Sultans*? Nannten die Leute sie wirklich so?

Nach dem Applaus entspannte sich die Atmosphäre im Diwan. Die Unterhaltungen wurden wieder aufgenommen, der Rawi trug ein weiteres Gedicht vor, und der Musiker zupfte erneut seine Oud. Ahmed führte Loulie und Qadir derweil neben die Bühne, wo der Kronprinz und Aisha mit überkreuzten Beinen auf Kissen saßen und Rosen-Lokum naschten. Sie schienen sich genauso fehl am Platze zu fühlen wie Loulie. Ahmed hatte zwar schon mehrere Treffen zwischen ihr und anderen Geschäftsleuten arrangiert, sie aber noch nie zu einer so großen Feier wie dieser eingeladen. Er wusste, dass ihr solche Veranstaltungen zuwider waren.

Es gab zwei freie Kissen – eines neben Ahmed, das andere zwischen Omar und Aisha. Qadir nahm Loulie die Entscheidung ab, indem er neben Ahmed Platz nahm.

»Eigentlich möchte man doch meinen, jemand der Aufmerksamkeit hasst, würde nicht zu spät kommen«, sagte Omar anstelle einer Begrüßung, als sie sich ebenfalls setzte.

»Ein paar von uns haben auch wirklich wichtige Dinge zu tun«, gab sie unwirsch zurück.

Lachend winkte Ahmed eine Dienerin herbei. »Die Mitternachtshändlerin ist eine vielbeschäftigte Frau. Ich bin froh, dass sie mich überhaupt besucht.«

Aisha hob eine Braue. »Mir war nicht klar, dass ihr so engen Kontakt zu einer Kriminellen pflegt, Sayyidi.«

»*Kriminelle* klingt so herabwürdigend! Ich finde die Bezeichnung *mutige Unternehmerin* angemessener.«

Loulie fragte sich, weshalb es überhaupt eine Rolle spielte, mit wem Ahmed verkehrte. Der Sultan pflegte zweifellos selbst illegale Kontakte, unter anderem mit ihr. Weshalb sollte sein Sohn sich also daran stören, wenn der Wali von Dhyme es genauso hielt?

Die Dienerin schenkte Perlwein in ihre Becher. Wie Loulie Ahmed kannte, handelte es sich vermutlich um den teuersten, den man für Geld kaufen konnte. Als vom Sultan ernannter Hüter von Dhyme war er einer der reichsten Bewohner *und* der mächtigste Regierungsbeamte der Stadt. Er hatte Loulie gegenüber einmal behauptet, dass es nicht nur ein Privileg sei, seinen Reichtum vor einflussreichen Leuten zur Schau zu stellen, sondern auch notwendig für seinen Machterhalt. Doch sie war jedes Mal skeptisch, wenn er eine seiner exklusiven Weinflaschen köpfte.

Als die Dienerin zuletzt Loulies Becher füllen wollte, hob Ahmed eine Hand. »Das übernehme ich.« Seine Augen funkelten vergnügt, während er der Frau die Flasche aus der Hand nahm und Loulie selbst einschenkte. »Lass mich heute dein Diener sein.« Als er ihr den Becher reichte und ihre Finger sich berührten, versuchte sie, keine Miene zu verziehen. Doch ihr Herz schlug so heftig, dass sie glaubte, alle müssten es hören können.

Bevor Ahmed sie in ein Gespräch verwickeln konnte, tauchte zum Glück eine weitere Dienerin auf, um ihm mitzuteilen, dass ein Gast nach ihm gefragt habe. »Bitte«, sagte er und lächelte in die Runde. »Fühlt euch ganz wie zu Hause.«

Omar sah ihm hinterher und seufzte in seinen Weinbecher. »Weiß dieser Mann eigentlich, wie man *nicht* lächelt.«

Loulie räusperte sich, fest entschlossen, in der Abwesenheit des Wali nicht über ihn zu reden. Außerdem war sie froh, einen ungestörten Moment mit den Räubern zu haben. »Er ist jetzt egal. Ich muss etwas Wichtiges mit euch besprechen. Es geht um …«

»Das Relikt?«, schnaubte Aisha. »Du wirst mich nicht dazu überreden können, es dir auszuhändigen.«

Loulie wandte sich an Omar, der ihren Blick schweigend erwiderte. »Es ist gefährlich. Du hast doch gesehen, wozu es fähig ist.«

»Natürlich. Wie könnte ich vergessen, dass du mich umbringen wolltest?« Er lachte leise, als sie errötete. »Ich hoffe, du weißt noch, dass *du* besessen warst, Händlerin.«

Loulie sah den Prinzen verärgert an. In der Ruine hatte er sich noch vor dem Halsreif gefürchtet. Wollte dieser arrogante Mistkerl nun allen Ernstes so tun, als hätte er die Situation die ganze Zeit im Griff gehabt? Sie wollte ihm widersprechen, wusste aber tatsächlich nicht, ob er und seine Räuberin ebenfalls in den Bann der Ifrit geraten waren. Loulie hatte keine Ahnung, was genau die beiden in der Düne erlebt hatten.

»Ein Glück, dass dein brennender Dolch mir nicht das Gesicht versengt hat«, sagte Omar. »So einen Angriff, auch wenn er unbeabsichtigt war, hätte ich dir nur schwer verzeihen können.«

Loulie presste die Lippen aufeinander und dankte den Göttern für Qadir. Wie gut er selbst aus der Ferne die Hitze seines Feuers kontrollieren konnte, war erstaunlich. Doch das konnte sie dem Prinzen, der ihren Dolch für ein schlichtes Relikt hielt, nicht sagen. »Magisches Feuer kann zwischen Freund und Feind unterscheiden«, murmelte sie stattdessen.

Omar hob die Augenbrauen. »Beeindruckend.«

Loulie räusperte sich. »Ich bin wie gesagt imstande, die Magie zu neutralisieren.« Sie sah zu Qadir, in der Hoffnung, dass er sie unterstützen würde, doch der Dschinn beobachtete gerade nachdenklich den Wali, der sich auf der anderen Seite des Diwans angeregt mit einer Gruppe Musiker unterhielt.

»Neutralisieren?« Der Prinz neigte den Kopf zur Seite. »Das musst du uns erklären.«

»Nein, musst du nicht«, sagte Aisha barsch. Loulie bemerkte, dass der Prinz sie irritiert ansah. »Deine Überredungsversuche kannst du dir sparen. Ich habe es dir klipp und klar gesagt: Ich werde dir das Relikt nicht überlassen. Mein Prinz hat es gefunden, und es gehört ihm.«

Loulie verengte die Augen zu Schlitzen. »Wenn das der Fall ist, wieso überlässt du die Entscheidung dann nicht *ihm*?«

Loulie ignorierte den bohrenden Blick der Räuberin und nippte am Wein, während sie sich ihre nächsten Worte zurechtlegte. Sie könnte so weitermachen und versuchen, den Prinzen auf ihre Seite zu ziehen, oder …

Plötzlicher Applaus riss sie aus ihren Gedanken. Sie blickte auf und sah, dass die Gäste den Musikern applaudierten, mit denen Ahmed gesprochen hatte. »Nun«, rief der Wali auf der Bühne und verschränkte die Hände, »erwartet euch ein ganz besonderer Auftritt!« Auf seine Worte hin erfüllte das lebhafte Pfeifen der Nay, der treibende Rhythmus der Riqq und das tiefe Wummern des Tabl Baladi den Diwan.

Der Raum vibrierte mit einer berauschenden Energie, die sicher einige dazu bringen würde, sich einen Tanzpartner zu suchen. Und tatsächlich zog gleich darauf ein fröhlicher junger Mann, der eindeutig zu viel Wein getrunken hatte, Loulie ins Gedränge. Sie sah Hilfe suchend zu Qadir, doch der blickte ihr nur amüsiert nach, während Aisha und Omar sich für den Abend empfahlen.

Feiglinge, dachte Loulie finster. *Hauen einfach ab, bevor wir unser Gespräch beenden können.*

Sie versuchte ebenfalls, die Flucht zu ergreifen. Doch jedes Mal, wenn sie sich aus der Menge löste, wurde sie wieder hineingezogen. Schließlich kapitulierte sie und begann, widerwillig zu tanzen. Erst bewegte sie sich unsicher, doch dann ließ sie sich auf den Rhythmus des Debkas ein und wurde immer selbstbewusster.

Die Musik erfasste sie wie eine Strömung und trug sie von einem Tänzer zum nächsten. Sie war so tief in ihre Bewegungen versunken, dass sie die Gesichter ihrer jeweiligen Tanzpartner kaum wahrnahm. Doch schließlich bemerkte sie ein vertrautes Lächeln und sah Ahmed bin Wali herannahen. Er trat anmutig auf sie zu, umfasste ihre »unversehrte« Hand und reckte sie hoch über ihre Köpfe.

»Wie schön, dich zu sehen, Loulie«, sagte er strahlend.

Während sie einander umkreisten, ging sie auf Distanz zu ihm. »Nenn mich bitte *Mitternachtshändlerin*«, murmelte sie. Dass irgendjemandem auffiel, wie vertraut sie miteinander umgingen, fehlte ihr gerade noch.

Ahmed lachte. »Entschuldige bitte. Sag mal, Mitternachtshändlerin, hast du seit unserer letzten Begegnung über meinen Vorschlag nachgedacht.«

Loulie geriet aus dem Rhythmus und stolperte über Ahmeds Füße. Er hielt sie fest und richtete sie wieder auf. Um ihm nicht in die Augen schauen zu müssen, betrachtete sie die vier Buchstaben, die er auf eines seiner Handgelenke tätowiert hatte: Mīm, Chā', Lām und Sād. Zusammen ergaben sie das Wort *mukhlis* – loyal. Er war seinen Göttern gegenüber loyal, hatte er ihr einmal erklärt. Dann hatte er ihr in die Augen geschaut und hinzugefügt: *Und wenn du mich erwählst, werde ich es auch dir gegenüber sein.* Diese Tätowierung hatte er Loulie bei seinem Heiratsantrag gezeigt, und seither kehrte ihr Blick immer wieder zu ihr zurück.

Vor vier Monaten hatte er sie gefragt, und seither hatte sie nicht darauf geantwortet. Es war grausam, ihn so lange hinzuhalten – und nicht minder gemein, dass sie ihn zu vergessen versuchte, solange sie nicht in Dhyme war. Doch Ahmed bin Walid war ein Dschinn-Jäger. Ein *Politiker.* Er verkörperte alles, was sie hasste. Und dennoch fühlte sie sich auf unerklärliche Weise zu ihm hingezogen. *Du und ich, wir sind aus demselben Holz geschnitzt,* hatte er mal zu ihr gesagt. *Wir leiden beide an Fernweh und lassen uns immer neue Ausreden einfallen, um nicht lange zu Hause bleiben zu müssen.*

Nur dass Loulie die Wüste nach Schätzen absuchte und Ahmed darin Dschinn jagte. Er sagte, er töte sie, weil es seine Pflicht sei. Seinen Göttern und seinem Volk gegenüber. Er betete sogar für seine Opfer. Loulie sagte sich immer wieder, dass er es gut meine, dass sie ihn auf den rechten Weg führen könne. Dass sie glaubte, er sei diese Mühe wert, ärgerte sie. Und dass sie an den Abenden, wenn sie allein waren und einander Geschichten erzählten, keinen Jäger in ihm sah, sondern eine verwandte Seele. Einen Mann anstelle eines Ungeheuers.

»Nein«, gab sie mühsam zurück. »Noch nicht.«

Ahmed wirkte wie stets kein bisschen gekränkt. »Ich verstehe, du warst beschäftigt.« Ein anderes Tanzpaar wirbelte an ihnen vorbei, und er zog sie dichter an sich heran.

Als Loulie sich an ihm festhielt, um nicht erneut aus dem Gleichgewicht zu geraten, spürte sie seinen warmen Körper an ihrem. Sie war ihm nahe genug, um die Hand zu seinem Gesicht zu heben und …

Mit pochendem Herzen drehte sie sich zur Seite, sodass sie nicht mehr vor, sondern neben ihm stand, und konzentrierte sich wieder darauf, seine Tanzschritte zu spiegeln.

Die Beine überkreuzen, den Fuß anheben, fest auftreten. Überkreuzen, anheben, auftreten.

Ihre Knie fühlten sich unsicher an, als würden sie jeden Moment unter ihr nachgeben. Es gelang Loulie nicht, seine warme Handfläche zu ignorieren – oder wie sanft und zugleich bestimmt er seine Finger mit ihren verschränkte.

Ahmed beugte sich zu ihr herüber. »Mitternachtshändlerin.« Schaudernd spürte sie seinen warmen Atem an ihrem Hals. »Ich hoffe, du hältst mich nicht für aufdringlich. Wenn du je mit mir darüber sprechen willst oder auch über irgendetwas anderes, bist du mir immer willkommen. Vergiss nicht, dass mein Zuhause auch dein Zuhause ist, wenn du das möchtest.«

Dein Zuhause. Loulie schluckte. »Du bist zu freundlich.«

Vielleicht würde sie eines Tages mutig genug sein, Ahmed bin Walid in aller Deutlichkeit zurückzuweisen und endlich eine Hoffnung zu begraben, die ihr das Herz zerriss. Doch die Vorstellung, ihn zu verlieren, machte ihr genauso viel Angst wie das, was sie verband. Sie hatte sich immer eingeredet, dass es ihr leichter fallen würde, sich von ihm zu verabschieden, wenn sie sich ihre Gefühle für ihn nicht eingestand.

Dennoch zögerte sie seit Monaten, Ahmed den Laufpass zu geben.

Auf einmal wurde Loulie bewusst, dass die anderen Gäste ihre Tanzpartner getauscht hatten und Ahmed und sie mit hochgezogenen Augenbrauen und vielsagendem Lächeln musterten. Loulie, die zwar an Neugier, aber nicht an diese Art von Aufmerksamkeit gewöhnt war, entzog Ahmed schnell die Hand und trat von ihm weg.

Besorgt sah er sie an. »Loulie …?« Sein Blick fiel auf ihre bandagierte Hand. »Was ist passiert?«

Instinktiv verbarg sie den Arm hinter ihrem Rücken. »Nichts, nur eine kleine Verletzung.«

Ein hoffnungsvoller Ausdruck glomm in seinen Augen. »Wirst du mir davon erzählen, wenn alle anderen gegangen sind?«

Einen Moment lang dachte Loulie darüber nach, ihm von ihrem Auftrag zu erzählen – von dier Schatten-Dschinn und der Königin der Dünen, dem Sandsturm und der versinkenden Ruine. Dabei würde sie schläfrig und unvorsichtig werden, sich an ihn lehnen und ungehemmt seine Wärme genießen.

Und wie immer würde sie sich fragen, wie sie es fände, mit ihm zusammenzuleben und ganz offen zu ihm zu sein, sodass er all ihre Geheimnisse und Gefühle kannte …

Bei dieser Vorstellung wurde ihr angst und bange. »Nein«, sagte sie, entsetzt, dass sie sich so sehr danach sehnte, bei jemandem verletzlich sein zu dürfen. »Heute Abend nicht.«

Damit löste sie sich von ihm und bahnte sich hastig einen Weg durch die Gästeschar und aus dem Diwan hinaus, bevor er sie zurückrufen konnte.

27

MAZEN

Mazen hatte Ahmed bin Walid noch nie ausstehen können.

Diese Abneigung reichte viele Jahre zurück bis zu ihrer ersten Begegnung, als Ahmed mit seinem Vater, dem damaligen Wali von Dhyme, nach Madinne gekommen war. Mazen, der zu diesem Zeitpunkt erst zehn gewesen war, hatte von seinem Vater den Befehl bekommen, auf den älteren Ahmed aufzupassen. Diese Verantwortung hatte er sehr ernst genommen. Ahmed, ein magerer Dreizehnjähriger mit breitem Lächeln, dagegen gar nicht. Mazen hatte schnell herausgefunden, dass Ahmed das war, was man gemeinhin einen Freigeist nannte – ein lebhafter Junge, der alles lieber machte als das, was man ihm auftrug.

Im Gegensatz zu Mazen, der Ärger bekam, wenn er seinem Vater nicht gehorchte, wurde Ahmed niemals gezüchtigt. Jedes Mal, wenn der ältere Junge verschwand und Mazen ihn wieder aufspürte, lächelte er und sagte: *Ya Mazen! Ich habe die ganze Zeit geglaubt, du wärest hinter mir! Wo warst du denn?* Wenn er den Erwachsenen später dieselbe Ausrede auftischte, glaubten sie ihm und richteten ihren Missmut nicht auf ihn, sondern auf Mazen.

Ahmeds größte Stärke war sein Lächeln. Damit bekam er alles, was er wollte: Zuneigung, Besitztümer und sogar Verbindungen. Alle waren davon hingerissen – alle bis auf Mazen.

Auch in Omars Körper konnte er seinen Widerwillen gegen den Wali nicht unterdrücken. Wegen dieses verdammten Lächelns. Es war zu breit, zu strahlend – eine angestrengte, joviale Maske. Und genau dieses Lächeln trug er nun, während sie gemeinsam im Diwan saßen und sich ausführlich über Dinge unterhielten, die Mazen nicht im Geringsten interessierten. »Erinnerst du dich noch an den Jäger, der so gerne Süßes mag? Issa? Er hat mich vor seiner Weiterreise nach Norden besucht.«

Omar hätte vermutlich gewusst, wovon Ahmed sprach. Deswegen gab er vor zuzuhören, nickte und machte Kommentare, wenn er es für sicher hielt. In Wahrheit war er jedoch mit seinen Gedanken ganz woanders. Seit dem Vorfall in den Dünen konnte er nicht aufhören, über den Halsreif nachzugrübeln, und versuchte nach wie vor, Aisha dazu zu überreden, ihn loszuwerden.

Als er ihr gestanden hatte, dass er von dem Reif beinahe besessen gewesen wäre, hatte Aisha nur die Augen verdreht und gesagt: »Du bist *immer* beinahe besessen.« Sie hatte ihm erklärt, dass es zu ihren Aufgaben als Räuberin gehöre, für Omar Relikte einzusammeln. Danach hatte sie ihn ignoriert, und das tat sie noch immer. Deswegen hatte sie sich auch dazu entschieden, auf der Treppe zum Diwan auf Mazen zu warten, anstatt ihn hineinzubegleiten.

»Aber jetzt habe ich genug über mich geredet.« Ahmed ließ sich mit einem zufriedenen Lächeln auf das Sofa zurücksinken. »Erzähl mir von *deinen* letzten Reisen, Sayyidi. Wie ich sehe, hast du ein neues Relikt entdeckt.« Bestürzt erkannte Mazen, dass Ahmed seinen Armreif betrachtete.

»Wenn es nur so wäre.« Er legte die Finger auf den Reif. »Ich fürchte, das ist nur ein übermäßig protziges Familienerbstück.«

Ahmed stieß ein leises, entspanntes Lachen aus, bei dem sich Mazen die Haare aufstellten. »Und ich dachte immer, du machst dir nichts aus nutzlosem Tand. Der einzige Zierrat, den ich je an dir gesehen habe, ist dein Ohrring.« Er tippte sich ans Ohr und hob eine Augenbraue. »Hast du ein Schmuckstück gegen ein anderes eingetauscht?«

Mazen unterdrückte ein nervöses Lachen. Omar hatte steif und fest behauptet, dass niemand den fehlenden Ohrring bemerken würde, doch natürlich galt das nicht für den nervtötend aufmerksamen Wali von Dhyme. »Du bist so scharfsichtig wie immer. Ich habe ihn auf dem Herweg abgenommen. Wir mussten in der Wüste einen Sandsturm überstehen, und ich fand, dass der Ohrring in meinem Gepäck besser vor den Elementen geschützt ist.«

Es war eine spontane, undurchdachte Ausrede, und so war Mazen erleichtert, als er den Wali grinsen sah. »Ah, ein Sandsturm ist immer ein guter Auftakt zu einer Reise. Ich hoffe, der Rest verlief angenehmer.«

Es war die Hölle, dachte Mazen und räusperte sich. »Es war, äh, anstrengend.«

»Ach?«

»Ich habe dir doch gestern schon erzählt, dass wir unterwegs in Schwierigkeiten geraten sind.«

»Du hast gesagt, ihr hättet es mit einer lästigen Dschinn zu tun bekommen, bist aber nicht ins Detail gegangen.« Ahmed beugte sich vor und drapierte die Arme über die Knie. Irgendwie schaffte er es, diese lümmelnde Haltung elegant erscheinen zu lassen. »Du musst mir unbedingt mehr davon erzählen! Was ist passiert?«

Mazen zögerte. Was konnte es schon schaden, ein wenig anzugeben? Schließlich hatte er auch Omar schon vor Ahmed mit seinen Morden protzen hören. Er langte nach dem Relikt in seinem Beutel, das Aisha zu seinen restlichen Habseligkeiten gepackt hatte, für den Fall, dass irgendwer sich erkundigte, wem es gehörte. Sie wussten beide, dass Omar niemals einen seiner Räuber auf ein Relikt aufpassen lassen würde.

Was Aisha natürlich nicht davon abhielt, den Beutel bei sich zu behalten, wenn sie allein waren.

»Das ist tatsächlich eine ziemlich interessante Geschichte …«, begann Mazen und speiste Ahmed mit einer abgespeckten Version ab, in der er nicht weiter darauf einging, dass Loulie und auch er von der Dschinn besessen gewesen waren.

Als er fertig, stieß Ahmed einen leisen Pfiff aus und streckte eifrig die Hand nach dem Relikt aus. Mazen reichte es ihm. »Erstaunlich …« Ahmed drehte den Halsreif hin und her. »Kaum zu glauben, dass ein so kleiner Gegenstand so viel Macht enthalten kann.«

Mazen zuckte die Achseln und hoffte, dabei genauso lässig zu wirken wie Omar. »Gilt das nicht für alle Relikte? Man sieht ihnen doch nie an, was sich in ihnen verbirgt.« Unwillkürlich ging sein Blick zum Armreif an seinem Handgelenk. Er konnte es noch immer nicht fassen, dass sein eigener Körper nur eine Haaresbreite von ihm entfernt war und er lediglich den Reif abnehmen müsste, um wieder er selbst zu sein.

Ahmed wirkte nachdenklich. »Das stimmt natürlich. Allerdings habe ich selbst noch nicht genug Relikte gesehen, um mitreden zu können.« Lachend legte er sich den Halsreif in den Schoß. »Es wundert mich, dass die Mitternachtshändlerin ihn dir noch nicht abgeschwatzt hat.«

Versucht hat sie es, dachte Mazen. *Und ihr Leibwächter hat sie dabei tatkräftig unterstützt.* »Du scheinst al-Nazari gut zu kennen«, wechselte er rasch das Thema. »Hast du oft mit ihr geschäftlich zu tun?«

»Ich bin schon häufig mit der Mitternachtshändlerin zusammengetroffen, aber abgekauft habe ich ihr noch nie etwas. Ich verlasse mich nur ungern auf Dschinn-Magie, die ich nicht durchschaue.«

Mazen hob eine Augenbraue. »Und wozu triffst du dich mit einer Händlerin, wenn du nichts von ihr kaufen willst?«

Ahmed lächelte. »Ich genieße ihre Gesellschaft.«

Mazen sah ihn mit offenem Mund an.

Ahmed lachte. »Ist es so seltsam, dass ich gerne Zeit mit ihr verbringe? Loulie al-Nazari ist wie eine Kerze. Mit ihrem Lächeln erhellt sie selbst die tiefste Finsternis.«

Loulie al-Nazari, eine *Kerze in der Finsternis*? Am Vorabend war sie mit Ahmed nicht sehr freundlich umgesprungen. Wollte der Wali das nicht sehen?

Ahmed schien Mazens Überraschung nicht zu bemerken. Vielleicht ignorierte er sie aber auch nur. »Ich finde, wir beide passen gut zusammen«, sagte er mit verträumtem Blick. »Zumindest hoffe ich das.«

Mazen versuchte, sich die ständig finster dreinblickende Loulie al-Nazari an der Seite des immerzu strahlenden Ahmed bin Walid vorzustellen. Dass er lachte, wurde ihm erst bewusst, als er Ahmeds Lächeln verblassen sah.

»Was findest du so lustig, Sayyidi?«

»*Dich*, Ahmed. Loulie al-Nazari ist eine Nomadin. Wenn sie mit irgendetwas verheiratet ist, dann mit der Wüste.«

Ahmed bedachte ihn mit einem ungewöhnlich ernsten Blick. »Du sprichst, als würdest du sie kennen, Sayyidi. Aber ist sie nicht nur eine Spielfigur für dich? Ein Mittel zum Zweck?«

Mazen zuckte zusammen. Wie sollte er auf eine derart unverblümte Frage reagieren? Was würde *Omar* darauf antworten? »Wie ich zur Händlerin stehe, geht dich nichts an«, erwiderte er eisig. »Was hat das mit *deiner* Schwärmerei zu tun?«

Ahmed sah ihn einen Moment lang an und lehnte sich seufzend zurück. »Nichts. Ich will damit nur sagen, dass du nicht alles von ihr weißt. Würdest du sie besser kennen, fändest du unsere Beziehung nicht eigenartig.« Seine Lippen verzogen sich zu einem Lächeln, das jedoch nicht seine Augen erreichte.

Eine verlegene Stille setzte ein. Offenkundig wollte nun auch Ahmed das Gespräch nicht mehr fortsetzen. Mazen stand auf und rekelte sich langsam, als hätte er diesen Moment nicht bereits seit seiner Ankunft ungeduldig herbeigesehnt. »Ich glaube, ich bin zu rastlos, um es mir noch länger zwischen deinen vier Wänden gemütlich zu machen«, sagte er und ließ ein Lächeln aufblitzen, das hoffentlich wie Omars aussah. »Ich danke dir für deine Gastfreundschaft, fürchte aber, dass es jetzt Zeit für mich wird aufzubrechen. Ich muss vor unserem morgigen Aufbruch noch die Route festlegen.«

»Natürlich, Sayyidi«, erwiderte Ahmed steif. »Wirst du heute Abend wenigstens noch am Treffen mit den anderen Jägern teilnehmen können?«

Ahmed hatte Aisha und Mazen am Vorabend persönlich zu dieser Versammlung der Dschinn-Jäger eingeladen. Laut Aisha fand sie einmal pro Monat in Dhyme statt. Sie waren beide nicht wild darauf, dass er daran teilnahm. Mazen, weil er auf keinen Fall Mördern dabei zuhören wollte, wie sie mit dem Blut an ihren Händen angaben, und Aisha, weil sie nicht glaubte, dass er andere davon überzeugen konnte, an seinen würde ebenfalls welches kleben.

Mazen entschied sich für eine unverbindliche Antwort. »Wenn meine Zeit es erlaubt, bin ich dabei.«

Zwischen Ahmeds Augenbrauen bildete sich eine Furche.

Mazen erkannte sofort seinen Fehler. *Wie dumm von mir! Omar würde sich niemals die Gelegenheit zu einem großen Auftritt entgehen lassen.* Zurücknehmen konnte er die Worte nun jedoch nicht mehr. Also tat er das Nächstbeste und machte sich rasch aus dem Staub, bevor er sich noch mehr um Kopf und Kragen redete.

28

AISHA

Als Aisha und der Prinz in die Zuflucht der Wanderer zurückkehrten, drängten sich darin Marktbesucher und Reisende, sodass der kleine Raum von Gläserklirren und schallendem Gelächter erfüllt war. Angesichts dieses Durcheinanders sehnte Aisha sich danach, allein in ihrem sicheren Schlafzimmer zu sein. Im Moment durfte sie sich keine Unachtsamkeit erlauben. Der Prinz und das verdammte sprechende Relikt machten ihr ständig Sorgen. Allmählich fragte sie sich, ob es nicht doch besser für sie gewesen wäre, in Madinne zu bleiben.

Als sie die Taverne betraten, erstarrte der Prinz. Aisha folgte seinem Blick und sah Loulie al-Nazari in ihrem schlichten braunen Gewand die Treppe herunterkommen. Ihr Gesicht war ungeschminkt und ihre Augen blutunterlaufen, als hätte sie nicht geschlafen. Von ihrem Leibwächter fehlte jede Spur.

Aisha sah zum Prinzen. Sein sehnsüchtiger Blick war kaum zu ertragen. Als die Händlerin sich näherte, machte er den Mund auf, als wollte er etwas zu ihr sagen, nickte ihr dann aber doch nur herzlich zu, während sie, ohne den Gruß zu erwidern, durch die Tür hinaustrat und ihn bedröppelt zurückließ.

Aisha stupste ihn an. »Willst du deinen Liebeskummer wirklich so deutlich zeigen, Sayyidi?«

Der Prinz errötete. »Ich habe keinen …«

Doch Aisha interessierte sich nicht für seine Ausflüchte und ging zur Treppe. Als er sie eingeholt hatte, verschaffte sie sich gerade mit dem Zweitschlüssel Zutritt zu seinem Zimmer und breitete Prinz Hakims Karte auf dem Bett aus. »Ich hoffe, du hast dich vor dem Wali nicht zu sehr blamiert.« Sie deutete auf den Schreibtisch.

Mazen stellte seufzend seinen Beutel darauf ab. »Wenn du dir deswegen solche Sorgen machst, hättest du vielleicht doch besser dabei sein sollen«, murmelte er. »Das wäre nützlicher gewesen, als auf den Stufen zu schmollen.«

»Omar hat mich nicht hergeschickt, damit ich wie eine Glucke auf dich aufpasse.«

»Nein? Da hat er mir aber etwas anderes erzählt. ›Überlass das Kämpfen Aisha‹, hat er gesagt. ›Sie wird dich beschützen.‹«

»Ja, ich bin deine Leibwächterin, aber nicht deine Amme. Komm jetzt.« Sie klopfte auf die Bettkante. »Bringen wir es hinter uns.«

Der Prinz setzte sich gehorsam neben sie, während sie darlegte, welche Strecke sie am schnellsten zum Ziel führen würde. Als Erstes deutete sie auf die Siedlungen und Beduinenlager, in denen sie während ihres bevorstehenden Ritts nach Ghiban, der Stadt der Wasserfälle, Rast machen würden. Aisha war beeindruckt: Prinz Hakims Darstellungen der Klippen und Flüssen entsprachen in allen Einzelheiten ihren eigenen Erinnerungen. Sie ließ den Finger über Ghiban schweben. »Erstaunlich.«

Prinz Mazen hob den Kopf. »Wovon sprichst du?«

»Von deinem Bruder.« Als der Prinz sie nur verständnislos ansah, erwiderte sie seinen Blick mit erhobener Augenbraue. »Wie kommt es, dass ein im Palast gefangener Mann die Wüste so gut kennt?«

Die Frage schien ihn zu überraschen. Er sah die Karte an, als ließe sich die Antwort darauf zwischen all den Linien und Farben finden. »Bevor mein Bruder nach Madinne kam, ist er mit dem

Stamm seiner Mutter durch die Wüste gereist«, sagte er schließlich sanft. »Er hat viel mehr von der Welt gesehen als ich.« Ein zärtliches, für Omar gänzlich untypisches Lächeln zupfte an seinen Mundwinkeln.

Aisha sah ihn skeptisch an. Niemand vermochte, Landschaften detailliert aus dem Gedächtnis nachzuzeichnen, da sie sich ständig veränderten. Schließlich entstanden jeden Tag aus vergossenem Dschinn-Blut neue Oasen, während gleichzeitig menschliche Siedlungen im Handumdrehen vom Antlitz der Erde verschwanden. Bevor ihr Heimatdorf niedergebrannt worden war, war es auch einmal auf einer Karte wie dieser verzeichnet gewesen.

Aisha schüttelte die Erinnerung an Sameesh ab, bevor sie sich festsetzen konnte.

Weshalb Prinz Hakim ein so guter Kartograf war, spielte keine Rolle. Wichtig war nur, dass sie sich auf seine Angaben verlassen konnte.

Sie befasste sich wieder mit ihrer Reiseroute. »Jenseits von Ghiban gibt es weniger Oasen, aber dafür künstlich geschaffene Höhlen in den Klippen, in denen wir unterkommen können.« Sie folgte mit dem Finger den Klippen bis zu den Ausläufern des Westlichen Sandmeers. »Der letzte Außenposten befindet sich genau hier, am Rand des Sandmeers.« Sie kreiste den Bereich ein. »Dein Bruder hat Höhlen markiert, die möglicherweise unter das Sandmeer führen, doch das ist nicht sicher. Wir werden sie selbst zu Fuß erkunden müssen, wenn wir dort sind.«

Der Prinz nickte abwesend. Er verschlang die Karte förmlich mit Blicken wie ein Verhungernder eine reich gedeckte Festtafel. Für sie selbst war dies nur eine unter vielen Reisen, der Prinz hatte es jedoch noch nie so weit aus Madinne herausgeschafft. Sie durfte nicht vergessen, dass ihre Unternehmung für ihn der Aufbruch in eine ganz neue Welt war.

»Wenn Dhyme hier ist« – er markierte die Stadt mit der Fingerspitze –, »dann befindet sich die Ruine, in der wir das Relikt gefunden …« Er verstummte abrupt, und sein staunender Blick verwandelte sich in einen entsetzten Ausdruck.

Aisha schöpfte sofort Verdacht. »Was schaust du so? Du wirkst schuldbewusst.«

Er schluckte. »Schuldbewusst? Nein, ich fühle mich nur schuldig, weil ich die Händlerin verletzt habe, aber der geht es inzwischen ja wieder gut.«

Aisha betrachtete ihn eingehend. »Darüber denkst du noch immer nach? Weißt du, es gibt Schlimmeres, als jemanden zu verletzen.« Sie hob die Augenbrauen. »Man könnte von dir erwarten, dass du andere tötest.«

»Das ist nicht das Gleiche. Du hast dich dafür entschieden, Dschinn zu töten.«

Dieser beiläufige Kommentar hätte ihr eigentlich nichts ausmachen dürfen, doch die Erinnerung an Sameesh war noch frisch, und ihre Gedanken gerieten auf Abwege.

Vor ihrem inneren Auge erblickte sie grüngoldene Felder. Sie sah ihre Schwestern durch das hohe Gras tollen, ihre Tanten unter Dattelbäumen dösen und ihre Mutter, die mit einem Teller voll Luqaimat in der Tür stand und alle zum Nachtisch hereinrief.

Und dann sah sie, wie alles – die Felder, das Haus, die Menschen – zu Asche verbrannte.

»Was für eine dumme Bemerkung.« Ihre Worte wirkten auf sie selbst genauso verwaschen wie ihre Visionen. »Nicht alle Mörder töten aus freien Stücken. Manche von uns tun es nur, weil es nicht anders geht.«

Der Prinz wirkte erstaunt. »Ich dachte, Omars Räuber kämen zu ihm, weil sie die Dschinn töten wollen. Ist das denn nicht so?«

Es ärgerte sie zwar, dass der Prinz sie auszuhorchen versuchte, doch es war schon sehr lange her, dass sie jemand nach ihrem Leben vor Omar gefragt hatte, und sie merkte, dass sie darüber sprechen *wollte*. Aisha hatte aus ihrer Vergangenheit nie ein Geheimnis gemacht. Vielleicht hatte sich ja gerade deswegen nie jemand die Mühe gemacht, sich danach bei ihr zu erkundigen.

»Kann sein.« Sie zuckte die Achseln. »Ich habe mich in meiner Kindheit jedenfalls nie danach gesehnt, eine Waffe zu tragen. Ich bin auf einem Bauernhof in Sameesh aufgewachsen. Das einzig Scharfe, mit dem ich da hantiert habe, war eine Sichel. Aber wenn dein Dorf von Dschinn ausgelöscht wird, ist nichts mehr, wie es war. Nicht Ackergeräte haben mich am Leben erhalten, sondern eine scharfe Klinge.«

Der Prinz sah sie traurig an. »Das tut mir leid«, murmelte er.

Sie wandte sich ab, genervt von so viel aufrichtigem Mitgefühl auf Omars Gesicht. »Ich brauche deine Entschuldigung nicht. Wenn mich der Umgang mit dem Schwert eines gelehrt hat, dann, dass Mitgefühl eine Schwäche ist.«

»Du sprichst wie …«

»Eine Mörderin? Du wirst dich schon noch daran gewöhnen.«

Sie ließ sich an sein Bett zurücksinken und schloss die Augen. Dabei klaffte ihr Umhang ein wenig auf. Aus dem Schweigen des Prinzen folgerte sie, dass er ihre Narben betrachtete. »Jemanden so anzustarren, ist unhöflich«, sagte sie, ohne die Augen aufzuschlagen.

»Ich habe mir nur …«

»Meine Narben angesehen? Sind sie wirklich so faszinierend?« Sie seufzte. »Manche Leute verstecken ihre Narben. Ich ziehe es vor, meine wie Auszeichnungen zu tragen. Sie erinnern mich daran, was ich alles überlebt habe und an wem ich mich rächen muss.«

Hinter ihren dunklen Augenlidern sah sie erneut Sameesh vor sich: grell lodernd, sterbend. Und sie sah die Geschöpfe aus Rauch, die mit hasserfüllt brennenden Augen inmitten der Zerstörungen standen. Die durchreisenden Dschinn, die sie in ihrem Haus willkommen geheißen hatten – und die ihre Gastfreundschaft mit Gewalt vergalten.

»Die Dschinn aus Sameesh …«, sagte der Prinz leise.

»Die gibt es nicht mehr, aber meine Blutgier ist noch nicht erloschen. Deswegen bin ich hier, Prinz.« Sie öffnete ein Auge einen Spaltbreit. »Hast du nichts Besseres zu tun, als mich anzugaffen?«

Der Prinz stand so abrupt auf, dass er gegen den Tisch stieß und beinahe den Beutel darauf umwarf. Sein Blick huschte zum Fenster, hinter dem inzwischen Sterne funkelten. »Ich habe etwas in Ahmeds Residenz vergessen«, sagte er leise. »Ich würde es gern holen, bevor das Treffen anfängt.« Mazen ging zur Tür, blieb aber noch mal stehen, bevor er sie öffnete. »Aisha?« Er blickte über die Schulter. In seinen Augen glomm … Ja, was war das …? Hoffnung? »Danke, dass du so offen mit mir gesprochen hast. Ich weiß deine Ehrlichkeit zu schätzen.«

Aisha lachte unwillkürlich auf. Glaubte der Prinz wirklich, es würde irgendetwas bedeuten, dass sie ihm von ihrer Vergangenheit erzählt hatte – die doch ohnehin für jedermann deutlich von ihrer Haut abzulesen war? Nachdem seine Schritte im Korridor verklungen waren, griff sie, noch immer leise glucksend, nach dem Beutel und tastete aus Gewohnheit nach dem Relikt darin.

Das Lachen blieb ihr im Hals stecken.

Der Beutel war leer.

29

MAZEN

Er hatte das Relikt in Ahmeds Diwan vergessen.

Seine Schuldgefühle lasteten so schwer auf ihm, dass er beinahe unter ihnen zusammenbrach, während er aus dem Gasthaus stürmte. Nur mit Mühe konnte er sich davon abhalten, zum Anwesen des Wali zu rennen. Wenn er schnell genug war, würde er das Relikt vielleicht zurückholen können, bevor Aisha bemerkte, dass es weg war. Er wollte nicht, dass sie ihn für noch unfähiger hielt, als sie es ohnehin schon tat.

Ahmed geht es gut. Er ist ein Jäger und gerät auf keinen Fall in den Bann einer Dschinn.

Schließlich hatte Aisha mit keiner Wimper gezuckt, als sie in der Ruine den Halsreif an sich nahm. Auf Mazens Frage, ob die Dschinn sie nicht manipuliere, hatte sie nur geschnaubt und geantwortet: »*Ich* bin nicht so leichtgläubig wie du.«

Während er nun durch das Straßengewirr von Dhyme hastete, bemerkte er die Dunkelheit, die auf den Wänden waberte – Schatten mit roten Augen, die sich um Palmen wanden und auf laternenbeleuchtete Gassen legten. *Leichtgläubig,* hatte Aisha ihn genannt. Aber wie konnte seine Naivität der Grund für derart morbide Visionen sein? Wohin er auch blickte, die Finsternis rückte immer näher. *Unbedeutend,* murmelte sie ihm in die Ohren.

Mazen versuchte, sich davon zu überzeugen, dass er halluzinierte und nur Nachbilder seiner Albträume sah, doch die Schatten wollten einfach nicht von ihm ablassen.

Du hast geglaubt, du könntest entkommen. Aber ich kenne dein Blut.

Nur wenige Straßen vom Anwesen des Wali entfernt wurde ihm plötzlich so schwindelig, dass er mit zitternden Knien in die nächste Gasse abbiegen und sich an eine Wand lehnen musste. Schweißperlen bildeten sich auf seiner Stirn, und er glaubte, seinen Herzschlag bis in die Fußsohlen zu spüren.

Die Dunkelheit zog sich zusammen und klammerte sich an ihn. *Dschinn-Mörder!*, schrie sie. *Du bist es nicht wert, mein Diener zu sein!*

»Das ist nicht real«, hauchte Mazen. »Nicht real.«

Er schloss die Augen, tauchte damit jedoch bloß in eine andere Art von Dunkelheit ein, die von den Mosaiken der sieben Dschinn erhellt wurde. Die rotäugigen Schatten grinsten ihn an. Mazen wandte sich von ihnen ab, nur um sich gleich darauf mit einem weiteren, noch unheimlicheren Anblick konfrontiert zu sehen – einer Frau, die einen Schädel hielt. *Die Königin der Dünen.*

Erst als er aus der verschütteten Ruine heraus war, hatte er an die Geschichte des Alten Rhuba gedacht und die Verbindung zwischen den beiden Dschinn hergestellt. Aisha gegenüber hatte er diesen Verdacht nicht erwähnt. Sie würde ihn nur für verrückt halten.

Ich werde mir mit dir Zeit lassen, damit dein Leid nicht zu schnell vorbei ist.

Mazen presste die Hände auf die Ohren, doch die Stimmen ließen sich nicht aussperren. Also vergrub er stattdessen die Fingernägel in den Handflächen und, als der Schmerz zu groß wurde, im Staub unter sich.

Der Boden warf unter seiner Berührung *Falten.*

Diese Wahrnehmung war so überraschend, dass er die Augen aufriss und nach unten sah.

Sein Blick fiel auf seinen Schatten, der zwischen seinen Fingern wie Seide knitterte. Als er die Hand zurückzog, breitete er sich wieder wie ein Tintenfleck flach auf dem Boden aus. Doch er griff Mazen nicht an und machte auch sonst keine Bewegung.

Langsam und ganz vorsichtig berührte er ihn erneut. Sobald er sich unter seiner Berührung wellte, holte er tief Luft und *zog* ihn vom Boden. Sobald der Schatten seine Hand umhüllte, wurde sie unsichtbar.

Bei den Göttern. Ich werde wirklich *verrückt.*

Ein paar Minuten lang war er zu nichts anderem fähig, als misstrauisch seine Hand oder, besser gesagt, seine nicht mehr vorhandene Hand zu betrachten. Dann schob er versuchsweise auch andere Körperteile in das Schattengewebe und sah erstaunt zu, wie alles – seine Hand, sein Arm, sein Bein – unter dem dunklen Schleier außer Sicht verschwand.

Mein Schatten ist magisch. Dieser Gedanke war so bizarr, dass er laut loslachte.

Ein vorbeikommendes Pärchen hielt an. Als Mazen zu ihnen aufsah, eilten sie jedoch schneller weiter. Ihm kam eine Idee: Er nahm den Schatten, bedeckte damit sorgfältig seinen kompletten Körper und trat aus der Gasse hinaus.

Keiner der Passanten schien ihn zu bemerken. Manchmal sahen sie zur Wand, als würden sie seinen Blick spüren, doch niemand schaute ihn direkt an. Er war zu einem Schatten geworden. Unsichtbar.

Schließlich streifte Mazen den Schatten ab, der sich ihm wieder ganz normal an die Fersen heftete, und ging weiter. Tausend Fragen schwirrten ihm im Kopf herum. War das ein Fluch, mit dem die Schatten-Dschinn ihn belegt hatte? Verfolgte sie ihn deswegen bis in seine Träume?

Oder, dachte Mazen mit einem Schaudern, *ist es ein Omen.*

30

LOULIE

»Wenn Blicke töten könnten, hättest du mittlerweile jeden auf dem Souk umgebracht«, sagte Qadir, während er den Rest des Falafels aß, den sie gekauft hatten. Als Loulie nicht antwortete, zerknüllte er die Tüte, in dem es gesteckt hatte, und versuchte, sie ihr an den Kopf zu werfen. Sie fing sie auf und warf sie zurück. Loulie wusste, dass er sie nur dazu bringen wollte, ihm von ihren Sorgen zu erzählen. Seit ihrem nachmittäglichen Spaziergang bemühte er sich, sie aufzuheitern, doch im Moment hatte sie keinen Sinn für seine Faxen, da sie immerzu über ihr Treffen mit Ahmed nachgrübelte.

Selbst das Durcheinander auf dem Souk konnte sie nicht ablenken. Die an den Palmen befestigten Laternen leuchteten zu grell, und auch die bunten Bilder auf den Karren, gefielen ihr nicht mehr. Obwohl auf dem Souk mittlerweile weniger los war, wirkte er mit seinen vielen verwinkelten Straßen noch klaustrophobischer als der Markt in Madinne. Loulie hatte das Gefühl zu ersticken.

Qadir trat dichter an sie heran. »Bist du sicher, dass ich dich heute Abend nicht begleiten soll?«

Loulie sah zu einer Schar von Kindern, die auf einem nahe gelegenen Dach saßen, und lächelte ihnen zu, als sie auf sie deuteten und aufgeregt miteinander flüsterten. »Mir geht's gut. Ahmed ist harmlos.« Auch ohne Qadir anzusehen, wusste sie, dass er eine Augenbraue hob. »Gestern Abend war …« Loulie verstummte. Es hatte sie überfordert, und seitdem zerfleischte sie sich mit Selbstvorwürfen, doch bei der nun anstehenden Zusammenkunft würde es nicht um Ahmed und sie, sondern ums Geschäft gehen.

Beim Aufwachen hatte sie eine weitere Nachricht vorgefunden. Darin hatte Ahmed versprochen, sie vor ihrem Aufbruch möglichen Kunden aus seinem Bekanntenkreis vorzustellen. Loulie, die keine Lust hatte, blutiges Gold von Dschinn-Mördern anzunehmen, vermied es grundsätzlich, mit Jägern Handel zu treiben. Nein, sie würde Ahmeds Freunden sicher nichts verkaufen. Aber sie vermisste die Freiheit, ein Geschäft ablehnen zu können, das nicht ihren Vorstellungen entsprach, und wollte sich so die Kontrolle über ihr Leben zurückerobern.

»Gestern Abend war wirklich erbärmlich«, seufzte Qadir und schnaubte, als er ihren finsteren Gesichtsausdruck bemerkte. »Da ist er ja wieder, dieser mörderische Blick. Du machst nicht den Eindruck, als würde es dir gut gehen.«

»Ich kann mich nicht erinnern, dich nach deiner Meinung gefragt zu haben.« Sie bogen um eine Ecke und betraten die Straße der Juweliere, wo Händler ihre goldenen und silbernen Schmuckstücke zur Schau stellten. Loulie ließ abwesend den Blick über die im Laternenlicht funkelnden Preziosen wandern – mit Saphiren und Rubinen besetzte Halsketten und Ringe, große goldene Armreife und kostbare, mit Perlen verzierte Ketten. Sie wirkten alle sehr verlockend … bis die Juweliere ihre absurd hohen Preisvorstellungen nannten.

Mögen die Götter den Narren beistehen, die nicht wissen, wie man feilscht, dachte sie.

Als sie sich Ahmeds Residenz näherten, die zwischen mehreren anderen protzigen Anwesen im Zentrum von Dhyme stand, stellte Qadir sich vor sie. »Das ist deine letzte Chance. Bist du wirklich sicher, dass du mich nicht an deiner Seite haben möchtest?«

»Ja.« Sie verschränkte die Arme. »Bei einer gesitteten Unterhaltung brauche ich dich nicht, Qadir. Viel lieber wäre es mir, wenn du den Gerüchten über den Mörder in Schwarz nachgehen würdest.«

Qadir seufzte. »Gerüchten, die sich ohne jeden Zweifel als haltlos erweisen werden.«

»Es wäre auf jeden Fall sinnvoller, als mich zu bemuttern«, sagte sie nicht zum ersten Mal an diesem Tag zu ihm. Ob sie ihn oder nur sich selbst davon überzeugen wollte, wusste sie nicht genau.

Qadir sah sie durchdringend an. Da sie unter seinem Blick nicht zusammenbrach, gab er schließlich nach. Und sobald er weg war, drehte sie sich zu Ahmeds Residenz um und atmete tief durch.

Ahmed bin Walid ist nur ein Mann, und ich brauche ihn nicht, sagte sie sich mehrmals in Gedanken vor, während seine Wächter sie in den Hof führten. Ahmeds Gäste waren schon von Weitem zu hören – ein Dutzend Jäger, die kostbaren Schmuck trugen und Waffen unter ihren feinen Seidengewändern verbargen.

Loulie sah sich im Diwan um und stellte fest, dass die Bühne und das luxuriöse Mobiliar vom Vorabend weggeräumt worden waren. Nun waren in dem Raum nur noch ein Teppich und die dekadenten Mörder, die darauf Platz genommen hatten. Ahmed bin Walid saß am hinteren Ende. Er trug ein schlichtes braunes Hemd mit dazu passender Hose und einem dunkelblauen Schal über den Schultern. Als er sie bemerkte, verzog sich sein Gesicht zu dem Lächeln, bei dessen Anblick Loulies Herz jedes Mal einen Satz machte und gleichzeitig zu brechen drohte. »Da kommt ja unser Ehrengast. Willkommen, Mitternachtshändlerin.« Er deutete auf das leere Kissen zu seiner Rechten.

Während Loulie so entspannt wie möglich auf ihn zuging, unterdrückte sie mühsam die Erinnerung an ihre verschränkten Finger und seinen Atem auf ihrem Hals. Mit einem Seufzer, den das Tuch vor ihrem Mund zum Glück dämpfte, ließ sie sich auf das Kissen sinken. »Es ist mir wie immer ein Vergnügen.« Die Jäger musterten sie mehr oder weniger neugierig. Einer der Männer –

seinem Gesicht nach zu urteilen, der jüngste von ihnen – sah sie misstrauisch an. Loulie runzelte die Stirn. »Stimmt etwas nicht, ya Sayyid?«

Der Jäger errötete. »Vergib mir, Händlerin. Du bist nur jünger, als ich erwartet hatte.«

Loulie widerstand dem Drang, die Augen zu verdrehen. Sie wusste, dass er nicht nur über ihre Jugend staunte. Männer, die es schon in jungen Jahren zu etwas brachten, wurden von ihren Geschlechtsgenossen gepriesen, doch erfolgreiche Frauen waren ihnen ein Rätsel. Die meisten Männer wussten nicht, wie sie auf ihr selbstbewusstes Auftreten reagieren sollten.

Sie hob eine Augenbraue. »Nein, *ich* muss mich entschuldigen. Es ist nicht nett, so streng mit einem Kind zu sprechen.«

Der Jäger starrte sie finster an und wurde noch röter. Loulie genoss seinen Ärger, doch noch mehr gefiel ihr das Gelächter seiner Gefährten. Sogar Ahmed grinste. »Eins solltet ihr über Loulie al-Nazari wissen: Sie lässt sich keine Beleidigungen gefallen – zumindest nicht ohne Widerworte.« Er sah sich mit funkelnden Augen um. »Wie es scheint, sind wir nun vollzählig.«

»Was ist mit dem Kronprinzen?«, fragte ein ergrauter Jäger mit mehreren Narben im Gesicht.

Ahmed seufzte. »Ich habe ihn eingeladen, aber er ist wahrscheinlich zu beschäftigt, um zu kommen.«

Ein Raunen ging durch die Gruppe. Loulie wunderte sich über ihre Enttäuschung. Stand der Prinz diesen Männern so nahe, dass sie mit seiner Anwesenheit gerechnet hatten? Oder wollten sie sich nur in seinem Glanz sonnen?

Ahmed klatschte in die Hände, um für Ruhe zu sorgen. »Entspannt euch! Wir werden auch ohne den Kronprinzen eine gute Zeit haben.« Auf seinen Wink hin brachten Diener, die im Hintergrund gewartet hatten, festtägliche Speisen herbei. Loulie knurrte der Magen, als sie die Köstlichkeiten vor sie hinstellten – Teller voll Halloumi und Pita, mehrere Schalen Baba Ghanoush und Fattoush, Hühner- und Lamm-Schaschlikspieße sowie mit Reis und Zwiebeln gefüllte Dolmas.

»Bitte lasst uns essen und miteinander sprechen! Ihr befindet euch heute Abend in guter Gesellschaft.«

Das ließ Loulie sich nicht zweimal sagen. Über das Essen freute Loulie sich, über die Gespräche weniger. Ohne Omar bin Malik war sie die interessanteste Person im Raum, und so bombardierten die Jäger sie mit Fragen. Sie erkundigten sich nach ihren Waren, ihren Reisen, ihrem Leibwächter – Loulie schnaubte, als sie ihn als *mysteriös* bezeichneten – und nach ihrer Herkunft. Loulie speiste sie mit fadenscheinigen, aber interessant klingenden Halbwahrheiten ab.

Als sie mit dem Hauptgang fertig waren und auf das Dessert warteten, zeigte sie ihnen ihre Relikte. Es waren nur noch ein paar – die meisten hatte sie auf dem Nachtmarkt von Madinne verkauft –, aber sie reichten, um die Neugier der Jäger zu befriedigen.

»Wie um alles in der Welt findest du genügend Relikte, um von ihrem Verkauf leben zu können?«, wollte der vernarbte Händler wissen, während ein paar Diener Teller mit Baklava und Kunafa hereintrugen. Das Kunafa lehnte Loulie ab und ließ sich stattdessen die doppelte Menge Baklava geben. Sie liebte dieses Gebäck, und die Leckereien, die in Ahmeds Anwesen zubereitet wurden, gehörten zum Besten, was Loulie je gegessen hatte.

»Ich fürchte, das ist ein Geschäftsgeheimnis«, antwortete sie dem Jäger, den Mund voller Honig und Teig.

»Hmm.« Ein weiterer Jäger – dem Loulie insgeheim den Spitznamen Stupsnase verpasst hatte – ließ nachdenklich die Schlafperlen durch die Finger gleiten. »Wieso verkaufst du sie überhaupt, wenn du stattdessen die kostbarste Sammlung im ganzen Land besitzen könntest?«

Loulie hob eine Braue. »Sammeln ist eine Leidenschaft. Ich betreibe ein Geschäft.«

Wozu sollte es außerdem gut sein, verzauberte Gegenstände als

Staubfänger zu horten. Der Wert von Relikten lag in ihren Funktionen. Damit verdiente sie ihren Lebensunterhalt. Eine verbotene Sammlung würde ihr rein gar nichts bringen.

Der leicht reizbare junge Jäger neigte den Kopf zur Seite. »Ist das, was du tust, nicht illegal?« Er sah zu Ahmed, und die anderen Jäger taten es ihm wie auf ein stummes Signal hin gleich.

Loulie bedachte ihn mit einem düsteren Blick. »Ich kann für mich selbst sprechen, *shukran*.« Doch auch sie schaute zu Ahmed, gespannt auf dessen Reaktion. Die strenge Miene des Wali überraschte sie.

Der junge Jäger runzelte die Stirn. »Ahmed?«

»Ist irgendetwas?«, erkundige sich ein anderer.

Ahmed blinzelte und sah aus, als würde er aus einem Traum erwachen. »Hm? O nein. Entschuldigt bitte. Ich war nur in Gedanken.« Seine Mundwinkel hoben sich zu einem halbherzigen Lächeln. »Wir haben gerade über Relikte gesprochen, nicht wahr? Darüber, sie wie Werkzeuge zu sammeln und zu verkaufen?«

Loulie zog die Augenbrauen zusammen. »Sie *sind* Werkzeuge.«

»Glaubst du das wirklich?« Das matte Lächeln des Wali verblasste. »Hast du überhaupt schon mal darüber nachgedacht, Händlerin, dass du vom Leid anderer profitierst?«

Seine harschen Worte ließen sie zusammenfahren. Relikte waren von Dschinn verzauberte und in der Wüste vergessene Gegenstände. Von was für einem Leid sprach er bloß?

»Ich fürchte, ich verstehe nicht, was du meinst.« Unbehaglich rückte sie vom Wali ab. Sein leerer Gesichtsausdruck machte sie nervös. So einen Blick hatte sie noch nie gesehen. Unwillkürlich verschränkte sie die Hände und schnitt eine Grimasse, als sie trotz des Verbands spürte, wie heiß ihre Ringe waren.

Ahmed stieß ein leises, humorloses Lachen aus. »Natürlich nicht.« Er sah sich unter den Jägern um. »Sagt mir, meine Freunde« – seine Lippen verzogen sich zu einem schiefen, auf seinem Gesicht deplatziert wirkenden Grinsen, das Loulie das Blut in den Adern gefrieren ließ –, »tötet ihr Dschinn, um sie ihrer Magie zu berauben? Oder geht es euch nur um das Blut? Um reine Mordlust?« Er hob eine Hand. »Nein, sagt nichts. Die Antwort ist unwichtig.«

Loulie starrte den Wali verblüfft an. Wer war dieser grinsende Fremde?

Angst machte sich in ihrer Brust breit, als sie sah, wie die Jäger nach ihren verborgenen Waffen tasteten. Ihre eigene Hand ging instinktiv zum Kompass in ihrer Tasche – dem Relikt, das ihr Orientierung gab. »Sayyidi?«, fragte sie leise.

Er legte eine Hand auf seinen Schal und lächelte. »So sieht man sich wieder, Dschinn-Mörderin. Würdest du gern mit mir singen?« Bevor sie etwas entgegnen konnte, stimmte er ein Lied an, das sie kannte. Eine nostalgische Weise hatte Qadir es genannt. Doch für Loulie klang es wie eine Klage über eine niemals endende, sinnlose Reise.

Sie nahm den Gesang nur am Rande wahr. Es fiel ihr zunehmend schwer, sich zu konzentrieren. Sie erkannte die Stimme eines der Jäger und sah etwas aufblitzen – eine Klinge vielleicht –, dann wurde es dunkel um sie, und sie hörte nur noch ihren Herzschlag, der immer lauter wurde und merkwürdigerweise aus dem Kompass zu kommen schien und …

Sie konnte kaum atmen, als der Jäger die eiserne Fessel um ihren Hals schloss. Ein brennender Schmerz schoss durch ihre Adern und bohrte sich in ihre Knochen.

Der Jäger trat näher, die dunklen Augen zu Schlitzen verengt. »Wie alt ist sie deiner Meinung nach?«

»Mindestens hundert Jahre«, erwiderte sein Begleiter. »Vielleicht noch älter.«

»Ein uraltes Monster«, sinnierte der Jäger. »Ich habe mit mehr Gegenwehr gerechnet.«

Der Gefährte des Jägers stellte sich neben ihn. Sie konnte in seinem verschleierten Gesicht nur die Augen ausmachen, die wie goldene Splitter aussahen. »Kannst du sprechen, Monster?«

Sie antwortete nicht, da sie Geschichten über Dschinn gehört hatte, denen die Zunge herausgeschnitten worden war, weil sie etwas gesagt hatten. Stattdessen senkte sie den Kopf und begann zu beten. Sie versuchte, nicht auf das Gras unter ihren Füßen zu achten – und auch nicht auf ihr Blut, das die Jäger vergossen, um es sprießen zu lassen.

Also lenkte sie sich ab und richtete ihre Gedanken auf Ihn. Falls Er aufwachte und sie mit diesen Menschen sah, würde Er … nun, Er würde versuchen, sie zu retten, und dabei umkommen. Und sie hatte sich nicht in dieses Schicksal gefügt, damit Er starb. Sie hatte Ihn befreit und würde nicht zulassen, dass Er erneut in Gefangenschaft geriet.

Als die Jäger erkannten, dass sie ihr keinen Schrei entlocken konnten, befestigten sie ihre Ketten an einem Felsblock und stießen ihn kurzerhand in den See. Selbst in diesem Moment, als der Tod nahte, hörte sie nicht auf zu beten. Und sich zu erinnern.

Sie dachte an Seinen gequälten Gesichtsausdruck und das Blut an Seinen Händen. Daran, wie aufrecht Er gestanden hatte, während sie Ihn folterten und mit Narben überzogen.

Und dann dachte sie an Seine Zukunft, die sich wie eine Karte vor ihrem inneren Auge entrollte. Sie sah ein Wüstenlager. Ein mit glitzernden Sternen bedecktes Gewand. Eine Mörderbande. Sie sah Ihn wie Rauch durch Flammen wabern. Er näherte sich einem weinenden Mädchen, das einen Kompass in der Hand hielt.

Und auf einmal wusste sie, dass dieser Kompass ihrer war – dass sie dieser Gegenstand war. Sie spürte sein Gewicht in ihrer Tasche und dachte: Wenn ich Ihn nicht an der Hand durch die Wüste führen kann, dann werde ich Ihm mit dieser Nadel den Weg zu seinem Schicksal weisen. *Sie stellte sich seine Gestalt vor, während sie ihren letzten Atem aushauchte. Und dann …*

Loulie riss keuchend die Augen auf. Ihre Umgebung war zur Seite gekippt. Sie bewegte ihren auf einmal sehr schweren Kopf und erkannte, dass sie auf dem Boden lag und den Kompass umklammert hielt. Jedes Mal, wenn sie einatmete, vernahm sie in dem hölzernen Instrument das Echo ihres Herzschlags.

Nein, das war nicht *ihr* Herzschlag. Das Relikt … war ein Lebewesen.

Kein Kompass, sondern eine Seele. Ein *Leben.*

Ihre Gedanken drifteten ab, und einen Moment lang befand sie sich wieder unter Wasser, *unfähig zu atmen, sterbend.* Sie ließ den Kompass los und kehrte ruckartig in die Realität zurück, in der Ahmed bin Walid mit hasserfüllter Miene und einem Messer in der Hand über ihr aufragte. Sein Schal war verrutscht und gab den Blick auf einen goldenen Halsreif frei. »Nun weißt du, wie sich für meinesgleichen der Tod anfühlt«, sagte er. »Doch das ist nicht Strafe genug.«

Loulie sah sich mit verschwommenem Blick um. Die anderen Jäger lagen ebenfalls auf dem Boden und wirkten genauso benommen wie sie.

»Wie viele Dschinn hast du umgebracht, nur um ihnen ihre Magie zu rauben und deine Welt mit unserem Blut zu färben?«

Keinen, dachte sie. *Ich habe keinen einzigen Dschinn getötet.* Doch ihre Lippen weigerten sich, die Worte zu formen.

Sie spürte, wie Ahmed sie am Arm packte und vom Boden aufhob.

»Nie wieder«, sagte er mit kummervoller Stimme und presste ihr die Klinge an die Kehle. »Gehab dich wohl, Dschinn-Mörderin.«

31

MAZEN

Mazen dachte noch immer über seinen Schatten nach, als er durch das Tor von Ahmed bin Walids Residenz trat. Die Wächter machten sich nicht die Mühe, ihn in den Diwan zu führen. Sicher gingen sie davon aus, dass der Kronprinz den Weg dorthin selbst kannte.

Das Gefühl, verfolgt zu werden, schnürte ihm die Kehle zu, während er den leeren Hof durchquerte. Immer wieder blickte er zu seinem Schatten. Er sah ganz normal aus, doch wenn er drauftrat, blieb er an seinem Stiefel kleben.

Wie ist das nur möglich?, dachte er, während er dem gewundenen Pfad durch den immergrünen Garten folgte. Selbst im Dunkeln war der Hof schön. Und … anders?

Die Bäume schienen dichter nebeneinanderzustehen, als hätten sie sich bewegt, um ihm den Weg zu verstellen, und das Heulen des Windes klang seltsam traurig. Das Mondlicht, das durch die Wipfel schien, war schaurig silbern. Mazen merkte, dass er sich unter die Bäume duckte, um ihm auszuweichen. Er hatte das Gefühl, beobachtet zu werden.

Als er sich der Treppe zum Diwan näherte, wurden seine Schritte langsamer, seine Augenlider sanken herab, und die Welt wirkte unschärfer. Kaum war er sich seiner Trägheit bewusst geworden, da schoss ihm ein leises, schreckliches Lied durch den Kopf. Er kannte es.

Mazen geriet ins Taumeln. Dass er hingefallen war, merkte er erst, als er seinen weichen Schatten unter den Fingerspitzen spürte. Er nahm ein zweites Geräusch wahr – ein Pulsieren in seinen Armen, seinen Füßen … überall um ihn herum – und erbleichte.

Mein Schatten hat einen Herzschlag. Sein Magen verkrampfte sich vor Angst.

Bevor er die Hand zurückziehen konnte …

… hustete sie und spürte Blut von ihren Lippen tropfen. »Wie …?«, keuchte sie, während das Messer aus ihrer Schulter gezogen wurde. Sie bedeckte die schmerzhaft klaffende Wunde mit der Hand und drehte sich mit zusammengebissenen Zähnen um. Die Erscheinung vor ihr erstaunte sie.

»Das kann nicht sein«, stieß sie hervor. »Du. Ich habe dich getötet.«

Er musste eine Fata Morgana sein. Eine Halluzination. Er konnte unmöglich am Leben sein, nicht, nachdem sie sein Herz mit Magie zum Stillstand gebracht hatte. Nicht, nachdem sie beobachtet hatte, wie das Leben aus seinen Augen wich. Nicht, nachdem ihn auch alle anderen im Diwan leblos hatten zusammenbrechen sehen.

Und dennoch … stand der Jäger mit seinem fürchterlichen schwarzen Messer grinsend vor ihr.

»Du willst den König der vierzig Räuber getötet haben? Was für ein anmaßender Gedanke.«

»Nein!« Sie trat zurück. Wenn sie hier starb, würde sie ihn nicht daran hindern können, sie zu seiner Sklavin zu machen. Er würde sie genauso umbringen, wie er es mit ihrem Geliebten getan hatte, und dann würde er ihre Magie stehlen. Ihr Blick zuckte zu den Schatten – auf der verzweifelten Suche nach einem Fluchtweg.

Doch dem Jäger konnte man nicht entkommen. Im nächsten Moment stürzte er sich auf sie, versenkte seinen verfluchten Dolch in ihrem Herzen und …

Mazen rang nach Atem, während die Vision der Schatten-

Dschinn verblasste. Die Welt – *seine* Welt – kehrte in ihrem ganzen sternenbeschienenen Chaos zurück. Er vernahm Geräusche. Das deutlichste war eine Stimme, die er schon lange genug kannte, um ihre einschläfernde Kadenz zu verabscheuen – auch wenn sie gerade untypisch sanft klang.

Ahmed. Mazen stolperte auf die Treppe zu. Dunkle Flecken tanzten vor seinen Augen und drohten ihn in eine Erinnerung zurückzuziehen, die nicht seine eigene war. Als er verzweifelt seine Ringe berührte, schoss eine höllische Hitze durch seine Finger und versetzte ihn sofort wieder in die Gegenwart zurück. Der Ahmed, den er kannte, flüsterte nicht verschwörerisch. Er duldete keine Stille, sondern zerschmetterte sie.

»Wie viele Dschinn hast du umgebracht?«, fragte der Wali eigenartig steif. In seiner Stimme schwang eine zweite mit, so leise, dass sie kaum zu hören war. »Nur um ihnen ihre Magie zu rauben und deine Welt mit unserem Blut zu färben?«

Mazen betrat den Diwan.

Ahmeds Gäste lagen mit teilnahmslosen Gesichtern auf dem Boden. Anscheinend hatten sie sich gerade mitten in einem Festgelage befunden, denn auf dem kostbaren Teppich in der Mitte des Raums lagen Speisereste und umgekippte Becher verstreut. Ahmed stand mitten in all dem Durcheinander und hielt die Händlerin am Kragen ihrer Robe gepackt. Sie hing schlaff wie eine Lumpenpuppe in seinem Griff.

»Nie wieder.« Der Wali hob die freie Hand. Etwas Silbernes blitzte darin auf. »Gehab dich wohl, Dschinn-Mörderin.«

Mazen, der bislang unbemerkt im Eingang zum Diwan gestanden hatte, stürzte sich, ohne nachzudenken, auf Ahmed und rang ihn nieder.

Der blieb, verblüfft über Mazens – Omars – plötzliches Auftauchen, einen Moment lang reglos liegen und erbleichte, als er ihm ins Gesicht starrte. »*Du*«, stieß er erstickt hervor.

Mazen sah den Halsreif aus goldenem Gebein, der unter dem

Schal des Wali hervorblitzte, und streckte die Hand nach den zu Grimassen verzerrten Schädeln aus.

Doch bevor er den Reif zu fassen kriegte, packte Ahmed ihn am Handgelenk und riss es mit einem heftigen Ruck zur Seite. Ein eiskalter Schmerz durchzuckte seinen Arm. Mazen unterdrückte einen Schrei, als der Wali ihn abwarf, und blieb nun seinerseits kurz benommen liegen. Doch dann schoss ein Adrenalinschwall durch seinen Körper und ermöglichte es ihm, sich vom Boden hochzustemmen.

Gerade noch rechtzeitig, um zu beobachten, wie ein benommen dreinblickender Jäger sich Ahmed mit einem Dolch in der Hand näherte. »Elende Kreatur!«, rief er. »Gib den Wali frei!«

Ahmed zog seinerseits einen seiner Dolche, während der Mann auf ihn zustürmte. Ihre Klingen prallten mit einem ohrenbetäubenden Klirren aufeinander. Ein, zwei Herzschläge lang standen sie einander wie erstarrt gegenüber. Dann machte Ahmed einen Ausfallschritt zur Seite, trat den nach vorne kippenden Jäger zu Boden und warf sich mit seinem Dolch auf ihn.

Mazen hatte schon einige Übungsgefechte beobachtet und gesehen, wie Palastsoldaten einander ausmanövrierten und kleine Schnitte beibrachten. Doch bei diesem Kampf gab es keine kunstvollen Taktiken, nur eine tödliche Niederlage, als Ahmed dem Jäger einen Halbmond in den Hals schnitt. Der Schrei des sterbenden Mannes verebbte zu einem erstickten Gurgeln, das mit einem letzten jämmerlichen Röcheln endete, während Ahmed sich wieder erhob und umdrehte. Seine Kleidung triefte vor Blut.

In dem Chaos, das nun ausbrach, konnte Mazen seinen eigenen Schrei nicht hören, doch er spürte ihn in seiner Brust, während er von dem Blutbad wegkroch. Ein lauter Ruf erregte seine Aufmerksamkeit. Er sah einen weiteren Jäger – einen ergrauten Mann mit vernarbtem Gesicht – mit gezücktem Schwert auf den Wali zugehen. Ahmed wirbelte an der Klinge vorbei und versenkte noch in der Drehung seinen Dolch im Nacken des Mannes.

Der brach mit rotem Schaum vor den Lippen keuchend zusammen.

Unmittelbar darauf nahmen zwei Jäger Ahmed in die Zange. Er wich einem der beiden aus und packte das Handgelenk des anderen mitten im Stoß. Entsetzt versuchte der Mann, sich zu befreien, doch er war zu langsam.

Ahmed schleuderte ihn auf seinen Gefährten, und die beiden brachen in einem Haufen zusammen. Er trat dem oberen der beiden so fest auf den Rücken, dass das Krachen, mit dem die Wirbelsäule brach, über den Schrei des Mannes hinweg zu hören war. Dann beugte er sich in einer einzigen fließenden Bewegung zu den beiden hinunter, zog einen Dolch aus seinem Ärmel und stach ihm dem anderen Mann in die Kehle.

Wie gelähmt verfolgte Mazen das Massaker und konnte kaum atmen, während Ahmed einen Jäger nach dem anderen fällte. Er sah zu, wie Knochen brachen, Körper zerbarsten und Blut spritzte, und konnte nichts anderes tun, als seine panischen Tränen wegzublinzeln. Wenn Ahmed sich ihm zuwandte, würde er nicht davonrennen können.

Doch der Wali hatte nur Augen für die Männer, die sich ihm wie Krieger entgegenstellten. Sein nächster Gegner war der jüngste, den Mazen bislang gesehen hatte: ein Junge mit ängstlichem, aber fest entschlossenem Blick. Er und Ahmed starrten sich über eine Leiche hinweg an.

Der Junge schlug als Erster zu, Ahmed parierte. Ihre Klingen kollidierten, rutschten an den Schneiden ab und prallten erneut klirrend aufeinander.

Einen Moment lang gelang es dem Jungen, Ahmed zu überrumpeln und von sich wegzustoßen. Mit verzweifelter Hoffnung sah Mazen zu, wie Ahmed stolperte und der Junge seine Klinge hob.

Da ging durch den Leichnam zu ihren Füßen ein Beben.

Mazen sprang auf und schrie: »Pass auf!«

Doch es war zu spät.

Der Leichnam packte seinen noch lebenden Gefährten am Knöchel und riss an ihm. Der Junge kippte nach vorn – womit Ahmed offenbar gerechnet hatte, denn er rammte ihm mit einem Aufwärtshieb seinen Dolch in die Brust. Als der Junge auf dem Boden aufschlug, war sein Blick bereits glasig.

Während sich Mazen zitternd gegen die Wand drückte, senkte sich eine unheimliche Stille auf den Diwan herab. Der Wali ließ den Blick über ihn gleiten und drehte sich zu den restlichen Jägern um, die ihn in einem unordentlichen Halbkreis umstanden. Beim Anblick seines blutverschmierten Gesichts wichen sie, ihre Waffen wie Schilde vor sich hin haltend, vor ihm zurück.

Mit schiefem Lächeln griff Ahmed nach unten und nahm das Schwert eines der Leichname an sich. »Was habt ihr? Ich dachte, Jäger hätten keine Angst vor dem Tod. Will sich denn keiner von euch mit mir messen?«

Als niemand seine Herausforderung annahm, schnippte der Wali schnaubend mit den Fingern. Wie Marionetten an unsichtbaren Fäden erhoben sich die Gefallenen vom Boden »Na schön. Dann werde ich euch eben dazu zwingen müssen, dem Tod in die Augen zu schauen.«

Die stumpf dreinblickenden Untoten drängten voran, und die Jäger zogen sich in den Wald zurück. Mazen dagegen war starr vor Schreck, als Ahmed ihn ansah.

»Ich habe dich für tapfer gehalten«, sagte die Dschinn, die Ahmeds Haut trug. »Doch du bist genauso feige wie die anderen, nicht wahr?« Sie ging auf ihn zu.

Beweg dich, befahl Mazen sich. *Beweg dich, beweg dich!* Doch sein Körper gehorchte ihm nicht.

Ahmed hob das Schwert, erstarrte jedoch, als plötzlich ein knisterndes Feuer zu hören war. Loulie al-Nazari hatte sich wieder aufgerappelt und hielt einen brennenden Dolch in der Hand. Mazen sah den Widerschein der Flammen in ihren Augen, während sie sich ihnen näherte. »Ich weiß nicht, wie du deine Krallen in ihm versenken konntest, aber der Wali gehört dir nicht. Gib ihn frei.«

»Doch, jetzt gehört er mir.« Ahmed kam der Händlerin entgegen. Als sie ihm auswich, ging er in die entgegengesetzte Richtung, sodass sie einander umkreisten.

»Lass ihn frei, oder ich werde dich aus ihm herausschneiden«, fauchte Loulie.

Ahmed stutzte und begann zu lachen. »Du närrisches Mädchen. Du kannst mich nicht mit Feuer austreiben.«

Die Händlerin schoss wie ein Pfeil vorwärts und zog einen Funkenschweif hinter sich her. Ahmed blockierte ihren Dolch mit seinem Schwert, doch im Gegensatz zu der Klinge ließ sich das Feuer nicht aufhalten und dehnte sich spuckend und zischend zu ihm aus. Als es sein Handgelenk versengte, zog er knurrend den Arm zurück.

»*Du* magst gegen Feuer immun sein, aber für Menschen gilt das nicht.«

»Du würdest allen Ernstes den Mann verletzen, den du zu retten versuchst«, höhnte Ahmed, doch sein Lachen klang schrill, beinahe hysterisch. »Ihr Menschen seid wirklich herzlos.«

»Nicht herzloser als eine Dschinn, die Tote nicht ruhen lässt.«

Mazen fiel es immer schwerer, dem Scharmützel zu folgen, das von einer Kakofonie aus metallischem Getöse untermalt wurde. Ahmed war der überlegenere Kämpfer, doch die Händlerin besaß die brennende Klinge, die mit jedem Hieb greller loderte. Auf einmal löste sich von der Spitze ein Flammenstoß. Ahmed wich ihm schnell genug aus, um der größten Hitze in der Mitte zu entgehen, doch der Saum seines Ärmels fing Feuer und brannte so stark, dass ihm gar nichts anderes übrig blieb, als das Schwert sinken zu lassen und die Flammen zu löschen.

Mazen griff instinktiv nach seinem Schatten an der Wand und zog ihn sich über den Kopf, als der Wali sich ihm näherte. Sobald er unsichtbar war, entspannte er sich genug, um sich zurückzuziehen. Während er sich davonschlich, bemerkte er zwei Dinge. Erstens, dass zwar Ahmeds Ärmel brannte, seine Haut jedoch unversehrt war. Es stimmte also, was die Händlerin gesagt hatte: *Magisches Feuer kann zwischen Freund und Feind unterscheiden.*

Zum anderen fiel ihm auf, dass die Händlerin den Dolch wundersamerweise mit ihrer verletzten Hand schwang.

Auf einmal nahm der Kampf eine unerwartete Wendung: Ahmed stürmte nicht mehr auf die Händlerin zu, sondern floh vor ihr und rannte, immer zwei Stufen auf einmal nehmend, die Treppe zum Diwan hinunter.

Worauf wartest du?, hörte er zwischen seinen heftigen Herzschlägen eine innere Stimme schreien. *Du bist der Sternenstaubdieb! Du musst ihnen hinterher!*

Die Stimme täuschte sich. Er war nicht sein Bruder, der furchtlose Dschinn-Jäger, sondern der feige Prinz Mazen: Das Herz schlug ihm bis zum Hals, und jede Faser seines Körpers drängte ihn dazu, die Beine in die Hand zu nehmen. Doch als er sich dazu anschickte davonzulaufen, fiel sein Blick auf den blutbespritzten Boden, und er erstarrte.

Mazen ballte die Fäuste und zwang sich, den angehaltenen Atem auszustoßen.

Er konnte das Morden beenden. Dazu musste er nur Ahmed den Halsreif abnehmen.

Widerwillig setzte er sich in Bewegung und folgte den Kampfgeräuschen in das kleine aus Dschinn-Blut geschaffene Wäldchen. Das Adrenalin trieb ihn durch die Bäume mit ihren verdrehten, spitzen Ästen und an den miteinander ringenden Lebenden und Toten vorbei. Ihre Scharmützel waren verzweifelt: Die Lebenden kämpfen um ihr Leben, während die Toten alles versuchten, um sie zu töten. Bei ihrem Anblick hatte Mazen das Gefühl, als würde er Zeuge eines morbiden Tanzes, dessen Schritte alle bis auf ihn beherrschten.

Schließlich rannte er auf eine Lichtung, so schnell, dass er beinahe zwischen Loulie und Ahmed geriet. Während er mit knapper Not einem flammenden Hieb der Händlerin auswich, bemerkte er, dass ihre Kräfte nachzulassen schienen.

Tatsächlich geriet sie in diesem Moment ins Taumeln, und Ahmed hob sein Schwert.

Mazen schickte ein Stoßgebet zu den Göttern und warf sich auf ihn. Als er den Wali von hinten packte, spürte er, wie ihm der Schatten von den Schultern glitt. Wäre Mazen in seinem eigenen Körper gewesen, hätte Ahmed ihn mit Leichtigkeit abgeschüttelt, unter Omars Gewicht brach er jedoch zusammen.

»Schnapp dir den Halsreif!«, rief er und versuchte, den Wali auf dem Boden zu fixieren.

»Wie hast du …?«, fragte die Händlerin verdutzt. Dann deutete sie mit ihrem brennenden Dolch auf ihn. »*Du* musst dir den Halsreif schnappen! Du bist derjenige, der auf ihm liegt!«

Als Mazen daran dachte, dem Wali die Finger um den Hals zu legen, war der bereits wieder aufgestanden und schleuderte ihn gegen einen Baum. Der Aufprall trieb Mazen die Luft aus der Lunge. Während er schwer atmend auf dem Boden zusammenbrach, fuhr der Wali herum und stürzte sich auf ihn.

Obwohl Mazen zur Seite auswich, schnitt Ahmeds Schwert ihm in die Schulter und entlockte ihm einen panischen Schrei.

»Du bist abscheulich«, zischte Ahmed. Als Loulie sich auf ihn warf, vollführte er eine geschickte Drehung und wehrte ihren Schlag ab. »Wegen Menschen wie euch müssen meine Leute leiden. Euretwegen sind sie *Sklaven,* sogar bis über den Tod hinaus.« Er stieß die Händlerin fort – oder versuchte es zumindest. Doch die Flammen auf ihrem Dolch loderten auf und zwangen Ahmed, sich wieder zurückzuziehen.

Mazen legte eine Hand auf seine Wunde und spürte Blut unter seinen Fingern. Der Schnitt brannte, war zum Glück aber nur eine Fleischwunde. Der Schmerz war unwichtig. Er stand auf, zog ein Messer und rannte zu Ahmed.

Sein Stoß ging genauso daneben wie der Hieb der Händlerin. Ahmed trat mit triumphierendem Grinsen einen Schritt zurück.

Mazen hörte ein Rascheln und machte im Schatten zwischen den Bäumen eine Bewegung aus.

Ehe Ahmed sich umdrehen konnte, stürmte eine Gestalt auf die Lichtung und stürzte sich von hinten auf ihn. Mazen erkannte ihre Stimme, auch wenn sie schrie. In einem Kampf wirkte Aisha bint Louas' finstere Miene noch furchterregender. Mazen erhaschte nur einen kurzen Blick auf ihr Gesicht, bevor sie Ahmed zu Boden warf und nach seinem Hals krallte.

»Aisha …«, hauchte Mazen und ging, die Hand noch immer auf der Wunde, langsam zu ihr.

Aisha hielt inne. Mazen sah, wie sich ein Schatten über ihren Blick legte, rannte los und entriss ihr das Relikt, ehe die Dschinn vollständig von ihr Besitz ergreifen konnte. Anschließend warf er es der Händlerin zu. »Behalte es«, keuchte er. »Und neutralisiere es, egal wie.«

Eine unheimliche Stille hing über ihnen, die nur von ihren abgehackten Atemzügen durchbrochen wurde. Aisha sah Mazen an, und Mazen sah zu Loulie, die wiederum mit aschgrauem Gesicht den Halsreif betrachtete.

Ahmed machte einen zitternden Atemzug. Er weinte. »Es tut mir leid«, sagte er mit so zerknirschter Stimme, dass Mazen den Blick von ihm abwenden musste. »Es tut mir so unendlich leid.«

Die Händlerin ging als Erste zu ihm und versuchte, ihn zu trösten, während die überlebenden Jäger blutig und dreckig zurückkehrten. Sie war auch diejenige, die ihn begleitete, als die Wächter ihn davonführten.

Aisha wollte ihnen folgen, doch dann bemerkte sie, dass Mazen seine Schulter umfasst hielt.

»Schon gut«, sagte er schwach. »Das ist nur eine Fleischwunde. Ich komme gleich nach.«

Aisha wandte sich wortlos ab.

Nachdem sie und die anderen gegangen waren, ließ Mazens Benommenheit nach, und er war zum ersten Mal imstande, sich mit seiner Verletzung zu befassen. Als er die Hand wegzog und den Schnitt betrachtete, blinzelte er ein paarmal, um seinen Blick zu klären. Doch es half nichts.

Sein Blut war tatsächlich schwarz.

32

LOULIE

»Das ist nicht der Weg nach Madinne, oder?« Layla blickte über die Schulter zu der hinter ihnen aufragenden Stadt. Der Kompass zeigte seit einer Woche darauf, und nun waren sie ihr so nahe, dass Layla sicher sein konnte, kein Trugbild vor sich zu haben.

Ihr Anblick war eine Erleichterung. Nachdem Layla wochenlang mit gebrochenem Herzen gereist war, sehnte sie sich nach einem Ort, an dem sie zur Ruhe kommen konnte. Vor weniger als einem Monat hatte sie ihre Familie verloren, und der Dschinn bestand darauf, dass die lebenslustige Stadt ihr dabei helfen würde, die Leere in ihrem Inneren zu füllen.

Doch im Moment war Qadirs Aufmerksamkeit nicht auf die Stadt, sondern auf die Kompassnadel gerichtet, und die zeigte nach Süden. »Manchmal müssen wir notwendige Zwischenstopps einlegen, bevor wir unser endgültiges Ziel erreichen.«

Düster vor sich hin murmelnd, folgte Layla ihm zu einem Dattelbaum. Qadir blickte mit gerunzelter Stirn vom Kompass zu dem niedrigen, noch jungen Gewächs. Dann steckte er den Kompass ein und kletterte hinauf. Layla wusste, dass es keinen Sinn hatte, ihn nach dem Grund dafür zu fragen.

Bei seiner Rückkehr hielt er ein Stück Seide in der Hand – einen Schal.

»Glaubst du, dass ihn jemand in einem Sandsturm verloren hat?«, fragte Layla.

Anstatt zu antworten, warf Qadir ihr den Seidenschal zu. »Leg ihn dir um.«

Layla beäugte das Kleidungsstück misstrauisch. »Warum?«

Qadir bedachte sie mit seinem mittlerweile für sie vertrauten Blick, bei dem er eine Augenbraue hob, den Mund zu einem dünnen Strich verzog und sie so streng ansah, dass sie am liebsten im Erdboden versunken wäre. Layla wickelte sich den Schal um den Hals und bemerkte sofort die Veränderung. Die Seide fühlte sich an, als würde sie einen kühlen Luftzug enthalten. »Hast du ihn verzaubert?«, fragte sie staunend.

Er zuckte die Achseln. »Er war schon so, als ich ihn gefunden habe. Alle Relikte sind verzaubert.«

Layla neigte den Kopf zur Seite. »Relikte?«

»Ein Relikt …« Qadir verstummte, als ränge er um die richtigen Worte. »Ein Relikt ist ein Gegenstand, der die Magie eines Dschinns enthält.« Er hielt den Kompass in die Höhe. »So wie der hier.«

»Hast du den Kompass verzaubert?«

Ein schiefes Lächeln kräuselte seine Mundwinkel. »Nein, er war bereits verzaubert, als ich ihn erhielt.«

»Und dieser Schal?«

Qadir zuckte die Achseln. »Wahrscheinlich hat er einem durchreisenden Dschinn gehört.«

»Glaubst du, er wird zurückkommen und ihn sich holen?«

Qadir schwieg. Ein schwer zu deutender Ausdruck huschte über sein Gesicht. »Nein«, antwortete er nach einer Weile. »Wieso sollte er das tun, wenn er problemlos einen anderen verzaubern kann?«

Damit hatte er natürlich recht. Werkzeuge konnten leicht ersetzt werden. Dennoch hatte dieses vergessen in einem Baum flatternde Stück Stoff etwas schrecklich Trauriges an sich.

Qadir drehte sich um und machte sich auf den Weg zur Stadt.

Layla folgte ihm und hielt den Schal noch immer mit beiden Händen fest. »Wieso heißen sie Relikte? Das klingt, als würden sie aus grauer Vorzeit stammen.«

»Wir Dschinn stammen nun mal aus grauer Vorzeit«, erwiderte Qadir,

ohne sich umzudrehen. »Überrascht es dich wirklich, dass die Dinge, die wir verzaubern, ebenfalls uralt sind?«

Qadir hatte sie angelogen.

Diese Erkenntnis war für Loulie wie eine schmerzhafte, schwärende Wunde.

Als sie in die Zuflucht der Wanderer zurückkehrte, war es bereits dunkel. Über die hellen Gebäude der Stadt hatte sich ein nächtlicher Schleier gelegt. Die meisten Lichter rund um den Souk waren verloschen, was die kriminellen Subjekte von Dhyme jedoch nicht davon abhielt, durch die Schatten zu schleichen.

Kriminelle wie ich, dachte sie bedrückt.

Loulie sah, dass Qadir auf dem Schrägdach des Gasthauses saß und die Sterne beobachtete. Mit Hilfe von ein paar in der Gasse gestapelten Kisten kletterte sie zu ihm hoch und zügelte ihren Ärger, während sie vorsichtig das Dach überquerte. Sie versuchte, nicht daran zu denken, wie hilflos sie sich gefühlt hatte, als die Ifrit, die in Ahmeds Körper gesteckt hatte, ihr ein Messer an die Kehle hielt. Und wie anklagend seine beziehungsweise ihre Augen gefunkelt hatten. *Tötet ihr Dschinn um sie ihrer Magie zu berauben?,* hatte sie gefragt.

Sie versuchte, nicht an die quälenden Schmerzen zu denken, die sie empfunden hatte, während sie in der fremden Erinnerung feststeckte, und an ihr Entsetzen, als ihr klar wurde, was das alles zu bedeuten hatte.

Die Worte der Ifrit schossen ihr durch den Kopf: *Hast du überhaupt schon mal darüber nachgedacht, Händlerin, dass du vom Leid anderer profitierst?*

Vor langer Zeit hatte Qadir ihr erklärt, die Relikte wären verzauberte Gegenstände. Doch magische Objekte konnten sich nicht daran erinnern, lebendig gewesen zu sein. Es hatte einer Ifrit mit Todesmagie bedurft, um ihr diese Wahrheit vor Augen zu führen.

Qadir senkte den Blick und schaute ihr in die Augen, als sie vor ihm stehen blieb.

»Ich finde, du schuldest mir ein paar Antworten«, sagte sie eisig.

Qadir klopfte auf die Stelle neben sich. »Ich habe nichts Neues von deinem Mörder in Schwarz gehört.«

Loulie ärgerte sich über seinen Ablenkungsversuch. Sie hatte Qadirs Geheimniskrämerei immer geduldet, da sie selbst wusste, wie tröstlich es sein konnte, etwas für sich zu behalten. Doch ein Geheimnis, das sie nicht betraf, war etwas ganz anderes als eine Unwahrheit, mit der ihre Moralvorstellungen geprägt hatte.

»Wirst du dich hinsetzen, oder willst du mich weiter mit steifem Nacken finster anstarren?«

Loulie folgte Qadirs Aufforderung und nahm Platz, jedoch so weit von ihm entfernt, dass er sie nicht erreichen konnte. Qadir schien sich dadurch nicht gekränkt zu fühlen und sah sie erwartungsvoll an. Loulie versuchte zu sprechen, merkte aber, dass ihr alle Vorwürfe im Hals stecken blieben. *Das ist meine Schuld,* dachte sie. *Ich habe* zugelassen, *dass Qadir mich anlügt.*

»Du willst von mir wissen, was heute Abend passiert ist.« Er sprach langsam, wie mit einem Kind, das kurz vor einem Wutanfall steht.

Einem Impuls folgend, zog Loulie den Kompass aus der bodenlosen Tasche, die sie mitgeschleppt hatte, und hielt ihn über die Dachkante. »Was passiert, wenn ich ihn kaputt mache?«

Qadir sah sie äußerlich ruhig an, doch in seiner Wange zuckte ein Muskel, der von unterdrückter Panik zeugte. »Du würdest die Seele darin freisetzen, und der Gegenstand würde seine Magie verlieren.«

»Was meinst du mit Seele? Du hast mir doch erzählt, Relikte wären verzauberte Objekte.«

Qadirs Blick zuckte zwischen ihrem Gesicht und dem Kompass

hin und her. »Sie sind *wirklich* verzaubert.« Er rückte dichter an sie und den Kompass heran.

Loulie hielt ihn von Qadir weg. »Nein, das da ist ein Gefängnis.«

»Nein.« Qadir war so angespannt, dass er aussah, als wäre er aus Stein gemeißelt. »Kein Gefängnis. Wir Dschinn existieren in den Gegenständen weiter, die uns am meisten bedeuten. Auf diese Weise leiten wir nach unserem Tod die Lebenden an. Das solltest du eigentlich nachvollziehen können … Ihr Menschen vermacht euren Hinterbliebenen doch ebenfalls wertvolle Erbstücke.«

»Aber wir leben nicht in diesen Erbstücken!«, antwortete Loulie, schriller als beabsichtigt. »Du hast mir erzählt, Relikte wären magische Objekte – austauschbarer, verzauberter Tand. Enthalten dein Dolch und die Münze mit den zwei Gesichtern ebenfalls Seelen?«

Qadir hob beschwichtigend – vielleicht auch resigniert – die Hände. »Ihr Menschen bezeichnet mit dem Wort *Relikt* alle möglichen magischen Objekte. Aber es stimmt wirklich: Wir können Gegenstände mit einem Zauber belegen. Wie zum Beispiel den Dolch und die Münze.« Er rutschte noch näher an sie heran. »Doch so ein Zauber hält nicht ewig. Er verschwindet, wenn wir sterben. Um unsere Magie für immer zu enthalten, müssen wir sie in etwas speichern, das *wir Dschinn* als Relikt bezeichnen. Ihr Menschen würdet es wahrscheinlich eher eine Reliquie nennen – ein Gegenstand, an den wir unsere Seele binden, um weiterzuleben, nachdem unser Geist und unser Körper dahingeschieden sind. So etwas ist dieser Kompass.«

Bedrückt wandte Loulie sich von Qadirs flehendem Blick ab. Zwischen ihnen hing eine unausgesprochene Wahrheit: Wenn ein normaler Zauber mit dem Tod endete, war die Chance, dass sie magische Besitztümer noch lebender Dschinn fanden, extrem gering.

»Loulie.« Qadir war ihr mittlerweile so nahe, dass ihre Schultern sich berührten.

Sie beugte sich weiter über den Rand des Dachs.

Der Dschinn erstarrte. »Loulie, bitte«, sagte er so sanft, dass sie schauderte. Noch nie hatte er sie mit so viel Inbrunst um etwas gebeten. Sie fühlte etwas in sich zerbrechen. »Dieser Kompass … Er enthält die Seele einer Person, die mir sehr wichtig ist.«

»Und was ist mit den Seelen in den anderen Relikten?« Ihre Hände zitterten. »Sind die anderen Dschinn darin so wertlos, dass du sie mich wie irgendwelche Werkzeuge verhökern lässt? Damit bin ich keinen Deut besser als ein Sklavenhändler!«

Die ganze Zeit hatte sie gefangene Seelen verkauft.

»Loulie.« Qadir legte ihr eine Hand auf den Unterarm.

Ihr Puls beschleunigte sich. »Lass das, Qadir. Etwas Wichtiges zu verschweigen, ist auch eine Lüge.«

»Ich wollte, dass du eine Aufgabe hast. Weißt du noch, wie du nach Madinne gekommen bist? Anstatt Miete von dir zu verlangen, hat Dahlia dich Botschaften überbringen lassen, aber das war dir nicht genug. Du hast gesagt, dass die Stadt zu klein für dich ist und dass du in die Wüste zurückwillst.« Er atmete tief durch. »Bevor ich dich kennengelernt habe, hat mich der Kompass zu Dschinn geführt, damit ich sie an Orte bringe, wo sie nach ihrem Tod weiterexistieren können. Ich wusste, wie es sich anfühlt, allein zu sein, und wollte nicht, dass irgendwer das gleiche Schicksal erleiden muss – nicht mal als Relikt. Ich dachte, du könntest mir helfen, ihr Vermächtnis am Leben zu erhalten, und gleichzeitig selbst davon profitieren.«

»Du hast mir erzählt, ich wäre eine Schatzsucherin.« Loulie spürte, wie ihr die Tränen kamen, und rieb sich wütend mit der bandagierten Hand über die Augen. »Doch diese Relikte sind mehr als nur verlorene Schätze, Qadir. Sie sind unbezahlbare, lebende Artefakte. Und ich habe mit ihnen gehandelt, als wären sie nur irgendwelche nützlichen Gebrauchsgüter.«

»Ich weiß, dass es falsch von mir war, dir das zu verschweigen. Aber denk doch mal nach: Die Relikte, zu denen der Kompass uns führt, gehören Dschinn wie mir – Leuten, die aus meiner Welt flohen, weil sie um ihr Leben fürchteten. Für sie gibt es kein Zurück. Glaubst du, es wäre besser gewesen, sie einsam und allein in der Wüste zurückzulassen? So können wir wenigstens ein neues Zuhause für sie finden, Orte mit Leuten, die ihre Magie verstehen und zu schätzen wissen.«

Loulie schluckte. Vor langer Zeit hatte ihr Vater ihr einen Kompass gegeben – ein Relikt. Er hatte nicht gewusst, welche Magie ihm innewohnte, nur, dass er wertvoll war. Er hatte geglaubt, der Kompass würde sie führen. Und das hatte er auch getan. Mit seiner Hilfe hatte Qadir sie gefunden. Doch sie war nicht so naiv zu glauben, alle ihre Kunden würden Relikte ebenso sehr wertschätzen wie ihr Vater.

»Und wer sagt, diese Dschinn würden lieber Menschen helfen, als allein zu bleiben?«

Qadir lächelte traurig. »Niemand weiß, was die Toten wollen, Loulie. Wir können sie nur auf unsere eigene Weise ehren. Wo ich herkomme, können wir nicht entscheiden, wer unsere Relikte erhält. Wir hoffen einfach, dass sie den Lebenden von Nutzen sein werden. Was wir in deiner Welt tun, hält diese Form des Andenkens hoch. Ich glaube nicht, dass es verkehrt ist.«

Loulie wusste, dass Qadir versuchte, sie mit vernünftigen Argumenten zu besänftigen, bis sie ihm verzieh. Das tat er immer, wenn er etwas falsch gemacht hatte. Und sie verzieh ihm jedes Mal.

Was ist, wenn er mich wieder anlügt?

Doch ... sie verdankte Qadir ihr Leben. Als ihre Stammesangehörigen tot waren und sie selbst im Sterben lag, war Qadir mit seinem magischen Feuer erschienen und hatte sich ihrer angenommen. *Layla Najima al-Nazari,* hatte er gesagt, *anscheinend ist es mein Schicksal, dich zu retten.* Er hatte auf den Kompass gedeutet, den sie hielt, und ihr gezeigt, dass seine rote Nadel direkt auf sie wies.

Und Qadir hatte sie nicht nur gerettet. Er hatte ihr außerdem auch noch zu einer Aufgabe verholfen.

»Du hast den Lauf meines Lebens bestimmt, ohne mir die ganze Wahrheit zu sagen«, stieß sie mit tränenerstickter Stimme hervor. »Wenn ich heute Abend nicht die Magie der Ifrit erlebt hätte und mit meinen Bedenken zu dir gekommen wäre … hättest du mir dann je irgendetwas von alledem erzählt?«

Qadir blickte sie mit einem verzweifelten Ausdruck in den Augen an. »Ja, zum richtigen Zeitpunkt.«

»Und wann wäre je der *richtige* Zeitpunkt gewesen?«

Qadir schüttelte den Kopf. »Ich weiß, ich hätte dich nicht anlügen dürfen, Loulie, aber ich bin es einfach nicht gewohnt, mich meinen Fehlern zu stellen. Ich laufe immer vor ihnen davon.«

Loulie fiel ein, was er vor langer Zeit zu ihr gesagt hatte: *Ich habe mich in eurer Menschenwüste verirrt und konnte nicht mehr nach Hause zurückkehren. Deshalb hat mir der Kompass, als ich ihn bei dir aufspürte, einen anderen Pfad gewiesen. Deinen Pfad.* Und als sie ihn gefragt hatte, warum er nicht in seine Heimat zurückkehren konnte, hatte er nur geantwortet: *Weil ich dort nicht mehr willkommen bin.*

»Ich hoffe, du nimmst meine Entschuldigung an – du hast natürlich die ganze Wahrheit verdient«, sagte er und brach damit endgültig Loulies Widerstand. »Anfangs dachte ich, der Kompass hätte mich zu dir geleitet, weil du für mich eine Möglichkeit warst, meine Bestimmung zu erfüllen.«

»Und jetzt?« Sie ließ den Kompass in den Schoß sinken.

Qadir entspannte sich sichtlich. »Du bist kein Mittel zum Zweck für mich, sondern meine Aufgabe.« Nach kurzem Zögern fügte er hinzu: »Wenn dir dieser Lebenswandel nicht gefällt, dann ändere ihn.«

»Es wäre besser gewesen, wenn du mir eine Alternative angeboten hättest, *bevor* das hier zu meinem Leben wurde.« Sie war die Mitternachtshändlerin, die seltene magische Objekte verkaufte. Ohne die Relikte war sie nichts.

»Ich weiß, dass es falsch ist, aber etwas Besseres kann ich dir nicht anbieten. Wir tun nichts Unmoralisches, Loulie.«

»Sagt wer?« Auf einmal fühlte sie sich sehr, sehr müde. »Der Kompass? Lässt du die Dschinn darin auch entscheiden, ob deine Vorgehensweise moralisch ist?«

»Sie ist die integerste Person, die ich kenne«, erwiderte Qadir ungerührt und hielt ihr eine Hand hin. Loulie reichte ihm zögerlich den Kompass, doch Qadir ergriff zu ihrer Überraschung stattdessen ihre freie Hand. »Die Dschinn in diesem Kompass war *meine* Retterin. Sie hat mich von einem schrecklichen Schicksal befreit und vor dem Tod bewahrt, indem sie mich durch eure Wüste führte. Ich schulde ihr so viel, unter anderem auch mein Leben.«

Loulie entzog ihm ihre Hand und bedachte ihn mit einem finsteren Blick. »Aber du schuldest ihr nicht *mein* Leben.«

»Nein.« Qadir hob den Blick und betrachtete mit gerunzelter Stirn die Sterne. »Natürlich nicht.«

Ein unangenehmes, mit unausgesprochenen Fragen und Vorwürfen geschwängertes Schweigen breitete sich zwischen ihnen aus. Als Loulie die Augen schloss, um sich zu beruhigen, stürmten Erinnerungen auf sie ein, die nicht ihre eigenen waren. Sie wartete, an einen Felsen gekettet, auf den Tod und dachte an *Ihn* – Qadir, wie ihr nun klar wurde.

»Was im Diwan geschehen ist, war nur möglich, weil du dich mit einer Ifrit eingelassen hast«, sagte Qadir.

Loulie schlug die Augen auf und sah, dass er noch immer die Sterne ansah.

»Sie beherrscht wie gesagt Todesmagie. Deswegen konnte sie dir die Erinnerungen der Dschinn in dem Kompass zeigen. Nur eine Ifrit ist mächtig genug, um aus einem Relikt heraus mit Seelen zu interagieren.«

Eine Brise strich über Loulies Arme und brachte sie zum Erschaudern. Sie war sicher, dass sie beobachtet wurden. Qadir schien es auch zu spüren. Er griff in die bodenlose Tasche und zog den Halsreif heraus, den sie Omar abgenommen hatten. Sobald Qadir ihn in Händen hielt, blitzte er matt silbern auf, und das Gefühl verschwand. Dass Loulie den Atem angehalten hatte, merkte sie erst, als sie ihn durch die kalten Lippen blies.

»Es ist gut, dass du ihn zurückholen konntest. Andernfalls hätte die Ifrit sicher bei nächster Gelegenheit von jemand anderem Besitz ergriffen. Bei uns kann das Relikt keinen Schaden anrichten.«

»Was hast du getan?«

»Ich habe seine Magie gebunden.«

»Und das hättest du nicht schon früher tun können, bevor …« *Bevor die Dschinn Ahmed gezwungen hat, seine Gefährten zu töten?*, brachte sie den Satz in Gedanken zu Ende. Ahmeds gequälten Gesichtsausdruck würde sie nie vergessen.

»Nein. Es hätte nicht gereicht, das Relikt zu versiegeln. Es muss auch in meiner Nähe bleiben. Du hast ja erlebt, wie mächtig die Ifrit war. Es erfordert große Konzentration, sie gefangen zu halten.« Qadir klopfte auf die bodenlose Tasche. »Von nun an behalte ich sie bei mir.«

Loulie versteifte sich. Die Tasche war eine wichtige Voraussetzung für ihr Geschäft, und vielleicht hatte Qadir sie ja auch über andere Dinge belogen. Zu viel Entgegenkommen war nicht gut. »Nein«, erwiderte sie mit finsterem Blick. »Überleg dir ein anderes Behältnis für den Halsreif. Die Tasche bleibt bei mir.«

Qadir zögerte, doch schließlich reichte er sie ihr. »Wenn du darauf bestehst.«

»Verzeih mir, wenn ich dir nach all den Lügen nicht mehr blindlings vertraue.«

Qadir sah sie bedrückt an. »Loulie, es …«

»Ja, ich weiß, es tut dir leid.« Sie hängte sich die Tasche um. »Ich gehe jetzt wieder zum Anwesen des Wali. Ich habe ihm gesagt, dass ich zurückkomme und …« Sie seufzte. »Ich brauche Zeit zum Nachdenken, Qadir.«

Und damit kletterte sie, ohne auf seine Antwort zu warten, vom Dach hinunter.

33

MAZEN

Während Mazen dem Herzschlag seines Schattens lauschte, platzte Aisha wie eine Gewitterwolke in den Raum. Beim Anblick ihrer düsteren Miene zuckte er zusammen. Er hatte sich zwar für ihren Zorn gewappnet, auf die Scham, die ihn nun überwältigte, war er jedoch nicht vorbereitet.

Tags zuvor hatte er es nicht über sich gebracht, ihr zu gestehen, dass er das Relikt in Ahmeds Diwan vergessen hatte. Und nach dem Kampf war er angesichts des schwarzen Blutes, das aus ihm hervorquoll, so erschrocken gewesen, dass er davongelaufen war, um seine Wunde selbst zu versorgen. Die Ärzte waren zu sehr damit beschäftigt gewesen, sich um womöglich tödliche Verletzungen zu kümmern, als dass sie bemerkt hätten, dass er ihnen ein paar ihrer Verbände stahl.

In der vergangenen Nacht war es ihm gelungen, Aisha aus dem Weg zu gehen, doch nun konnte er ihren bohrenden Blick nicht länger ignorieren.

»Du hast gestern ein unschätzbar wertvolles Relikt aus der Hand gegeben«, fuhr sie ihn an.

»Es hat nie uns gehört.«

»*Du* hast es gefunden …«

»Und ich habe beschlossen, es der Händlerin zu überlassen. Ich möchte lieber nicht von einer rachsüchtigen Dschinn besessen sein, *shukran.*«

»Du bist ein Feigling.«

Der Vorwurf kränkte ihn, auch wenn er der Wahrheit entsprach. »Du bist nicht dabei gewesen, als sie vom Wali Besitz ergriff. Von einem Moment auf den anderen war jede Spur von ihm ausgelöscht gewesen. Würdest du dieses Risiko eingehen wollen?«

»Ja«, antwortete sie so schnell und bestimmt, dass es ihm die Sprache verschlug. »Ich gehöre zu den vierzig Räubern. Es ist Teil meiner Aufgaben, Relikte für meinen König einzusammeln.«

König. Mazen hasste diesen Titel. Er verlieh seinem Bruder eine Autorität, die ihm nicht zustand. Mazen sah seinen Schatten an und dachte an den Traum, der ihn seit dem Tod der Schatten-Dschinn plagte. Mittlerweile wusste er, dass es sich dabei um eine Erinnerung handelte: Sein Bruder hatte sie erbarmungslos umgebracht. Und der Teil von ihr, der weiterexistierte, hatte sich irgendwie mit Mazens Schatten verbunden und ihn in ein *Relikt* verwandelt.

Nachdem er die Erinnerung der Schatten-Dschinn gesehen und die Worte der Königin der Dünen gehört hatte, war er sich dessen sicher. Er wusste zwar, welch wundersame Wirkung das Blut der Dschinn hatte, kannte sich ansonsten jedoch nicht mit ihrer Magie aus. Kurz hatte er darüber nachgedacht, Aisha von seinem Schatten zu erzählen, sich dann aber dagegen entschieden.

Wüsste sie Bescheid, würde sie versuchen, ihn mir zu wegzunehmen, dachte er. Egal, wie unmöglich es erschien. Wenn irgendwer einen Schatten stehlen konnte, dann Aisha bint Louas.

Er sah sie an und fragte sich, wie viel sie wusste. »Hast du eine Ahnung, was diese Relikte sind, die du für meinen Bruder sammelst?«

»Du musst dich schon klarer ausdrücken, Prinz.«

Zögerlich erzählte er ihr, was ihm im Diwan bewusst geworden war. Aisha zeigte sich von seinen Erklärungen vollkommen unbeeindruckt, was bedeutete, dass sie ihn entweder für einen Lügner hielt oder …

»Du wusstest es also«, sagte er leise.

»Natürlich weiß ich es.« Sie zuckte die Achseln. »Unser König ist der gewiefteste Jäger in der Wüste. Weißt du eigentlich, wie viele Relikte er seinen Opfern abgenommen hat? Er vermutet schon seit Langem, dass sie Seelen enthalten.«

Mazen sah sie entsetzt an. »Ist das etwa allen Jägern klar?«

»Keinem, mit dem ich über Relikte gesprochen habe, aber wer klug ist, sucht tote Dschinn nach magischen Gegenständen ab.«

Aisha schnaubte. »Du musst nicht so finster dreinblicken. Die Dschinn sind Ungeheuer. Mit ihrem Blut lassen wir die Welt wieder erblühen. Was spielt es da für eine Rolle, ob wir auch ihre Seelenmagie verwenden?« Sie lehnte sich an den Türrahmen und kniff sich in den Nasenrücken. »Denkst du eigentlich überhaupt nie richtig nach?«

»Wenigstens bin ich nicht so verbohrt wie du«, gab er gereizt zurück und staunte fast ebenso sehr über seine Wortwahl wie Aisha. Seit wann sprach er so unverblümt?

Die Räuberin fasste sich schnell wieder. »Und *ich* nehme meine Aufgaben wenigstens ernst und lasse Relikte nicht in anderer Leute Häuser zurück.«

Mazen verzog das Gesicht. Wieder wurde ihm bewusst, dass aufgrund seiner Vergesslichkeit Menschen umgekommen waren. In der vergangenen Nacht hatte er in der Dunkelheit immer wieder das Gemetzel vor sich gesehen – das Blut an den Wänden und die glasigen Augen der zerfetzten Leichen.

Meine Schuld, meine Schuld. Sein Herz brannte vor Reue. »Ich wollte nie für dieses Relikt verantwortlich sein«, murmelte er.

»Hättest du mir gesagt, dass es weg ist, hätte ich dieses Blutvergießen verhindern können.«

»Und wenn wir das Relikt gleich der Händlerin gegeben hätten, wäre es gar nicht erst so weit gekommen«, entgegnete Mazen wütend und rieb sich die Schläfen, um seine aufkeimenden Kopfschmerzen zu vertreiben. »Wenigstens habe ich *versucht,* eine eigene Entscheidung zu treffen.«

Aisha sah ihn düster an. »Was willst du damit denn andeuten?«

»Dass ich nicht nur das tue, was Omar mir aufgetragen hat. Du sprichst die ganze Zeit nur über Relikte und deine Pflichten gegenüber meinem Bruder.«

»Ich muss mit dir über nichts anderes sprechen«, gab Aisha zurück und legte ihre Hand auf den Türgriff. »Mein König hat mir befohlen, deine Leibwächterin zu sein, nicht deine Freundin.«

Mazen trat vor, während sie an dem Griff drehte. »Wieso nennst du ihn König?« Aisha hielt inne und sah ihn über die Schulter an. »Du sprichst, als wärest du seine Dienerin, nicht seine Kameradin.«

Aisha lächelte ihn spöttisch an. »Glaubst du etwa, wir wären *befreundet*? Dann bist du sogar noch einfältiger, als ich geglaubt habe, Prinz.«

»Aber du hast dich Omar doch freiwillig angeschlossen ...«

»Um Dschinn zu töten. Solange seine Befehle mir das gestatten, werde ich sie widerspruchslos befolgen. Mir geht es nur darum, sie unschädlich zu machen. Wenn damit Schätze einhergehen, kann mein König sie von mir aus gern behalten.«

»Aber wieso?«

Aisha zog schnaubend die Tür auf. »Meine Gründe gehen dich gar nichts an.«

»Warte!«, rief Mazen, als sie hinaustrat. Von seinem Schatten wollte er ihr nicht erzählen, doch es gab ein Geheimnis, das er ihr anvertrauen musste. »Bevor du gehst ...« Er zog einen von Omars Dolchen aus seinem Gürtel und schnitt sich damit nach kurzem Zögern – *es ist nur eine oberflächliche Wunde* – in die Handfläche. Obwohl er sich seit dem Vorabend an mehreren Stellen geritzt hatte, geriet sein Herz beim Anblick des schwarzen Blutes noch immer ins Stocken. Er hob die Hand und zeigte sie Aisha, die mit bleichem Gesicht zurückkehrte und die Tür hinter sich schloss.

Sie durchquerte den Raum und nahm seine Hand. »Wann hast du das entdeckt?«, fragte sie und verwischte das Blut auf seiner Haut. Es sah wie eine Schmutzschliere aus.

»Gestern Abend, als der Wali mich in die Schulter geschnitten hat.« Er erinnerte sich an seine Panik, als er es fernab von neugierigen Blicken im Anwesen des Wali abgewaschen hatte.

Aisha sah das Blut einen Moment lang nachdenklich an, dann tippte sie auf den Armreif um sein Handgelenk. »Nimm ihn ab.«

Mazen sah sie verdutzt an. »Was?«

»Mach's einfach. Ich will etwas sehen.«

Mazen trat vom Fenster weg, warf einen verstohlenen Blick zur Tür und streifte das Armband ab. Das vertraute und unangenehme Gefühl, im falschen Körper zu stecken, kehrte zurück, und ihm wurde so schwindelig, dass er sich an die Wand stützen musste. Zitternd blickte er auf seine Hand hinunter. Sie war nicht mehr schwielig wie Omars, aber vor allem war das Blut darauf nicht mehr schwarz.

Aisha schüttelte den Kopf. »Wahrscheinlich ist das schwarze Blut eine Nebenwirkung der Dschinn-Magie.«

Mazen fuhr sich mit der blutigen Hand durch die Haare – *seine* Haare! – und weinte fast, als er sie zwischen seinen Fingern spürte. Er war schon viel zu lange nicht mehr er selbst gewesen. »Ich wusste gar nicht, dass Relikte Nebenwirkungen haben«, sagte er leise.

»Ich auch nicht.« Aisha nahm ihm den Armreif aus der Hand und betrachtete ihn forschend. »Solange das Blut nicht giftig ist, spielt es wahrscheinlich keine Rolle.« Sie gab ihm das Schmuckstück zurück und wies ihn an, es wieder überzustreifen.

Mazen zögerte jedoch. Auch wenn Omars Reflexe ihm nun schon ein paarmal das Leben gerettet hatten, vermisste er seinen eigenen Körper. »Ich möchte mal ein paar Minuten Pause von dieser Scharade machen.«

Aisha schnaubte. »Wie du willst.« Sie stemmte die Hände in die

Hüften. »Willst du mir sonst noch irgendwas erzählen, bevor ich ein paar Besorgungen mache und die Händlerin suche?«

Er stutzte. »Besorgungen?«

»Hast du etwa vergessen, dass ich ein neues Pferd brauche?«

Mazen wurde rot. Er hatte es *tatsächlich* vergessen. An Aishas entflohenes Reittier hatte er bei ihrer Flucht von der Ruine keinen einzigen Gedanken verschwendet. Da die Händlerin kaum noch bei Bewusstsein gewesen war, hatte Qadir sie vor sich gesetzt, um sie auf dem Weg nach Dhyme festhalten zu können. Aisha war derweil auf Loulies Pferd geritten.

»Du hast ja wirklich ein beeindruckendes Gedächtnis«, spottete Aisha. »Also, wie sieht's aus? Hast du noch irgendwelche weiteren Enthüllungen parat?«

Wieder blickte er unwillkürlich zu seinem Schatten an der Wand, schüttelte aber den Kopf. »Nein. Und mach dir wegen der Händlerin keine Gedanken. Die finde ich. Ich weiß, wo sie ist.« Als er letzte Nacht zurückgekehrt war, hatte er sie das Gasthaus verlassen und zur Residenz des Wali stürmen sehen. Er bemerkte Aishas skeptischen Blick. »Ich muss ein paar Dinge mit ihr besprechen. Keine Sorge: Wegen des Relikts kannst du sie noch die ganze Reise lang piesacken.«

Und obwohl ihn die Aussicht nervös machte, musste er auch noch einmal nach Ahmed sehen. Trotz seiner Angst, dem Wali gegenüberzutreten – *es ist meine Schuld, dass er besessen war, ich habe das Relikt in seinem Diwan liegen lassen* –, gehörte es zu seinen Pflichten als Kronprinz, sich um ihn zu kümmern. Mazen glaubte nicht, dass ihn dieser Besuch von seinen erdrückenden Schuldgefühlen befreien würde, aber das verdiente er auch nicht. Schließlich trug er die ganze Verantwortung für dieses Desaster.

»Na schön«, sagte Aisha mit trotzig vorgerecktem Kinn und warf die Tür hinter sich ins Schloss.

Mazen seufzte und fragte sich, ob sie wohl je imstande sein würden, einander zu vertrauen.

34

AISHA

Du sprichst so, als wärest du eine einfache Dienerin und nicht seine Kameradin.

Die Worte dröhnten Aisha in den Ohren und verursachten ihr üble Kopfschmerzen, als sie sich einen Weg durch den zentralen Souk von Dhyme bahnte. Sie schlängelte sich durch die schwerfälligen morgendlichen Menschenmassen und verschlafen dreinblickenden Händler und ignorierte ihren knurrenden Magen, während sie an Karren voll frischem Brot, Hummus und Labneh vorüberging.

Dienerin! Sie war keine Dienerin. Als Omar vor neun Jahren angefangen hatte, die dezimierte Räuberbande seines Vaters wiederaufzubauen, hatte er sie als Erste auf der Straße rekrutiert. Sie waren keine Freunde und würden es auch niemals sein – aber sie war auch keine tumbe Soldatin.

Ja, sie waren wegen Omar hier, aber als Mitglied seiner Bande. Vor Jahren hatte sie ihm Treue geschworen, und sie brach ihre Versprechen nie.

Aisha stöhnte. Es war unheimlich, wie Prinz Mazen es immer wieder schaffte, ihr unter die Haut zu kriechen. Sie hatte geglaubt, sie wäre gegen die spöttischen Gedanken der Dschinn gefeit. Als sie Ahmed bin Walid den Reif abgenommen hatte, war sie nicht davon ausgegangen, dass die Kreatur fremde Erinnerungen in ihr wecken würde.

Doch sie hatte sich so sehr in ihnen verloren, dass sie die Realität nicht mehr wahrnahm, und erst gemerkt, dass sie der Macht des Reifs fast erlegen wäre, als die Händlerin ihn in Händen hielt.

Und als wäre dieses Beinahescheitern nicht schon beschämend genug, hatten diese bizarren Erinnerungen Aisha auch noch bis in den Schlaf verfolgt und wie Nebel ihre Träume eingehüllt. Sie hatte noch immer die Vision vor Augen, die sie wachgehalten hatte: der Mann, der grellrotes Blut in den Sand vergoss, während seine Stammesbrüder ihm Arme und Beine absägten. Sie erinnerte sich an das Blut in ihrer Lunge, an Sandwälle und an das Gefühl zu ertrinken, als die Männer aus dem Stamm ihres Geliebten ihr ins Herz schnitten …

Aisha stieß Kopf voran gegen einen jungen Adligen, der einen mit Pfauenfedern verzierten Turban trug. Sie wartete auf seine Entschuldigung, er auf *ihre*. Schließlich verfinsterte sich seine Miene, und er stieß sie mit einem gemurmelten »Abschaum« beiseite.

Aisha nutzte diese Gelegenheit, sich seine Entschuldigung in Form von Münzen zu holen – drei Silberstücke, die sie ihm mit Leichtigkeit aus den bestickten Taschen stibitzte.

»Was für ein Idiot«, sagte sie grinsend, während sie das Silber in ihre Taschen gleiten ließ.

Dieser Diebstahl hellte ihre Laune ein wenig auf, als sie sich auf Straßen voller Unrat und Abwasser in das ärmste Viertel von Dhyme begab. Sie hatte den Prinzen nicht angelogen, sie wollte sich wirklich ein neues Pferd besorgen, doch zuvor hatte sie noch etwas anderes, Dringenderes zu erledigen.

Je weiter sie in das Viertel vordrang, desto stärker wurden die beißenden Gerüche nach verdorbenem Essen und Fäkalien. Der Gestank, der hier herrschte, überraschte sie jedes Mal, ganz gleich, wie oft sie herkam, und sie bemühte sich, unterwegs möglichst wenig zu atmen, während sie sich zu der verlassenen Gegend begab, die ihr Ziel war.

In einer der verwahrlosten Gassen begegnete sie einem Bettler, es war ein alter Mann mit leeren Augenhöhlen. Aisha zog eine Silbermünze aus der Tasche und warf sie ihm zu.

Er keuchte auf, als die Münze von seinem Knie abprallte und gegen eine Wand rollte.

»Mögen die Götter dich segnen«, rief er ihr mit heiserer Stimme hinterher.

Nicht lange danach gelangte sie in die Sackgasse, nach der sie gesucht hatte. Auf den ersten Blick endete sie an einer rissigen, verputzten Wand. In einer Ecke befand sich jedoch ein Spalt, durch den Aisha sich in die nächste Gasse zwängte. Ein paar weitere Geheimpassagen später, die nur ihrem König und seinen vierzig Räubern bekannt waren, erreichte sie schließlich ein mit Brettern vernageltes Haus, ihr Ziel.

Der Staub, der die Wände und Böden bedeckte, stob auf und trübte ihre Sicht, während sie die leeren Räume durchquerte und eine knarzende Treppe hinaufstieg. Auf dem oberen Absatz befand sich eine Tür, an die sie in einem bestimmten Rhythmus klopfte. Anschließend wartete sie zwei Herzschläge lang und trat ein.

Als Erstes fiel ihr Blick auf das Regal an der gegenüberliegenden Wand, ein Aufbewahrungsort für teils bizarre, teils alltäglich wirkende Preziosen, manche glänzend, andere stumpf. Eine Handvoll Relikte, die ein kleines Vermögen wert waren, versteckt im ärmsten Viertel von Dhyme.

Aishas Blick zuckte zum einzigen offenen Fenster im ganzen Haus. Daneben stand ein Mann mit verschränkten Armen und sah sie unter seinen tief hängenden Augenlidern hervor an. »Aisha«, sagte er in seinem üblichen monotonen Tonfall.

»Junaid«, erwiderte sie seufzend. Sie war nicht sicher gewesen, dass er hier sein würde. Dhyme war Junaids Jagdrevier, doch er hielt sich selten in der Stadt auf. Da er der schnellste Reiter in der Räuberbande war, ließ Omar ihn oft dringende Lieferungen machen.

Der hagere, mittelalte Mann setzte sich auf den Boden und überkreuzte die Beine. »Ein Falke hat mir die Nachricht von deinem Auftrag überbracht.« Seine Mundwinkel hoben sich zu einem Lächeln, das auf seinem eingefallenen Gesicht wie das Grinsen eines Toten aussah. »Und ich habe von dem Gemetzel im Haus des Wali gehört. Du bist wahrscheinlich hier, um mir davon zu erzählen, damit ich unserem König Bericht erstatten kann, oder?«

Aisha nickte. Omar hatte sie zwar nicht ausdrücklich um Berichte gebeten, rechnete aber sicher mit welchen.

Sie nannte Junaid nur die allernötigsten Fakten und verschwieg insbesondere ihr eigenes Versagen. Der Räuber hörte aufmerksam zu.

»Sie lebt also noch«, stieß er staunend hervor, als sie erwähnte, dass der Halsreif Tote kontrollieren konnte.

»Die Dschinn in dem Relikt?« Aisha verschränkte die Arme. »Es ist das lebendigste, das ich je gesehen habe.«

»Vermutlich sind die Relikte von Dschinn-Königen mächtiger als die anderen«, erwiderte Junaid nachdenklich. »Hier in der Gegend erzählt man sich eine Geschichte über eine untote Dschinn-Königin. Vielleicht gehört der Reif, den du gefunden hast, ja ihr.«

Aisha runzelte die Stirn. Er meinte das Schauermärchen von der Königin der Dünen, das Kinder davon abhalten sollte, allein in die Wüste zu gehen. Sie war noch gar nicht auf die Idee gekommen, einen Zusammenhang zwischen der Dschinn in der Ruine und dieser alten Gruselgeschichte herzustellen, doch Junaids Theorie ergab durchaus Sinn.

»Also?« Junaid beugte sich vor. »Wo ist dieses Königsrelikt, das ich Omar bringen soll?«

»Bei der Händlerin. Prinz Mazen, dieser Dummkopf, hat es ihr nach dem Kampf überlassen. Wenn es verschwindet, werden sie wissen, dass ich es gestohlen habe.«

Junaid sah sie verdattert an. »Na und?«

Aisha zog die Augenbrauen zusammen. »*Und* es ist so schon schwer genug, ihr Vertrauen zu gewinnen. Ich möchte auf keinen Fall, dass sie mich und Prinz Mazen argwöhnisch beäugen.« Da Junaid noch immer nicht überzeugt schien, fügte sie kopfschüttelnd hinzu: »Sag dem König, ich verspreche, dass ich ihm das Relikt am Ende der Reise aushändigen werde. Er hat mir den Prinzen anvertraut und kann sich darauf verlassen, dass ich auch auf das Relikt aufpasse.«

Was sie ihm nicht sagte, war, dass das Relikt sie dazu gebracht hatte, sich zu vergessen. Dass dieses Ding sie schon *zweimal* dumm hatte aussehen lassen. Doch das würde sie nie wieder zulassen. Sie war stärker als jeder Dschinn – König oder nicht.

Junaid erhob sich seufzend. Seine Knie knackten, während er sich aufrichtete. »Also gut. Ich bin nur der Bote und werde es Omar ausrichten.« Er ging an ihr vorbei zur Tür und hob einen Sack auf, den sie bislang noch gar nicht bemerkt hatte. Vermutlich war er mit in Dhyme hergestellten Waffen für Omar gefüllt. Es erstaunte sie, dass Junaid nicht unter dem immensen Gewicht zusammenbrach.

»In deinem dürren Körper steckt offenbar die Kraft eines Dschinns«, sagte Aisha.

Junaid bedachte sie mit einem durchringenden Blick. »Solche Witze macht man in unserem Gewerbe nicht.«

Sie hob eine Augenbraue. »Und Samar nennt *mich* empfindlich.« Sie folgte dem Räuber zur Tür und warf im Vorbeigehen einen Blick auf die wenigen Relikte im Regal. Waffen, Schmuck und Kleidungsstücke – es war immer wieder faszinierend, wie viele unterschiedliche Formen sie annehmen konnten.

»Du könntest dir eins ausleihen«, sagte Junaid. »Für deinen nächsten Kampf.«

Aisha dachte an das schwarze Blut auf der Handfläche des Prinzen. Sie hatte Dschinn-Magie noch nie vertraut – und nun weniger denn je. »Nein«, erwiderte sie und legte die Hand auf einen ihrer Dolche. »Davon brauche ich nichts.«

Junaid zuckte seine knochigen Schultern. »Ganz, wie du willst.« Er öffnete die Tür und blieb auf der Schwelle stehen. »Ich freue mich darauf, bei deiner Rückkehr nach Madinne auf deine Loyalität anzustoßen.«

Aisha schnaubte. »Loyalität ist nicht echt, wenn sie belohnt werden muss.«

Erneut verzog Junaid seine Lippen zu einem totenschädelartigen Grinsen. »Weise Worte, bint Louas. Weise Worte.«

Sie wartete, bis seine Schritte im Korridor verhallt waren, bevor sie ihm nach unten folgte. Der Räuber kannte zweifellos noch einen anderen Ausgang. Seinen gewaltigen Beutel könnte er auf keinen Fall durch die schmalen Spalten zwängen, durch die sie geschlüpft war.

Im Gegensatz zu ihm fühlte Aisha sich unbeschwert. Bislang war ihre Reise zwar nicht reibungslos verlaufen, doch sie kamen voran, und das war das Wichtigste.

Aisha lag es nicht nur fern, die Vergangenheit zu betrauern, sie grübelte auch selten über die Zukunft nach. Nur die Gegenwart zählte, und gerade war sie dem Ende dieser schrecklichen Mission wieder einen Schritt näher gekommen. Doch bevor es weiterging, brauchte sie erst mal ein Pferd.

35

LOULIE

Am Morgen nach dem Kampf im Diwan erwachte Loulie mit einem unguten Gefühl, das noch schlimmer wurde, als sie gegen die Sonne anblinzelte und erkannte, dass sie sich in einem der Gästezimmer des Wali befand. Qadir war nirgends zu sehen. Im ersten Moment war sie deswegen wütend auf ihn, doch dann fiel ihr wieder ein, dass *sie* diejenige gewesen war, die sich davongemacht hatte.

Sie hatte ihm Vorwürfe gemacht. Er hatte sich entschuldigt. Was hinderte sie daran, seine Entschuldigung zu akzeptieren und weiterzumachen? Qadir hatte ihr das Leben gerettet und sie mit Magie versorgt, mit der sie sich schützen konnte. Das Band zwischen ihnen beiden war stärker als dieser Streit. Und dennoch fühlte sie sich noch immer niedergeschlagen. Und gekränkt.

Seufzend begann sie, sich für den Tag fertig zu machen. Sie wusch sich in einem der abschließbaren Badezimmer des Wali, zog ihre Händlerinnenrobe an, hängte sich die Tasche um, umrandete die Augen mit Kajal und machte sich auf den Weg zu Ahmed.

Die Wächter führten sie in den Hof der Residenz, am Diwan vorbei und zu einer Landschaft aus Teichen und einander kreuzenden Brücken. Der Wali stand auf der längsten von ihnen, einer wunderschönen Holzkonstruktion mit einem spiralförmig gewundenen Geländer. Sie überspannte einen von blühenden Kakteen umgebenen Teich. Zwischen den glatten Steinen in Ufernähe wuchsen goldene Gänseblümchen und Ringelblumen. Über ihnen ragten Palisanderbäume auf. Das Sonnenlicht, das durch ihre Wipfel fiel, sprenkelte das silberne Wasser mit gleißenden Tupfen.

Ahmed betrachtete das alles mit leerem Blick und drehte sich erst um, als die Wächter ihn auf Loulie aufmerksam machten. Als er sie sah, setzte er ein halbherziges Lächeln auf, das nicht nur wegen der dunklen Ringe unter seinen Augen unglaubwürdig wirkte. Loulie fiel auf, dass er komplett in Weiß gekleidet war, der Farbe des Gebets.

»Ah, wenn das nicht mein Lieblingsgast ist. Wie ist dein Tag bisher, Mitternachtshändlerin?«

»Wie immer«, erwiderte sie und fand es im gleichen Moment schrecklich, dass die Welt einfach weitermachte wie bisher, während Ahmeds Leben völlig aus den Fugen geriet.

Ahmed seufzte. »Verstehe.« Er winkte den Wächtern. »Ihr dürft uns jetzt verlassen.« Die Männer zogen sich nur bis zur nächsten Brücke zurück. Als Ahmed Loulies verwirrten Blick bemerkte, stieß er ein bitteres Lachen aus. »Sie misstrauen mir, und das aus gutem Grund.«

Sie erkannte, dass er recht hatte: Die Wächter behielten nicht die Umgebung, sondern *Ahmed* im Auge. Ihr wurde flau im Magen. »Aber warum? Was letzte Nacht passiert ist, war nicht deine Schuld.«

Letzte Nacht hatte er ihr in seinen Gemächern erklärt, was geschehen war. Während der Vorbereitungen zum Treffen hatte er unwillkürlich den Halsreif mit sich herumgetragen. In dem mit Dschinn-Blut gedüngten Wäldchen hatte der Reif auf einmal angefangen, auf ihn einzureden, und ehe Ahmed sich versah, hatte er ihn sich um den Hals gelegt und war augenblicklich in seinem eigenen Verstand gefangen gewesen.

Loulie wusste, dass er sich wie in einem Albtraum gefühlt haben musste. Schließlich wäre sie fast dem gleichen Zauber erlegen.

Ahmed verzog die Lippen zu einem traurigen, schmalen Lächeln. »Leider ist es sehr schwer, einer sehr gestaltlosen, sehr toten Dschinn Morde anzuhängen.«

Nicht wenn es sich bei dieser Dschinn möglicherweise um die legendäre Königin der Dünen handelt, dachte Loulie. Laut sagte sie: »Warum? Prinz Mazen war ebenfalls besessen und hat Leute verletzt.« Sie ging langsam zu ihm und strich dabei mit den Fingern über das Holzgeländer.

»Verletzungen sind nicht von Dauer, der Tod schon.« Ahmeds Kehlkopf hüpfte. Er verstummte, betrachtete ihre Reflexionen im Wasser und versuchte, sich zu sammeln.

Loulie verspürte den Drang, die Hand auszustrecken und … ja, was zu tun? Ihm auf die Schulter zu klopfen? Ihn in den Arm zu nehmen? Sie wusste es nicht. Die Vorstellung, ihn zu trösten, jagte ihr schreckliche Angst ein. Sie war gut darin, andere Leute in Aufruhr zu versetzen, nicht, sie zu besänftigen.

»In ein paar Tagen werde ich in Madinne sein«, riss er sie aus ihren Gedanken. »Ich habe dem Sultan bereits einen Brief geschickt. Ich werde mich seinem Urteil fügen.«

Nun berührte Loulie ihn doch: Sie packte ihn am Ärmel und zog ihn ruckartig herum, sodass sie einander direkt gegenüberstanden. »Das meinst du doch nicht ernst. Du bist kein Verbrecher, Ahmed.«

Ahmed sah sie mit offenem Mund an. Loulie war kurz davor, ihn zu schütteln. »Du hast meinen Namen gesagt«, murmelte er erstaunt.

In Anbetracht der Umstände hatte sie nicht den geringsten Grund zu erröten. Dummerweise tat sie es dennoch. »Ja, das habe ich, aber darum geht es jetzt nicht.«

Ihre Finger waren noch immer in seinen Ärmel verkrallt. Ahmed löste sie sanft und verschränkte sie mit seinen. Loulie versteifte sich. Es war nicht das erste Mal, dass sie sich an den Händen hielten, doch Ahmeds Griff war noch nie so fest und verzweifelt gewesen.

Normalerweise war dies der Moment, in dem sie sich ihm entzog. Ahmed bedrängte sie nie, wenn es ihr zu viel wurde, sondern lächelte immer nur und wartete geduldig auf ihre nächste Rückkehr.

Doch Ahmed war am Boden zerstört, und sie hatte das Gefühl, für ihn da sein zu müssen. Nein, sie *wollte* für ihn da sein. Daher zog sie die Hand diesmal nicht weg.

Ahmed schenkte ihr ein bedrücktes Lächeln, das ihr das Herz brach, und sah wieder aufs Wasser hinunter. »Verbrecher werden für ihre Taten verurteilt, nicht für ihre Absichten.« Als er Loulies Spiegelbild das Gesicht verziehen sah, seufzte er. »Ich werde dem Sultan erzählen, was passiert ist. Nicht mehr und nicht weniger. Er ist ein gerechter Mann. Ich vertraue seinem Urteil.«

Gerecht war das Letzte, was ihr zum Sultan einfiele.

Loulie wusste nicht, wie lange sie nebeneinanderstanden und die kleinen Wellen beobachteten, die sich auf der Oberfläche des Teichs ausbreiteten und brachen, bevor Ahmed das Schweigen beendete. »Es tut mir leid. Ich wollte dich nicht verletzen. Aber die Dschinn …« Seine Hand zitterte in ihrem Griff. »Ich konnte mich nicht bewegen. Ich …«

»Ich habe dir doch schon gesagt, dass es nicht deine Schuld war.«

»Ich hätte dich umbringen können«, flüsterte er. »Tatsächlich hätte ich es fast getan.«

»Aber eben nur *fast*.«

»Loulie.« Sein Blick wurde drängend. »Dieses Relikt … Du hast doch nicht vor, es mitzunehmen, oder? Es wird dich verschlingen.«

»Nein.« Sie zögerte und drückte, weil es in dieser Situation angebracht schien, seine Hand. »Ich bin die Mitternachtshändlerin und von Relikten nicht besessen. Vielmehr nehme *ich* sie in Besitz.«

Eigentlich hatte sie ihn mit dieser Bemerkung aufheitern wollen, doch er wirkte noch bedrückter. »Erinnerst du dich an meinen Leibwächter?«, fuhr sie fort. »Er ist imstande, das Relikt zu neutralisieren. Ich vertraue ihm.«

»Dein Leibwächter …« Ahmed runzelte die Stirn. »Er war gestern Abend nicht dabei, oder?«

»Nein, er …«, begann sie und beendete in Gedanken den Satz: *ist Gerüchten über einen Mörder nachgegangen.* Sie hatte ihn aus Überheblichkeit weggeschickt, und das war Ahmed wahrscheinlich zum Verhängnis geworden. Doch sie hatte keinen Grund, sich schuldig zu fühlen. Nicht sie war für das Relikt verantwortlich gewesen, sondern der Prinz …

»Wali.« Loulie erschrak. Neben ihnen war wie aus dem Nichts ein Wächter aufgetaucht – und, als hätte sie ihn mit ihren Gedanken herbeigezaubert, auch der Kronprinz.

Omar ging großspurig an dem Wächter vorbei, bevor der seine Anwesenheit verkünden konnte, und blickte auf ihre miteinander verschränkten Hände. »Ich hoffe, ich störe nicht.«

Loulie zog ihre Hand so würdevoll wie möglich zurück. Ahmed schien ohne den Kontakt mit ihr alle Kraft zu verlieren. Er sank auf die Knie und presste die Stirn auf den Boden. »Sayyidi«, murmelte er. »Ich entschuldige mich aus tiefstem Herzen für die Geschehnisse der vergangenen Nacht. Ich wollte nicht …«

»Bitte, du musst dich nicht entschuldigen, Ahmed. Du bist ein Opfer dieser Geschehnisse.« Der Prinz verschränkte die Arme vor der Brust. »Ich bin gekommen, um dir zu sagen, wie sehr ich die Verluste, die du erlitten hast, bedauere. Ich werde meinem Vater schreiben und mich persönlich für deine Unschuld verbürgen. Außerdem …« Er sah mit gefurchter Stirn zur Seite. »… möchte ich mich für meine Unachtsamkeit entschuldigen. Ich habe das Relikt in deinem Anwesen zurückgelassen.«

Loulie starrte den Prinzen erstaunt an. Auch Ahmed hob ruckartig den Kopf. Seine Wangen waren gerötet, ob aus Verlegenheit oder vor Scham, vermochte sie nicht zu sagen. »Bitte, Sayyidi«, erwiderte er. »Das ist nicht nötig. Du hast dich von der Dschinn nicht überwältigen lassen. Das war ich.«

Omar zog irritiert die Augenbrauen zusammen. »Willst du mir etwa widersprechen, bin Walid?«

Ahmed versteifte sich. »Nein, natürlich nicht. Ich danke dir für deine Aufrichtigkeit, Sayyidi.«

Omars Lippen zuckten ein wenig. »Bescheidenheit passt nicht zu dir.« Sein leises Lächeln verblasste, als er sich Loulie zuwandte. »Du dagegen hast einen großen Auftritt hingelegt, al-Nazari. Ich bin beeindruckt. Noch nie habe ich jemanden so geschickt mit einer verletzten Hand einen Dolch schwingen sehen.«

Ihr Herz setzte einen Schlag aus. *Verdammt.* Sie hatte ihre vorgetäuschte Verletzung ganz vergessen. Während des Kampfes hatte sie sich ausschließlich darauf konzentriert, Ahmed und sich selbst zu verteidigen.

Wieso ist er bloß so verdammt aufmerksam?

Sie bemerkte, dass auch Ahmed sie neugierig betrachtete. Seine vor Müdigkeit verschatteten Augen richteten sich auf ihre bandagierte Hand. Nach kurzem Zögern hob sie sie und wackelte mit den Fingern. »Es ist immer gut, wenn man ein bisschen Dschinn-Blut dabei hat.« Sie wunderte sich, dass in der Stille niemand ihr laut wummerndes Herz zu hören schien. »Du hast doch nicht etwa geglaubt, dass ich Rasul al-Jasheen meinen gesamten Vorrat überlassen habe?«

»Ich glaube, dass du keinen Grund gehabt hättest, mir nichts von diesem Blut zu erzählen.«

Loulie schnaubte und hoffte, dass sie nicht so sehr schwitzte, wie sie befürchtete. »Hätte ich dich etwa auf meinen unschätzbar wertvollen Dschinn-Blut-Vorrat aufmerksam machen sollen, damit du ihn mir stehlen kannst? Ich bin doch nicht bescheuert.«

Omar sah sie skeptisch an, hakte zum Glück aber nicht weiter nach.

Sie gingen durch den Innenhof zum Diwan und weiter in das Innere der Residenz, wo Ahmed ihnen Vorräte für ihre restliche Reise anbot. Ghiban, die nächste – und letzte – Stadt auf ihrer Route, würden sie frühestens in einer Woche erreichen.

Die Unterhaltung zwischen den dreien verlief weiterhin gestelzt und unbeholfen, gespickt mit Schweigepausen und verkrampften Höflichkeiten. Loulie bemerkte eine eigenartige Spannung zwischen den beiden Männern. Es kam ihr vor, als würden sie einander vorsichtig umkreisen. Doch damit beschäftigte sie sich nicht weiter. Es interessierte sie nicht. Viel interessanter fand sie jedoch, wie viel Zeit der Prinz sich mit seinen Antworten ließ. Er schien sie sorgfältiger als sonst abzuwägen.

In diesem Zusammenhang wurde Loulie noch etwas anderes bewusst, das bereits seit dem Vorabend an ihr nagte: Der Prinz hatte am Kampf im Diwan nicht teilgenommen, sondern nur *zugesehen.*

Doch bevor sie ihn mit dieser verblüffenden Erkenntnis konfrontieren konnte, erklärte er, dass er vor ihrem Aufbruch am Nachmittag noch einiges zu erledigen habe, und verabschiedete sich steif.

Die Unbeschwertheit, mit der Ahmed und sie sich zuvor unterhalten hatten, war verflogen, und so kehrten der Wali und sie schweigend durch die Freiluftkorridore in den Innenhof zurück. Loulie bemerkte, wie misstrauisch Ahmed die Bäume musterte. Höchstwahrscheinlich dachte er an das Blut, das in der vergangenen Nacht zwischen ihnen vergossen worden war. Vermutlich würde er die Flecken im Gras auch dann noch sehen, wenn sie längst weggewaschen waren. Dieser auch bisher schon unheimliche, aber ruhige Ort würde ihn von nun an immer an den Albtraum erinnern, den er hier erlebt hatte.

Sie konnte sich gar nicht vorstellen, wie abgrundtief er sich jedes Mal schämen würde, wenn er sein Anwesen betrat und diese Bäume sah. Wäre Qadir hier gewesen, hätte er ihr gesagt, dass der

Wali es verdiene, die Furcht seiner Opfer nachzuempfinden. Vielleicht hätte er damit recht, doch das hielt Loulie nicht davon ab, Ahmed zu bemitleiden.

Kurz vor dem Rand des Wäldchens drehte er sich schließlich zu ihr um. »Es tut mir leid, dass dein Aufenthalt hier so unerfreulich war, Loulie al-Nazari.«

Sie stutzte. »Nein, ich muss mich bei dir entschuldigen. Hätten der Prinz und ich das Relikt nicht nach Dhyme gebracht, wäre nichts von alldem geschehen.«

Ahmed schüttelte den Kopf. »Für meine Unfähigkeit gibt es keine Entschuldigung.«

Der Kronprinz hat sich gestern genauso inkompetent verhalten wie du!, wollte Loulie entgegnen, verkniff sich die Bemerkung jedoch. Es wäre keine gute Idee, Omar bin Malik vor einem seiner Untertanen zu beleidigen.

»Ich habe dir gegenüber als Gastgeber versagt«, fuhr Ahmed fort. »Und dafür schulde ich dir eine Entschuldigung.«

In seinen Worten schwang ein weiterer Selbstvorwurf mit: *Ich habe dich nicht dazu gebracht, meinen Antrag anzunehmen.* Jedes Mal, wenn sie nach Dhyme kam, versuchte der Wali, ihr Herz zu gewinnen. Nicht mit Gold oder Blumen, sondern mit aufrichtigen Gesprächen. Er war der einzige Mann, den sie nicht nur aus geschäftlichen Gründen, sondern vor allem zum Vergnügen besuchte. Der einzige, dessen Gesellschaft sie genoss. Den sie *vermisste.*

Eines Tages würde sie sich damit abfinden müssen, dass es für sie beide keine Zukunft gab, doch bis dahin würde sie weiter von einem anderen Leben träumen.

»Es gibt nichts zu entschuldigen.« Sie reichte ihm die Hand. »Wenn ich zurück bin, werde ich dir alles über mein Abenteuer erzählen.« Sie war davon überzeugt, dass Ahmed bin Walid dann wieder der Alte sein würde. Schließlich waren Jäger hart im Nehmen.

Sie rechnete damit, dass der Wali ihre Hand schütteln würde, doch stattdessen nahm er sie und küsste ihre Fingerknöchel. »Und dann, süße Loulie, werden wir auch endlich über alles andere sprechen.«

Loulie war zu verblüfft, um darauf etwas zu erwidern.

Als sie die Residenz verließ, merkte sie, dass ihr Herz raste und ihre Handflächen feucht waren. Doch dann stieß Qadir zu ihr, und ihre Nervosität verflog im Nu.

Sie sprachen nicht miteinander. Das war nicht nötig. Qadir war gekommen, weil es Zeit für ihren Aufbruch war.

Sie blickte noch einmal kurz zurück und sah den Wali davongehen. Er ließ die Schulter hängen. *Wie ein besiegter General,* dachte sie bestürzt und wandte sich ab.

36

LOULIE

Ihre Rückkehr in die Wüste verlief in angespannter Atmosphäre. Der Prinz grinste nicht mehr, wenn Loulie ihn ansah, Aisha bemerkte immer wieder spitz, dass das Relikt Omar gehöre, und Qadir hüllte sich in verdrossenes Schweigen.

In der ersten Nacht unter freiem Himmel war Loulie sehr einsilbig, auch Qadir gegenüber. Sie begleitete den Dschinn auf die Jagd, machte ihn auf ein Wüstengrasmückennest aufmerksam und erklärte sich dazu bereit, die Vögel zu häuten – und all das lediglich mit stummen Gesten. Und auch ansonsten wechselten sie nur ein paar dürre Worte miteinander, während sie das Lager aufschlugen und ihre Beute über dem von den Räubern gemachten Lagerfeuer brieten.

Am zweiten Tag war die Stille noch erdrückender. »Das ist nicht natürlich«, murmelte Aisha bint Louas, und Loulie erkannte, dass sie recht hatte. In der Wüste war es meistens ruhig, doch diese vollkommene Lautlosigkeit konnte nur eines bedeuten …

»Ghule«, sprach Qadir aus, was sie dachte.

Der Prinz richtete sich in seinem Sattel auf. »Wo?«

»Nicht weit weg«, brummte Aisha. »Das kann man an der Stille erkennen.«

Loulie verlagerte das Gewicht auf ihrem Pferd und suchte den

Horizont ab, doch sie konnte die untoten Kreaturen nirgends erblicken.

»Ghule sind sehr langsam, aber sicherheitshalber sollten wir trotzdem eine andere Route wählen«, sagte Qadir.

Omar seufzte. »Das wäre bestimmt besser, als mit einem nutzlosen Kampf Zeit zu verschwenden.« Vielleicht war es nur ein Schatten, doch Loulie glaubte, einen besorgten Ausdruck über sein Gesicht huschen zu sehen.

Sie verließen die offene Ebene und zogen zwischen den Dünen hindurch weiter. Nach einer Weile wich die Stille einem heulenden Wind, der zwar kein Sturm, aber durchaus hinderlich war. Während des Nachmittags ritten sie schneller und ohne Pausen einzulegen, um noch vor Einbruch der Dunkelheit einen sicheren Unterschlupf zu finden. Als die Sterne am Himmel funkelten, kampierten sie im Schatten eines großen Felsens. Kurz vor dem Schlafengehen hörte Loulie, wie Omar zu Aisha sagte: »Mit Ghulen in der Nähe wird es nie langweilig, oder?«

Aisha zuckte müde die Achseln. »Das sind wirklich lästige Geschöpfe, aber wenigstens sind wir schneller als sie. Zwischen den Dünen war die Stille besonders schlimm.«

Zum Glück begegneten sie den Ghulen nicht wieder. Loulie war froh darüber. In der dritten Nacht in der Wüste war Loulie mit ihren Kräften am Ende. Ihre Oberschenkel waren vom ständigen Reiten wund, die Schultern so verspannt, dass sie sie kaum noch bewegen konnte, und unter ihrer Kleidung hatte sich eine unangenehme Sandschicht angesammelt. Daher entfuhr ihr, als eines der Beduinenlager auf Omars Karte in Sicht kam, ein erleichterter Seufzer.

Sie beugte sich in ihrem Sattel vor, um es besser überblicken zu können. Selbst aus dieser Entfernung konnte sie erkennen, dass es klein war und lediglich aus vier ineinandergreifenden Zeltkreisen und zwei Pferchen bestand – einem für Schafe und einem für Kamele. Die Stammesmitglieder hatten sich in der Mitte des Areals versammelt, wahrscheinlich um gemeinsam zu essen und sich Geschichten zu erzählen. Es dauerte nicht lange, bis ein Bote vom Lager aufbrach und ihnen entgegenritt. Seine braune Haut war voller Sommersprossen – ein Beleg für die vielen Jahre, die er in der Sonne verbracht hatte.

Als er Omar an seiner Kleidung erkannte, verbeugte er sich anmutig auf seinem Pferd. »Kronprinz.« Anschließend ließ er den Blick über den Rest der Gruppe schweifen: Loulie die in ihren unscheinbaren braunen Schal gehüllt war, Qadir, der auf seinem Pferd groß und imposant wirkte, und Aisha, deren verkniffenes Gesicht halb unter ihrer Kapuze verborgen war.

Der Bote musterte Letztere unsicher. »Mitternachtshändlerin?«

Loulie verkrampfte sich, froh, dass der braune Schal ihre finstere Miene verbarg, während Omar hinter vorgehaltener Faust hüstelte und Qadir demonstrativ zur Seite blickte.

Aisha nickte steif zu Loulie hinüber.

Der Bote wandte sich verlegen zu ihr um. »Entschuldige bitte, Händlerin.« Erneut verbeugte er sich. »Ich fühle mich geehrt, Euch beide kennenlernen zu dürfen.«

Seine Begrüßung entspannte sie. »Gleichfalls. Dürfen wir heute Nacht Zuflucht bei euch suchen?«

»Selbstverständlich, es ist uns eine Freude Euch, solange Ihr wollt, bei uns zu beherbergen«, erwiderte er mit respektvollem Nicken. An dem kunstvoll gestalteten Bogen auf seinem Rücken erkannte Loulie, dass er ein Jäger war. Während sie zum Lager zurückritten und den neuesten Klatsch und Tratsch miteinander austauschten, überlegte sie, ob er damit nur Tiere oder auch Dschinn erlegte.

Natürlich interessierten sich alle besonders für Geschichten über sie und den Kronprinzen. Offenbar wussten alle in der Wüste von ihrer Reise. Nachdem sie die Neugier des Beduinen befriedigt und ihn vor den Ghulen auf der westlichen Ebene gewarnt hatte, revanchierte er sich, indem er ihr vom wechselhaften Wetter mit vereinzelten Regenstürmen und unangenehmen Winden, den veränderten Reiserouten seines Stammes sowie den Hyänen berichtete, die sich neuerdings an den Klippen herumtrieben.

»Und wir haben Gerüchte über einen Jäger gehört«, sagte er, als sie das Lager fast erreicht hatten. Loulie sah Kinder, die sie neugierig durch Spalten im Holztor beäugten. »Er arbeitet allein«, fuhr der Mann fort. »Er ist komplett schwarz gekleidet und verschmilzt angeblich mit der Nacht.«

Loulie fiel fast vom Pferd. Endlich war sie auf die Spur gestoßen, nach der sie schon so lange Ausschau hielt.

»Erzähl mir mehr von diesem Jäger«, sagte sie mit pochendem Herzen.

Der Beduine schüttelte den Kopf. »Dieser Mann ist ein Mysterium. Es heißt, es gebe in der ganzen Gegend keine Dschinn mehr, weil noch nie einer seinen Fallen entkommen sei.«

»Wo lebt er?«

»Das weiß niemand. Er verschwindet immer, bevor sich unsere Jäger ihm nähern können.« Der Beduine runzelte die Stirn. »Wenn Ihr meine Meinung wissen wollt, ich würde mich von ihm fernhalten. Einem Nomaden, der allein reist, kann man nicht trauen.«

Genau das hatte Loulies Mutter ihr gesagt. Beduinen reisten in Stämmen. Wer allein die Wüste durchstreifte, war vermutlich ein Verbannter, und das war noch nie ein gutes Zeichen gewesen.

»Natürlich. Ich will auch nur mehr über ihn erfahren, damit ich ihm möglichst gut aus dem Weg gehen kann.« Loulie sah, dass Qadir sie über den Kopf des Beduinen hinweg mit gerunzelter Stirn betrachtete, *Lügnerin* bedeuteten seine Augen ihr, sie schenkte ihm aber keine Beachtung.

Kurz darauf durchquerten sie das Tor und waren im Lager, wo der Scheich des Stammes sie mit überschwänglicher Gastfreundschaft empfing. Er sorgte dafür, dass ihre Pferde verpflegt wurden, und ließ sich mit ihnen an einem großen Lagerfeuer inmitten mehrerer brauner Zelte nieder.

Den Neuankömmlingen zu Ehren wurde ein Schaf geschlachtet, und man setzte ihnen verschiedene Brot-, Fleisch- und Gemüsesorten vor. Es war ein Mahl, wie man es sich nur erträumen konnte: frisch, appetitlich und mit Liebe zubereitet. Es erinnerte Loulie an zu Hause. Als Kind hatte sie mit ihrer Mutter und ihrem Vater in einem ganz ähnlichen Kreis gesessen, haufenweise Brot verschlungen und getan, als würde sie aufmerksam den Erwachsenen zuhören, die endlos über Reiserouten, Lebensmittel und Politik palaverten. Sie wusste noch, wie *langweilig* ihr das alles erschienen war und dass sie gedacht hatte, Erwachsene hätten es sehr schwer.

Doch auch wenn sie sich nicht für alle Gespräche am Lagerfeuer begeistern konnte, waren diese Mahlzeiten für sie immer der Höhepunkt des Tages gewesen. Eine Erholungspause von der anstrengenden Arbeit, in der man nicht nur mit ein paar dürren Worten kommunizierte, sondern Geschichten, Gerüchte und Geständnisse austauschte. Für Loulie waren sie außerdem die beste Gelegenheit gewesen, ihren leidgeprüften Cousinen und Cousins Streiche zu spielen. Sie schob ihnen Insekten in die Ärmel, vertauschte ihre Teller und versteckte ihr Essen – lauter Taschenspielertricks, die sie in ihrer Freizeit mit ihrem Vater einübte.

Für die Streiche war sie mittlerweile zu alt, doch das Essen liebte sie noch immer. Vor allem die salzige Kamelmilch, an der sie melancholisch nippte, während sie die lebhaften Gespräche ringsum verfolgte.

Der Scheich, der der Runde vorsaß, lauschte aufmerksam den Berichten der Stammesjäger. Eine ältere Frau mit silbernen Strähnen in den Haaren schimpfte über ein paar streitende Kinder, die ihr Essen bei einem hitzigen Rätselspiel verwetteten. Ein Beduine warf einer Frau, die vor einem Zelt an einem Webstuhl arbeitete, schüchterne Blicke zu. Wenn er nicht zu ihr sah, betrachtete sie ihn ihrerseits mit einem verstohlenen Lächeln.

Familie. Das war das Wort, das Loulie angesichts dieser trauten

Atmosphäre in den Sinn kam. Ihr Herz stockte, genauso wie ihr Atem. Mittlerweile hatte sie sich an ihr einsames Leben gewöhnt – und bevorzugte es sogar –, doch in den Städten, wo die Familien weit verstreut und im Verborgenen lebten, wurde sie auch nur selten daran erinnert, was sie selbst verloren hatte. Hier an diesem Feuer dagegen war nicht zu übersehen, wie alle um sie herum eng miteinander verwoben waren, während sie selbst haltlos zwischen ihnen saß.

Wütend über ihre Niedergeschlagenheit stopfte sie sich ein Stück Fleisch in den Mund und drängte ihre Erinnerungen zurück, bevor sie übermächtig wurden. Mitten im zweiten Gang merkte sie, dass es um sie herum ruhiger geworden war, und brauchte einen Moment, um den Grund dafür zu erkennen: Der Kronprinz erzählte eine Geschichte. Sie sah ihn mit den Händen wedeln. Er lächelte, aber nicht so aufgesetzt und herablassend wie sonst, sondern übers ganze Gesicht und mit funkelnden Augen.

»… und obwohl die Dschinn in der Falle saß, zögerte sie nicht. Wisst ihr, wieso?«

»Weil sie Magie besaß!«, rief ein Junge.

»Ja, aber nicht irgendeine Magie. Diese Dschinn war stärker als die anderen, denn ihre Armee bestand aus unsterblichen Schatten. Sie bewegte sich ganz mühelos durch sie hindurch, als wären sie Sonnenstrahlen …«

Loulie begriff, dass er über die Schatten-Dschinn sprach. Je länger er von dem Vorfall sprach, desto mehr schmückte er ihn aus, bis er kaum noch etwas mit der Realität zu tun hatte. Loulie fühlte sich davon eigenartig betört. Aber vielleicht war es gar nicht die Geschichte, die sie fesselte, sondern der Kronprinz selbst, der eine andere, einnehmendere Person zu sein schien, während er sie zum Besten gab.

»Am Ende …«, er beugte sich vor und legte eine dramatische Pause ein, »… lösten sich die Schatten auf. Denn nicht einmal die mächtigste Dschinn ist vor der eisernen Klinge einer Jägerin sicher.«

In der anschließenden Stille versteifte sich der Prinz, und sein Gesicht nahm einen verschlossenen Ausdruck an. Als das Publikum klatschte, kehrte jedoch wieder sein eingebildetes Lächeln zurück. Loulie wandte sich verärgert ab. War er schon immer so widersprüchlich gewesen?

Als sie sich später in einem Gästezelt schlafen legte, dachte sie noch immer darüber nach. Normalerweise hätte sie Qadir gegenüber ihrer Frustration Luft gemacht, doch der Dschinn ging ihr schon den ganzen Abend aus dem Weg. Soweit sie wusste, durchstreifte er das Lager und beobachtete sie aus der Ferne durch das Feuer, das er in ihrer Laterne entfacht hatte. Loulie betrachtete das Schattenspiel der Flammen, bis ihr die Augen zufielen und die Welt in Dunkelheit versank. Die Gedanken an Omar verfolgten sie bis in den Schlaf.

Ein ums andere Mal sah sie ihn aus den Augenwinkeln auftauchen und wieder verschwinden wie eine Fata Morgana. Jedes Mal trug er einen anderen Gesichtsausdruck. Erst ein abfälliges Grinsen, dann einen strengen Blick und schließlich – zu ihrer großen Verblüffung – ein strahlendes Lächeln. Er hob eine Hand, deutete auf sie und lachte.

Loulie merkte, dass sie versank.

Der Sand seufzte, während er sie verschlang. Sie versuchte vergeblich, sich an irgendetwas festzuhalten. Sie konnte nichts sehen und nicht atmen. Die Dunkelheit zwängte sie ein …

Auf einmal erschien vor ihr eine Flamme.

Loulie sprang von ihrer Schlafmatte auf und spähte in das grelle Licht. Als sie Qadirs schattenhafte Gestalt ausmachte und erkannte, dass er das Feuer zwischen seinen hohlen Händen hielt, entspannte sie sich. »Hattest du einen Albtraum?«, fragte er sanft.

Sie stöhnte und rieb sich die Augen. »Ich bin im Sandmeer ertrunken.«

Qadirs weißes Feuer schimmerte sanft. Loulie kniff die Augen zusammen und sah, dass die Tätowierungen auf seinen Armen ebenfalls weiß leuchteten. »Wenn dieses Feuer dir beim Einschlafen hilft, kann ich es brennen lassen.«

»Nein«, erwiderte Loulie. »Wir wollen doch keine ungewollte Aufmerksamkeit auf uns lenken.« Sie streckte sich mit knackenden Gelenken und merkte, dass sie gar nicht mehr schlafen wollte.

Qadir blies auf die Flammen, bis sie nur noch matt auf seinen Handflächen glommen. Seine Tätowierungen verblassten ebenfalls und waren in der Dunkelheit schon bald kaum noch zu sehen. Loulie hatte vor langer Zeit erkannt, dass sie immer nur zutage traten, wenn er seine Feuermagie beschwor. Sie betrachtete sie, wobei ihr Blick an ein paar der weniger schönen Motive hängen blieb.

»Dann sprichst du also wieder mit mir«, sagte er.

Loulie antwortete mit einem nichtssagenden Brummen.

Qadirs Mundwinkel zuckten. »Das trifft sich gut. Ich dachte nämlich gerade, wie seltsam es wäre, dir eine Geschichte zu erzählen, ohne anschließend deine Fragen über mich ergehen lassen zu müssen.«

Sie zog ihre Decke wie einen Schild um sich. »Eine Geschichte?«

»Du warst wütend auf mich, weil ich dir die Wahrheit verheimlicht habe. Ich würde es gerne mit einer Geschichtslektion wiedergutmachen.«

»Und worum soll es dabei gehen?«

Qadir hob eine Augenbraue. »Und mich selbst.«

»Und worum genau?«, fragte Loulie, den Blick weiter auf seine Tätowierungen gerichtet.

Qadir merkte, wohin sie sah, und legte die Hand auf den Bizeps. »Ich will dir von meinen Zeichnungen erzählen.«

Loulie beugte sich vor, um besser erkennen zu können, wo die Muster, die gerade noch wie Flammen gelodert hatten, sich verbanden und wieder voneinander lösten. »Sind sie mit Magie erschaffen worden?«

»Sozusagen …«

»Wie hast du sie bekommen?«

Qadir dachte einen Moment lang nach. »Ein paar von ihnen waren Geschenke«, sagte er schließlich. »Mit anderen wurde ich bestraft. In meiner Kultur haben alle Tätowierungen eine Bedeutung.«

»Was für eine Bedeutung?«

Er verlagerte das Gewicht, sodass sie die Innenseite seines Arms betrachten konnte, und strich mit den Fingern darüber. Unter seiner Berührung flammten die Tätowierungen erneut auf. Sie schimmerten goldrot und flackerten sanft, als er mit den Fingern die geschwungenen Linien nachzeichnete.

Loulie betrachtete sie eingehend. »Das ist … ein Feuer, oder?«

Qadir lächelte. »Und jetzt sieh dir mal die hier an.« Er fuhr mit dem Finger über den Ellbogen. Die Linien dort waren dünn und kurz. Sie sahen nicht wie Pinselstriche, sondern eher wie Messernarben aus.

Loulie runzelte. »Ich kann nicht erkennen, was das sein soll.«

»Weil es ein Schandmal ist.«

»Das sieht aus, als wäre es dir mit einer Klinge beigebracht worden.«

Qadir ließ seufzend den Arm sinken, und die Tätowierungen verschwanden. »Ja, meine Schande wurde mit einem Messer in meiner Haut verewigt, damit ich sie niemals vergesse. Das habe ich verdient.«

Loulie zog die Knie an die Brust. Sie rechnete nicht damit, dass er noch etwas dazu sagen würde, und war überrascht, als er es doch tat.

»Ich habe dir mal erzählt, dass ich in Dhahab nicht mehr willkommen bin. Ich habe ein Verbrechen begangen, und Verbrecher können in meiner Stadt nur selten auf Gnade hoffen.« Er deutete auf seinen vernarbten Ellbogen. »Wie man hieran sehen kann.«

»Was hast du angestellt?«

Qadir setzte zu einer Antwort an, zögerte dann jedoch. »Das ist eine lange und grässliche Geschichte«, sagte er schließlich. »Ich würde sie dir lieber erzählen, wenn wir allein sind.« Er seufzte leise. »Aber eins kann ich dir sagen: Unser Kompass enthält die Seele einer Dschinn namens Khalilah.« Sein Blick wurde weich, als er ihren Namen aussprach. »Ich hatte mich damit abgefunden, dass ich in einer Zelle verrotten würde, aber Khalilah hat mich gerettet. Mit Hilfe ihrer Magie hat sie mich in eure Menschenwüste geführt.« Er griff in die Umhängetasche und holte den Kompass heraus.

Loulie hatte sich schon immer gefragt, wieso er so zärtlich mit diesem Relikt umging. »Kann sie … Dinge finden?«

»Sie ist eine Erafa und wurde mit hellseherischen Fähigkeiten geboren. Obwohl sie tot ist, kann sie noch immer Gegenstände und Personen aufspüren und den Lauf des Schicksals vorhersehen.« Qadir schwieg einen Moment und runzelte die Stirn. »Wir wurden gleich zu Beginn voneinander getrennt, und sie wurde von Jägern ermordet, bevor ich sie retten konnte. Als ich herausfand, wo sie war, hatte dein Vater bereits den Kompass entdeckt, in dem sie sich befindet. Ich bin seiner Spur bis zu eurem Lager gefolgt.«

Layla Najima al-Nazari, anscheinend ist es mein Schicksal, dich zu retten. Nie würde Loulie diese Worte vergessen. Sie hatten ihr Schicksal verändert. Und dem Kompass – ihr Blick wanderte zu dem verstaubten Gegenstand, den Qadir in seinen Händen barg – verdankte sie ihr Leben.

Als sie wieder in Qadirs Gesicht sah, waren seine Augen dunkel wie Gewitterwolken. »Was hat sie dir bedeutet?«, fragte sie sanft.

»Sie war eine Freundin«, murmelte Qadir. »Meine beste und liebste Freundin.«

Die Stille, die auf seine Worte folgte, wirkte so zerbrechlich, dass Loulie es nicht über sich brachte, sie zu stören. Aus einem Impuls heraus rutschte sie näher zu ihm und legte ihm eine Hand auf die Schulter. Der Dschinn erschrak. »Was ist das denn? Versuchst du etwa, mich zu trösten? Ich habe mit weiteren Fragen gerechnet.«

»Ich bin nicht begriffsstutzig, Qadir. Ich merke, wenn dich etwas bedrückt.« Sie fand seine Überraschung verstörend und auch ein bisschen kränkend. »Was denn? Für wie herzlos hältst du mich eigentlich?«

Einem Wunder gleich stieß der Dschinn ein kehliges, unverfälschtes Lachen aus, wie sie es nur sehr selten von ihm zu hören bekam. Das letzte Mal, als sie ihm den Shamshir geschenkt und vorgeschlagen hatte, er solle ihn tragen – und sei es nur, um furchterregender damit auszusehen. Die Erinnerung daran ging ihr noch immer zu Herzen.

»Bei allen Göttern.« Sie grinste. »Wer bist du, und was hast du mit meinem schlecht gelaunten Gefährten gemacht.«

Qadir konnte vor lauter Lachen nicht antworten, und Loulie fragte sich – nicht zum ersten Mal –, ob es seine Vergangenheit war, die ihn ansonsten immer so melancholisch stimmte.

Schließlich fasste er sich wieder und sah sie an. »Verzeihst du mir?«

Loulie seufzte. »Ja, aber nur unter der Bedingung, dass du mich nicht noch mal anlügst.«

»Abgemacht.« Qadir sah zur bodenlosen Tasche. »Heißt das, dass ich die Tasche wieder tragen darf?«

»Wozu? *Ich* bin die Händlerin.« Sie sah, dass er den Halsreif unter seinem Umhang hervorholte und wich zurück.

»Entspann dich. Seine Magie ist noch immer versiegelt. Es wäre allerdings einfacher, ihn in der Tasche zu transportieren.«

Loulie ignorierte seinen Kommentar und beäugte den Reif. »Was machen wir damit?« Es war eine Sache, für verschollene Relikte ein neues Zuhause zu suchen, etwas ganz anderes war es, einen uralten gefährlichen Schatz aus der Hand zu geben. »Vielleicht sollten wir ihn irgendwo in der Wüste vergraben.«

Qadir sah zu ihr auf. »Oder wir behalten ihn.«

»Das wäre die *allerschlechteste* Idee.«

»Vertrau mir.« Er ließ das Relikt wieder in seinem Umhang verschwinden. »Ich weiß, dass sie in euren Geschichten durch und durch böse ist, aber bei uns gelten die Ifrit als moralisch ambivalent. Lass mich versuchen, mit ihr zu sprechen.«

»Du willst mit einer Mörderin sprechen?« Loulie sah ihn finster an. »Mach, was du für richtig hältst, aber was sie Ahmed angetan hat, werde ich ihr nie verzeihen.«

Qadir hob eine Augenbraue. »Du hast etwas gegen Mörder, die andere Mörder ermorden?«

»Ich habe generell etwas gegen Mord, das ist alles.« *Mord.* Bei diesem Wort fiel ihr wieder der schwarz gekleidete Mann ein, über den sie mit dem Beduinen gesprochen hatte.

Es war, als könnte Qadir ihre Gedanken lesen. »Gut. Wenn das so ist, darf ich wohl davon ausgehen, dass du dich nicht an einem Mörder rächen wirst, den du vielleicht, vielleicht aber auch nicht kennst.«

»Natürlich nicht.« Sie musste Qadir nicht anschauen, um zu wissen, dass sie zu schnell geantwortet hatte – wie immer, wenn sie log. Sie stand abrupt auf. »Ich werde noch ein bisschen im Lager spazieren gehen, bevor ich mich wieder schlafen lege.«

Qadir reichte ihr wortlos eine brennende Laterne.

Loulie riss sie ihm förmlich aus der Hand. »So viele Sorgen wie du hat sich nicht mal meine Mutter um mich gemacht.«

Qadir seufzte. »Ich muss mir Sorgen um dich machen. Du neigst zu selbstzerstörerischem Verhalten.«

Loulie verdrehte die Augen und ging davon. Sie war froh, dass Qadir nicht ihr Gesicht sehen konnte, denn sie war sicher, dass sich der Kampf, der in ihrem Herzen tobte, deutlich darauf abzeichnete. Sie wusste noch nicht, was, aber irgendetwas musste sie tun.

Es lag einfach nicht in ihrer Natur, die Vergangenheit auf sich beruhen zu lassen.

37

MAZEN

»Wach auf, Prinz«, sagte Aisha. Ihre Stimme war ganz leise, doch sie schreckte ihn aus dem Schlaf in der vollkommenen Stille des Zeltes. Während Mazen sich langsam aufsetzte und den Schlaf aus den Augen rieb, versuchte sein benebelter Verstand zu erfassen, wo er sich befand: Sie waren mitten in der Wüste, viele Meilen vom Beduinenlager entfernt, aus dem sie vor drei Tagen aufgebrochen waren, und unterwegs zur Stadt Ghiban.

Er schaute sich mit trübem Blick im Zelt um, das in goldenes Morgenlicht getaucht war. Ihre Sachen waren noch alle da, und auch ansonsten wirkte ihre Umgebung unverändert. Doch die Stille, die um ihn herum herrschte – die war neu.

Aisha kauerte mit einer tiefen Falte zwischen ihren Augenbrauen neben ihm. Sie hob einen Finger an die Lippen und formte stumm ein einzelnes Wort.

Ghule.

Mazen kam zitternd auf die Beine und begann auf Aishas geflüsterte Anweisungen hin, das Zelt zusammenzupacken und die Vorräte zu sichern.

Die unnatürliche Stille wog so schwer, dass jeder Atemzug und jeder Schritt zu laut wirkten. Nicht einmal das Seufzen des Windes war zu hören. Es war, als hielte die Welt den Atem an. Waren das wieder die Ghule, denen sie schon vor ein paar Tagen aus dem Weg gegangen waren?

Nur mit Mühe konnte Mazen seine Angst unterdrücken, während Aisha und er das Zelt abbauten und anschließend zur Händlerin und ihrem Leibwächter gingen. Unter den Kleiderschichten, mit denen sie der morgendlichen Eiseskälte zu trotzen versuchten, boten sie ein Bild des Jammers. Obwohl Loulie die Händlerinnenrobe über ihr schlichtes Gewand gestreift hatte, fröstelte sie sichtlich. Mazen konnte es ihr nachfühlen: Der Umhang seines Bruders kam ihm völlig unzureichend vor.

Loulie und Qadir begrüßten sie mit einem knappen Nicken und bestiegen schweigend ihre Pferde.

Allen war klar, dass sie nichts sagen durften.

Als sie das letzte Mal dieser unheimlichen Stille großräumig ausgewichen waren, waren Mazens Nerven zum Zerreißen gespannt gewesen, doch diesmal war es noch schlimmer – viel schlimmer. Sogar das Flüstern des Sandes und das Seufzen des Windes waren verstummt. Er hatte nie besonders auf die Geräusche geachtet, die Pferdehufe verursachten, doch nun zerbrach er sich ständig den Kopf darüber, wie laut der Sand unter ihnen knirschte.

Es war auch so schon schwer genug, eine Wüste zu durchqueren, noch anstrengender wurde es, wenn man dabei vollkommen lautlos sein wollte. Jede Bewegung erschien gefährlich: das Rascheln, mit dem seine Ausrüstung am Sattel schabte, das Klicken der Steigbügel, wenn er sein Pferd in eine andere Richtung drängte, und selbst das leise Rauschen, mit dem der Sand, der sich unablässig auf seiner Kleidung ansammelte, davon herabrieselte.

Mazen rieb die Hände aneinander, um sie zu wärmen, und versuchte, nicht darüber nachzudenken, wie trocken seine Kehle war, denn er traute sich nicht, nach dem Wasserschlauch zu greifen, der tief in einer seiner Satteltaschen verstaut war. Die anderen schienen ähnlich verunsichert wie er. Ihnen war deutlich anzumerken, wie elend sie sich fühlten. Man erkannte es an den Sorgenfalten auf ihrer Stirn und der unsichtbaren Last, die auf ihren Schultern zu liegen schien. Aisha blickte starr wie eine Statue geradeaus, ihre Finger, mit denen sie die Zügel hielt, wirkten wie steifgefroren.

Stunden vergingen. Mazen verbrachte die Zeit damit, sich zu ärgern und die anderen zu beobachten. Hauptsächlich behielt er die Händlerin im Auge, die seinen Blick erwiderte, wenn sie nicht gerade ihren Kompass betrachtete. Es war nervenaufreibend. Je öfter sie ihn ansah, desto mehr hatte er das Gefühl, dass sie seine Tarnung durchschaute. Irgendwann wurde sein mit Erschöpfung durchmischter Verfolgungswahn so groß, dass seine Sicht verschwamm und die Händlerin zu einem unscharfen, bedrohlich wirkendem Fleck inmitten der goldroten Sandhügel wurde. Verstört wandte er sich von ihr ab.

Mazen zerbrach sich den Kopf über jede Bewegung, jeden Blick und jedes Geräusch, bis die Welt, wie durch ein Wunder, plötzlich wieder mit Klängen erfüllt war. Die Sonne war zu diesem Zeitpunkt bereits halb hinter dem Horizont versunken, die Schatten verwandelten den unebenen Boden in ein Wellenmeer. In der Ferne durchbrach ein Falkenschrei die Stille, und auf einmal pfiff auch der Wind wieder und wehte ihnen Sand ins Gesicht. Qadir stieß einen tiefen Seufzer aus.

Aisha stöhnte. »Die Gefahr ist vorbei.« Ihre Stimme war vom langen Schweigen ganz heiser.

Mazen griff sofort in seine Satteltasche und holte den Trinkschlauch heraus. Das Wasser darin hatte natürlich keinen Geschmack, doch es schien die süßeste Flüssigkeit zu sein, von der er je hatte kosten dürfen. Er musste sich dazu zwingen, nur ein paar Schlucke zu nehmen und den Schlauch an Aisha weiterzureichen.

Loulie blickte misstrauisch über die Schulter zurück. »Glaubt ihr, das waren dieselben Ghule, mit denen wir es neulich zu tun hatten?«

Qadir runzelte die Stirn. »Höchstwahrscheinlich. Ihre Hartnäckigkeit ist … ungewöhnlich.«

»Können wir nicht einen *einzigen* Tag lang ohne besondere Vorkommnisse reisen?«, ächzte die Händlerin und streckte die Hand zu Qadir aus, der ihr darauf ihren Wasserschlauch reichte. Dass Mazen sie anstarrte, merkte er erst, als sie den Schlauch sinken ließ und seinen Blick mit zusammengezogenen Augenbrauen erwiderte. »Habe ich irgendetwas im Gesicht?«

Darauf fiel Mazen keine Antwort ein. Er freute sich einfach nur, dass ihr Gesicht wieder feste Konturen hatte.

Zum Glück beendete Aisha das unbehagliche Schweigen. »Nur gut, dass die Ghule so langsam sind«, sagte sie. »So leise, wie es war, hätten wir es sonst mit einer ganzen Armee zu tun bekommen.«

Dass der Grad der Stille, den die Ghule verursachten, verriet, wie viele es waren, war eine sehr hilfreiche Information, dachte Mazen. Und außerdem extrem beunruhigend.

Loulie machte ein finsteres Gesicht. »Wahrscheinlich können sie den Todesgeruch wittern, der euch beiden anhaftet.«

Aisha schnaubte. »Tu nicht so tugendhaft, Händlerin. Wenn sie einen von uns verfolgen, dann dich. Du schleppst einen Sack voller Relikte mit dir herum. Damit bist du praktisch ein wandelnder Ghul-Köder.«

Ihre Worte erinnerten Mazen an eine Geschichte, die seine Mutter ihm einmal über die Ghule erzählt hatte. An den Anfang konnte er sich noch erinnern …

»In der Wüste existiert eine Gruppe von untoten Dschinn, die mit einem Fuß im Leben und mit dem anderen im Jenseits stehen. Was ihnen an Kraft fehlt, machen sie mit ihren überaus scharfen Sinnen wett. Sie sind zwar fast blind, doch dafür können sie Magie aus vielen Meilen Entfernung riechen.« Er versuchte, sich an den Rest der Erzählung zu erinnern.

»Sayyidi«, zischte Aisha.

Mazen blickte auf und bemerkte, dass die Händlerin ihn perplex ansah.

»Oh.« Jetzt erst wurde ihm bewusst, dass er die Worte laut ausgesprochen hatte. »Entschuldigt, ich habe … mich an eine Geschichte erinnert.«

Die Händlerin musterte ihn mit zusammengekniffenen Augen, als würde sie versuchen, ihn zu lesen. Mazens Herz geriet ins Stocken. Nein, es war, als würde sie auf den Grund seiner Seele blicken …

Aus den Augenwinkeln sah er etwas aufblitzen.

Er hörte ein Zischen, gefolgt von einem dumpfen Geräusch, mit dem sich etwas in den Boden bohrte.

Mazen folgte den bestürzten Blicken der anderen und sah einen Pfeilschaft aus dem Sand ragen. Er drückte sich eine Hand auf die Wange, doch er spürte keinen Schnitt und auch kein Blut. Nur einen Phantomschmerz, der von einer Welle aus Panik weggespült wurde.

Und einen Moment später brach Chaos aus.

Ein weiterer Pfeil sauste an ihnen vorbei, gefolgt von einem zweiten und dann einer ganzen Salve, die durch einen Sandschleier auf sie zuschoss. Einer verfehlte nur knapp die Händlerin, ein anderer streifte Mazens Pferd, das sich mit einem erschrockenen Wiehern aufbäumte. Mazen musste sich mit aller Kraft an den Zügeln festklammern, um nicht aus dem Sattel geschleudert zu werden.

Er brachte sein Pferd so weit unter Kontrolle, dass er den Kopf ruhig halten und durch die Sandwolke spähen konnte. Als er ihre Angreifer ausmachte, blieb ihm fast das Herz stehen: Es war eine Armee aus wankenden weißen Gestalten in schwarzer Kleidung, unter deren Kapuzen leere Augenhöhlen hervorlugten. Von ihren fehlenden Augen und den unnatürlich langen und drahtigen Gliedmaßen abgesehen, hätten sie als Menschen durchgehen können.

Mazen war gleichzeitig nach Schreien und Weinen zumute.

»Wo sind die denn hergekommen?«, flüsterte die Händlerin.

Ihr Leibwächter streckte den Arm aus und berührte ihr Handgelenk. »Es sind zu viele, Loulie«, sagte er sanft. »Wir müssen fliehen.«

Die Händlerin warf einen Blick auf ihren Kompass. Mazen konnte erkennen, dass sich die Nadel nutzlos im Kreis drehte. Loulie steckte ihn hektisch in die Tasche zurück.

Und dann ergriffen sie die Flucht.

Doch vor den Ghulen gab es kein Entkommen. Die untoten Kreaturen stießen heulende Schreie aus und drangen von allen Seiten auf sie ein. Mazen wirbelte im Sattel herum, um einem Pfeil auszuweichen, doch gleich darauf durchbohrte ein anderer sein Hosenbein. Mit einem verzweifelten Aufschrei presste er sich flach auf sein Pferd und schaffte es nur mit größter Mühe, den Kreaturen auszuweichen, die ihm in den Weg taumelten.

Loulie versuchte es gar nicht erst. Aus den Augenwinkeln sah er, wie sie, ohne mit der Wimper zu zucken, einen Ghul niederritt. Aber der rächte sich, bevor er zu Boden ging, indem er sein Schwert schwang und den Saum ihres Umhangs durchtrennte. Loulie schrie auf und erregte damit die Aufmerksamkeit ihres Leibwächters. Qadir blickte erschrocken über die Schulter und entspannte sich erst, als Loulie ihm mit einem Wink signalisierte, dass ihr nichts passiert sei.

Doch seine Augen waren seltsam. Sie leuchteten unheimlich hell und schienen zu flackern.

Nein, stellte Mazen staunend fest, sie sprühten *Funken*, als würden sie brennen.

Qadir fuhr zu ihm herum und sah ihn eindringlich an. Er blinzelte, und das eigenartige Feuer verschwand genauso schnell wieder, wie es aufgetaucht war.

Als der Leibwächter sich erneut von ihm abgewandt hatte, starrte Mazen beunruhigt seinen Rücken an und fragte sich, ob er den Verstand verlor.

Doch angesichts der Horde schwarz gekleideter Untoter, die sich ihnen näherten, blieb ihm keine Zeit, darüber nachzudenken. Die Meute war mittlerweile so dicht geworden, dass sie wie eine wogende Gewitterwolke aussah. Entsetzt erkannte Mazen, dass sie umzingelt waren.

»Das ist ein Hinterhalt!«, rief Aisha.

Wie sollen wir das nur überleben?, schoss es Mazen durch den Kopf.

Die Räuberin umklammerte ihre Zügel so fest, dass ihre Knöchel weiß hervortraten. »Sie sind zu gut organisiert für eine normale Horde!«, rief sie laut, um sich in dem Chaos verständlich zu machen. »Irgendjemand muss sie lenken.«

»Wo«, gab die Händlerin ebenso laut zurück, während sie gleichzeitig einem Pfeil auswich, »ist dieser Strippenzieher, von dem du sprichst? Wir müssen ihn finden, sonst sind wir so gut wie tot. Wir …«

»Loulie.« Qadirs kaum hörbare Stimme klang so resigniert, dass Mazen zusammenzuckte. Er sah zu, wie der Leibwächter einen Arm hob und sich leicht auf das Handgelenk klopfte, woraufhin seine Haut merkwürdig zu schimmern begann.

Die Händlerin versteifte sich in ihrem Sattel. »Nein«, stieß sie so erschrocken hervor, dass Mazen komplett die Nerven verlor.

»Was?« Er sah hektisch zwischen den beiden hin und her. »Was ist passiert?«

Doch der Leibwächter beachtete ihn nicht und sah an ihm vorbei zu Loulie. »Vertrau mir«, sagte er leise und schien ihr dabei irgendeine stumme Botschaft zu übermitteln.

Schließlich nickte Loulie zögerlich.

»Wir reiten in die Horde hinein«, sagte Qadir.

Aisha starrte ihn an. »Wollt ihr etwa sterben?«

Als weder Loulie noch Qadir reagierten, drehte Aisha sich zu Mazen um. In ihrem Blick lag eine Verzweiflung, wie er sie noch nie an ihr gesehen hatte. Er wusste, dass sie auf einen Einwand von ihm wartete.

Aber sein Wort hatte in dieser Gruppe kein Gewicht. »Uns sind die Ideen ausgegangen.« Mazens Kehle schnürte sich zusammen, und er konnte kaum noch sprechen. »Was immer das für ein Plan sein soll, er ist besser als nichts.«

»Das ist kein Plan«, rief Aisha verzweifelt, »sondern Selbstmord.«

Mazen setzte zu einer Antwort an, überlegte es sich jedoch anders und schloss den Mund wieder. Er brachte es nicht über sich, sie mit irgendwelchen beruhigenden Worten abzuspeisen, an die er selbst nicht glaubte.

Aisha ließ die Zügel schnalzen und trieb ihr Pferd an. »Bleib dicht hinter mir«, rief sie ihm über die Schulter zu. »Wenn deine Götter gnädig sind, verschonen sie uns vielleicht.« Damit wandte sie sich wieder nach vorn und preschte hinter Loulie und Qadir in das Zentrum des Tumults.

Mazen stieß ein leises Stoßgebet aus und jagte ihr nach.

38

LOULIE

Ich vertraue dir, Qadir.

Sobald Qadir die Tätowierungen an seinem Handgelenk berührt hatte, war Loulie klar gewesen, was er vorhatte. Es waren zu viele Ghule, um sie mit Dolchen und Messern zu besiegen. Also hatte Qadir eine andere Art Waffe vorgeschlagen – seine Magie. Feuer, das sie retten, ihm jedoch möglicherweise den Tod bescheren würde.

Er hatte sie gebeten, ihm zu vertrauen. Und das würde sie auch tun. So oft, wie sie ihm ihr Leben anvertraut hatte, musste sie ihm zubilligen, dass er auch auf sich selbst aufpassen konnte. Außerdem würde sie ihn beschützen. Sie konnte ihm genauso gut Rückendeckung geben, wie er es bei ihr tat.

»Ich vertraue dir«, murmelte Loulie mit tauben Lippen, während die Ghule auf sie einstürmten. Durch ihren Tränenschleier sah sie, wie die Untoten eine Pfeilsalve auf sie abfeuerten. Qadir hielt den Blick geradeaus gerichtet. Die Tätowierungen, die sich um seine Arme wanden, begannen zu leuchten.

Ich vertraue dir, ich vertraue dir, ich vertraue dir, dröhnte es in ihrem Schädel.

Qadir hob eine Hand. Seine Fingerspitzen sprühten Funken. Die Zeichen auf seiner Haut brannten heller und heller, bis sie so stark leuchteten, dass sie seinen Körper zu entfachen schienen, und er zu einem blendenden Streifen aus Gold und Rot wurde.

Loulie musste den Blick abwenden und zwang sich, ruhig zu atmen. Ein und aus. Ein und …

Sie hörte unter den Hufen ihres Pferdes etwas zerbrechen. Auf dieses Geräusch folgte ein eigenartiges, aber vertrautes Seufzen – es war das Rauschen rutschenden Sandes.

Loulie blickte gerade noch rechtzeitig nach unten, um mitzubekommen, wie die Landschaft unter ihr aufklaffte. Schockiert sah sie zu, wie der hinabstürzende Sand eine Falle öffnete, die wenige Momente zuvor noch nicht da gewesen war.

Sie öffnete den Mund – um zu kreischen oder nach Hilfe zu rufen –, als etwas ihr Pferd von dem Abgrund wegstieß. Sie wirbelte im Sattel herum und sah Qadir mit ausgestreckter Hand über den Rand des klaffenden Lochs reiten. Das Licht auf seiner Haut verblasste.

Einen Moment lang schien die Zeit still zu stehen. Qadir sah sie an. Seine Lippen teilten sich.

Dann stürzten er und sein Pferd in die Tiefe.

Loulie nahm kaum noch wahr, dass sie Qadirs Namen schrie und wie der Sand unter ihren Füßen knirschte, als sie von ihrem in Panik geratenen Pferd herunter sprang und zu dem Loch sprintete.

Genauso wenig war ihr bewusst, dass der Prinz und die Räuberin ihr nachsetzten und ihren Namen riefen.

Nein.

Sie eilte zur Grube.

Nein.

Sie war mit Eisen gefüllt. Aus den Wänden ragten kreuz und quer Klingen wie schiefe Zähne in die Mitte des großen Lochs. Auf ihren Spitzen schimmerte silbernes und grellrotes Blut. Qadirs Pferd war übersät mit Wunden und verblutete. Und auf dem Boden der Grube, gepfählt auf einem Wald aus zerbrochenem Eisen, mit silbernem Blut auf der Haut …

Qadir.

Loulie begann zu schreien.

39

LOULIE

Loulie hatte einmal einen wahren Albtraum erlebt.

Irgendwann war sie aus ihm erwacht und hatte es geschafft, ihn aus dem Bewusstsein zu verdrängen. Doch im Schlaf durchlebte sie ihn noch immer. Sie sah die zermalmten Leichen ihrer Eltern und wie ihr Lager in Flammen aufging. Sie roch Blut und Tod und vergaß, wie man atmete.

Wenn das passierte, rüttelte Qadir sie wach. »Du hast im Schlaf Grimassen geschnitten«, sagte er dann zum Beispiel. »Ich hielt es für unhöflich, dich anzustarren.«

Und gleich darauf hatte sie den Albtraum schon wieder vergessen. Denn sie wusste, solange sie sich an keinem Ort zu Hause und niemandem zugehörig fühlte, würde sie nie wieder so eine schmerzhafte Erfahrung machen müssen.

Doch sie hatte sich getäuscht.

Denn nun durchlebte sie erneut einen Albtraum, und Qadir weckte sie nicht auf. Nun schrie sie *seinen* Namen. Doch egal, wie oft sie ihn rief, er antwortete nicht.

»Oh, verdammt.« Loulie wurde sich vage bewusst, dass Aisha neben ihr stand und mit aschfahlem Gesicht in die Grube starrte. »Dein Leibwächter war ein *Dschinn?*«

Ich muss Qadir wecken, dachte sie. Die Worte waren Wurzeln, die sie an einen sicheren, von der Zeit unberührten Ort zogen. Als Aisha ihr die Hände auf die Schultern legte, stieß sie sie von sich.

»Sie kommen.« Ihr Herzschlag dröhnte so laut in ihren Ohren, dass sie Omars Stimme nur mit Mühe hörte.

Und sie nahm auch kaum das silberne Blut auf den Klingen wahr und wie regelmäßig diese in der Grube verteilt waren. Nichts davon spielte eine Rolle. Sie sah nur Qadir und wollte ihn noch immer dazu bringen, die Augen aufzuschlagen, als sie hinter sich ein Schlurfen hörte.

Hektische Schritte. Das seufzende Geräusch, mit dem Klingen aus Scheiden fuhren. Ein lautes unmenschliches Zischen.

Als sie sich mit ihrem Dolch in der Hand umzudrehen versuchte, war es bereits zu spät. Mehrere Ghule hielten sie von hinten fest und klammerten sich an sie.

Loulie schrie auf.

»Pscht, das ist keine gute Idee«, durchdrang eine Stimme das Chaos, und Loulie erstarrte. Wer immer hinter ihr stand, stieß ein leise pfeifendes Lachen aus, das aus einer mit Sand gefüllten Lunge zu dringen schien. »Was für eine Ehre, nicht nur einer, sondern gleich *zwei* Legenden auf einen Schlag zu begegnen.«

Loulie hob den Blick und erstarrte erneut.

Der Fremde war von Kopf bis Fuß in Schwarz gekleidet und schien mehr Schatten als Mensch zu sein. Sein Gesicht war verborgen. Selbst seine dunklen Augen ließen sich zwischen den zahlreichen Faltenwürfen seines Kopftuchs kaum ausmachen.

Der schwarze Jäger. Der namenlose Dschinn-Mörder.

Sie erinnerte sich an ein Messer an ihrer Haut. Gelächter. Blut, das an ihrem Hals herabrann.

Willst du lieber tot oder versklavt sein, Mädchen?

Ein dunkler Nebel hüllte ihre Gedanken ein, und sie stürzte sich, ohne nachzudenken, mit einem animalischen Schrei auf ihn. Doch der Mann sah ungerührt zu, wie die Ghule sie niederrangen und in die Knie zwangen. In seinen Augen spiegelten sich Loulies blutgetränkten Erinnerungen wider.

Ah, ein kleines Mädchen? Was für einen großartigen Preis du erzielen wirst …

Die Erinnerungen verschmolzen mit der Realität, während Loulie zu Boden sackte. Ihr wurde schwarz vor Augen, und in dieser Finsternis sah sie eine ganze Reihe von Albträumen, die sie schon längst begraben wähnte. Sie sah ihre Mutter, die ihr aufgeregt bedeutete, sich in einem Krug zu verstecken, während Mörder in ihr Lager strömten. Sie sah die Zelte in Flammen aufgehen. Sah die geschundenen Leichen ihrer Mutter und ihres Vaters.

Und nun Qadir …

Nein. Der Kummer raubte ihr den Verstand. *Denk nicht daran.*

»Wer hätte gedacht, dass du so scharfe Krallen hast, Mitternachtshändlerin?« Der Jäger wandte sich von ihr ab, bevor sie sich eine Antwort überlegen konnte, und sah Omar an, der ebenfalls von den Ghulen in die Knie gezwungen worden war. »Wie lustig, dich zu einem bloßen Geleitschutz degradiert zu sehen, Prinz.«

Aisha, die Schulter an Schulter neben dem Prinzen saß, bleckte die Zähne. »Wie kannst du es wagen, so mit meinem König …« Der Jäger versetzte ihr eine so heftige Ohrfeige, dass ihr Kopf herumgerissen wurde. Loulie war nicht sicher, wer schockierter aussah – Aisha oder der Prinz.

Der Jäger schnalzte mit der Zunge. »Du hast noch nie gewusst, wann du still zu sein hast, bin Louas.« Seine Augen verengten sich zu Schlitzen. »Halt den Mund, oder ich schneide dir die Zunge ab.«

Aisha sah ihn verdattert an. »Moment mal. Bist du das, *Imad*?«

Der Jäger antwortete nicht, zumindest nicht in ihrer Sprache. Merkwürdige gutturale Laute drangen aus seiner Kehle – eher ein Knurren als Worte. Die beiden Ghule, die Aisha festhielten, drückten sie mit dem Gesicht voran zu Boden, bis sie flach auf dem Boden lag.

»Ganz recht. Es ehrt mich, dass sich eine von Omars Räubern

an meinen Namen erinnert.« Die Stimme des Jägers troff vor Sarkasmus. Er blickte wieder zum Prinzen. Omar sah aus, als wollte er im Sand versinken.

»Was für eine Ironie, dass unsere Rollen nun vertauscht sind, Prinz. Erinnerst du dich noch an unsere letzte Begegnung? Als du mich dazu gezwungen hast, mich vor dir niederzuwerfen und um Vergebung für *deine* Verbrechen zu flehen?« Er trat vor. Seine Füße glitten geräuschlos über den Sand. Loulies Blick zuckte zu seinen Händen, die bandagiert und unförmig waren.

»Und?« Imad starrte den Prinzen an, der seinen Blick hilflos erwiderte. Er schien ihn nicht zu erkennen.

»Mein König hat keine Veranlassung, seinen Atem an einen Verräter wie dich zu verschwenden«, brauste Aisha auf.

Imad drehte sich nicht zu ihr um. »Das ist deine letzte Warnung, kleine Räuberin. Halt den Mund, oder ich sorge dafür, dass du ihn nie wieder aufmachst.«

Aishas Augen blitzten trotzig auf.

»Bei allen Göttern, Aisha, tu, was der Mann dir sagt«, fuhr der Prinz sie an und wandte sich zu Imad um, unter dessen Blick sein Zorn schnell dahinschmolz. »Was willst du? Wenn es dir um Gold geht …«

»Gold? Ha! Du könntest mir ein ganzes Königreich anbieten, und ich würde nicht mal mit der Wimper zucken. Nein, dein Gold ist mir egal. Ich will dich.« Sein Blick glitt zu Loulie. »Und sie.«

»Grab dir ein Loch und verrecke darin«, entfuhr es Loulie.

Imad hob die Hand zu seinem Kopftuch und enthüllte ein höhnisches Grinsen voll schimmernder schiefer Zähne. »So, wie dein jämmerlicher Dschinn-Freund?«

Loulie sah rot und stürzte sich schreiend auf ihn. Dabei warf sie einen der Ghule um, kam jedoch nur einen einzigen Schritt weit, ehe drei andere Untote vortraten und sie erneut festhielten. Einer von ihnen schlug ihr mit seiner knochigen Faust so fest in den Magen, dass sie zusammenklappte.

Imad seufzte. »Sind mittlerweile alle Frauen so widerspenstig?«

Tränen rannen ihr über die Wangen, aber nicht wegen der Schmerzen. »Gib ihn mir zurück«, flüsterte sie.

Imad hob eine Augenbraue. »Hältst du mich etwa für einen Gott? Ich fühle mich geschmeichelt, Händlerin. In meinem Metier nehme ich zwar Leben, aber es gehört nicht zu meinen Aufgaben, es wieder zurückzugeben.«

Die letzten Reste ihrer brennenden Wut verloschen. Stattdessen stieg eine dumpfe Trauer in ihr auf, die all ihre verbliebene Kraft fortschwemmte, sodass sie schluchzend auf die Knie sank.

»Ich hätte nicht erwartet, den mächtigen König der vierzig Räuber mit einem Dschinn reisen zu sehen.« Loulie schaffte es kaum, sich auf Imads Worte zu konzentrieren. »Ich habe meinen Ghulen nicht geglaubt, als sie sagten, dass sie einen riechen. Aber dann dachte ich mir, was kann es schon schaden, vorsorglich eine Falle zu stellen. Ich bin froh, dass ich es getan habe. Ich mag gar nicht darüber nachdenken, was für ein Chaos dein Dschinn mit seiner Magie angerichtet hätte.« Imad schnippte mit den Fingern und sagte etwas in der fremdartigen Sprache, die nur aus Gurgeln und Grunzlauten zu bestehen schien. Offensichtlich war es ein Kommando gewesen, da die Ghule nun an ihr zu zerren begannen. Sie stahlen Qadirs Dolch und streiften ihr die Ringe von den Fingern. Einer von ihnen nahm die bodenlose Tasche von ihrem Sattel.

Mit unbewegter Miene sah sie zu, wie sie Aishas Messer an sich nahmen und Omars Gürtel mit schwarzen Dolchen. Der Prinz erschauderte, als einer von ihnen nach dem Reif an seinem Handgelenk griff. Er murmelte etwas – offenbar ein Gebet –, als der Ghul den Verschluss öffnete.

Mit einem Mal verschwand der Kronprinz und wurde durch einen Mann mit strahlend goldenen Augen ersetzt: Prinz Mazen.

Imads Lächeln verblasste schlagartig. »Was ist das für ein fauler Zauber?«

Der Mann vor Loulie war unbestreitbar der unbeholfene, neugierige Prinz, dem sie auf dem Souk das Leben gerettet hatte. Der behütete Geschichtenerzähler, der sich so sehr nach einem Abenteuer gesehnt hatte. Der Einzige aus der Königsfamilie, dessen Gesellschaft Loulie erträglich gefunden hatte.

Loulies blinzelte mehrfach, doch Prinz Mazen verwandelte sich nicht in Omar zurück. Die Geschichten, seine weichen Seiten – all das hatte keinen Sinn ergeben. Bis jetzt.

Sie war die ganze Zeit mit dem falschen Prinzen unterwegs gewesen.

Mazen antwortete nicht und sah Imad nervös an.

»Wie kann das sein?« Imad streckte eine Hand aus, wie um ihn zu berühren.

Dann geschahen mehrere Dinge auf einmal.

Aisha bint Louas, die auf dem Boden gelegen hatte, sprang auf und warf sich auf einen der Ghule. Sie entwand ihm ihren Shamshir und schlug ihm damit den Kopf ab. Als Nächstes schwang sie die Klinge blitzschnell nach Imad. Und dann …

Ein Schrei. Grellrote Spritzer auf dem Sand. Die Verbände um Imads Hände blutgetränkt.

»Du Schlampe!« Seine Augen funkelten mordlustig, als er ein Messer packte und damit Aisha angriff. Sein erster Hieb prallte von ihrem Shamshir ab. Mit dem zweiten schlug er ihr die Waffe aus den Händen. Der dritte traf sie im Gesicht und entlockte ihr einen Schrei. Der vierte hinterließ einen Schnitt in ihrer Schulter.

Wieder und wieder drosch Imad auf Aisha ein, bis der Sand unter ihren Füßen voller Blut war.

Imad drehte das Messer in seiner Hand herum, sodass es mit der Spitze nach unten zeigte, hob es an und …

»Stopp!« Der Prinz schob sich mit ausgestreckten Armen vor Aisha. »Bitte«, sagte er mit brechender Stimme.

Imad hielt inne. Er sah den Prinzen so durchdringend an, dass Loulie fürchtete, er würde ihn töten. Doch dann schob er das Messer langsam in die Scheide zurück und bellte den Ghulen einen Befehl zu.

Als Letztes sah Loulie, wie Prinz Mazen sich mit Tränen der Verzweiflung in den Augen über die leblose Aisha beugte. Dann erhielt sie einen Schlag auf den Kopf. Der Schmerz war so fürchterlich, dass er ihr den Atem raubte. Einen Moment später versank sie in gnädiger Dunkelheit.

40

MAZEN

Mazen erwachte in einer baufälligen Kerkerzelle. Durch Löcher in der Decke schien Mondlicht herein und tauchte den Sand auf dem Boden in sein unheilvolles knochenweißes Licht. Die Zelle war leer und bestand aus drei Steinwänden und einem massiven Eisengitter. Auf der anderen Seite der Stäbe stand Imad, daneben ein Ghul.

»*Sabah al-khair,* Prinz.«

»Was …?« Mazen setzte sich langsam auf. Er hatte mit Ketten und einem Knebel gerechnet, doch seine Arme und Beine waren frei.

Imad hob eine Augenbraue. »Gut geschlafen?«

Mazen blinzelte. Er öffnete den Mund – und erstarrte, als ihm wieder alles einfiel: der tote Qadir. Loulie, die seinen Namen schrie. Aishas Blut auf dem Sand. Das Herz schlug ihm bis zum Hals, während er sich den Gitterstäben näherte. »Was hast du mit Aisha gemacht?«

Er wusste noch, wie er sie geschüttelt und angefleht hatte durchzuhalten. *Halte durch.* Sie gehörte zu Omars vierzig Räubern. Wie konnte sie da von irgendeinem dahergelaufenen Jäger ermordet werden? Danach erinnerte er sich nur noch an einen dumpfen Schmerz gefolgt von Dunkelheit.

»Bin Louas ist verletzt, aber noch immer am Leben«, erwiderte

Imad. »Sie hat Glück. Ich hätte sie eigentlich härter bestrafen müssen.« Er streckte eine Hand aus und schlang die Finger um einen der Gitterstäbe.

Mazen sah die blutigen Schnitte, die Aisha in seinen Bandagen hinterlassen hatte, und trat einen Schritt zurück. »Was willst du von uns?«

Imads Mundwinkel zuckten. »Soll ich ehrlich sein? Von dir wollte ich nie etwas, aber da du nun schon mal hier bist, werde ich meine Pläne wohl ändern müssen.« Er beugte sich so weit zu den Stäben vor, dass Mazen sein Gesicht im Mondlicht genauer betrachten konnte. Er war mindestens genauso alt wie der Sultan mit tiefen Furchen im sonnenverbrannten Gesicht und einem dünnen grau-weißen Bart.

Unterschätze niemanden aufgrund seiner äußeren Erscheinung, hatte sein Vater ihm oft geraten, wenn sie mit intriganten Hofpolitikern zu tun hatten.

Imad war zwar eine alte, aber noch immer scharfe Klinge.

Mazen dachte einen Moment lang über ihr erstes Gespräch nach. »Du hast nach meinem Bruder gesucht.«

»Das stimmt. Als ich hörte, dass Omar bin Malik die Mitternachtshändlerin in diese Richtung führt, habe ich beschlossen, diesem Gerücht auf den Grund zu gehen. Aber …« Er hob eine Augenbraue. »Nun steht nicht der Kronprinz, sondern sein jüngerer Bruder vor mir. Wie kann das sein?«

Weil ich ein Idiot bin und einer Erpressung nachgegeben habe, dachte Mazen und verkniff sich ein Lachen. Es war wirklich dumm von ihm gewesen zu glauben, die Durchquerung der Wüste wäre besser, als sich den Konsequenzen seiner Flucht aus dem Palast zu stellen. Er hatte es als *Abenteuer* betrachtet.

»Es war sowohl für meinen Bruder als auch für mich von Vorteil, die Rollen zu tauschen.«

»Wirklich? Im Moment wirkt das aber gar nicht mehr so, oder?«

Mazen war sich nicht sicher, ob er eher Imad oder sich selbst einen Kinnhaken verpassen wollte. »Nein«, sagte er ruhig. »Das tut es nicht.« Er sah sein Gegenüber lange und eingehend an. »Aber warum hast du dich überhaupt für Gerüchte über meinen Bruder interessiert? Was willst du von ihm?«

Imads Miene verhärtete sich. »Willst du mir etwa erzählen, du weißt nicht, wer ich bin?«

»Andernfalls würden wir wohl kaum dieses Gespräch führen.«

Imad stieß ein Fauchen aus. Im ersten Moment glaubte Mazen, es gälte ihm, doch dann sah er, dass sich der Ghul hinter Imad bewegte und ihm einen Schlüsselbund reichte.

»Wie …?« Mazen sah zwischen Imad und dem Ghul hin und her. »Wie kontrollierst du sie?« In den Geschichten seiner Mutter waren die Ghule frei umherstreifende Schreckensgestalten, keine gehorsamen Soldaten.

Imad hob eine Braue. »Darauf musst du schon selbst kommen. Damit hast du etwas, worüber du nachdenken kannst, während wir auf deinen Bruder warten.«

Langsam wurde er sich des Ernstes seiner Lage bewusst. Mazen durchforstete sein Gedächtnis, was genau Imad gesagt hatte. Wenn er Omar *und* Aisha kannte …

»Bist du ein Räuber?«

»Ja, aber nicht *irgendein* Räuber, sondern einer von den legendären vierzig.« Imad trat erneut dicht an die Gitterstäbe heran und kniff die schwarzen Augen zusammen. »Früher habe ich sogar mit dem Sultan zusammengearbeitet.«

Mazen stutzte. Dann gehörte Imad also nicht zu Omars Bande, sondern war einer von den ursprünglichen Räubern seines Vaters. Aber wie konnte das sein? Als sein Vater Omar zum neuen König der vierzig Räuber ernannte, hatte er erklärt, seine eigenen Räuber wären vor langer Zeit allesamt bei einem tragischen Vorfall ums Leben gekommen.

»Wenn du einer der Räuber meines Vaters warst, wieso bist du dann auf Omar wütend?«

Imad lächelte dünn. »Das ist eine Sache zwischen ihm und mir und geht dich nichts an. Deine Aufgabe besteht nur darin, hier zu sitzen und zu warten, während ich den Erpresserbrief schicke.« Er verschränkte die Arme und lehnte sich an die Wand. »Aber obwohl du mein Gefangener bist, musst du nicht wie einer behandelt werden. Wenn du mir eine Sache verrätst, werde ich dafür sorgen, dass es dir bis zu seiner Ankunft an nichts fehlt.«

Mazen sah ihn misstrauisch an. »Was willst du wissen?«

Imad griff in seine Tasche. Mazen glaubte, er würde eine Waffe herausziehen, doch stattdessen hielt er den Reif in der Hand. Er befestigte ihn an seinem Handgelenk und verwandelte sich innerhalb eines Herzschlags in Omar. Mazen sah staunend zu, wie er seine Finger krümmte, die nicht mehr länger verkrüppelt waren. »Wirklich bemerkenswert«, sagte Imad und sah Mazen an. »Ich kenne deine Familiengeschichte und weiß bereits, dass das hier das Relikt eines Dschinn-Königs ist, aber ich will wissen, ob dein Bruder noch weitere Königsrelikte besitzt.«

Mazen zögerte.

Was spielt das für eine Rolle?, wollte er fragen, wusste aber, dass Imad nicht darauf antworten würde.

Als er schwieg, seufzte der Räuber. »Ich weiß nicht, wen du beschützen willst, aber lass dir eines gesagt sein: Du magst deinen Bruder vielleicht vergöttern« – Mazen hätte beinahe laut aufgelacht –, »aber er ist kein guter Mann. Wie auch immer er dich dazu überredet hat, seinen Platz einzunehmen, er hat es aus eigennützigen Motiven getan.«

Mazen runzelte die Stirn. Er war sicher, dass Omars »eigennützige Motive« etwas mit den Königsrelikten zu tun hatten, doch das wollte er nicht mit Imad erörtern. Omar war unerträglich, aber er war sein Bruder. Es wäre verrückt von ihm, einem Mörder mehr zu vertrauen als ihm. »Stell diese Frage meinem Bruder«, sagte er schließlich. »*Mich* geht diese Sache schließlich nichts an.«

Er wusste nicht, woher er den Mut für diese Worte genommen

hatte, doch zu seiner Überraschung trat Imad nur mit einem Achselzucken vom Gitter zurück. »Du kannst von Glück sagen, dass ich dich lebend brauche, Prinz. Aber vergiss nicht: Alle Unannehmlichkeiten, die du« – seine Augen blitzten auf – »oder deine Gefährten erdulden müssen, sind ganz allein deine Schuld.«

Mazen brachte nur einen schwachen Protestlaut zustande.

Imad ignorierte ihn und gab dem Ghul einen Befehl, worauf der gehorsam mit einem Schwert in der Hand vor Mazens Zellentür Position bezog. »Versuch, den Wächter nicht zu reizen«, sagte er an Mazen gewandt und ging davon.

»Warte!« Mazen umklammerte die Gitterstäbe. »Tu Aisha und der Händlerin nichts an. Bitte.«

Doch Imad blickte nicht zurück. Mazen rief seinen Namen, aber auch diesmal hörte er anstelle einer Antwort nur seine eigene Stimme durch die triste Endlosigkeit des Korridors hallen.

Da erst bemerkte er, dass der Ghul ihn anstarrte, und wich zurück, bis er mit dem Rücken an der Wand stand. *Atme,* befahl er sich selbst, und genau das tat er. Ganz langsam. Ein. Und aus. Dabei unterdrückte er den heftigen Drang, laut zu schreien.

Er konnte nicht hierbleiben. So viel stand fest. Und klar war auch, dass es kein Entkommen für ihn gab. Er hatte weder eine Waffe noch einen Plan. Sein Blick wanderte durch die Zelle. Die Löcher in der Decke waren zu weit oben, um an sie heranzukommen. Und was den Ghul anbelangte: Wenn er ihn irgendwie in die Zelle locken könnte, würde er ihm ohne Waffe gegenüberstehen. Und selbst mit einer Waffe hätte er nichts gegen ihn ausrichten können. Das Einzige, was er beherrschte, war schleichen, rennen und sich verstecken …

Mazen hielt inne und blickte auf seinen Schatten auf dem Boden.

Oh.

Er strich mit den Fingern darüber und unterdrückte einen erleichterten Seufzer, als sich der dunkle Umriss unter seiner Berührung wellte. *Imad hat mir zwar meine Messer abgenommen, aber meinen Schatten kann er mir nicht stehlen.*

Der Ghul fuhr herum und schnupperte. Zu spät fiel Mazen ein, dass er Magie erschnüffeln konnte. Als der Ghul ihn ansah, hielt er den Schatten – der nun eindeutig ein magisches Relikt war – mit den Fingern umklammert.

Der Ghul starrte ihn immer noch an. Mazen starrte zurück. Er dachte an Aishas rotes Blut im Sand und an Qadirs silbernes auf den Schwertern und traf eine Entscheidung.

Seine Erleichterung verhärtete sich zu Entschlossenheit. *Wenn niemand kommt, um mich zu retten, muss ich mir eben selbst helfen.*

»Ah!« Mazen hielt den Schatten hoch und schnappte theatralisch nach Luft. »Was für eine Magie ist das denn?«

Der Ghul steckte hektisch einen Schlüssel in die Tür und kam schwankend in die Zelle. Er knurrte und streckte eine knochige Hand aus. Mazen nahm all seinen Mut zusammen und trat nach ihm, als er sich vor ihn kniete. Die Kreatur kippte nach hinten um, streifte Mazen dabei aber mit seinem Schwert am Arm und brachte ihm einen blutigen Schnitt bei.

Er versuchte, dem Ghul die Waffe wegzunehmen, und fasste nach seinem Schwertgriff, doch der rammte ihm den Ellbogen in die Brust, sodass es ihm einen Moment lang den Atem verschlug.

Mazen rächte sich, indem er ihn mit seinem ganzen Gewicht von der Seite rammte. Zumindest versuchte er es, doch er verlor das Gleichgewicht und fiel stattdessen auf den Ghul, und so stürzten sie gemeinsam in einem Gewirr aus Armen und Beinen zu Boden.

Voller Panik löste Mazen sich so schnell wie möglich von dem Untoten. Als ihm der beißende Geruch des verwesenden Körpers in die Nase stieg, kämpfte er mit den Tränen und wich rasch aus, als der Ghul erneut zuschlug. Wieder erwischte die Klinge ihn am Arm, doch diesmal bekam er den Griff zu fassen.

Er und der Ghul rangen um die Waffe.

Schließlich wand Mazen sie aus den kalten Händen seines Gegners.

Seine entsetzliche Angst verlieh ihm den Mut, das Schwert zu schwingen, und die Kraft, es der Kreatur immer wieder in die Brust zu stoßen, bis sie nur noch ein sehniges Gewirr aus Fleisch und Muskeln war. Mazen stieß den Leichnam mit dem Fuß an, um sicherzugehen, dass er sich nicht mehr rührte. Dann lachte er und kotzte sich gleich darauf in einer Ecke der Zelle die Seele aus dem Leib.

Zitternd wischte er sich über den Mund. Sein Instinkt drängte ihn dazu, die Flucht zu ergreifen, doch er riss sich zusammen. Loulie und Aisha hatten ihm das Leben gerettet – er würde sie auf keinen Fall ihm Stich lassen.

Es machte nichts, dass er feige war. Schließlich wussten Feiglinge, wie man floh und sich versteckte. Mazen warf sich den Schatten über den Kopf und stahl sich aus dem Kerker.

41

LOULIE

Loulie balancierte auf dem Rand einer Hölle, die in zwei Gefängnisse aufgeteilt war: Trauer und Hass. Als sie wieder zu sich kam und den Mann sah, der sie gefangen hatte, loderte Wut in ihr auf. *Mörder.* Sie erkannte sein Gewand. Niemals würde sie vergessen, wie es mit dem Blut ihrer Stammesangehörigen getränkt gewesen war.

Loulie zwang sich dazu, sich aufzusetzen. Dabei fiel ihr auf, dass ihre Hände und Füße an einen mit silbernem Dschinn-Blut bespritzten Steinboden gekettet waren. Aus ein paar Spalten ragten zerrissene Wurzeln. Ansonsten war ihre Zelle, die aus vier Wänden und einer Eisentür bestand, vollkommen leer.

Sie konzentrierte sich auf Imad, der mit den Unterarmen auf den Knien vor ihr auf einem Stuhl saß, und betrachtete seine an dunkle Abgründe erinnernden Augen, die ergrauenden Brauen darüber und die verblassten Sommersprossen, die wie Blutstropfen seine Nase sprenkelten. Am liebsten hätte sie ihm die Augen ausgekratzt und in ein Feuer geworfen.

Beim Gedanken an Feuer fiel ihr Qadir ein, und sie musste rasch ihren Kummer unterdrücken, bevor er sie überwältigen konnte.

»Während du geschlafen hast, ist mir etwas klar geworden«, sagte Imad. »Dein Gewand … Du gehörst zum Stamm der Najima, stimmt's?«

Loulie machte einen tiefen Atemzug. »Das weißt du sehr gut, du Mörder.«

Imad rutschte mit einem genervten Seufzer auf seinem Stuhl herum.

Loulies Herz schlug schneller, als sie die bodenlose Tasche hinter ihm stehen sah. All ihre Vorräte und Relikte befanden sich darin. Bis auf den Halsreif der Königin der Dünen.

Und Qadirs Shamshir.

Erneut wallte Kummer in ihr auf. Und wieder drängte sie ihn zurück, um sich auf Imad konzentrieren zu können. »Wie hast du uns gefunden?«

All die Jahre hatte sie geglaubt, mit ihrer Vergangenheit abgeschlossen zu haben – und nun war plötzlich dieser Mann vor ihr aufgetaucht.

Imad betrachtete sie nachdenklich. »Du hast doch sicher schon mal mit Ghulen zu tun gehabt und weißt, dass sie Magie erspüren können.« Er schüttelte den Kopf. »Keine Ahnung, ob sie zuerst deinen Dschinn oder die Tasche voller Relikte wahrgenommen haben, egal. Nichts davon kann dir jetzt noch helfen.«

Das konnte nicht die ganze Wahrheit sein. Qadir und sie hatten viele Male die Wüste durchquert, ohne von Ghulen attackiert zu werden. Auf welche Weise auch immer Imad diese Geschöpfe kontrollierte, er wollte mit ihrer Hilfe irgendetwas finden. Sie dachte daran, wie Prinz Mazen im Sand gekniet hatte, *und* war noch immer zu schockiert, um sich betrogen zu fühlen. »Du warst auf der Suche nach Prinz Omar«, sagte sie.

»Ja, das stimmt.« Er betrachtete sie mit undurchdringlicher Miene. »Stell dir nur mal vor, wie überrascht ich war, als ich stattdessen dich und Prinz Mazen gefunden habe.«

Loulie schwieg. Prinz Mazen, Imad, Aisha – ihr war zu vieles unklar, um sich einen Plan zu überlegen. Und selbst wenn sie es könnte, säße sie in der Falle. »Wo sind wir?«, fragte Loulie und sah sich in der Zelle um.

»An einem Ort, an dem dich niemand finden wird.« Er versuchte, sie zu verwirren, doch es spielte keine Rolle, ob er die Wahrheit sagte oder log. Irgendwie würde sie von hier entkommen. »Was hältst du von einem Geschäft, Mitternachtshändlerin?« Er beugte sich vor. »Du gibst mir die Informationen, die ich haben möchte, und ich beantworte dafür deine Fragen. Du hast ohnehin nichts zu verlieren.«

Loulie ballte die Fäuste. »Und wieso sollte ich mit *dir* sprechen wollen?«

Imads Lippen verzogen sich zu einem verschlagenen Grinsen. »Bist du denn gar nicht neugierig, wer mich und meine Gefährten vor all den Jahren angeworben hat?«

Die Worte durchbrachen mühelos den Schutzpanzer, den sie seit damals um sich herum errichtet hatte. *Er könnte mich anlügen,* dachte sie. Doch er hatte recht: Sie hatte nichts zu verlieren.

»Was willst du wissen?«, presste sie hervor. Sie war zu verzweifelt, um sich zu schämen.

»Kluge Frau.« Imad griff in eine Tasche und holte den goldenen Armreif heraus, den der Prinz während der gesamten Reise getragen hatte. »Lass uns über Magie sprechen«, sagte er. »Weißt du, woher dieses Relikt stammt?«

Sie furchte die Stirn. »Woher soll ich wissen, von wo der Prinz seine Spielzeuge bezieht?«

Am liebsten hätte sie sich für diese Antwort selbst geohrfeigt. Relikte waren keine Spielzeuge, sondern *Seelen.* Und natürlich hatte der Prinz eines verwendet – vermutlich besaß der Sultan alle möglichen Relikte für jeden erdenklichen Zweck.

»Ich dachte, wenn irgendwer es mir sagen kann, dann du, die berühmte Sammlerin magischer Artefakte.« Imad sah den Armreif einen Moment lang an, befestigte ihn an seinem Handgelenk und verschwand. An seiner Stelle erschien der Kronprinz – mit Imads feixendem Grinsen im Gesicht. Loulie merkte, dass sie ihn angaffte.

»Verrat mir eines, Händlerin: Hat dein Dschinn dich zu deinen Relikten geführt?«, fragte Imad mit Omars Stimme.

»Das geht dich gar nichts an«, entgegnete Loulie.

»Na, na, warum so geheimnisvoll? Vergiss nicht, dass dein Leben in meinen Händen liegt.« Er verschränkte die Finger und neigte den Kopf zur Seite. Loulie fragte sich, ob er wirklich in Omars Körper steckte oder ob sein Äußeres nur eine Illusion war. »War dein Dschinn derjenige, der damals meine Kameraden verbrannt hat?«

»Ganz genau. Wie zur Hölle hast *du* überlebt?«

»Die Götter haben mich zu ihrem Boten bestimmt«, erwiderte Imad ruhig. »Ich befand mich am Rand des Lagers, als das Inferno deines Dschinns tobte, und bin als Einziger mit dem Leben davongekommen. Der Stamm der Najima war vernichtet, meine Kameraden tot … doch mein Auftrag war noch nicht erfüllt.«

Loulie erschauderte, als sie seinen gefühllosen Blick sah. »Dein Auftrag?«

»Ich bin vor allem ein Räuber und erst an zweiter Stelle ein Mörder. Ich töte nur diejenigen, die meinen Zielen im Weg stehen.«

Räuber. In der Wüste gab es zahlreiche Räuber, aber nicht viele Banden, die imstande waren, einen ganzen Stamm abzuschlachten. Und wenn Imad Omar und Aisha kannte …

Gehört er etwa zu den Räubern des Prinzen?

Imad redete immer noch, seine Stimme ein Hintergrundrauschen in ihren Gedanken. »In deinem Lager gab es einen Schatz, Händlerin«, fuhr er fort. »Er war so kostbar, dass wir alle in seiner Umgebung töten sollten, damit niemand von seiner Existenz erfahren würde. Das Relikt eines Dschinn-Königs.«

In der Wüste gibt es viele eigenartige Dinge, süßes Feuer, hörte Loulie in Gedanken ihren Vater sagen. *Wenn du je solche Gegenstände findest, musst du gut auf sie aufpassen, denn sie könnten von Dschinn verzauberte Relikte sein.*

Sie erinnerte sich an ihre Skepsis. *Ist dieser Kompass denn verzaubert?*

Er hatte gelacht. *Bei mir funktioniert er nicht, aber vielleicht wird er ja dir den Weg weisen.*

Und dann erinnerte sie sich an den Dschinn, der vor ihr kniete und auf denselben Kompass deutete, nachdem alle, die sie liebte, gestorben waren. *Layla Najima al-Nazari, anscheinend ist es mein Schicksal, dich zu retten.*

Ein Relikt, das andere Relikte aufspüren und die Zukunft vorhersehen konnte. Es war so mächtig, dass es nur einem Dschinn-König gehören konnte. Einer *Ifrit*. Loulie verschlug es den Atem.

Imads Augen funkelten belustigt. »Ah, dann erinnerst du dich also daran. Wärest du so freundlich, mir zu sagen, wie es aussieht?« Er klopfte auf die bodenlose Tasche. »Ich würde mir gerne die Mühe ersparen, all deine Ausrüstungsgegenstände auszuprobieren.«

Loulie war verwirrt. Was sollte sie tun? Er würde die verdammte Tasche so oder so mitnehmen, und sie hatte keine Möglichkeit, ihn daran zu hindern. Sie zog an ihren Ketten, doch das Metall gab nicht nach und schnitt unerbittlich in ihre Handgelenke.

»Nein?« Imad seufzte. »Ich fürchte, dann ist unsere Unterhaltung hiermit beendet.« Er schlang sich die Tasche über die Schulter und ging zur Zellentür.

»Warte.« Sie setzte sich ruckartig auf. »Warte! Du hast mir Antworten versprochen!«

»Ich habe dir Antworten im Gegenzug für Antworten versprochen«, erwiderte Imad, ohne stehen zu bleiben. »Aber da du mir nichts verraten hast, werde ich nun anderswo mein Glück versuchen.«

Wie konnte er es nur wagen? Sie war niemandes Gefangene. Sie war die Mitternachtshändlerin, Loulie Najima al-Nazari, und sie würde sich an diesem Mann rächen, der ihre Familie ermordet hatte und auch …

Qadir.

In diesem Moment drang sein Verlust mit aller Macht in ihr Bewusstsein, und sie brach schluchzend zusammen. Qadir würde sie nicht retten. Niemand würde zu ihr kommen. Sie saß an diesem unseligen Ort irgendwo im Nirgendwo fest und verfügte weder über Magie noch über eine Waffe. Und sie war so schwach. Bei allen Göttern, war sie schon immer so *nutzlos* gewesen?

Eine Weile hörte sie die Schritte des Räubers noch durch ferne leere Korridore hallen, dann senkte sich vollkommene Stille auf sie herab.

42

MAZEN

Mazen durchquerte verfallene Gänge, die zu seinem Glück leer und seinem Unglück dunkel waren. Er stolperte über Steine, verlor in weichem Sand das Gleichgewicht und traf mit viel zu wenig Vorwarnung auf Ghule. Unter seinem Schatten sahen ihn diese Kreaturen zwar nicht, doch sie konnten die Magie an ihm *riechen*, wenn er in ihrer Nähe war, und Mazen wurde allmählich klar, dass sie über sehr gute Nasen verfügten.

Doch so nutzlos sein Schatten auch war, er konnte sich nicht dazu durchringen, ihn abzulegen. Obwohl er ihm nicht so viel Schutz bot wie Omars Gestalt, empfand er ihn als ermutigend. Getarnt fühlte er sich grundsätzlich selbstbewusster – egal, ob es sich um einen Namen, einen Körper oder einen magischen Schatten handelte.

Zum Glück verursachten die Gefechte mit den Untoten keinen Lärm, und der Kerker war menschenleer. Dennoch fand er es verdächtig, wie leicht es ihm fiel, am Leben zu bleiben. So sehr, dass er fest von einer Falle ausging, als er eine Tür erreichte, auf der *Makhraj* stand.

Bitte lasst auf der anderen Seite keine Ghule sein, dachte er, war aber nicht weiter überrascht, dass die Götter seinen Wunsch nicht erhörten.

Gerade als die beiden Ghule im Raum auf ihn reagieren konnten, stieß er einen von ihnen zu Boden und stach dem anderen das Schwert in die Kehle. Bevor Mazen die Klinge aus seinem gefällten Gegner herausziehen wollte, hatte sich der erste wieder erholt und schlug mit seinem Schwert auf ihn ein. Mazen duckte sich mit einem Aufschrei. Er landete auf den Knien, krabbelte hektisch rückwärts zu dem anderen Ghul und riss würgend seine Waffe aus ihm heraus. Als sein Gegner sich erneut auf ihn stürzte, umschlang er dessen Beine und brachte ihn zu Fall. Danach stieß er ihm das Schwert in die Brust. Einmal, zweimal und zur Sicherheit noch ein drittes Mal.

Als er damit fertig war, zitterte er am ganzen Körper und beruhigte sich mit einem tiefen Atemzug, bevor er dem nächsten Korridor folgte, der zum Glück heller war als der vorherige. Er spürte Zugluft und merkte, dass sie durch Risse in der Decke drang. Nach einer Weile wuchsen sich diese Risse zu Löchern aus, durch die er den Mond sehen konnte, und schließlich verschwand die Decke komplett und gab den Blick auf das unendliche, sternengesprenkelte Firmament frei.

Mazen betrachtete die Mosaike an den Wänden, das einzig Bunte in dieser ansonsten schlichten Ruine. Eines war so erstaunlich detailliert, dass er davor stehen blieb. Es stellte die sieben Dschinn-Könige dar, die er bereits aus der Ruine der Königin der Dünen kannte. Er sah dien gestaltwandelnde Dschinn, dier wie ein brennender Vogel aussah, und darunter dien Dschinn mit der zweigeteilten Dara'a. Außerdem entdeckte er dien Fisch-Dschinn mit sienen leuchtenden Schuppen, einin Dschinn, dier aus Holz und Blumen bestand, einin, dier wie Dunst waberte, und dort … einin Dschinn, dier eine Armee von Ghulen befehligte. Die Königin der Dünen. Er sah die letzte Gestalt an, die in den Dünen als Schatten mit glühenden Augen dargestellt gewesen war.

Bisher hatte er geglaubt, der letzte König wäre die Schatten-Dschinn, doch während er nun dieses wesentlich präzisere Bildnis betrachtete, wurde ihm klar, dass er sich getäuscht hatte. Hier war dieser Dschinn-König eine Gestalt mit einem Umhang und einem juwelenbesetzten Turban, die ungerührt im Chaos stand und eine Hand zum brennenden Himmel reckte. Ihre Augen erinnerten Mazen an Qadirs während des Angriffs der Ghule.

Nun wusste er zumindest, dass er nicht verrückt war. Die Augen des Mannes – des *Dschinns* – hatten tatsächlich gelodert. Der Gedanke an Qadir ernüchterte ihn. Wenn er nicht aufpasste, würde Imad ihn ebenfalls töten. Mazen ging davon aus, dass der Räuber nicht noch einmal den Fehler machen würde, ihn zu unterschätzen.

Er ging weiter. Hinter der nächsten Ecke endete der Korridor in einer Sackgasse. Oder … befand sich am Ende dieses Gangs etwa eine Öffnung? Ja, tatsächlich, in der Wand klaffte ein Loch, das groß genug für ihn war. Er zwängte sich hindurch und fand sich unvermittelt am Rand der Wüste wieder. Er machte einen tiefen Atemzug und hörte unter seinen Stiefeln Sand knirschen. Er war wirklich *draußen*.

Doch seine Freude währte nur kurz – seine Flucht war noch nicht zu Ende. Die Ruine, in der er sich befunden hatte, war nur eine von vielen. Vor ihm erstreckte sich ein riesiges Labyrinth aus zerbröckelten Mauern und gewundenen Straßen, die zu einem völlig maroden Palast führten. Dahinter sah er die Silhouetten von Ghulen und jenseits davon …

Bei allen Göttern.

Die Dünen rund um die Ruinen bewegten sich. Nein, sie bewegten sich nicht nur, sie stürzten in die Tiefe. Es gab keinen festen Untergrund – sie verschwanden in einem mächtigen Graben, der die Ruinen wie ein wirbelnder Fluss aus Treibsand umkreiste.

Aus irgendeinem Grund standen diese Ruinen mitten im Sandmeer. Nicht im Westlichen Sandmeer, wohin sie unterwegs waren, sondern in einem ihm unbekannten Abschnitt, den Hakim, soweit er sich erinnerte, nicht auf seiner Karte verzeichnet hatte.

Mazen merkte, dass er zu schnell atmete, und holte ein paarmal so tief wie möglich Luft, um sich zu beruhigen. *Imad kann diesen Ort verlassen. Es muss einen Ausweg geben.*

Vorsichtig bahnte er sich einen Weg durch die verfallenen Gebäude. Da er nur nach den unseligen Ghulen Ausschau hielt, bekam er fast einen Herzanfall, als er sich dem zerstörten Palast näherte und einen Mann – einen *Menschen* – davorstehen sah.

Er war groß und hatte eine breite Brust. Seine Arme und Beine wirkten sehr muskulös. Sein Gesicht sah aus, als wäre es von einem unfähigen Bildhauer gemeißelt worden. Schartige, hakenförmige Narben verunstalteten seine Wangen, und seine krumme Nase schien gebrochen. Mazen wusste nicht, was ihn mehr ängstigte – dass es sich bei diesem Mann um einen Menschen handelte oder dass er nicht Imad war.

»Yalla!«, gellte eine eindeutig menschliche Stimme. »Das Treffen wird ohne dich anfangen, wenn du nicht deinen Hintern hierher bewegst.«

Der Mann, dessen Brustkorb so breit wie ein Fass war, knurrte etwas. Dann drehte er sich um und betrat den Palast.

Mazen wartete drei Herzschläge lang, bevor er ihm folgte. Im Inneren des Palasts fiel ihm als Allererstes auf, dass er besser in Schuss war als die übrigen Ruinen. Die meisten Wände wirkte stabil, der Korridor, den sie durchquerten, hatte eine hohe Decke und war von Eisentüren gesäumt. Zwischen ihnen standen Ghule mit Laternen und blickten mit ihren leeren Augenhöhlen starr geradeaus.

Doch einer von ihnen wandte Mazen das Gesicht zu. Er schnupperte, machte einen Schritt auf ihn zu und …

»Kschhh!«, zischte der Mann. »Hier wird nicht herumspaziert, du Abschaum.« Der Ghul trat sofort wieder an die Wand zurück.

Mazen verkniff sich einen Stoßseufzer. In was für einer Sprache auch immer Imad mit den Ghulen kommunizierte, für einfache Kommandos schien sie nicht nötig zu sein. Er war dankbar, dass hier die Menschen das Sagen hatten, auch wenn er die Hackordnung nicht recht durchschaute.

Sie gelangten zu einem großen Torbogen. Die beiden Ghule, die ihn bewachten, erstarrten, als der Mann einen knappen Befehl von sich gab. Der dahinterliegende Raum war riesig und abgesehen von ein paar zerrissenen Teppichen an den Wänden und auf dem Boden leer. Er sah aus, als wäre er von Räubern geplündert worden. Kandelaber verbreiteten ein schwaches, unheimliches Licht. Darunter machte Mazen kahle Sockel aus, auf denen vermutlich einst irgendwelche Schätze ausgestellt gewesen waren.

Wahrscheinlich war dieser Raum früher sehr prächtig gewesen, doch nun sah er wie eine Lagerhalle aus. In der Mitte standen Männer von unterschiedlicher Gestalt und Größe. Manche waren alt, andere jung, doch alle trugen Waffen.

Als Mazen und der Mann, dem er folgte, eintraten, verstummten ihre Gespräche.

Mazen hörte Schritte und drehte sich um. Imad kam herein. Ihm folgte langsam ein zweiter Mann, der etwas auf der Schulter trug. »Wo willst du sie haben, Imad?«, rief er.

Mazen wich in die Schatten zurück, als Imad an ihm vorbeiging.

»Hier.« Imad blieb in der Mitte des Raums stehen und deutete vor sich auf den Boden. Die Bewaffneten wichen vor ihm zurück. »Vor meinen Füßen.«

Der Mann legte seine Last – eine Frau – an die angegebene Stelle. Mazen erschrak über ihr hasserfülltes Gesicht und die Wut, die in ihrem unversehrten Auge glitzerte. Das andere war mit Blut verklebt. Als er sie erkannte, musste er sich beherrschen, um nicht sofort zu ihr zu laufen.

Denn obwohl er sie sehen konnte, sah Aisha bint Louas ihn nicht.

Aisha bint Louas sah aus, als wäre sie durch die Hölle gegangen. Ihre Kleidung war verdreckt, die Haut blutverschmiert und ihre

Haare völlig verfilzt. Mazen hatte noch nie so viel Angst um sie gehabt.

Und auch noch nie so viel Angst *vor* ihr.

Imad hob eine Augenbraue. »Also, bint Louas, bist du nun bereit zu reden?«

Aisha spie ihm vor die Füße. »Ich habe dir nichts zu sagen, du Schlange.«

»Hmm.« Imad trat von einem Fuß auf den anderen. Mazen sah etwas in seiner Hand aufblitzen und erkannte, dass es sein Armreif war. Der Räuber befestigte ihn an seinem Handgelenk und wurde zu Omar. »Und jetzt?«, fragte er spöttisch. »Wirst du mit deinem Prinzen sprechen?«

Aisha erschauderte in ihren Fesseln, antwortete aber nicht.

»Glaubst du, Omar wird deine Opferbereitschaft zu würdigen wissen? Du bist für ihn leicht zu ersetzen.«

»Das sagst du nur, weil *du* von ihm entsorgt worden bist.« Aisha sah sich im Raum um und ließ den Blick über die ringsum stehenden Männer wandern. »Wie ich sehe, hast du deine Kameraden durch Ganoven ersetzt. Du bist wirklich tief gesunken.«

Imad schlug ihr ins Gesicht. »Dein *Prinz* ist ein Ungeheuer«, fuhr er sie an.

»Nein, du warst bloß unfähig, ihm zu dienen. Du hast einen ganzen Stamm ermordet. Und wozu? Du bist ohne Relikt zurückgekehrt, mit nichts als Blut an den Händen!«

»Dein Prinz hat das Relikt auch nie gefunden.« Imad griff in seine Tasche. »Und nun habe *ich* geschafft, was ihm nicht gelungen ist.« Er zog einen Gegenstand heraus – eine kleine Scheibe aus Holz und Glas.

Vor Mazens innerem Auge tauchte ein Bild von Qadir auf, wie er in al-Waha al-Khadhra'a am Lagerfeuer gesessen hatte mit ebendiesem Gegenstand auf dem Knie. Das war der Kompass, mit dem Loulie sie durch die Wüste geführt hatte – da war er sich ganz sicher.

Aisha lachte. »Ein Kompass? Du bist wohl senil geworden.«

Imad lächelte. »Führe mich zu Jassem«, sagte er. Mazen sah, wie sich die Kompassnadel ausrichtete. Imad warf ihn dem stämmigen Mann zu, dem er in diesen Raum gefolgt war.

»Ach du heilige Hölle«, sagte Jassem. Unter den anderen Männern erhob sich Gemurmel.

Aisha verengte die Augen zu Schlitzen. »Du hast dieses belanglose Ding aus der Tasche der Händlerin gestohlen und glaubst, es wäre das Relikt eines Königs?« Sie schnaubte. »Was soll es denn tun? Dich zu einem Schatz führen?«

»Zu einem Schatz? Nein, ich möchte mir von ihm den Weg zu anderen, wichtigeren Zielen weisen lassen. Zu wichtigeren *Personen.*« Imad winkte mit den Fingern, und Jassem warf ihm den Kompass zurück. Er verstaute ihn wieder in seiner Tasche und zog als Nächstes ein Messer aus dem Ärmel. »Und jetzt sag mir« – er hielt die Klinge Aisha an die Wange –, »welche Königsrelikte der Prinz noch besitzt? Antworte mir, bint Louas, dann verschone ich vielleicht dein anderes Auge.«

Mazen sah Aishas Kehlkopf hinter der silbernen Schneide hüpfen. Doch sie schwieg.

Die Männer begannen, sie zu verhöhnen. Imad lächelte und drückte ihr die Klinge so fest auf die Haut, dass Blut hervorquoll.

Mazen trat vor – und erstarrte, als zwei Ghule in den Raum platzten. Imad zog knurrend das Messer zurück. *»Was ist denn?«*

Die Ghule schrien und deuteten hektisch in den Korridor.

»Was soll das heißen, da ist kein Relikt?« Imad sprang auf und lief an der zitternden Aisha vorbei. »Passt auf die Räuberin auf«, sagte er und stürmte aus dem Raum.

Ein paar Sekunden herrschte angespannte Ruhe, dann schnaubte einer der Männer. »›Passt auf die Räuberin auf‹, sagt er. Wir sind doch keine Hunde!«

Ein anderer lachte. »Wärest du lieber nicht mit von der Partie? Stellt euch nur mal vor, was für uns herausspringt, wenn Imad den legendären Sternenstaubdieb tötet.«

Zustimmendes Gemurmel ertönte, doch Mazen blendete die Stimmen der Männer aus und konzentrierte sich stattdessen auf Aisha. Dies war seine Chance, sie zu retten, falls es ihm gelang, sie – ohne zu sterben – nach draußen zu schaffen.

»Was glaubt ihr, welches Relikt verschwunden ist?«, fragte einer der Männer.

»Vielleicht eines aus der Tasche der Händlerin?«

Wieder erhob sich Gemurmel.

Mazen schlich auf Zehenspitzen in die Mitte des Raums und sah, dass Aishas Beine nicht gefesselt waren. Er musste ihr nur eine Gelegenheit zur Flucht verschaffen. Aber wie? Wie …?

Sein Blick blieb an einem fadenscheinigen Wandteppich hängen, der ein kunstvoll gewebtes, gequältes Gesicht zeigte. Es erinnerte ihn an einen Shabah, einen jener rachsüchtigen Geister, vor denen er sich als Kind gefürchtet hatte, nachdem ihm zu Ohren gekommen war, wie viele Ehefrauen sein Vater im Hof des Palastes ermordet hatte. Immer wieder hatte er sich ängstlich ausgemalt, dass die hingerichteten Bräute ihn durch die Korridore des Palasts verfolgten und nachts durch sein Fenster starrten.

Doch diese Furcht war schon seit Langem einer überwältigenden Trauer gewichen. Obwohl das Blut an den Händen seines Vaters klebte, war Mazen Teil dieses grausamen Vermächtnisses. Die Opfer des Sultans hatten möglicherweise nicht als Shabah in den Korridoren gespukt, aber …

Mazen hielt inne und holte tief Luft. Ihm war etwas eingefallen.

Er sah sich im Raum um und entdeckte auf einem der Podeste einen angeknacksten Topf. Er ging zu ihm, hob ihn hoch und schleuderte ihn quer durch den Raum.

Keiner der übrigen Anwesenden sah das Gefäß durch die Luft segeln. Sie bemerkten es erst, als es auf den Boden knallte und zerbrach. Die brutal aussehenden Männer verstummten schlagartig und betrachteten die Scherben.

Mazen rief sich ins Gedächtnis, wie der Wind in seinen Ohren gemurmelt hatte, wenn er sich vor den Geistern unter der Decke versteckte. Wie sich die Härchen auf seinen Armen aufgestellt hatten und sein Mund trocken geworden war, während es in seinem Zimmer immer kälter zu werden schien. Er erzeugte einen Ton, der zu dieser Erinnerung und dem Gefühl, das er damit verband, passte. Ein leises, unheimliches Raunen.

Die Männer wurden unruhig, als Mazen fauchend und unheilvoll kichernd auf lautlosen Sohlen durch den Raum ging. Grinsend bauschte er die Wandteppiche auf und trommelte mit den Fingern an die Wände. Die Männer wichen ängstlich zurück.

Erstaunt stellte Mazen fest, dass ihm sein Streich *Spaß* machte.

Als ein Mann sich ihm in den Weg stellte, trat Mazen um ihn herum und pikste ihn von hinten mit dem Schwert. Der Kerl wirbelte herum und ließ seine Klinge durch die leere Luft sausen. »Shabah«, schrie er, worauf die anderen Männer sofort ihre eigenen Waffen zückten und sich aufteilten.

Nur Jassem blieb bei Aisha. »So etwas gibt es nicht, ihr Narren«, schimpfte er.

Mazen näherte sich ihm, das Schwert so fest umklammert, dass seine Fingerknöchel weiß hervortraten. *Ich habe die Königin der Dünen überlebt,* sprach er sich selbst Mut zu. *Ich habe die Schatten-Dschinn überlebt. Im Vergleich dazu ist das hier gar nichts.*

Er wich Jassem aus und kniete sich hinter Aisha, die sich versteifte, während er ihre Fesseln durchtrennte. Als sie ihr von den Handgelenken fielen, fuhr sie zu ihm herum.

Mazen drückte ihr sein Schwert in die Hand und flüsterte: »Lauf.«

Beim Klang seiner Stimme schauderte Aisha, doch sie zögerte nicht. Trotz ihres geschwächten Zustands kam sie schnell auf die Beine.

Jassem drehte sich um und sah sie mit offenem Mund an. »Was …?«

Mehr bekam er nicht heraus, bevor Aisha ihm mit dem Schwert

einen grellroten Schnitt auf der Brust beibrachte. Der große Mann erholte sich zwar schnell, doch Mazen brachte ihn zu Fall, ehe er Aisha hinterherjagen konnte. Der Schrei, mit dem Jassem zu Boden ging, klang eher erstaunt als schmerzerfüllt.

Mazen nutzte die Chance zu einem Faustschlag – doch Jassem packte mitten im Hieb sein Handgelenk. Zwischen Mazens Fingern klaffte der Schatten wie ein Vorhang.

Jassem riss die Augen auf.

Mazen stellte sich vor, was Jassem sah: ein schmaler Spalt in der Realität, durch den Mazens Gesicht spähte. Er war zu schockiert, um sich zu bewegen.

Mazen dagegen nicht.

Er rammte Jassem mit aller Kraft das Knie in den Unterleib, sodass der mit einem Schmerzensschrei seine Hand losließ.

Dann drehte er sich um und floh.

43

LOULIE

Als Imad zu Loulies Zelle zurückkehrte, wusste sie sofort, dass etwas nicht stimmte.

Er hatte *menschliche* Männer bei sich. Den Waffen in ihren Gürteln nach zu urteilen, Söldner oder Jäger. Die Männer waren der erste Hinweis, dass sich etwas verändert hatte. Der zweite war Imads aufgewühlter Gesichtsausdruck. Bisher war er die Ruhe selbst gewesen. Doch nun blitzten seine Augen – oder besser gesagt Omars Augen – gefährlich.

Ehe Loulie auch nur einen Ton herausbringen konnte, eilte Imad quer durch die Zelle und packte sie am Kragen ihrer Robe. »Was ist das für ein fauler Zauber, Händlerin?« Spucketropfen spritzten von seinen Lippen und ihr ins Gesicht.

Fauler Zauber? Verwirrt sah sie ihn an.

Er schüttelte sie so fest, dass ihre Zähne aufeinanderschlugen. »Treib keine Spielchen mit mir!«

Loulie blickte ihm in die Augen und spuckte ihm ins Gesicht.

Imad ohrfeigte sie so fest, dass sie Sterne sah. »Tu nicht so, als hättest du keine Ahnung, wovon ich spreche. Du wusstest vom Relikt des Prinzen.«

Loulie presste vor Schmerz die Zähne zusammen. Sie schmeckte Metall und merkte, dass sie sich auf die Zunge gebissen hatte. »Ich habe dir doch schon gesagt, dass ich nichts über den verdammten Armreif weiß.«

»Ich spreche nicht von dem Reif.« Er drückte sie an die Wand. »Sondern von dem *Schatten.*«

Loulie stutzte. Hatte er den Verstand verloren?

Da sie ihm nicht antwortete, stieß Imad sie noch einmal gegen die Wand und ließ sie los. Er sah die Männer an, die ihn flankierten. »Seid ihr sicher, dass ihr euch nicht getäuscht habt?«

Sie tauschten über seinen Kopf hinweg einen Blick. »Ja. Es geschah, kurz nachdem du weg warst«, sagte der Jüngere. »Erst dachten wir, es wäre ein Shabah im Raum. Doch dann sahen wir das Gesicht des Prinzen …«

»Und er und bint Louas konnten entkommen?«

Die Männer sahen ihn in hilflosem Schweigen an.

Imad richtete seinen finsteren Blick wieder auf Loulie. Als er erneut näher trat, drehte sich ihr der Magen um. »Du hast es gewusst«, murmelte er.

Nein, dachte sie, sprach das Wort aber nicht laut aus. Imad würde es ihr nicht abnehmen. Sie konnte das alles ja selbst kaum glauben. Die Räuberin und der Prinz waren geflohen? Ein Schattenrelikt? Loulie verstand die Welt nicht mehr.

»Ich werde diesen Schatten bekommen, und wenn ich ihn dem Jungen vom Körper schneiden muss.« Imad hatte wieder seinen gelassenen Gesichtsausdruck aufgesetzt. »Und du wirst mir helfen, ihn zu stehlen.«

Nein. Diesmal wollte sie es sagen, doch ihre Kehle war zu trocken. Je länger Imad sie mit seinem Blick fixierte, desto schwerer fiel es ihr zu atmen. Sie erinnerte sich an die Messerschneide an ihrer Kehle.

Willst du lieber tot oder versklavt sein, Mädchen?

Sie knirschte mit den Zähnen. *Nein.* Sie war nicht mehr das Mädchen, das hilflos mit ansehen musste, wie ihr Stamm umgebracht wurde, sondern Loulie al-Nazari.

Mit diesem Gedanken stürzte sie sich auf Imad, riss verzweifelt an seinem Gewand und kratzte ihm die Arme blutig. Er stieß sie mühelos von sich, als würde er eine Fliege vertreiben, doch sie attackierte ihn wider besseres Wissen erneut.

Trauer und Wut rangen in ihr um die Oberhand. *Nie wieder. Nie wieder.*

Imads Männer hielten sie an den Armen zurück.

»Du willst es mir also schwer machen, al-Nazari?«, fragte er eiskalt. »Na gut, dann werde ich mal die Samthandschuhe ausziehen.« Er langte in seine Tasche und zog etwas Silbernes heraus. *Eine Metallfessel,* erkannte sie, als sie die Kette sah, die daran baumelte.

Imad blaffte einen Befehl. Der ältere der beiden Männer zog ein Stofftuch aus der Tasche und stopfte es ihr in den Mund. Der andere hielt ihr die Nase zu. *Nein, nein, nein …*

Einen Moment später versank Loulie in Dunkelheit.

Sie erwachte in einem uralten, extravaganten Gemach. Die Decke war mit einem Bildnis von einer Schlachtenszene zwischen in Flammen gehüllten Dschinn und Menschen mit eisernen Waffen verziert. Die Farben waren verblichen, die Gesichter verschwommen, doch die roten und silbernen Blutspritzer waren perfekt dargestellt. Loulie wandte den Blick von dem grässlichen Gemälde ab und setzte sich auf. Als sie sich umsah, entdeckte sie Berge von Gold und glänzende Marmorsäulen, außerdem lange, wunderschön gemusterte Läufer und kunstvoll gewebte Wandteppiche, die aussahen, als gehörten sie nicht in diese staubige Ruine, sondern in die Schatzkammer des Sultans. Zuletzt bemerkte sie die Menschen um sich herum – ein knappes Dutzend Männer, die in jeder Ecke des Raums standen und sie beobachteten.

»Willkommen in unserer Schatzkammer, Händlerin.« Der Kronprinz trat in ihr Blickfeld. Loulie zuckte zusammen, dann fiel ihr Blick auf seinen Armreif. Das war nicht Omar.

Imad grinste. »Ich muss zugeben, dass ich es genieße, dich mit dieser Erscheinung zu erschrecken.«

Loulie verkniff sich mit zusammengepressten Lippen eine Antwort und beäugte stattdessen die anderen Männer. »Wer sind die?« Als sie sprach, spürte sie etwas um ihren Hals, das so schockierend kalt war, dass es bis auf ihr Schmerzempfinden all ihre Sinne betäubte, und kippte mit einem lautlosen Keuchen um.

Imad lachte leise. »Entschuldige, du hast gesprochen, bevor ich es dir erklären konnte.« Er ging neben ihr in die Hocke und hob ihr Kinn an, sodass sie ihm in die Augen schauen musste. »Ich halte es für besser, wenn vor allem ich rede. Deswegen habe ich dir ein kleines Geschenk gemacht.« Loulie spürte seine Fingernägel auf der Haut. »Dieses Relikt sticht dir, wenn du etwas sagst, zur Strafe eine Nadel in den Hals.«

Keuchend kroch sie von ihm weg.

Imad stand auf und deutete strahlend auf die Männer, die das Spektakel mit hungrigen Blicken verfolgten. »Um deine Frage zu beantworten: Meine Gefährten sind Gesetzlose wie ich. Sie haben mich auf eure Reise aufmerksam gemacht.« Er neigte den Kopf zur Seite. »Diese Ruinen sind unsere Zuflucht.«

Loulie wusste, dass sie sich konzentrieren und Fluchtpläne schmieden sollte. Niemand würde sie retten. Die Räuberin würde sich ihretwegen genauso wenig in Gefahr begeben wie der Prinz. Der Einzige, der sich je um sie Gedanken gemacht hatte, war Qadir. Und der war …

Tot. Erneut brandete Trauer wie eine Woge über sie hinweg. *Er ist tot.*

Am Rande bekam sie mit, dass Imad noch immer redete. Er lief auf und ab und sprach von seinem Plan, den Prinzen gefangen zu nehmen. Ja, sie würde der Lockvogel sein, und er hatte Ghule – Imad deutete auf die Kreaturen, die sich in den dunklen Ecken verstecken –, die den Prinzen bei seiner Ankunft wittern würden und …

Imad blieb unvermittelt stehen. »Aber lass uns von etwas Interessanterem sprechen, hmm?« Er griff in seine Tasche und zog ein Messer heraus. Loulie riss bei seinem Anblick die Augen auf. *Gefahr,* schrie ihr betäubter Verstand, und sie wich weiter zurück. Doch dann ließ Imad die Waffe sinken, und sie bemerkte das goldene Qaf auf dem Griff, den ersten Buchstaben in Qadirs Namen.

»Nachdem dein Dschinn-Gefährte gestorben ist, habe ich meine Ghule die Grube nach einem Relikt durchsuchen lassen. Außer ihm und seinem toten Pferd haben sie nichts gefunden, nur Blumen und Efeu, der sich um die Klingen rankt. Anfangs war mir nicht klar, wieso, doch dann ist mir die seltsame Waffe eingefallen, die du getragen hast.« Er warf das Messer zwischen den Händen hin und her. Unter den Wandleuchtern schimmerte die Klinge in einem sanften Blau.

Qadirs Stimme, die nur noch eine Erinnerung war, hallte in ihren Gedanken wider. *Wir Dschinn existieren in den Gegenständen weiter, die uns am meisten bedeuten. Auf diese Weise leiten wir auch nach unserem Tod die Lebenden an.*

Loulie hatte keine Ahnung, was aus dem Halsreif und dem Shamshir geworden war, doch sie wusste, wie wichtig ihm dieses Messer gewesen war. Abgesehen vom Kompass war es das Einzige, was er aus dem Reich der Dschinn mitgebracht hatte.

Imad lächelte über ihren entsetzten Gesichtsausdruck. »Ah, dann hatte ich also recht. Du besitzt *wirklich* sein Relikt.« Er steckte das Messer wieder ein.

Loulie schluckte. Sie brauchte dieses Messer, auch wenn es nur ein Stück von Qadir war.

»Ich muss mich entschuldigen, al-Nazari.« Ruckartig streckte Imad den Arm zur Seite aus. Als ihr Kopf in die gleiche Richtung gerissen wurde, erkannte sie, dass er an der Kette ihrer Halsfessel zog. »Ich will dich nicht hassen«, fuhr er fort. »Du bist bei alldem genauso ein Opfer wie ich, aber du hast es dir gut gehen lassen, während ich litt. Ich bin in Vergessenheit geraten, und du wurdest zu einer Legende.«

Einen Moment lang breitete sich, abgesehen vom Gold, das unter den Stiefeln der Männer knirschte, Stille im Raum aus. Loulie konzentrierte sich auf den Sand zwischen den Bodenfliesen, um ihre Panik im Zaum zu halten.

Imad trat näher und riss sie an den Haaren hoch. Das Messer, das er in der anderen Hand hielt, war nicht Qadirs. Er presste es ihr an den Hals.

»Was für eine angenehme Ruhe. Ich frage mich, was ich tun muss, um sie zu beenden. Du solltest schreien, Händlerin. Sonst findet dich der Prinz nie.«

Sie war nicht schwach, und sie würde nicht schreien. Sie würde nicht …

Ein intensiver Schmerz schoss durch Loulies Adern, und ihr wurde schwarz vor Augen. Sie stöhnte gequält.

»Hast du je darüber nachgedacht, was aus dir geworden wäre, wenn wir deinen Stamm nicht ausgelöscht hätten, al-Nazari?« Sie spürte Blut an ihrem Schlüsselbein herabrinnen und in ihre Schals sickern. »Dann wärest du jetzt ein Niemand. Nur eine ganz gewöhnliche, mit irgendeinem Beduinen verheiratete Frau.«

Loulie spürte ihren Herzschlag im Kopf, den Ohren und den Fingerspitzen.

»Sei froh, dass du ein erfülltes Leben geführt hast. Dass du nicht wie ich verbannt wurdest.« Er ließ ihre Haare los, und sie sackte keuchend auf den Boden zurück.

Tränen traten ihr in die Augen. *Nicht weinen,* dachte Loulie. Sie kullerten über ihre Wangen. *Nicht weinen.*

»Selbst schweigend bist du noch stur wie ein Maultier.« Er neigte den Kopf nachdenklich zur Seite. »Haltet sie auf dem Boden fest.«

Seine Gefährten packten sie. Loulie boxte einen von ihnen in den Arm und biss einem anderen ins Handgelenk, doch es half alles nichts. »Dreht sie um und fixiert ihre Beine.«

Sie wand sich vergeblich unter dem Griff der Männer und spürte das Messer an ihren Fußknöcheln.

»Bitte.« Die Nadel bohrte sich in Loulies Kehle, und sie fing vor Schmerz an zu zittern. Doch das war ihr egal. *»Bitte.«* Ihre Stimme stieg um eine Oktave.

»Du hättest mich früher um Gnade bitten sollen. Dann hätte ich vielleicht noch Mitleid mit dir gehabt.«

Imad durchstach mit dem Messer ihre Knöchel.

44

AISHA

Als Aisha vor neun Jahren Räuberin geworden war, hatte sie ihrem König ein Versprechen gegeben.

Ich werde nicht davonlaufen.

Als Kind war sie vor der Gefahr geflohen und durch brennende Felder gerannt, während ihr Dorf in Flammen aufgegangen war und ihre Verwandten abgeschlachtet worden waren. Anschließend hatten die Dschinn sie gefunden und ihr Zeichen in die Haut geritzt – jeweils eines für jedes ihrer Familienmitglieder, das beim Versuch, sie zu retten, ums Leben gekommen war.

Und so hatte Aisha gelobt, nie wieder davonzulaufen. Sie hatte sich geschworen, dass sie stark genug werden würde, um es mit allen Gegnern aufzunehmen, sodass die sie nicht mehr schreiend zurückschleifen konnten.

Neun Jahre später brach sie dieses Versprechen.

Sie hastete so schnell durch die Ruinen, dass sie ihre Umgebung nur verschwommen wahrnahm. Die Welt schien aus den Fugen zu geraten und zu kippen, während sie sich abmühte, mit einem Auge etwas zu erkennen. Unbeholfen spurtete sie mit dem Schwert des Prinzen durch die Korridore und dachte: *Ich will nicht sterben.*

Imad hatte gesagt, sie wäre leicht zu ersetzen. Eigentlich hatte sie davor nie Angst gehabt, doch es stimmte: Omar hatte sie zwar erwählt, doch er würde niemals sein Leben für sie riskieren.

Als die Schritte ihrer Verfolger nicht mehr zu hören waren, ließ sie sich an eine Wand sinken, um sich kurz zu sammeln und zu Atem zu kommen. Sie musste den Prinzen finden.

Der Prinz, der sie mit irgendeiner seltsamen Magie *gerettet* hatte.

Aisha ging in die Hocke und spähte um die Ecke. Sie versuchte, den pochenden Schmerz hinter ihrem Auge zu ignorieren. Doch es gelang ihr nicht. Sie konnte nur hoffen, dass es nicht infiziert war.

Als sie hinter sich leise Schritte vernahm, wirbelte sie herum und sah sich nach Imads Männern um.

»Aisha«, flüsterte eine Stimme aus dem Nichts, und plötzlich erschien Prinz Mazen vor ihr – oder besser gesagt sein *Gesicht*. Völlig verdattert starrte sie seinen schwebenden Kopf an.

»Ich bin's«, sagte der Prinz. Er klang atemlos, als wäre er gerade durch den Korridor gesprintet. »Mazen.«

Sie erinnerte sich an die Magie, mit der Imad Omars Gestalt angenommen hatte, und hob das Schwert. »Beweis es mir. In Dhyme habe ich dir gesagt, dass du zwei Berufe miteinander verwechselst. Welche waren das?«

Der Prinz sah sie einen Moment lang nachdenklich an. Dann atmete er scharf ein. »Ich erinnere mich. Du hast mir gesagt, dass du meine Leibwächterin bist, nicht mein Kindermädchen.«

Aisha erhob sich mit einem leisen Stoßseufzer und ging zu ihm. Sie beäugte die Magie, in die er gehüllt war. Es schien ein Umhang zu sein. Bei näherer Betrachtung konnte sie verschwommen seinen Umriss ausmachen. »So hast du dich also in den Raum geschlichen. Was für eine verdrehte Magie ist das denn?«

»Sie ist sehr nützlich.« Er lachte matt. »Jedenfalls, solange man nicht von Ghulen gejagt wird, die Magie wittern können.« Er warf einen nervösen Blick über die Schulter – offenbar, um sich zu vergewissern, dass ihm keine untoten Kreaturen mehr auf den Fersen waren – und streifte die Magie ab. Dabei enthüllte er sowohl seinen bislang unsichtbaren Körper als auch den Umhang, der ihn verborgen hatte. Als er ihn zu Boden fallen ließ, beobachtete Aisha erstaunt, wie er zu seinem Schatten wurde. »Ich glaube, dass die Schatten-Dschinn dahintersteckt.«

Aisha nickte. Omar hatte ihr anvertraut, dass er nach seinem Sieg über die Schatten-Dschinn ihr Relikt nicht habe finden können. Nun wusste sie, wieso. Sie schnaubte. »Diese Art Magie passt zu dir.«

»Warum?«, fragte der Prinz mit gerunzelter Stirn. »Weil ich ein Feigling bin?«

Aisha fiel ein, dass sie ihn in der Zuflucht der Wanderer tatsächlich der Feigheit bezichtigt hatte. Dass er ihr ausgerechnet nun, in diesem Augenblick höchster Gefahr, mit dieser gedankenlosen Bemerkung kam, brachte sie zum Lachen. »So kann man es auch ausdrücken. Sie ist …«

Schritte erklangen. Zwei Personen näherten sich der Ecke.

Instinktiv drückte Aisha sich an die Wand und zückte ihr Schwert. Es lag ungewohnt in ihrer Hand, doch es würde genügen müssen. Was ihre Waffen anbelangte, war sie noch nie sentimental gewesen. Für sie zählte nur, dass sie scharf und spitz waren. Während sie den Prinzen ansah und sich einen Finger an die Lippen presste, warf der eilig seinen Schatten über sich und verschwand.

Einen Moment später waren die Schritte unmittelbar neben ihr. Aisha sprang aus der Deckung. Die Männer reagierten zu langsam. Sie schlang einem der beiden die Arme um den Hals, hielt ihm das Messer an die Kehle und funkelte über seine Schulter hinweg den anderen an. »Noch einen Schritt, und ich schlitze ihm die Gurgel auf.«

Der zweite Mann stürzte sich unbeeindruckt mit erhobener Klinge auf sie.

Doch sein Angriff blieb aus, denn auf einmal kam er nicht mehr vom Fleck, und sein Schwertarm war in einem merkwürdigen Winkel hinter seinem Rücken verdreht.

»Sag uns, wo die Händlerin ist«, ertönte hinter ihm die angestrengte Stimme des Prinzen.

Der Mann, den Aisha mit dem Messer bedrohte, zitterte. »In unserer Schatzkammer.«

Aisha zögerte. War das eine Falle?

Der andere wand sich aus Mazens unsichtbarem Griff und warf sich rückwärts gegen die Wand. Der Prinz stieß ein Keuchen aus.

Im gleichen Moment schüttelte Aishas Gefangener sie ab. Dabei schlug er ihr beinahe das Schwert aus der Hand. Als er herumfuhr und mit seiner Klinge nach ihr schlug, schaffte sie es gerade noch, ihm auszuweichen. Aus den Augenwinkeln sah sie, dass der Schatten des Prinzen von seinen Schultern geglitten war. Er stand mit dem Rücken an der Wand und streckte verzweifelt die Hände aus, um sich seines Angreifers zu erwehren, der gerade erneut sein Schwert hob.

Aisha stach ihm in die Lunge, bevor er es herabsausen lassen konnte.

Prinz Mazen gab einen erstickten Schrei von sich, als der Mann tot vor ihm zusammenbrach.

Ihr verbliebener Gegner warf sich brüllend auf sie beide. Aisha zog an ihrem Schwert, doch es steckte in der Schulter des anderen fest. Zum Glück war der Prinz schneller als sie. Er hob das Schwert des Toten auf und schwang es in weitem Bogen. Sein Hieb war unbeholfen und panisch ausgeführt, doch die Klinge fraß sich in die Schulter ihres Gegners.

Der Mann und Mazen schrien wie aus einem Mund.

Aisha wusste, was sie zu tun hatte: Während Imads Spießgeselle die Klinge aus seiner Schulter zog, trat sie hinter den Prinzen, der mit dem blutigen Schwert in der Hand rückwärtstaumelte.

Als er gegen Aisha stieß, schlang sie die Arme um ihn und schloss die Hände um seine, sodass sie das Schwert gemeinsam umklammert hielten. Der Prinz versteifte sich. Aisha spürte seinen hektischen Puls und staunte, wie weich sich seine Hände unter ihren schwieligen Fingern anfühlten.

Doch sie schob diese Empfindungen beiseite und konzentrierte sich stattdessen darauf, seine Waffe zu führen. Ihr Gegner hatte sich noch nicht vom Schock der Schulterwunde erholt und wehrte sich nicht, als Mazen und sie ihm nun das Schwert in die Brust trieben.

Stöhnend ging er zu Boden und verblutete.

Mazens Hände zitterten so heftig, dass Aisha sie kaum noch festhalten konnte. Als sie sich von ihm löste, sank er wie eine Marionette mit durchtrennen Schnüren in sich zusammen.

Aisha trat auf ihn zu. »Prinz?«

Er richtete sich abrupt auf und schien um sein Gleichgewicht zu ringen, wie ein Schiffspassagier, der sich an einen schweren Seegang zu gewöhnen versucht. »Es geht mir gut.«

Aisha zog die Stirn kraus. »Du hast doch schon mal Ghule getötet, oder?«

Der Prinz machte einen tiefen Atemzug. »Ja«, presste er zwischen knirschenden Zähnen hervor.

Sie sah ihn einen Moment lang an, ehe sie ihm sein Schwert wieder reichte. »Dann komm. Lass uns nach dieser Schatzkammer suchen.« Sie zog ihre Klinge aus dem ersten Leichnam und ging voraus. Der Prinz folgte ihr.

Sie durchquerten verfallene Korridore und passierten weitere staubige Wandgemälde. Aisha war es nicht gewohnt, belanglose Gespräche zu führen. Doch der Prinz war eindeutig aufgewühlt, und so versuchte sie, ihn abzulenken, indem sie laut darüber nachdachte, dass diese Ruinen einst Dschinn gehört haben mussten. Sie hoffte, ihm mit dieser Spekulation vielleicht sogar eine der Geschichten entlocken zu können, von denen er so besessen war, doch Prinz Mazen antwortete nicht, sondern starrte nur unverwandt auf seine rot verschmierten Hände.

»Prinz?«

Mazen reagierte nicht. Sein Blick wirkte trübe und unkonzentriert.

Aisha fiel sein hektischer Herzschlag wieder ein. Seine zarten Hände. Dieser Mann war zu friedliebend für einen Krieger. Indem sie ihn beschützte, hatte sie ihn möglicherweise gebrochen.

Sie legte ihm eine Hand auf die Schulter.

Der Prinz fuhr zusammen und sah ihr in die Augen.

»Du hast mich angelogen«, sagte sie mit zusammengezogenen Augenbrauen. »Es geht dir nicht gut.«

»Nein«, erwiderte der Prinz. »Nein, das stimmt. Ich habe gerade …« Er holte zittrig Luft. »Ich habe gerade einen Menschen getötet.«

Als Aisha seinen zerknirschten Gesichtsausdruck und die Tränen in seinen Augen sah, wurde ihr bewusst, wie lange sie selbst ihre Opfer schon nicht mehr betrauerte. Diese Erkenntnis versetzte ihr einen dumpfen Stich. »Vielleicht tröstet es dich ja, dass ich das Schwert geschwungen habe.«

Mazen lachte niedergeschlagen. »Richtig. Weil ich so ein Feigling bin.«

Feigling. Wieder dieses Wort, dass sie ihm in der Taverne an den Kopf geworfen hatte. Offenbar hatte sie ihn damit härter getroffen als erwartet. Ihr war gar nicht klar gewesen, dass die Söhne von Politikern so sensibel sein konnten.

Dabei wusste sie selbst noch sehr gut, wie es war, nicht abgestumpft zu sein.

»Wir fangen alle als Feiglinge an.«

Mazen verzog das Gesicht.

Bevor er den Kopf wegdrehen konnte, legte Aisha ihm eine Hand auf die Wange und sah ihm in die Augen. »Wir haben alle Angst, Prinz. Der einzige Unterschied zwischen einem Helden und einem Feigling besteht darin, dass der eine sich seiner Angst stellt und kämpft, während der andere sich ihr hingibt und davonläuft.« Aisha merkte, dass sich bei diesen Worten irgendetwas in ihr löste. »Deine Angst vor dem Tod macht dich nicht zu einem Feigling. Nur zu einem Menschen.«

Der Prinz blieb ausnahmsweise still und sah sie mit großen Augen schweigend an.

Seufzend ließ Aisha seine Wange los. Wieso fühlte *sie* sich auf einmal so verletzlich? Er war doch derjenige, der mit den Tränen kämpfte. »Ich hätte dich nie einen Feigling nennen dürfen«, murmelte sie. »Ich habe mich in dir getäuscht. Wärest du wirklich einer, hättest du mich allein gelassen und dich ohne mich aus dem Staub gemacht.«

Der Prinz schluckte. Seine Augen wurden glasig.

»Wenn wir hier raus sind, kannst du so viel weinen, wie du willst, aber jetzt brauche ich dich.«

Mazen rang sich ein halbherziges Nicken ab. Aisha drehte sich um und ging weiter den Korridor entlang. Sie war erleichtert, dass dieses Gespräch vorüber war … doch eines musste sie noch loswerden. Etwas, das ihr auf der Zunge lag, seit er sie gerettet hatte.

»Prinz?«

»Ja?«

»*Shukran*.« Es war nur ein ganz einfaches Wort, aber ihr war leichter ums Herz, nachdem sie es ausgesprochen hatte.

Sie drehte den Kopf weit genug, um das Lächeln des Prinzen zu sehen. »*Afwan*.«

Das Ganze konnte man kaum eine Unterhaltung nennen, doch aus irgendeinem Grund fühlte es sich an, als hätten sie zum ersten Mal miteinander gesprochen. Nicht als Räuberin und Prinz, sondern als Aisha und Mazen.

Und tatsächlich unterhielten sie sich unbefangener miteinander, während sie nun weitergingen, und Aisha antwortete aufrichtig, als der Prinz sie fragte, was Imad gegen Omar habe. Sie bestätigte, dass er einer der vierzig Räuber des Sultans gewesen sei und für Prinz Omar gearbeitet habe, als dieser nach Shafias Tod den Königstitel vom Sultan geerbt hatte. Doch ihre Kameradschaft hatte nicht lange gewährt.

»Omars erster und letzter Befehl an die Räuber des Sultans lautete, ihm ein unschätzbar wertvolles Relikt zu beschaffen.« Sie zögerte, da sie wusste, dass Mazen das Nächste nicht gerne hören würde. »Sie folgten seiner Spur bis zu einem Beduinenlager und schlachteten den gesamten Stamm ab, um es in die Finger zu bekommen.«

Der Prinz sah sie entsetzt an. »Aber wieso?«

»Die Relikte der Dschinn-Könige sind ein Geheimnis. Omar wollte nicht, dass sich Gerüchte darüber verbreiten.« Aisha verzog das Gesicht. Diese Erklärung hörte sich auch für sie selbst wie eine schwache Ausrede an. »Letztlich sind sie gescheitert. Ein mysteriöser Dschinn hat sie getötet. Nur Imad hat überlebt. Er kehrte nach Madinne zurück und gab Omar die Schuld am Tod seiner Kameraden. Und weil er ein großkotziger Idiot ist, hat er deinen Bruder zu einem Duell herausgefordert und verloren.«

Mazen runzelte die Stirn. »Dann hat er sich seine Hände …«

»Bei diesem Duell verletzt, ja«, bestätigte Aisha und blieb in einer Biegung des Korridors stehen. Nachdem sie sich vergewissert hatte, dass er auch dahinter leer war, bedeutete sie Mazen, ihr weiter zu folgen. »Der Sultan bestrafte Imad für diese Beleidigung mit Verbannung«, fuhr sie fort. »Und Omar blieb gar nichts anderes übrig, als noch mal vorne anzufangen.« Diesen Teil der Geschichte kannte sie gut, da sie selbst darin zum ersten Mal auftauchte. »Er hat mich und neununddreißig andere persönlich angeworben. Seither dienen wir ihm.« Sie blieb stehen und betrachtete ein kunstvolles Diamantmuster, das sich wie ein goldener Faden über die rissige Wand zog. »Ich war dabei, als Omar und Imad miteinander kämpften«, sagte sie. »Dein Bruder und ich, wir sind uns in den Straßen von Madinne begegnet. Er hat mich vor Imads Rückkehr rekrutiert.«

»Wie habt ihr euch kennengelernt?«

»Ich habe versucht, seine Taschen zu leeren.« Als Mazen nichts dazu sagte, zuckte sie die Achseln. »Er hat Potenzial in mir gesehen. Wie auch immer. Das ist der Grund, weshalb ich Imads Niederlage miterlebt habe – und weshalb er mich hasst.«

»Ich glaube, er hasst jeden«, murmelte Mazen.

Aisha dachte daran, wie Imad vor neun Jahren im Palasthof auf Omar zugestürmt war und wie böse er ihn angestarrt hatte. *Du hast uns durch eine Frau ersetzt? Ein* Mädchen*? Damit hast du dir dein eigenes Grab geschaufelt!*

Aisha schüttelte den Kopf, um die Erinnerung zu vertreiben. »Ja, er ist ein jämmerlicher Kerl.«

Mazen schwieg einen Moment. »Dann besitzt Imad jetzt also ein Königsrelikt, oder?«, fragte er schließlich.

Aisha runzelte die Stirn. Sie hatte damit gerechnet, dass Imad den verfluchten Halsreif an sich nehmen würde. Doch stattdessen war seine Wahl auf den weniger beeindruckenden Kompass der Händlerin gefallen. Vermutlich wollte er damit Omar aufspüren – was ihr wie ein vergleichsweise profaner Verwendungszweck für ein sogenanntes mächtiges Relikt vorkam. »Das bezweifele ich. Ich dachte eigentlich, er würde das Relikt aus der Düne aus der Tasche ziehen, aber entweder weiß er nichts von dessen Macht, oder die Händlerin hat es irgendwo verloren.«

Als sie um die nächste Ecke bogen, hörte sie einen so schrillen Schrei, dass ihr davon die Ohren schmerzten. Einen Moment lang war Aisha zu benommen, um nach ihrem Schwert zu greifen. Während sie noch zögerte, trat der Prinz vor und ging weiter, immer schneller, bis er rannte.

»Prinz!« Sie jagte ihm nach. »Was tust du?«

Doch Mazen schien komplett den Verstand verloren zu haben und rannte, ohne sich nach ihr umzudrehen, zu dem Raum, aus dem der Schrei gedrungen war. Dabei handelte es sich zweifellos um die Schatzkammer.

Und genauso zweifellos um eine Falle, und der dumme Prinz tappte blindlings hinein.

Aisha blieb ihm auf den Fersen. Während sie rannte, verschwamm alles vor ihren Augen, doch sie achtete nicht auf ihre Erschöpfung. Prinz Mazen hatte ihr das Leben gerettet, und sie war fest entschlossen, sich für diesen Gefallen zu revanchieren.

Aisha machte sich nicht allzu viele Gedanken über die Vergangenheit oder die Zukunft, doch die Gegenwart war etwas, das sie mit ihrem Schwert zum Positiven verändern konnte.

Und vor dieser Herausforderung würde sie nicht Reißaus nehmen.

45

MAZEN

Mazen bog um die Ecke und erbleichte bei dem Anblick, der sich ihm bot. Am Ende des Gangs befand sich eine Tür. Sie führte in einen Raum, der mit Bergen von Gold gefüllt war. Die Schatzkammer. Von dort war der Schrei gekommen. Mazen hatte noch nie etwas so Lautes und Schmerzerfülltes gehört.

Panik machte sich in seinem Herzen breit. *Die Mitternachtshändlerin.*

Wieder ertönte der Schrei, ein von Schluchzern zerrissenes Wehklagen, das ihm einen kalten Schauder über den Rücken jagte.

Er blieb an der Tür stehen und zog seinen Schatten um sich. Der Raum war groß. Da sich weder in der Decke noch in den Wänden Risse befanden, stammte das einzige Licht von den trüben Wandleuchtern, die Imad und die Händlerin kaum zu erhellen vermochten.

Loulie lag reglos auf dem Boden, die Sterne auf ihrer Robe waren mit Blut bespritzt. Imad umkreiste sie in Omars Gestalt wie ein Geier und ließ ein Messer zwischen den Fingern wirbeln.

Mazen stürmte zu ihm. Er hatte keinen Plan. Dafür war keine Zeit.

Die Ghule sah er erst, als es bereits zu spät war und sie kreischend losstürmten, um ihn abzufangen. Auch als die Menschenmänner sich umdrehten und Imad die scheinbare Leere mit Blicken absuchte, rannte er weiter. Bevor er ein weiteres Mal die Händlerin attackieren konnte, krachte Mazen gegen ihn und schlug ihm das Messer aus der Hand. Im nächsten Moment sprang ihn jemand von hinten an. Er stolperte, und der Schattenumhang fiel zu Boden.

Ein Mann griff danach, während ein anderer ihn zu Boden drückte. »Er geht nicht ab«, sagte der erste zu Imad.

»Sucht die Umgebung nach bint Louas ab«, sagte Imad. Als er Mazen ansah, wirkte sein Gesicht – Omars Gesicht – erschreckend ausdruckslos. »So sieht man sich also wieder, Prinz. Du hast alles ganz schön durcheinandergebracht.«

Das Feuer hinter Imad flackerte und wurde schwächer. Das Blut auf der Kleidung des Händlers schien dafür umso greller zu werden. Mazen zitterte. »Was hast du ihr angetan?«

»Das sieht man doch.« Imad streckte die Hand aus und packte ihn am Kragen. Mazen bemerkte, dass er wieder einen Dolch hielt – diesmal einen, in dessen Griff ein goldener Buchstaben graviert war. »Ich habe dich unterschätzt, Prinz, aber diesen Fehler mache ich nicht zweimal. Wenn ich dich töten muss, damit dein Bruder kommt, um dich zu rächen, dann ist es eben so.«

Er hob das Messer. Es durchschnitt die Luft schneller, als Mazen einen Schrei ausstoßen konnte. Er spürte das kalte Metall am Hals, und dann …

Nichts.

Langsam schlug er die Augen wieder auf.

Eben war die Klinge noch gerade gewesen, doch nun beschrieb sie aus irgendeinem Grund einen Halbmond. Die Spitze zeigte von seiner Kehle weg. Während Mazen sie verblüfft anstarrte, versuchte Imad ein weiteres Mal, ihn damit zu erstechen. Doch als die Klinge seine Brust berührte, *verbog* sie sich erneut.

Imad erbleichte. »Was?«

Das Feuer hinter ihnen flackerte wieder und nahm einen unheilvollen grünen Farbton an.

Imad fuhr herum und griff nach etwas unter seinem Umhang. Mazen sah, dass er eine Kette um den Hals hängen hatte. Zwischen seinen Fingern glänzte etwas Goldenes – ein Amulett.

»Komm zu mir«, flüsterte Imad und verstärkte den Griff um das Amulett. Als er nun den Mund aufmachte, drangen ihm die gutturalen Laute der Ghul-Sprache heraus. Doch die Ghule um ihn herum reagierten nicht. Sie waren wie erstarrt und hielten die Köpfe auf unheimliche Weise gesenkt, als würden sie auf etwas lauschen.

Mazen nahm eine Bewegung wahr. Sie stammte nicht von den Flammen, die wie besessen in den Wandleuchtern flackerten, sondern vom Messer in Imads Hand. Von der Klinge blinzelten ihm zwei brennende Augen zu.

Die Eingangstür schlug zu. Das Feuer wurde noch schwächer und verlosch, sodass der Raum in vollkommene Dunkelheit getaucht war. Eine unheimliche Stille breitete sich aus.

Und dann fegte eine unsichtbare Kraft wie ein Wirbelwind durch den Raum und trieb Mazen die Luft aus der Lunge. Auf allen Seiten brach Chaos aus. Mazen hörte hastige Schritte und gezischte Flüche. »Was ist das für eine Hexerei?«, fragte Imad in dem Durcheinander mit Omars Stimme. »Wer …? Nein. *Nein!*«

Irgendwo in der Nähe ertönte ein unmenschliches Heulen, gefolgt vom Geplapper der Ghule. Schritte. Etwas riss. Dann ein Schrei.

Imad murmelte etwas, das wie ein inbrünstiges Gebet klang. Mazen hörte ihn stolpern, etwas Metallisches fiel klirrend zu Boden.

War das Imads Dolch?

Mazen griff danach. In seinem Griff war er nicht mehr halbmondförmig, und da … auf der schwach leuchtenden Klinge blinzelten wieder die roten Augen auf. *Und?*, hörte er in Gedanken jemanden fragen. *Willst du etwa nur rumsitzen?* Mazen erkannte die Stimme. Und auch die Augen. Es schien unmöglich. Andererseits …

Nicht unmöglich. Dschinn sterben nicht wie Menschen.

Mazen spähte in die Dunkelheit. »Al-Nazari? Lou…«

Von hinten schlangen sich Finger um sein Handgelenk. Er wirbelte panisch herum und entspannte sich erst, als er im schwachen Licht der Klinge Loulie erkannte, die ihn mit glasigem Blick ansah. Als sie das Messer bemerkte, riss sie es ihm aus der Hand.

Mazen betrachtete das Blut auf ihren Schals und ihrer Robe. Noch nie hatte sie so klein gewirkt. Und erschöpft.

»Wir müssen hier raus«, sagte er sanft. »Kannst du gehen?«

In Loulies Wange zuckte ein Muskel. Sie schüttelte den Kopf.

Mazen sah zu ihren Füßen, konnte sie unter dem blutigen Saum ihrer Robe jedoch nicht erkennen. »Ich werde dich tragen, in Ordnung?«

Die Händlerin sagte nichts, als er mit einem Arm ihre Beine umfasste und ihr die andere Hand auf den Rücken legte. Sie presste ihm nur eine Hand auf die Brust, während er aufstand. Er war nicht sicher, wer von ihnen beiden stärker zitterte. Unsicher machte er kehrt und durchquerte den Raum. Da die Klinge nicht mehr leuchtete – vermutlich, um keine Aufmerksamkeit auf sie zu ziehen –, sah er gar nichts mehr, auch nicht den Ausgang.

Die Dunkelheit war undurchdringlich. Mazen schaffte nur ein paar Schritte, bevor er, von dem unsichtbaren Chaos ringsum überwältigt, erstarrte. Er hörte Ghule heulen, Männer gellen und Schwerter kreischen …

Die Händlerin stupste ihn an und drückte ihm etwas Rundes in die Hand. Mazen ertaste mit den Fingern Glas und Holz … War das ein Kompass? Er erinnerte sich an das Gerät in Imads Händen. Wie um alles in der Welt hatte Loulie es ihm abgenommen? Doch ehe er sie danach fragen konnte, geschah etwas Seltsames.

Das Holz erwärmte sich unter seinen Fingern, und ein vertrautes Lied schallte durch seine Gedanken. *Die Sterne, sie brennen in der Nacht und weisen dem Scheich den Weg …*

Die Welt verblasste. Er fiel an einen Felsbrocken gekettet ins Wasser und ertrank …

Die Erinnerung verschwand so schnell, wie sie gekommen war.

Entschuldige. Mazen verschlug es den Atem, als er die Stimme in seinem Kopf vernahm. *Ich habe dich für jemand anderen gehalten,* sagte die Königin der Dünen. *Ich muss gestehen, dass alle Menschenmänner für mich gleich aussehen.*

Seine Gedanken begannen zu rasen. Die Stimme gehörte eindeutig der Königin der Dünen, aber … wie konnte das sein? Hatte Imad den Halsreif aus der Tasche der Händlerin gestohlen und mitgebracht? Während er darüber nachdachte, wurde Mazen etwas noch Verblüffenderes bewusst: Aus irgendeinem Grund kannte er auf einmal den Weg durch den Raum. Es war, als befände sich in seinem Kopf eine Kompassnadel, die direkt zum Ausgang wies.

Als er auf die Tür stieß, summte sein Blut vor Magie und ihm war schwindelig.

Die Händlerin nahm ihm den Kompass ab und griff nach der Tür, zog die Hand jedoch sofort wieder zurück, als die Klinge erneut aufleuchtete und einen von Imads Männern erhellte, der am Eingang Wache hielt.

Er blinzelte verwirrt in das trübe Licht. »Glaubst du wirklich, du kommst an mir vorbei, Prinz?«, fragte er und hob seine Waffe. In diesem Moment flog die Tür hinter ihm auf. Der Mörder wurde von den Füßen gerissen und von etwas durchbohrt. Dahinter stand Aisha und hielt das Schwert, dessen Spitze aus seiner Brust ragte.

Sie sah Mazen mit weit aufgerissenen Augen an. »Worauf wartest du noch? Lauf!«

Loulie umklammerte ihn fester, während er geduckt hinter Aisha in den glücklicherweise von Fackeln erleuchteten Korridor hastete. Er drehte sich noch einmal um und sah, dass Imads Spießgesellen die Verfolgung aufnahmen. Hinter der ersten Ecke blieb Aisha stehen. »Du bist nicht schnell genug. Reich mir deinen Schatten.«

Mazen runzelte die Stirn. »Ich kann dir den Schatten nicht einfach *geben* …«

»Du kannst ihn doch von der Wand abziehen, oder?«, entgegnete sie mit einem ungeduldigen Winken. »Gib ihn mir.«

Mazen fasste nach dem Schatten, zog ihn von der Wand und warf ihn widerwillig Aisha zu. Schockiert erkannte er, dass er tatsächlich auch bei ihr funktionierte.

Aisha schien genauso überrascht wie er, fing sich jedoch gleich wieder und hielt eine Hand der Händlerin hin, während sie sich mit der anderen den Schatten über die Schultern streifte. »Deinen Dolch nehme ich auch an mich.«

Loulie bedachte sie mit einem mörderischen Blick und schüttelte den Kopf.

»Wenn ich Zeit für euch rausschinden soll, brauche ich eine Waffe. *Gib mir* den Dolch.« Sie machte Anstalten, ihn Loulie aus der Hand zu nehmen.

Die Waffe ging in Loulies Griff in Flammen auf.

Mazen schnappte erschrocken nach Luft, und Aisha zog die Hand rasch wieder zurück. »*Verdammt.*«

Heftig blinzelnd, starrte Loulie das Feuer an. Einen Moment lang schien sie benommen, doch dann fasste sie sich wieder und drückte Aisha den Dolch kommentarlos in die Hand.

Als sich die Finger der Räuberin um den Griff schlossen, keuchte sie auf. »Er hat eine *Stimme?*« Sie verstummte kurz und wurde blass. »Moment mal, ist das …?«

»Ja.« Mazen trat einen Schritt zurück. »Das ist Qadir. Verlier ihn nicht.«

Aisha zog sich den Schatten mit einem Nicken über den Kopf und verschwand.

Mazen vernahm ihre leisen Schritte und dann die überraschten Schreie der Männer, die von einem unsichtbaren Geist niedergestreckt wurden. Er selbst lief derweil weiter und sah zum ersten Mal, seit sie den Raum verlassen hatten, auf den Kompass. Als Loulie ihn wieder an sich genommen hatte, war die Kompassnadel aus seinen Gedanken verschwunden, doch er konnte sie in ihrer hohlen Hand sehen. Zuckend führte sie ihn eine Treppe hinunter. Anschließend deutete sie starr geradeaus. Ihm fiel wieder ein, was Imad über ihre magischen Kräfte gesagt hatte, und sah der Händlerin ins Gesicht. »Ist das … ein Königsrelikt?«

Loulie zuckte die Achseln. Jetzt erst wurde Mazen bewusst, dass sie noch kein Wort gesagt hatte, und warf einen Blick auf ihren Hals. Beim Anblick der eisernen Fessel und der daran baumelnden Kette zog es ihm das Herz zusammen. »Warum kannst du nicht sprechen?«

Sie deutete auf die Eisenfessel.

»Und was hindert dich am Gehen?«

Sie presste die Lippen zusammen und schwieg.

Imad. Mazen schluckte seinen Ärger hinunter und folgte dem Kompass weiter durch die verfallenen Korridore. Unterwegs trat er immer wieder klapprige Holztüren ein.

Weshalb führte das Relikt ihn tiefer in die Ruinen?

Er blieb stehen und erkannte, dass der Korridor sich verjüngte. Außerdem waren die Risse und Löcher in den Wänden verschwunden, an die er sich mittlerweile so gewöhnt hatte. Sie waren in eine Sackgasse geraten.

»Al-Nazari«, sagte er leise krächzend. »Wo sind wir?«

Die Händlerin, die genauso verwirrt wirkte wie er und sehr blass aussah, schüttelte den Kopf.

»Ich hätte auf demselben Weg hinausgehen sollen, den ich herein genommen habe. Aber das Sandmeer …« Erschöpft und verzweifelt ließ er sich rückwärts an eine Wand sinken. Die Händlerin zupfte an seinem Ärmel und blickte fragend zu ihm. Sie wusste nicht, dass sie vom Sandmeer umgeben waren und er keinen Fluchtweg kannte.

Er sah sich hektisch um, konnte jedoch weder Türen noch weitere Gänge erkennen. Es gab keinen Ausweg.

Sein Blick fiel auf den Boden und blieb an seinem Schatten hängen. Er stutzte. Wenn sein Schatten zurückgekehrt war, dann war Aisha …

»Ende der Fahnenstange, Prinz.«

Mazen wirbelte herum und sah Imad hinter sich stehen. Er hatte noch immer Omars Gestalt und war von Menschenmännern flankiert. Einer presste sich Aisha an die Brust und hielt ihr ein Messer an die Kehle. Sie wehrte sich gegen ihn, doch sein Klammergriff war unerbittlich. Bestürzt betrachtete Mazen die roten Tropfen auf der Klinge. Er blickte zwischen den Männern hin und her und suchte nach einer Schwachstelle, die … Mit einem Mal wurde ihm bewusst, was fehlte. »Wo sind deine Ghule?«, fragte er matt.

Imad trat vor und öffnete seinen Umhang. Mazen zuckte zusammen. Imads Amulett war verschwunden. »Sie laufen Amok«, erwiderte der Räuber mit schriller Stimme. »Deine Dschinn hat mein Relikt unbrauchbar gemacht. Sie hat die Kontrolle über *meine* Ghule übernommen und mir mit ihrem schrecklichen Lied den Verstand benebelt.«

Mazen dachte an das Lied der Königin der Dünen und erinnerte sich daran, wie sich ein Spalt in seinem Verstand aufgetan hatte, durch den fremde Erinnerungen eingedrungen waren. Woher war sie gekommen? *Wie* war sie hierhergekommen?

Imad trat einen weiteren Schritt vor. Mazen sah etwas Silbernes zwischen seinen Fingern aufblitzen. Wurfmesser. »Wegen deiner Dschinn muss ich jetzt auf althergebrachte Foltermethoden zurückgreifen.« Er hob eine Hand und schnippte mit den Fingern. »Töte sie.«

Mazen war zu sehr damit beschäftigt, Loulie festzuhalten und um *ihr* Leben zu fürchten, um mitzubekommen, wie der Mörder hinter Aisha sein Gewicht verlagerte. Dass er sein Messer bewegte, bemerkte er erst, als es bereits zu spät war.

Als die Klinge Aishas Kehle aufschlitzte.

Sie gab keinen Schrei von sich, kein Weinen.

Stattdessen sah sie ihn nur verzweifelt mit ihrem verbliebenen Auge an. Dann erlosch die Panik in ihrem Blick, und sie brach zusammen.

Auch Mazens Welt stürzte ein. Er war sich seines Herzschlags bewusst. Seines hektischen Atems. Des Schreis, der laut in seiner Brust widerhallte.

Die Händlerin biss sich so fest in die Faust, dass Blut von ihren Knöcheln tropfte.

»Dein Bruder hat mir alles genommen.« Imad stand dicht genug vor ihm, um ihn zu töten. »Jetzt werde ich mich dafür revanchieren.«

Mazen konnte den Blick nicht von Aisha abwenden. Von ihrem unbegreiflich reglosen Körper.

Steh auf, dachte er verzweifelt. *Steh auf!*

Doch Aisha rührte sich nicht.

Sie war so selbstbewusst, so stark gewesen. Eine unbezwingbare Naturgewalt. Wenn *sie* nicht überleben konnte, wer dann?

»Es tut mir leid«, flüsterte er, an Aisha und die Händlerin gewandt.

Erneut geriet die Welt um ihn herum ins Wanken. Mazen taumelte zwischen den zitternden Wänden hin und her. Er hatte nicht mehr genug Kraft, um mit der Händlerin in den Armen stehen zu bleiben. Seine Sicht verschwamm. Er blinzelte.

Die Welt kam wieder ins Lot.

Und erbebte von Neuem. Sie kippte.

Und zerbrach.

Ein Geräusch ertönte. Mazen erkannte darin das Rauschen herabfallenden Sandes.

Imad drehte sich um. Mazen folgte seinem Blick zu den spinnennetzartigen Rissen, die sich in den uralten Wänden bildeten. Sie breiteten sich wie pulsierende Adern aus, bis die Wände schließlich barsten und sich eine gigantische Flutwelle aus Sand in den Korridor ergoss.

Mazen wich stolpernd zurück und sah Imad schlucken.

Die Welt verschwand hinter einem verschwommenen schwarzen Schleier.

Seine Augen, seine Nase und sein Hals waren voller Sand. Die Händlerin befand sich nicht mehr in seinen Armen. *O ihr Götter, ich bekomme keine Luft mehr, ich kann nicht atmen, Hilfe …*

Mazen versank immer tiefer. Bis …

Der Sand unter ihm nachgab und er ins Nichts fiel.

46

LOULIE

Layla konnte den Blick nicht von dem glitzernden, fließenden Sand abwenden. Zum ersten Mal sah sie das Sandmeer aus der Nähe. Sein Anblick raubte ihr den Atem.

»Majestätisch, nicht wahr?«

Layla fuhr zu ihrer Mutter herum, die neben ihr auf einem der Kamele ihres Stammes ritt. Doch sofort kehrte ihr Blick wieder zu den wogenden goldroten Dünen zurück. »Es sieht wie der Ozean aus.« Manche behaupteten, das Meer sei unendlich tief. Galt das auch für das Sandmeer?

»Dort unten leben die Dschinn«, sagte ihre Mutter. »So tief, dass nur die stärksten von ihnen herausklettern können.«

Layla neigte den Kopf zur Seite. »Heißt das, wenn wir tief genug tauchen würden, könnten wir die Welt der Dschinn besuchen so wie sie unsere?«

Ihre Mutter lächelte verschmitzt. »Mein Schatz, die Dschinn verfügen über eine Magie, die es ihnen ermöglicht, sich einen Weg durch unendliche Mengen Sand zu bahnen. Wir besitzen diese Macht nicht. Uns würde die Luft ausgehen, bevor wir den Grund erreichen.« Layla zuckte zusammen, als ihre Mutter sie an der Schulter berührte. »Wir sind Nomaden, aber nicht mal wir können uns ins Sandmeer vorwagen. Es ist zu gefährlich.« Sie hob eine Augenbraue. »Hörst du mich, mein süßes Feuer? Geh niemals *ins Sandmeer.«*

Layla wandte sich ab, damit ihre Mutter nicht sehen konnte, wie sie errötete. Sie wollte es ja nicht wirklich tun. *Es … interessierte sie einfach nur.*

Sie räusperte sich. »Du hast mir mal erzählt, das Sandmeer bestehe aus Dschinn-Feuer. Stimmt das?«

Der Blick ihrer Mutter wurde wehmütig. »Das Sandmeer ist ein Riss in der Welt. Er wurde von einem so heftigen Feuer verursacht, dass es niemals aufgehört hat zu brennen. Von dieser Magie musst du dich unbedingt fernhalten. Hast du mich gehört, süßes Feuer?«

✦ ✦ ✦

Loulie verstand es nicht.

Sie begriff nicht, wieso das Sandmeer plötzlich die Ruinen verschluckt und sie dennoch nicht getötet hatte. Egal, wohin sie blickte. Überall war Sand. Doch er glich eher einem Tunnel als einem Ozean. Ein wirbelnder Strom aus Rot und Gold, der sie wie ein Tornado umkreiste.

Sie fiel, und es kam ihr vor, als würde sie in die Sonne stürzen.

Ist das Sandmeer etwa ein Tunnel, der zum Mittelpunkt der Erde führt?, dachte sie.

Doch schließlich war ihr Sturz zu Ende.

Sie schlug so fest auf dem Boden auf, dass ihr einen Moment lang die Luft wegblieb. Als sie sich langsam hochstemmte, entdeckte sie zuerst den Prinzen, der ein paar Schritte von ihr entfernt kniete und den Kompass ausgrub. Imad hatte ihn in seiner Panik in der dunklen Schatzkammer weggeworfen, und Loulie hatte ihn entdeckt. Nun war sie froh, dass er es mit ihnen hier heruntergeschafft hatte.

Sie blickte sich um und merkte, dass sie auf allen Seiten von Sandkaskaden umgeben waren. Als Nächstes schaute sie nach oben und betrachtete das gigantische Loch über ihnen. Der Sand, der über den Rand stürzte, blieb ihr in den Wimpern hängen. Sie kniff die Augen zusammen und konnte die einstürzenden Ruinen ausmachen – was bedeutete, dass sie … sich unter ihnen befanden? Wie war das möglich?

»Mitternachtshändlerin?« Der Prinz wischte sich Sand aus den Augen.

Sie winkte ihm zu.

Der Prinz stand auf. Als er nach oben sah, klappte ihm der Mund auf. »Oh«, sagte er überwältigt. Dann riss er die Augen auf und wirbelte mit flehendem Blick zu Loulie herum. »Aisha?«

Loulie schluckte und schüttelte den Kopf. Sie hatte Aisha sterben sehen, genau wie Qadir.

Qadir. Sie erstarrte. *Das Messer!* Verzweifelt schaute sie sich danach um.

Doch sie sah nur Sand. Der Boden und die Wände bestanden aus Sand. Ansonsten war hier unten nichts und niemand zu sehen. *Nein, nein, nein!* Sie war eine verdammte *Idiotin.* Sie hatte Aisha das Messer gegeben, und jetzt war es weg. Unmöglich – sie weigerte sich, Qadir ein weiteres Mal zu verlieren.

Ein Stück entfernt rief der Prinz ihren Namen. In seiner Stimme schwang Panik mit. Sie folgte seinem entsetzten Blick zum Loch, durch das in diesem Moment ein namenloser Schrecken – ein schattenhaftes, in blaues Feuer gehülltes Wesen – herabfiel. Es stürzte sich so unvermittelt auf sie beide, dass Loulie keine Zeit blieb zu reagieren. In einem Moment war die Welt warm und golden, im nächsten war sie rot und *brannte.* Ins Sandmeer zu fallen, war gewesen, als würde sie in die Sonne stürzen, dies fühlte sich dagegen an, als ginge sie geradewegs in ein Inferno.

Der Metallstreifen um ihren Hals wurde unerträglich heiß. Als sie das Metall berührte, spürte sie Feuer. Es streichelte sie und wärmte ihr die Handflächen.

Sie kannte dieses Feuer.

Unsichtbare Finger drückten sich auf ihre. Ein letztes heißes Aufflackern, und dann war sie frei. Die Metallfessel zerfiel zu Asche und rieselte von ihrem Hals herab. Loulie blickte keuchend auf und sah eine Flammenwand.

Das Feuer schwächte sich ab, von Blau über Gold und Rot zu

Schwarz, und nahm schließlich die Gestalt eines Mannes an, der so fahl aussah, dass er kaum zu existieren schien. Die Wirbel auf seiner Haut vermischten sich wie Wasser miteinander, seine rubinroten Augen waren so grell, dass keine Pupillen in ihnen zu erkennen waren.

Vertraut und doch unvertraut. Loulie war zu schockiert, um seinen Namen zu sagen.

Das Phantom bückte sich und hob sie hoch. Loulie fühlte sich, als würde sie von Rauch festgehalten werden. Sie spürte einen sanften Druck auf ihrem Kopf, wohltuende Hitze sickerte in ihre Haut. Doch vor allem empfand sie ungeheure Erleichterung. Endlich war sie wieder *sicher.*

»Du.« Der Prinz trat, die Hand fest um den Kompass geschlossen, zurück. *»Wie?«*

Die brennende Erscheinung ignorierte ihn und winkte knapp in Richtung eines der Sandwälle. Er teilte sich wie ein Vorhang, verbrannte zu knisternder Asche und gab den Blick auf einen Tunnel frei. Das Phantom sah zu Loulie herab und drückte ihr eine Waffe in die Hand. Qadirs Messer. Seine roten Augen blickten sie von der Klinge aus an.

»Qadir.« Sie packte den Messergriff fester.

Er war zurück. Er war *wieder da.*

»Kompass«, krächzte Qadir mit papierner Stimme. Er deutete auf den Tunnel und sah erwartungsvoll Mazen an.

Der Prinz wich zurück. »Wie bist du hergekommen? Wie sind *wir* hierhergekommen? Was für eine Magie …?«

Die Sandwände erbebten. Loulie blickte nach oben und sah, dass sich eine Unmenge von Sand durch das Loch ergoss. Kurz bevor er sie unter sich begrub, hob Qadir eine Hand und beschwor einen Schild aus Flammen. Der Sand verglühte zu Funken, sobald er ihn berührte, doch es war zu viel, und der Druck zerbrach den Schild. *»Lauf!«*, rief Qadir.

Der Prinz stürmte zum Tunnel. Qadir folgte ihm. Er bestand

aus Rauch und Wind und bewegte sich so schnell, dass Loulie zu fliegen glaubte. Während sie rannten, brannte er mit vorgereckter Hand eine Schneise durch den herabstürzenden Sand, der hinter ihnen mit lautem Zischen den Tunnel füllte.

Sie presste ihr verheultes Gesicht an seine Schulter. »Ich bin hier«, sagte er sanft. Wenn sie sich nur genug anstrengte, würde sie sich vielleicht einreden können, er wäre keine Raucherscheinung, sondern bestünde aus Fleisch und Blut und wäre *tatsächlich* da.

»Was für eine jämmerliche Art zu sterben«, erwiderte sie.

»Du wirst nicht sterben.«

»Die Nadel bewegt sich andauernd!«, rief Mazen von vorn.

»Wir sind fast da«, gab Qadir so leise zurück, dass Loulie ihn wegen des tosenden Rauschens hinter ihnen kaum hörte.

Loulie wandte den Kopf nach vorn und musste die Augen zusammenkneifen. Der Sand führte zu einem Loch hinauf, durch das grelles Sonnenlicht schien. Ein Weg *ins Freie*.

»Siehst du? Fast da.« Qadirs Stimme war leise. Er schien sich aufzulösen. Sie spürte kaum noch seine Hände.

»Verlass mich nicht.« Sie klammerte sich mit aller Kraft an ihn. »Du darfst mich nicht verlassen.«

Auf einmal strahlte ihr helles Licht in die Augen, und sie spürte Wind auf ihrer Haut, während sie auf dem rutschenden Sand durch die versinkenden Ruinen nach oben hasteten, höher und höher, bis …

Ein Schrei gellte. Loulie blickte hoch und nahm den Prinzen als in gleißendes Licht gehüllten Schatten wahr. Er fiel auf die Knie, fasste sich an den Arm und rutschte den Hang herunter. Den zweiten Schatten bemerkte sie erst, als ein Messer an ihr vorbeizischte und sich durch Qadirs rauchige Gestalt bohrte. Die Arme des Dschinns lösten sich von ihr, und sie rollte hustend und spuckend den Sand hinunter.

»*Du*. Nach dir habe ich gesucht.« Sie erkannte Omars Stimme und hob den Kopf. Er zeigte mit irrem Blick den Hügel hinauf auf

Qadirs dunstigen Körper. Loulie erinnerte sich an die Ketten. Den Halsreif und das Messer an ihrer Kehle.

Das war nicht Omar, sondern Imad.

Ein krächzendes Lachen entwand sich seiner Kehle. »Du hast mich *belogen*, Händlerin.« Er hinkte zu ihr und zog ein eindeutig gebrochenes Bein hinter sich her. Seine Haut war mit eigenartigen schwarzen Spritzern gesprenkelt, die wie Blut glänzten. »Dein Kompass ist nicht das Relikt, das wir finden sollten. Das Königsrelikt, nach dem wir gesucht haben … das hat gar nicht existiert. Und dein Dschinn …« Er holte gurgelnd Luft. »… ist mehr als ein Dschinn, nicht wahr?«

Schau mich an, Loulie.

Verwirrt starrte Loulie den Räuber an.

LOULIE. Der Dolch in ihrer Hand brannte heiß. Sie sah ihn an und blickte in Qadirs zusammengekniffene Augen. *Willst du dich noch immer rächen?*, hallte seine Stimme in ihren Gedanken, während Imads schattenhafte Gestalt zu ihr herabrutschte.

Das laute und ungestüme Gelächter des Räubers ließ sie erzittern. »Kein Wunder, dass er lebt! Weißt du eigentlich, was er ist, Mädchen?«

Er hat deine Familie umgebracht, sagte Qadir.

»Alles, was passiert ist – war seine Schuld!«, rief Imad.

Er hat deinen Stamm ausgelöscht.

Das Feuer loderte so hell, dass dunkle Flecken vor ihren Augen tanzten. In ihnen sah sie den Albtraum. Ihr brennendes Lager. Ihre tote Familie.

»Mitternachtshändlerin!« Ihr Titel riss sie aus den Erinnerungen. Sie sah an Imad und Qadir vorbei zum Prinzen hinauf. Er saß auf dem Kamm der Düne, hielt sich den blutenden Arm und rief aus Leibeskräften ihren Namen. *Loulie. Mitternachtshändlerin.*

Sie umfasste ihren Dolch. Sie war nicht Layla. War nicht schwach. Nicht mehr.

Sie konnte zwar nicht gehen, aber sie konnte den Hang hinaufkrabbeln. Als sie nahe genug an Imad heran war, stach sie auf seine Beine ein. Der rächte sich, indem er ihr Sand ins Gesicht trat. Loulie blinzelte gegen die Tränen an, zielte auf sein lahmes Bein und stach ihm den Dolch in den Fuß.

Das Feuer auf der Klinge lebte. Es wanderte an Imads Bein hinauf, verbrannte seine Kleidung und fraß sich in seine Haut. Imad taumelte schreiend von Loulie weg und riss hektisch an seinem Gewand. Loulie griff derweil nach seinem Knöchel. Als sie ihn berührte, zog sich das Feuer von ihren Fingern zurück, sodass sie ihn zu Fall bringen und auf dem Boden fixieren konnte. Als er sich mit einem Fausthieb zu verteidigen versuchte, wehrte sie den Hieb ab und vergrub das Messer in seiner Brust.

Das reicht noch nicht, hallte es durch ihre Gedanken.

Loulie versetzte ihm einen weiteren Stich.

Imads Haut brannte. *Nicht genug.* Er verkohlte. *Nicht genug.* Sie hackte und stach schreiend und schluchzend auf ihn ein, aber es war seltsam, so seltsam: Er blutete nicht. Aus seinen Wunden sickerte lediglich diese eigenartige Tinte. *Warum blutet er nicht? Er verdient es zu bluten. Er verdient SCHMERZEN.*

Schließlich schluchzte sie so heftig, dass ihr der Dolch aus den Fingern glitt. Sie fühlte etwas Warmes an ihrem Rücken, Arme schlangen sich um ihre Schultern. »Schau nicht hin«, flüsterte Qadir, während er sie und die Klinge vom Boden hochhob.

Loulie hielt den Blick von Imad abgewandt und sah erst wieder zu ihm hin, als sie die Düne erklommen hatten und der Räuber nur noch ein ferner Aschefleck im Sand war.

Die Sonne blendete sie. Sie musste Tränen aus den Augen blinzeln, um Qadirs verblassendes Gesicht über ihrem sehen zu können. Seine gerade noch roten und nun wieder braunen Augen waren kaum mehr auszumachen.

Loulie griff nach seiner Brust und sagte: »Qadir.« In der Hoffnung, sein Name könnte ihn wieder verfestigen.

Er lächelte. »Du hast es geschafft. Du hast deine Familie gerächt.«

Sein Lächeln verschwand zuerst, dann der Rest seines Körpers. Während er Loulie zu Boden sinken ließ, verwandelte er sich von Rauch zu Sand.

Der Prinz fing sie auf und setzte sie sanft auf den Boden. Dann nahm er neben ihr Platz, und sie sahen gemeinsam zu, wie die Ruinen im Sandmeer versanken. Der Prinz hielt seinen verletzten Arm gepackt und betete.

Loulie sah starr geradeaus und versuchte vergeblich, nicht zu weinen.

Nun hatte sie ihre Rache, doch es war ein hohler Triumph.

47

AISHA

Aisha starb.

Vielleicht war sie aber auch bereits tot.

Der Schmerz, der durch ihre Adern strömte, war so quälend, dass sie nichts anderes mehr wahrnahm. Dass die Welt unter ihr auseinandergebrochen war, merkte sie erst, als sie auf dem Boden aufschlug.

Sie schrie nicht. Es war ihr nicht möglich. Ihre Kehle war zerfetzt, ihre letzten Worte hatten sich zusammen mit ihrem Blut in den Sand ergossen.

Das Leben ist eine Frage des Glaubens, hatte Omar mal zu ihr gesagt. *Die Bösen leben nur deswegen länger, weil sie sich für unbesiegbar halten.*

Ihr König hatte sie angelogen. Sie hatte geglaubt, sie wäre die Beste und nicht zu bezwingen.

Doch nun lag sie hier und würde nie mehr aufstehen.

Aisha öffnete ein Auge. Es brannte höllisch, aber sie weigerte sich, im Dunkeln zu sterben. Vor ihrem Tod würde sie ihren Mörder zumindest noch mit Blicken durchbohren.

Aber Imad war verschwunden, und auch der Prinz und die Händlerin waren nirgends zu sehen. Nur endlose Sandhügel. Wann war sie aus den Ruinen entkommen? Vielleicht war sie ja wirklich schon tot.

Doch dann sah sie einen Schatten zwischen den Dünen stehen. Einen Schemen aus Rauch mit rot leuchtenden Augen. Er trug einen Goldreif um den Hals. Einir *Dschinn.* Aishas Blick trübte sich, und ihr Körper begann zu zucken. Der Schmerz, der sie durchfuhr, war so schrecklich, dass sie einen lautlosen Schrei ausstieß.

Als sie wieder klarer sah, stand dier Dschinn vor ihr.

War das … der Leibwächter der Mitternachtshändlerin?

Der Schemen sah sie an. Er schwieg und rührte sich nicht. Aisha glaubte schon fast, ihn sich nur einzubilden, doch da hob er den Arm und zog sich den Goldreif vom Hals. Dier Dschinn nahm ihre Hand – die sie kaum noch spüren und noch weniger bewegen konnte – und legte ihr den Goldreif hinein. Dann ging sier weg.

Erneut legte sich ein Schleier über Aishas Augen. Als sie es endlich schaffte, ihn wegzublinzeln, halluzinierte sie noch immer. Diesmal sah sie eine geisterhafte Frau vor sich, die nur aus Ecken und Kanten zu bestehen schien. Ihre Augen wirkten wie mit Tinte gefüllte Brunnen, und ihr geflochtenes Haar schwang wie ein Pendel hin und her.

Ob sie wohl die Gottheit des Todes war?

Als sich die Lippen der Frau zu einem hinreißend verschmitzten Grinsen verzogen, wusste Aisha, dass sie es nicht mit einer wohlmeinenden Gottheit zu tun hatte. »Salaam«, sagte sie. »Möchtest du gerne sterben?«

Aisha zuckte zusammen. Die Stimme gehörte der untoten Königin, die sie in der Wüste verspottet hatte – der Dschinn also, die in den Wali von Dhyme gefahren war. Sie hatte in ihren Gedanken *Such mich, Dschinn-Mörderin* geflüstert. Anscheinend hatte die Dschinn Aisha zuerst gefunden.

Der Dschinn-König – oder besser gesagt die Dschinn-Königin – hockte sich hin und neigte den Kopf zur Seite. Ihr Zopf schwang weiter, wie von einem geisterhaften Wind bewegt. »Oder würdest du lieber eine Abmachung treffen?«

Nein, keine Abmachung. Aisha hatte es ihr ganzes Leben lang geschafft, keinem Dschinn zum Opfer zu fallen, und wollte auch nun, im Augenblick ihres Todes, nicht klein beigeben. Dschinn waren Monster. Ihretwegen hatte Aisha ursprünglich zu den Waffen gegriffen.

Die Königin hob eine Augenbraue. »Bist du sicher?« Sie beugte sich vor, griff nach Aishas freier Hand und verschränkte ihre Finger miteinander. Eis, Feuer, Tod, Licht und *Leben* pulsierten wie ein mächtiges Gift durch Aishas Adern.

»Ich kann dich wieder heil machen.«

Aisha erschauderte. Sie konnte ihren Körper wieder spüren. Und *atmen.*

»Hast du nicht noch etwas zu erledigen?«

Aisha dachte daran, wie Omar sie in ihrem dunklen Schlafzimmer angelächelt hatte. *Ich kann mich doch darauf verlassen, dass du diese Sache durchziehst, oder?*

Natürlich.

Und versprichst du mir auch, nicht zu sterben?

Sie hatte geschnaubt. *Räuber lassen sich nichts wegnehmen, schon gar nicht ihr Leben.*

»Ich werde deine kaputten Körperteile ersetzen«, sagte die Königin. »Aber diese Körperteile werden auch mir gehören. Verstehst du das? Ich werde eines deiner Augen übernehmen. Und« – sie tippte auf Aishas Brustbein, unter dem ihr Herz stotterte – »ich werde dein Herz übernehmen und deinen Körper mit dir teilen.«

Aisha erschauderte. *Den Wali von Dhyme hast du komplett übernommen.*

Die Königin kniff die Augen zusammen. »Von ihm habe ich Besitz ergriffen. Mit dir treffe ich eine Abmachung.«

Wieso schlägst du mir eine Abmachung vor, obwohl ich eine Dschinn-Mörderin bin und du mich verabscheust? Obwohl ich dich verabscheue?

»Weil wir beide etwas davon haben. Ich kann in deiner Welt nur in einem Gefäß wirklich existieren. Mit einem Verstand. Und deswegen muss ich mit dir zu einer Vereinbarung kommen.«

Aisha fixierte die Landschaft hinter der Dschinn, die lediglich aus einem glitzernden dunklen Streifen bestand. Er erinnerte sie an den Nachthimmel.

Als Kind hatte sie sich immer gefragt, ob der Himmel endlos war. Dieser Streifen hatte ganz sicher kein Ende. Von ihm würde es keine Wiederkehr geben.

Ein Traumbild legte sich über die Realität.

Sie fiel. Prinz Omar betrachtete sie enttäuscht aus der Ferne. Sie schämte sich zu sehr, um Hilfe suchend die Hände nach ihm auszustrecken. Lieber wollte sie verschwinden …

»Es tut mir leid.« Die Stimme ließ sie stutzen. Sie gehörte nicht Omar.

Sie blickte auf und sah Mazen vor sich stehen. Er wirkte zutiefst verlegen. Sie merkte, dass sie sich darüber ärgerte. Es war beleidigend, dass er sich bei ihr entschuldigte, obwohl er sie doch gerettet hatte.

Sie wollte ihn erwürgen. Und sie wollte ihn umarmen.

Gleichzeitig machte sie sich verzweifelt klar, dass keiner der beiden Prinzen diesen Schritt wert war. Sie hatte sich nicht seit jeher geweigert, Dschinn-Relikte zu benutzen, nur um nun selbst zu einem zu werden. Diese Magie hat ihr Leben zerstört.

»Magie zerstört nicht nur, sie kann auch retten.« Die Dschinn streckte eine Hand aus. »Hältst du wirklich so stur an deinen Überzeugungen fest, dass du diese letzte Chance nicht ergreifen wirst?«

Aisha dachte daran, was sie zu Mazen gesagt hatte: *Der einzige Unterschied zwischen einem Helden und einem Feigling besteht darin, dass der eine sich seiner Angst stellt und kämpft, während der andere sich ihr hingibt und davonläuft.*

Aisha war nicht so verblendet, sich für eine Heldin zu halten, aber sie war auch kein Feigling.

Sie würde nicht aufgeben. Nein, sie würde nicht *sterben.*

Sie blickte in die Augen der Dschinn-Königin. *Wenn das hier eine Abmachung sein soll, musst du dich auch an* meine *Bedingungen halten.*

Sie rechnete mit Widerspruch, doch zu ihrer Überraschung lächelte die Dschinn nur. Ihre Zähne leuchteten in der Dunkelheit unheimlich weiß.

»Schlauer Mensch«, sagte sie.

Du musst mir versprechen, mich nie als Marionette zu missbrauchen.

»Ich habe dir gesagt, dass es sich um eine Abmachung und nicht um eine Inbesitznahme handelt.« Die Königin neigte den Kopf. »Aber wenn dir mein Wort so wichtig ist, sollst du es haben, Jägerin. Ich verspreche dir, dass ich dich nie zu etwas zwingen werde. Du behältst deinen eigenen Willen.«

Eigentlich hätte Aisha außerstande sein müssen, die Hand zu bewegen. Doch irgendwie schaffte sie es, die ausgestreckten Finger der Königin zu ergreifen. *Dann sind wir uns einig.*

Die Dschinn verzog die Lippen zu einem wissenden Lächeln. »Eine Dschinn-Jägerin und eine Dschinn«, sagte sie und drückte Aishas Hand. »Wir werden ein tolles Gespann abgeben.«

Aishas Herz nahm wieder seine Tätigkeit auf und wurde mit jedem Schlag kräftiger und lauter, bis sie es hinter ihren Augen und in ihren Adern pochen fühlte.

Und so kehrte sie ganz langsam ins Leben zurück.

48

MAZEN

Als Hakim noch nicht lange in Gefangenschaft gewesen war, hatte er zu Mazen gesagt, dass Freiheit etwas sei, das nur jene wirklich zu schätzen wüssten, denen sie abhandengekommen sei. *So ist es mit allem,* hatte er erklärt. *Wie viel etwas wert ist, begreift man erst, wenn man es verliert.* Während Mazen nun mit nichts außer den schlecht sitzenden Kleidern seines Bruders am Leib in einer Höhle saß, konnte er zum ersten Mal nachempfinden, was Hakim damit gemeint hatte.

Das Sandmeer war ein entfernter, sich ständig verändernder Ozean, dessen Oberfläche gelegentlich von einem versinkenden Gebäude aufgewühlt wurde. Kaum zu glauben, dass er noch vor wenigen Stunden in diesen Ruinen gewesen war. Und noch weniger wollte ihm in den Kopf, dass sie sie zu viert betreten hatten.

Mazen umfasste seinen frisch bandagierten Arm – er hatte einen Ärmel von seinem Gewand abgerissen, um die Blutung zu stillen – und warf einen verstohlenen Blick über seine Schulter zur Händlerin. Loulie al-Nazari stand noch immer mit dem Gesicht zu einer Wand und ignorierte ihn. Ihre malträtierten Fußknöchel waren unter dem Saum ihrer Robe verborgen.

Bisher hatten sie noch nicht darüber gesprochen, wie es nun

weitergehen sollte. Mazen wollte keinesfalls nach Ghiban weiterziehen, als wäre nichts gewesen – nachdem Aisha …

Wenn er die Augen schloss, sah er Aisha bint Louas, eine der vierzig Räuber, in einer Blutlache liegen und ihren letzten Atemzug aushauchen, bevor er ihren Namen schreien konnte.

Mazen zog die Knie an die Brust und stieß langsam den Atem aus. Er würde nicht weinen. Das hatte er vorhin schon ausgiebig getan, als er die Händlerin in die Höhle am Rand des Sandmeers gebracht hatte. Während er sich mit dem Rücken an eine Wand gelehnt und geschluchzt hatte, hatte sie ausdruckslos vor sich hin gestarrt. Entweder war ihr Kummer bereits versiegt, oder sie schrie in Gedanken.

Vielleicht empfand die Händlerin Schweigen ja als tröstlich. Mazen nicht. Für ihn war Stille schon immer nur eine Leere gewesen, die es zu füllen galt. Es standen zu viele Fragen zwischen ihnen – und zu viel Schuld. Die Händlerin hatte sich noch nicht nach dem Sinn und Zweck seiner Tarnung erkundigt, und er selbst wollte nicht darüber sprechen. Dafür schämte er sich zu sehr.

Eine Bewegung in der Wüste erregte seine Aufmerksamkeit. Er hob den Blick – und erstarrte.

»Al-Nazari.« Die Händlerin drehte sich nicht um. Also rief er noch einmal. Sie wirbelte mit finsterem Blick zu ihm herum und zog eine gequälte Grimasse, als sie das Gewicht auf ihren Knöcheln verlagerte. Mazen deutete in die Ferne auf einen größer werdenden Fleck. »Jemand kommt.«

Mazen hatte beobachtet, wie die Händlerin Imad und den Armreif – der ein uraltes Familienartefakt gewesen war! – zu Asche verbrannt hatte. Er hatte Qadir in Rauch aufgehen und Aisha sterben sehen. Wer in diesem Moment zu ihnen kam, wusste er nicht, doch wer immer es war, hielt geradewegs auf die Höhle zu.

Ohne nachzudenken, griff er nach Omars Messergürtel und fasste ins Leere. Die Klingen seines Bruders waren verschwunden. Nun hatten sie nur noch Qadirs Waffe, und Mazen war sicher, dass

Loulie eher ihren Tod in Kauf nehmen würde, als sie ihm zu überlassen.

Doch ihm blieb nichts anderes übrig, als es zu versuchen. Er musste …

Mazen stutzte und kniff die Augen zusammen. »Das ist ja …«

»Das ist *wer?*«, fuhr die Händlerin ihn an.

»Aisha«, erwiderte er sanft.

Sein trauernder Verstand spielte ihm einen Streich. Was er sah, war eine Halluzination. Dschinn-Magie. Eine andere Erklärung gab es nicht.

Dennoch trat er taumelnd in die Wüste hinaus und eilte zu Aisha – *sie ist kein Trugbild, nein, kein Trugbild* –, bis er nahe genug war, um das Blut an ihr zu sehen. Es war überall und bedeckte sie wie eine zweite Haut. Doch ihre Verletzungen waren verschwunden, und wo der Schnitt in ihrer Kehle geklafft hatte, schimmerte unter der Blutschicht nun ein mit Schädeln verzierter Halsreif.

Das Relikt der Königin der Dünen.

Er erinnerte sich daran, wie der Wali von Dhyme mit für ihn untypisch sanfter Stimme gesprochen und gelacht hatte, während er seine Gefährten erstach und den Boden mit ihrem Blut tränkte.

Ehe er die Flucht ergreifen konnte, trat Aisha bint Louas auf ihn zu und hielt ihn an der Schulter fest. »Willst du mich nicht begrüßen?« Sie grinste, und in ihren Augen stand ein verschmitztes Funkeln, das er noch nie an ihr gesehen hatte. Doch im nächsten Moment verblasste ihr Grinsen. »Wir müssen miteinander reden«, sagte sie mit plötzlich schroffer Stimme und schleifte ihn ohne Umschweife zur Höhle.

Als wäre nichts geschehen.

Als wäre sie nicht auf unerklärliche Weise von den Toten auferstanden.

Aisha erzählte ihnen am Lagerfeuer von ihrer Wiedererweckung. Dabei gestikulierte sie auf ungewohnte Weise. Außerdem verzog sie die Lippen hin und wieder zu einem leisen Grinsen. Andere Veränderungen waren offensichtlicher – zum Beispiel ihre Narben. Sie waren unnatürlich grau geworden, als bestünden sie aus totem Gewebe. Und ihr rechtes, vorhin mit Blut verklebtes Auge war nun wieder heil und glänzte nicht mehr braun, sondern schwarz wie Obsidian im Feuerschein.

Ein Anblick, der offensichtlich auch Loulie beunruhigte. Mazen entging nicht, dass sie jedes Mal ihr Messer fester packte, wenn Aisha sie ansah. Und auch er selbst bekam es in ihrer Gegenwart mit der Angst zu tun und ertappte sich mehrmals dabei, wie er unwillkürlich nach seinen verschwundenen Waffen griff. Es war unmöglich, Aisha anzusehen, ohne sich daran zu erinnern, dass die Königin der Dünen bereits zweimal versucht hatte, sie zu töten.

Misstrauisch hörte er zu, wie Aisha ihre Geschichte beendete. Als sie fertig war, beugte die Händlerin sich vor. »Also, wer bist du? Aisha bint Louas? Oder die Königin der Dünen?«

Aisha setzte zu einer Antwort an, hielt dann aber inne. Mazen sah ihr an, dass sie die Zähne zusammenbiss. Einen Moment später schien sie sich wieder zu entspannen. »Spar dir deine dummen Fragen. Ich könnte niemals jemand anders sein als ich selbst.«

Die beiden Frauen starrten einander an. Mazen rutschte ein Stück zurück. Zwischen ihnen zu sitzen, war, als befände man sich zwischen zwei eisigen Sturmfronten.

Die Händlerin schüttelte den Kopf. »Ich glaube dir nicht.«

Aisha legte die Stirn in Falten. »Ich würde mich nie einim Dschinn unterwerfen.«

»Und wie nennst du das hier dann?« Die Händlerin deutete ungeduldig auf sie. »Eine Koexistenz?«

»Glaubst du etwa, ich wollte das? Ich habe es dir doch bereits erklärt: Wir haben eine Abmachung getroffen, weil sie nur so …« Aisha verstummte und stieß langsam den Atem aus. »Weil *wir* nur so in dieser Welt existieren können. Hätte die Dschinn euch töten wollen, hätte sie es auch ohne diese Abmachung mit Hilfe meines Leichnams tun können.«

Mazen merkte, dass er fahrig die Hände bewegte, und hörte auf damit. »Nur damit das klar ist: Sie will uns also nicht mehr ermorden?«

»*Ich* will es nicht«, erwiderte Aisha so prompt, dass sie selbst davon überrascht schien, und setzte sich aufrechter hin. Erneut huschte ein irritierter Ausdruck über ihr Gesicht. »Wegen der Relikte, die ihr mit euch herumtragt, hat die Dschinn euch irrtümlich für Mörder gehalten. Dabei bin *ich* die Dschinn-Jägerin. Würde sie sich an jemandem rächen wollen, dann an mir.« Ihre Lippen verzogen sich zu einem sardonischen Lächeln. »Doch stattdessen haben wir nun diese Vereinbarung. Ihr seht also, dass sich ihre Prioritäten verändert haben.«

Einen Moment lange herrschte Schweigen. Mazen war nicht mehr ganz so nervös, doch Loulie betrachtete Aisha noch immer mit großer Skepsis. »Dann erzähl uns den Rest deiner Geschichte. Was ist aus dem Dschinn geworden, der dir den Halsreif gegeben hat?« *Qadir.* Mazen hörte seinen Namen, auch ohne dass sie ihn aussprach.

Aisha hob die Brauen und neigte den Kopf. »In welchem Verhältnis steht ihr zueinander, Händlerin?«

Loulie runzelte die Stirn. »Ich sehe keinen Grund, deine Frage zu beantworten, solange du meine ignorierst.«

Aisha verschränkte die Arme. »Er ist gegangen. Verschwunden. Aber er wäre zu mir zurückgekommen.« Sie machte ein finsteres Gesicht. »Wegen des *Halsreifs*. Er und« – sie ballte die Fäuste – »die Königin kennen einander. Mit ihrer Magie hat er die Ghule in der Schatzkammer kontrolliert.«

Mazen erinnerte sich. In Gedanken war er wieder in Imads stockfinsterer Schatzkammer und spürte, wie eine unsichtbare Macht an ihm vorbeistrich. Es war Qadir gewesen, der mit dem

Reif um den Hals die Dunkelheit durchquert und dabei ein tonloses Lied gesummt hatte – das Lied der Königin der Dünen. Mazen fragte sich, wie lange die Mörder gebraucht hatten, um zu erkennen, dass die Ghule sich gegen sie wandten.

»Es hätte mir komisch vorkommen müssen, dass Imad den Reif nicht entdeckt hat«, murmelte Loulie. »Aber ich hätte nie gedacht, dass Qadir …« Sie verstummte und blickte ins Leere.

Aisha betrachtete den Dolch in Loulies Hand. »Dann war dein Leibwächter also ein Dschinn.«

War. Mazen entging nicht, wie die Augen der Händlerin bei diesem Wort zuckten. Die Hand, mit der sie die Waffe hielt, zitterte, doch sie starrte nur weiter schweigend vor sich hin.

»Das klingt, als hättest du Qadir schon gekannt, bevor wir dein Relikt aus der Ruine geholt haben«, sagte Mazen und sah unwillkürlich Aishas dunkleres Auge an. Wenn irgendetwas von ihr der Dschinn gehörte, dann dieses Auge.

Aishas Lippen verzogen sich. Es war nur ein kurzes Zucken, doch Mazen hatte das verstörende Gefühl, nicht nur von einer, sondern von zwei Frauen gleichzeitig abschätzig betrachtet zu werden. »Ja«, erwiderte sie. »Aber diese Geschichte kann ich dir ohne seine Erlaubnis nicht erzählen.« Sie stand auf, streckte sich und ging davon.

»Warte!« Mazen erhob sich ebenfalls und folgte ihr. »Wohin willst du? Du kannst nicht einfach …«

Sie drehte sich zu ihm um. »Wann hast du das letzte Mal etwas gegessen?«

Diese Frage überraschte ihn. Sein Magen, der bislang vor Nervosität verkrampft gewesen war, begann, vor Hunger zu knurren. Er wusste nicht, wie lange seine letzte Mahlzeit her war.

»Siehst du. Wir sprechen weiter, wenn ich von der Jagd zurück bin.«

Mazen ließ den Blick über ihre blutige Kleidung wandern. Soweit er es beurteilen konnte, besaß sie keine Waffen.

Sie schien seine Gedanken lesen zu können. »Menschen jagen mit Falken.« Sie deutete mit dem Daumen über die Schulter. »Ich verwende dafür Ghule.«

Mazen ging vorsichtig zum Höhleneingang. Als er die sechs Ghule sah, die davor Wache standen, wich er mit einem Aufschrei zurück.

Aisha seufzte. »Was glaubst du denn, wie ich aus den Ruinen entkommen bin? Ghule sind sehr gut im Graben.« Als sie Mazens verständnislosen Blick bemerkte, fügte sie hinzu: »Imad hat ihnen seinen Willen mit dem *gestohlenen* Relikt aufgezwungen.« Ihre Stimme troff vor Verachtung. »*Ich* kann sie, solange sie nahe genug sind, kraft meiner Magie beschwören.«

»Aber …« Ihm lagen so viele Einwände auf der Zunge, dass er gar nicht wusste, mit welchem er beginnen sollte. Hilflos sah er zu Loulie hinüber, doch die achtete nicht auf ihn. Ihre Aufmerksamkeit war auf den Dolch gerichtet. Bestürzt stellte er fest, dass auf ihren Wangen Tränen glitzerten.

Aisha klopfte ihm auf die Schulter. »Begleite mich, Prinz.«

»Aber«, sagte Mazen erneut. Er war nicht gerade wild darauf, mit einer tödlichen Dschinn allein zu sein.

Andererseits hatte Aisha ihn in den Ruinen gerettet. Mazen wollte ihr vertrauen und glauben, dass sie stark genug war, um den Tod zu überwinden und ihren Verstand zu behalten. Er warf einen weiteren nervösen Blick zu Loulie zurück.

»Die Ghule werden draußen warten«, sagte Aisha. *Ihr wird nichts geschehen,* sollte das heißen.

Mazen war noch immer besorgt, doch Aisha zog ihn aus der Höhle, ehe er weitere Bedenken anmelden konnte.

49

LOULIE

Als Loulie allein war, hob sie den Dolch und murmelte: »Qadir?«

Sie erhielt keine Antwort.

In den Ruinen war er zu ihr zurückgekehrt. Er hatte aus Rauch, Feuer und Schatten bestanden, aber er war *lebendig* gewesen. Nun war sogar seine Reflexion auf der Klinge verschwunden.

»Du hast die Ruinen versenkt, um mich zu retten.« Wütend rieb sie sich über die Wangen. Ihre Tränen widerten sie an, aber sie konnte sie nicht zurückhalten. »Und jetzt verschwindest du einfach? Ich habe dich für stärker gehalten.« Ihre Sicht verschwamm, und sie zitterte am ganzen Körper.

Du bist die Schwache, sagte eine leise innere Stimme.

Diese Erkenntnis raubte ihr die letzte Kraft. All die Jahre hatte sie ihr kindliches Versagen zu überwinden versucht. *Layla* war zu jung und hilflos gewesen, um all ihre Liebsten zu retten. Und so hatte sie sich als Loulie geschworen, stärker und weiser zu werden. Zu einer Person, die keine Bindungen einging und sich selbst zu helfen wusste, weil sie sich um niemand anderen Sorgen machen musste.

Doch sie hatte erneut versagt – und weder sich selbst noch Qadir retten können.

Loulie wusste nicht, wie lange sie so dasaß und weinte, nur, dass der Prinz und die Räuberin noch nicht zurück waren, als ihre Tränen endlich versiegten. Aber das war ihr egal.

Die Leere in ihr war ein Abgrund, der immer tiefer klaffte, bis er sie vollkommen verschluckte und in einen unruhigen Schlaf zog. Nachdem sie mehrere Male aus einem Albtraum aufgeschreckt war, beschloss sie, sich auf die Suche nach dem verschwundenen Prinzen und der Räuberin zu machen. Als sie sich zu erheben versuchte, schrie sie auf, weil ein schrecklicher Schmerz ihre Fußknöchel durchzuckte.

Ihre Beine. Die hatte sie ganz vergessen.

Sie blickte auf, weil sie leise, kaum wahrnehmbare Schritte hörte, und machte einen undeutlichen Schemen aus. Einen Schatten in Menschengestalt.

Loulie kniff die Augen zusammen. »Prinz?«

Der Mann trat in den flackernden Feuerschein, und sie sah, dass es nicht Prinz Mazen war. Er hatte schlimme Verbrennungen und Verletzungen und konnte kaum aufrecht stehen.

Ihr Herz stockte. »Nein, aber … du bist doch tot.« Sie wich rasch zurück, bis sie vor Schmerzen zitternd mit dem Rücken an die Höhlenwand stieß.

Der Mann, den sie verbrannt, den sie *getötet* hatte, kam mit erhobenem Messer näher. »Wenn ich schon sterben muss, werde ich dich mitnehmen«, krächzte er und stürzte sich auf sie.

Eine Hand legte sich auf Loulies Schulter, und sie versuchte schreiend, sich ihr zu entwinden. »Nein!«, flehte sie. »Nein, nein …«

»Du träumst, Loulie.« Die Stimme war so leise, dass sie sie kaum hören konnte, doch sie beruhigte sie und nahm ihrer Panik den Stachel. Loulie öffnete die Augen.

Ein rotäugiger Schatten saß vor ihr. Loulie blinzelte, und er entpuppte sich als ein solider Mann mit brauner Haut und verblassten Tätowierungen. Sie konzentrierte sich auf seine Augen, die nun sanft, braun und menschlich wirkten.

Loulie fiel ihm mit einem erstickten Schluchzen um den Hals.

Wieder spürte sie einen stechenden Schmerz in ihren Knöcheln, aber in diesem Moment war er ihr egal. Loulie ging davon aus, dass Qadir sich wieder in Rauch auflösen würde, doch er schlang die Arme um sie und hielt sie schweigend an sich gedrückt, während sie sich an seiner Schulter ausheulte. Eine Zeit lang wurde die Stille nur von ihrem Schluckauf und vom knisternden Lagerfeuer durchbrochen.

Es herrschte Stille, weich und anschmiegsam.

Schließlich löste Loulie sich von Qadir und schaute ihm ins Gesicht. Er sah wie ein Mensch aus. Sie berührte seine Wange, die vollkommen fest wirkte.

Seine Miene wurde weich. »Du hast geträumt, da habe ich dich geweckt.«

Loulie starrte ihn an und rechnete fest damit, sein Gesicht auseinanderfallen zu sehen, doch er blieb intakt. »Du bist gestorben«, sagte sie schließlich mit heiserer Stimme.

Dass sie von ihm weggerückt war, merkte sie erst, als er den Arm ausstreckte, um die Hand auf ihre zu legen. »Ich bin nicht gestorben. Ich war außer Gefecht, aber nicht tot. Es tut mir leid, dass ich so lange gebraucht habe, um dich zu finden.«

»Aber die Falle …«

»Die konnte mich nur verwunden und eine Zeit lang aufhalten.«

»Du warst Rauch …«

»Es ist nicht leicht, einen so stark beschädigten Körper wiederherzustellen.«

Loulie schluckte. »Aber die Schwerter waren doch aus *Eisen*.«

Qadir schnaubte. »Für was hältst du mich eigentlich?«

Imads Worte waberten wie giftiger Rauch durch ihre Gedanken. *Kein Wunder, dass er lebt! Weißt du eigentlich, was er ist, Mädchen?*

»Ich habe keine Ahnung«, presste sie mühsam hervor.

Und dann fielen ihr mehrere Dinge gleichzeitig ein: Qadir hatte gesagt, dass er nicht nach Hause zurückkehren könne. Und Imad hatte von einem Relikt gesprochen, das so kostbar sei, dass alle sterben mussten, die es zu Gesicht bekamen – das Relikt eines Dschinn-Königs. Seine Stimme hatte gebebt, als er auf sie und Qadir zukam. *Du. Nach dir habe ich gesucht.*

Ihre Mutter hatte ihr von den sieben Dschinn-Königen erzählt, die genug Macht besaßen, um ihre Welt zu vernichten. *Ifrit* hatte Qadir sie genannt. Doch so nannte man nur schreckliche, furchterregende Dschinn. Wie die Kreatur, die Aisha mit ihrer verdorbenen, dunklen Magie wieder zum Leben erweckt hatte. Und dien legendäre Dschinn in der Lampe.

Nicht jedoch Qadir.

Sie zog die Hand zurück. Qadirs Augen verdunkelten sich. »Loulie …« Er verstummte und drehte sich mit zusammengekniffenen Augen um.

Aisha bint Louas lehnte mit verschränkten Armen am Höhleneingang und bedachte sie mit einem katzenhaften Lächeln, das – wie Loulie wusste – nicht ihr eigenes war. Aishas Blick machte sie nervös. Sie hatte der Räuberin schon nicht vertraut, als sie noch sie selbst gewesen war – dass sie nun eine tödliche Dschinn beherbergte, machte die Sache nicht besser.

Doch Qadir wirkte unbesorgt. »Wie ich sehe, hast du deine Abmachung getroffen.«

Aisha schnalzte mit der Zunge. »Ich heiße nicht *du*. Kannst du mich bitte ›Aisha‹ nennen?«

»Bei allen Göttern«, stieß Mazen aus, während er, einen blutigen Hasen in der Hand, die Höhle betrat, und mit großen Augen zwischen ihnen hin und her sah. »Wieso bist du noch am Leben?«

Qadir runzelte die Stirn. »Wer will das wissen? Prinz Mazen, oder ist das nur eine weitere Tarnung?«

Der Prinz errötete.

Loulie hätte ihm am liebsten in sein verlegenes Gesicht geschlagen. In letzter Zeit war ihre Wut auf ihn von ihrem Kummer gedämpft gewesen, doch nun flammte sie wieder heftig auf. Als er sie das erste Mal über seine Identität belogen hatte, hatte sie noch

Verständnis für seine Zwangslage gehabt. Offensichtlich war ihm das jedoch egal gewesen.

Aisha schnaubte. »Wie herzerfrischend, dass wir *alle* Geheimnisse haben.« Sie nahm Mazen den Hasen aus der Hand, ging zum Feuer und begann, das Tier zu häuten – mit einer Scherbe, die sie vermutlich in der Wüste gefunden hatte. »Vielleicht ist es an der Zeit, dass wir einander unser Herz ausschütten.«

Stille breitete sich aus. Loulie wusste, dass sie den Anfang machen sollte. Immerhin war sie die Mitternachtshändlerin. Sie war … *vollkommen nutzlos.* Die Erkenntnis traf sie wie ein Schlag. Es stimmte. Was war sie ohne ihre Relikte schon wert? Ohne *Qadir*?

Schließlich war es Qadir, der das Schweigen beendete. Nicht mit Worten, sondern mit einem Seufzer, der so tief war, dass er die Flammen zum Flackern brachte. »Also gut«, sagte er dann und vollführte eine Geste. Das Feuer stieg höher und verwandelte sich in ein wunderschönes Panorama aus glitzernden Minaretten und Kuppelbauten. »Lasst uns über Lügen und Wahrheiten sprechen – und über die Geschichten, die sich dahinter verbergen.«

Und so erzählte er ihnen die Legende von den sieben Dschinn-Königen, doch seine Version unterschied sich von der menschlichen Lesart. In Qadirs Geschichte waren die Dschinn-Könige keine anonyme Gruppe von Bösewichten, sondern ein Verbund aus Dschinn, die so viel Macht besaßen, dass sie einen eigenen Namen erhielten: *Ifrit* – Wesen aus Feuer, deren Magie so widernatürlich war, dass selbst die anderen Dschinn sie fürchteten.

Qadir strich mit den Fingern durch das flammende Abbild der Stadt und formte sieben Gestalten daraus. »Im Gegensatz zu den normalen Dschinn konnten die Ifrit über ihre angeborene Magie hinaus auch verschiedene andere Formen erlernen. Benannt wurden sie nach ihrem jeweiligen Spezialgebiet.«

Er griff nach einer der Silhouetten und formte daraus einen großen brennenden Vogel mit zahlreichen Schwanzfedern. »Die Gestaltwandlung.«

Er berührte die nächste Gestalt, die daraufhin aufsprang und durch die Luft wirbelte. »Der Tanz.«

Die dritte Gestalt kauerte auf einem fliegenden Teppich und hielt einen Schädel in die Höhe. »Die Auferstehung.«

Loulie sah zu Aisha, die ihren Blick bemerkte und sich mit gerunzelter Stirn abwandte.

»Dann bist du also *wirklich* die Königin der Dünen«, murmelte der Prinz.

»Hört auf, mich so zu nennen«, erwiderte Aisha scharf. »Die Dschinn spricht nur durch mich, wenn ich es ihr erlaube. Ich bin noch immer ich selbst.«

Qadir räusperte sich vernehmlich und langte nach der vierten Gestalt, die mit abgewinkelten Gliedmaßen durch die Luft schwamm. »Die Flut.«

Die fünfte Gestalt faltete die Hände zum Gebet. »Das Mysterium.«

Die sechste presste zusammengekauert die Hände flach auf den Boden. Um sie herum schoss ein Kreis aus brennenden Bäumen in die Höhe. »Die Wanderung.«

Qadir fuhr mit den Fingern durch die letzte Gestalt. Er formte einen Turban aus Rauch für ihren Kopf und drapierte einen Umhang aus blauem Feuer über ihre Schultern. Die Gestalt durchschritt das Feuer wie ein Wächter, ihr blauer Umhang flatterte lautlos in einem fiktiven Wind. »Das Inferno«, sagte Qadir leise.

»Ah«, kommentierte der Prinz ehrfürchtig.

Loulie sagte nichts. Sie spürte Qadirs Blick und wusste, auch ohne hinzusehen, was er ihr wortlos mitteilen wollte: *Es tut mir leid, dass ich es dir nie erzählt habe.*

Eine Vielzahl von Emotionen stieg in ihr hoch, ein so dorniges Dickicht aus Empfindungen, dass es ihr schwerfiel, sie voneinander zu unterscheiden. Jedes Mal, wenn sie eine von ihnen herauszugreifen versuchte, verlor sie die Konzentration und nahm erneut die Schmerzen in ihren Beinen wahr. Noch nie hatte sie sich so zerschlagen und todmüde gefühlt.

Qadir wandte sich wieder dem Feuer zu und formte es ein weiteres Mal um – diesmal zu acht Gestalten. Eine von ihnen platzierte er auf einem Thron und ließ die übrigen davor knien.

»Die Ifrit dienten einem König, der auf diesem Thron in Dhahab saß. Sie waren sowohl Krieger als auch Ratgeber und gelobten, ihr Land zu schützen. Viele Hundert Jahre lang herrschte Frieden.« Er betrachtete noch eine Weile das flackernde Abbild der knienden Dschinn. Dann seufzte er, und das Feuer verlor seine Form. Loulie erschrak, als sie die Ascheperlen in seinem Gesicht sah und seinen rasselnden Atem hörte. *Es ist nicht leicht, einen so stark beschädigten Körper wiederherzustellen.*

»In den Legenden …«, begann der Prinz und errötete wieder, als würde ihm bewusst, wie seltsam es war, von geschichtlichen Ereignissen wie von einem Mythos zu sprechen. »In den Legenden beschworen die sieben Könige den Zorn der Götter auf sich herab. Sie haben die Dschinn-Welt im Sandmeer vergraben.«

Aisha stieß ein sanftes Lachen aus, das nicht zu ihrem höhnisch verzogenen Mund zu passen schien. »Götter? Da waren keine Götter – nur ihr Menschen.«

Loulie blickte auf, doch Aisha – oder die Dschinn der Auferstehung oder wer auch immer zur Hölle sie gerade war – schaute gedankenverloren ins Feuer. »Eines Tages sind Menschen bei uns aufgetaucht. Wir haben sie für harmlose Geschöpfe gehalten. Ein unfähiges Volk ohne Magie. Unser König war neugierig, und so haben wir sie in unserer Stadt willkommen geheißen.«

»Das war eine schlechte Idee«, murmelte Qadir. Seine Stimme war leise, als hätte er keine Kraft mehr, ihr mehr Stärke zu verleihen. »Als sie herausfanden, dass unser Blut heilende Kräfte besitzt und unsere Relikte als Waffen eingesetzt werden können, haben sie uns mit eisernen Schwertern und Speeren angegriffen.«

»Sie waren unerbittlich«, sagte Aisha. »Wir konnten sie nicht alle vernichten, also …«

Qadir wandte sich ab. »Sind wir vor ihnen geflohen. Wir haben unserem König den Gehorsam verweigert und unser Land so tief im Sand vergraben, dass kein Mensch uns je erreichen konnte.«

Loulie brauchte einen Moment, um die ganze Tragweite seiner Worte zu begreifen. Eine Ansammlung von Ruinen im Sand zu versenken, war eine Sache, ein ganzes Land verschwinden zu lassen, war etwas ganz anderes. Sie verschränkte die Arme vor der Brust und schluckte. Wie es wohl war, endlos zu stürzen und mitsamt seiner Heimat und allen, die man liebte, vom Sand erstickt zu werden?

»Sie ließen uns für unseren Verrat büßen«, sagte Qadir.

Loulie warf einen Blick auf die verblassten Narben auf seinen Armen. *Meine Schande wurde mit einem Messer in meiner Haut verewigt, damit ich sie niemals vergesse.*

»Diejenigen von uns, die nicht leiden wollten, flohen in die Welt der Menschen«, sagte Aisha. Sie hielt den gehäuteten Hasen hoch und warf ihn nach einer vielsagenden Pause ins Feuer. Der Prinz setzte zu einem Protest an, doch die Worte erstarben ihm auf den Lippen, als er sah, dass das Feuer den Hasen nicht verbrannte, sondern garte. »Natürlich litten wir letztlich alle.«

Einen Moment lang herrschte bedrücktes Schweigen, dann räusperte sich Prinz Mazen. »In unseren Legenden heißt du Königin der Dünen. Angeblich …«

»Es reicht«, schnitt Aisha ihm mit eisiger Stimme das Wort ab. »Ich habe diese alten Dschinn-Mythen allmählich satt.«

Der Prinz zwinkerte verblüfft und drehte sich zu Qadir um.

Doch der schüttelte den Kopf. »Meine Vergangenheit ist seit Langem tot und begraben, und dabei möchte ich es auch belassen«, sagte er und sah Loulie reumütig an.

Aber er hatte keinen Grund zur Reue. Das war alles nicht seine Schuld. Andererseits musste Loulie immer wieder daran denken, wie Imad sie in den Ruinen gestellt hatte. *Du. Nach dir habe ich gesucht,* hatte er gesagt. Nicht nach dem Kompass oder einem anderen Relikt. Die Räuber hatten nichts ahnend einem Ifrit nachgespürt – einem Wesen, das in jener Nacht das brennende Lager ihres Stammes betreten und den Kompass, den es suchte, in den Händen eines gepeinigten Mädchens gefunden hatte. Die Räuber hatten ihre Familie umgebracht. Qadir hatte sie vor ihnen *gerettet.* Doch wenn er damals nicht zu ihrem Lager gegangen wäre und die Räuber dorthin gelockt hätte …

Dann würden sie immer noch leben.

Dieser Gedanke zerriss ihr das Herz. Es spielte keine Rolle, dass er irrational war. Ihre Erinnerungen waren stärker als jede Vernunft und schoben alles beiseite – bis auf ihre brennende Trauer, die eigentlich mit Imads Tod hätte enden müssen. Doch diese Flamme war nicht erloschen, sie schwelte weiter in ihr und schrie: *Was wäre, wenn …? Was wäre, wenn …?*

»Loulie«, fragte Qadir sanft.

»Für heute Abend habe ich genug gehört.« Sie fühlte sich ausgelaugt und leer. »Wir sprechen morgen weiter.« Ihre Worte waren so endgültig wie das Fallen eines Henkersbeils und sorgten für eine Stille, die auch während ihrer halbherzig eingenommenen Mahlzeit anhielt.

Nach dem Essen unterhielten sich der Prinz und Aisha draußen weiter und ließen sie mit Qadir allein.

Keiner von beiden sagte ein Wort. Erst als Loulie zu ihrem Schlafplatz humpelte, streckte Qadir die Hand aus und berührte sie an der Schulter. »Entschuldige«, sagte er. »Es war selbstsüchtig von mir, dass ich für dich immer nur Qadir sein wollte.« Sanft drückte er ihre Schulter. »Und vielen Dank, dass du in den Ruinen so verbissen um meinen Dolch gekämpft hast.« Seufzend ließ er die Hand sinken. »Das hier habe ich auch retten können.« Er tippte auf die vertraute abgewetzte Scheide an seiner Hüfte.

Bei ihrem Anblick schlug Loulie das Herz bis zum Hals. Imad hatte den Shamshir nicht erwähnt, nachdem seine Ghule die Falle abgesucht hatten.

Qadir sah ihr wie immer an, was sie beschäftigte. »Ich habe die

Waffe in der Wüste versteckt, bevor ich in die Ruinen eingedrungen bin.« Er schüttelte den Kopf. »Du hast all die Jahre auf meinen Dolch achtgegeben, da ist es doch klar, dass ich auf ein Geschenk von dir genauso gut aufpasse.«

Darauf fiel Loulie nichts ein, und selbst wenn, hätte sie es nicht sagen können, da ihre Kehle wie zugeschnürt war.

Qadir schenkte ihr ein zaghaftes Lächeln. »Darf ich morgen, wenn ich wieder kräftiger bin, deine Verletzungen heilen?«

Loulie brachte nur ein Nicken zustande und wandte sich mit brennenden Augen von ihm ab.

Sie brauchte lange, um einzuschlafen, und als es so weit war, wurde sie von Albträumen heimgesucht.

50

MAZEN

Nachdem Mazen stundenlang vergeblich versucht hatte, ohne Decke in der eiskalten Höhle zu schlafen, stand er im Morgengrauen auf und ging zum Eingang, um den Sonnenaufgang zu betrachten. Der wolkenlose Himmel erstrahlte in wunderschönen Blau- und Goldtönen. Mazen stellte sich vor, dass er wie ein Wandteppich die gesamte Wüste überspannte und dass sein Vater, die Hände hinter dem Rücken verschränkt und mit einem sanften Lächeln, denselben Sonnenaufgang von seinem Balkon aus beobachtete.

Zu dieser frühen Stunde war der Sultan immer am freundlichsten. Vielleicht, dachte Mazen, weil er sich noch nicht für die Höflinge verstellen musste. Wenn sein Vater in besonders guter Stimmung war, erzählte er Mazen manchmal Geschichten – über Amir, den ersten Sultan, und dessen Bruder, Ghazi, den ersten Qaid.

Mazen ließ sich an die Höhlenwand sinken. Diese Seite seines Vaters vermisste er.

»*Sabah al-khair.*«

Mazen erschrak, als Aisha ins Sonnenlicht trat. Für jemanden, der tags zuvor tot gewesen und wiederweckt worden war, sah sie erstaunlich erholt aus. »Würdest du mich gerne auf die Jagd begleiten, da du schon mal wach bist?«

Mazen verzog das Gesicht. Gestern hatte er mit ansehen müssen, wie ihre Ghule einen Hasen zu Tode quälten. Es war weniger eine »Jagd« als ein Ablenkungsmanöver gewesen. Erst bei ihrer Rückkehr hatte Mazen begriffen, dass Aisha ihn vor Qadirs Ankunft aus dem Weg hatte schaffen wollen – vielleicht, damit der Dschinn und die Händlerin genug Zeit hatten, um ihre Differenzen beizulegen.

Mazen warf einen Blick über die Schulter. Loulie und Qadir lagen auf den gegenüberliegenden Seiten der Höhle und wandten einander den Rücken zu. Anscheinend war Aishas Plan nicht aufgegangen.

»Komm.« Aisha nahm ihn am Handgelenk und zog ihn nach draußen.

Mazen rieb sich stöhnend die Augen. »Ich dachte, ich hätte eine Wahl.«

»Nein, ich wollte dir nur eine Chance geben, bevor ich dich dazu zwinge.«

Und so gingen sie ein weiteres Mal »zum Jagen« mit zwei Ghulen in die Wüste. Mazen schlang die Arme um sich und versuchte vergeblich, die Kälte aus seinen Knochen zu vertreiben. Im Licht der aufgehenden Sonne war es kaum wärmer als in der Höhle. Er beneidete Aisha, die in ihrem zerrissenen Umhang überhaupt nicht zu frieren schien.

Während die beiden den Ghulen folgten, breitete sich mit einem Mal eine vertraute, unnatürliche Stille aus, und Mazen hielt mitten im Schritt inne. Genau das Gleiche war passiert, als die Ghule in der vergangenen Nacht den Hasen entdeckt hatten. Im ersten Moment hatte er geargwöhnt, sie hätten es auf ihn und Aisha abgesehen – dass sich Aishas seltsame Ifrit-Magie nach all der Zeit auf einmal gegen sie selbst wandte. Doch dann hatten die Ghule ihr den Hasen gebracht, und Mazen hätte vor Erleichterung fast aufgeschluchzt.

Nun sahen Aisha und er zu, wie die Ghule ein Stück entfernt eine Felsformation erklommen und schließlich außer Sicht verschwanden. In angespanntem Schweigen standen sie nebeneinander und warteten. Gestern hatte Mazen befürchtet, die besessene Aisha würde ihn in der Wüste ermorden. Doch bisher hatte die Königin der Dünen zwar genervt, aber nicht mit Gewalt auf ihn reagiert. Hoffentlich würde es dabei bleiben.

Unwillkürlich ging sein Blick zu den Narben auf Aishas Armen, die grau unter ihrem Umhang hervorblitzten. Sie wurde sich seiner Aufmerksamkeit bewusst und hob einen Finger. »Mein Gesicht ist hier oben, Prinz.«

Mazen errötete. »Tut mir leid, ich habe nur …«

»Meine Narben angesehen, ich weiß. Du bist neugieriger, als gut für dich ist.«

Sie verschränkte die Arme und betrachtete das Sandmeer.

Widerwillig warf Mazen einen Blick auf diesen wogenden Ozean aus Sand. Die Ruhe, die dort draußen herrschte, verstörte ihn. Was in den versinkenden Ruinen geschehen war, hatte sich für alle Zeiten in sein Gedächtnis eingebrannt. Er schüttelte den Kopf und lenkte sich mit einer Frage ab. »Wie funktioniert diese Übereinkunft zwischen dir und der Königin der Dünen?«

Aisha ruckte zu ihm herum. »Ich heiße die Dschinn der *Auferstehung* …« Sie verstummte abrupt und sah mit zusammengebissenen Zähnen auf ihre Füße. Einen Moment später fiel die Spannung von ihr ab. »Wir arbeiten noch daran. Die Abmachung lautet, dass ich ihr meinen Körper zur Verfügung stelle und dafür mein Leben behalte.«

»Kontrolliert sie manchmal deine Bewegungen?«

»Nein. Aber es ist schwer, ihre Gedanken und meine eigenen auseinanderzuhalten.«

Erneut herrschte einen Moment lang Schweigen. Mazen erwähnte nicht das höhnische Lächeln und die für sie untypischen Gesten, die er gestern an ihr bemerkt hatte. »Und was hast du von dieser Abmachung?«, fragte er stattdessen. »Ich meine, abgesehen von deinem Leben.«

»Du meinst außer einer inneren Stimme, die niemals die Klappe hält?«, gab sie verbittert zurück und zuckte die Achseln. »Die Fähigkeit, einen Haufen untoter Schläger herumzukommandieren, würde ich sagen.«

Mazen war nicht sicher, ob er sich bei ihr entschuldigen oder versuchen sollte, sie zu trösten. Während er sich eine Antwort zurechtlegte, sah Aisha auf und … Vielleicht war es ja nur eine optische Täuschung, aber ihr Gesichtsausdruck schien weicher zu werden. »Ich habe mir dieses Schicksal selbst ausgesucht, Prinz. Ich brauche dein Mitleid nicht.«

Mitgefühl ist kein Mitleid, dachte er bedrückt.

Nicht zum ersten Mal wunderte er sich über ihre Abgebrühtheit. *Wir fangen alle als Feiglinge an,* hatte sie in den Ruinen zu ihm gesagt. Doch es fiel ihm schwer, sich Aisha feige vorzustellen. Er hatte sie nur ein einziges Mal verunsichert und hilfsbedürftig erlebt, als …

Es kostete ihn große Mühe, die Erinnerung an das Messer zu verdrängen, das ihre Kehle aufgeschlitzt hatte, und seine Gedanken wieder zu beruhigen. Zum Glück kehrten in diesem Moment die Geräusche zurück. Er sah auf und erblickte die Ghule, die … erneut nur einen Hasen brachten.

Mazens Magen knurrte kläglich.

Aisha hob eine Augenbraue. »Womit hast du denn gerechnet? Mit einem Schakal oder einem Wolf?«

»Erwartet habe ich gar nichts.« Er seufzte. »Aber erhofft.«

Ungefähr eine Stunde nach ihrem Aufbruch machten sie sich wieder auf den Rückweg. Die Sonne war mittlerweile vollständig aufgegangen und tauchte die Landschaft in ein dunstiges Licht, das die fernen Dünen zu verwischen schien. Sanfte Böen streiften ihre Fußknöchel, zerzausten das struppige Gras und wellten den Sand. Es war nicht das schlechteste Reisewetter, doch Mazen war zu erschöpft, um darüber erleichtert zu sein.

Als sie die Höhle erreichten, sahen sie die Händlerin im Freien auf sie warten. Aisha ließ wieder das leise, gehauchte Lachen hören, das er schon gestern an ihr wahrgenommen hatte. »Ah, die wundersame Wirkung des Dschinn-Bluts. Dann kannst du also wieder gehen?«

»Einigermaßen«, erwiderte Loulie steif. Mazen sah, dass sie an der Wand lehnte, offenbar um die Knöchel nicht zu sehr zu belasten. Er erinnerte sich an seine eigene Verletzung, die auch nach ihrer Heilung noch tagelang geschmerzt hatte. Und das, obwohl er im Gegensatz zu Loulie Zeit gehabt hatte, sich zu erholen.

Aisha ging mit dem Hasen über der Schulter an Loulie vorbei. »Was für eine stolze Kreatur du doch bist. Ich rate dir, dich hinzusetzen, während ich das Essen zubereite.« Damit verschwand sie in der Höhle.

Loulie blieb stur an der Felswand stehen.

Als Qadir sich zu ihnen gesellte, wurde Mazen etwas bewusst. »Wir haben keine Pferde.« Qadir und Loulie sahen ihn unverwandt an. Mazen räusperte sich. »Wie sollen wir es ohne Pferde nach Ghiban schaffen?«

»Hast du deine Beine vergessen?«, entgegnete Qadir ungerührt.

Mazen schaute ihn mit großen Augen an. *Der ist ja verrückt. So weit können wir nicht zu Fuß gehen!*

Wie sich herausstellte, konnten sie es doch und taten es zu Mazens Missfallen auch.

Mit den entsprechenden Vorräten wäre die zweitägige Reise gar nicht so schlimm gewesen, doch in seinem eigenen Körper und in den zu großen Gewändern seines Bruders durch die Wüste zu stapfen, war eine schreckliche Erfahrung.

Am ersten Tag sagte keiner von ihnen ein Wort. Hätte Mazen gesprochen, wäre ihm nur noch bewusster geworden, wie sehr die kalte Luft seine Lunge austrocknete. Also stapfte er schweigend dahin und versuchte, nicht darüber nachzudenken, wie schwer seine Beine waren.

Zumindest der Kompass war ein Segen. Er führte sie auf der

schmerzlosesten Route nach Ghiban und wies hin und wieder abrupt in eine andere Richtung, um sie auf Wildtiere oder Wasser aufmerksam zu machen. Erstere »jagte« Aisha mit ihren Ghulen. Das Wasser fanden sie zumeist in Kakteen und Pflanzen. Loulie kappte sie mit ihrem Messer und saugte die Flüssigkeit darin mit einem Stoffstück auf. Da sie keine Wasserschläuche besaßen, stillten sie an Ort und Stelle so gut wie möglich ihren Durst, bevor sie sich wieder auf den Weg machten.

Selbst wenn die Sonne hinterm Horizont versank und der Mond aufging, hielten sie nicht an. Da sie den eisigen Wüstenwinden ungeschützt ausgesetzt waren, mussten sie in Bewegung bleiben, um nicht zu sehr auszukühlen. Erst wenn sich am Morgen die Sonne wieder zeigte, legten sie sich schlafen.

Als Mazen am zweiten Tag erwachte, sah er Aisha Eidechsen über dem Feuer rösten. Qadir verkündete, dass er in der Nähe einen Bach entdeckt habe. Nach ihrem trostlosen Morgenmahl folgten sie ihm dorthin, um sich zu waschen und ihren Durst zu stillen. Als sie anschließend wieder aufbrachen, waren alle besser gelaunt. Aisha summte sogar das schreckliche Lied, das die Dschinn der Auferstehung in Ahmeds Diwan gesungen hatte.

Loulie fuhr zu ihr herum. »Was ist das eigentlich für ein Lied?«

Aisha hörte auf zu summen. »Ein altes Schlaflied aus Dhahab. Wenn ich mich in der Welt der Toten verliere, versetzt es mich in die Gegenwart zurück.« Sie warf einen Blick zu Qadir. »Er kennt es auch.«

»Ich habe dir ja gesagt, dass das Lied aus Dhahab stammt«, sagte Qadir leise.

Loulie sah schweigend zu Boden.

Allmählich wichen die Dünen hochaufragenden Gesteinsformationen, die grell wie Feuer in der Sonne leuchteten. Ein felsiger Pfad kam zum Vorschein, und der Sand war mit roten Findlingen übersät. Mazen, der so eine Landschaft noch nie zuvor gesehen hatte, kam aus dem Staunen nicht heraus.

»Dein Mund steht offen.«

Er sah die neben ihm gehende Händlerin an. Sie war blass, und auf ihrer Stirn stand Schweiß. Gerne hätte er sich erkundigt, ob es ihr gut gehe, doch das wäre natürlich eine dumme Frage gewesen.

»In diesem Teil der Wüste war ich noch nie«, sagte er.

»Nein? Bist du deswegen anstelle deines Bruders hier?« Sie zog die Augenbrauen zusammen. »Um dich umzusehen?«

Mazen zog eine Grimasse. Seit ihrem Aufbruch aus Madinne bereitete er sich auf dieses Gespräch vor, doch er wusste noch immer nicht, was er dazu sagen sollte. »Das ist kompliziert«, nuschelte er schließlich.

Die Händlerin kniff die Augen zusammen. »Dann bleiben wir eben stehen. Wir müssen uns unterhalten.«

Und so machten sie auf ihren Befehl hin ein letztes Mal halt und zogen sich in eine Höhle in einem der Felsen zurück. Mazen wickelte das Tuch vor seinem Gesicht ab, spuckte den Sand aus, der sich in seinem Mund angesammelt hatte, und begann zu reden. Er entschied sich für die nackte Wahrheit: Aus purer Feigheit hatte er sich von seinem Bruder erpressen lassen. Er unternahm diese Reise, weil Omar in Madinne wichtige Sicherheitsvorkehrungen treffen musste. Und der Sultan wusste natürlich nichts davon, da er es niemals erlaubt hätte.

Als er fertig war, rechnete er damit, dass die Händlerin ihn anschreien, am Kragen packen und beuteln würde, bis ihm Hören und Sehen verging. Doch stattdessen schüttelte sie nur den Kopf und sagte: »Du bist ein Dummkopf.«

Mazen blinzelte verblüfft. »Ich gebe zu, dass es mir vielleicht etwas an Voraussicht gefehlt hat, aber …«

»Glaubst du wirklich, dass dein Bruder dich auf diese Mission geschickt hat, weil er wegen irgendwelcher *Sicherheitsvorkehrungen* zu Hause bleiben musste?« Sie grinste sarkastisch.

Mazen wurde wütend. »Was weißt du denn über meinen Bruder?«

»Ich weiß, dass er ein Mörder ist.«

»Na und? Das Blut an Ahmed bin Walids Händen stört dich doch auch nicht.«

Die Händlerin riss die Augen auf und begann, vor Wut zu beben. »Wie kannst du es wagen, deinen Bruder mit dem Wali von Dhyme zu vergleichen?«, zischte sie. »Ahmed hat nicht den Befehl erteilt, wegen eines verdammten Relikts einen ganzen Stamm auszumerzen.«

Mazen zuckte zurück. Davon hatte Aisha ihm in den Ruinen erzählt. Wie hatte er es nur vergessen können? *Weil Omar zu meiner Familie gehört,* dachte er. *Und niemand will sich an die Sünden seiner Verwandten erinnern.*

Aber wieso wusste Loulie davon? Weshalb hätte Imad ihr diese Geschichte erzählen sollen? Oder … Er starrte sie unverwandt an. Ihr Atem ging schnell, und sie schien mit den Tränen zu kämpfen.

Oder war das *ihr* Stamm gewesen?

Er schluckte. »Loulie, es …«

»Tut dir leid? Deine Entschuldigungen bedeuten mir nichts, Prinz. Nachdem du mich die ganze Zeit betrogen hast, habe ich keinen Grund, dir zu vertrauen.« Sie fixierte Aisha. »Und *dir* vertraue ich sogar noch weniger als ihm, egal, ob du eine Räuberin oder die Dschinn der Auferstehung bist … Eine eiskalte Mörderin bist du so oder so.« Damit stand sie auf und humpelte aus der Höhle.

»Lass sie«, sagte Qadir nachdrücklich, als Mazen sich ebenfalls erhob. »Oder willst du ihr sogar jetzt wie ein Jagdhund nachstellen?« Seine Augen flackerten, als würden Flammen darin züngeln.

Mazen ließ die Schultern sinken. Außer einer Entschuldigung, die in ihren Ohren hohl klang, konnte er ihr ohnehin nichts anbieten. Nicht einmal Antworten hatte er für sie.

Aisha zuckte die Achseln. »Mich musst du nicht anschauen. Ich habe keine Ahnung, was Omar denkt. Aber …« Sie hob eine Augenbraue. »Dein Vater hat uns auf dieselbe gefährliche Mission geschickt wie sie. Manchmal muss man für den Machterhalt Opfer bringen.«

Mazen bedachte sie mit einem finsteren Blick. »Keine Macht der Welt ist es wert, dafür *andere* zu opfern.«

Aishas Lippen verzogen sich zu einem bösen Lächeln. »Du denkst wirklich nicht wie ein Prinz, oder?« Sie lachte wieder auf die sanfte Art, die er mit der Königin der Dünen verband. »Unsere Weltordnung fußt nicht auf Moral. Egal ob Menschen oder Dschinn … wir alle sind selbstsüchtige Geschöpfe. Dein Bruder will Macht und riskiert dafür das Leben anderer. Das gehört nun mal dazu.«

Mazen stellten sich die Nackenhaare auf. »Und von einem Unschuldigen Besitz zu ergreifen und seine Freunde zu ermorden … das gehört wohl auch dazu, oder?«

»Wenn du mit ›einem Unschuldigen und seinen Freunden‹ Mörder meinst, die ohne jeden Grund Dschinn ermorden, dann ja.« Aisha sah ihm finster in die Augen und stand auf. »Ich würde sogar behaupten, dass es gerecht ist, sie zu töten«, sagte sie kühl und ging davon.

Qadir neigte den Kopf zur Seite. »Du bist sehr gut darin, dir selbst Gruben zu graben, Prinz«, sagte er und erhob sich seufzend. »Ich vertraue dir noch immer nicht, aber deinem Bruder traue ich noch weniger. Ich habe keine Ahnung, was er vorhat, aber eins sollst du wissen.« In seinen Augen waberten dunkle Rauchschwaden. »Wenn deine Familie versucht, Loulie etwas anzutun, werde ich eure Stadt versenken. Und wenn du ihnen auch nur ein einziges Wort über meine Vergangenheit erzählst« – seine Lippen verzogen sich zu einem grausamen Lächeln, das Mazen einen kalten Schauder über den Rücken jagte –, »werde ich persönlich dafür sorgen, dass du es bereust.« Damit verließ auch er die Höhle.

Das tödliche Versprechen hing in der Luft, so dicht wie der Rauch, der die Augen des Ifrits verdunkelte, als er die Höhle verließ. Mazen musste sich dazu zwingen, ihm zu folgen. Er hatte sich auf diese höllische Reise eingelassen, und nun blieb ihm nichts anderes übrig, als sie bis zum Ende durchzuziehen.

Bald darauf erreichten sie die unbefestigte Straße nach Ghiban. Als die Ghule auftauchten, murmelte Aisha einen Befehl, und sie zerfielen zu Staub. Mazen wusste nicht, ob es ihn erleichterte oder nervös machte, wie mühelos sie die Magie der Dschinn-Königin beherrschte.

Sie schlossen auf der Straße nach ihrem tagelangen einsamen Marsch zu anderen Reisenden auf, und er entspannte sich ein wenig. Die Händlerin musste jedoch ihre mit Sternen gesprenkelte Robe ablegen. In dem einfachen Hemd, das sie darunter trug, der dazu passenden Hose und den Schuhen, die so staubig waren, dass sie eher golden als braun aussahen, wirkte sie kleiner als zuvor.

Sie folgten dem gewundenen Weg steile Hänge hinauf und sahen schließlich auf einem Hochplateau mit üppigen Gärten und kristallblauen Seen steinerne Türme und Kuppeln aufragen. Die Stadt lag in der Mitte eines kleinen Tals, das auf drei Seiten von Wasserfällen umgeben war. Sie ergossen sich in zwei im Mondlicht silbern schimmernde Flüsse, die um die Ansiedlung herumströmten.

Mazen entfuhr ein leiser, ehrfürchtiger Seufzer.

Endlich hatten sie Ghiban erreicht.

Die letzte Stadt vor der Lampe.

51

LOULIE

Im Gegensatz zu Madinne oder Dhyme, wo sich lediglich die gesellschaftliche Elite an der Natur erfreuen konnte, strotzte Ghiban nur so von Naturschönheiten. Selbst der steile Abstieg in die Stadt war voller Grün. Zwischen den Felsen lugten Sonnenblumen hervor, aus Rissen im Boden sprossen gelbe Gräser, und über ihnen beleuchteten hölzerne, von Blumen umrankte Laternen den Weg. Von dort oben konnten sie alle Stadtbezirke sehen – durch Bäche voneinander getrennte und durch Brücken miteinander verbundene Parzellen.

Dieses wunderschöne Panorama brach Loulie das Herz, denn er war wie jede Natur in der Wüste aus Dschinn-Blut entstanden. Auf diesen Felsen hatte eine Schlacht getobt, zwischen den Menschen und den Mariden, jenen sagenumwobenen wunscherfüllenden Dschinn, die angeblich in der Menschenwelt geblieben waren, nachdem das Sandmeer ihre Städte verschlungen hatte.

Loulies Mutter hatte ihr die Geschichte einmal erzählt: Nachdem die Mariden viele Jahre lang ausgebeutet worden waren, hatten sie sich gegen die Menschen aufgelehnt. Sie bezogen auf den Felsen Stellung und beschworen Wasserfälle, um die Armee der Menschen im Tal zu zerschmettern. Doch die Anführer der Menschen kannten keine Skrupel: Sie opferten Tausende von Soldaten der Magie der Mariden, damit die restlichen Truppen genügend Zeit hatten, die Felsen von der anderen Seite zu erklimmen.

Der Legende zufolge hängten die Menschen die abgeschlachteten Mariden an den Spitzen der Felsen auf, und aus ihren Leichnamen floss so viel silbernes Blut die Hänge hinab, dass es sich in einen kaskadierenden Wasserstrom verwandelte. Und tatsächlich glitzerten die Bäche, die sich durch die Stadt wanden, wie Sternenstaub.

Es war ebenso wunderschön wie schrecklich.

Der Weg, auf dem sie sich befanden, führte zum bedeutendsten Souk von Ghiban hinunter, einem Platz mit kleinen aus Ziegeln und Natursteinen errichteten Läden und offenen Ständen. Loulie betrachtete die vielen Leute, die ihn bevölkerten. Normalerweise verabscheute sie große Ansammlungen, doch nun mischte sie sich dankbar unter die Menschen, um so viel Abstand wie möglich zwischen sich und die anderen zu bringen. Vor allem wollte sie Qadir und seinen flehenden Blicken entkommen. Sie mochte und konnte nicht mit ihm sprechen. Wenn sie es täte, würde sie sich nur wieder an die Vergangenheit und ihre eigene Nutzlosigkeit erinnern. Und dabei würde sie sich verlieren.

Voller Selbstmitleid biss sie sich auf die Unterlippe. Diese verdammten Gefühle würden ihr irgendwann noch zum Verhängnis werden, dachte sie, als die Welt um sie herum in ein Gewirr aus Farben zerfloss, und bahnte sich mit den Ellbogen einen Weg durch das Gedränge.

»Layla!«

Händler hielten ihr Schmuck unter die Nase, Marktbesucher lächelten ihr unter ihren Kapuzen zu. Sie stieß gegen einen Mann – einen Dieb, der sich entschuldigte, während er die Hand in ihre Tasche gleiten ließ.

»Layla!«

Sie schob die Hand des Diebes weg und tat, als wäre sie wütend.

Dann realisierte sie, dass sie ohnehin nichts besaß, was er stehlen konnte, und wurde noch bedrückter.

»Layla!« Sie spürte eine Hand auf der Schulter und schlug sie instinktiv weg. Zu spät bemerkte sie, dass sie dem Prinzen gehörte, und holte tief Luft, um ihn anzuschreien – hielt dann jedoch inne.

Er hatte sich daran erinnert, sie mit dem Namen anzusprechen, den sie zu ihrem Schutz verwendete, wenn sie als Kundin Souks besuchte. Wieso kamen ihr die Tränen, als sie ihn aus Mazens Mund hörte?

»Soll ich dich anders nennen?«, fragte er vorsichtig und rieb sich die Hand.

»Nein.« Genervt vom piepsigen Klang ihrer Stimme holte sie noch einmal tief Luft und fügte hinzu: »Was willst du?«

»Vor allem will ich wissen, wohin wir gehen.«

»Zu einem Gasthaus«, sagte sie und war selbst froh, damit ein Ziel zu haben, auf das sie sich konzentrieren konnte. Doch die Erleichterung währte nicht lange, denn als sie kurz darauf eines betraten, fiel ihr wieder ein, dass sie kein Gold besaßen.

Ehe sie deswegen nervös werden konnte, knallte Aisha eine Handvoll Münzen auf den Tisch und drehte sich zu ihr um. »Du hast wohl vergessen, dass ich eine Räuberin bin.« Dann legte sie dem Prinzen eine Hand auf die Schulter und bugsierte ihn durch den Schankraum zu dem Korridor, von dem die Gästezimmer abgingen. Der Prinz schaute über die Schulter zu ihr zurück.

Loulie knirschte mit den Zähnen, als sie seinen mitleidigen Blick bemerkte. Sie hasste ihn, diesen verlogenen Prinzen, der tat, als hätte er ein Herz aus Gold. Am meisten hasste sie jedoch sich selbst dafür, dass sie sein Mitgefühl erregte.

»Ich gehe in den Hamam«, sagte sie zu Qadir und machte sich auf den Weg, bevor er sie davon abhalten konnte.

Der nächstgelegene öffentliche Hamam war ein geräumiges Gebäude. Es bestand aus einer Ansammlung kleiner Kammern mit mittelgroßen, direkt in die Steinböden gemeißelten Badebecken.

Bei Loulies letztem Besuch war es voller Frauen gewesen, die sich einmal pro Woche dort trafen. Sie war froh, dass heute weit weniger los war, da sie beim besten Willen nicht imstande gewesen wäre, eine Unterhaltung zu führen.

Loulie legte ihre Kleidung im Vestibül ab, ging am ersten Baderaum vorbei – wobei sie sorgsam darauf achtete, nicht die Aufmerksamkeit der lachenden Frauen darin zu erregen – und begab sich zum mittleren Torbogen, in dem sich die Kammer mit der ihr angenehmsten Temperatur befand, weder zu kalt noch zu heiß. Der Raum duftete nach Jasmin und wurde von schwachen Laternen beleuchtet. Als Loulie sich ins Wasser gleiten ließ und die Augen schloss, löste sich sofort ein wenig von der Anspannung in ihren Armen und Beinen.

Einen Moment lang herrschte in ihrem Verstand herrliche Leere.

Sie wusste nicht, wie lange sie so gesessen hatte, als sie die Augen wieder aufschlug und bemerkte, dass die Belüftungsklappen in der Decke geöffnet worden waren. Den Blick in den Sternenhimmel gerichtet, sann sie darüber nach, wie lange der Tag und die gesamte Reise gedauert hatten. Derweil stiegen die Erinnerungen, die sie zu unterdrücken versucht hatte, an die Oberfläche, und sie begann vorsichtig, sie zu sondieren.

Vor neun Jahren hatte Qadir in der Wüste einen Kompass verloren. Ihr Vater hatte ihn gefunden. Eine Räuberbande hatte den Dschinn bei seiner Suche nach dem Kompass aufgespürt und ihren Stamm ausgelöscht, um diese Mission geheim zu halten. Der Dschinn – *Ifrit* – hatte sie getötet und Loulie unter seine Fittiche genommen. Als Wiedergutmachung, hatte er ihr gesagt, aber wie sollte sie wissen, ob das stimmte, nachdem er ihr so viel verheimlicht hatte.

Am schmerzhaftesten waren jedoch nicht die Lügen, sondern die Wahrheit.

Dass ihr Stamm nur ein Opfer der Umstände gewesen war. Dass

der Mann, der die Ermordung ihrer Eltern befohlen hatte, hinter goldenen Türen hauste. Und nun reiste sie mit seinem Bruder und arbeitete für seinen Vater.

Sie steckte in der Falle und konnte nicht das Geringste tun, um sich daraus zu befreien.

Dass sie weinte, merkte sie erst, als sie die konzentrischen Kreise sah, die sich auf der Wasseroberfläche ausbreiteten. Da sie allein war und niemand etwas von ihrem Zusammenbruch mitbekam, ließ sie ihren Tränen freien Lauf.

Das ganze Ausmaß ihrer Trauer erkannte sie daran, dass sie in diesem Moment an Ahmed bin Walid dachte und sich verzweifelt wünschte, sie wäre bei ihm – ganz egal, ob sie in seinem Diwan miteinander tanzen oder sich unterhalten würden. In Ahmeds Gesellschaft konnte sie ihre zweifelhafte Berühmtheit und ihre Unsicherheit vergessen. Zumindest vorübergehend.

Denn das war das Problem mit Atempausen. Sie währten nicht lange und waren kaum mehr als schöne Träume.

Und dennoch sehnte sie sich nach der tröstlichen Ruhe, die sie in Ahmeds Gesellschaft in seinem Diwan empfand. In diesem Augenblick wünschte sie sich ein einfacheres Leben, in dem sie sich nicht ständig darüber Sorgen machen müsste, andere zu verlieren.

Doch leider waren Wünsche genauso wenig real wie Träume.

Später, als Loulie ihre Tränen getrocknet hatte und ins Gasthaus zurückgekehrt war, fand sie das Zimmer, dass sie sich mit Qadir teilte, leer vor. Abgesehen von den wenigen Relikten, die sie bei sich trug, und Qadirs Shamshir, der neben dem Bett an der Wand lehnte, hatten sie alle Habseligkeiten verloren. Doch auf dem Tisch stand eine Laterne, in der eine sanfte blaue Flamme brannte.

Loulie ließ sich, ohne sie eines Blickes zu würdigen, aufs Bett fallen. Dem Feuer machte es nichts aus. Es flackerte nicht, erlosch nicht und hörte nicht auf, über sie zu wachen.

52

MAZEN

Während Mazen noch den Schlaf aus den Augen zu zwinkern versuchte, warf Aisha ihm ein Kleiderbündel zu. »Du siehst aus, als hättest du dich in Dreck gewälzt«, sagte sie anstelle einer Begrüßung.

»Dir auch *Sabah al-khair*«, murmelte er und betrachtete die Kleidung: eine billige Hose und ein Hemd. Aisha hatte sogar an ein Tuch gedacht, das er zu einer Ghutra binden konnte. Er sah zu Aisha auf, die bereits gewaschen und umgezogen war. Überrascht stellte er fest, dass sie ihre Arme nicht bedeckt hatte und sowohl ihre Narben als auch die verblassten Henna-Zeichnungen offen zur Schau trug. Um den Kopf hatte sie sich einen lockeren Schal gewickelt, der ihr Gesicht in Schatten hüllte. Mazen sah kaum noch, dass ihre Augen verschiedenfarbig waren.

»Lass mich raten.« Er hielt das Hemd hoch. »Du hast die Sachen gestohlen, stimmt's?«

Sie zuckte die Achseln. »Die Händler werden sie nicht vermissen. Und jetzt yalla, geh dich waschen. Wir haben nicht den ganzen Tag Zeit.«

Mazen starrte sie an. »Wir brechen doch nicht schon wieder auf, oder? Wir sind gerade erst angekommen.«

»Was, glaubst du etwa, wir können unsere Reise ohne Pferde

und Ausrüstung fortsetzen?«, schnaubte sie. »Ich werde deinem Bruder auf jeden Fall berichten müssen, dass du ein Opfer deiner eigenen Dummheit geworden bist.«

»Musst du mir eigentlich immer alles vorhalten, was ich irgendwann mal gesagt habe?«

Sie lehnte sich mit verschränkten Armen an die Wand. »Wenn es Blödsinn ist, ja.«

Sie ging ihm nicht nach, als er sich auf die Suche nach dem Männer-Hamam machte. Mazen fand ihn nicht weit vom Gasthaus entfernt, in einem einfachen, in einem Felswinkel versteckten Gebäude. Dort zu baden war … seltsam.

Da er im Palast ein eigenes Badezimmer gehabt und sich nie in Gesellschaft anderer Männer gewaschen hatte, wurde ihm so unmittelbar wie noch nie bewusst, wie wenig Muskeln er hatte. Dennoch war er erleichtert, nicht mehr im Körper seines Bruders zu stecken, sondern *er selbst* zu sein. Während er sich anzog, erinnerte er sich wieder daran, wie es dazu gekommen war.

Er hatte den Armreif verloren. Ein uraltes und unschätzbar wertvolles von einim Ifrit verzaubertes Artefakt.

Diese Erkenntnis traf ihn so unvermittelt, dass er einen Moment lang ins Wanken geriet. Omars Körper war eine Rüstung gewesen. Obwohl er sicher war, dass ihn in Ghiban niemand erkennen würde, fühlte er sich ungeschützt.

Aber vielleicht muss *ich ja gar nicht ich selbst sein*. Ohne ihre Händlerinnenrobe war Loulie Layla. Und er war ohne seine königlichen Insignien Yousef gewesen.

Yousef. Dieser Name schmeckte nach harmlosen Eskapaden und verwegenen Träumen. Er stand für eine Rolle, die Mazen gerne verkörperte. Und so beschloss er, sie auch hier zu spielen. Er kehrte ins Gasthaus zurück und sah Aisha im Schankraum sitzen.

Sie schnaubte, als er ihr von seinem Plan erzählte. »Erstaunlich, dass du selbst jetzt noch solche Flausen im Kopf hast.« Sie stand auf und ging zur Tür. »Komm, lass uns ein Chai-Lokal suchen.«

Mazen folgte ihr. »Was ist mit der Händlerin?«

Als hätte Loulie al-Nazari ihn gehört, trat sie in diesem Moment aus der Menge. Sie war schlicht gekleidet und trug ein locker sitzendes Kopftuch. Die widerspenstigen Locken, die darunter hervorlugten, umgaben ihr Gesicht wie ein wuscheliger Heiligenschein. »Ich begleite euch«, sagte sie in einem Ton, der keinen Widerspruch duldete, und ging vor ihnen her. Qadir war nirgends zu sehen.

Sie kamen an mehrstöckigen Holzhäusern und malerischen Geschäften vorbei und durchquerten blumenübersäte Grünanlagen, in denen die Stadtbewohner den kühlen Tag genossen. Mazen war neidisch auf ihre Gelassenheit, auf ihr strahlendes Lächeln und ihr unbeschwertes Lachen.

Er betrachtete einen gurgelnden Bach am Wegesrand und dachte an silbernes Blut. An das Dutzend Klingen, das Qadir durchbohrt hatte. An Aisha, die in den Ruinen verblutet war. Sie waren beide gestorben. Zumindest hatte er das geglaubt. Doch sie waren beide zurückgekehrt, von einer ihm unbegreiflichen Magie wiederbelebt. Was würde sein Vater wohl dazu sagen, dass er mit Ifrit reiste?

Er hätte schon längst versucht, sie zu töten.

Mazen unterdrückte einen Seufzer, als sie den Rand des Souks erreichten, wo Grüppchen von Frühaufstehern unter schattigen Markisen und in kleinen Geschäften ihre alltäglichen Probleme besprachen. Mazen ließ den Blick über die beeindruckenden Auslagen der Geschäfte schweifen: unter freiem Himmel aufgestellte Tische, auf denen alles Mögliche zum Verkauf angeboten wurde – unter anderem bunte Stoffe, glasierte Teller und zahlreiche mit Gewürzen gefüllte Dosen. Da so früh am Morgen viele Stände noch unbeaufsichtigt waren, patrouillierte die Stadtwache auf dem Souk und hielt Ausschau nach übereifrigen Kunden, die ihre Finger nicht bei sich behalten konnten.

Mazen und die beiden Frauen ließen die Geschäfte links liegen und steuerten auf ein Chai-Lokal mit einer Außenterrasse zu. Dort nahmen sie an einem Tisch Platz und kauften mit ihrem restlichen gestohlenen Gold Pita, Hummus und eine Platte voller Oliven.

»Ich möchte eines klarstellen«, sagte die Händlerin, nachdem der Kellner die Teller vor ihnen platziert hatte. Sie riss ein Stück vom dampfenden Fladen ab und verzog das Gesicht, als sie es sich in den Mund steckte. »Ich unternehme diese Reise unter Zwang, aber ich weigere mich, sie blindlings zu beenden.« Sie sah mit ihren hellen Augen zwischen Aisha und Mazen hin und her. »Ich will Antworten.« Mazen musste sich anstrengen, um nicht ihrem Blick auszuweichen. »Erst du, Prinz. Was ist vor neun Jahren mit Imad geschehen?«

Sie fixierte ihn finster, und dennoch … war es nicht ein gutes Zeichen, ein erster Schritt zur Vergebung, wenn sie ihm eine aufrichtige Antwort zutraute? Obwohl es nicht viel zu sagen gab, berichtete Mazen ihr eifrig alles, was er wusste. Vor neun Jahren war er erst dreizehn gewesen. Er konnte sich nicht mehr an Omars Befehle und auch nicht an dessen aus dem Ruder gelaufenen Übungskampf mit Imad erinnern. Er wusste nur, was Aisha und sein Vater ihm erzählt hatten.

»Mein Vater hat immer behauptet, seine Räuber wären unter tragischen Umständen ums Leben gekommen«, sagte er. »Dass sie gegen einen schrecklichen Dschinn gekämpft und nicht überlebt hätten. Und …« Er zögerte. »Dass so viele gestorben sind, habe ich erst von Aisha erfahren.«

Sie sahen Aisha an. Die zuckte die Achseln. »Ich weiß nur, dass Omar damals unbedingt ein Dschinn-Königsrelikt in die Hände bekommen wollte und dass ihm dafür jedes Mittel recht war. Die Räuber, die er geschickt hat, um den Ifrit zu töten, haben, wie ihr wisst, versagt. So weit ist er anschließend nicht mehr gegangen.« Sie hob eine Augenbraue. »Er weiß wahrscheinlich nicht, dass du überlebt hast, al-Nazari.«

Wüsste er es, wärest du nicht hier, sollte das heißen.

Mazen wurde etwas bewusst, woran er bisher noch nicht gedacht hatte. »Wie hatte Omar dieses Relikt – oder, äh, Qadir – überhaupt aufspüren können? Woher hat er gewusst, wohin er seine Räuber schicken muss?«

Aisha öffnete den Mund und schloss ihn gleich wieder. Sie wirkte verwirrt. *Sie weiß es nicht,* dachte Mazen erstaunt.

Die Händlerin grinste sarkastisch. »Noch so eine Frage, die ich ihm bei unserer Rückkehr nach Madinne stellen werde.« Wieder sah sie zwischen den beiden hin und her. »Ich hoffe, ihr habt nicht vor, mich ins Sandmeer zu werfen, sobald ich die Lampe gefunden habe. Ich weigere mich nämlich, mich von euch umbringen zu lassen.«

Mazen zuckte zurück. »Natürlich nicht!«

Doch noch während er die Worte aussprach, wurde ihm klar, dass sie mit ihrem Misstrauen vielleicht recht hatte. Sein Vater scherte sich eindeutig nicht groß um ihre Sicherheit. Er hatte sie angeheuert, weil sie alles aufspüren konnte. Wegen ihres Kompasses.

Die Händlerin wirkte nicht überzeugt, hakte aber nicht weiter nach. Stattdessen lenkte sie das Gespräch wieder auf Imad. »Als ich Imad in den Ruinen verletzt habe, quoll aus seinen Wunden …« Sie zögerte. »… Tinte. Oder war es schwarzes Blut?« Sie sah Aisha und Mazen misstrauisch an. »Wieso?«

Mazen seufzte. Er hatte nicht mitbekommen, wie Loulie al-Nazari den Räuber in Stücke gehackt hatte, das schwarze Blut, eine Begleiterscheinung des Armreifs, hatte er jedoch gesehen.

Als er der Händlerin davon erzählte, verschränkte sie die Arme. »So etwas habe ich noch nie gehört.« Nachdenklich betrachtete sie Mazens Schatten. »Aber es gibt vermutlich noch so einiges, was ich nicht über Dschinn-Magie weiß.«

Als Letztes erkundigte sie sich nach seinem Schatten. Diesen Punkt konnte er zum Glück ohne Ausflüchte beantworten. Mazen erzählte ihr alles, was er über den Schatten wusste.

Als er damit fertig war, seufzte die Händlerin. »Es war weise von der Dschinn, ihn zu ihrem Relikt zu machen. Damit fällt ihre Magie nicht deinem Bruder in die Hände.«

So hatte Mazen es noch gar nicht gesehen, doch nun fiel ihm wieder ein, dass sein Vater und Omar im Diwan vergeblich nach einem Relikt gesucht hatten.

Stille breitete sich aus, die nur von Kaugeräuschen und dem Klirren unterbrochen wurde, mit dem Aisha und Loulie ihre Chai-Becher auf die Untertassen stellten. Mazen beeilte sich, wie es seine Art war, sie mit Worten zu füllen: »Ich möchte noch einmal ganz von vorn anfangen, mit einer blanken Schriftrolle.« Er legte sich eine Hand auf die Brust und hoffte, dass sein Lächeln aufrichtig aussah. Nach der langen Zeit in Omars Gestalt fürchtete er halb, dass es für immer verschlagen wirken würde. »Als Erstes möchte ich mich noch mal vorstellen. Ich heiße Mazen und bin …«

»Ein Lügner«, entgegnete Loulie finster.

Aisha betrachtete seinen Schatten. »Der Prinz der Finsternis?«

Mazen wurde blass. »Was? Wieso?«

»Du hast einen magischen Schatten und lungerst oft in dunklen Korridoren herum.«

»Aber Prinz der Finsternis klingt ja, als wäre ich ein Bösewicht.«

Aisha grinste spöttisch, und auch die Händlerin lächelte – zwar nur für ein paar Sekunden, aber dafür freundlich.

»Wolltest du dich nicht Yousef nennen?«, fragte Aisha.

»Ja, das stimmt«, antwortete Mazen verlegen. »Ich glaube, das ist eine gute Idee. Zumindest in den Städten.«

»Also gut, *Yousef*. Händlerin.« Aisha nickte den beiden zu, stellte ihren Becher ab und stand auf. »Dann mache ich mich mal auf den Weg, um noch mehr Ausrüstung zu ›erwerben‹. Ihr müsst in der Zwischenzeit nichts anderes tun, als genug Geld für Pferde aufzutreiben.«

Das war leichter gesagt als getan. Mazen hatte in seinem ganzen

Leben noch nie einen Finger krumm machen müssen, und Loulie konnte auch nichts anderes als Relikte finden und verkaufen. Kein Wunder also, dass niemand die beiden anstellen wollte.

Mazens Stimmung wurde noch schlechter, als sie bei ihrer Suche nach Arbeit Gerüchte aus Madinne aufschnappten. Loulie war sichtlich erleichtert, dass Ahmed bin Walid für unschuldig erklärt worden war und sich als Gast im Palast aufhielt. Doch Mazen machte diese Neuigkeit nervös. Ahmed hatte in Dhyme den Armreif an ihm gesehen. Würde er nun Omars Tarnung durchschauen, wenn er an dessen Handgelenk das gleiche Relikt bemerkte?

Während er darüber nachgrübelte und es allmählich dunkler zu werden begann, blieb sein Blick an einem Geschichtenerzähler hängen. Er saß mit dem für sein Gewerbe typischen, mit Schnitzereien von verschiedenen Sagengestalten verzierten Stab im Schatten einer Markise und hatte sichtlich sein Publikum in seinen Bann gezogen.

Mazen blieb stehen, um seine ausladenden Gesten und sein flüssiges Mienenspiel zu bewundern. Als der alte Mann seine Geschichte vollendet hatte, beugten sich seine Zuhörer vor und warfen Münzen in die Schale vor ihm.

Loulie stieß Mazen mit dem Ellbogen an. »Prinz?«

»Ich habe eine Idee«, gab er lächelnd zurück.

Und während der nächsten Stunde setzten sie seinen kleinen, bescheidenen Einfall in die Tat um. Mazen schwatzte einer Standbesitzerin einen staubigen Teppich ab. Die Händlerin »borgte« unterdessen eine der Laternen, die an den Dattelbäumen rund um den Souk hingen.

Sie stellte sie vor Mazen hin und nahm auf dem Teppich Platz.

Er lächelte ihr zu. »Eine Laterne für stimmungsvolles Licht? Sehr gut.«

»Qadirs Idee. Er will dir helfen.«

Mazen drehte sich um. Stand der Leibwächter etwa hinter ihm? Nein, der mürrische Ifrit war nirgends zu sehen. Als er sich mit fragendem Blick wieder zur Händlerin umwandte, deutete sie auf den Sockel der Lampe.

Dort saß eine kleine schwarze Eidechse, die mit roten Augen zu ihm aufsah.

»Qadir kann seine Gestalt verändern«, sagte Loulie. Als Mazen sie immer noch schweigend ansah, fügte sie seufzend hinzu: »Manchmal reitet er auf meiner Schulter. Das ist weniger auffällig.«

Ohne Vorwarnung krabbelte der Ifrit in Eidechsengestalt erst an Mazens Bein, dann an seinem Arm bis auf seine Schulter hoch. »Ich tue das für Loulie«, sagte er leise, aber gewohnt schroff. Mazen erinnerte sich an diese Stimme. Sie hatte ihn bei seiner ersten Begegnung mit der Schatten-Dschinn aus seiner Benommenheit gerissen.

Qadir war damals also bei Loulie gewesen.

»Und ich habe geglaubt, ich wäre verrückt«, murmelte Mazen.

»Das bist du auch«, erwiderte Qadir. »Sonst hättest du dich kaum auf diese Reise gemacht.«

Mazen runzelte die Stirn. »Das ist nicht …«

»Hör auf damit«, flüsterte die Händlerin ihm zu. »Du siehst aus, als würdest du Selbstgespräche führen.« Sie nahm das Ende seiner Ghutra und wickelte es ihm um den Mund und die Schultern. »So, jetzt wirkst du wenigstens mysteriös.« Sie trat einen Schritt zurück und betrachtete ihn mit verschränkten Armen. »Aber das allein wird nicht reichen. Wie willst du Zuhörer anlocken? Niemand hat je von Yousef dem Geschichtenerzähler gehört.«

»*Noch nicht*. Aber das wird sich jetzt ändern.« Grinsend erwiderte er ihren verblüfften Blick. Er mochte nicht viele Talente besitzen, aber Geschichten erzählen lag ihm im Blut. »Kannst du das Feuer manipulieren?«, flüsterte er dem Ifrit zu.

Im Inneren der Laterne loderte eine Flamme auf und flackerte nacheinander rot, blau, grün und gelb. Mazen dachte einen Moment nach. Dann lächelte er. »Ich möchte, dass du Folgendes tust …«

Mazen klatschte und bedachte die Passanten mit einem breiten Lächeln.

Er klatschte erneut, und in der Laterne erschien eine Flamme.

Beim dritten Klatschen wurde sie weiß.

Beim vierten dunkelblau wie die Tiefsee. Ein paar Marktbesucher blieben stehen, um das eigenartige Feuer in Augenschein zu nehmen.

Beim fünften Klatschen tauchte die Flamme die Umgebung in ein schwaches grünes Licht. Vor dem Teppich bildete sich allmählich eine beträchtliche Menschenmenge. Ein kleiner Junge drängte nach vorne und deutete mit offenem Mund auf die Laterne. »Wie machst du das?«

»Was, das da?« Mazen hob die Laterne hoch, schaute sie einen Moment lang an und blies auf das Glas. Ehrfürchtig sah sein Publikum zu, wie die Flamme dahinter erlosch – nur um gleich darauf wieder hell aufzulodern. Die Leute jubelten, als hätte er einen Zaubertrick vorgeführt.

Mazen hob die Laterne schwungvoll vor sich hin. »Seht genau hin! Das ist kein gewöhnliches Feuer.« Das Licht wurde immer schwächer, bis alles in Dunkelheit gehüllt war. »Das ist eine unsterbliche Flamme, die von niemand anderem als dem Dschinn-König des Feuers geschaffen wurde.«

Qadir schnaubte neben seinem Ohr. »Das ist eine wirklich hübsche Lüge.«

Mazen fand nicht, dass es eine Lüge war. Seines Erachtens waren ausgeschmückte Geschichten vergoldete Wahrheiten.

Er stellte die Laterne wieder ab. »An einem unbekannten Ort vor langer Zeit …«

Seine erste Geschichte handelte vom sogenannten König des Feuers, der so furchterregend war, dass er alles verbrennen konnte, sogar den Sand, auf dem sie standen. Doch der König des Feuers war nicht herzlos, und er verliebte sich in einen Menschen, in ein in Sterne gehülltes Mädchen. Er liebte sie so inbrünstig, dass er sie anwies, seine Flamme nach seinem Tod aufzubewahren, damit er immer über sie wachen könne. Das Mädchen ehrte ihn, indem es sein Feuer an seine Nachfahren weiterreichte und ihnen befahl, es für immer zu hüten.

»Und ebendieses Feuer seht ihr hier vor euch.«

Als die Geschichte vorbei war, klatschten die Leute und brachen in Jubel aus. Mazen berauschte sich an ihrem Beifall. Er vergaß das Gold. Für ihn zählten nur die Geschichten, die er bis tief in die Nacht hinein erzählte. Er berichtete seinem Publikum von der Hemarat al-Gayla, der furchterregenden Eselskreatur, die Kinder verschlang, wenn sie sich in der Hitze des Tages zu weit von zu Hause entfernten. Vom Bu Darya, einem Fischmann, der seine Opfer ins Meer lockte, indem er tat, als ertränke er. Und vom majestätischen Feuervogel, der im Flug Flammenstreifen hinter sich herzog.

Zwischen den einzelnen Geschichten hielt Loulie al-Nazari den Leuten einen Seidenbeutel hin und rief: »Der Geschichtenerzähler Yousef ist lange und weit gereist, um euch all das zu erzählen! Diese Geschichten sind rar und kostbar wie Relikte und können wie jeder Schatz mit Münzen aufgewogen werden …«

Loulie und er waren ein gutes Gespann. Sie verstand sich darauf, eine Menge anzulocken, und er wusste, wie er sie in seinen Bann schlug. Als es bereits stockdunkel war und die Händler ihre Waren zusammenpackten, standen noch immer ein paar Zuschauer vor ihm, die erschöpft, aber gespannt darauf warteten, ob er eine weitere Geschichte zum Besten geben würde.

Loulie suchte seinen Blick. *Eine letzte noch?*, formte sie mit den Lippen.

Mazen dachte nach. Wenn dies das Finale sein sollte, musste er sich etwas Besonderes einfallen lassen, denn die letzten Geschichten blieben dem Publikum am längsten im Gedächtnis.

Eine Idee drängte sich ihm auf, die schon immer in seinem Kopf herumgespukt zu haben schien. Seit seinem Aufbruch von Madinne war er mit lebenden Legenden unterwegs und hatte geschichtenwürdige Abenteuer erlebt. Bei alldem hatte er sich jedoch als Omar ausgegeben und war daher nicht wirklich aufrichtig gewesen. Doch nun steckte er nicht mehr in der Haut seines Bruders, und es stand ihm frei, seine eigene Wahrheit zu erzählen. Und *seiner eigenen* Vergangenheit Leben einzuhauchen.

Die meisten seiner Familiengeschichten waren geheim. Aber es gab eine, die jeder schon mal gehört hatte und die er seit seiner Kindheit in- und auswendig kannte. Ein Teil seiner Familiengeschichte, zu einem Märchen verdichtet und zur Legende geworden, eine, die er besser kannte als irgendwer sonst.

»Die letzte Geschichte des heutigen Abends soll von der Erzählerin handeln, die mit ihren Märchen ihr eigenes Schicksal veränderte. Sie beschreibt, wie man mit Geschichten die Herzen Sterblicher bewegen kann.« Mazen faltete lächelnd die Hände und begann zu erzählen:

die Geschichte seiner Mutter.

DIE GESCHICHTE VON SHAFIA

An einem unbekannten Ort vor nicht allzu langer Zeit lebte unter den Beduinen eine wunderschöne Geschichtenerzählerin namens Shafia, die für ihr nahezu perfektes Gedächtnis und ihre ausdrucksstarken Auftritte bekannt war. Sie besaß helle Augen und eine Weisheit, die ihre Jugend Lügen zu strafen schien. Es hieß, sie wüsste für jedes Problem eine Lösung. Mit der Zeit wurde sie so bekannt, dass man sogar in den Städten von ihrer Begabung hörte. Und so erfuhr eines Tages auch der Wesir des Sultans von ihr. Er reiste sieben Tage und Nächte, um mit ihr zu sprechen. Als er ihr Stammesgebiet erreichte, warf er sich vor dem Scheich nieder und bat um eine Audienz mit ihr.

Shafia empfing den Wesir in einem Gästezelt und fragte ihn, was er auf dem Herzen habe. Was er ihr erzählte, klang verstörend. Sein einst so gütiger Sultan leide unter einem Kummer, der so schwer wiege, dass er sein Urteilsvermögen trübe. Seine erste Ehefrau sei im Kindbett verstorben, seine zweite hätte er selbst getötet, weil sie ihn betrogen habe. Seither unterstelle er allen Frauen, Schande über ihn bringen zu wollen.

»Seit der Ermordung seiner zweiten Gemahlin lässt er sich

zu Beginn jeder Woche eine neue Frau bringen«, berichtete der Wesir. »Und am Ende der Woche beschuldigt er sie irgendeiner Verfehlung und tötet sie.« Der Wesir presste die Stirn auf den Boden. »Es heißt, Ihr habt mit Euren Geschichten gebrochene Herzen geheilt und wilde Bestien gezähmt«, sagte er unterwürfig. »Daher bitte ich Euch inständig: Sagt mir, wie man die unnatürliche Wut Seiner Majestät besänftigen kann.«

Shafia dachte nach. Dann sagte sie: »In jeder Geschichte steckt ein Funken Wahrheit. In dieser habe ich ihn noch nicht gefunden. Ich werde zu Eurem Sultan gehen und selbst mit ihm sprechen.«

Der Wesir schüttelte vehement den Kopf. »Mit dem Sultan könnt Ihr nur sprechen, wenn Ihr Euch auf eine Ehe mit ihm einlässt. Und dann werdet Ihr die Woche nicht überleben!«

Shafia lächelte ihn nur an. »Treuer Wesir, man kann nicht wissen, wie eine Reise endet, wenn man sie nicht antritt.« Und damit bereitete sie alles für ihren Aufbruch vor.

Ihre Verwandten verzweifelten angesichts ihrer Entscheidung und versuchten, sie zum Bleiben zu überreden. Sie sagten, sie habe wenig zu gewinnen und viel zu verlieren, doch Shafia blieb standhaft. Und so blieb ihrer Familie nichts anderes übrig, als ihren Mut zu würdigen und für ihre Sicherheit zu beten, während sie mit dem Wesir davonritt. Sieben Tage und Nächte später durchquerten sie das Tor von Madinne, und der Wesir führte sie in den Palast, wo der Sultan auf seinem Thron saß.

»Ich habe Euch eine lebende Legende gebracht, Eure Majestät«, sagte der Wesir. »Eine Geschichtenerzählerin namens Shafia. Sie kommt mit einem Anliegen.«

Shafia verneigte sich. »Ich bitte um die Ehre, Eure Frau werden zu dürfen, Eure Majestät.«

Der Sultan war überrascht, aber vor allem misstrauisch. Dennoch gab er der Bitte der Geschichtenerzählerin statt. Widerwillig begrüßte er sie in seinem Palast und ließ sie von traurig dreinblickenden Dienerinnen und Dienern in feinste Gewänder kleiden und mit Gold schmücken. Während der folgenden Tage kümmerten sie sich um all ihre Bedürfnisse. Am Ende der Woche ließ der Sultan sie in seine Gemächer rufen. Keine von Shafias Vorgängerinnen hatte die Begegnung mit ihm überlebt, doch sie empfand keine Furcht, als sie vor ihn trat.

»Ich habe eine Frage an Euch«, sagte er. »Werdet Ihr sie mir aufrichtig beantworten?«

»Darauf gebe ich Euch mein Wort, Eure Majestät.«

»Dann sagt mir, wieso Ihr Euch mir aus freien Stücken als Frau angeboten habt?«

Shafia dachte einen Moment nach. Dann sagte sie: »Kennt Ihr die Geschichte des hochmütigen Kaufmanns, der eines Tages erwachte und drei Tage lang König sein sollte? Genau wie er glaubte auch ich zu halluzinieren, als der Wesir mich aufsuchte. Wie hätte ich die Gelegenheit verschmähen können, ihm in den Palast zu folgen und die Wahrheit herauszufinden?«

Der Sultan knurrte wütend. »Ihr habt mir versprochen, meine Frage zu beantworten, doch stattdessen sprecht Ihr in

Rätseln! Wenn Ihr so weitermacht, werdet Ihr für diesen Täuschungsversuch mit dem Leben bezahlen.«

Es war genau so, wie der Wesir es ihr gesagt hatte. Der Sultan hatte irgendeinen bizarren Makel an ihr gefunden und wollte sie deswegen nun töten. Doch Shafia ließ sich von dieser unerwarteten Drohung nicht einschüchtern. »Verzeiht, Eure Majestät. Als Geschichtenerzählerin entdecke ich die Wahrheit zumeist in Allegorien.« Sie sah durch das Fenster zur untergehenden Sonne hinaus. »Wenn es Euch genehm ist, würde ich Euch gern die ganze Geschichte erzählen, bevor Ihr mir das Leben nehmt.«

Der Sultan zögerte, doch schließlich bedeutete er Shafia fortzufahren.

Und so erzählte sie ihm die Geschichte von dem stolzen Kaufmann und dem klugen König. Darin hörte ein König, wie sich ein Kaufmann über seine Erlasse lustig machte, und beschloss, ihm einen Streich zu spielen. Er befahl seinen Dienern, den Kaufmann mitten in der Nacht in den Palast zu bringen und ihn beim Aufwachen als König anzusprechen. Zuerst glaubte der Kaufmann, nun würden all seine Träume in Erfüllung gehen, doch dann erkannte er, wie schwer es war zu regieren. Schließlich offenbarte der König sich ihm. Eigentlich hatte er ihn für seine Frechheit bestrafen wollen, doch nun beschloss er stattdessen, ihn für seine Mühen zu belohnen und ihn stattdessen zu seinem Ratgeber zu ernennen.

»Welche Bürde auf dem König lastete, begriff der Kaufmann erst, als er die Gelegenheit bekam, an seine Stelle zu treten«, erklärte Shafia. »Deswegen bin ich dem Ruf Eures Wesirs gefolgt. Doch ich muss zugeben: Ich bin längst nicht so weise wie der Kaufmann, der den König in den unterschiedlichsten Fragen beriet. Zum Beispiel, als ein gerissener Dschinn die Armee des Königs unterwanderte …«

Und so ließ Shafia die eine Geschichte nahtlos in die nächste übergehen, doch als die Sonne aufging, brach sie ab. Der Sultan verlangte, dass sie fortfuhr, da er wissen wollte, wie der König dem Dschinn beigekommen war. Doch Shafia schützte Erschöpfung vor und fragte in aller Bescheidenheit, ob es ihm möglich sei, ihre Bestrafung eine Nacht aufzuschieben, damit sie sich ausruhen könne, bevor sie die Geschichte zu Ende erzählte. *Was soll eine Nacht schon schaden?*, dachte der große Herrscher und gab ihrer Bitte statt. Er ließ sie den ganzen Tag von Soldaten bewachen, und in der nächsten Nacht kehrte sie zurück. Erneut verwob sie die eine Geschichte übergangslos mit der nächsten. Darin versprach der König, die finsteren Pläne des Dschinn zu verzeihen, wenn er sich zusammen mit dem Kaufmann auf die Suche nach einem Relikt machte – einem Ring, der Wünsche erfüllte und angeblich einem Dschinn-König gehörte.

»Und wie haben sie diesen Ring aus dem Sandmeer heraufgeholt?«, fragte der Sultan.

Shafia blickte bekümmert aus dem Fenster. »Darf ich um eine weitere Nacht bitten, um diese Geschichte zu Ende zu bringen, Eure Majestät?«

Und so warf die Geschichtenerzählerin jede Nacht eine weitere Frage auf und bat um zusätzliche Zeit, um auch diese beantworten zu können. Und so wurden aus Tagen Wochen und aus Wochen Monate, und aus den Geschichten wurden Unterhaltungen. Schon bald sprach sich im ganzen Wüstenreich herum, dass die Geschichtenerzählerin dem Tod ein Schnippchen geschlagen habe. Als dem Sultan dieses Gerücht zu Ohren kam, erkannte er, dass er der Geschichtenerzählerin in die Falle gegangen war. Schlimmer noch: Er hatte sich in sie verliebt. Aus Angst, ein weiteres Mal betrogen zu werden, beschloss er, Shafias Loyalität auf die Probe zu stellen, indem er ihr erlaubte, bei Audienzen in seinem Namen zu sprechen.

Doch Shafia war ebenso bescheiden wie weise. Wenn zerstrittene Kaufleute, weinende Mütter und erschütterte Soldaten um Rat baten, sagte sie: »Ich bin nur eine Geschichtenerzählerin, die ihre Wahrheit aus Gleichnissen schöpft. Der Sultan dagegen spricht aus Erfahrung. Ich wäre niemals so vermessen, in seiner ehrwürdigen Gesellschaft Ratschläge zu erteilen.«

Dieses Ablenkungsmanöver war so schmeichelhaft wie effektiv, da der Sultan sich bei seinen Entscheidungen auch weiterhin auf Shafias Meinung verließ. Ein Jahr verging, und alle freuten sich über das Wunder, das Shafia mit ihren Geschichten bewirkt hatte. Alle außer dem Sultan, der noch immer den Verdacht hegte, dass er zum Narren gehalten wurde. Er ersann einen letzten Plan, um sich vor einem gebrochenen Herzen zu schützen. Als Shafia eines Nachts in seinen Armen einschlummerte, nahm er ein Messer von seinem Nachttisch und hielt es ihr an die Kehle. »Ich habe eine

Frage an dich«, sagte er. »Wirst du sie wahrheitsgemäß beantworten?«

Shafia sah ihm, ohne mit der Wimper zu zucken, in die Augen. »Darauf hast du mein Wort.«

»Dann sag mir, ob du vor deinem Tod noch einen letzten Wunsch hast.«

Und Shafia antwortete mit Tränen in den Augen: »Erinnerst du dich noch an die Geschichte des Kaufmannes, der drei Tage lang König war? Als ich sie dir erzählte, habe ich meine Situation mit seiner verglichen. Aber ich wusste, dass sie sich unterschieden – dass dies hier nur ein Traum war, der eines Tages enden würde.« Sie umfasst seine zitternden Hände. »Obwohl ich deine Bürde niemals verstehen könnte, bitte ich dich, meine Ratschläge nicht zu vergessen. Ich bin hergekommen, weil ich das Beste für das Königreich wollte. Und ich glaube, dass du das ebenfalls tust. Möge es dir wohl ergehen, Eure Majestät.«

Da warf der Sultan mit einem Aufschrei seinen Dolch fort. »Ich habe dich nach deinem Wunsch gefragt, doch stattdessen, wünschst du *mir* Glück! Du närrisches Geschöpf.« Er presste seine Stirn an ihre und sagte: »Doch der größte Narr bin ich, weil ich mich so lange mit Gewalt zu schützen versucht habe. Vergib mir, meine Liebste.«

Die beiden lagen sich in den Armen und trauerten um alles, was verloren war. Doch der Morgen des nächsten Tages brachte neue Hoffnung. Der Sultan fühlte sich von Grund auf verändert, und er schwor, an der Seite der Geschichtenerzählerin, die sein Reich gerettet hatte, ein besserer Mensch zu werden. Eine Weile herrschten die beiden voller Mitgefühl. Doch niemand ist vor dem Tod gefeit, der über kurz oder lang alle Liebenden auseinanderreißt, und so fand auch unsere geliebte Geschichtenerzählerin ein viel zu frühes Ende.

Aber wir dürfen den Mut nicht verlieren! Den Zeitpunkt unseres Dahinscheidens bestimmen die Götter, doch wir Menschen haben in der Hand, wie lange unser Vermächtnis überdauert. Obwohl Shafia nicht mehr unter uns weilt, lebt die Erinnerung an sie in allen fort, deren Leben sie berührt hat.

Das, liebe Freunde, ist die Macht, die Geschichten innewohnt.

53

MAZEN

Mazen war sich nicht sicher, ob die Wahrheit frei oder unfrei machte. Da er in einer Welt voll falscher Freundlichkeiten und fein dosierter Informationen aufgewachsen war, wusste er, wie gefährlich echte Aufrichtigkeit sein konnte.

Doch als er seine Geschichte schließlich beendet hatte, fühlte er sich so unbeschwert wie noch nie zuvor. Die Wahrheit hatte tatsächlich etwas Befreiendes – solange niemand wusste, dass es seine war.

Die erstaunten Gesichter seiner Zuhörer ließen sein Herz höherschlagen. Die Geschichte seiner Mutter hatte schon immer in Form von geflüsterten Gerüchten kursiert, doch nun hatte er ihr Leben eingehaucht.

Diesmal gab es keinen Applaus, stattdessen drückten Mazens Zuhörer ihre überwältigende Dankbarkeit in barer Münze aus. Als sie ihn fragten, woher er diese Geschichte kenne, antwortete er mit einer Halbwahrheit: Er sei in Madinne gewesen und habe mit dem Sultan persönlich gesprochen. Sie glaubten ihm – oder waren zumindest so hingerissen von seiner Erzählung, dass sie ihm Glauben schenken wollten.

Während die Menge sich auflöste, wallte ein Triumphgefühl in Mazens Brust auf, das sich jedoch schnell wieder verflüchtigte, als er Loulies forschenden Blick bemerkte. »Du hast dich selbst in dieser Geschichte gar nicht erwähnt«, sagte sie.

Er sah sie verdutzt an. »Nein … weil ich meine persönlichen Erinnerungen an meine Mutter für mich behalten will.«

Sie durften nicht zum Stoff für irgendwelche Gerüchte verkommen, die man sich auf dunklen Souks zuraunte. Dafür waren sie viel zu kostbar und zerbrechlich.

Loulie schüttelte den Kopf. »Das habe ich nicht gemeint. Du hast gesagt, die Erinnerung an Shafia lebt in den Menschen fort, deren Leben sie berührt hat. Aber du bist derjenige, der diese Geschichte erzählt. Du solltest dein Licht nicht unter den Scheffel stellen und erwähnen, dass du« – sie hob vielsagend eine Augenbraue –, »Prinz *Mazen,* ihr Vermächtnis weiterführst.«

Mazen merkte, wie ihm angesichts ihres Lobs warm ums Herz wurde, und konnte sich ein Lächeln nicht verkneifen. »Das nächste Mal dann.«

Die Händlerin drehte sich um, griff nach dem Seidenbeutel und stellte ihn zwischen ihnen ab. Dann sah sie Mazen erneut in die Augen. »Ich bin neugierig: Wie viel von dieser Geschichte ist wahr?«

Sein Lächeln verblasste. In Wahrheit hatte sein Vater nie erklärt, warum er so viele Frauen kaltblütig ermordet hatte. Und seine Mutter hatte es niemals verstanden.

Es war, als wäre er besessen gewesen, hatte sie einmal zu Mazen gesagt. Er erinnerte sich noch daran, wie geistesabwesend ihr Gesichtsausdruck geworden war und dass sie die Hände in ihre Ärmel gesteckt hatte, als müsste sie gegen ein Frösteln ankämpfen. *Aber als ich ihm meine Geschichten erzählt habe, war er anders. Nicht misstrauisch, sondern nachdenklich. Und auch nicht wütend, sondern voller Reue. Er war er selbst, wenn er mit mir zusammen war.*

Nie war Mazen der Wahrheit nähergekommen als mit diesen Worten seiner Mutter, doch sie reichten ihm nicht als Erklärung. »Sie bildet nur eine Facette der damaligen Ereignisse ab«, beantwortete er Loulies Frage. »Wie ein geschliffener Diamantsplitter. Die ganze Wahrheit kennt nur mein Vater, und ich glaube, aus seinem Mund … wäre sie nicht ganz so erbaulich.«

Es schmerzte ihn, dass der Sultan kein gütiger Mann war, doch Mazen behandelte er freundlicher als andere. Vielleicht war das der Grund, weshalb Mazen ihn nicht nur fürchtete, sondern auch liebte.

»Nein, das wäre eine ganz andere Geschichte«, bestätigte Loulie und neigte nachdenklich den Kopf zur Seite. »Und vermutlich nicht annähernd so einträglich wie diese Version.«

Wieder musste Mazen unwillkürlich lächeln. »Nein, wahrscheinlich nicht.«

Er rückte näher, um ihr beim Zählen der Münzen zu helfen. Qadir, der bislang ruhig auf seiner Schulter gesessen hatte, streckte den Kopf aus seiner Ghutra, um ebenfalls ihre Einnahmen zu beäugen. Als sie alles zusammengerechnet hatten, war Mazen stolz. Das Geld reichte zwar nicht für Pferde, aber sie hatten es selbst verdient.

»Du bist eine gute Kauffrau, Layla«, sagte er.

Zu seiner Überraschung zeichnete sich ein triumphierendes Lächeln auf ihrem Gesicht ab. Es wirkte strahlend, aufrichtig und anziehend. Und dann *lachte* sie sogar, und sein Bauch begann zu kribbeln. »Und *du* bist ein guter Geschichtenerzähler«, erwiderte sie. »Allerdings bezweifle ich, dass an deiner ersten Erzählung über den König des Feuers und die glutäugige Frau irgendwas dran ist.«

Mazen errötete. »Ich musste mir schnell etwas einfallen lassen. Qadir schien sie gefallen zu haben.«

»Hmpf«, kommentierte der Dschinn.

Loulies Lächeln verschwand, als Mazen den Ifrit erwähnte.

Auf dem Rückweg zum Gasthaus versuchte er mehrfach, sie wieder aufzuheitern, doch sie schien nicht mehr in der Stimmung für müßiges Geplauder zu sein.

Bevor sie sich mit Qadir in ihr Zimmer zurückzog, fragte er sie noch schnell, ob sie ihn am nächsten Tag wieder zum Souk begleiten würde.

Die Händlerin dachte einen Moment nach. »Hast du noch mehr so ergreifende Familiengeschichten parat?«

Mazens Herz schlug höher. »Nein, aber ich glaube, ich kenne noch ein paar recht einträgliche.«

Sie lächelte vage und trat durch die Tür. »Dann bis morgen.«

Mazen sah ihr, ebenfalls lächelnd, hinterher und echote: »Bis morgen.«

Doch der nächsten Morgen begann nur mit Aisha, die ihn wach rüttelte und darauf beharrte, dass sie sich ein Iftar besorgen sollten. Nachdem sie sich an Brot und Za'atar satt gegessen hatten, fragte er sie, wo die Händlerin sei. »Sie ist mit Qadir weg«, erwiderte sie achselzuckend. »Um Gerüchten über einen Schatz oben in den Felsen nachzugehen. Sie will herausfinden, ob man ihn zu Geld machen kann.«

Als sie seinen enttäuschten Blick bemerkte, fügte sie hinzu: »Die Händlerin hat mir von deinem gestrigen Erfolg erzählt. Keine Sorge, heute werde ich dich beim Geschichtenerzählen unterstützen.«

»Musst du nicht irgendetwas stehlen?«

»Natürlich, aber ich kann mir freinehmen, um dir beim Arbeiten zuzusehen.« Ihre Augen funkelten amüsiert. »Ich wusste gar nicht, dass du das kannst.«

Wie sich herausstellte, gab es für Mazen kaum »Arbeit«. Die meiste Zeit saß er nur da und überlegte verdrossen, wie er die Leute ohne magisches Feuer anlocken sollte. Mitten am Tag war es viel schwerer, die Marktbesucher, die wichtige Dinge zu erledigen hatten, für seine Geschichten zu begeistern – zumal die Händler ringsum so laut sprachen, dass er kaum sein eigenes Wort verstehen konnte. Was er anzubieten hatte, war offenbar längst nicht so verführerisch wie die appetitanregenden Köstlichkeiten und schicken Accessoires, die ringsum zum Verkauf standen.

Aisha wirkte hochgradig unbeeindruckt. Mazen gab sich große Mühe, ihr keine Beachtung zu schenken, doch schließlich hockte sie sich vor ihn hin und sagte: »Erzähl mir die Geschichte von der Königin der Dünen.« An ihrem Lächeln erkannte er, dass ihn in diesem Moment nicht nur Aisha ansah.

Er zögerte. »Die menschliche Version?«

»Nein, erzähl mir *deine* Version. Die mit der Düne und der Armee von Ghulen.«

Mazen erschrak. Gestern hatte er eine Geschichte über seine Familie erzählt, doch er war noch nie auf die Idee gekommen, etwas von *sich selbst* preiszugeben. Schließlich waren es keine Heldenepen. Doch andererseits hatte er sie immerhin überlebt.

Also erzählte er ihr mit weithin hörbarer Stimme die Geschichte von Yousef dem Abenteurer, der zufällig in den Unterschlupf der furchterregenden Königin der Dünen geraten war, die schreckenerregende Dschinn mit ihrer Armee von Ghulen.

»Und so fand sich Yousef in einem prächtigen Korridor wieder, der vom Boden bis zur Decke mit glitzernden Mosaiken verziert war! Er fühlte sich wie in einem Traum. Doch weit gefehlt! Dieser Ort war einem Albtraum entsprungen …«

Mazen bemerkte, dass sich mehrere aufgeregt murmelnde Marktbesucher um ihn geschart hatten, und legte sich noch mehr ins Zeug.

»Und er rannte!«, rief er. »Er rannte immer weiter und weiter, während der Sand um ihn herum herabstürzte und die Ruinen zusammenbrachen. *Yalla!*, schrie seine innere Stimme. *Yalla, yalla!*«

Die Kinder im Publikum fielen mit ein. Sie klatschten und riefen: »Yalla, Yousef! Yalla, yalla!«

»Und dann …« Mazen streckte die Hände aus, und der Sprechchor verstummte. Er beugte sich vor und sagte mit deutlich leiserer Stimme: »… entkam Yousef. Und wisst ihr, was er in der Hand hielt?«

»Die Krone der Königin?«, fragte Aisha, die aussah, als müsste sie sich ein Lachen verkneifen.

Mazen stieß einen schmerzlichen Seufzer aus. »Nichts!« Er öffnete die Finger und zeigte seine leeren Handflächen. Seine Zuhörer waren verstört. Das offene Ende der Geschichte ließ erahnen, dass die Königin der Dünen noch immer irgendwo dort draußen war.

Danach erzählte er noch weitere Geschichten über seine eigenen Erlebnisse, die er voller Stolz als »Yousefs Abenteuer« titulierte. Derweil bat Aisha, wie Loulie am Vortag, seine Zuhörer um milde Gaben. Sie wickelte sie zwar nicht ganz so gekonnt um den Finger, heimste mit ihrem trügerisch freundlichen Lächeln aber genug Geld für ein paar Mahlzeiten ein.

Rund eine Stunde lang ging alles gut. Mazen hatte sein Publikum in seinen Bann geschlagen und konnte ihm jede Menge Geschichten erzählen.

Doch plötzlich war die Luft wie bei einem schweren Gewitter von elektrischer Spannung erfüllt, und auf dem Souk brach rasend schnell Chaos aus. In einem Moment war alles ruhig, und im nächsten stießen aufgebrachte Marktbesucher panische Schreie aus, während ein kleiner Junge laut kreischend die Straße entlangrannte.

Er fegte als verschwommener Farbfleck durch Mazens Blickfeld. Ein paar seiner Zuhörer gingen eilig nachsehen, was los war, andere wichen ängstlich murmelnd zurück. Aisha zwängte sich an ihnen allen vorbei zum Rand der Menge. Mazen folgte ihr und beobachtete mit stockendem Atem, wie sich der Platz rasch leerte.

»Bitte!«, schrie der rennende Junge und sah verzweifelt die nervösen Gaffer an. »Bitte helft mir! Ich …«

Etwas zischte durch die Luft und traf den Jungen, der keuchend zusammenbrach. Mazen starrte verständnislos auf den Pfeil, der aus seinem Rücken ragte. Seine Verwirrung wuchs noch, als er sah, dass sich eine silberne Blutlache auf dem Boden ausbreitete. *Ein Dschinn,* dachte er benommen. *Ein Dschinn-Kind?*

Der ganze Souk schien den Atem anzuhalten. Als Mazen zum Rand der Straße vordringen wollte, hielt Aisha ihn am Saum seines Hemdes zurück und bedachte ihn mit einem mahnenden Blick. Mazen betrachtete wieder den Jungen, dann die Zeugen des Vorfalls, die sich in Gassen versteckten und aus Fenstern spähten. Sie waren alle vor Schreck oder Angst wie erstarrt. Keiner von ihnen näherte sich dem Kind.

Doch dann schlenderte ein einzelner Mann die Straße entlang. Er ging zu dem sterbenden Dschinn und zog ihm den Pfeil so selbstverständlich aus dem Rücken, als würde er eine Rose pflücken. Ehe der Junge schreien konnte, schlitzte der Mann ihm die Kehle auf.

»Keine Sorge!«, rief der Mörder an die Umstehenden gewandt. Es klang, als sänge er. »Das Monster ist tot.«

Dann legte er sich den Jungen über die Schulter und machte kehrt. Der Souk füllte sich mit einer Kakofonie von Stimmen. Die Marktbesucher traten auf die Straße, um zuzusehen, wie der Mörder den Jungen davontrug. Und Mazen verspürte den unerklärlichen Drang, sich zu verstecken, als der Mann an ihm vorbeiging – doch er blieb stehen und sah ihn an. Der Mann hatte strahlend weiße Zähne und dunkle Knopfaugen. »Aisha! Schöne, giftige Aisha! Ich wusste doch, dass ich vorhin ein bekanntes Gesicht in der Menge bemerkt habe. Wie geht es dir? Wir haben uns ja schon seit Monaten nicht mehr gesehen.«

»Tawil«, erwiderte Aisha steif.

Der Mann namens Tawil stieß ein lautes Lachen aus, das Mazens Blut zum Kochen brachte. »Nur du kannst einem anderen Bandenmitglied einen so kalten Empfang bereiten.« Sein Lächeln verblasste, als er Mazen bemerkte. »Anscheinend haben wir einiges zu besprechen. Warte auf mich, ja? Ich muss den Kadaver ausbluten lassen.«

Die Marktbesucher, an denen er vorbeiging, dankten ihm dafür, dass er Ghiban von dem »dreckigen Dschinn« befreit hatte. *Gesegneter Räuber,* nannten sie ihn. *Retter. Held.*

»Mörder«, murmelte Aisha. Ihre Augen – das braune und das schwarze – funkelten zornig.

54

LOULIE

Der Kompass führte sie zu einer felsigen Anhöhe, einen zweistündigen Fußmarsch bergauf von Ghiban entfernt. Loulie erklomm steile, mit Schotter und rotem Staub bedeckte Hänge, folgte verschlungenen Pfaden und tastete sich an Wasserfällen entlang.

Es war zwar nicht die gefährlichste Bergungsaktion, die sie je durchgeführt hatte, aber wegen der Schmerzen, die bei jedem Schritt ihre lädierten Knöchel durchzuckten, die mit Abstand anstrengendste. Kurz vor dem Gipfel zitterten ihr die Knie, und ihre Stirn und ihr Nacken waren schweißbedeckt.

Eigentlich hätte sie in Ghiban bleiben sollen. Doch sie hatte herkommen müssen, um sich selbst zu beweisen, wie kompetent sie war. Dass sie nicht auf Qadir angewiesen war.

Qadir hatte sich geweigert, sie allein ziehen zu lassen. Er folgte ihr mit einigem Abstand und sah schweigend zu, wie sie sich abmühte. Er unternahm keinen Versuch, ihr zu helfen, und sprach sie auch nicht an, da sie eindeutig nicht in Gesprächslaune war. Schon gestern auf dem Souk hatte er sich damit zufriedengegeben, ihr stummer Begleiter zu sein, nur um sicherzugehen, dass sie und der Prinz »keinen Blödsinn machten«, wie er es ausgedrückt hatte.

Loulie war so tief in Gedanken, dass sie die Senke im Felssims, auf dem sie sich gerade entlangtastete, nicht bemerkte. Hätte Qadir sie nicht von hinten gepackt, wäre sie abgestürzt. Erst als alles vorbei war, wurde ihr bewusst, dass sie Hilfe suchend die Hand nach ihm ausgestreckt hatte.

Einen Moment lang rührten sie sich nicht vom Fleck und sahen einander zitternd an.

Schließlich löste Loulie sich von ihm und ging mit geballten Fäusten weiter.

Sie war noch immer aufgewühlt, als sie das Felsplateau erreichten, das so hoch war, dass sie ganz Ghiban überblicken konnten: die gewundenen Bäche, die Parkanlagen und den bunten Souk im Zentrum, der voller Leute und verlockender Auslagen war. Loulie betrachtete den Wasserfall, der an der Felswand herabstürzte, dann die Quelle, aus der er sich speiste – einen nur wenige Schritte entfernten See.

»Dieses Gewässer ist unerschöpflich«, erklärte Qadir, als er ihre Verblüffung bemerkte. »Es ist sicher aus Dschinn-Blut geschaffen worden.«

Wie diese verdammte Sanduhr, die sich immer wieder neu auffüllt. Früher hatte Loulie sie für wertlos gehalten. Doch nun kannte sie die wahre Natur der Relikte und wusste, wie falsch sie damit gelegen hatte.

Sie zog den Kompass heraus – den einzigen magischen Gegenstand, den sie außer Qadirs Messer noch besaß – und sah die Nadel an. Sie zeigte zum See. *Natürlich* befand sich das Relikt unter Wasser.

»Irgendeine Idee, wie wir es da herausbekommen?«, fragte Qadir, der hinter ihr stand und den See misstrauisch anstarrte. Wasser hatte er noch nie ausstehen können.

Loulie zog sich bis auf die Unterkleider aus und schlüpfte aus den Schuhen. Zuletzt legte sie den Kompass und das Messer auf den Boden und ging langsam zum Ufer.

»Sei vorsichtig«, rief Qadir hinter ihr her.

Nasser Sand quoll zwischen ihren Zehen hervor, während sie in den See stieg. Unter der Oberfläche machte sie Steine und Moos aus und schließlich einen silbernen Schimmer. Aus der Ferne konnte sie nicht erkennen, worum es sich handelte, nur, dass es im Schlick begraben war. Sie ging einen Schritt weiter, dann noch einen. Der Sand geriet ins Rutschen, und sie glitt aus. Als sie das Gleichgewicht wiedergefunden hatte, merkte sie, dass ihr das Wasser bis zur Brust reichte, und stieß einen leisen Fluch aus.

»Loulie«, rief Qadir vom Ufer aus.

»Schon gut«, murmelte sie und ging weiter. Bald ging ihr das Wasser bis zum Kinn, doch dafür war das Relikt nun ganz nah, und sie konnte erkennen, dass es sich um einen Ring handelte.

Loulie zählte in Gedanken – *thalathah, ithnan, wahid* – und tauchte in die Dunkelheit hinab, die mit kalten, unsichtbaren Händen nach ihr griff. Ohne auf ihre Angst zu achten, schwamm sie bis zum Grund, wo sie blindlings im Sand nach dem Ring wühlte. Das Wasser drückte auf ihre Trommelfelle. Es war von einem eigenartigen Klang durchdrungen – einem Klagen, das ihr durch Mark und Bein ging.

Komm schon, komm schon …

Sie spürte etwas Kaltes und Hartes unter ihren Fingern und griff hektisch danach. Erleichterung durchströmte sie, als sie es zu fassen bekam.

Und dann bewegte es sich. Es war kein Ring. Dafür war es zu groß, zu schlüpfrig. Und zu *scharfkantig.*

Loulie zuckte zurück, doch es war zu spät. Das Ding packte sie am Handgelenk und zerrte sie nach unten. Sie riss die Augen auf und starrte in die Dunkelheit. Die Dunkelheit starrte zurück – mit milchig weißen Augen. Und unter diesen Augen öffnete sich ein halbmondförmiges Maul mit mehreren Reihen scharfer Zähne.

Nein. Sie grub die Nägel in das schuppige Fleisch, was jedoch nur zur Folge hatte, dass es seinen Klammergriff verstärkte.

Nein! Die scharfen Zähne klafften unter ihren Füßen weit auseinander. Die glasigen Augen blinzelten, wenige Zoll von ihren eigenen entfernt. In ihrer Verzweiflung kratzte Loulie mit den Fingernägeln darüber. Das Biest brüllte so laut, dass der ganze See erbebte. Silberne Splitter schossen durch die Dunkelheit. *Flossen,* erkannte Loulie. Große, messerscharfe Extremitäten mit matt schimmernden Schuppen. Die Flosse, die ihr Handgelenk gepackt hielt, lockerte sich ein bisschen.

Loulie biss die Zähne zusammen und versetzte dem Ding einen Tritt. Die mit silbernen Spitzen bewehrte Dunkelheit schlug zurück, doch Loulie ließ sich davon nicht beirren. Ein weiterer Tritt, und es gelang ihr, sich loszureißen. Mit nach Luft gierender Lunge und brennenden Fußknöcheln gelangte sie zur Oberfläche … oder versuchte es zumindest. Denn mit einem Mal wurde ihr Körper ganz schwer, und das Wasser zog sie nach unten, tiefer und tiefer …

Als das Ding sie erneut packte, war sie zu schwach, um sich zur Wehr zu setzen.

Doch, nein, Moment – es … Irgendetwas zog sie nach oben.

Keuchend durchbrach sie die Wasseroberfläche und bekam kaum mit, dass jemand – *Qadir?* – sie aus dem See zog. Er legte sie ans Ufer und drückte ihr mit beiden Händen auf die Brust, bis der Druck in ihrer Lunge nachließ und sie kein Wasser mehr aushustete.

»Loulie?«, fragte er schließlich mit bebender Stimme und setzte sich neben sie. An seinem muskulösen Rücken und seiner Brust perlten kleine Rinnsale herab. Er hatte sein Hemd ausgezogen, bevor er ins Wasser ging, trotzdem schien nicht nur seine Haut nass geworden zu sein, denn seine Augen schimmerten blassgelb – wie erlöschende Flammen.

»Du kannst also doch schwimmen«, stieß Loulie hervor und musste aus irgendeinem Grund so heftig über ihre krächzende Stimme lachen, dass ihr die Tränen kamen.

Qadir zog sie an sich. »Es tut mir leid«, sagte er sanft. »Ich wusste nicht, dass etwas im Wasser war.«

»Was …?«, war alles, was sie herausbrachte.

»Ein Dendan«, erwiderte Qadir. »Erinnerst du dich an die Geschichten, die der Alte Rhuba über diese Kreaturen erzählt hat?«

Natürlich erinnerte Loulie sich noch. Rhuba hatte die Dendan als monströse Fische beschrieben, die so groß waren, dass sie ganze Schiffe verschlingen konnten. Doch in seinen Geschichten starben sie, wenn sie Menschenfleisch fraßen oder eine menschliche Stimme hörten. So zartbesaitet war ihr das Ungeheuer im See allerdings nicht vorgekommen.

»Dschinn-Blut verändert alles, was lebt«, sagte Qadir, als würde er ihre Gedanken lesen, und warf einen nachdenklichen Blick über die Schulter zu dem inzwischen wieder ruhigen Gewässer. »Nicht nur Ghule, sondern auch alle möglichen anderen Kreaturen werden von Magie angezogen. Das passiert, wenn so ein Monster in Dschinn-Blut getränkt wurde.«

Loulie dachte an das Massaker zwischen den Mariden und den Menschen. Sie hatte keine Ahnung, wie das Dendan in dieses Süßwasser gelangt war, aber wenn es für die Klagen der Toten empfänglich war, dann konnte sie verstehen, warum es eine Vorliebe für Menschenfleisch entwickelt hatte. Kein Wunder, dass das Relikt so lange hier gewesen war.

Das Relikt! Sie rutschte von Qadir weg und sah bedrückt zum See. Sie hatte sich etwas ganz Einfaches vorgenommen und war daran gescheitert …

»Suchst du das hier?« Qadir hielt ihr einen schimmernden Gegenstand hin – einen Ring, der mit einem azurblauen Edelstein besetzt war.

Loulie nahm ihm das Schmuckstück mit großen Augen aus der Hand. »Wie bist du da rangekommen?«, fragte sie und steckte sich den Ring an den Finger. Nichts geschah.

»Das Dendan hatte nur Augen für dich.« Er beugte sich über ihre

Schulter und tippte auf den Edelstein. »Damit kann man unter Wasser atmen. Ich habe ihn da unten über meinen Finger gestreift. Die Magie hat nicht lange gewirkt. Höchstens sieben oder acht Herzschläge lang.«

Der Ring war wie das Stundenglas ein Gegenstand mit geringer Magie. Dennoch war Loulie erleichtert, dass sie ihn gefunden hatten. »Dann kann man ihn verkaufen.«

»Du weißt ja, Magie verkauft sich immer.«

Sie nickte schweigend. Da die Gefahr nun gebannt war, machte sie sich klar, wo sie sich befand. Und in wessen Gesellschaft. Sie war hergekommen, um sich zu beweisen, dass sie nicht nutzlos war. Doch sie hatte wieder mal Qadirs Hilfe benötigt.

Sie ließ die Schultern sinken und wandte sich ab. »Danke, dass du mich gerettet hast.«

»Du wirkst enttäuscht.«

Nicht enttäuscht, dachte sie. *Nur beschämt.*

»Loulie.« Er rutschte dichter an sie heran, bis sich ihre Schultern berührten. »Sprich mit mir.«

Loulie zog die Knie an die Brust und hielt den Blick entschlossen aufs Wasser gerichtet. »Es gibt nichts zu sagen«, erwiderte sie mit einem Kloß im Hals. In Wahrheit vermisste sie es, mit Qadir zu sprechen. Sie vermisste *ihn.*

»Na schön. Dann übernehme eben ich das Reden, und du hörst zu.« Aus den Augenwinkeln sah Loulie, wie er einen Arm auf die Knie legte. Er war wieder vollkommen trocken. Kein einziger Wassertropfen bedeckte noch seine Haut. Doch das war nicht weiter überraschend, wenn man bedachte, dass er seinen Körper in Flammen aufgehen lassen konnte. »Weißt du noch, was ich in Dhyme zu dir gesagt habe? Dass der Kompass mich zu den Relikten geleitet hat, damit ich für die Dschinn darin einen Ort finde, an dem sie nach ihrem Tod existieren können.«

Er seufzte tief, und Loulie sah dunklen Rauch in seinen Augen wabern. »Das war die Wahrheit. In meiner Welt konnte ich meinen Fehler nicht wiedergutmachen, also habe ich es hier in der Menschenwelt versucht. Meine größte Angst war, dass Khalilah mich zu den anderen Ifrit führen würde.« Ein selbstironisches Lächeln umspielte seine Mundwinkel. »Ich habe dir gesagt, dass ich ein Feigling bin. Und auch das stimmt. Deswegen habe ich nicht nach meinen Gefährten gesucht und dir auch nicht erzählt, dass ich ein Ifrit bin.« Sein Lächeln fiel in sich zusammen. »Und das ist der Grund, warum ich ein ganzes Land versenkt habe.« Ein paar Atemzüge lang schwieg er, dann fuhr er fort: »Ich glaubte, ewig davonlaufen zu können. Doch dann hat dich dieser dumme Sultan auf die Suche nach einem Ifrit-Relikt geschickt, und plötzlich musste ich mich entscheiden, ob ich mich weiter verstecken oder meiner Vergangenheit stellen will.« Loulie merkte, dass er sie ansah. »Ich hatte vor, dir die Wahrheit zu sagen, sobald wir die Lampe finden. Doch dann hast du das Relikt der Auferstehung gefunden und ihre Magie erlebt. Ich habe gesehen, wie viel Wut und Angst es in dir ausgelöst hat, und mich nicht getraut, dir zu gestehen, dass ich die gleiche Macht besitze – aus Angst, dich zu verlieren.«

Loulie verkniff sich ein nervöses Lachen. Er nahm sie wohl auf den Arm. Oder merkte er etwa nicht, wie sehr sie von ihm abhing? »Wieso bleibst du überhaupt bei mir?«, fragte sie stattdessen. »Du brauchst doch kein schwaches Menschenmädchen, um mit deiner Vergangenheit fertigzuwerden.« Kaum waren ihr diese Worte über die Lippen gekommen, wollte sie sie auch schon wieder zurücknehmen. In ihrem ausgehöhlten Herzen hallte Panik wider und steigerte sich, bis sie kaum noch atmen konnte.

Qadir sah sie mit großen Augen an. Als sie Anstalten machte, von ihm abzurücken, fasste er sie an der Schulter und drehte sie zu sich um. »Schwach?« In seinen Augen brannte ein grelles blaues Licht. »Ist das der Grund für all dies hier? Weshalb du dich grämst?«

Sein intensiver Blick machte Loulie sprachlos. Sie hatte damit gerechnet, dass er genervt sein würde, aber nicht so wütend. »Es stimmt doch, oder?« Es gefiel ihr nicht, wie verbittert ihre Stimme klang. Kleinlaut und voller Selbstmitleid. Doch kaum hatte sie diese Frage ausgesprochen, brachen sämtliche Dämme in ihr und alles, was sie bedrückte, platzte aus ihr heraus: »Ich konnte nichts machen. Nicht, als mein Stamm getötet wurde, und auch jetzt nicht. Ohne deine Hilfe schaffe ich *gar nichts*. Hätte ich in den Ruinen nicht dein Messer gehabt …« Sie blinzelte ihre Tränen weg. »Wärest du nicht da gewesen …«

»Es ist kein Zeichen von Schwäche, auf andere angewiesen zu sein«, sagte Qadir. Loulie wusste nicht, wann es passiert war, doch zwischenzeitlich hatte sie nach seiner Hand gegriffen und hielt sich nun wie an einer Rettungsleine daran fest. *Schwach,* sagte ihre innere Stimme. *Schwach, schwach, schwach.*

»Loulie.« So sanft, dass sie erschauderte, legte Qadir ihr eine Hand auf die Wange und drehte ihr Gesicht so, dass sie einander ansahen. »Du verlässt dich auf mich, aber ich mich genauso sehr auf *dich*. Du und ich, wir sind ein Gespann.«

»Aber ich kann nichts …«

»Du bist die tapferste Person, die ich kenne, Loulie al-Nazari. Ohne dich würde ich noch immer ziellos durch die Wüste streifen und Trübsal blasen. Du bist *nicht* schwach. Deswegen folge ich dir überallhin: weil ich dir vertraue.« Seine Miene wurde weich. »Was mit deiner Familie passiert ist – das tut mir wirklich leid. Loulie …«

Sie begann wieder zu weinen, und Qadir wischte ihr mit dem Daumen eine verirrte Träne von der Wange. »Hätte ich gewusst, dass mir jemand nachspürt, wäre ich der Spur zu deiner Familie nie gefolgt. Ich habe mich nur vom Kompass leiten lassen. Ich war …«

»Verloren?« Loulie wischte sich über die Augen. »Ja, ich weiß.« Sie zwang sich dazu, ihn anzuschauen und seinem Blick standzuhalten. »Es war nicht deine Schuld.«

Bei diesen Worten löste sich etwas in ihr auf, und sie fühlte sich … nicht leer, aber abgeschlagen. Nicht schwach, aber verletzlich. In diesem Moment hätte sie sich von ihm abwenden und auf ihre innere Stimme hören können, die ihr riet, ihn ziehen zu lassen. Doch sie merkte, dass sie es nicht wollte. Sie wollte mit Qadir zusammenbleiben. Und Qadir – er hätte sich schon viele Male davonmachen können, doch auch er war noch immer hier.

»Du wirst doch nicht wieder verschwinden, oder?«

Qadir sah ihr fest in die Augen. »Nein.«

»Selbst wenn der Kompass dich woandershin schickt?«

»Ich habe es dir doch schon gesagt. Wir sind miteinander verbunden. Der Kompass hat mich zu dir geführt, und ich werde bei dir bleiben, bis das Schicksal uns voneinander trennt.«

»Das klingt, als wäre es nicht deine Wahl, ob du gehst oder bleibst.«

»Manche Dinge entziehen sich *tatsächlich* unserer Kontrolle. Das weißt du genauso gut wie ich. Wir können uns nur zwischen den Alternativen entscheiden, die sich uns bieten. Doch solange das Schicksal mir gestattet, bei dir zu bleiben, werde ich dich nicht verlassen, Loulie. Das verspreche ich dir.«

Diese Antwort war so typisch für Qadir, dass sie wider Willen lachen musste. »Wenn du mich noch mal belügst, versohle ich dir den Hintern, Qadir.«

Der Dschinn zuckte die Achseln. »Das ist dein gutes Recht.« Er stand auf und hielt ihr die Hand hin.

Anstatt sie zu ergreifen, hob Loulie sein Hemd vom Boden auf und warf es ihm zu. »Zieh dich an. Was sollen denn die Leute denken?« Während sie ihre eigenen Sachen aufklaubte, sah sie zur Stadt hinunter, die ihr nach allem, was gerade geschehen war, auf einmal noch lebendiger und einladender erschien.

»Hier, Loulie, für deine Mühen.« Qadir hielt ihr etwas hin.

Ihr Herz schlug höher, als sie sah, was es war: die Münze mit den zwei Gesichtern. Sie nahm sie entgegen. »Du hast mir gar nicht gesagt, dass du mehrere davon hast.«

Qadir streifte sein Hemd über und zuckte die Achseln. »Du hast nie danach gefragt. Aber pass gut darauf auf, es ist die letzte.«

Loulie betrachtete die Münze. *Sagt Qadir die Wahrheit?,* dachte sie und ließ sie durch die Luft wirbeln. *Will er wirklich bei mir bleiben?*

Die Münze landete mit der menschlichen Seite nach oben. Loulie unterdrückte einen erleichterten Seufzer. »Also schön. Dann lass uns gehen. Wir haben schon genug getrödelt.«

Qadir hob eine Augenbraue. »Jetzt wird es Zeit, dass wir uns ein wenig Gold verdienen, oder?«

Loulie grinste ihn durch ihre Tränen an. »Ja, lass uns ein Relikt verkaufen gehen.«

55

AISHA

Aisha hatte Tawil noch nie gemocht. Nein, das war viel zu milde ausgedrückt. In Wahrheit *hasste* sie ihn, seit Omar ihn zu einem seiner Räuber gemacht hatte. Er war ein unausstehlicher, überheblicher Mistkerl, der Dschinn eher aus Geltungssucht als um der Gerechtigkeit willen tötete. Ein Angeber, der aus jedem Mord ein Spektakel machte.

So wie aus diesem. Tawil brachte den Jungen zur Mitte des Souks, wo er ihn vor aller Augen ausbluten ließ. Anschließend besaß er sogar noch die Dreistigkeit, sich zu verbeugen. Und das Allerschlimmste war, dass die Marktbesucher ihm applaudierten. Früher hätte Aisha diese Reaktion der Leute nur genervt, nun brachte sie ihr Blut zum Kochen. Daran war die Ifrit schuld, die mit ihrem Hass Aishas Empörung noch befeuerte.

Was für ein abscheulicher Mensch, fauchte sie in Aishas Gedanken. *Wir sollten ihn töten.*

»Führe mich nicht in Versuchung«, murmelte Aisha, während die Umstehenden noch immer klatschten.

Anschließend kam Tawil zurück, um sich mit ihr zu unterhalten. Als er Aisha fragte, weshalb ihr Plan – damit meinte er Omars und Mazens Rollentausch – schiefgegangen war, antwortete sie lediglich, dass es ein paar unerwartete Probleme gegeben habe.

Tawil schenkte dem Prinzen kaum Beachtung und bestand darauf, dass er und Aisha das Gespräch an einem ungestörten Ort unter vier Augen fortsetzten.

»Räuberangelegenheiten«, erklärte er, an Mazen gewandt.

Aisha sah dem Prinzen an, dass er sich darüber ärgerte, und war fast enttäuscht, als er keine Einwände erhob. In letzter Zeit hatte sie den Eindruck gehabt, dass er allmählich so etwas wie Rückgrat entwickelte, aber vielleicht hatte sie sich getäuscht.

Sie versprach, später wieder zu ihm zu stoßen, und folgte Tawil durch den Souk und über eine Brücke in ein anderes Viertel von Ghiban. Es fiel ihr nicht schwer, ihn im Gewühl im Auge zu behalten. Auf den voneinander getrennten, geräumigen Inseln der Stadt war das Durchkommen wesentlich leichter als auf den überfüllten Ebenen von Madinne und in den gewundenen Straßen von Dhyme. Auf dem zentralen Souk herrschte zwar viel Betrieb, doch es gab auch darüber hinaus viele Geschäfte und Gasthäuser, sodass es Reisenden keine Probleme bereitete, ihre Vorräte aufzustocken und eine Unterkunft zu finden.

Tawil führte sie über vier Brücken und durch vier Bezirke zum Fisch-Souk, wo die hiesigen Fischarten angeboten wurden. Aisha stahl im Vorbeigehen eine Schale Garnelen und beäugte die aufeinandergestapelten Forellen und Flussfische.

Schließlich gelangten sie zu einer Hütte am Binnenhafen. Tawil betrat sie durch die Hintertür, durchquerte einen mit Spinnennetzen verhangenen Korridor und öffnete eine verborgene Falltür in der Küche. Aisha blieb davor stehen. Wieso zögerte sie? Sie war schon mehrmals hier gewesen, wenn ihre Jagden sie nach Ghiban geführt hatten. Immerhin war diese Hütte ein Räuberunterschlupf.

Und dennoch war sie nervös.

Tawils Gelächter hallte durch die Dunkelheit. »Hast du Angst, dass ich dich im Finsteren ermorde?«

Aisha wurde wütend. *Er sollte besser aufpassen, dass* sie *ihn nicht im Finsteren ermordete.* Während sie die Leiter hinunterstieg und die

Falltür über sich verriegelte, überlegte sie, ob dieser Gedanke von der Ifrit oder ihr selbst gekommen war.

Spielt das eine Rolle? Wir sind ein und dieselbe Person.

Aisha knirschte wütend mit den Zähnen. *Nein, sind wir nicht.* Sie atmete tief durch und betrat die unterirdische Kammer: ein Räuberlager voller Wandteppiche, Möbelstücke, Waffen, Schriftrollen und Relikte, die in einem windschiefen Regal lagerten. Dieser Ort gehörte zwar allen Räubern, doch er war Tawils Festung – Ghiban war sein Jagdrevier.

Tawil drehte sich zu ihr um und bedachte sie mit seinem irritierenden Lächeln. Aisha kam gleich zur Sache: »Was zur Hölle sollte dieser Auftritt auf dem Souk?«

Er sah sie verblüfft an. »Manchmal vergessen die Stadtbewohner, dass wir existieren. Ich dachte, ich rufe ihnen unser Dasein ins Gedächtnis. Aber das spielt jetzt keine Rolle. Sieh dir das hier mal an.« Er griff in einen Beutel an seiner Hüfte, zog eine Glaskugel heraus und warf sie Aisha zu. »Das sieht doch wie ein Relikt aus, das unserem König gefallen könnte, oder? Es zeigt dir deine Erinnerungen.«

Sie konnte Tawils Behauptung nicht überprüfen, denn als sie sie berührte, waren es nicht *ihre* Erinnerungen, die sie ihr zeigte. Sie gehörten ihrem Eigentümer: einem kleinen Dschinn-Jungen namens Anas. Seinen Erinnerungen entnahm sie, dass er die Kugel dabeigehabt hatte, weil sie ein Andenken an seine Mutter war – das Einzige, was er in die Menschenwelt hatte mitnehmen können.

Aisha hatte noch seine letzten flehenden Worte im Ohr: *Bitte! Bitte, helft mir!*

Sie warf die Kugel zu Tawil zurück und steckte die Hände in die Tasche, damit er nicht mitbekam, wie sehr sie zitterten. Seit Omar sie rekrutiert hatte, wusste sie über die wahre Natur der Relikte Bescheid. Es hatte sie noch nie gestört. Aber bislang hatte ja auch noch keines der verdammten Dinger mit ihr gesprochen.

Woher willst du wissen, dass sie nicht zu dir gesprochen haben? Flüsterte die Ifrit in ihren Gedanken. *Bisher warst du nicht imstande, sie zu hören.*

Tawil schien ihr Unbehagen mit Ärger zu verwechseln, denn er lachte. »Kein Grund, eifersüchtig zu sein.«

Aisha räusperte sich. »Können wir über etwas wirklich Wichtiges sprechen? Wie geht es Omar?«

»Nach allem, was ich höre, verbringt er die meiste Zeit in der Gesellschaft eines wahnsinnig neugierigen Wali. Dieser Mann ist wie ein Blutegel. Er weigert sich, in seine Stadt zurückzukehren, und stellt zu viele Fragen. Omar lässt ihn von einem Wächter beschatten.«

Der Wali mochte Omar lästig sein, aber wenn er die Wächter befehligte, war zumindest Omars Plan aufgegangen, Räuber ins Heer des Qaid einzuschleusen.

Tawil hob eine Augenbraue. »Es geht ihm eindeutig besser als *deinem* Prinzen. Würdest du mir bitte erklären, weshalb er nicht mehr getarnt ist?« Er verschränkte die Arme. »Und was hat es mit diesem ›legendären‹ Relikt auf sich, das du in einer Düne gefunden hast? Junaids Brief klang sehr beeindruckt.«

Aisha runzelte die Stirn. Eigentlich hatte sie keine Lust, Tawil Rede und Antwort zu stehen, aber da Junaid ihn schon verständigt hatte, blieb ihr nichts anderes übrig. Also schilderte sie ihm in knappen Worten, was geschehen war – vor allem die Probleme, die Imad ihnen bereitet hatte. Dass sie fast gestorben wäre, erwähnte sie nicht, und auch nicht den Halsreif, der ihr das Leben gerettet hatte. Dennoch wanderte sein Blick immer wieder zu ihrem Seidenkragen.

Plötzlich stürzte er sich auf sie.

Aisha packte sein Handgelenk, bevor er sie berühren konnte. Ein brennend heißer Schmerz schoss durch ihre Adern. Tamil zog den Arm im gleichen Moment zurück wie sie, und sie starrten einander an.

Tawil lachte matt. »Was war das denn?«

Aisha trat knurrend einen Schritt zurück. Woher war diese Hitze gekommen? Trug Tawil ein verstecktes Relikt? »Sag du es mir, du Trottel.«

»Der Halsreif der Königin … Du trägst ihn. Ich kann ihn sehen.«

Sie zog den Seidenkragen enger um ihren Hals. »Und?«

»Du musst ihn Omar aushändigen. Du weißt doch, dass er nach Königsrelikten sucht.« Er riss die Augen auf. »Willst du ihn etwa behalten, bint Louas? Das entspricht nicht dem Plan.«

Nichts von alledem entspricht dem Plan!, wollte sie ihn anschreien, brachte es aber nicht über sich. Die merkwürdige Hitze, die sie noch immer unter ihrer Haut spürte, machte sie nervös.

»Gib ihn mir.« Er streckte eine Hand aus. »Ich bringe ihn zu Omar.«

Zum Glück war Tawil kleiner als sie, sodass sie ihn von oben herab anschauen konnte. »Von hochnäsigen Kindern nehme ich keine Befehle entgegen.«

Tawils fröhliche Fassade bekam Risse. Er bedachte sie mit einem Blick, der ihr eine Gänsehaut verursachte. »Du bist ein Miststück, bint Louas.«

»Und du bist ein Dreckskerl. Wollen wir uns weiterhin Beschimpfungen an den Kopf werfen, oder können wir wie Erwachsene reden?« Sie vernahm ein Geräusch und sah zu einem Haufen Münzen in einer Ecke. Ein paar von ihnen kullerten zu Boden.

Tawil zuckte nur die Achseln, doch Aisha war davon überzeugt, dass daran irgendetwas faul war. Sie hörte ein Summen in ihren Ohren und konzentrierte sich darauf, bis eine Stimme daraus wurde: *Ich bin hier,* sagte sie. Und im nächsten Moment vernahm Aisha es nicht nur, sondern sah es auch, mit dem Auge, mit dem die Ifrit sie ausgestattet hatte – das Schattenrelikt.

Und darunter Mazen bin Malik, der ihnen nachspionierte.

Er war ihnen also gefolgt. *Deswegen* hatte er nichts dagegen gehabt, zurückgelassen zu werden.

Aisha war hin- und hergerissen zwischen Wut und Stolz.

Schließlich gewann Letzterer die Oberhand. Sie hatte nichts preisgegeben, was der Prinz nicht ohnehin bereits wusste. Sie hatte also nichts von ihm zu befürchten und Omar genauso wenig. Doch da er nun schon mal hier war… Sie konnte ihn zwar nicht mit geheimen Informationen versorgen, aber es gab ja auch noch andere Möglichkeiten, ihn für seinen Mut zu belohnen. »Lass uns oben weitersprechen, Tawil. Mir knurrt der Magen.« Bevor Tawil protestieren konnte, ging sie zur Leiter. Nachdem sie die ersten Sprossen erklommen hatte, drehte sie sich noch einmal um und sah vielsagend zum Regal. »Du hast da eine wirklich schöne Sammlung. Dafür könntest du sicher eine Menge Gold bekommen.«

Tawil war ein stolzer Mann. Falls ihm auffiel, dass ein paar seiner Relikte fehlten, würde er Omar sicher nichts davon erzählen.

Aisha sah dem Prinzen an, dass er ihren Hinweis verstanden hatte. Im nächsten Moment war er wieder mit den Schatten an der Wand verschmolzen. Aisha unterdrückte ein Grinsen und stieg weiter die Leiter hinauf.

56

LOULIE

Mazen bin Malik wartete bei ihrer Rückkehr im Schankraum des Gasthauses auf sie. Sobald er sie bemerkte, eilte er mit verstörender Zielstrebigkeit zwischen den Tischen hindurch und reichte ihnen einen Jutesack. Loulie warf einen Blick hinein und riss die Augen auf.

»Relikte«, bestätigte Qadir ihre Vermutung.

Sie sahen den Prinzen an.

»Ich kann alles erklären«, sagte er und hob die Hände.

Und so berichtete er ihnen, während Loulie ihre Händlerinnenrobe anlegte, von dem jungen Dschinn und dem Räuber, der ihn auf dem Souk ermordet hatte.

Loulie ging davon aus, dass sogar Aisha bint Louas diesen Mann verabscheute, wenn sie Mazen dazu ermutigt hatte, ihn zu bestehlen.

Dass der Kompass sie nicht zu Tawils Vorrat geführt hatte, beunruhigte Loulie.

Qadir lächelte leise, als sie ihn darauf ansprach. »Khalilah kann die Zukunft vorhersehen. Sie hat uns dorthin geführt, wo *wir* sein mussten.«

Loulie hasste die Vorstellung eines vorherbestimmten Schicksals, freute sich aber, dass sie die Relikte nun hatten und an Kunden verkaufen konnten, die *nicht* zu den mörderischen vierzig Räubern gehörten.

Ehe sie dem Prinzen in den Korridor folgte, sah sie sich aus Gewohnheit noch einmal nach der bodenlosen Tasche um. Doch dann fiel ihr zu ihrer Bestürzung wieder ein, dass sie die Tasche in den Ruinen verloren hatten. *Wenigstens haben wir unsere wichtigsten Habseligkeiten retten können,* dachte sie. *Und …*

Ihr Blick wanderte zu dem Shamshir an Qadirs Hüfte.

Er sah sie mit erhobenen Augenbrauen an. »Ist dir noch gar nicht aufgefallen, dass ich ihn schon die ganze Zeit trage? Wieso sollte ich ihn an einem Ort lassen, in den jeder dahergelaufene Dieb einbrechen könnte?«

»Du hast ihn *jahrelang* in unserem Zimmer an der Wand hängen lassen.«

»Dahlia wäre sicher beleidigt, wenn sie wüste, für wie unsicher du ihr Haus hältst.«

»Darum geht es nicht, und das weißt du ganz genau.« Sie folgte Qadir durch den Korridor bis zur Eingangstür, wo der Prinz auf sie wartete.

»Ich habe dir gesagt, dass ich auf den Säbel aufpassen würde. Und hier muss ich ihn dafür mit mir herumtragen.«

»Glaubst du, dass du ihn je benutzen wirst? Ich weiß, mit einem verzauberten Messer kann er nicht mithalten, aber …«

»Der Wert eines Gegenstandes hängt nicht davon ab, ob er verzaubert ist oder nicht.« Seine Lippen kräuselten sich zu einem verhaltenen Lächeln. »Außerdem bin ich sicher, dass mir die Klinge mal nützlich sein wird. Ich hoffe allerdings, dass bis dahin noch viel Zeit vergeht.«

Das hoffte Loulie auch. Auf dem Felsplateau hatte Qadir zu ihr gesagt, dass sie ein Gespann seien. Und als seine Partnerin würde sie alles tun, damit er den Shamshir niemals benutzen musste. Es wäre schön, wenn er ihn für immer als schmückendes Beiwerk tragen könnte und niemals als letzten Ausweg verwenden müsste.

Doch falls es dazu kam, hoffte sie, dass er ebenso wirksam wie elegant war.

Der Prinz bestand darauf, sie zum Souk zu begleiten. »Nachdem ihr mir bei der Arbeit zugeschaut habt«, sagte er fröhlich, »ist es nur recht und billig, dass ich nun beobachten darf, wie ihr mit euren Kunden schachert.«

Sie begaben sich zum Souk für Ausländer, einem kleinen Markt auf einer abseits gelegenen Insel, wo Reisende Waren aus aller Welt anpriesen. Da es auf diesem Souk viel mehr fliegende als feste Händler gab, herrschte ein ständiges Kommen und Gehen, und so gab es viel mehr Stände als feste Ladengebäude. In einer dieser schmucklosen Buden legte Loulie nun ihre Waren aus.

Während sie das tat, lauschte sie wie gewohnt den Gesprächen ringsum. Normalerweise hätte sie sich vor allem für Hinweise auf mögliche Kunden interessiert, doch nun hoffte sie besonders auf Neuigkeiten von Ahmed. Sie wünschte, er wäre da und könnte ihr bei der Arbeit zusehen. Ihr letzter Versuch, in seiner Anwesenheit Relikte zu verkaufen, hatte in einem Blutbad geendet. Doch trotz all des Leids, das er in jener Nacht erfahren hatte, hatte er sie bei ihrem Aufbruch mit einem Lächeln verabschiedet – und es wieder geschafft, ihr Herz mit nichts weiter als einem blumigen Versprechen und einem Handkuss höherschlagen zu lassen.

Vorsichtig dachte Loulie in eine Richtung, die sie normalerweise strengstens mied, und malte sich eine Zukunft aus, in der sie Ahmeds Heiratsantrag akzeptiert hatte. Sie stellte sich vor, wie sie die Wüste durchstreiften und gemeinsam die Abenteuer erlebten, von denen sie sich bislang nur erzählen konnten. Sie träumte davon, wie sie unter den Sternen miteinander schliefen und unter der Sonne lachten.

Und dann dachte sie an Qadir, und der Traum verpuffte.

Mit schamroten Wangen richtete sie ihre Aufmerksamkeit wieder auf den Verkaufsstand. Was dachte sie sich bloß dabei? Dass Ahmed sie nett behandelte, änderte nichts daran, dass er ein strenggläubiger Dschinn-Jäger war, der Qadir sofort töten würde, wenn er die Wahrheit über ihn herausfände.

Sie unterdrückte einen Seufzer und machte sich an die Arbeit. Aus den Augenwinkeln sah sie Prinz Mazen über den Souk wandern und ehrfürchtig die importierten Waren beäugen: kunstvoll gemusterte Glaslaternen aus dem Westen, Topas-Schmuck aus dem Süden und augenförmige Schutzamulette gegen das Böse von einer Insel aus dem Osten. Seine erstaunte Miene brachte sie in die Gegenwart zurück. War er von diesen Ständen wirklich beeindruckt? Sie konnte es kaum erwarten, bis er *ihren* sah.

Er war noch nicht sehr weit gekommen, als sie lauthals verkündete, dass ihr Geschäft nun geöffnet sei. Sofort strömten Kaufinteressenten herbei und starrten gierig ihre Auslagen an, und Loulie begann, von einem tiefen inneren Frieden erfüllt, mit ihnen zu schäkern und zu feilschen. Schon bald war ihr Stand leer gefegt, und sie packte den Prinzen, der aus einiger Entfernung zugesehen hatte, trunken vor Euphorie an den Schultern und schüttelte ihn.

»Wir sind reich!«, rief sie.

Und es stimmte. Gerade noch waren sie bettelarm gewesen, und nun besaßen sie genügend Münzen, um darin zu baden. Normalerweise wäre es ein zufriedenstellender Betrag gewesen, aber heute war es ein kleines Vermögen.

Der Prinz schüttelte wie betäubt den Kopf. »Ernsthaft?«

Qadir hob den Blick. »Wir brauchen eine größere Tasche.«

Bedrückt dachte Loulie an die bodenlose Tasche, ihre Stimmung hellte sich jedoch sofort wieder auf, als ihr bewusst wurde, dass die Goldmünzen, die sie nun besaßen, zusammengenommen so viel wogen wie sie selbst. Sie mussten sie unter sich aufteilen, um alles tragen zu können. Am nächsten Morgen würden sie aufbrechen, doch nun wollte Loulie erst mal feiern, und so bezahlten sie für Plätze auf einem der Vergnügungsschiffe, die auf den Kanälen der Stadt herumschipperten.

Im Grunde waren es luxuriöse seetüchtige Tavernen, in denen die Gäste im Übermaß tranken, während auf der Bühne Dichter und Musiker skandalöse Geschichten und schlüpfrige Lieder zum Besten gaben. Der Schankraum war groß, aber gemütlich. In einer Wolke aus Shisha-Rauch standen mehrere Tische, an denen Gäste an ihren teuren Getränken nippten und lachend miteinander flüsterten. Über ihnen hingen Lampen, die wie schläfrige Glühwürmchen in der Dunkelheit baumelten und die Wände mit ihrem warmen Licht sprenkelten.

An diesem verträumten Ort vergaß Loulie zum ersten Mal seit Monaten ihre Sorgen. Lachend genoss sie das angenehm wattige Gefühl, das der Alkohol in ihr hervorrief, bewunderte die kunstvoll gestalteten schwingenden Deckenlampen und grinste über einen rauchenden Geschichtenerzähler auf der Bühne, der aussah, als würde er auf bunten Wolken schweben.

»Jetzt wisst ihr also Bescheid!«, rief er. Seine Wangen waren gerötet, sein Blick glasig. »Wenn ihr einen Baum fällt, ohne zuvor auf die Wurzeln zu klopfen, ladet ihr damit einen Dschinn in unsere Welt ein!«

Loulie schnaubte, während der Geschichtenerzähler unter tosendem Beifall von der Bühne torkelte. Auf ihn folgten ein paar Musikanten, die sofort eine heitere Melodie anstimmten. Loulie wippte dazu mit dem Kopf und griff nach ihrem Wein, musste jedoch feststellen, dass er verschwunden war.

»Deine Lippen sind fleckig«, sagte Qadir mit erhobenen Augenbrauen und ließ das Glas kreisen.

Loulie grinste. »Und deine sind kein bisschen fleckig. Gib mir meinen Wein zurück, du staubtrockener Mann.«

Als sie nach dem Glas griff, lehnte Qadir sich zurück und leerte es in einem Zug. Lachend stieß sie ihm an die Schulter. Der Wein machte alles so *angenehm*.

»Jetzt bin ich nicht mehr staubtrocken«, sagte Qadir und stellte das Glas wieder ab.

Loulie zwinkerte mit den Augenbrauen. »Ich wette, du hast nicht genug Mumm, dich richtig zu betrinken.«

»Ich hoffe, du hast genug Verstand, es nicht zu tun«, seufzte Qadir. »Ich würde dich nur ungern ins Gasthaus tragen müssen.«

»Ich kann sehr gut gehen.« Loulie stand auf und geriet sofort ins Schwanken. Als Qadir die Hand ausstreckte, um sie zu stützen, ergriff sie sie und beugte sich mit verschwörerischem Lächeln zu ihm vor. »Tanzt du mit mir?«

»Da muss ich passen.«

»Du bist ein griesgrämiger alter Mann.« Sie entzog ihm die Hand und wirbelte in die tanzende Menge davon. Qadir rief ihren Namen, doch einen Moment später ging seine Stimme im Trommelrhythmus unter.

Im ganzen Raum erhob sich Jubel. Loulie sah Frauen ihre Haare schütteln und Männer in die Hände klatschen. Dazwischen bildeten ein paar Leute eine Reihe und begannen, einen Debka zu tanzen. Einen von ihnen erkannte sie – Prinz Mazen. Er lächelte – wie schon seit Stunden – und wirbelte mit überraschender Anmut über die Tanzfläche. Mitten in der Drehung fing er ihren Blick auf.

Sein Lächeln wurde breiter, und er streckte einen Arm nach ihr aus. Ohne nachzudenken, eilte sie zu ihm, ergriff seine Hand und tanzte im Kreis um ihn herum.

Der Prinz zog sie an sich. »Sind wir noch immer reich?«

Loulie grinste. »Verboten reich.«

Er lachte ausgelassen wie ein Kind. Loulie konnte über diesen seltsamen Mann, der strahlte, obwohl seine Welt in Scherben lag, nur staunen. Auf diesem Schiff wirkte er vollkommen entspannt und war wieder der gut aussehende Geschichtenerzähler, der sich ihr mit leuchtenden Augen auf dem Souk anvertraut hatte.

Gut aussehend, ha!, dachte sie. *Zum Glück ist Dahlia nicht hier. Sie würde mir bestimmt sofort raten, ihn zu heiraten.*

Loulie verstärkte den Griff um seine Hand. »Bitte sag mir, dass du tanzen kannst.«

Der Prinz grinste. »Natürlich. Zweifelst du etwa an meiner Dekadenz?« Er presste seine Handfläche an ihre, hob die Arme empor, und sie tanzten. Loulie stolperte ein paarmal fast über seine Füße.

»Kannst *du* überhaupt tanzen, al-Nazari?«, fragte der Prinz. Loulie hatte gar nicht gewusst, dass er so frech grinsen konnte.

Seine Worte entfachten ein merkwürdiges Feuer in ihr. Bei der nächsten Drehung machte sie absichtlich einen zu großen Schritt und setzte den Fuß so dicht neben seinem auf, dass er mit aufgerissenem Mund um sein Gleichgewicht ringen musste. »Du solltest besser aufpassen, wohin du trittst, Prinz«, sagte sie und klimperte mit den Wimpern.

Kaum hatte er sich wieder gefasst, stellte er ihr seinerseits ein Bein, und so entwickelte sich ihr Tanz zu einer Art intimem Hindernislauf, bei dem sie den Füßen des jeweils anderen auszuweichen versuchten. Loulie hörte auf, sich in den Hüften zu wiegen, und fing stattdessen an, wechselweise zu hüpfen und sich zu ducken.

Als der Oud-Spieler seinen letzten Akkord anschlug, war sie zu erschöpft, um sich gegen den finalen Angriff des Prinzen zu wappnen, der wie eine Verbeugung aussah, in Wahrheit jedoch ein Beinfeger war.

Loulie fiel gegen ihn und spürte, wie sich seine Brust hob und senkte, während er lachte und sie mit seinen warmen Händen aufrecht hielt. »Ich würde sagen, damit habe ich gewonnen.«

Sie verkrallte die Finger in sein Hemd bemühte sich, nicht das Gleichgewicht zu verlieren. Während sie den Herzschlag des Prinzen und seinen Körper an ihrem spürte, fragte sie sich mit einem Mal, wie es wäre, sich an jemandem anlehnen zu können, ohne sich verletzlich zu fühlen. Jemandem vorbehaltlos zu vertrauen, nicht nur mit dem Herzen, sondern auch körperlich.

Zum zweiten Mal an diesem Abend beschwor ihr benebelter Verstand ein Bild von Ahmed herauf. Sie stellte sich vor, wie er unter den Sternen saß und mit einem sanften Lächeln ihr zu Ehren den Becher hob. *Lass mich heute dein Diener sein.* Wie wäre es wohl, den Kopf auf seinen Schoß zu legen? Und wie würden sich seine Lippen an ihrem Hals anfühlen …?

Mit glühenden Wangen stieß sie den Prinzen von sich.

Er sah sie verblüfft an. »Al-Nazari?«

Loulie drehte sich um und ging davon, ehe er sie zurückhalten konnte.

Während sie sich durch die Menge zwängte, die zu einem Durcheinander aus grellen Farben, schiefen Grimassen und lautem Gelächter verschwamm, versuchte sie sich zu konzentrieren, doch ihre Gedanken waren noch immer bei dem verdammten Wali – dem lächelnden, charmanten Ahmed bin Walid, den sie jedes Mal aufs Neue abwies, weil er ein Mörder war. Weil er Dschinn wie Qadir umbrachte.

Und weil sie tief in ihrem Inneren davor Angst hatte, sich auf jemanden einzulassen – einem anderen zu *vertrauen*.

Plötzlich lief sie gegen eine Wand. Als sie einen Schritt zurücktrat und aufblickte, merkte sie, dass es gar keine Wand war, sondern Qadir. Er sah besorgt aus. »Bist du bereit zum Aufbruch?«

Loulie kniff die Augen zusammen. »Noch nicht«, erwiderte sie und ließ den Blick über das verlockende Getränkesortiment hinter der Theke wandern. »Ich brauche noch was zu trinken.«

Sie musste aufhören zu denken. Und zu fühlen.

Ansonsten stünde ihr eine schlimme Nacht bevor.

57

MAZEN

Am nächsten Tag kehrten sie mit Pferden und Ausrüstung in die Wüste zurück. Mazen fühlte sich, als wäre er aus einem Traum erwacht. Aus irgendeinem unerfindlichen Grund weigerte sich die Händlerin, mit ihm über den vergangenen Abend zu sprechen. Eigentlich hatte er geglaubt, sie finge an, seine Gesellschaft genauso zu genießen wie er ihre, doch nun fragte er sich, ob er ungewollt die Kluft zwischen ihnen erneut aufgerissen hatte.

Wenigstens hatte sie sich mit ihrem Leibwächter versöhnt. In seiner Nähe ließ ihre Wut etwas nach. Mazen war eifersüchtig auf ihre Verbindung. Wie es wohl war, jemandem so nahe zu sein, dass man alles voneinander wusste? Er hatte Hakim, aber der war sein Bruder. *Und das einzige ehrliche Mitglied seiner Familie,* dachte er grimmig. Über die Vergangenheit seines Vaters wusste er so gut wie nichts, und er konnte nicht einmal ahnen, wie viele Geheimnisse Omar vor ihm verbarg.

Mazen schüttelte sein Unbehagen ab und konzentrierte sich auf die bevorstehende Etappe. Obwohl sie ihre Karte verloren hatten – er erschauderte jedes Mal, wenn er daran dachte, dass die wunderschönen Zeichnungen seines Bruders unter dem Sandmeer begraben lagen –, waren sie nicht orientierungslos. Immerhin besaßen sie noch den magischen Kompass der Händlerin.

Die Nadel leitete sie auf verschlungenen Pfaden durch Felsenschluchten und ruhige, gelegentlich von Rinnsalen oder Bächen durchzogene Täler. Auf dieser Route war das Wetter zwar angenehmer als in der offenen Wüste, der unebene Untergrund jedoch nicht. Und so taten Mazen schon bald der Rücken und die Oberschenkel weh. Doch diese Schmerzen war nichts im Vergleich zu den unerbittlichen Ghulen und dem eiskalten Mörder, mit denen sie es auf ihrer letzten Etappe zu tun bekommen hatten.

Solange die Sonne schien, folgte er Aisha auf die Jagd, half Qadir, Fallen aufzustellen, und zog mit Loulie los, um die Trinkschläuche aufzufüllen. Bei den ersten beiden Aufgaben machte er sich nicht besonders gut – er verscheuchte regelmäßig die Beute und besaß das geradezu unheimliche Talent, Fallen zu sabotieren –, aber wenigstens musste er sich inzwischen keine Sorgen mehr machen, dass seine Tarnung auffliegen könnte, wenn er bei diesen Dingen versagte. Und während er das Wasser holte, konnte er sich endlich mal in Ruhe die Umgebung ansehen, ohne auf das unsichere Terrain vor sich achten zu müssen.

Doch nach ein paar Tage verflüchtigte sich seine gute Laune wieder, als sie ihren ersten Außenposten nach den Felsenschluchten erreichten. Während er Vorräte kaufte, hörte er ein beunruhigendes Gerücht über chaotische Zustände in Madinne. Angeblich war es auf dem Souk zu weiteren tödlichen Dschinn-Angriffen gekommen. Doch wie konnte das sein? War Omar nicht in der Stadt zurückgeblieben, um für mehr Sicherheit zu sorgen? Wenn das der Fall war, wieso kamen dann immer mehr Dschinn nach Madinne?

Am meisten verblüfften ihn die Gerüchte über ihn selbst – angeblich hatte er sich in seinem königlichen Gewand allein aus dem Palast geschlichen. Doch wieso sollte Omar so unverhohlen sein Vertrauen missbrauchen?

Ich hätte nicht gehen dürfen, dachte er reumütig.

Schon bald würde alles vorbei sein. Er würde die Lampe nach

Hause bringen und … ja, was dann? Irgendein Ifrit würde sie alle »retten«, und sein Vater würde ihn für seinen Ungehorsam bestrafen, indem er ihn für alle Zeiten in seinen Räumen einsperrte. Diese albtraumhafte Vorstellung erschien ihm erschreckend wahrscheinlich.

Als sie wieder aufbrachen, teilte Mazen den anderen mit, was er gehört hatte. Aisha tat seine vorwurfsvollen Fragen mit einem Achselzucken ab und behauptete hartnäckig, Omar hätte sie nicht in seine Pläne eingeweiht. Mazen wusste, dass das nicht stimmen konnte, schließlich hatte er im Räuberunterschlupf ihr Gespräch mit Tawil belauscht. Er hatte jedoch keine Ahnung, was er davon halten sollte.

Da sie nicht mit Antworten rausrücken wollte, lenkte er das Gespräch nach einer Weile auf die Lampe, nach der sie suchten, und fragte Qadir nach dem Wesen, das darin eingeschlossen war.

»Du hast mir doch gesagt, du wüsstest nichts von der Lampe«, sagte Loulie vorwurfsvoll zu Qadir.

Qadir, der mit gewohnt gelassener Miene neben ihr ritt, hob nur eine Augenbraue. »Und das stimmt auch. Ich war in der Menschenwelt, als einir der Ifrit in der Lampe gefangen wurde. Aber …«

Aisha zuckte mit den Achseln. »Das muss Rijah sein.«

Qadir seufzte. »Ja.«

Mazen schaute zwischen den beiden hin und her. »Rijah?«

»Dier Dschinn der Gestaltwandlung«, erwiderte Aisha. »In deinen Geschichten kommt einir Dschinn-König mit übersteigertem Ego vor. Wenn sie auch nur ein Körnchen Wahrheit enthalten, ist das Rijah.«

Mazen dachte daran, was man sich in seiner Familie erzählte. Ursprünglich hatte er geglaubt, die Geschichten der Menschen über die Dschinn wären lediglich Legenden, doch vielleicht waren sie ja eine Facette der Wahrheit, die mit der Zeit immer komplexer geworden war.

»Sier muss wirklich stocksauer sein«, sagte Aisha. »Stellt euch nur mal vor, Hunderte von Jahren im Sandmeer festzustecken. Was für ein Albtraum.«

Mazen stutzte. »Sier?«

Qadir zuckte die Achseln. »Rijah ist, was immer Rijah sein will. Mann, Frau, Kind, Tier – all das und noch mehr.«

Mazen dachte über dieses für ihn noch immer neue Konzept von Identität nach, während sie in einvernehmlichem Schweigen durch Schluchten ritten und schließlich in die offene Wüste gelangten, wo die Sonne sich endlich wieder zeigte. Am liebsten hätte er sich in den Sand gelegt, um die Wärme zu genießen, doch die anderen wollten so schnell wie möglich ihr Ziel erreichen. Er wünschte, er könnte ihren Eifer teilen, doch im Gegensatz zu ihnen erwartete ihn am Ende ihrer Reise nur irgendeine Form von Bestrafung.

Und so lehnte er sich im Sattel zurück und versuchte, sich diesen Augenblick zumindest in allen Einzelheiten einzuprägen – den unendlichen blauen Himmel, die wabernden Zelte am fernen Horizont und das Knirschen, das die Schritte seines Pferdes verursachten. Er freute sich sogar über den Sand unter seiner Kleidung und in den Stiefeln, da er von seinen Reisen zeugte.

Dies ist keine Geschichte, sagte er sich. *Sondern echt, und ich erlebe es gerade wirklich.*

Trotz seiner düsteren Zukunftsaussichten war er fest entschlossen, das Beste aus der verbliebenen Zeit zu machen, und nahm staunend seine Umgebung in sich auf. Er sah zu, wie der Sonnenuntergang die Landschaft goldrot färbte, und als der Himmel dunkel wurde, bewunderte er die Schatten, die sich wie Tintenkleckse auf der Wüste ausbreiteten.

Als sie zu einer Oase kamen, funkelten bereits die Sterne am Himmel. Die Händlerin und ihr Leibwächter eilten voraus, und Mazen sah zu, wie sie sich scherzend ihrem Ziel näherten. Warum konnte er nicht genauso locker mit Loulie reden?

»Man sieht dir deine Eifersucht an, Sayyidi.« Aisha schloss zu ihm auf. Sie trank aus ihrem Wasserschlauch und hielt ihn Mazen hin.

Der nahm ebenfalls einen Schluck, um nicht antworten zu müssen. Anschließend wischte er sich über den Mund und sagte: »Was hältst du von den Neuigkeiten aus Madinne? Hattet ihr nicht die Aufgabe, die Dschinn aus der Stadt fernzuhalten?«

»Das war der Plan. Offenbar ist irgendwas schiefgelaufen.«

Nach kurzem Schweigen fuhr Mazen fort: »Du und Tawil habt über etwas gesprochen, das ich eigentlich nicht hätte hören dürfen. Dabei ging es auch um einen Plan …«

»Um meinen Plan, dich in einem Stück durch die Wüste zu befördern.«

»So habe ich euch aber nicht verstanden. Ihr habt gesagt, dass Omar Ifrit-Relikte haben will.«

Aisha seufzte. »Und? Die Suche nach Relikten gehört zu meinen Aufgaben.«

»Aber doch nicht nach *Ifrit*-Relikten.« Mazen runzelte die Stirn. »Du verheimlichst mir etwas. Es muss etwas geben, wobei Ahmed bin Walid meinen Bruder stört. Einen Grund, warum er in meiner Gestalt heimlich den Palast verlässt.«

Aisha zog die Augenbrauen zusammen. »Es ist mir egal, was du denkst, ich bin dir keine Rechenschaft schuldig«, sagte sie mit einem letzten verächtlichen Blick und ritt hinter Loulie und Qadir her.

Nachdem sie das Lager aufgeschlagen hatten, setzte Mazen sich an den Rand der Oase unter eine Dattelpalme und betrachtete die Sterne, die sich im Wasser spiegelten. Als er auf dieser Reise das erste Mal so einen Ort besucht hatte, hatte er sich noch als sein Bruder ausgegeben. Mittlerweile war er wieder Mazen, auch bekannt als Yousef, ein Prinz mit so wenig Rückgrat, dass er nicht mal von seinen Untertanen Auskunft verlangen konnte.

»Kannst du nicht schlafen, Prinz?«, riss ihn die Händlerin aus seinen Grübeleien. Er hatte gar nicht mitbekommen, dass sie neben ihm stand und ebenfalls die mit Sternen gesprenkelte Wasseroberfläche betrachtete. »Erinnert dich dieser Anblick an zu Hause? An die Teiche aus Dschinn-Blut in deinem Palasthof?«

»Das ist unfair«, sagte er leise. »*Ich* habe keine Dschinn getötet. Wieso unterstellst du mir, dass ich die Moralvorstellungen meines Bruders teile?«

»Wieso sollte ich *nicht* davon ausgehen? Ihr seid beide Lügner und habt denselben Vater.«

Diese Anschuldigung traf ihn wie ein Schlag. Er hatte gehofft, Loulie wüsste allmählich, was für ein Mensch er wirklich war. Andererseits wunderte es ihn nicht, dass ihre Abneigung gegen seine Familie auch ihn mit einschloss.

Loulies nächste Worte überraschten ihn jedoch. »Zumindest habe ich das geglaubt, bevor ich dich auf dem Souk deine Geschichten erzählen hörte.« Endlich sah sie ihm in die Augen. »Meine Eltern haben immer gesagt, eine Geschichte verrät viel über denjenigen, der sie erzählt. Als du von deiner Mutter sprachst, konnte ich aus deinen Worten ihren Optimismus heraushören. Du bist nicht wie Omar.«

Mazen schluckte. Wieso schlug ihm das Herz auf einmal bis zum Hals? »Das hoffe ich sehr.« Er wandte sich wieder dem Wasser zu. »Ich habe mehr mit Hakim gemeinsam als mit Omar, und wir beide sind kein bisschen blutsverwandt.«

»Habt ihr beiden euch schon immer nahegestanden?«

»Ja. Seit er in den Palast gekommen ist.« Mazen seufzte. Er hatte schon lange nicht mehr an die Zeit gedacht, als seine Familie noch komplett gewesen war. An ihre gemeinsamen Mahlzeiten im Freien und die Geschichten, die seine Mutter nach Einbruch der Dunkelheit erzählt hatte. An das glückliche Lächeln seines Vaters. Und daran, wie Hakim mit leuchtenden Augen ungehindert im Garten herumspazierte und dabei immer wieder auf Blumen deutete und sie Mazen beschrieb.

»Als meine Mutter noch gelebt hat, war der Palast für uns ein Ort der Geborgenheit, kein Gefängnis.« Seine Stimme brach, und er musste sich einen Moment lang sammeln. »Mein Vater ist damals auch anders gewesen. Freundlicher und geduldiger. Meine Mutter brachte ihn dazu, anderen wieder mehr zu vertrauen, nachdem … na ja, du weißt schon.«

»Nachdem er seine anderen Ehefrauen umgebracht hatte«, murmelte die Händlerin. »Hat er nie erklärt, warum er es getan hat?«

Mazen schüttelte den Kopf. Den Gerüchten zufolge war Hakims Mutter der Grund für sein Misstrauen gewesen, doch Mazen hatte immer geglaubt, dass noch mehr dahintersteckte. Der Sultan selbst sprach nie über diese Morde, und Mazen rechnete auch nicht damit, dass er es jemals tun würde.

»Shafia muss wirklich eine wunderbare Frau gewesen sein, um ihn so zu verändern«, sagte Loulie.

»Ja, das war sie.« Mazen zog die Knie an die Brust und stützte das Kinn darauf. »Damals war auch mein Vater wunderbar. Er machte sich nichts aus Dschinn und Relikten. Stattdessen sprach er von Wiedergutmachung.«

Früher wollte ich sein wie er.

Er merkte, dass die Händlerin ihn von der Seite ansah. »Tja, wenn irgendwer ihm beibringen kann, wie man etwas wiedergutmacht, dann du.«

Mazen schaute sie überrascht an. »Ich?«

Sie zuckte die Achseln. »Du hättest mich in den Ruinen meinem Schicksal überlassen können, aber du bist zurückgekommen. Und als ich dich nach Imad gefragt habe, hast du mir ehrlich geantwortet.« Ihre Mundwinkel zuckten. »Ich habe es sofort gesehen. Du bist leicht zu durchschauen.«

»Du hast mich zuerst gerettet. Zweimal sogar.« Er seufzte. »Da mein Vater dir diese Aufgabe aufgehalst hat, will ich wenigstens versuchen, dich zu beschützen, während du sie erfüllst.«

Die Händlerin sah schnaubend zur Seite. »Deine Ehrlichkeit ist dein wunder Punkt, Prinz.« Sie verstummte einen Moment lang. »Aber auch deine Stärke. Unterschätze niemals, wie viel Einfluss du damit auf andere ausüben kannst.« Damit ging sie davon und ließ ihn allein über ihre Worte nachgrübeln.

58

AISHA

In manchen Nächten, wenn Aisha allein war, sprach die Wüste zu ihr vom Tod. Sie vernahm die gedämpften Schreie der Seelen, die unter dem Sand begraben lagen, und das Gemurmel der im Laufe der Zeit verloren gegangenen Relikte. Und wenn sie die Gedanken schweifen ließ, hörte sie gelegentlich in Erinnerungen, die nicht ihre eigenen waren, eine Stimme. Sie war sanft und lachte viel.

Sobald sie die Augen schloss, sah sie ihren Besitzer vor sich: einen großen, attraktiven Mann mit strahlendem Lächeln. Obwohl sie ihn nicht kannte, ging ihr bei seinem Anblick das Herz auf. *Meine Königin.* Er ergriff ihre Hand und küsste die Fingerknöchel. *Ich liebe dich, Habibti. Jetzt und für immer.*

Doch dann wich diese Erinnerung einer anderen, und sie musste mit ansehen, wie ihr Geliebter schrie und sein grellrotes Blut den Sand tränkte, während seine Stammesbrüder ihn folterten. *Verräter,* sagten sie. *Ungläubiger.* Als ihr kostbarer Munaqid schließlich tot war, kamen die Männer zu ihr. Vor lauter Wut und Trauer konnte sie kaum noch atmen.

»Schluss«, keuchte Aisha. Ihr Atem ging abgehackt, in ihren Augen schwammen Tränen. »*Aufhören.*«

Mit einem Aufschrei schüttelte sie die Erinnerung ab und versuchte, am ganzen Körper zitternd, sich der fremden Gefühle zu erwehren. Voller Widerwillen stellte sie fest, dass das Bild des menschlichen Geliebten der Ifrit noch immer hinter ihren Augenlidern schwebte. Sie kannte seinen Namen – *Munaqid.* Laut der Legende war er der Mensch gewesen, der die Welt vor der Königin der Dünen gerettet hatte.

In ihren Gedanken hörte sie die Ifrit schnauben. *Die Einzige, die Munaqid gerettet hat, war ich.* Nach einer kurzen Pause fügte sie hinzu. *Doch unsere gemeinsame Zeit war viel zu kurz. Sein Stamm hat uns getötet.*

Als die Königin Aisha diese Vision in Dhyme zum ersten Mal gezeigt hatte, war der Räuberin nicht klar gewesen, was sie bedeutete. Nun wusste sie es und wünschte sich nichts mehr, als sie wieder vergessen zu können.

»Das ist mir egal«, sagte sie mit tränenerstickter Stimme. Fluchend stand sie auf und begann, auf und ab zu gehen. Dabei blickte sie über die Schulter zu den Zelten, die sie für die Nacht aufgeschlagen hatten. Sie wusste, dass Qadir wach war, und spürte seinen Blick auf sich, als sie das Lager verließ.

Die Ifrit lachte leise. *Wusstest du, dass ich damals Naji hieß? Mit Naji habe ich die gleiche Abmachung getroffen wie mit dir. Wir beide waren eins.*

Aisha erschauderte. Es ließ sich nicht leugnen, dass die Ifrit immer tiefer in ihren Verstand einsickerte. Inzwischen war sie oft kaum noch imstande, ihre Gedanken voneinander zu unterscheiden. Die Ifrit hatte tatsächlich Wort gehalten und Aisha zu nichts gezwungen. Doch was hieß das schon, wenn ihre bloße Gegenwart Aishas Autonomie immer weiter untergrub?

»Ich habe die Geschichte anders in Erinnerung. Darin heißt es, dass du sie überlistet und ihren Körper gestohlen hast.«

Na und? Ihr Menschen erfindet Geschichten, um eure Angst zu bezwingen. Es fällt euch leichter zu glauben, dass eine Dschinn von einer Menschenfrau Besitz ergreifen würde, als dass sich die beiden zusammentun könnten. Ihr wollt euch einreden, dass die Frau die Dschinn bei erstbester Gelegenheit töten und sich auf keinen Fall in sie verlieben würde.

Aisha blickte schweigend in die stille Finsternis. Die Ifrit log, dass sich die Balken bogen. Dschinn halfen Menschen nicht, und Menschen halfen Dschinn nicht. Sie selbst hatte sich auf die Abmachung mit ihr nur aus reiner Notwendigkeit eingelassen.

Doch die Erinnerungen – die waren real. Aisha konnte es deutlich spüren. Und auch die gelegentlich auftauchenden Erinnerungen an Qadir erschienen ihr wahr. Sie waren selten, diese Erinnerungen, aber sie schlichen sich in ihre Gedanken, wenn sie unaufmerksam war. Darin trug Qadir farbenfrohe Kleidung und einen alles andere als fröhlichen Gesichtsausdruck. Seine rauchverhangenen Augen waren von herzzerreißender Trauer erfüllt.

»Es reicht.« Sie drückte sich eine Faust an die Stirn und atmete langsam ein und aus, bis ihr Verstand klar genug war, sich auf *ihre eigenen* Probleme zu konzentrieren. Sie versuchte, sich an ihr Gespräch mit Tawil zu erinnern. Je mehr ihr davon einfiel, desto stärker kribbelte ihre Haut. *Du wirkst aufgewühlt,* sagte die Ifrit sanft.

»Gut beobachtet«, entgegnete Aisha keuchend und fing erneut an, auf und ab zu gehen, um nicht den Faden zu verlieren.

Tawil hatte ihr erzählt, dass Omar kurz vor der Umsetzung seines Plans stehe. Um den neugierigen Wali würden sie sich kümmern, hatte er gesagt, und nicht einmal der misstrauische Qaid sei ihnen auf die Schliche gekommen.

Aisha war das alles egal. Ihre eigenen Ziele waren ihr immer wichtiger gewesen als Omars. Doch das galt nicht für Mazen. *Ich beneide dich, Aisha,* hatte Tawil gesagt. *Das ist ein leichter Auftrag – als würdest du ein Schaf zur Schlachtbank führen.*

Aisha stöhnte in ihre Hände. Bei allen Göttern, sie war kurz davor, sich zu übergeben.

Sie hatte immer getan, was Omar ihr befahl. Das war sie ihm schuldig. Er hatte ihr Potenzial gesehen, als niemand anders es tat. Als sie noch eine Gelegenheitsdiebin gewesen war – ohne Eltern und ohne Dorf –, war er ihr in Madinne über den Weg gelaufen. Sie hatte versucht, ein Medaillon aus seiner Tasche zu stehlen. Er hatte sie am Handgelenk gepackt und gesagt: *Wie würde es dir gefallen, die Räuberin eines Königs zu sein?*

Omar hatte ihr die Macht gegeben, sich an den Dschinn zu rächen, die ihr Leben zerstört hatten.

Sie hatte ihn nie hinterfragt. Doch nun …

Prinz Mazen hat dir das Leben gerettet, sagte die Ifrit sanft.

Aisha wurden die Knie so weich, dass sie sich auf einen Findling setzen musste.

Ich würde mir genau überlegen …

»Lass mich in Ruhe!« Aishas Stimme klang so schrill, dass sie selbst zusammenzuckte. Sie warf einen Blick über die Schulter, um zu sehen, ob sich im Lager etwas bewegte, doch da war nichts. Qadir konnte sie vermutlich hören. Sie musste Omar vor ihm warnen, damit er bei seinem Plan die Magie des Dschinns berücksichtigte. Vielleicht würde Tawil, diesem überheblichen Mistkerl, ja was dazu einfallen.

Sie dachte daran, wie sie sich die Finger an ihm verbrannt hatte. Doch dann schüttelte sie den Kopf. Auch das war jetzt nicht wichtig.

Die Ifrit lachte höhnisch. *Es bringt nichts, den Kopf in den Sand zu stecken.*

Zum ersten Mal fragte Aisha sich, ob es nicht besser gewesen wäre, einfach zu sterben. Doch der Tod wäre gleichbedeutend mit Versagen, und seit der Auslöschung ihrer Familie tat sie alles, um nicht noch einmal zu scheitern.

Sie hatte es nicht so weit geschafft, nur um nun wegen eines weichherzigen Prinzen aufzugeben.

Aisha atmete tief durch, riss sich zusammen und kehrte zu ihrem Zelt zurück. Prinz Mazen lag mit angezogenen Beinen auf der Seite, einen Arm über die Stirn gelegt. Zu Beginn ihrer Reise hatte er vor dem Schlafengehen noch jedes Mal versucht, sich den Sand aus den Haaren zu kämmen. Nun lag er auf seiner sehr staubigen Schlafmatte und schnarchte leise. Obwohl er es nach wie vor nur mit größter Mühe schaffte, ein Feuer in Gang zu bringen, und keinen blassen Schimmer hatte, wie man ein Schwert schwang, wurde er immer kompetenter. Mutiger.

Aisha schnitt eine Grimasse und wandte sich ab. Sie schüttelte den Sand aus ihrem Umhang und wickelte ihn wie eine zweite Haut um sich. Anschließend streckte sie sich mit zusammengekniffenen Augen auf ihrer Schlafmatte aus und versuchte, an nichts zu denken. Die Ifrit war zum Glück verstummt, doch es kostete Aisha große Mühe, das Flüstern der Wüste auszublenden. *Die Toten sprechen nicht,* dachte sie verzweifelt.

Der Wüstenwind antwortete mit einem schrillen Laut, der wie Gelächter klang.

59

MAZEN

Die Zukunft hing wie schwere Eisenfesseln an Mazens Armen und Beinen, während sie mit ihren Pferden mühsam den Hang erklommen, von dem man den letzten Außenposten überblicken konnte. Jenseits der Oase befand sich das Westliche Sandmeer, ein glitzernder Ozean aus wogenden Dünen. Laut der Karte, die sie verloren hatten, gab es sowohl über- als auch unterirdische Pfade, auf denen man sie durchqueren konnte.

Falls diese Pfade tatsächlich existierten, waren sie allesamt verborgen. Von ihrem erhöhten Aussichtspunkt aus betrachtet, wirkte die Wüste unüberwindbar und grenzenlos. In dieser Richtung lag das Ziel ihrer Reise. Die Aussicht hätte Mazen eigentlich erleichtern müssen, doch stattdessen hatte er schreckliche Angst.

Er beschloss, etwas zu sagen, um seine Nerven zu beruhigen, und wandte sich zu Aisha, die neben ihm ritt. An diesem Tag wirkte sie besonders niedergeschlagen und schaffte es nicht einmal, die Augen zu verdrehen.

»Diese Ifrit in deinen Gedanken …«

Aisha sah ihn ruckartig an.

Er lächelte nervös. »Ich würde gern wissen, ob du einen Namen hast. ›Die Dschinn der Auferstehung‹ ist ein ziemlicher Zungenbrecher.«

Aisha erwiderte seinen Blick mit hochgezogenen Augenbrauen. »Du weißt genau, wer ich bin. Ich heiße Aisha bint Louas.« Als Mazen nicht reagierte, seufzte sie und fügte hinzu: »Ich brauche einen Körper, um in dieser Welt etwas bewirken zu können, Prinz. Ich kann zwar von anderen Besitz ergreifen und ihnen meinen Willen aufzwingen, aber eine Abmachung sieht *anders* aus. Nein, deine Räuberin und ich sind ein und dieselbe Person.« Sie verstummte, und ihre Lippen verzogen sich zu einem ironischen Lächeln. »Auch wenn sie das erst noch akzeptieren muss.«

»Früher hieß sie Amina«, sagte Qadir über die Schulter.

Aisha furchte die Stirn. »*Früher.*«

Loulie, die neben Qadir ritt, schnaubte. »Warum seid ihr Dschinn bloß alle so melodramatisch.«

Aishas Wangen röteten sich, und sie schwieg den ganzen restlichen Weg bis zum Außenposten. Dort angekommen, sagte sie, dass sie Vorräte besorgen wolle, und versprach, sie alle bei den Zelten wieder zu treffen.

Mazen sah zu, wie sie davonritt, dann folgte er Loulie und Qadir.

Die vielen Leute schockierten ihn. Die bisherigen Oasen waren klein und ruhig gewesen, in dieser dagegen wimmelte es vor Besuchern. Die Oase war in zwei Bereiche unterteilt: einen Miniatur-Souk, der aus kleinen Lehmgebäuden und vereinzelten Verkaufsständen bestand, und einen größeren Lagerbereich am Wasser, wo es auch Pferche für Pferde und Kamele gab. Auf dem Markt feilschten und tratschten Reisende in fremdartigen Gewändern. Sie tauschten Waren und Währungen des ganzen Kontinents. Mazen sah Künstler und Kartenmaler, Dichter und Geschichtenerzähler, Soldaten und Schmiede.

Als sie den Zeltplatz erreichten, stellte er verblüfft fest, dass dies ein Ort für Ausflügler war, die das Sandmeer aus der Nähe betrachten wollten. Die Händlerin und ihr Leibwächter waren von den vielen Leuten sichtlich genervt. Mazen dagegen war erleichtert. In Menschenmengen hatte er sich schon immer am sichersten gefühlt.

Und so half er Loulie nur schnell, die Pferde im Pferch festzubinden, und begab sich sofort zum Souk. Dort angekommen, atmete er lächelnd das Duftgemisch aus Gewürzen, Speisen und Moschus ein. Dabei sah er unbeabsichtigt eine junge Stammesangehörige an, die mit ihrer Mutter Einkäufe erledigte. Sie erwiderte sein Lächeln und wandte sich mit roten Wangen ab. Ihre streng aussehende Mutter bemerkte Mazen und runzelte die Stirn. Er verstand nicht, weshalb sie ihn so eingehend musterte.

Sehe ich denn so *suspekt aus?*, dachte er beleidigt.

Andererseits hatte er schon seit ein paar Tagen nicht mehr gebadet und wirkte mit all dem Staub auf seinen Haaren und seiner Kleidung womöglich wie ein Geschöpf aus Sand, dachte er, während er sich unter die Leute mischte, um dem durchdringenden Blick der Mutter zu entgehen.

Gesprächsfetzen drangen an sein Ohr.

»Das ist Blasphemie! Kein normaler Mann könnte so etwas tun …«

»… Er wurde jahrelang von seinem Vater gefangen gehalten! Ist das nicht Grund genug?«

»… in Madinne! Eine absolute Tragödie. Mögen die Götter die Unschuldigen segnen, die bei diesem Kampf umgekommen sind.«

Mazen blieb so abrupt stehen, dass er fast von einem Händler über den Haufen gerannt wurde. Der Mann fluchte und eilte weiter, doch Mazen hörte ihn kaum, da er nach den Männern Ausschau hielt, deren Unterhaltung er aufgeschnappt hatte.

Er sah sie in einer Gasse verschwinden, streifte sich seinen Schatten über den Kopf und rannte hinter ihnen her. Als er auf der anderen Seite des Souks ankam, waren die beiden jedoch bereits in der Menge verschwunden.

Mit zitternden Beinen sackte er an eine Wand und rang nach Atem. Nicht so schlimm, dachte er. Er würde sich einfach nach

Neuigkeiten aus Madinne umhören. Sicher wussten auch andere, was dort geschehen war.

Als er sich wieder von der Wand abstieß, bemerkte er, dass eine bunte Zeichnung daran befestigt war. Neugierig beugte er sich vor, um sie genauer zu betrachten – und sah auf sein eigenes, erstaunlich detailgetreu dargestelltes Gesicht.

Sein Blick glitt zu den Worten darunter: *Mazen bin Malik, verbannter Prinz von Madinne. Thronverräter. Gesucht wegen Mordes am Sultan.*

Mazen riss die Augen auf.

Wegen Mordes?

Er bekam kaum noch Luft, das Herz schlug ihm bis zum Hals, und er hatte das eigenartige Gefühl in sich selbst zu ertrinken.

Gesucht wegen Mordes am Sultan.

Hinter seinem Namen standen Zahlen, doch er konnte sie nicht entziffern. Die Welt verschwamm vor seinen Augen, und er musste sich erneut an der Wand abstützen, um nicht das Gleichgewicht zu verlieren.

Wegen Mordes am Sultan.

Mazen war sich vage des Pergaments unter seinen Fingern bewusst. Der schweren Schritte, mit denen er durch den Souk zurückkehrte. Seines rumorenden Magens. Der Luft, die in seiner Lunge stockte. *Ich kann nicht atmen, ich kann nicht atmen.* Sein Herz fühlte sich an, als würde es ihm jeden Moment aus der Brust springen.

Irgendwie schaffte er es zurück zum Zelt. Als er es betrat, glitt ihm der Schatten von den Schultern.

Drinnen wartete Loulie auf ihn. »Was …?« Sie warf einen Blick auf sein Gesicht und verstummte.

Er brachte nur einen leisen, kläglichen Laut heraus.

»Was … was ist denn passiert?« Loulie ging zu ihm und betrachtete mit gerunzelter Stirn das Pergament in seiner Hand.

Erst jetzt merkte Mazen, dass er es von der Wand gerissen hatte.

Er hielt es ihr hin. *Atme,* befahl er sich, doch jeder Atemzug wurde von einem Schluckauf begleitet, der sein Herz verkrampfen ließ.

Als Loulie das Pergament nahm, brach er zusammen. Qadir fing ihn auf und ließ ihn langsam zu Boden sinken. Loulie entrollte derweil seinen Steckbrief und sah ihn mit großen Augen an.

»Ach du *Scheiße*«, stieß sie hervor.

60

LOULIE

»Wo ist Aisha?«

Die Panik betäubte Loulies Verstand nicht, sondern schärfte ihn. Sie ging am zusammengesunkenen Prinzen vorbei und trat geduckt ins Freie. Aishas Pferd war noch immer nicht im Pferch zurück. »Mist«, murmelte Loulie und ging wieder hinein.

Der Prinz schluchzte kläglich. Qadir hockte bei ihm und berührte ihn an der Schulter. Er sah zu Loulie hoch und zog die Augenbrauen zusammen. »Ist sie weg?«

»Ja.« Loulie fuhr sich mit den Fingern durch die Locken. *›Ich besorge Vorräte.‹ Was für eine Lügnerin.*

Sie wollte schreien. Die ganze Zeit hatte sie sich über die falsche Person Sorgen gemacht. Mazen bin Malik war ihr nie gefährlich gewesen. Und der Sultan – der war nun tot. Von seinem eigenen Sohn ermordet. Omar hatte sich alles genauestens überlegt: Selbst wenn Mazen noch immer seine Gestalt trüge, wäre er nun der Sündenbock. Er war ein gesuchter Mann.

Loulie zerriss den Steckbrief und warf die Fetzen in die Luft. Qadir verbrannte sie zu Asche, ehe sie den Boden berührten. »Was glaubst du, wie weit sie schon weg ist?«

Qadir schüttelte den Kopf. »Mit mehr als einer halben Stunde Vorsprung und einem Pferd? Weit.«

»Glaubst du, die Ifrit wird sie aufhalten?«

»Seit sie Aisha vor dem Tod gerettet hat, kann sie ihre Gedanken lesen. Da sie sie bislang nicht aufgehalten hat, wird sie es jetzt sicher auch nicht tun.« Er sah zum Prinzen. »Kannst du sprechen?«

Der Prinz zitterte wie ein neugeborenes Kamelfohlen, brachte aber ein Nicken zustande.

»Hat Aisha irgendetwas zu dir gesagt, egal was, das erklären könnte, was passiert ist?«

Der Prinz öffnete den Mund, brachte aber nur einen unartikulierten Laut heraus. Er presste die Lippen zusammen und ließ den Kopf hängen. Tränen sammelten sich in seinen Augen. »Ich bin schuld«, sagte er schließlich mit leiser Stimme.

Loulie ging zu ihm. »Wie meinst du das?«

»Es ist meine Schuld, weil ich gegangen bin. Das hätte ich nie tun dürfen.«

Loulie wollte nachhaken, was er genau damit meinte, doch Qadir bedachte sie mit einem mahnenden Blick. *Dräng ihn nicht.*

Voller Mitleid betrachtete sie den untröstlichen Prinzen. Sie wusste, wie schrecklich es war, die Eltern zu verlieren, und erinnerte sich noch gut daran, wie sehr ihr eigener Verlust ihr zu schaffen gemacht hatte. In ihrem Herzen hatte ein tiefes Loch geklafft, eine alles verschlingende Leere, in der sie sich ohne Qadir verloren hätte.

Der Prinz hatte niemanden. Und schlimmer noch: Die Welt hatte sich gegen ihn gewandt. Loulie fehlten die Worte. Was sollte man zu jemandem sagen, der seine Familie verloren hatte und gleichzeitig von ihr betrogen worden war.

Qadir trat von Mazen weg und nahm die Laterne. Als er das Metall berührte, loderte im Inneren des Glaskolbens eine blaue Flamme auf. »Ich gehe mich umhören«, sagte er und reichte Loulie die Laterne. »Ruf mich durch das Feuer, wenn irgendetwas passiert.« Er drückte kurz ihre Schulter, nahm seinen Shamshir und verließ das Zelt.

Loulie wandte sich zum Prinzen um, der mittlerweile zum Glück nicht mehr weinte, aber dafür mit glasigem Blick den Boden anstarrte. Sie sah, wie ein Zittern durch seinen Körper ging.

Loulie zögerte. *Und was jetzt?*

Reden konnte sie gut, aber eher zu Menschen ein als mit ihnen. Sie wusste, wie man mit Worten attackierte oder sich verteidigte, aber sie war noch nie gut darin gewesen, jemanden zu trösten. Schon als Kind hatte sie sich von ihren Eltern anhören müssen, dass sie sich zu wenig in andere einfühle und besser zuhören müsse.

Der Prinz reagierte nicht, als sie sich ihm näherte, und machte ihr auch keinen Platz, als sie sich ein wenig unbeholfen neben ihn setzte und ihm eine Hand auf die Schulter legte.

Die Berührung ließ sie beide zusammenfahren.

Loulie spürte, wie die Anspannung langsam von ihm abfiel und er stumm bebend dasaß. Sie bemerkte die Lachfältchen um seine Augen und dass seine Haut vom Weinen gerötet war. Er hatte ein weiches Herz und war für diese gnadenlose Welt nur ungenügend gerüstet.

Und er musste sich ihr allein stellen.

Der Prinz machte einen tiefen, bebenden Atemzug. »Wäre ich nicht so selbstsüchtig gewesen …« Er konnte ein Schaudern nicht verbergen. »Wäre ich nicht *gegangen* …«

»Dann wärest du jetzt tot.«

Der Prinz starrte Loulie an.

Unbehaglich erwiderte sie seinen Blick. Es war ihr nur so rausgerutscht, doch es stimmte. Mit Gefühlen mochte sie sich nicht gut auskennen, doch auf Tatsachen konnte sie sich verlassen. »Du bist der Sündenbock, Prinz. Ein Mann, der seinen Vater umbringen will …« Sie sah, dass ihm erneut die Tränen kamen, und hielt einen Moment lang inne. »Omar war offensichtlich fest zu dieser Tat entschlossen. Wärest du dort gewesen, hätte er dich aus dem Weg geräumt. Nimm nicht die Schuld für ein Verbrechen auf dich, das du nicht begangen hast.«

Nun ließ er seinen Tränen freien Lauf. »Ich habe meinen Vater *angelogen.*«

»Deine Lügen haben den Sultan nicht getötet. Dein Bruder hat es getan.«

Der Prinz drückte sich eine Faust an die Stirn und wandte sich mit bebenden Schultern von ihr ab.

Loulie unterdrückte einen Fluch. Bis hierher hatte sie es doch fast hinbekommen mit dem Trösten.

Die Zeltklappe öffnete sich.

»Endlich«, seufzte Loulie. »Warum hast du so lange gebraucht?«

Doch als sie aufblickte, stand nicht Qadir im Eingang, sondern eine ältere, in mehrere Seidenschichten gekleidete Frau. Neben ihr stand ein Mann mit einem Schwert an der Hüfte. Die Frau deutete auf Mazen und sagte: »Das ist er. Schau dir sein Gesicht an, dann siehst du es selbst.«

Der Mann mit dem Schwert – seiner Kleidung nach zu urteilen, ein Söldner, der über den Frieden in der Oase wachen sollte – sah Mazen entschuldigend an. Doch dann riss er die Augen auf. Schweigend erwiderte der Prinz seinen Blick.

Loulie nahm die Laterne. »Qadir?«

Die Flamme knisterte leise, ansonsten passierte nichts. Loulie blieb keine Zeit, darüber nachzudenken, denn nun kam der Söldner, der in der Zwischenzeit Verstärkung gerufen hatte, drohend auf sie zu. Sie schlug ihm die Laterne gegen das Knie, packte Mazen am Handgelenk und stürmte, während der Wächter nach hinten taumelte, mit dem Prinzen im Schlepptau ins Freie.

Draußen vor dem Zelt starrten die Besucher der Oase sie unverhohlen an, zunächst neugierig, dann ängstlich, als weitere Söldner herbeieilten und Prinz Mazens Namen riefen. Loulie packte sein Handgelenk fester und lief zum Pferch, doch auch dort warteten bereits zwei Söldner auf sie.

»Überlass mich ihnen«, sagte der Prinz. »Ich nütze dir doch eh nichts.«

Loulie bohrte ihm die Fingernägel so fest ins Handgelenk, dass er schrie. »Halt den Mund und hör mir zu.« Sie waren mittlerweile fast beim Pferch. »Wenn ich dir das Zeichen dazu gebe, rennst du zu den Pferden. Ich verlasse mich darauf, dass du sie rauslässt.«

»W-was für ein Zeichen?«

Doch Loulie hatte keine Zeit mehr, es ihm zu erklären. Die Söldner verstellten ihnen den Weg und befahlen ihr, vom Prinzen wegzutreten.

Qadir hatte behauptet, sie sei die tapferste Person, die er kenne. Nun würde sie sich selbst beweisen, dass er recht hatte.

Als die Söldner in Reichweite waren, griff Loulie in die Tasche und zog Qadirs Dolch heraus. Dem ersten schlitzte sie den Arm auf und warf sich noch in der gleichen Bewegung auf den anderen, sodass sie mit ihm in den Staub fiel. Der Prinz, den sie inzwischen losgelassen hatte, starrte sie einen Moment lang unsicher an. Dann rannte er zum Pferch.

Loulie stand auf, aber zu langsam. Einer der Söldner packte sie an den Haaren und riss sie nach hinten. Sie versuchte, ihm den Ellbogen in die Rippen zu rammen, doch er stand zu weit weg.

Der Mann sagte etwas, wurde aber von einem schrillen Schrei übertönt, und hielt inne. »Was zu allen neun Höllen?«, keuchte er.

Loulie reckte den Hals, um zu erkennen, was er sah. Vom Souk stieg Rauch und *Feuer* auf. Bevor der Söldner sich von seinem Schock erholen konnte, führte sie das Messer hinter den Kopf und schnitt mit einem raschen Hieb ihre Locken ab, womit sie sich nicht nur von ihrer Haarpracht, sondern auch aus seinem Griff befreite.

Im selben Moment schwang das Gatter des Pferchs auf, und der Prinz kam auf dem Rücken seines Pferdes auf sie zugestürmt. Er streckte eine Hand aus. Loulie ergriff sie, warf sich bäuchlings über seinen Sattel und hielt sich mit aller Kraft fest, während der brennende Souk vor ihren Augen verschwamm.

61

LOULIE

In dieser Nacht schlief keiner der beiden. Loulie war zu besorgt, dass die Söldner sie verfolgen könnten. Sie hatte dem Kompass befohlen, ihnen den Weg zu einem Versteck zu weisen, und er hatte sie zu einem Plateau geführt, von dem aus man das Sandmeer überblicken konnte. Dort warteten sie nun auf Qadir.

Loulie verfluchte sich dafür, dass sie ihre Ausrüstung in der Oase vergessen hatte. Ohne ihre Händlerinnenrobe zitterte sie in der eiskalten Wüste und schmiegte sich, ohne den Prinzen um Erlaubnis zu fragen, eng an ihn. Es schien ihm nichts auszumachen. Er war entweder zu benommen oder selbst zu durchgefroren, um dagegen Einwände zu erheben. So saßen sie beieinander, bis im Morgengrauen eine einsame Gestalt am Horizont erschien und geradewegs auf sie zukam – Qadir. Erleichtert sah Loulie, dass er sich die Tasche mit ihrer Ausrüstung über die Schulter geworfen hatte.

Loulie schlang die Arme um sich und stand auf, um ihm entgegenzugehen. »Was ist passiert?«, fragte sie und biss die Zähne zusammen, um sie am Klappern zu hindern.

»Angeblich hat auf dem Souk ein magisches Feuer gewütet.« Obwohl Qadir lediglich einen Schritt entfernt vor ihr stehen blieb, spürte sie die Wärme, die von ihm ausging, bis in die Knochen.

»Auch wenn es echt aussah, war es offenbar nichts als ein Trugbild.«

»Kaum zu glauben.«

Qadir streckte eine Hand aus und berührte ihre fransigen Locken. »Das ist dein Werk, nehme ich an.«

Sie brachte ein mattes Lächeln zustande. »Ja natürlich, oder glaubst du etwa, ein Söldner würde sie für mich schneiden?«

»Ich vermute, selbst ein Söldner hätte sie ordentlicher gestutzt.« Seine Miene wurde weicher, als er zum Prinzen sah, der sich bislang noch nicht gerührt hatte. Qadir ließ mit einem Fingerschnippen ein Feuer vor sich auflodern. Mazen rutschte dichter heran.

Als Loulie ihre wärmere Händlerinnenrobe übergestreift und sich ebenfalls vor das Feuer gesetzt hatte, berichtete Qadir ihnen, was er in Erfahrung gebracht hatte. Nachdem »Prinz Mazen« in Madinne gesichtet worden war, hatte sein Vater ihn »für immer« in sein Gemach eingesperrt. Deswegen konnten viele nachvollziehen – oder zumindest verstehen –, dass der Prinz ein paar königliche Soldaten auf seine Seite gebracht, einen Putsch inszeniert und seinem Vater ein Messer ins Herz gerammt hatte.

Prinz Mazen sah aus, als könnte er kaum noch aufrecht sitzen. »Das waren keine echten königlichen Soldaten.« Er zitterte vor Aufregung. »Sondern die Räuber meines Bruders. Ich habe Aisha über sie sprechen hören.« Er hob den Kopf und sah Loulie und Qadir mit glasigem Blick an. »Mein Bruder … Was ist mit Hakim?«

Qadir verzog das Gesicht. »Das ist nicht bekannt. Hakim scheint in all dem Chaos verschwunden zu sein.« Er drehte sich zu Loulie um. »Da sich der Putsch hauptsächlich im Palast abgespielt hat, gehe ich davon aus, dass Dahlia in Sicherheit ist.«

Loulie nickte. Dahlia war ein Mitglied des Schwarzmarkts. Wenn sie fliehen musste, würde sie dazu die geheimen Tunnel benutzen. Doch es gab noch eine weitere Person, über deren Schicksal Loulie nichts wusste. Sie versuchte, Qadirs Blick aufzufangen, doch der wandte sich mit gerunzelter Stirn ab. Loulies Herz hämmerte.

Es gab nichts, was sie auf den nächsten Satz hätte vorbereiten können.

»Ahmed bin Walid ist tot«, sagte Qadir schließlich.

Die Worte trafen Loulie wie ein Hammerschlag. Sie musste sich mit beiden Händen abstützen, um nicht umzukippen.

»Sein Leichnam wurde beim Palasttor entdeckt«, fuhr Qadir fort. »Es kursieren mehrere Gerüchte. Manche sagen, der Wali habe den Aufstand des Prinzen angeführt. Andere behaupten, er habe dem Personal des Palasts zur Flucht verholfen und sei von Soldaten attackiert worden. Er habe sich heldenhaft gewehrt und sei mit einem Schwert in der Hand gestorben.«

Loulie starrte Qadir benommen an. *Nein.*

Ihr fiel gar nicht auf, dass sie sich mit aller Kraft die Fingernägel in die Handflächen bohrte, bis Qadir sich vorbeugte und sanft ihre Hände nahm. Trotz der tröstlichen Wärme, die von ihm ausging, konnte Loulie nicht aufhören zu zittern.

Der Prinz rutschte unruhig hin und her. »Ich glaube, Ahmed wusste sofort, dass etwas nicht stimmte, als er mich in Dhyme gesehen hat.« Er ließ den Kopf hängen. »Ich glaube, er hatte den Verdacht, dass Omar etwas plante, und wollte ihn aufhalten.«

Wenn er glaubte, sie damit trösten zu können, lag er falsch.

Immer wieder musste sie an ihren Aufbruch aus Dhyme denken. Sie sah Ahmeds melancholisches Lächeln vor sich, spürte seine Lippen auf ihrer Hand und erinnerte sich an seine Abschiedsworte: *Und dann, süße Loulie, werden wir auch endlich über alles andere sprechen.*

Eine verirrte Träne rann an ihrer Wange herab, dann eine zweite, und ihr Körper wurde von einem heftigen Schluchzen geschüttelt. Qadir schlang einen Arm um sie und zog sie an sich.

Sie fühlte sich leer, als wäre ein Stück ihres Herzens zerquetscht worden. Nie hatte sie geglaubt, Ahmed bin Walid könnte etwas zustoßen. Er war ihr unsterblich vorgekommen – ein charismatischer, beliebter Jäger. Manche hatten ihn für einen Helden gehalten.

Wie hatte er so einfach aus ihrem Leben verschwinden können? Ohne Zeremonie? Ohne ein Wort des Abschieds?

Schließlich vergrub Loulie, halb besinnungslos vor Kummer, das Gesicht in Qadirs Schulter und begann, ohne Hemmungen zu weinen.

Und als die Tränen versiegten, ließ sie ihre Wut zu.

Trauer brachte gar nichts, doch ihr brennender Zorn würde ihr die Kraft geben, sich zu rächen.

Für ihre Familie. Für Ahmed. Für sich selbst.

Sie löste sich von Qadir und sah den Prinzen an. In seinen Augen spiegelte sich ihre eigenen Gefühle wider. Er war ein Opfer genau wie sie.

Und wie sie konnte er beweisen, dass man ihn unterschätzt hatte.

Sie wandte sich wieder zu Qadir um. »Was ist nach der Machtübernahme passiert?«

Qadirs Gesicht verzog sich zu einer Grimasse. »Der Prinz ist geflohen. Es heißt, der Rat des Sultans habe bis zu Omars Rückkehr die Kontrolle über die Stadt übernommen. Wenn es stimmt, was Prinz Mazen sagt, wird die Armee derzeit wahrscheinlich von Omars Räubern kommandiert.«

Loulie runzelte die Stirn. »Wenn Omar nicht zurückgekehrt ist, dann …«

»Sucht er nach Ifrit-Magie«, brachte der Prinz ihren Satz zu Ende.

Qadir seufzte. »Er ist bestimmt hinter der Lampe her. Aisha bint Louas hat den ganzen Weg sicher nicht nur auf sich genommen, um dich an der Rückkehr in die Stadt zu hindern.«

Der Prinz zuckte zusammen, sagte aber nichts.

Loulie verschränkte die Arme. »Tja, jetzt wissen wir wenigstens, warum dein Bruder dich auf diese Reise geschickt hat, Prinz.«

»Er verdient den Tod«, sagte der Prinz leise. Seine Miene wirkte unnatürlich starr, und in seiner Stimme lag eine tödliche Ruhe. Er sah sie mit blutunterlaufenen Augen an und sagte: »Du musst mich nicht mehr Prinz nennen.« Damit schlang er die Arme um die Knie und blickte ausdruckslos ins Feuer.

Loulie zog die Augenbrauen zusammen. »Meinst du das mit deinem Bruder ernst? Ich will nämlich keine Klagen hören, wenn ich ihm ein Messer durch die Kehle stoße.«

»Ich würde ihn selbst umbringen, aber ich …« Er schüttelte den Kopf. »Wieso sollte ich bei euch bleiben? Ihr braucht mich nicht mehr mitzuschleifen. Ihr müsst nicht mal mehr nach der Lampe suchen.«

Sein finsterer Blick und seine hängenden Schultern gefielen Loulie nicht.

»Seit dein Vater uns zu dieser Mission gezwungen hat, haben Loulie und ich keine andere Wahl, als mitzumachen, bin Malik«, sagte Qadir sanft. »Und daran hat sich nichts geändert. Früher oder später wird dein Bruder die Lampe ausfindig machen, und ich habe nicht vor, ihm einen meiner alten Gefährten zu überlassen.«

»Du könntest dich uns anschließen«, sagte Loulie. »Wir sind wahrscheinlich die Einzigen in der Wüste, die dich nicht ausliefern würden, um die Belohnung einzustreichen.«

Mazen sah sie zweifelnd an. »Wie wollt ihr die Lampe denn finden? Ihr wisst ja nicht einmal, wo sie ist.«

»Du vergisst wohl, dass Qadir Löcher in den Sand brennen kann«, entgegnete sie sarkastisch.

Qadir hielt den Kompass hoch. »Und dass wir ein Relikt haben, mit dem sich alles aufspüren lässt.«

Der Kompass und Qadir. Sie hätte nie gedacht, dass es so einfach sein würde. Qadir hatte mal zu ihr gesagt, der Sultan würde sie unterschätzen. Sie wusste noch, was sie ihm darauf geantwortet hatte: *Er wird es noch bereuen, dass er uns bedroht hat.*

Nun machte sie ein weiteres Versprechen: »Wir werden dafür sorgen, dass dein Bruder für seine Taten büßt. Das schwöre ich dir.«

Sie hatten einen neuen Feind, doch ihr Ziel war das gleiche geblieben: Sie mussten die Lampe finden und einen korrupten Adligen überlisten. Loulie würde Prinz Omar leiden lassen. Seinetwegen hatte sie alles verloren. Nun würde sie *ihm* alles nehmen und ihn so gründlich vernichten, dass nicht einmal Asche von ihm übrig blieb.

Sie stand auf und reichte Mazen die Hand.

Er zögerte einen Moment, doch schließlich ergriff er sie.

»Kommt.« Qadir drehte sich mit einem grimmigen Lächeln zur Wüste um. »Die Lampe wartet auf uns.«

62

AISHA

Aisha war schon seit vielen Jahren eine Mörderin, doch erst jetzt, während sie an dem Treffpunkt, den Tawil ihr genannt hatte, auf Omar wartete, fühlte sie sich wie eine Verbrecherin. Sie saß in einer Höhle am Rand des Sandmeers und betrachtete den Sonnenuntergang. Der Himmel sah aus, als stünde er in Flammen, die Wolken erinnerten sie an Rauchschwaden.

»Warum hast du mich nicht aufgehalten?«, flüsterte sie.

Die Ifrit regte sich in ihrem Verstand. *Weil ich eine Abmachung mit dir getroffen habe.*

Aisha verzog höhnisch die Lippen. »Eine furchtbare Abmachung. Eine Dschinn-Mörderin und eine Dschinn können nicht miteinander auskommen.«

Einen Moment lang herrschte Schweigen, dann ertönte ein leises Lachen. *Ich treffe niemals schlechte Abmachungen.*

Aisha setzte zu einem Einwand an, hielt dann aber doch den Mund. Mittlerweile hatte sie sich an die ausweichenden Antworten der Ifrit gewöhnt. Seufzend bohrte sie die Fersen in den Sand und suchte den Horizont nach dem vertrauten Schatten ihres Königs ab. Welche Gestalt würde er wohl diesmal annehmen?

Als die untoten Stimmen in der Stille zu murmeln begannen, stellte Aisha eine Frage, die ihr schon länger auf dem Herzen lag:

»Du kannst doch Tote zum Leben erwecken. Wieso bist du dann nicht ›eins‹ mit Munaqid geworden?«

Weil er im Gegensatz zu dir kein Leben mehr in sich hatte. Ich hätte ihn nur als geistlosen Ghul zurückholen können. Aisha machte einen tiefen, zittrigen Atemzug. *Deswegen habe ich zugelassen, dass mich seine Stammesbrüder zerstückeln. Ohne Munaqid war ich verloren.*

»Und jetzt?«, fragte Aisha.

Jetzt habe ich dich gefunden, und wir sind gemeinsam verloren.

Aisha wusste nicht, was sie darauf antworten sollte, also sagte sie nichts. Sie hatte die Trauer der Ifrit in ihren Erinnerungen gespürt, und es ließ sich nicht bestreiten, dass sie beide unter den Taten von Mördern gelitten hatten – die Dschinn genauso wie die Menschenfrau. Aisha versuchte, über diese verwischte Grenzlinie nicht allzu sehr nachzugrübeln. Wenn sie anfinge, sich über die Untaten der Menschen Gedanken zu machen – sinnlose Verbrechen wie das Massaker an Loulie al-Nazaris Stamm –, würde vermutlich schon bald ihr gesamtes Verständnis von Recht und Gerechtigkeit ins Wanken geraten.

Und im Moment konnte sie es sich nicht leisten, Dinge, die vermeintlich gewiss waren, zu hinterfragen.

Sie erspähte eine verschwommene Bewegung am Horizont und zwinkerte ein paarmal, um sicherzugehen, dass es sich nicht um ein Trugbild handelte. Nein, die Gestalt warf einen Schatten. Schließlich erkannte Aisha, dass Tawil auf sie zugeritten kam. Auf seiner Schulter hockte ein Falke. Als Tawil vor der Höhle hielt, flatterte der Vogel zu Boden, zupfte mit dem Schnabel an dem Reif, der an seinem Bein hing, und verwandelte sich in einen Mann, den Aisha respektierte – und fürchtete.

Aus alter Gewohnheit sank sie auf ein Knie und neigte den Kopf.

»Was soll das? Du weißt doch, dass du dich nicht vor mir verbeugen musst, Aisha. Steh wieder auf.«

Als Aisha aufblickte, sah sie, dass Omar sie anlächelte. In seiner einfachen Kleidung machte er keinen sehr königlichen Eindruck.

Dafür sah er dank der Dolche in seinem Gürtel ganz wie ein Räuber aus.

»Bist du jetzt nicht der Sultan? Da muss ich dir doch den gebührenden Respekt erweisen.«

Omar lachte. »Wie kann ich der Sultan sein, wenn ich gerade mit der Mitternachtshändlerin auf Reisen bin?« Seine Augen funkelten amüsiert. »Nein, diese Ehre wird mir erst in ein paar Wochen zuteil.«

Aisha erhob sich. Normalerweise konnte sie Omar, ohne mit der Wimper zu zucken, in die Augen sehen. Nun fiel es ihr jedoch schwer, seinem Blick standzuhalten. »Ich … ich habe den Armreif verloren«, murmelte sie.

Omar hielt sein Relikt in die Höhe. »Das ist nur ein geringes Opfer. Ich habe noch immer seinen Zwilling. Und außerdem« – er trat auf sie zu und streckte mit lässigem Lächeln die Hand nach ihr aus – »weiß ich von Junaid und Tawil, dass du etwas viel Wertvolleres für mich hast.« Er schob ihren Schal zur Seite, und Aisha wurde sich des kühlen Reifs um ihren Hals bewusst.

Omar berührte das Relikt mit einem Finger.

Auf einmal wurde Aisha aus einem unerfindlichen Grund entsetzlich übel. Die Welt verschwamm. Zischend schloss sie die Augen. *Nein,* sagte die Ifrit. *Sieh hin.*

Aisha zwang ihre Lider auf.

Und sah ein Phantom. Hinter Omar stand eine wunderschöne Frau mit sanften braunen Augen und betrachtete Aisha über seine Schulter. Aisha kannte sie nicht, wusste aber, wer sie war.

Früher waren sie Freundinnen gewesen. Sie hatten sich beide mit Erinnerungen beschäftigt. Aisha – die Dschinn der Auferstehung – war der Tod gewesen und die Magie dieser Frau voller Leben. *Ich liebe Menschen,* hatte sie mal gesagt. *Sie sind genau wie wir Geschöpfe der Götter. Wieso sollten wir ihnen also etwas antun?*

Weil sie uns zerstören wollen, hatte die Auferstehung erwidert.

Doch ihre Freundin, diese unerschütterliche Pazifistin, hatte ihr nicht glauben wollen. *Sie fürchten uns nur, weil wir mächtiger sind als sie. Wenn wir ihnen klarmachen, dass wir sie als Gleichrangige betrachten, werden sie uns nichts tun.*

Und sie hatten es versucht. Ihr König hatte es versucht. Doch die Menschen hatten ihre Freundlichkeit ausgenutzt. Sie hatten Dschinn abgeschlachtet und Relikte gestohlen. Und dennoch hatte Aishas Freundin gesagt: *Ich glaube nicht, dass sie unverbesserlich sind.* Das waren ihre letzten Worte gewesen, bevor ihre Welt versank und sie für immer verschwand. Später hatte die Ifrit aus der Ferne den Tod ihrer Freundin gespürt. Doch sie hatte nie erfahren, wo oder was ihr Relikt war.

Aisha starrte die Ifrit, die einst Mysterium geheißen hatte, an. Die erwiderte ihren Blick mit einem traurigen Lächeln und verschwand, als Omar die Hand wieder zurückzog. »Hast du irgendetwas von dem gehört, was ich gesagt habe, Aisha?«

Sie schluckte. »Ja. Ich war nur … von Stimmen abgelenkt.«

Omar hob eine Augenbraue. »Von Stimmen?«

»Die Stimmen der Toten«, präzisierte Aisha. »Das Relikt lässt sie mich hören.«

Omar sah sie ruhig an. Sie kannte diesen Gesichtsausdruck – es war die Fassade, hinter der er seine Gedanken und Gefühle verbarg. Aisha zwang sich dazu, seinen Blick festzuhalten.

Wieso folgte ihm eine Ifrit? Er hatte versprochen, ihnen Bescheid zu geben, wenn er ein Königsrelikt fand. Und sie kannte Omar: Er würde niemals zulassen, dass ihn jemand beschattete – nicht mal ein Geist.

»Wenn du meine Meinung hören willst, Sayyidi …«, sagte Tawil grinsend. »Ich glaube nicht, dass bint Louas dem Relikt gewachsen ist. Schon in Ghiban schien sie nicht ganz bei der Sache zu sein.«

Aisha sah ihn finster an. »*Ich* soll nicht ganz bei der Sache sein? *Du* bist doch derjenige, dem ein Schatz gestohlen wurde.«

Sie konnte sich noch immer an seinen gehetzten Blick erinnern, als er am Morgen nach dem Verkauf seiner Relikte auf dem Souk zu ihr gekommen war. Er war in Panik gewesen und hatte sich immer wieder verhaspelt, während er sie beschimpfte.

Nun verzog sich sein Gesicht erneut zu einer wütenden Fratze. »Ja, aber nur weil *du* …«

»Es reicht«, fiel Omar ihm mit gefährlich leiser Stimme ins Wort, worauf Tawil sofort verstummte. »Wir haben keine Zeit, uns zu zanken. Ich habe Verstärkung angefordert und möchte nicht zu spät zu unserem Treffen kommen.« Er legte die Stirn in Falten. »Ihr wisst, wie lange ich schon nach dieser Lampe suche. Ich will nicht länger warten.«

Aisha wusste es wirklich. Omar durchkämmte diese Gegend seit Jahren nach ihr. Und seit der Sultan Hakim befohlen hatte, anhand von Amirs Beschreibungen eine Karte anzufertigen, war ihm endlich bekannt, wo genau sie sich befand. Aisha fragte sich, ob er deswegen die Ermordung des Sultans so lange hinausgezögert und auf eine Gelegenheit gewartet hatte, seinem Bruder das Verbrechen anzuhängen.

Vergeblich versuchte sie, Prinz Mazen aus ihren Gedanken zu verdrängen. Ihr war von Anfang an klar gewesen, dass er als Sündenbock herhalten musste. Doch nun schuldete sie ihm ihr Leben. Außerdem fand sie seine Gesellschaft mittlerweile fast erträglich, vielleicht sogar angenehm. Und dennoch hatte sie ihn verraten, und das würde er ihr niemals verzeihen.

Du kannst es dir noch immer anders überlegen, murmelte die Ifrit in ihren Gedanken.

Aisha ballte die Fäuste. Nein, das konnte sie nicht. Auf keinen Fall.

Du hast den Tod überlistet. Einen König zu überlisten, wäre viel einfacher.

»Schluss damit«, blaffte Aisha.

Omar und Tawil sahen sie forschend an.

»Hörst du wieder Stimmen?«, höhnte Tawil.

Ich würde ihn gern umbringen, flüsterte die Ifrit.

Ich auch, dachte Aisha, doch sie schob die Wut der Ifrit beiseite, zwang sich zu einem Nicken und holte tief Luft, als Omar an ihr vorbeiging.

Tawil folgte ihm mit einem missmutigen Brummen und stieß ihr den Ellbogen in die Schulter.

Aisha packte ihn am Arm. Eine grelle und *zornige* Hitze pulsierte durch ihre Finger.

Tawil entwand sich ihrem Griff und bedachte sie mit einem finsteren, allerdings auch merklich nervösen Blick. »Damit das klar ist«, sagte er. »Mein König mag dir vielleicht vertrauen, ich aber nicht.«

Aisha sah ihm hinterher, bis er außer Sicht war und nur noch das Echo seiner und Omars Schritte zu hören war. Sie gingen einen Pfad hinab, der unter das Sandmeer führte. Aisha fragte sich, wieso er nicht vom Sand verschüttet wurde, und fürchtete sich auf einmal davor, ihnen zu folgen.

Ich vertraue dir auch nicht, dachte sie.

Erst später wurde ihr bewusst, dass sie damit nicht nur Tawil gemeint hatte.

63

LOULIE

Sie durchquerten viele Tage lang das Sandmeer und ließen sich vom Kompass durch die trügerische Landschaft lotsen. Da die Pfade durch den hinabfallenden Sand sehr schmal waren, beschlossen sie, das Pferd an einer Stelle zurückzulassen, wo irgendjemand vom letzten Außenposten es finden würde. Auch ohne das Tier blieb die Reise gefährlich, doch Loulie war froh darüber, denn wenn sie gerade mal nicht ums Überleben kämpfte, verfiel sie sofort in tiefe Trauer um Ahmed bin Walid. Und so war sie am Ende eines jeden Tages körperlich und seelisch vollkommen ausgelaugt.

Trotzdem fand sie keinen Schlaf. Denn sobald sie die Augen schloss, sah sie unweigerlich Ahmed vor sich.

Wie er durch den Diwan tanzte und ihr mit leuchtenden Augen von seinen jüngsten Abenteuern berichtete. Sie erinnerte sich an sein ansteckendes Lachen. Und an das Wort, das er sich auf sein Handgelenk hatte tätowieren lassen: *mukhlis*. Loyal. Ihr gegenüber.

Diese Erinnerungen zerrissen ihr das Herz. Doch sie wusste, dass die Leere, die sie in sich spürte, nichts im Vergleich zu Mazens Trauer war. Obwohl er sich bemühte, nicht zu weinen, hörte sie ihn immer wieder schluchzen. Erst am Ende ihrer Reise versiegten seine Tränen, und sie sah, wie sich seine Miene verhärtete. *Er hüllt sich in einen Schutzpanzer,* dachte sie, *und wappnet sich für die kommenden Ereignisse.*

In der letzten Nacht schlugen sie ihr Lager auf einem Stück Land mit festem Untergrund inmitten des Sandmeers auf. Qadir entfachte ein Feuer. »Morgen werden wir bei der Lampe sein«, sagte er, während er die letzten Essensvorräte aus der Tasche holte.

»Endlich«, murmelte Loulie.

»Dier Ifrit darin, dies Rijah …« Mazen verlagerte das Gewicht. Im Feuerschein wirkten seine goldenen Augen heller und grimmiger. »Was passiert, wenn wir sien befreien.«

Qadir zuckte die Achseln. »Ich habe Rijah seit Hunderten von Jahren nicht mehr gesehen. Schwer zu sagen, wie sehr siem die Gefangenschaft zugesetzt hat, aber von allen Ifrit ist sier dierjenige, diem am wahrscheinlichsten nach Rache gelüstet.« Einen Moment lang hängte er schweigend getrocknete Fleischstreifen zum Rösten über das Feuer. Dann fuhr er fort: »Wenn sier die Wahl hat, wird sier vermutlich eher deinen Bruder töten als dich.«

»Das ist nicht sehr beruhigend«, erwiderte Mazen.

»*Nichts* von alledem ist beruhigend«, stöhnte Loulie.

Nach außen hin gab sie sich ruhig, doch tatsächlich hatte sie panische Angst. Nicht vor einem bevorstehenden Kampf – damit hatte sie kein Problem –, sondern vor allem, was ansonsten noch geschehen könnte.

Was, wenn Omar die Lampe vor ihnen fand? Was, wenn er sie gefangen nahm? Was, wenn sie es *tatsächlich* schaffte, ihn zu töten? Aus Rache für ihre Familie einen Räuber umzubringen, an den sich niemand erinnerte, war eine Sache, einen Prinzen zu töten, der demnächst seinen Vater beerben sollte, war jedoch etwas ganz anderes. Danach würde sie sich in diesem Land nie wieder blicken lassen können.

Qadir seufzte. »Macht euch nicht zu viele Gedanken. Es kommt, wie es kommt.«

Diese Bemerkung erinnerte sie an einen ruhigeren Moment an Bord eines Schiffes. »Welch weise Worte, o mächtiger Dschinn«, antwortete sie lächelnd.

Qadir erwiderte ihr Lächeln.

Mazen schaute verblüfft zwischen ihnen hin und her. »Seid ihr beide immer so ruhig, bevor ihr euch in Gefahr begebt?«

»Der Trick ist, so lange lässig zu tun, bis man selbst daran glaubt«, sagte Loulie. Diesen Rat hatte Qadir ihr mal gegeben, und sie hatte ihn noch nie so nötig gehabt wie in diesem Moment.

Am nächsten Tag schritt Loulie langsam mit dem Kompass auf einem gewundenen Pfad voran und blieb schließlich in einer Biegung stehen. Die Nadel zuckte wie besessen hin und her.

»Wir sind da«, sagte Qadir.

Loulie sah sich skeptisch um. Soweit sie es beurteilen konnte, unterschied sich diese Stelle nicht vom restlichen Sandmeer. Qadir erwiderte ihren fragenden Blick mit einem Achselzucken und verließ den Pfad. Der Sand um ihn herum verbrannte und enthüllte einen abschüssigen Tunnel, der unter das Sandmeer führte. Als Qadir sich umdrehte, sah sie, dass in seinen Augen Flammen tanzten und die Narben auf seiner Haut goldrot glühten. Seufzend stieß er Rauchschwaden aus, als hätte er an einer Shisha gezogen.

Loulie verdrehte die Augen. »Du Angeber.«

Mazen sah ihn mit offenem Mund an.

»Bleibt dicht an mir dran«, sagte Qadir und stieg ins Sandmeer hinab.

Doch Loulie starrte wie gelähmt vor Angst in das dunkle Loch, das der Dschinn beim Gehen in die Welt brannte.

Mazen stellte sich neben sie und schenkte ihr ein schwaches Lächeln. »Du musst so lange lässig tun, bis du selbst daran glaubst. Schon vergessen?«

Loulie sah noch ein letztes Mal zur Sonne hoch. In der Ferne kräuselten sich Wolken am strahlend blauen Himmel. *Ich werde zurückkommen,* dachte sie entschlossen und stieg mit Mazen ebenfalls ins dunkle Sandmeer hinunter.

64

MAZEN

Vor langer Zeit, als Mazen noch ein Junge gewesen war und sein Vater ihm zum ersten Mal von der Lampe erzählt hatte, hatte er ihn gefragt, warum die königliche Familie sie in all den Jahren nie geholt hatte.

Weißt du denn, wie man in das Sandmeer hinuntergelangt?, hatte sein Vater ihn gefragt.

Mazen schlug ein Schiff vor, mit dem man in den Sand hinabtauchen könnte, was sein Vater mit einem herzlichen Lachen quittierte, unter dem sich sein ganzer Körper schüttelte. *So etwas gibt es nicht. Dafür bräuchtest du Magie, mein Sohn.*

Während Mazen nun immer tiefer ins Sandmeer vordrang, spürte er, dass diese Magie wie unsichtbarer Tau seine Haut benetzte und dunstig in der dunklen, feuchten Luft vor ihm schimmerte. Doch er war zu nervös, um sie zu bestaunen, denn er hatte keine Ahnung, was er tat.

Andererseits hatte er sein Leben schon seit Beginn dieser Reise nicht mehr im Griff. Inzwischen war seine Zukunft zu Asche verbrannt, und seine Erinnerungen lagen auf dem Grund eines tiefen Lochs.

Jedes Mal, wenn er am Rand dieser Grube stand, wenn er an seinen Vater und an Hakim dachte … musste er all seine Kraft zusammennehmen, um nicht hineinzustürzen und sich ganz seinem Elend zu überlassen.

Also grübelte er nicht. Stattdessen folgte er blindlings Qadir und dachte dabei unentwegt: *Das ist alles, was ich noch habe.*

Schließlich mündete der dunkle Tunnel in eine höhlenartige Kammer voll blauweißer Dünen. Sturzbäche aus Sand fielen aus der Dunkelheit über ihnen an den Wänden herab. Doch die Kammer war nicht das einzig Wundersame. Je weiter sie vordrangen, desto spektakulärer wurde ihre Umgebung. Schon bald wuchsen Bäume aus dem Sand, dann ganze Wälder und *Gebäude.*

Sie durchquerten ein goldenes Tor zwischen Götterstatuen, die Mazen nichts sagten, und betraten etwas, das ein verlassener Souk zu sein schien. Zu seiner Linken waren Gefäße mit Gewürzen und Nüssen, ein Wagen voll changierender Stoffe und schillernder Töpferwaren. Und zu seiner Rechten lagen mit buntem Rauch gefüllte Glaslaternen, zerbrochene Spiegel, die sein Gesicht mit unterschiedlichen Ausdrücken widerspiegelten, und fein verzierte Schachteln voll Lokum. Er hob den Kopf und bestaunte die irisierenden Marktstände. Einige waren mit verschlungenen goldschimmernden Mustern verziert, die wie Wasser ineinanderflossen.

»Qadir«, erklang die leise Stimme der Händlerin. »Was ist das alles?«

Der Dschinn ging wortlos auf einen Hain mit glitzernden Obstbäumen in der Mitte des Souks zu. Mazen folgte ihm. Als Erstes fiel ihm die merkwürdige Form der Äpfel auf. Sie waren weniger rund als gewöhnliche Früchte und … *scharf*? Er griff nach einer niedrig hängenden Frucht und schnappte unvermittelt nach Luft, als seine Finger über die Oberfläche strichen.

Sie bestand aus Glas.

Qadir pflückte einen der Äpfel und biss, ohne zu zögern, hinein. Mazen hörte das Glas knirschen, während der Ifrit kaute. Es schien ihm nichts auszumachen. Er lächelte.

»Ich bin mit diesen Bäumen aufgewachsen«, sagte er. Er sah Loulie an, doch sein Blick schien sich in der Ferne zu verlieren. »Sie wuchsen nur in der Hauptstadt, und die Früchte, die sie trugen, waren fünfmal so teuer wie alle anderen, da sie aus magischen Samen keimten.«

Mazen knabberte vorsichtig an dem Apfel. Er hatte das eigenartige Gefühl, Glas zu kauen, das auf seiner Zunge zu Zucker zerschmolz. Er nahm sofort einen weiteren Bissen. Den Apfel als *köstlich* zu bezeichnen, wäre eine absurde Untertreibung gewesen.

Qadir ging derweil tiefer in den verwaisten Souk hinein. Loulie schloss sich ihm an. Mazen stopfte sich erst noch den Rest des Apfels in den Mund, bevor er den beiden folgte.

»Wie kann das alles hier unten existieren?«, rief Loulie. »Qadir …?«

Doch Qadir reagierte nicht und ging so schnell, dass sie rennen mussten, um mit ihm Schritt zu halten. Er führte sie durch gewundene Gassen und Straßen voll extravaganter Gebäude mit atemberaubenden Buntglasfenstern und glänzenden vergoldeten Türen. Schließlich verharrte er vor einer Brücke aus massivem Gold. Mazen schnappte nach Luft, als er neben dem Dschinn stehen blieb und den Blick immer höher hob, denn auf der anderen Seite der Brücke befand sich ein Palast mit so hohen Minaretten, dass ihre Spitzen in der Dunkelheit über ihnen verschwanden. Das Gebäude wirkte seltsam konturlos und verschwommen.

War es eine Luftspiegelung?

»Qadir!« Loulie packte den Ifrit am Arm, doch der schleifte sie nur mit sich, als er mit schweren Schritten die Brücke betrat. Sie warf einen verzweifelten Blick über die Schulter.

Mazen eilte ihr zu Hilfe und ergriff Qadirs anderen Arm, doch der schüttelte sie beide so vehement ab, dass sie zu Boden stürzten.

Tosendes Feuer loderte in seinen Augen, als er zu ihnen herumwirbelte. *»Rührt mich nicht an«*, bellte er. Seine Stimme war so laut und tief, dass sie die Brücke in Vibration versetzte.

Der Ifrit wandte sich wieder um und ging weiter. Mazen und Loulie starrten ihm hinterher.

»Irgendetwas stimmt nicht«, murmelte Loulie. Sie stand auf und klopfte sich den Staub von der Robe. »Wir müssen ihm folgen.«

Sie eilten über die Brücke und stürmten durch den Eingang des Palasts. Als sie Qadir am Ende eines dunklen Korridors ausmachten, blieb die Händlerin so unvermittelt stehen, dass Mazen beinahe gegen sie prallte.

Er spähte über ihre Schulter. »Was ist los?«

Loulie hatte den Kompass aus der Tasche gezogen und starrte ihn an. Die Nadel zeigte zitternd zu einem Torbogen ein Stück weiter den Korridor entlang.

Sie zog die Stirn kraus. »Die Lampe?«

Die Nadel zitterte erneut.

Loulie biss sich auf die Unterlippe. »Ich darf Qadir nicht verlieren, aber die Lampe ist …«

»Ich werde sie finden«, sagte Mazen rasch. Er versuchte zu lächeln, war aber zu nervös, um die Mundwinkel zu heben.

Loulies Miene hellte sich auf, als sie ihn durch den Korridor zu dem Bogen führte, auf den der Kompass wies. Mazen schnappte nach Luft, als er hindurchblickte.

Auf der anderen Seite befand sich eine Schatzkammer. Die umfangreichste und beeindruckendste, die er je gesehen hatte. Der Boden war komplett unter Bergen aus Gold verborgen, deren Gipfel in der Dunkelheit nicht auszumachen waren. Überall lagen glitzernde Juwelen und prunkvolle Artefakte, als wären sie bloßer Plunder. Ein überwältigender Anblick wie aus einer der Geschichten seiner Mutter.

Loulie stieß leise den Atem aus. »Verdammt.«

»Was ist das für ein Ort?«, flüsterte Mazen. »Ist das alles … echt?«

»Genau das will ich von Qadir erfahren«, erwiderte Loulie und legte ihm nach kurzem Zögern den Kompass in die Hand. »Ich geh dann mal. Wenn ich nicht bald zurückkehre, musst du mit dem

Kompass nach uns suchen.« Damit machte sie kehrt und eilte den Korridor entlang, durch den sie gekommen waren.

Mazen wandte sich wieder den aufgetürmten Schätzen zu und folgte dem Kompass zu einer Ecke des Raums, die in Sonnenlicht getaucht war, das von irgendwo weiter oben zu kommen schien. Er steckte den Kompass weg und begann, den Berg zu durchwühlen, der sich tatsächlich sehr echt anfühlte. Schließlich fand er, wonach er suchte: eine einfache Öllampe aus Kupfer.

Mit zitternden Händen zog er sie aus dem Haufen. War dieses kleine, unspektakuläre Ding wirklich das Artefakt, nach dem sie die ganze Zeit gesucht hatten? Diese Lampe fühlte sich gar nicht wie ein Relikt an. Er wendete sie hin und her. Als nichts geschah, nahm er den Deckel ab und linste hinein. Die Lampe war leer.

Er rieb an ihr, in der Hoffnung, dass unter all dem Dreck Instruktionen eingraviert waren.

Doch er fand nichts.

Diese Lampe war nur … eine Lampe.

65

LOULIE

Qadir ließ sich genauso wenig aufhalten wie eine Geröllawine. Loulie versuchte, ihn aus seiner Trance zu reißen, indem sie seinen Namen schrie, doch der Dschinn schien sie überhaupt nicht wahrzunehmen. Sie folgte ihm durch dunkle Korridore und Kammern voll uralter Möbelstücke. Sie passierten Truhen aus massivem Gold, wunderschön gefärbte Fliesentische, an den Wänden befestigte Waffen mit Griffen aus Silber und kostbarer Jade sowie Glasvitrinen, in denen winzige Porzellanfiguren, die sich *bewegten*, waren – und Qadir stutzte kein einziges Mal und schien auch nicht zu hinterfragen, wo sie sich befanden.

Loulie zog die Münze mit den zwei Gesichtern aus der Tasche.

Ist Qadir besessen? Sie warf die Münze und sah zu, wie sie mit der Dschinn-Seite nach oben landete. *Nein.*

Steht er unter dem Einfluss von Magie? Sie blickte auf das ernste Gesicht des Sultans. *Ja.*

Als sie aufblickte, waren sie in einer Kammer, die derjenigen ähnelte, die sie zuerst betreten hatten. Diese war allerdings weniger ein Raum als eine scheinbar endlose, mit Stalagmiten gefüllte Landschaft. Blauweißer Sand rieselte von den Spitzen herab und sammelte sich wie Wasser auf dem Boden. Loulie nahm unter sich eine Bewegung wahr und blickte auf ihr eigenes Spiegelbild hinab.

»Was in allen neun Höllen ist das bloß für ein Ort?« Loulie steckte die Münze weg, zückte stattdessen Qadirs Dolch und sah sich misstrauisch um. Dieser merkwürdige reflektierende Sand, der ihre Furcht aus verschiedenen Blickwinkeln widerspiegelte, behagte ihr nicht. Und was noch schlimmer war: Als sie über die Schulter blickte, konnte sie den Ein- *und* Ausgang des Raums nicht mehr entdecken.

Panik durchzuckte sie. *Was ist das für eine Magie?*

Qadir blieb stehen. Loulie konnte ihm gerade noch ausweichen und stellte sich mit klopfendem Herzen vor ihn hin. »Qadir?«

»Khalilah«, sagte er mit brechender Stimme.

Blinzelnd folgte sie seinem Blick zu einem Sandhügel ein Stück vor ihnen. Zunächst bemerkte sie daran nichts Ungewöhnliches. Nur endlos herabrieselnden Sand und ihre Spiegelbilder, die ihnen entgegenblickten. Doch dann erkannte sie, dass es sich bei einer der Spiegelungen um eine tatsächliche Person zu handeln schien – eine Frau mit brauner Haut und einem Gewirr aus Zöpfen auf dem Rücken. *Khalilah.* Loulie kannte diesen Namen. Sie war die Dschinn im Kompass.

Qadir ging an Loulie vorbei, den Blick fest auf die Dschinn gerichtet. Sein verzweifelter Gesichtsausdruck jagte Loulie einen Schauder über den Rücken. Diese Frau war nur eine Illusion. Sie konnte gar nichts anderes sein.

Oder sollte sie Qadir und sie nur ablenken? Aber von was?

Auf einmal hörte sie ein Pfeifen und sah etwas Rotes durch die Luft sausen.

Dann spürte sie einen Schmerz in ihrer Wange. Blut tropfte ihr vom Kinn.

»Qadir!« Gerade noch rechtzeitig stieß sie ihn zur Seite, sodass der nächste Pfeil knapp sein Gesicht verfehlte. Qadir taumelte und drehte sich blinzelnd um. Sein Blick wurde scharf.

Der unsichtbare Bogenschütze ließ ihnen keine Zeit zum Nachdenken. Ein weiterer Pfeil schoss heran und dann noch einer und noch einer. Es war eine ganze Salve. Qadir hob träge eine Hand und beschwor eine Feuerwand, um die Geschosse zu verbrennen.

Doch die Pfeile ließen sich davon nicht aufhalten. Einer durchschlug Loulies Ärmel, ein weiterer streifte sie am Bein. Qadir bekam einen in die Schulter, einen in den Bauch und einen letzten in die Brust. Loulie schrie auf, als er auf die Knie sank. Von seinem Gesicht tropfte Asche. Sie kniete sich neben ihn, während sein Feuer schwächer wurde und verlosch, und betrachtete entsetzt das silberne Blut, das aus seinen Wunden quoll.

Die Pfeile waren aus Eisen.

Loulie hörte ein Lachen, schleppend und höhnisch. »Ich bin fast ein bisschen enttäuscht.« Sie drehte sich um und sah einen breit lächelnden Mann näher kommen. Er hatte seinen Bogen gespannt und richtete den Pfeil auf Qadir. »Keine Bewegung, Händlerin.« Der Bogenschütze blieb ein paar Schritte entfernt stehen, nahm die Hand von der Sehne und machte eine ausladende Geste. Einen Herzschlag später trat eine weitere Gestalt hinter Qadir und hielt ihm ein Schwert an den Hals – Aisha bint Louas. »Du bist vielleicht unsterblich, Ifrit, aber selbst du brauchst Zeit, um dich von deinen Wunden zu erholen.«

Dunkle, unbändige Wut loderte in Loulies Herz auf.

Aisha betrachtete sie ungerührt. »Salaam, al-Nazari.«

»Verräterin«, spie Loulie ihr entgegen.

Der Mann lachte. »Wieso Verräterin? Was glaubst du denn, für wen sie arbeitet? Wir sind die vierzig Räuber, und wir dienen nur einem einzigen Mann.«

Loulie starrte den Fremden an, dessen eiserne Pfeile eindeutig dazu gedacht waren, Dschinn außer Gefecht zu setzen. Als Nächstes blickte sie zu Aisha, die geduldig hinter Qadir stand.

Die beiden warteten auf jemanden.

Omar, dachte sie mit einem flauen Gefühl in der Magengrube. *Omar bin Malik ist hier.*

66

MAZEN

Mazen warf die Lampe zu Boden und presste sich die Handballen auf die Augen. *Wir sind für nichts und wieder nichts hergekommen,* dachte er verzweifelt. Egal, was noch geschah, er galt als Verbrecher und hatte alles verloren. Sein Vater war tot, sein Zuhause geraubt, sein Bruder verschwunden und sein Titel dahin.

Eine ganze Weile saß er mit zugeschnürter Kehle da. Schließlich hob er den Kopf. Er wusste zwar nicht, wie viel Zeit inzwischen vergangen war, aber er hatte den Eindruck, dass Loulie schon ziemlich lange verschwunden war.

Nach kurzem Zögern nahm er die nutzlose Lampe, stand auf und machte sich auf den Weg zur Tür. Er war noch nicht weit gekommen, als er den Mann bemerkte, der nur ein paar Schritte entfernt auf einem Sandhügel saß und ihn schweigend beobachtete.

Omar.

Erneut verschlug es Mazen den Atem.

Omar hob die Augenbrauen so hoch, dass sich davon seine Stirn furchte. »Salaam, Mazen.« Er stand auf und klopfte sich den Staub aus der Kleidung. »Du bist ja ganz blass. Man könnte dich glatt für einen Geist halten.«

Lauf weg, sagte eine Stimme in Mazens Kopf. Doch eine andere, die nicht mit Worten kommunizierte, drängte ihn zum Bleiben. Diese Stimme war düster, undeutlich und so laut, dass sie jeden klaren Gedanken im Keim erstickte.

»Wie war dein Abenteuer?«, fragte Omar.

Gedankenbilder tauchten vor Mazens innerem Auge auf. Er sah Hakim vor aufrührerischen Soldaten fliehen, seinen Vater auf einem roten Laken liegen – und Omar, der sein Gesicht trug und mit dem Blut des Sultans besudelt war.

»Wie witzig. Normalerweise bist du gesprächiger.« Omar blieb ein paar Schritte entfernt stehen, die Hände hinter dem Rücken verschränkt, die Schultern gestrafft wie ein General. Oder vielmehr wie ein Sultan. »Lass mich dir erklären, was als Nächstes geschehen wird, Mazen. Als Erstes wirst du mir die Lampe aushändigen. Zweitens werden wir nach Madinne zurückkehren, wo du dich für deine Verbrechen vor Gericht verantworten musst. Wenn du dich weigerst, töte ich die Händlerin.«

Beim Anblick des charismatischen Lächelns, mit dem Omar diese Anweisungen erteilte, sah Mazen rot. »Wie kannst du es wagen?« Die Worte drangen durch das dunkle Rauschen, das summend seinen Kopf erfüllte.

Omar stutzte kurz, dann lächelte er wieder. »Du musst dich schon etwas genauer ausdrücken.«

Und dieses Lächeln, dieses verdammte Grinsen brachte Mazen endgültig um den Verstand. Alle Vernunft fiel von ihm ab, sodass er nur noch von dieser schwarzen summenden Stimme und schierer Mordgier erfüllt war. Ohne nachzudenken, warf er sich mit einem Schrei auf Omar. Die Welt versank in Dunkelheit, Zorn und einer Trauer, die so abgrundtief war, dass sie alles in ein seelenloses Grau tauchte.

Und dann: ein stechender Schmerz in seinem Magen. Er erkannte, dass Omar ihm einen Fausthieb verpasst hatte, und taumelte keuchend zurück.

»Nach all der Zeit weißt du noch immer nicht, wie man kämpft,

Akhi?« Omar schlug ihn erneut, diesmal ins Gesicht. Mazen schmeckte Blut, als er hinfiel.

Als Omar wieder nach ihm griff, packte Mazen seinen Arm und bohrte ihm die Fingernägel in die Haut. »Du verlogene Schlange.« Er drückte so fest zu, dass Blut hervorquoll, und ließ erst los, als Omar ihm den Arm so heftig verdrehte, dass etwas darin *knackte.* Der Schmerz, der seine Schulter durchfuhr, war so schrecklich, dass er aufschrie. Tränen traten ihm in die Augen, als Omar von ihm zurücktrat, in einer Hand die Lampe, die andere über seiner Verletzung.

»Du hast unseren Vater umgebracht. Und wozu? Du hast überhaupt nichts gewonnen!«

»Glaubst du das wirklich, Mazen?« Omar lachte leise und hohl. »Im Gegensatz zu dir habe ich noch nie etwas ohne Grund getan. Ich habe mir schlicht und einfach genommen, was mir rechtmäßig zusteht.« Er richtete seine schwarzen Augen auf Mazen. »Dieser alte Narr wollte *dich* zum Sultan ernennen.«

Mazen rutschte das Herz bis zu den Fußsohlen. Das rauschende Summen löste sich auf und wich einer Erinnerung an seinen Vater, der vor ihm im Diwan saß. *Wer hätte je von einem Prinzen gehört, der nicht weiß, wie man eine Klinge schwingt? Auf deinen Schultern lastet das Gewicht eines Königreichs, Mazen. Das kannst du nicht allein mit guten Absichten beschützen.*

»Nein«, presste er hervor.

»Doch«, höhnte Omar. »Du bist wie immer zu blind, um zu sehen, was sich direkt vor deiner Nase befindet. Du verdienst Madinne nicht.«

»Du noch viel weniger. Du bist ein Feigling.« In Omars Augen blitzte etwas auf, doch Mazen ließ sich dadurch nicht beirren. »Du hast unseren Vater ermordet und die Schuld auf mich abgewälzt.«

Omar antwortete nicht. Stattdessen näherte er sich Mazen langsam wie eine bedrohliche Sturmfront und nahm die Hand von seiner Wunde.

Das Blut auf seinem Arm war schwarz.

Mazen stockte der Atem. Er hatte das schwarze Blut ganz vergessen, das durch seine Adern geflossen war, als er in Omars Körper gesteckt hatte. Und durch Imads. Aisha hatte es als Nebeneffekt des Armreifs abgetan. Er hatte ihr geglaubt.

»Es ist genau umgekehrt, Mazen. Weil *du* ein Feigling bist, konnte ich dir dieses Verbrechen anhängen.«

Mazen hörte ihm kaum zu. Er hatte nur Augen für Omars Blut.

Menschliches Blut war rot, das der Dschinn silbern. Schwarzes Blut …

Omar ließ den Arm vorschnellen. Mazen spürte seine kalten Finger um sein Handgelenk und eine eisige Hitze in seinen Adern. Irgendetwas schimmerte unnatürlich an Omars Ohr. War das … sein Ohrring?

Keuchend sah Mazen zu, wie die Welt zu einer Leinwand voll gedämpfter Farben verblasste. Dahinter erklang Omars Stimme als kaum verständliches Flüstern. »Wenn du nur wüsstest, wie schrecklich unser Vater war, Mazen.« Die Farben fügten sich zu einem kristallklaren Abbild des Sultans zusammen, der über ihm aufragte.

»Sieh dir deine Hände an«, befahl sein Vater, und er hatte keine andere Wahl, als ihm zu gehorchen.

Seine Hände waren mit schwarzem Blut bedeckt. Seinem *Blut.*

»In dir fließt das Blut einer Sünderin«, sagte der Sultan. »Du bist eine Schande für diese Welt.« Seine Worte waren wie Peitschenhiebe. »Da hilft nur eines«, fuhr er fort und kauerte sich vor ihn hin.

Er spürte die Hand seines Vaters am Kinn und sah sich gezwungen, ihm in die Augen zu schauen. Dass er seine Augen geerbt hatte, war ihm schon immer zuwider gewesen.

»Zeig mir, dass du nicht wie sie bist«, sagte der Sultan. »Die Dschinn sind Monster. Bring sie um.«

»Und ich?« Seine Stimme – Omars Stimme – klang kleinlaut und schwach. »Bin ich auch ein Monster?«

Der Sultan drückte ihm einen schwarzen Dolch in die Hand. Er erkannte ihn. Sein Vater hatte ihn gezwungen, die Klinge mit seinem schwarzen Blut zu tränken. Dschinn-Blut hat heilende Kräfte, *hatte er gesagt.* Wollen wir doch mal sehen, ob es dein dreckiges Blut zerstören kann.

»Das gilt es herauszufinden«, sagte der Sultan nun und deutete auf den Dolch. »Wenn du kein Monster bist, tust du, was ich sage, und tötest die Dschinn. Verstehst du mich?«

Er schluckte. »Ja, ich habe verstanden.«

Die Erinnerung verblasste, und Omar stand wieder vor ihm. Doch diesmal wirkte sein Lächeln nicht kokett oder verschmitzt, sondern verzweifelt. Gequält.

»Wenn du irgendjemandem die Schuld dafür geben möchtest, Mazen, dann unserem Vater. Er hat mir mal gesagt, die einzig richtige Art, sich etwas anzueignen, sei, es sich zu stehlen. Nimm es nicht persönlich.« Omar zerrte ihn auf die Füße und aus der Kammer heraus.

Noch immer tanzten Phantomfarben vor Mazens Augen, ein Nachbild der Vision, die er gerade gehabt hatte. Sie war sicher magisch gewesen, aber er verstand nicht, woher sie gekommen war.

Er warf einen Blick auf die Dolche im Gürtel seines Bruders – mit denen er mühelos Ghule niedergemetzelt hatte – und auf den schwarzen Blutfleck auf seinem Arm. *In dir fließt das Blut einer Sünderin.*

Die Worte hingen über seinem Haupt wie ein zum Schlag erhobenes Henkersbeil.

67

AISHA

Aisha sah zuerst Omars Spiegelbild. Auf seinem Gesicht lag das Lächeln, das er immer trug, wenn er mit einem Sieg prahlte. Bisher hatte Aisha sich noch nie daran gestört. Doch nun, da er Prinz Mazen hinter sich herschleifte, machte es sie wütend.

Omar ging achtlos an ihr vorbei, Mazen dagegen hob den Kopf. Der jüngste Sohn des Sultans sah geschunden aus: Sein geschwollener Kiefer war blutverschmiert, und er hielt den Arm unbehaglich abgewinkelt, als täte er ihm weh.

Ihn so zu sehen, machte Aisha traurig, dennoch gelang es ihr, seinen niedergeschlagenen Blick einen Moment lang ausdruckslos zu erwidern, bevor sie ihre Aufmerksamkeit auf die Lampe in Omars anderer Hand richtete.

Dieser Gegenstand sprach nicht zu ihr, wie andere Relikte es taten, dennoch hatte sie den deutlichen Eindruck, dass er lebendig war. Und unglücklich.

Omar blieb vor Loulie stehen und nickte ihr zu. »Mitternachtshändlerin.«

Loulie bedachte ihn mit einem durchdringenden Blick. »Wie ich höre, kannst du dir nun auch noch Vatermord auf die Fahnen schreiben.«

»Begrüßungen waren noch nie deine Stärke, oder?« Er gab Tawil einen Wink, der daraufhin den Bogen sinken ließ und sich hinter Mazen stellte. Dann sah er Aisha an und deutete auf die Händlerin.

Er kommandiert dich herum wie einen Hund, kommentierte die Ifrit.

Aisha trat wortlos von Qadir weg und ergriff die Händlerin. Der Dschinn sah alarmiert zu, wie sie Loulie wegzog. Aisha kam nur ein paar Schritte weit, bevor die Händlerin sich losriss, zu ihr herumwirbelte und sie mit ihrem Dolch verletzte.

Aisha trat zurück, warf einen Blick auf die roten Tropfen, die sich auf ihrer Haut bildeten, und atmete zitternd aus.

Es spielte keine Rolle, dass sie von einer Ifrit ins Leben zurückgeholt worden war. Sie war noch immer ein Mensch, noch immer *sie selbst,* und sie würde sich von der hinterhältigen Ifrit nicht manipulieren lassen.

Du machst nur dir selbst etwas vor, Mensch, seufzte die Dschinn der Auferstehung.

Aisha quittierte den mitleidigen Tonfall der Ifrit mit einem finsteren Stirnrunzeln und konzentrierte sich auf Omar, der sich vor die Händlerin hockte. »Ich hoffe, zu Imad warst du genauso nett«, sagte er im Plauderton. »Ich muss dir übrigens dafür danken, dass du dich um ihn gekümmert hast. Als ich erkannte, dass er gefährlich war, hattest du ihn bereits kaltgemacht.«

Wäre die Händlerin eine Dschinn gewesen, hätte ihr wütender Blick Omar vermutlich in Brand gesteckt. »Bringst du alle Räuber um, die sich erwischen lassen? Vernichtest du so die Beweise für die Morde, die sie in deinem Auftrag begangen haben?«

Omars Lächeln verblasste. »Ah. Ich fürchte, in dieser Hinsicht schlage ich nach meinem dahingeschiedenen Vater.« Er stand auf und trat von ihr weg. »›Wenn Dschinn im Spiel sind, gibt es immer Tote‹, pflegte er zu sagen. Die Königsrelikte sind ein streng gehütetes Familiengeheimnis. Wir können es uns nicht leisten, Mitwisser am Leben zu lassen.«

Aisha verschränkte die Hände hinter dem Rücken und stieß den

Atem aus. Das alles hatte sie bislang noch nie gestört. Weshalb wühlte es sie nun so auf?

Weil dir klar wird, dass die Toten tatsächlich *sprechen,* sagte die Ifrit. *Durch ihre geliebten Hinterbliebenen.*

Aisha betrachtete die hängenden Schultern der Händlerin und sah die wütende Trauer in ihren Augen. »Dann hast du meine Stammesbrüder und -schwestern also ausgemerzt, weil es unpraktisch für dich gewesen wäre, sie am Leben zu lassen?«

Ein Schatten huschte über Omars Gesicht. »Nicht alle von uns haben das Glück, als Märtyrer zu sterben. Für die meisten ist der Tod nur Zufall. Glaubst du, du wärest etwas Besonderes? Dass dein Stamm etwas Besonderes war? Ihr seid alle nur Menschen. Schwach, fehlbar und sterblich.« Seine Augen blitzten. »Ahmed hielt sich auch für unbesiegbar. Dieser Irrtum war sein Untergang.«

Die Händlerin versteifte sich, ihre Miene gefährlich still. »Was hast du Ahmed angetan?«

»Der Wali war zu neugierig. Er glaubte, er könnte in *meinem* Palast herumschnüffeln und meine Pläne vereiteln. Er hätte es fast geschafft.« Omar seufzte. »Aber auch Jäger können zur Strecke gebracht werden.«

Aisha war abgelenkt und bemerkte zu spät, was die Händlerin vorhatte.

Sie warf sich mit ihrem lichterloh brennenden Dolch auf Omar …

Und rammte ihm die Klinge in die Schulter.

Schockiert sah Aisha zu, wie das Feuer an der Kleidung und dem Gesicht ihres Königs leckte. Er lächelte.

Und verschwand.

Ein Relikt?, dachte Aisha.

Sein Ohrring, erwiderte die Königin der Dünen. *Er enthält Ifrit-Magie.*

Die Händlerin stürzte, den Dolch, den sie Omar in die Schulter gestoßen hatte, noch immer fest umklammert.

»Sag die Wahrheit, Leibwächter«, erklang Omars Stimme zu

Aishas Rechten. Sie wirbelte zu ihm herum. »Bist du der Dschinn-König, den meine Räuber vor all den Jahren für mich finden sollten?« Der Prinz stand, vollkommen unversehrt, vor Qadir. Aisha starrte ihn verständnislos an.

Qadirs Augen blitzten rot auf. Anstatt zu antworten, schnitt er mit einer Hand durch die Luft.

Und dann ging der Prinz in Flammen auf.

Diesmal sah Aisha, dass Omar sich wie Wasser *wellte,* bevor er verschwand, und erschrak, als er gleich darauf direkt neben ihr auftauchte. »Wie auch immer.« Er lächelte. »Damals haben meine Räuber versagt, aber jetzt werde ich mir dein Relikt holen.« Er zog einen Dolch aus dem Ärmel und schnitt sich die Handfläche auf. Schwarzes Blut quoll aus der Wunde.

Bei seinem Anblick erinnerte Aisha sich an das schwarze Blut, das aus Prinz Mazens Wunde geflossen war. Damals hatte er in Omars Körper gesteckt. Aisha hatte geglaubt, die Farbe wäre eine Nebenwirkung des Relikts, doch Omar, der nun seine blutige Hand auf die Lampe drückte, trug keinen Armreif.

Einen Moment lang herrschte Stille, gefolgt von einem intensiven Hitzeschwall. Aisha stemmte die Füße in den Boden, als dichter Rauch aus der Lampe zischte und durch den Raum toste. Sie konnte nichts sehen und rang nach Atem. »Dschinn-König!«, gellte Omar. »Du bist an mich gebunden und wirst mir *dienen.*«

Schlagartig zog sich der Rauch zurück.

Aisha blickte japsend auf.

Neben Omar stand ein Wesen aus Rauch. Abgesehen von seinen Augen, die wie türkise Edelsteine funkelten, besaß es keine erkennbaren Gesichtszüge. Sein Körper schien aus wogenden Gewitterwolken zu bestehen, in denen Blitze zuckten.

Aisha sah kurz zu den anderen. Die Händlerin und der Prinz starrten dien Ifrit mit offenen Mündern an.

Auch Tawil wirkte schockiert. »Dier Dschinn der Gestaltwandlung«, murmelte er.

Aisha bekam eine Gänsehaut. Diesen Namen kannte sie.

Omar drehte sich zu Qadir um, der sich erhoben hatte und gerade Tawils Pfeile aus seiner Haut herauszog. Silbernes Blut sprudelte aus den Wunden, die sofort zu verheilen begannen. »Rijah«, sagte er sanft.

Rijah, echote die Auferstehung. Aisha spürte die Trauer dier Ifrit in ihrem Herzen.

Die Rauchgestalt bebte.

»Dschinn aus der Lampe«, sagte Omar, »ich befehle dir, den Dschinn-König vor dir zu töten.«

Die Rauchgestalt machte einen Satz, verwandelte sich mitten im Sprung in einen Panther und warf Qadir zu Boden.

Der packte das Maul, das nach seiner Kehle schnappte, doch seine Hände zitterten, und sein Gesicht war bleich vor Angst.

Die Händlerin rappelte sich wankend auf und eilte zu ihm. Ohne zu zögern, setzte Aisha ihr nach. Etwas zu tun war einfacher, als nachzudenken. Und es war leichter, sich an einen Plan zu halten, als ihn in Frage zu stellen.

Und ich dachte, du wärest ins Leben zurückgekehrt, um deinen eigenen Weg zu gehen, hallte die Stimme der Ifrit durch ihre Gedanken.

»Meinen Weg, nicht *deinen*«, blaffte Aisha. Sie holte die Händlerin ein, packte sie und hielt ihr das Schwert an die Kehle. Loulie wehrte sich vergeblich, und sie sahen zusammen zu, wie Qadir mit diem anderen Ifrit kämpfte.

Als Qadir eine Flammenwand beschwor, durchbrach dier Ifrit sie in Gestalt eines großen Feuervogels, stürzte sich mit siesen Krallen auf Qadirs Gesicht und kreischte, als der siem eine Windböe entgegenschleuderte.

»Gib auf, Händlerin«, hörte Aisha Tawils Stimme hinter sich. »Nimm Platz und genieße die Darbietung. Ich bin mir sicher, dass uns dier Dschinn der Gestaltwandlung eine sehr gute bieten wird.«

Dschinn der Gestaltwandung. Wieder dieser Titel. Sie kannte ihn aus Qadirs Geschichte über die sieben Ifrit.

Die Dschinn-Version.

Schaudernd sah sie Tawil mit Mazen im Schlepptau herannahen. Sie erinnerte sich an sein nervöses Lachen, als sie seine brennende Haut berührt hatte. Und daran, wie er vor ihr zurückgewichen war, als sie ihn am Arm packte.

Endlich, sagte die Ifrit, *siehst du klar.*

Tawil kam immer näher.

Aishas Überraschung schlug in Empörung um. Sie fuhr herum, nahm das Schwert von der Kehle der Händlerin und schwang es nach Tawil.

Der keuchte auf und drückte hastig die Hand auf die Wunde, die sie ihm am Arm beigebracht hatte, aber nicht schnell genug, um das silberne Blut zu verbergen, das zwischen seinen Fingern hervorquoll.

Aisha packte den Griff ihres Schwertes fester. »Ich wusste es.«

Tawil erbleichte. »Ich kann das erklären …«

Doch Aisha brauchte keine Erklärung, ihr war bereits alles klar. Ohne mit der Wimper zu zucken, zog sie ein Messer aus dem Gürtel und stach es Tawil in die Kehle. Ein silberner Schwall schoss aus seinem Mund, und er brach zusammen.

Das hat er verdient. Die Genugtuung der Ifrit durchdrang Aishas eigene Wut.

Mit aschfahlem Gesicht ging Mazen um den sterbenden Räuber herum. Die Händlerin schaute mit weit aufgerissenen Augen zwischen Aisha und dem Toten hin und her. In angespanntem Schweigen beobachteten sie, wie Tawil verblutete. Dann drehten sie sich alle zu Omar um, der sich nicht vom Fleck gerührt hatte. Aisha bedachte ihn mit einem durchdringenden Blick.

»Ich wollte es dir erzählen, wenn all das hier vorbei ist«, sagte er mit unheimlich ruhiger Stimme.

Wenn er dich nicht mehr gebraucht hätte, fügte die Ifrit in Aishas Gedanken hinzu.

Aisha warf einen Blick auf das silberne Blut, das sich auf dem

Boden ausbreitete. Sie erinnerte sich an Junaids wissenden Blick, als sie ihm vom Halsreif berichtet hatte. Und an die merkwürdige Verletzung an Samars Arm, die viel zu schnell verheilt war.

»Wie viele von uns sind Dschinn?«

Omar hielt ungerührt ihrem Blick stand. »Mehr als die Hälfte.«

Aisha verstand die Welt nicht mehr. War sie nicht eine der vierzig Räuberinnen geworden, um Dschinn zu *töten*? Wie konnte es dann sein, dass so viele ihrer Gefährten selbst welche waren? Dass sie *andere* Dschinn umbrachten?

Omar kam auf sie zu. »Die Dschinn, die in die Menschenwelt fliehen, sind in ihrer Heimat Verbrecher. Findest du es so seltsam, dass ich mich mit Dschinn zusammengetan habe, die sie auslöschen wollen? Unsere Ziele überschneiden sich.« Er verstummte kurz und verzog die Lippen zu einem Lächeln. »Du bist anders, Aisha. Mit dir habe ich keine Abmachung getroffen. Dich habe ich *erwählt.*«

Dich habe ich erwählt. Wie lange hatte sie sich an diesen Worten festgeklammert und sie für bare Münze genommen? Sie hatte immer geglaubt, Omar hätte eine verwandte Seele in ihr gesehen. Sie hatte ihn nie für einen Freund gehalten, aber sie hatte ihm vertraut.

Und dieses Vertrauen hatte er missbraucht. Er hatte sich ihren Hass auf die Dschinn zunutze gemacht.

Omar kam einen weiteren Schritt näher. Aisha warf einen Dolch auf sein Gesicht und sah irritiert zu, wie er durch ihn hindurchflog.

»Eine Illusion?«, murmelte Mazen.

»Ifrit-Magie«, erwiderte Aisha. Sie hatte Omars Fähigkeit, ungesehen zu bleiben, schon immer für unnatürlich gehalten, sie aber nie hinterfragt. Nun ging ihr Blick zu seinem Ohrring – dem *Relikt*, das ihm diese Verstohlenheit ermöglichte. Wie viele weitere Illusionen hatte Omar mit seiner Magie erzeugt? In all den Jahren, in denen sie gemeinsam auf der Jagd gewesen waren, hatte sie nie schwarzes Blut aus seinem Körper fließen sehen. War auch das ein Trick gewesen? Eine ausgeklügelte, vom Ohrring seiner Mutter geschaffene Täuschung?

Und auf einmal fiel es ihr wie Schuppen von den Augen.

Lass uns den anderen die Wahrheit zeigen, sagte die Ifrit.

Aisha legte Mazen und Loulie die Hände auf die Schultern. »Seht«, sagte sie und schärfte mit der Magie, die durch ihre Adern strömte, den beiden die Sinne, sodass auch sie das Phantom hinter Omar wahrnehmen konnten. Die Ähnlichkeit zwischen Omar und diesem Geist war frappierend. Sie hatten die gleiche Gesichtsform und die gleiche schmale Nase.

Die Händlerin atmete scharf ein. »Ist sie eine Ifrit?«

»Hier kennt ihr sie als die Frau des Sultans«, antwortete die Ifrit aus Aishas Mund. »Aber in unserer Welt ist sie eine mächtige Illusionistin. Ja, sie ist eine Ifrit: Aliyah, auch bekannt als die Dschinn des Mysteriums.«

Früher hätte Aisha Aliyah ins Visier genommen, aber sie machte keine Jagd auf Tote.

Die Vergangenheit hatte sie noch nie interessiert, doch die Gegenwart war etwas anderes – an der konnte sie mit ihrem Schwert Rache nehmen.

Und mit meiner Magie, ließ sich die Ifrit in ihren Gedanken vernehmen. *Wenn du sie einsetzen willst.*

Aisha fühlte die Magie der Ifrit im Rhythmus ihres Herzens pulsieren. Bislang war sie ein ungewollter, zusätzlicher Sinn gewesen – eine Möglichkeit, die Toten zu hören und mit ihnen zu sprechen. Doch nun wurde sie ihr als Waffe angeboten.

Sie zögerte. Magie hatte ihr alles genommen. Doch vielleicht konnte sie nun damit, wenn sie ihre eigene Waffe daraus formte, die Kontrolle über ihr Leben zurückgewinnen. Aisha nickte wortlos.

Dann machen wir es gemeinsam. Die Stimme der Ifrit klang, als würde sie breit grinsen, während ihre Magie mit aller Macht durch

Aishas Adern strömte. Die Hitze, die sie in ihrem Körper erzeugte, war berauschend. Überwältigend.

Aisha atmete tief durch, um ihr pochendes Herz und ihre zitternden Gliedmaßen zu beruhigen. Sie dachte an Samar, der versprochen hatte, ein Loblied auf sie zu singen, wenn sie nach Madinne zurückkehrte, und Junaid, der auf ihre Loyalität anstoßen wollte. Wie schade, dass sie die beiden enttäuschen musste.

Aisha sah Omar an.

Ich verspreche, dich zu töten, dachte sie.

Und Aisha hielt immer ihre Versprechen.

68

MAZEN

Aliyah die Vergessene. So nannten die Bürger von Madinne die erste Frau des Sultans hinter verschlossenen Türen. Für Mazen war sie immer ein Geist gewesen, eine Geschichte, die sein Vater nie erzählte. Sie stammte aus der Zeit, bevor der Sultan seine Ehefrauen ermordet hatte. Niemand konnte sich an Aliyah erinnern, nicht einmal Omar. Zumindest hatte Mazen das geglaubt.

Doch nun ergab plötzlich alles einen Sinn. Aliyah, eine Ifrit. Der Sultan, ein Dschinn-Mörder. Endlich begriff Mazen, weshalb Omars Blut schwarz war. Warum er den Sultan hasste. Aber …

»Warum bringst du Dschinn um, wenn deine Mutter eine ist?«

Omar seufzte. »Du stellst wie üblich die falschen Fragen, Mazen.« Er zog ein Messer aus dem Ärmel und richtete es auf ihn. Mazen spannte die Muskeln an und machte sich zur Flucht bereit. Da hörte er Omars Stimme auf einmal von hinten. Als er sich umdrehte, stand sein Bruder nahe genug, um ihn zu erstechen. Die Händlerin stürzte sich mit ihrem Messer auf ihn, doch Omar löste sich unter dem Hieb in Rauch auf.

Der erste Omar – *war er echt oder eine Illusion?* – stürmte mit erhobener Klinge auf sie zu. Metall klirrte, als Aisha gerade noch rechtzeitig das Schwert hob, um seinen Angriff zu parieren. »Ich werde dich jetzt von dem Königsrelikt befreien, Aisha.« Omar ließ den

Dolch an ihrer Klinge entlanggleiten und richtete die Spitze auf ihr Herz.

Aisha schlug mit dem Schwert nach ihm, doch Omar verschwand, bevor die Schneide ihr Ziel fand.

Fast im selben Moment tauchte er hinter ihr wieder auf. Aisha drehte sich um.

Omar stach ihr den Dolch in die Brust.

Nein! Mazen stieß seinen Bruder zur Seite. Er hatte Aisha schon einmal sterben lassen. Was sollte er …?

Aisha entblößte ihre blutigen Zähne zu einem breiten Grinsen. Auch ihr Auge, das gerade noch braun gewesen war, schimmerte nun nachtschwarz. »Da musst du dir schon mehr Mühe geben, Dschinn-Mörder.«

Sie schnippte mit den Fingern, und Tawils Leichnam packte Omar am Knöchel. Zum ersten Mal in seinem Leben sah Mazen einen ängstlichen Ausdruck auf Omars Gesicht. Der Leichnam riss an Omars Bein, sodass er hinfiel und die Lampe verlor.

Loulie hob sie rasch vom Boden auf, drehte sich um und rannte zu Qadir.

Mazen folgte ihr.

Qadir und Rijah kämpften inmitten eines tosenden Sturms. Die Winde hegten sie ein wie ein Käfig.

Loulie stand mit gebauschter Sternenrobe hilflos daneben.

Ohne lange zu fragen, nahm Mazen ihr das Messer aus der Hand und schnitt sich die Handfläche auf.

Loulie begriff, was er vorhatte, und reichte ihm die Lampe.

Als er die blutige Hand auf das Metall presste, fühlte er sofort eine starke Macht unter seiner Haut pulsieren. Vor vielen Hundert Jahren hatte einer seiner Vorfahren einen Ifrit mit einer List dazu gebracht, diesen Gegenstand für ihn zu verzaubern. Sein Vater hatte Loulie gewarnt, dass dieses Relikt nur bei Personen funktionierte, die das gleiche Blut wie er in sich trugen. Das war der Grund, weshalb Omar sie verwenden konnte und der Sultan keine Angst gehabt hatte, dass Loulie sie gegen ihn einsetzen würde.

»Rijah!«, rief Mazen durch den Sturm. »Du bist an mich gebunden und wirst mir dienen!« Er hielt die Lampe hoch. *»Hör auf!«*

Die Winde flauten ab. Als der Sturm sich verzogen hatte, eilte Loulie zu Qadir und schlang die Arme um seinen Hals. Einen Moment lang stand Rijah einfach nur da und beobachtete sie. Dann trat sier vor und verwandelte sich mitten im Schritt in eine Frau mit scharfkantigen Gesichtszügen und einem geflochtenen Haarkranz auf dem Haupt. Als Mazen sich ihr näherte, stampfte sie auf ihn zu. *»Mensch.«* Ihre türkisfarbenen Augen funkelten. »Ich werde dir die Kehle herausreißen.« Mazen, der sich nicht anders zu helfen wusste, hielt die Lampe wie einen Schild vor sich hin. »Glaubst du etwa, ich, dier mächtigste aller Dschinn, werde dir diese Beleidigung durchgehen lassen? Meinst du allen Ernstes, ich …«

»Rijah.« Qadirs Stimme ließ dien Ifrit innehalten. »Er ist ein Freund, kein Feind.«

Rijah starrte Mazen so intensiv an, dass er halb fürchtete, sie würde ihn in Brand stecken. Doch schließlich wandte sier den Blick ab und fragte: »Wer dann? Zeig ihn mir, damit ich ihn töten kann.«

»Dort.« Qadir hob einen Arm und deutete auf Omar, der mit Aisha und dem von ihr wiederbelebten Leichnam kämpfte. »Und da.« Er deutete auf einen dunklen menschlichen Umriss, der sich von Osten näherte. »Und dort drüben …« Mazen folgte seinem Blick nach Westen, zu einem weiteren Schatten. Aus allen Richtungen näherten sich Gestalten.

Mazen begriff nicht, woher sie kamen – dieser seltsame Raum war so riesig, dass er weder Türen noch Wände ausmachen konnte.

Loulie wurde blass. »Kommen die alle zu seiner Verstärkung?«

Mazen sah ihre schwarze Kleidung, unter der halb verborgene Waffen schimmerten. Wenn es stimmte, was Omar gesagt hatte, waren es möglicherweise Dschinn. Oder Räuber. Vielleicht auch beides. »Das können nicht nur die Räuber meines Bruders sein«, murmelte Mazen. »So viele sind das nicht.«

Loulie zog eine Grimasse. »Aber wie kann das sein? Hat dein Bruder sie die ganze Zeit irgendwo versteckt? Wie sind sie hierhergekommen?«

Sie sah Mazen an, doch der konnte nur hilflos den Kopf schütteln. Der Sultan hatte gesagt, unter dem Sandmeer würden mehrere Pfade verlaufen. Er wusste nicht, welchen von ihnen Omar genommen hatte. Sein Bruder hatte seine Pläne nie offengelegt. Mazen hatte nicht die geringste Ahnung, wo er ansetzen sollte, um sie zu vereiteln.

Dier Dschinn aus der Lampe ging an ihm vorbei und ließ die Knöchel knacken. »Es spielt keine Rolle, ob es einer oder eintausend sind. Ich werde sie alle niederbrennen.« Sier blickte über die Schulter. Mazen zuckte vor siesem brutalen Blick zurück. »Du magst mir Befehle erteilen können, du idiotischer Mensch, aber wenn du mir in die Quere kommst, bringe ich dich um.«

Mazen sah verblüfft die Lampe in seiner Hand an. Ein Ifrit … unter seinem Kommando? Das war eine schwindelerregende Vorstellung, die er noch nicht ganz realisiert hatte.

Die Händlerin riss ihn aus seinen Grübeleien, indem sie die Hand ausstreckte und ihren Dolch wieder an sich nahm. Dann sah sie ihren Leibwächter an. »Was ist mit dem Feuer, Qadir?«

Die Klinge ging wie von ihr gewünscht in Flammen auf, doch Qadir sah sie misstrauisch an. »Was willst du tun?«

Loulie stieß ein trockenes Lachen aus. »Einem Sultan-Mörder den Garaus machen.«

Die Worte brachten Mazen endgültig zur Besinnung. Er atmete tief durch und sah zu, wie Loulie, dicht gefolgt vom humpelnden Qadir, an ihm vorbeieilte. Rijah kehrte Mazen den Rücken zu und schloss sich ihnen an. Sier würde eindeutig nicht auf seine Befehle warten.

»Wie kann ich helfen?«, hörte er Rijah fragen.

»Ich verdiene deine Hilfe nicht«, kam Qadirs schwache Antwort.

»Aber wir *könnten* sie gebrauchen«, seufzte Loulie. »Wenn du wirklich dier mächtigste Dschinn bist, dann beweise es.«

Daraufhin lieferten sich die Händlerin und dier Ifrit ein hitziges Wortgefecht, bis Qadir die beiden schließlich dazu überredete, wechselseitig aufeinander aufzupassen. Dann warfen die drei sich ins Gefecht und ließen Mazen allein zurück.

Mazen wollte ihnen folgen, doch sein Körper verweigerte ihm den Gehorsam. »Ich …« Er spürte einen Blick auf sich, hob den Kopf und sah Omar vor sich stehen, der sich dem Kampf mit Aisha entzogen und sie seiner Verstärkung überlassen hatte. Er starrte ihn aus der Ferne ausdruckslos an und strich sich mit einem Finger über das Ohr.

Mazen erkannte, dass Omars Ohrring erneut schwach leuchtete.

Und dann schien die Welt zu beben und auseinanderzubrechen. Der helle Sand verschwand zusammen mit den Räubern, und alles versank in einer Dunkelheit, die so umfassend war, dass Mazen das Gefühl hatte, aus der Welt gerissen worden zu sein wie ein loser Faden aus einem Wandteppich. Als er wieder zu Sinnen kam, stand er nicht mehr im Dunkeln.

Er befand sich in den Gemächern seiner Mutter. Zunächst war er verwirrt. *Wieso bin ich hier?* Doch dann fiel es ihm wieder ein: Er überbrachte eine Botschaft von seinem Vater. »Uma?«

Seine Mutter lag reglos auf dem Bett. Er sprach sie noch einmal an, ganz leise. Als sie noch immer nicht antwortete, trat er so dicht an sie heran, dass er ihr Gesicht erkennen konnte. Ihre Augen waren geöffnet, doch sie würden nie wieder etwas sehen.

Mit wild pochendem Herzen zuckte er zurück und nahm erst jetzt die Blutspritzer auf ihrer Haut wahr und das Messer, das aus ihrer Brust ragte. Um die Klinge breitete sich ein grellroter Fleck aus.

Er taumelte von dem Bett und dem Leichnam fort und merkte, dass er schrie. Draußen erklangen Schritte, Soldaten riefen etwas. Doch ihre Stimmen klangen wie aus weiter Ferne. Mazen sackte an die Tür. Seine Brust hob und senkte sich. Der Raum verschwamm vor seinen Augen und …

Er betrat die Gemächer seiner Mutter.

Noch einmal?, dachte er verwirrt.

Seine Mutter lag reglos auf dem Bett. Er zögerte. »Uma?« Er machte einen weiteren Schritt in den Raum und erstarrte, als unvermittelt jemand an ihm vorbeiging. Omar.

»Omar!«, zischte er ihn an. »Siehst du denn nicht, dass sie schläft?«

Doch Omar hörte ihm nicht zu und stellte sich mit ausdrucksloser Miene neben das Bett. Und dann: eine rasche Bewegung. Ein silberner Schimmer in seinem Ärmel. Mazens Mutter bewegte sich im Schlaf, ihre Augen zuckten unter den geschlossenen Lidern. Mazen streckte die Hände nach ihr aus. *Nein.* Omars Messer sauste herab. *Nein!*

Mit einem gequälten Keuchen riss sie die Augen auf und sah schaudernd zu Omar auf. Ihr Mund formte unhörbare Worte.

Omar beugte sich so weit vor, dass seine Lippen ihr Ohr streiften. »Der Sultan hat mir meine Mutter genommen. Dafür nehme ich ihm jetzt *dich.*«

Er trat vom Bett zurück und riss an der Decke, um den Eindruck zu erwecken, in dem Raum hätte ein Kampf stattgefunden. Anschließend hielt er seine Laterne an die Vorhänge, bis sie aussahen als wären sie von einem Dschinn-Feuer versengt worden. Als er damit fertig war, stieg er, ohne zurückzublicken, aus dem Fenster.

Der Sultan hatte geglaubt, Mazens Mutter wäre von einem Dschinn umgebracht worden.

Er war gestorben, ohne die Wahrheit zu erfahren.

Die Vision veränderte sich, und Mazen stand vor dem Bett seines blass und kränklich aussehenden Vaters. Der blickte ihn mit großen, glasigen Augen an. Mazen hatte ihn schon oft wütend und auch tieftraurig gesehen, aber noch nie ängstlich.

»Du hast mir geraten, nie irgendjemandem zu vertrauen, Yuba«, hörte er sich selbst sagen. Die Worte waren Omars, doch die Stimme … Entsetzt erkannte er, dass er sich in seinem eigenen Körper befand und ein schwarzes Messer in der Hand hielt. »Diesen Rat hättest du besser selbst beherzigen sollen.« Er zog mit der Klinge ein dünnes rotes Band über den Hals des Sultans. *Nein! Yuba. Das bin nicht ich. DAS BIN NICHT ICH!* Mazen wollte die Hände ausstrecken und ihn schütteln. *Yuba, bitte. Wach …*

»Auf!«

Die Vision zitterte.

»Steh *auf*, Prinz.« Mazen spürte eine Hand an der Wange. Und dann eine Ohrfeige. Die Welt kippte zur Seite. In einem Moment war er in den Gemächern seines Vaters, im nächsten kniete er im Sand und umklammerte schwer atmend die Lampe. Jemand hob seinen Kopf an.

Trotz seiner unscharfen Sicht konnte er jede Narbe auf Aisha bint Louas' Armen erkennen. Ihre Augen waren kohlrabenschwarz, der Reif um ihren Hals leuchtete gleißend hell. Mazen kniff die Augen zusammen und blinzelte. Er weinte.

»Mein Vater …«

»Der ist tot, aber du wirst überleben. Außer du möchtest dich weiter der Ifrit ergeben.«

Mazen spürte noch immer die Magie, die sich in seinen Verstand zwängte und in seine Sinne fraß. Jedes Mal, wenn er die Augen schloss, drohten die Erinnerungen ihn mitzureißen. Vielleicht wäre ein Albtraum ja besser als dies hier. Darin könnte er sich in Selbstmitleid verlieren. Er könnte … davonlaufen.

Mazen erwachte aus seiner Betäubung. *Wir haben alle Angst, Prinz,* hatte Aisha mal zu ihm gesagt. *Der einzige Unterschied zwischen einem Helden und einem Feigling besteht darin, dass der eine sich seiner Angst stellt und kämpft, während der andere sich ihr hingibt und davonläuft.*

Er versetzte sich selbst eine Ohrfeige, und die Welt wurde auf einmal entsetzlich klar. Er sah Feuer und Rauch und Schwerter und Blut. Die mysteriöse Verstärkung war mittlerweile vollständig eingetroffen.

»Die mächtigsten Illusionen werden aus Erinnerungen geschaffen«, sagte Aisha und stand auf. Mazen sah, dass sie mittlerweile ein zusätzliches Schwert trug. Zweifellos hatte sie es einem Toten abgenommen. Davon gab es eine ganze Menge. Während Mazen in der Vergangenheit gefangen gewesen war, schien die ganze Welt zur Hölle gefahren zu sein.

»Dann ist dieser Ort nur ein Trugbild?«, fragte er und merkte, wie trocken seine Kehle war. »Vorhin waren wir auf einem Souk, dann in einem Palast und nun …?«

»Aliyah kann die Welt in alle möglichen Erinnerungen kleiden, einschließlich ihrer eigenen. Ich nehme an, sie hat diese Illusionen gewoben, um dich zu verwirren.«

Mazen dachte an Qadirs wehmütiges Lächeln auf dem Souk und an seine plötzliche Wut auf der goldenen Brücke. Vielleicht wollte Aliyah sie nicht nur verwirren, sondern auch um den Finger wickeln.

»Und die Lampe? Wieso war sie in einem Raum, der wie eine Schatzkammer aussah?«

Aisha seufzte. »Vielleicht ist sie rein zufällig in dieser speziellen Illusion gelandet. Oder vielleicht hat Aliyahs Magie auf Rijahs reagiert. Ich kann es dir nicht genau sagen. Ihre Magie und meine ähneln einander zwar, sind aber nicht identisch.« Sie schüttelte den Kopf. »Aliyah ist stark – ein paar von ihren Visionen sind so real, dass man sie berühren und schmecken kann. Trotzdem sind sie nicht mehr als ausgeklügelte, bewusstseinsverändernde Illusionen.« Damit machte sie sich wieder auf den Weg zurück in den Kampf.

»Du hast meinen Bruder verraten«, rief Mazen ihr hinterher. »Warum?«

»Weil ich kein Werkzeug bin«, gab Aisha zurück und eilte ohne ein weiteres Wort davon. Mazen betrachtete die Schlacht aus der Ferne. Er machte eine Flammengestalt – Rijah – aus, die sich immer wieder aufs Neue ins Getümmel stürzte, und sah jemanden, den er für die Händlerin hielt, den allgegenwärtigen Rauch durchqueren. Es war das reinste Chaos. Mazen wusste, dass er leicht zu überwältigen sein würde. Sobald sie ihn entdeckten …

Er senkte den Blick und betrachtete seinen Schatten. In all dem Durcheinander hatte er ihn komplett vergessen.

Dann werde ich einfach dafür sorgen, dass sie mich nicht *entdecken.*

Und so verstaute er die Lampe in seinem Beutel, warf sich den Schatten über den Kopf und machte sich auf die Suche nach seinem Bruder.

69

LOULIE

Anfangs kämpften Loulie und Qadir Rücken an Rücken. Doch schon bald war klar, dass sie mit den restlichen Räubern nicht so leicht fertigwerden konnten wie mit Tawil. In ihren Augen brannte Feuer, und sie hatten Magie im Blut. Loulie war nicht in ihrem Element, und ihr gingen im Kampf die Finten aus.

Und was noch schlimmer war: Qadir hat fast keine Kraft mehr. Seine Wunden waren zwar verheilt, doch wo die Pfeile in ihn eingedrungen waren, hatte er Blutergüsse, und seine Haut war mit Ascheflocken übersät.

Als sie sich zu Qadir umdrehte, um ihm Bescheid zu sagen, dass sie Omar suchen und ihn töten würde, befand sich der Dschinn nicht mehr hinter ihr, sondern am Fuß der Düne, wo er zwei Räuber mit magischen Windstößen zurücktrieb, die sie noch gar nicht von ihm kannte. Einem der gegnerischen Dschinn gelang es, sich gegen die Böen zu stemmen. Loulie bemerkte, dass sich der Boden unter seinen Füßen eigenartig kräuselte. Dann vollführte er eine Geste, und der Sand unter Qadir bäumte sich zu einer Welle auf.

Qadir rang um sein Gleichgewicht, der Wind fiel in sich zusammen, und der Dschinn stürmte mit erhobener Klinge auf ihn zu. Qadir wich ihm aus und geriet ins Stolpern. Und dann tat er etwas Schockierendes – vielleicht weil er die Konzentration verloren hatte, vielleicht war es aber auch nur ein verzweifelter Reflex: Mit einer blitzschnellen Bewegung zog er den Shamshir aus der Scheide und stach ihn seinem Gegner in die Brust. Einen Moment lang schien die Zeit stillzustehen, dann zog Qadir die Klinge wieder zurück. Dabei huschte ein schockierter Ausdruck über sein Gesicht, der jedoch sofort von einer entschlossenen Miene ersetzt wurde.

Der Dschinn knurrte – nicht vor Schmerzen, sondern vor Wut – und löste sich in Rauch auf, nur um im gleichen Moment ein paar Schritte entfernt wieder Gestalt anzunehmen. Als Loulie mit ihrem Dolch zu dem sich verfestigenden Dschinn rannte, streckte Qadir eine Hand aus und rief laut: *»Stopp! Keinen Schritt weiter!«*

Erschrocken gehorchte Loulie. Der Boden ächzte und bebte. Sie verlor fast den Halt, während Qadir wenige Zoll von ihren Füßen entfernt den Sand wegbrannte. Die Landschaft stürzte ein, und ein riesiges Loch tat sich auf. Der zweite Dschinn verwandelte sich in einen Vogel und flatterte davon, um nicht hineinzustürzen. Sein Kumpan, der Qadir mit einem Schwert und Erdmagie entgegengetreten war, hatte weniger Glück. Sein Schrei verklang in der Tiefe, während er in der Finsternis verschwand.

»Qadir!« Loulie sah ihn über das Loch hinweg durchdringend an. *Stirb nicht,* dachte sie.

Er runzelte die Stirn. *Du auch nicht,* schien sein Blick zu besagen. Dann stellte er sich mit dem Shamshir in der Hand dem nächsten Gegner.

Loulie richtete ihre Aufmerksamkeit ebenfalls wieder auf die Schlacht. Die meisten Dschinn kämpften gegeneinander. Aisha bint Louas reanimierte all ihre Gefallenen und zwang sie dazu, gegen ihre ehemaligen Kameraden anzutreten. Loulie machte auch Rijah aus, dier siese Gegner zerfetzte und zerschmetterte, als wären sie eine Wand, die es niederzureißen galt. Loulie nutzte das Chaos ringsum zu ihrem Vorteil und pirschte sich, sorgsam alle Klingen vermeidend, am Rand der Schlacht entlang und suchte nach Omar.

Schließlich entdeckte sie ihn und beobachtete, ohne stehen zu bleiben, wie er gegen einen Leichnam kämpfte. Dabei stieß sie gegen jemanden und trat, den flammenden Dolch erhoben, sofort einen Schritt zurück. Sie sah … niemanden.

Doch dann schimmerte die Luft vor ihr, und die Welt *teilte* sich, und Loulie sah unerklärlicherweise ein Paar goldene Augen durch den seltsamen Riss lugen.

»Mazen?« Sie starrte ihn an.

Er setzte zu einer Antwort an, doch dann schossen seine Augenbrauen in die Höhe, und er schrie: *»Hinter dir!«*

Loulie fuhr herum und sah einen blutüberströmten Räuber. Sein Schwert war nur wenige Zoll von ihrem Gesicht entfernt. Zu dicht, um den Hieb zu parieren. Instinktiv kniff sie die Augen zusammen.

Und öffnete sie einen Augenblick später wieder, als der Schlag nicht erfolgte. Der Räuber lag auf dem Boden und rang mit einem unsichtbaren Gegner.

Mazen. Es klang, als würde der Prinz leise beten.

Loulie stürzte sich mit ihrem Dolch auf den Räuber. Das Feuer, das ihn einhüllte, konnte dem Dschinn zwar nichts anhaben, doch die Klinge selbst war spitz und drang in seine Brust ein. Der Dschinn revanchierte sich, indem er seinerseits mit dem Messer zustach. Loulie fing den Hieb mit dem Arm ab. Ein stechender Schmerz breitete sich unter ihrer Haut aus.

Auf einmal wurden sie und der Räuber in die Höhe gerissen. Einen Moment später landete sie rücklings wieder auf dem Boden. Qadirs Dolch lag neben ihr. Sie blickte gen Himmel und sah den Räuber. Dann bemerkte sie den gigantischen Vogel, der ihn in den Klauen hielt. »*AFWAN*«, donnerte Rijah voller Abscheu. Loulie wandte den Blick ab, während sier den Dschinn in Stücke riss.

»*Shukran*«, rief Mazen der davonfliegenden Gestaltwandlung matt hinterher. Dann drehte er sich um und näherte sich Loulie mit halb enthülltem Gesicht. Es war ein gruseliger Anblick.

»*Shukran*«, sagte sie, bevor ihr Stolz ihr die Kehle zuschnürte. *Du hast mir das Leben gerettet.*

Mazen blinzelte und nickte. »Mein Bruder … Du hast mir Rache versprochen.«

Loulie zögerte. Es war eigenartig, ihren Rachedurst in den Augen des weichherzigen Geschichtenerzählers widergespiegelt zu sehen. *Gewalt passt nicht zu ihm,* dachte sie. Doch andererseits passte sie zu niemandem.

»Bleib hinter mir.« Sie kehrte zur Schlacht zurück. Als sie über die Schulter blickte, war der Prinz verschwunden, doch er war ihr nach wie vor so nahe, dass sie ihn atmen hören konnte.

Omar war überall und nirgends. Gelegentlich grinste er sie aus der Ferne spöttisch an. Oder sie sah ihn im dichtesten Kampfgetümmel, wo er jedes Mal verschwand, bevor ihm einer seiner Gegner etwas zuleide tun konnte. Loulie erkannte, dass sein Anblick eine Illusion war.

Sie warf einen Blick über die Schulter auf die zerfallende Landschaft. Qadir stand mitten im Chaos. Rauchfäden stiegen von ihm auf, während er sich mit dem Säbel gegen seinen Widersacher behauptete. Obwohl er immer mehr Löcher in den Sand brannte, ließ der Strom der angreifenden Dschinn nicht nach, und sie sah deutlich, dass seine Kräfte nachließen. Was waren das für Dschinn, mit denen der Prinz sich zusammengetan hatte? Wie hatte er sie überhaupt gefunden?

»Du siehst aus, als hättest du dich verlaufen, al-Nazari.« Loulie wirbelte zu Omar herum. »Wieso suchst du mich nicht mit deinem Kompass?« Er quittierte ihre Überraschung mit einem herablassenden Grinsen. »O ja, Aisha hat mir alles über deine Magie erzählt.«

Loulie zuckte zusammen. In all dem Trubel hatte sie den Kompass völlig vergessen. Und dass sie ihn Mazen gegeben hatte. Sie verkniff es sich, sich zu ihm umzudrehen. Omars Vorschlag, das Relikt zu verwenden, konnte nur eine Falle sein.

»Nein? Na dann, viel Glück.« Der Prinz hob die Hände.

Loulie schwang ihren brennenden Dolch und stürzte sich auf ihn. Wie zuvor glitt die Klinge auch diesmal widerstandslos durch ihn hindurch. Omar gluckste.

Von ihrem eigenen Schwung getragen, stürzte Loulie zu Boden. Als sie sich wieder aufrappelte, standen drei Omars um sie herum. Jeder von ihnen richtete ein schwarzes Messer auf sie.

»Leb wohl, Händlerin«, sagten sie wie aus einem Mund.

Loulie duckte sich gerade noch rechtzeitig unter ihren wie Sensen geschwungenen Klingen und landete auf den Knien. Dabei fiel ihr Blick auf das einzelne Spiegelbild von Omar im Sand und ihre Gedanken begannen zu rasen.

In diesem Moment stürmte Mazen, unsichtbar, aber laut schreiend vor und warf sich auf die drei schockiert dreinblickenden Omars.

Loulie spürte seine Hand auf ihrer Schulter.

»Akhi!«, sagten die Omars mit einem breiten, fast manisch wirkenden Grinsen. »Aisha hat mir schon erzählt, dass du das Relikt der Schatten-Dschinn gestohlen hast. Das ist wirklich die perfekte Magie für dich!«

Loulie dachte noch immer fieberhaft nach. Die Reflexion – sie war der Schlüssel zur Lösung. Das Relikt der Ifrit konnte Omars Abbild beschwören, aber nicht das dazugehörige Spiegelbild. Ihr Blick zuckte zwischen den drei Gestalten und der Reflexion hin und her, und schließlich gelang es ihr, den echten Omar zu identifizieren: Es war derjenige, der sich ihr von links näherte. Er würde sich zur Wehr setzen, doch Loulie konnte es mit ihm aufnehmen. Sie konnte …

Nein. Loulie vergrub die Finger im Sand. Wie oft hatte sich schon blindlings in eine Gefahr gestürzt, nur um zu beweisen, dass sie unbesiegbar war, und dann gerettet werden zu müssen?

Es ist kein Zeichen von Schwäche, auf andere angewiesen zu sein, hatte Qadir gesagt.

»Das Spiegelbild«, murmelte sie. »Nur der echte Omar hat ein Spiegelbild.« Sie erschrak und sprach die Worte, die sie noch nie zuvor über die Lippen gebracht hatte: »Hilf mir.«

Der Prinz drückte ihre Schulter, im nächsten Moment war seine Hand verschwunden.

»Ich weiß, warum du den Sultan getötet hast.« Mazens körperlose Stimme kam irgendwo von rechts. Einer der Prinzen, nicht der reale, drehte sich zu ihm um. Die anderen fixierten weiter mit zusammengekniffenen Augen Loulie, als wären sie ihr gegenüber misstrauisch.

»Ich wusste, dass du früher oder später dahinterkommen würdest«, sagte der Omar, der in Mazens Richtung blickte.

»Er hat deine Mutter getötet, oder?«, erwiderte Mazen und ging im Kreis um sie alle herum.

Ein zweiter Omar wandte sich von Loulie ab, um nach ihm Ausschau zu halten.

»Das stimmt«, sagte er leichthin. »Er hat erzählt, sie wäre bei meiner Geburt gestorben. In Wahrheit hat er ihr silbernes Blut gesehen und sie umgebracht.« Er lachte. »Weißt du eigentlich, warum der Sultan so viele von seinen Ehefrauen ermordet hat, Mazen? Ich will es dir sagen: Nach dem Seitensprung seiner zweiten Frau war er davon überzeugt, dass meine Mutter aus Rachsucht Besitz von ihr ergriffen hatte.«

Ein paar Schritte entfernt atmete Mazen scharf ein. »Woher willst du das wissen?«

Einer der Omars schnaubte. »Weil er es mir erzählt hat. Du weißt doch, wie gern der Sultan mit seinen Morden angegeben hat. Er hat mir gesagt, sie sei ein Monster gewesen, und wenn ich ihm beweisen wolle, dass ich nicht nach ihr geraten bin, müsse ich für ihn töten.«

»Und hat er dir auch gesagt, dass du meine Mutter töten sollst?«

Alle drei Omars lächelten.

Loulie sah sie schockiert an.

»Hast du mir diese Erinnerung aus Bosheit gezeigt, Omar? Um mich zu brechen?«

Ein Omar sprang vor, doch sein Dolchstoß ging ins Leere. »Gut möglich, dass unser Vater ein Ungeheuer war«, sagte Mazen irgendwo in der Nähe. »Aber du bist auch eins.« Der zweite Omar griff an.

Diesmal hörte Loulie einen erschreckten Aufschrei und ein paar hastige Schritte.

»Du hast allen erzählt, du würdest Madinne vor den Dschinn beschützen«, fuhr Mazen schließlich fort. »Doch in Wahrheit hast du sie in die Stadt geführt, nicht wahr? Du hast die Schatten-Dschinn provoziert und zu uns nach Hause gelockt. Und das nur, um den Sultan dazu zu überlisten, seine Armee mit deinen Räubern zu verstärken.«

Die Schatten-Dschinn hatte Loulie vor den schwarz gewandeten Mördern gewarnt. Offenbar hatte sie damit gar nicht die Bande gemeint, die über ihren Stamm hergefallen war, sondern Omars vierzig Räuber.

Der Prinz holte tief Luft. »Und Hakim hat dir nie irgendetwas getan. Und trotzdem hast du …«

»Dieser *Mistkerl* ist entwischt«, zischte der dritte Omar. »Ahmed bin Walid hat ihn beschützt. Er ist für deinen jämmerlichen, völlig unbedeutenden Bruder gestorben.«

Loulie vergrub die Hände im Sand. Ihre Augen brannten, aber sie weigerte sich zu weinen. Der Wali von Dhyme war der Krone immer treu ergeben gewesen. Vielleicht hatte es ihm ja ein wenig Frieden verschafft, sich für einen der Prinzen aufzuopfern.

Sie musste dafür sorgen, dass sein Opfer nicht vergebens war.

Loulie konnte Mazen nicht sehen, doch sie hörte seinen erleichterten Seufzer. »Ahmed bin Walid war ein loyaler Mann. Aber du … Vater hätte Madinne nie in Gefahr gebracht. Du bist schlimmer, als er es war.«

»Manchmal«, erwiderte einer der Omars ruhig, »muss man eine Stadt eben niederbrennen und neu errichten, um sie zu retten.« Er stach mit seinem Dolch scheinbar ins Leere, und die anderen beiden taten es ihm gleich.

Mazen schrie auf.

Loulie machte einen Satz und warf sich auf den echten Prinzen Omar.

Loulie versuchte, seine Überraschung auszunutzen und ihm den Dolch in die Kehle zu rammen. Doch dem Prinzen gelang es, sie abzuschütteln, und so bohrte sich ihre Klinge stattdessen in seine Schulter. Aber das genügte, um ihn aus dem Gleichgewicht zu bringen.

Außerdem gelang es Mazen, ihn von hinten zu packen. »Es ist mir egal, welches Unrecht du erlitten hast.« Während er Omar die Arme um den Hals schlang, glitt ihm der Schatten von den Schultern. »Du hast mir alles genommen!«, sagte er und drückte zu.

Loulie stürzte sich erneut auf Omar und schaffte es, ihm den Dolch aus der Schulter zu ziehen, ehe er ihr so fest in den Bauch trat, dass sie keuchend vor Schmerz auf die Knie sank. Mit Tränen in den Augen blickte sie zu Omar hoch und beobachtete, wie er sich mit einem Wutschrei aus Mazens Griff befreite und ihn zu Boden warf. Doch Mazen umschlang seine Beine und brachte ihn ebenfalls zu Fall.

Die beiden Trugbilder waren verschwunden, doch nun eilten Omar andere, reale Gestalten zu Hilfe. Loulie schenkte ihnen keine Beachtung, während sie zu ihm kroch.

Mazen klammerte sich noch immer an Omar fest und versuchte, sein Ohr zu packen. »Du hast mir meine Mutter geraubt. Aber du hast deine noch immer bei dir, stimmt's? Sie steckt in diesem verdammten Relikt!«

Loulie sah das silberne Funkeln an Omars Ohr. Seinen halbmondförmigen Ohrring. *Das Relikt der Ifrit.* Die verfluchte Magie hinter all diesen Illusionen.

Loulie warf sich mit zusammengebissenen Zähnen auf Omar und griff ebenfalls nach dem Schmuckstück. Er rammte ihr den Ellbogen in die Magengrube. Loulie zischte vor Schmerz, doch sie ließ nicht locker und zog und zog und zog, bis …

Sie riss ihm das Relikt vom Ohr.

Omar schrie.

Loulie taumelte mit dem blutigen Ohrring in der Hand von ihm weg. Einer seiner Helfer packte sie von hinten.

Omar kam auf sie zu. An seinem Hals rann Blut herab. »Ich werde dich umbringen«, sagte er mit sanfter, ruhiger Stimme. Hinter ihm kauerte Mazen auf den Knien. Er drückte die Hand auf seinen offensichtlich verletzten Arm und sah Loulie in stummer Verzweiflung an.

Doch Loulie konnte das Relikt nicht zum Leben erwecken. Kalt und tot lag es in ihren Händen. Resigniert sah sie zu, wie ihre Feinde näher kamen. Ein paar von ihnen hielten mit gespannten Bogensehnen auf Mazen zu, die anderen gingen zu Omar.

Der war nur noch wenige Schritte von Loulie entfernt, als er plötzlich stehen blieb und verwirrt nach unten blickte. Sie sah, dass er im Sand versank.

Gleichzeitig ließ der Dschinn hinter Loulie sie los und krachte einen Herzschlag später neben ihr auf den Boden, sein Rücken so verletzt, dass sie seine Wirbelsäule sah. Über ihr schwebte Rijah in Gestalt eines majestätischen Vogels mit zwölf Schritt langen Federn.

Ein Rukh – ein Geschöpf, das eigentlich nur in Sagen existierte.

Und dennoch war es hier und landete neben Loulie. Verstört sah sie zu, wie Rijah einen mit silbernem Blut gesprenkelten Flügel ausstreckte. Noch mehr erschrak sie, als Qadir auf dem Flügel herabrutschte. Bevor sie etwas sagen konnte, umfasste er ihre Hände mit seinen bestürzend transparenten Fingern. »Ich habe eine Idee«, sagte er mit erschreckend dünner Stimme. »Vertraust du mir?«

Omar lachte hinter ihnen auf. »Was immer du vorhast, wird fehlschlagen!« Loulie drehte sich um und sah, dass die herbeigeeilten Dschinn ihn aus dem Treibsand zogen.

Qadir warf einen Blick zu Rijah, worauf der blutige Vogel mit den Flügeln schlug und zu Mazen flog. Die Dschinn, die den Prinzen umringten, rissen ihre Bogen in die Höhe und feuerten eine Pfeilsalve auf dien herannahenden Ifrit. Unterdessen fegte Rijah die Projektile mit einem sieser Flügel beiseite, doch die Bogenschützen gaben nicht auf und beschossen sien weiter, um Omar Deckung zu geben und sien am Landen zu hindern.

»Begreifst du es denn nicht?«, fragte Omar spöttisch, aber nicht unfreundlich. »Es gibt keinen Ausweg. Du bist ab jetzt eine Volksfeindin, Händlerin. Wenn ich dich nicht finde, wird jemand anderes es tun.« Er grinste sie mit funkelnden Augen an. »Du bist so gut wie tot.«

Die eine Sache, über die Loulie sich normalerweise keine Sorgen machte, war die Zukunft. Doch das konnte sie sich angesichts ihrer vielen Feinde – und weil Qadir nur noch aus Rauch bestand – nun nicht mehr leisten.

»Loulie.« Qadir berührte ihre Wange. »Vertraust du mir?«

»Er hat recht.« Sie konnte das Zittern in ihrer Stimme nicht mehr verbergen. »Für uns gibt es keine Zukunft.«

Qadir blinzelte sie mit seinen rubinroten Augen an. »*Hier* gibt es keine Zukunft für uns.«

Loulie starrte ihn verständnislos an.

»Wenn du dich in dieser Welt nicht verstecken kannst, dann tu es in einer anderen.«

Seine Bemerkung spülte wie eine große eiskalte Welle über sie hinweg. »Nein«, stieß sie hervor. »Die Welt der Dschinn ist …«

»Ein Ausweg.«

Louie starrte ihn an. »Das hast du von Anfang an so geplant, nicht wahr?«

Qadir ergriff erneut ihre Hände. »Vertrau mir.«

Deswegen war er so gefasst gewesen. Weil er sich eine Notfallstrategie zurechtgelegt hatte. Und von der hatte er ihr nichts erzählt.

»Ich werde dich finden, aber ich muss mich darauf verlassen können, dass niemand dich verfolgt. Du musst in Sicherheit sein.«

»Ich habe dir gesagt, dass ich dir in den Hintern trete, wenn du mir noch mal was verheimlichst.«

»Dazu musst du am Leben bleiben.« Er sah über ihre Schulter zu Omar, der sich mittlerweile wieder auf festem Boden befand. Seine Helfer hatten einen Kreis um ihn gebildet und warteten mit gezückten Waffen auf seine Befehle. Irgendwo in der Ferne brannten Feuer. Aisha war ein verschwommener Farbfleck, der sich hinter einer Armee von Untoten verbarg. »Bitte«, sagte Qadir mit brechender Stimme.

Der nervös wirkende Rukh landete mit Mazen auf dem Rücken wieder neben ihnen. Erschöpft senkte er einen Flügel.

»Ich vertraue dir«, sagte Loulie leise. »Versprich mir, dass du nicht sterben wirst.«

Qadir beugte sich vor und drückte die Stirn an ihre. Ein letztes Mal spürte sie, wie seine Wärme sie einhüllte. »Ich verspreche es«, murmelte er und zog sich wieder zurück. »Pass auf sie auf, Rijah. Und … es tut mir leid.«

Der große Vogel neigte den Kopf. »*VERLASS DICH AUF MICH.*« Seine leuchtenden Augen zuckten ungeduldig hin und her, während Loulie auf den Flügel stieg und auf seinem Rücken Platz nahm. Als Rijah in die Höhe stieg, sah Loulie Omar fest in die Augen und zeigte ihm kurz den Ohrring, bevor sie ihn in ihrer Tasche verschwinden ließ. Sie lief nicht davon, sondern zog sich nur zurück, um eine günstigere Gelegenheit abzupassen.

»Warte.« Mazen drehte sich um. Loulie folgte seinem Blick und sah Aisha bint Louas, die ein kleines Stück von ihrer untoten Armee entfernt stand und zu ihnen heraufschaute. »Wir können sie nicht einfach hierlassen«, flüsterte er. »Wir müssen sie retten.«

Aisha bint Louas sah ihnen einen Moment lang nach, dann drehte sie sich um und kehrte zu ihren Ghulen zurück.

Loulie stutzte. »Ich glaube nicht, dass sie gerettet werden will.«

Bevor der Prinz protestieren konnte, stieg eine Pfeilsalve zu ihnen auf. Rijah wich ihnen so hektisch aus, dass Loulie und Mazen fast von siesem Rücken fielen.

»*GUT FESTHALTEN*«, kreischte der riesige Vogel.

Loulie hatte gerade noch Zeit, sich an den Federn des Rukhs festzukrallen, bevor er im Sturzflug in eines der Löcher hinabtauchte. Das Letzte, was sie sah, bevor die Welt verschwand, war Qadir, der mit dem Shamshir in der Hand seinen immer zahlreicheren Feinden entgegentrat. Und dann war da nur noch eine schreckliche Hitze, die sie in den Abgrund verfolgte. Mazen umklammerte ihre Hände, und sie erwiderte den Druck.

Sie stürzten immer tiefer hinab. Der Sand, der über ihnen herabfiel, blockierte das Licht. Es gab für sie kein Zurück mehr. Ihr Abstieg in die Tiefe dauerte so lange, dass Loulie schon fürchtete, sie würden niemals ankommen. Doch dann – Sand. Wunderbarer, wunderbarer Sand unter ihren Füßen. Und damit war es vorbei.

Aber vielleicht war es auch erst der Anfang.

70

LOULIE

Am Grund des Lochs befand sich eine Höhle, in der es so kalt war, dass sich Loulies Körperwärme sofort verflüchtigte. Bibbernd ließ sie sich vom Rukh gleiten. Die Tränen, die ihr an den Wangen herabgeronnen waren, gefroren, noch bevor ihre Füße den Boden berührten. Mazen folgte ihr mit blutverschmiertem Gesicht.

Er sah sich mit ausdrucksloser Miene um.

»*SEID IHR VERRÜCKT GEWORDEN?*«, donnerte der große Vogel. »*BEWEGT EUCH.*« Wie aufs Stichwort ertönte ein tiefes Grollen, und die Sandmassen, die sie das Loch hinuntergejagt hatten, ergossen sich wie eine Sturzflut auf sie. Rijah fegte sie mit einem Flügelschlag zur Seite, und Loulie taumelte gegen die Höhlenwand und sah zu, wie der Sand sich auftürmte, höher und höher, bis er wie eine Säule aussah, die bis zur Decke und weit darüber hinaus reichte.

Rijah seufzte tief. »*IHR DUMMEN MENSCHEN*«, sagte sier und begann zu schrumpfen. Die Federn wurden zu weicher Haut, und schon bald hatte sier wieder siese ursprüngliche Größe. Erstaunt beobachtete Loulie, wie dier Ifrit siesen nun sehr menschlichen Nacken knacken ließ und stöhnte. Sier hatte sich in einen Mann mit hohen Wangenknochen, struppigen Augenbrauen und langen braunen Haaren verwandelt. Die bislang mit Federn bedeckten blutenden Wunden lugten nun unter schlichter Kleidung hervor. Rijah sah, dass Loulie sier betrachtet und machte ein finsteres Gesicht. »Was denn? Du siehst auch scheiße aus«, sagte sier.

»Ich habe doch gar nichts gesagt«, gab Loulie genervt zurück. Doch sie hatte keine Kraft, sich zu streiten, während Qadir gerade gegen eine ganze Horde Dschinn kämpfte …

»Kommt ihr, Menschen?« Rijah war vorausgegangen und sah nun zu ihnen zurück. Eine blaue Flamme glitt wie eine Schlange durch siese Finger. Dier Dschinn hob eine Augenbraue. »Mein König hat mir befohlen, auf euch aufzupassen, aber ich habe nicht die Absicht, euch zu bemuttern.«

Loulie setzte zu einer Erwiderung an. Doch dann wurde ihr bewusst, was Rijah gerade gesagt hatte. »Was meinst du mit *König?*«, flüsterte sie. »Ihr seid doch alle Dschinn-Könige. Ihr seid Ifrit.«

Rijah sah Loulie verblüfft an, als wäre sie nicht ganz dicht. »Hat er es dir denn nicht gesagt?«

So viele Geheimnisse, dachte Loulie. Sie hatte geglaubt, seit Qadirs Geständnis, dass er ein Ifrit sei, alles über ihn zu wissen. Doch nun fiel ihr die Geschichte wieder ein, die er ihr über die sieben Dschinn-Könige erzählt hatte. Er hatte ihr eingeredet, es gäbe zusätzlich zu den sieben Ifrit einen achten, der über sie herrschte. Doch in der menschlichen Version der Geschichte war immer nur von *sieben* Königen die Rede.

Loulies Knie wurden weich. Mazen sah es und hielt sie an der Schulter fest. »Er hat sich selbst den Dschinn des Infernos genannt«, sagte er.

»Ein passender Name für einen König, dessen Magie so alt ist wie die Flamme der Schöpfung, nicht wahr?«, erwiderte Rijah.

Wie dumm von mir. Loulie verkniff sich ein selbstironisches Lachen. *Natürlich hat er mir nie etwas gesagt.*

Qadir hatte ihr gestanden, dass er vor seinen Problemen davonlief. Dass er Angst davor gehabt hatte, ihr zu erzählen, dass er ein Ifrit war, weil er nicht wusste, wie sie darauf reagieren würde. Was machte ein Geheimnis mehr oder weniger schon aus? Inzwischen konnte sie sich über seine Verschlossenheit gar nicht mehr aufregen. Wie betäubt sah sie Rijah hinterher.

Mazen nahm behutsam ihre Hand. »Komm«, sagte er sanft. »Lass uns herausfinden, wo wir hier sind.« Trotz all des Bluts in seinem Gesicht sah er nicht gebrochen aus. Seine Augen leuchteten zwar nicht mehr ganz so hell wie früher, funkelten aber noch immer neugierig.

Er hatte sich verändert, dachte Loulie. Aber sie vielleicht auch.

Sie ließ zu, dass er sie hinter Rijah durch die kalte Höhle führte. Mazen sagte diem Ifrit, wie leid ihm sies mindestens hundert Jahre alter Groll tue, und fügte hinzu: »Ich heiße übrigens Mazen. Ich bin von königlichem Geblüt, habe aber keinen Anspruch mehr auf den Thron.«

Rijah drehte sich um und neigte den Kopf zur Seite. »Hat dein Bruder dich verbannt?«

»Ja«, erwiderte Mazen. »Ich bin ziemlich sicher, dass er dich dazu benutzen wollte …« Er zögerte und wandte sich zu Loulie um.

Seufzend sah sie zur Seite. Wieso schaute er sie an?

»Die Dschinn zu vernichten? Die ganze Welt?« Loulie konnte Rijahs Gesichtsausdruck nicht sehen, doch er klang verbittert. »Oder könnte ein machthungriger Narr noch etwas anders wollen als Tod und Zerstörung?«

Das war die Frage, auf die keiner von ihnen eine Antwort wusste. Omar bin Malik hatte sich mit den Dschinn zusammengetan, um die Ifrit-Magie zu zerstören. Aber wozu?

Loulie wurde von Erinnerungen überflutet: an Dahlia, die mit ihr in der Taverne lachte und an ihrer Shisha zog. An Ahmed, der sie zum Takt der Musik lächelnd durch den Diwan wirbelte. Und an Qadir, der seine Stirn gegen ihre drückte. *Vertrau mir.*

Wen musste sie noch alles verlieren, bis die Götter endlich Ruhe gaben?

Mazen wirkte genauso verunsichert wie sie. »Ich frage mich, ob Aisha es weiß.« Er sah sie traurig an. »Ich hoffe, es geht ihr gut.«

»Obwohl sie dich verraten hat?«

Mazen nickte und drückte wortlos ihre Hand, als sie sich dem Eingang näherten.

Loulie spürte die Veränderung, bevor sie etwas sah. Die Luft wurde wärmer, und ein sanfter Wind bauschte ihre Robe. Dann: Sonnenlicht.

Rijah blieb am Höhleneingang stehen. Loulie und Mazen hielten wie erstarrt inne.

»Bei allen Göttern«, flüsterte Mazen ehrfürchtig.

Wo normalerweise der Himmel gewesen wäre, befand sich ein Ozean. Fischschwärme schwammen wie bunte Wolken durch das Wasser, das sich hier und da in Kaskaden in die Tiefe ergoss. Gigantische Vögel patrouillierten durch die Luft, und die saftig grüne Landschaft war mit wunderschönen silbern und golden glitzernden Städten gesprenkelt.

»Willkommen«, sagte Rijah, »in der Welt der Dschinn.«

Loulie umfasste den Griff des Dolchs. *Ich bin hier, Qadir,* dachte sie. *Und ich warte auf dich.*

Westliches Sandmeer
Außenposten
Oase
Letzte
Oase
N
W
O
S